YOUTUBE에서 동영상 서비스 지원

Rhino 3D와 Keyshot을 활용한 산업디자인

송홍권 이해구 최성권 지음

샘플로 제공되는 모든 작품들은 유튜브에서 동영상으로 제공되므로

누구라도 쉽게 라이노를 익힐 수 있습니다.

디자이너를 위해 예제 중심으로 3D 제작 노하우를 공개합니다.

(주)교학사

송홍권(today0439@gmail.com)
한국폴리텍대학 인천캠퍼스 산업디자인과 교수
한양대학교 대학원 디자인학 박사
사)인천산업디자인협회 회장
사)한국디자이너협의회 수석사무총장
산업인력공단 전국기능경기대회 심사장

이해구(haegoo@gmail.com)
경성대학교 디자인학부 산업디자인전공 교수
백석대학교 디자인영상학부 산업디자인전공 교수
한양대학교 산업디자인과 학사,석사,박사
Purdue 대학교 산업디자인학과 연구교수
라이노 Tier1,2 공인인증교육기관 강사
한국과학예술융합학회 논문편집위원
한국디자인리서치학회 논문편집위원

최성권 (rapiddesign@naver.com)
홍익대학교 산업미술대학원 석사(졸업), 산업디자인학 박사(수료)
LG산전 디자인연구소 전략경영기획실 연구원
서일대학교 산업디자인과(제품디자인 전공) 조교수
서울대학교 차세대융합기술원 월드클래스융합최고위과정(WCCP) 강사
3D프린팅전략기술로드맵 수립위원(미래부/산자부)
3D프린팅 산업발전대상, 정보통신산업진흥원장 표창(미래부)
2018 한국능률협회 KMA 선정 이달의 최고강사 선정
이화여자대학교 디자인학부(산업디자인), 대학원 겸임교수
홍익대학교 산업디자인학과 디지털미디어디자인 강사
3D프린팅 운용기능사 국가자격편성기준 심의 위원 (한국산업인력공단)

머 · 리 · 말

Rhino 3D는 디자이너의 무한한 창의력을 표현하는데 있어 기획에서부터 설계, 생산, 소비자의 니즈(Neesds)를 반영한 피드백에 이르기까지 신제품 개발의 모든 공정과 밀접하게 연관되어 있다. 제품 개발에 있어 창의적 디자인은 공학과 더불어 산업의 중요한 부분으로 자리 잡고 있다.

특히 Rhino 3D의 활용은 디자이너의 아이디어를 가장 빠르고 정확하게 결과를 현실감 있게 만들어주는 강력한 모델링 툴로 자리매김하고 있을 뿐 아니라 현존하는 어떤 프로그램보다 직관적이고 배우기가 쉬워 현업에서 활동하는 제품디자이너들에게 가장 각광받는 도구로 자리 잡고 있다.

본 교재의 집필자들은 모두 20년이 넘는 교육현장에서 많은 학생들과 3D 모델링 교육을 하면서 학생들이 반드시 알아야 할 기본 개념의 이해가 가장 중요하다는 생각하였고, 이번 기회에 그 동안의 교육 경험을 모아서 교재를 만들어보자는 의미에서 집필을 시작하였다. 무엇보다 3D 모델링을 처음 접하는 학생들에게 가장 필요한 것이 3차원 모델링 개념 정의가 정확하게 잡혀야 하기에 이 부분에 중점을 두고 집필하게 되었다.

본 교재는 총 16장의 Rhino3D 3D와 Keyshot을 활용한 예제중심으로 이루어져 있으며 크게 3가지로 단계로 구성되어 있다. 1단계에서는 기본을 익히는 단계로 구성하였고 2단계에서는 Rhino 3D에서 많이 다루는 명령어를 예제 중심으로 구성하였고 3단계에서는 드로잉을 활용한 예제를 중심으로 구성하였다. 또한 16장에서는 3D 프린터를 활용하여 출력하는 예제를 다뤄 Rhino 3D의 활용에 대해서 구성하였다. 이 교재를 보는 학습자가 교재를 보면서 따라하기 과정에 발생될수 있는 어려움을 해결하고자 Step by Step의 동영상을 제공한다.

본 교재를 통해 학습자의 필요와 역량에 따라 주도적으로 도약할 수 있는 디딤돌이 되었으면 한다. 각 장의 실습 목표를 제시하고 과정을 순서대로 따라하다 보면 문제에 대한 답을 찾을 수 있는 능력을 자연스럽게 함양할 수 있을 것이다.

어려운 시기에도 본교재의 출판에 도움을 주신 교학사 대표님과 이 책이 출판되기까지 도움을 주신 많은 분들에게 감사를 전한다.

저자 송흥권, 이해구, 최성권

이 책의 구성

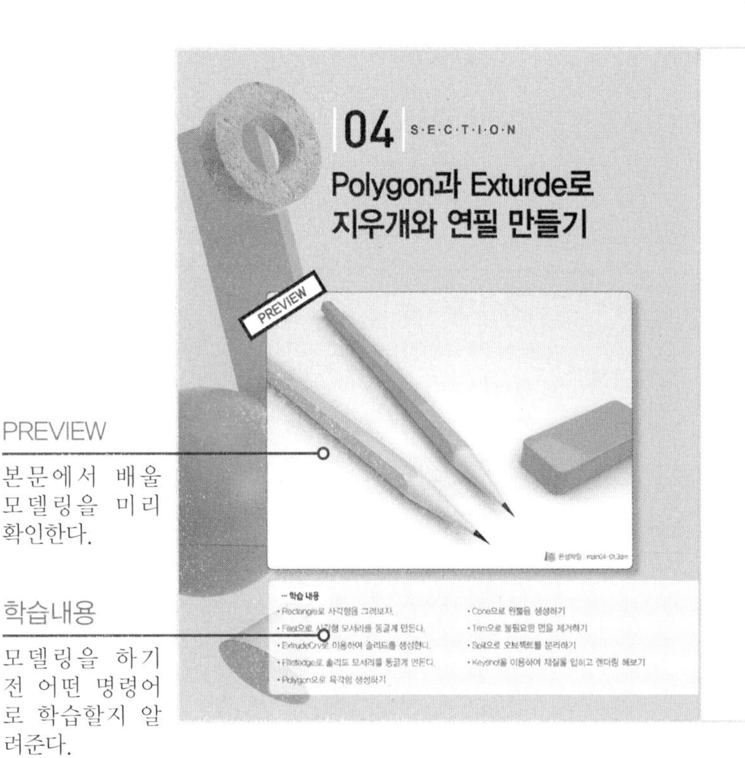

직접 해보기

따라하기 방식으로 쉽게 모델링을 할 수 있도록 구성하였다.

TIP

핵심 사항이나 주의해야 할 점 등 본문에는 제시하지 않았지만 알아두면 좋을 내용을 TIP으로 알려준다.

PREVIEW

본문에서 배울 모델링을 미리 확인한다.

학습내용

모델링을 하기 전 어떤 명령어로 학습할지 알려준다.

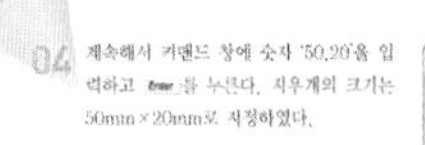

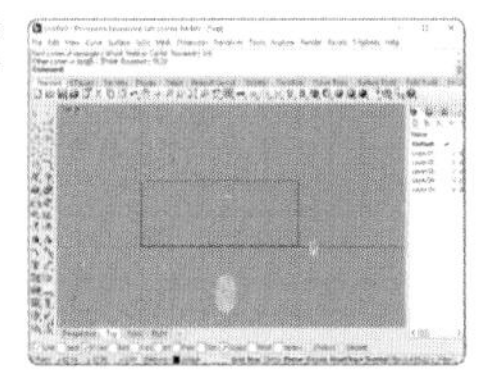

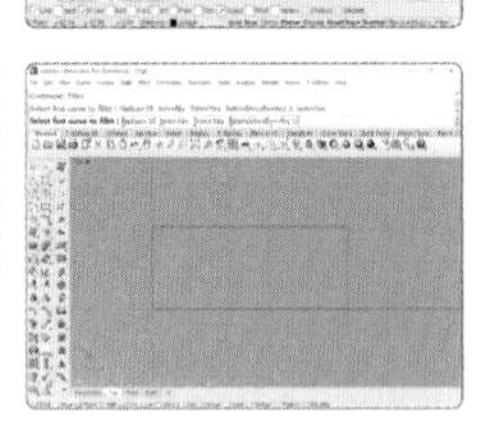

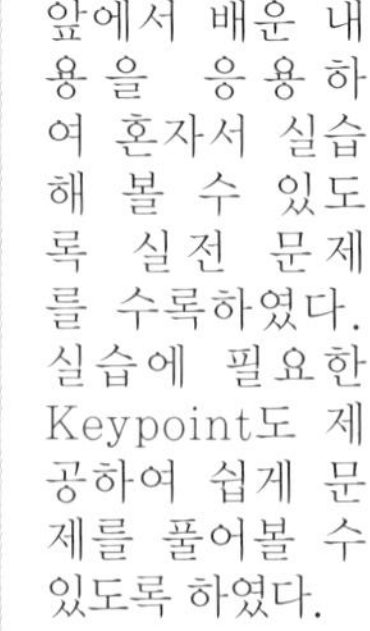

실전 문제

앞에서 배운 내용을 응용하여 혼자서 실습해 볼 수 있도록 실전 문제를 수록하였다. 실습에 필요한 Keypoint도 제공하여 쉽게 문제를 풀어볼 수 있도록 하였다.

보충 수업

해당 섹션에서 설명한 부분 이외에 알아두면 도움이 될 부분을 기술하였다.

예제파일 다운로드 방법

도서 자료 클릭

[IT/기술/수험서]의 도서 자료를 클릭한다.

도서명 입력

Rhino 3D를 입력하고 검색을 한다.

파일 클릭

첨부 파일의 아이콘을 클릭하여 원하는 위치에 다운로드하여 압축을 푼다.

유튜브 동영상 구독 방법(모바일과 PC)

QR 코드로 유튜브에서 라이노 동영상 구독하기

QR 코드 어플로 QR 코드를 인식하여 itkyohak 블로그에서 본 도서의 섹션의 URL을 터치하면 해당 동영상을 유튜브에서 구독할 수 있다.

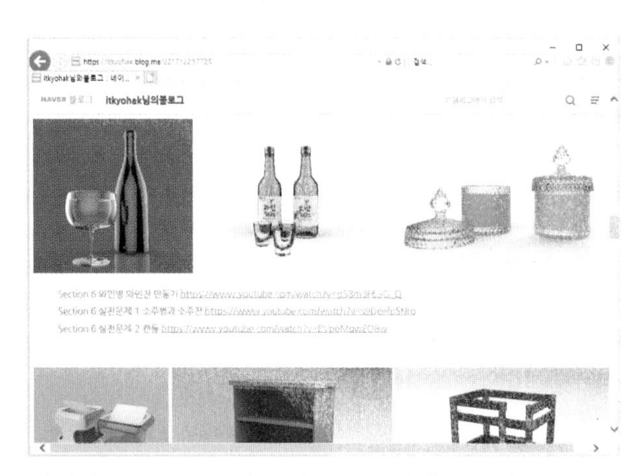

인터넷으로 유튜브에서 라이노 동영상 구독하기

인터넷 웹 브라우저의 주소창에서 "https://itkyohak.blog.me/221712257725"을 입력하여 itkyohak의 블로그에서 섹션의 URL을 클릭하면 해당 동영상을 유튜브에서 구독할 수 있다.

PART 01 라이노 3D 기본 익히기

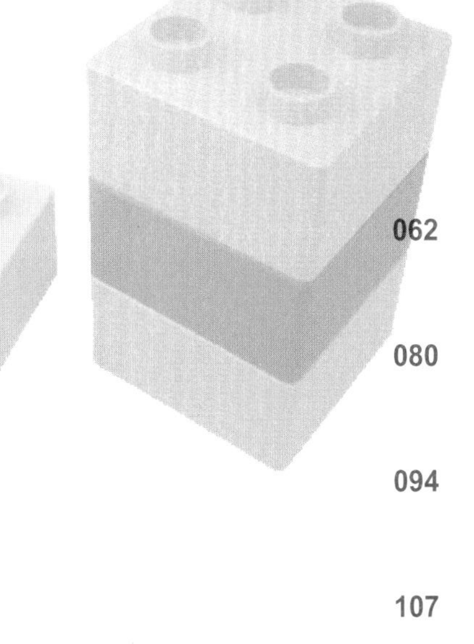

PART 02 라이노 3D 명령을 이용한 제품 렌더링

PART 03 라이노 3D 드로잉을 활용한 제품 렌더링

PART 01

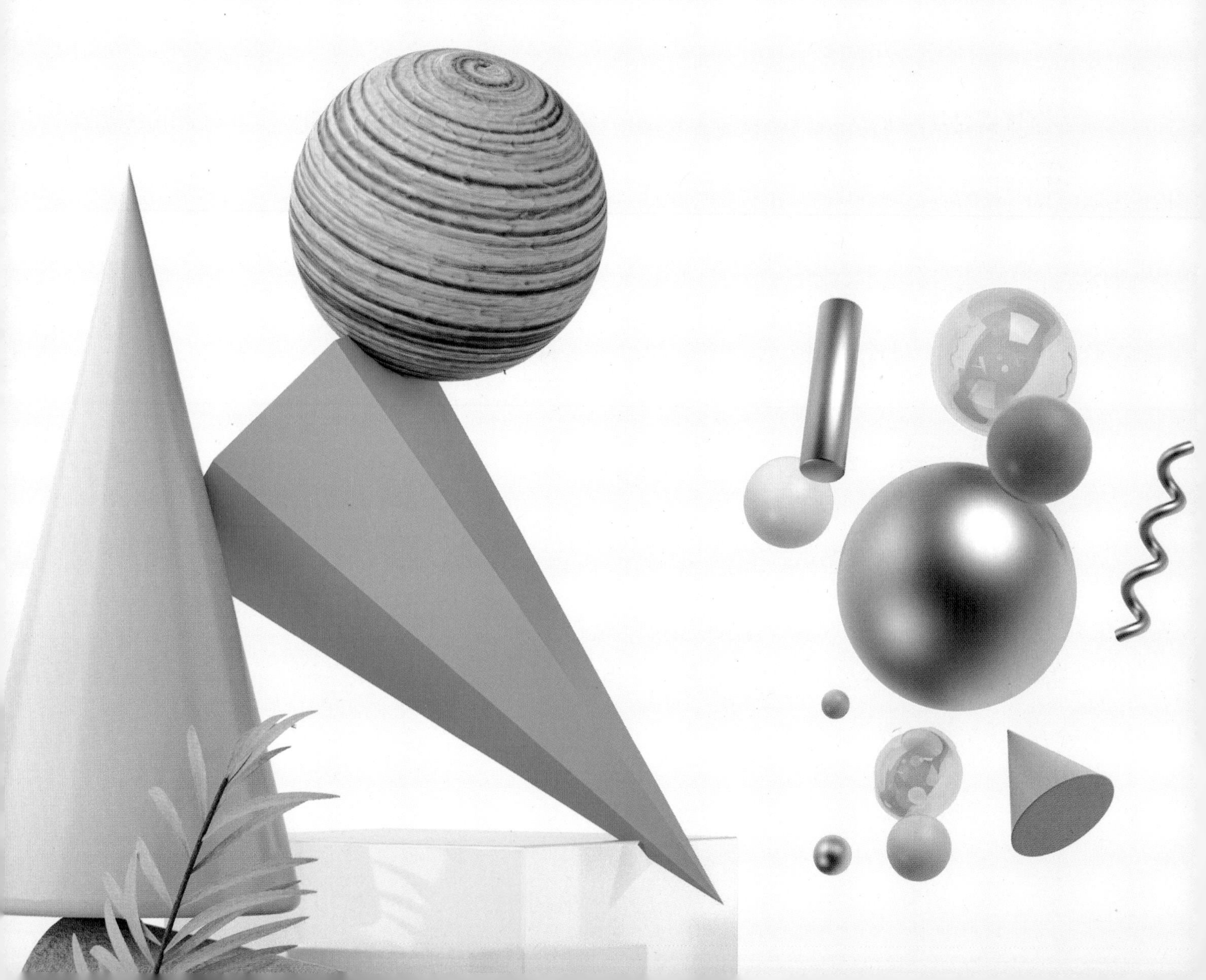

라이노 3D 기본 익히기

SECTION 01 Rhino 3D 시작하기

SECTION 02 Rhino 3D 기본 툴 이해하기

SECTION 03 Rhino 3D 모델링 이해하기

01 S·E·C·T·I·O·N

Rhino 3D 시작하기

Rhino 3D를 배우는 목적과 활용 범위를 알아보자.

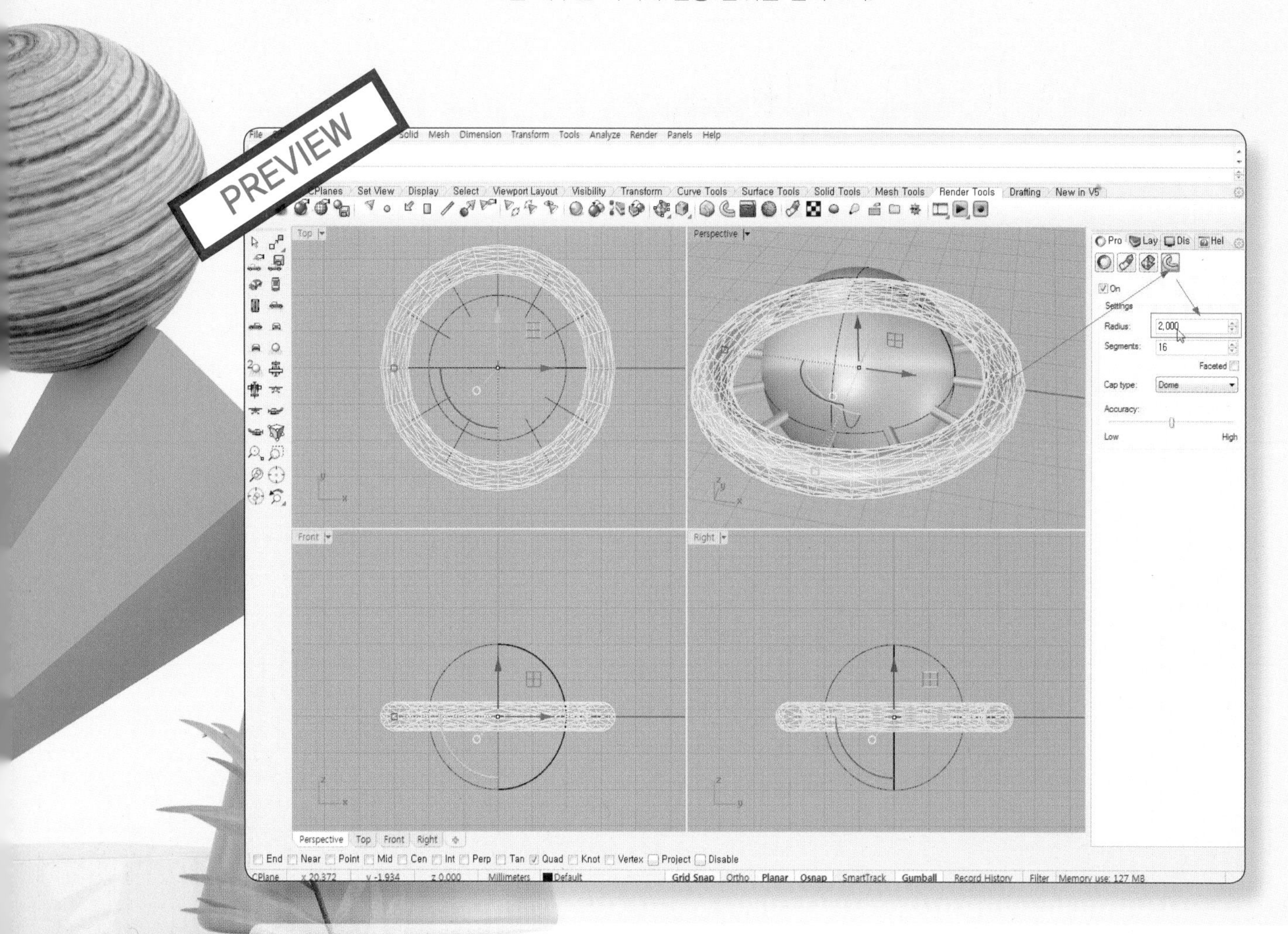

··· 학습 내용

- Rhino 3D의 개요
- Rhino 3D의 특징 및 장점
- Rhino 3D의 설치 방법
- Rhino 3D의 새로운 기능
- Rhino 3D의 화면 구성
- Rhino 3D 줌 기능 및 단축키 활용법

··· 디자이너를 위한 Rhino 3D

디자인에 있어 컴퓨터의 활용은 기획에서부터 설계, 생산, 소비자의 피드백에 이르기까지 모든 분야에 밀접하게 연관되어 있다. 이러한 컴퓨터의 활용은 시간이 지날수록 더욱 더 긴밀해져 지속적이고 창의적인 활동에 중요한 부분으로 자리 잡고 있다. 디자인 프로세스에서 Rhino 3D 활용은 디자이너의 아이디어를 가장 빠르고 정확한 사실적인 결과를 만들어 주는 막강한 툴로 자리매김하고 있다.

과거 마카펜과 파스텔 등으로 수작업 렌더링을 하던 시대에서 컴퓨터를 통해 다양한 형태, 컬러뿐만 아니라 재질 표현까지 짧은 시간동안 많은 시안 작업이 가능한 시대로 바뀌었다. 나아가 아크릴이나 ABS를 이용하여 자르고 붙이고 깎아 만들었던 과거의 수작업 목업 방식은 오늘날 컴퓨터 수치 제어를 이용한 공작 기계인 CNC(Computer Numerical Control)과 RP(Rapid Prototype)와 같은 쾌속 조형 장비를 활용하여 가공하거나 3차원 프린팅 결과물로 빠른 시간에 결과물로 즉시 확인이 가능해졌다.

특히 CNC는 컴퓨터에 의해서 정확한 수치로 절삭구의 움직임을 자동 제어하기 때문에 현재도 산업 현장에서는 정밀 부품이 자동화 공정을 통해 생산되고 있다. 이는 절삭 공구가 입체적인 경로로 이송이 되면서 미세한 오차 범위 안에서도 매끄러운 곡면 부품을 가공해 주기 때문에 기존 방식과는 가공물의 수준이 전혀 다른 아름다운 결과물을 얻을 수 있다. Rhino 3D는 바로 이러한 컴퓨터 응용 디자인(CAID Computer Industrial Aided Design) 툴로의 역할을 충실히 해내고 있다.

···Rhino 3D란?

산업 사회의 생산 기술이 나날이 발전함에 따라 컴퓨터를 활용한 가공 기술 역시 빠른 속도로 발전하고 있다. 현존하는 3D 모델링 툴들은 수도 없이 많지만 디자이너들에게 가장 각광받고 있는 툴은 Rhino 3D가 아닐까 생각된다. Rhino 3D는 미국의 Robert McNeel & Association사에서 넙스(Non-Uniform Rational B Spline) 방식 모델링 소프트웨어로 개발된 3D 프로그램이다.

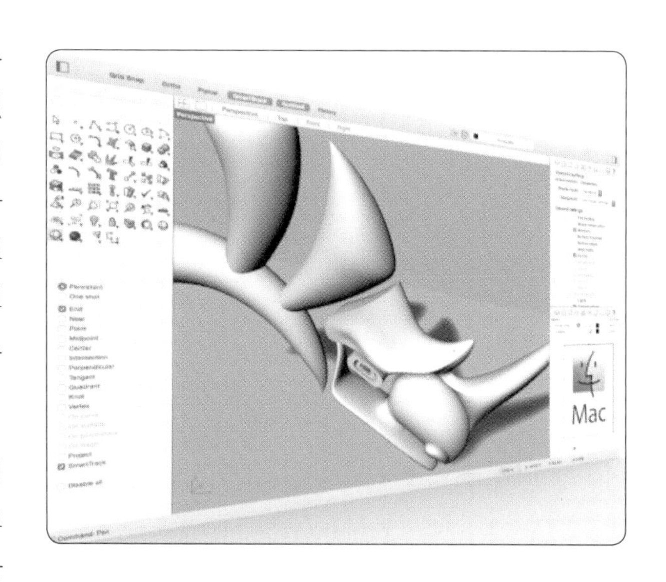

NURBS 방식은 우리가 잘 알고 있는 3D MAX의 Polygon 방식과는 대조적인 B-spline 방식으로 어도비사의 일러스트레이터의 펜 툴과 같은 자유 곡선을 이용하여 형태를 그리거나 생성하는 방식이므로 유동성이 좋아 어떤 형태를 만들더라도 제한이 없는 장점이 있으며 베지어 곡선 방식(Bezier Curve)이라고도 한다.

하지만 무엇보다 가장 강력한 Rhino 3D의 장점은 저사양의 하드웨어에서도 상당히 쾌적하게 구동된다는 점이다. 이는 Rhino 3D가 모델링에 최적화된 전문 소프트웨어라는 점이 그 배경이 된다.

하지만 렌더링 기능에 다소 만족할만한 품질을 기대하기에 부족함은 있지만 플러그인 형태의 다양한 렌더러를 오픈 소스의 형태로 개발이 되고 있기 때문에 문제가 되지 않는다.

Flamingo(still scene 렌더러), Penguin(스케치 렌더러) 및 Bongo(Animation 렌더러) 등과 같은 Plug-in을 통하여 렌더러로 활용하고 있고 상대적으로 단순한 인터페이스와 막강한 렌더링 성능을 발휘하는 키샷(KeyShot)을 통해 디자이너들은 막강한 고품질의 렌더링 이미지를 얻을 수 있다. 그리고 필요에 따라 사실적인 이미지를 얻어내기 위해서는 Rhino 3D에서 설계한 데이터를 3DS MAX, Cinema 4D, LightWave 3D, Maya, SoftImage 등의 프로그램에서 렌더링을 한다.

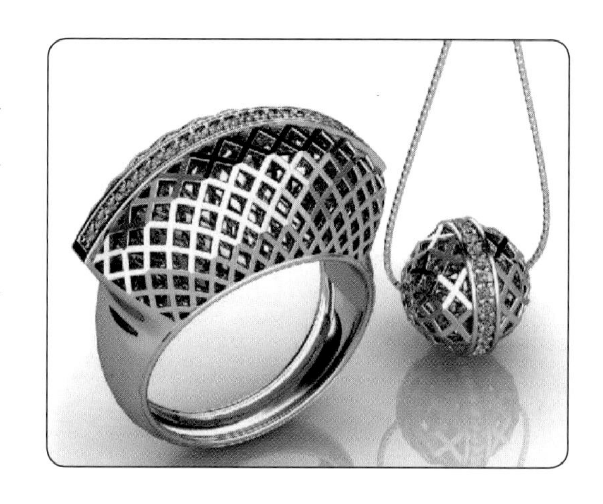

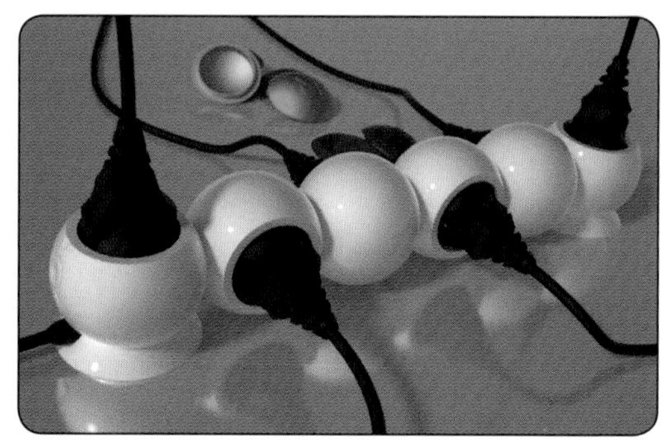

이미지 출처 : http://www.Rhino 3D.com/gallery/1/47990

Rhinoceros 회사의 전신은 세계적인 3D 프로그램의 선두 업체인 Alias(현재는 Autodesk로 합병) 엔지니어들이 나와 결성된 회사로 알려져 있다. 92년 부드러운 곡면 처리를 위한 NURBS geometry library를 AutoCAD상에서 NURBS 모델링 도구인 AccuModel 개발의 진행을 시작으로 지오메트리 개발을 주된 업무로 하였다. 94년에 Sculpture라는 사명을 Rhinoceros로 변경하고 98년 7월에 미국의 유명한 컴퓨터 그래픽 솔루션 쇼인 'SIGGRAPH'에서 정식 버전을 발표하면서 세상에 알려지게 되었다.

…디자인 프로세스에서 Rhino 3D 활용

제품 디자인은 정밀한 치수가 요구되기 때문에 실측에 의한 표현이 무척 중요하다. 따라서 컴퓨터를 활용한 디자인 제안이나 설계 작업의 과정들은 향후 양산을 위해 디자인 연속성 측면에서 대단히 중요한 결과물이 된다. 특히 Rhino 3D는 제품 디자이너들이 가장 쉽고 빠르게 습득 가능한 진보된 모델링 툴이다. 기존의 캐드 사용자라면 느낄 수 있는 쉬운 인터페이스 구성을 통해 실무에서 바로 3D 모델링으로 구현이 가능하고 제품 디자인, 기구 설계 CNC(Computer Numerical Control) 선반 가공을 통한 모형 제작에 이르기까지 즉시 적용이 가능한 디자이너의 가장 보편적인 툴로 자리를 잡아 가고 있는 프로그램이다. NURBS 모델링은 그 유연성과 정확성으로 인해 일러스트레이션과 애니메이션 분야, 제조업에 이르기까지 어떠한 분야에도 사용할 수 있다.

··· Rhino 3D 특징 및 장점

…3차원 자유 형태 생성기능

고가의 가격대 소프트웨어가 가지고 있는 3차원 데이터 생성 기능을 보유하고 있으며, 자신이 상상하는 어떤 형태를 모델링할 수 있다.

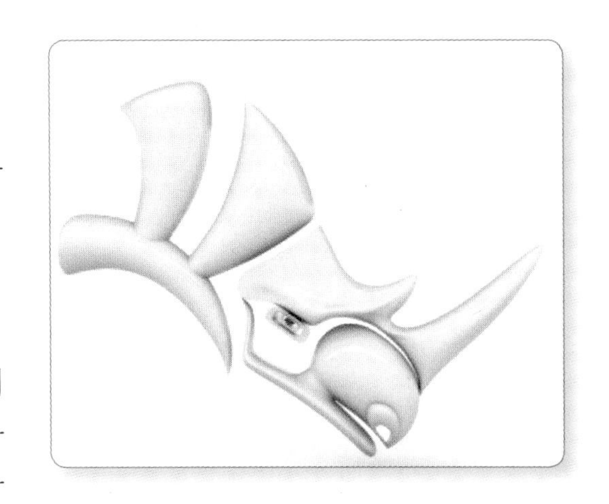

…다양한 File Format 지원

IGES, OBJ, 3DS, DWG, DXF, LWO, VRML, MTS 등의 매우 다양한 File Format을 지원하므로 CAD, CAM, 제품 디자인, Reverse Engineering, Animation, VR, Web 3D 등의 다양한 분야에 응용할 수 있다.

…다양한 소프트웨어와 호환성

다른 모든 디자인, 도안, CAM, 엔지니어링, 분석, 렌더링, 애니메이션, 일러스트레이션 등의 소프트웨어와 호환성이 뛰어나며, 현재 업계에서의 DATA 파일 교환 표준 포맷인 IGES , STEP, STL 파일의 편집과 복구 작업이 가능하다.

…범용 CAD 와 동일한 명령어 체계

Auto CAD와 같은 범용 CAD와 동일한 명령어 체계를 가지고 있어 기존의 CAD 사용자가 사용하면 어려움 없이 개념을 익힐 수 있다.

…초정밀도 작업 정확성(Accuracy)

제품 디자인 관련 모든 분야와 항공기부터 주얼리 분야까지 디자인, 프로토타입, 엔지니어, 분석, 제조 공정에 맞는 정확성을 제공한다. 어떤 크기로도 디자인, 프로토타입, 엔지니어링, 분석/해석, 문서화, 제조 분야에서 작업할 수 있다.

…직관적인 사용자 인터페이스(UI)최적화 기능

Rhino 3D는 매우 다양하고 많은 명령을 가지고 있어 필요에 따라 작업의 환경을 사용자의 요구에 따라 커스터마이징이 가능하도록 최고의 작업 환경을 제공한다.

…강력한 Exporting 기능

3D 서피스를 2D 패턴으로 평평하게 만들고, 레이저, 플라즈마, 워커젯 커터에서 활용이 가능하다. 또한 호환성이 뛰어나 다른 모든 디자인 작업, 도면 작업, CAM, 엔지니어링, 분석/해석, 렌더링, 애니메이션, 일러스트레이션 소프트웨어와 호환이 자유롭다.

…생산성

다양한 3차원 디지타이징 장비와의 호환이 자유롭고 3D 스캐너, 3D 프린터 등을 지원하여 직접적인 생산에 기여한다.

…낮은 시스템 사양에서도 작업이 가능

일반적으로 3D 프로그램들은 대부분 UNIX나 최소한 향상된 윈도우 NT/2000 정도를 가지고 있어야 했지만 Rhino 3D의 경우는 모델링 위주의 기능을 추구하여 만들어졌기 때문에 저사양의 윈도우 운영체제에서도 충분히 실행 가능하며 현재는 Windows 10, 8.1, 또는 7 SP1 또는 macOS 10.14.5 (Mojave), macOS 10.13.6 (High Sierra)에서도 모두 설치가 가능하며 저가 사양에서도 의외로 쾌적하게 실행된다.

…손쉬운 폴리곤 변환이 가능

정확성이 요구되지 않는 오브젝트일 경우 폴리곤으로 변환하여 데이터의 양을 줄일 수 있으며 최적의 오브젝트로 만들 수 있다.

…무한에 가까운 Undo가 가능

Undo 횟수에 대한 제한이 없고 사용자가 정의한 만큼 Undo가 가능하여 잘못된 모델링을 수정하는데 아주 유용하다.

…다양한 Plug-in 형태의 렌더러 지원

Rhino 3D는 사실 강력한 렌더러 엔진이 포함되어 있지 않아 타 프로그램으로 넘겨 재질과 라이트를 설치하여 렌더링하는 것이 일반적이었다. 그러나 이제는 플라밍고를 사용하여 기본 렌더링에서 제공하지 않았던 Raytracing, Radiosity, Photometric 방식의 렌더링을 제공하므로 사진과 같은 사실적인 이미지를 생성할 수 있다. 현재는 Rhino 3D를 위한 V-Ray와 Keyshot 등이 플러그인 형태로 지원되어 더욱더 막강한 렌더링을 구현할 수 있다.

이미지 출처 : https://www.chaosgroup.com/gallery/dimitriy-lee-reebok-atv-19

이미지 출처 : https://www.keyshot.com/gallery/

··· Rhino 3D 다운로드 및 설치 방법

Rhino 3D 최신 버전을 다운로드하기 위해서는 인터넷 주소 창에 http://www.rhino3d.com/사이트로 접속하면 평가 버전을 다운로드할 수 있다.

01 웹브라우저를 실행하고 http://www.rhino3d.com/을 입력하여 라이노 사이트에 접속한다.

02 상단 메뉴바에서 다운로드를 클릭하고 Windows 용 Rhinoceros Rhino-평가판을 클릭한다. 참고로 평가 버전은 90일간 저장 등의 대부분의 기능을 사용할 수 있지만 이후에는 라이선스를 구매하지 않으면 저장이 되지 않고 플러그인도 실행되지 않는다.

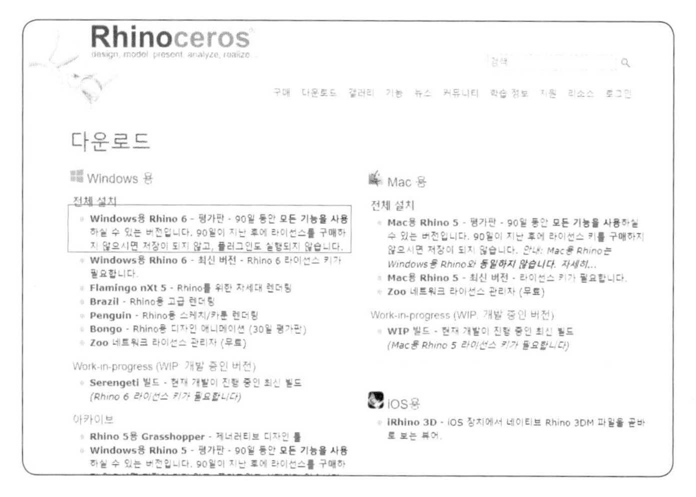

03 자신의 전자 우편 주소를 입력한 후 다음 버튼을 클릭한다.

04 다운로드된 Rhino 3D 실행 파일을 더블 클릭하여 설치 파일을 실행한다. 잠시 후 Rhino 3D의 설치 실행 창이 나타나면, 지금 설치를 클릭한다.

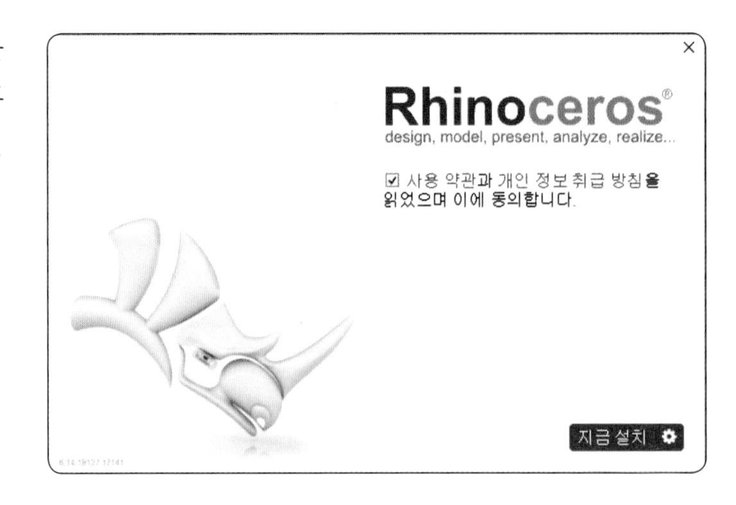

05 설치가 완료되면, 바탕화면에 새롭게 생성된 'Rhino6' 아이콘을 더블 클릭하여 프로그램을 실행한다. 라이선스를 입력하는 창이 나타난다. '라이선스 키 입력' 글자를 클릭하여 전자우편으로 부여받은 라이선스를 입력한다.

라이선싱

Rhinoceros 6 라이선스가 필요합니다

로그인

또는

라이선스 키 입력

Zoo 사용

라이선스 키 구매

라이선스 사용 방식에 대한 도움말...

06 Rhinoceros6 라이선스 유효성 검사 창이 나타나면 정보를 입력한다. '등록 건너뛰기'를 실행할수 있다. 정보 입력이 완료되고 유효성 검사를 클릭하면 설치가 완료된다.

라이선싱

유효성 검사가 성공적으로 완료되었습니다

감사합니다. 귀하의 라이선스 유효성 검사가 성공적으로 완료되었습니다.

닫기

07 Rhino 3D가 실행된다. 화면 상단에 앞으로 프로그램을 몇 일동안 사용할 수 있는지 표시된다.

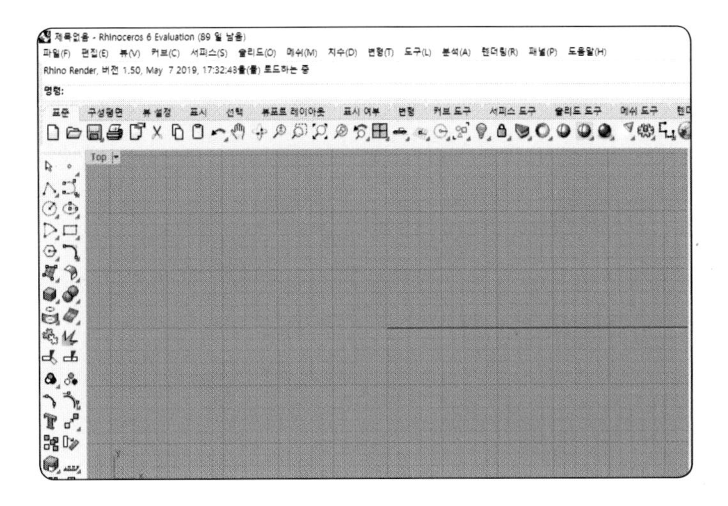

Rhino 3D 보충수업 Rhino 3D의 최소 설치사양

1) 하드웨어 구성
- 8GB RAM 혹은 그 이상을 권장
- 프로그램 다운로드, 라이선스 유효성 검사를 위해 인터넷 연결 필요
- 600MB 디스크 공간
- OpenGL 4.1이 가능한 비디오 카드 권장
- 스크롤 휠이 있는 3버튼 마우스 권장
- 운영체제 Windows 10, 8.1 또는 7 SP1 이상 권장, macOS 10.14.2, 10.13.4에서 사용가능

2) 지원되지 않는 환경:
- Linux
- Windows 8
- Windows XP 64 비트
- Windows Vista, NT, 95, 98, ME, 2000
- Windows 32비트 모든 버전
- VMWare와 Parallels을 비롯한 OS X 상의 가상 시스템
- OS X 10.10.4 (Yosemite 초기 버전), 다른 초기 버전

Rhino 6에서 영문으로 언어를 변경하는 방법

01 왼쪽 하단의 윈도우 아이콘을 클릭한 다음 톱니바퀴 마크를 누르면 Windows 설정 창이 나타난다. 여기서 '앱' 아이콘을 클릭한다.

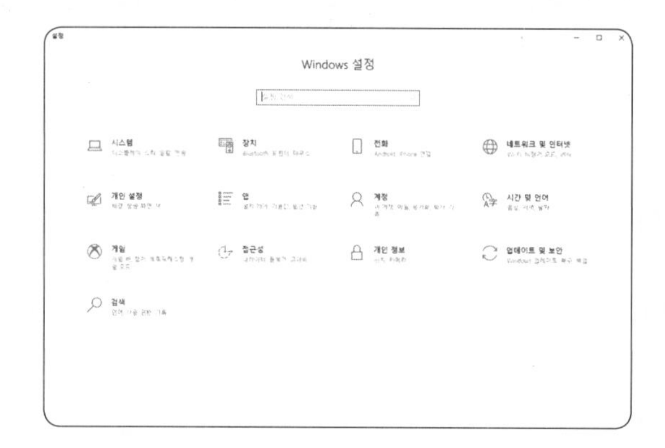

02 Rhion 6을 찾아 '수정'을 클릭한다.

03 라이노 설치 화면이 나타나면 '수정'을 클릭한다.

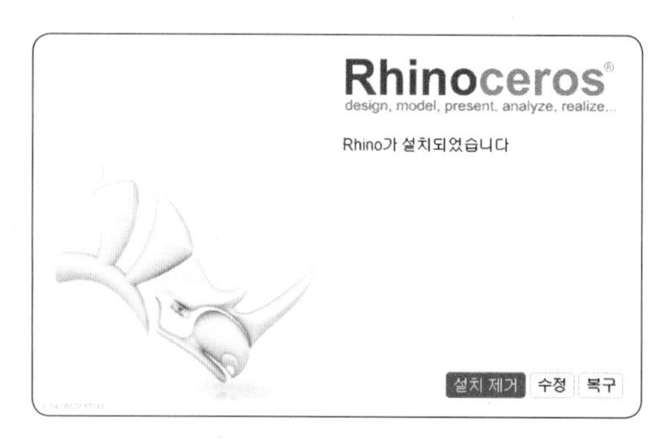

04 다음에 나타나는 화면에서 '언어 선택' 탭을 클릭한다.

Rhino 3D

보충수업

05 추가하고자 하는 언어를 선택하고 '닫기'를 클릭한다.

언어 선택

☐ 중국어 (간체)
☐ 중국어 (번체)
☐ 체코어
☑ 영어
☐ 프랑스어
☐ 독일어
☐ 이탈리아어
☐ 일본어
☑ 한국어
☐ 폴란드어
☐ 포르투갈어
☐ 러시아어
☐ 스페인어
닫기

06 '지금 설치' 버튼을 클릭하면 선택한 언어가 추가된다.

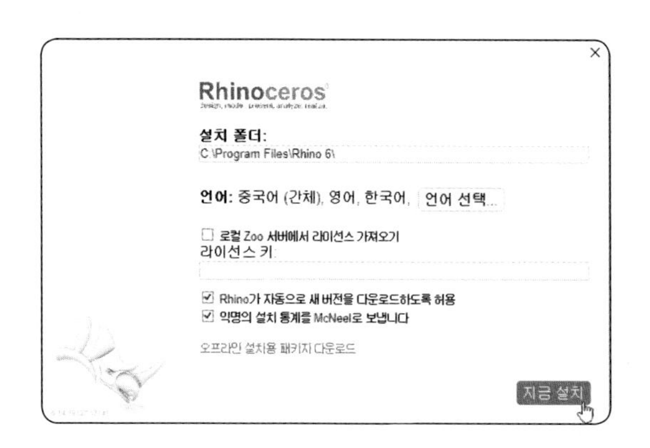

07 라이노 한글에서 영문으로 변경하는 방법은 Rhino 6을 실행한 후 메뉴 바에서 Tools〉Options를 선택하면 Rhino Options 대화상자가 나타난다. 좌측의 Rhino Options–Appearance를 클릭하여 Language used for dispaly에서 영어(미국)로 선택한 다음 'OK'를 누른 다음 라이노를 재시동하면 영문으로 메뉴가 변경된다.

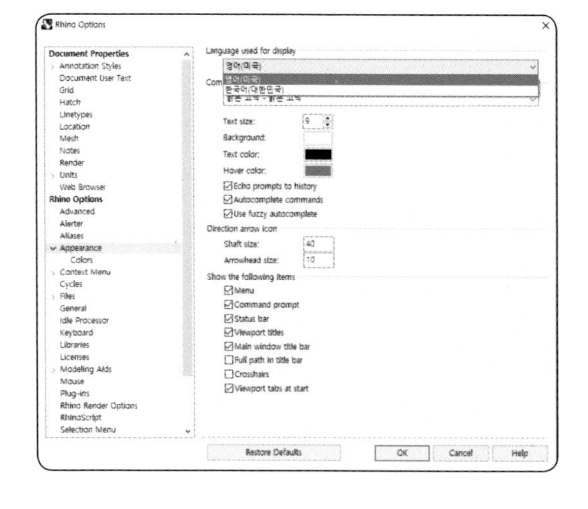

02 S·E·C·T·I·O·N

Rhino 3D 기본 툴 이해하기

Rhino 3D의 화면 구성과 툴에 대한 기능을 알아보자.

··· 학습 내용

- Rhino 3D 화면 구성을 이해하고 익숙해지자.
- 스탠다드 툴바에는 어떤 기능들이 있는지 설명해 보자.
- 메인 툴바에는 어떤 기능들이 있는지 설명해 보자.
- Rhino 3D 단축키를 반복 학습하자.
- Rhino 3D 줌(Zoom) 기능을 반복 학습하자.
- 화면 뷰 설정을 다양하게 변경해 보자.

··· Rhino 3D 화면 구성 살펴보기

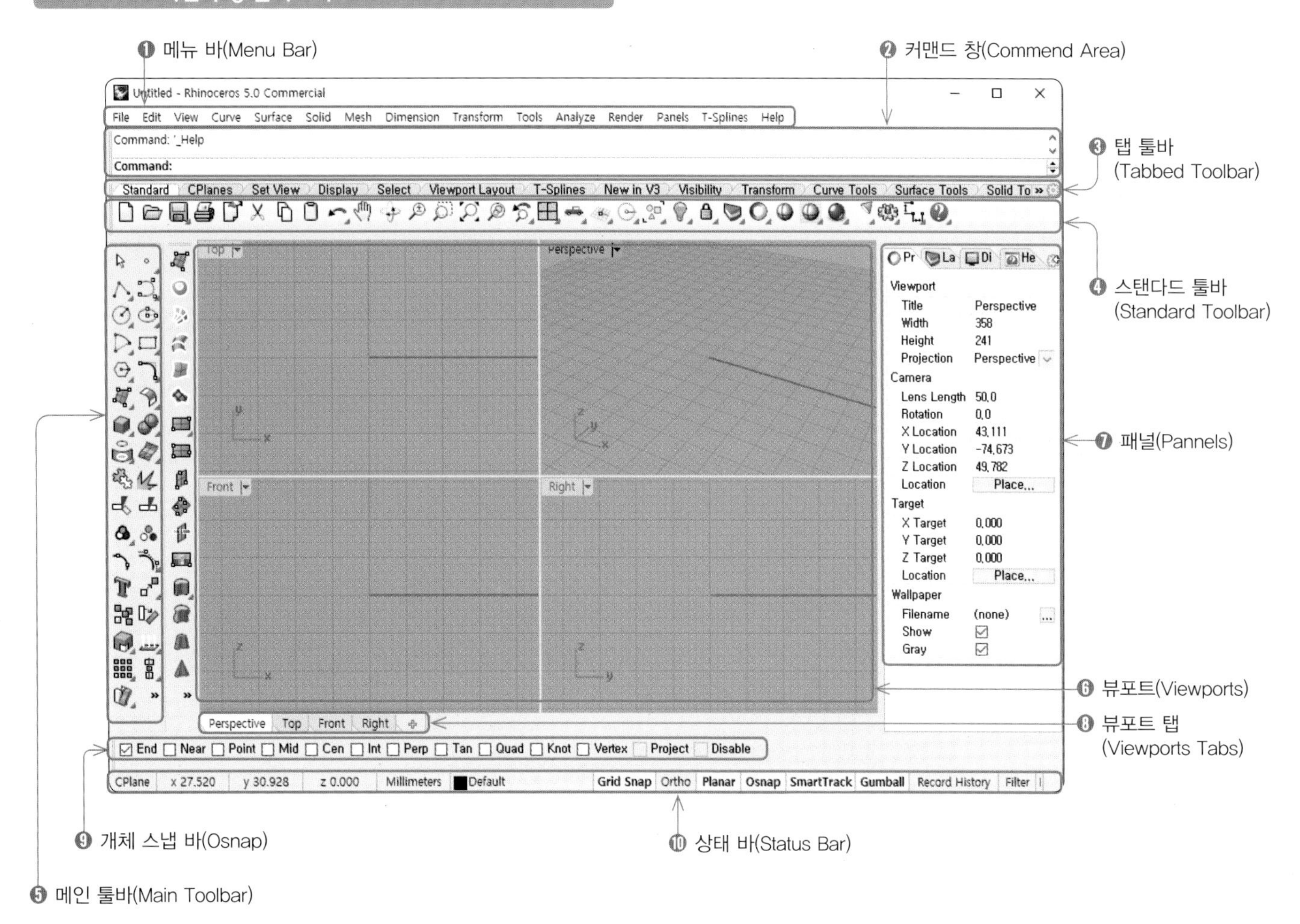

❶ 메뉴 바

Rhino의 모든 실행 명령들이 모여 있는 곳이며 14개의 항목으로 분류되어 있다.

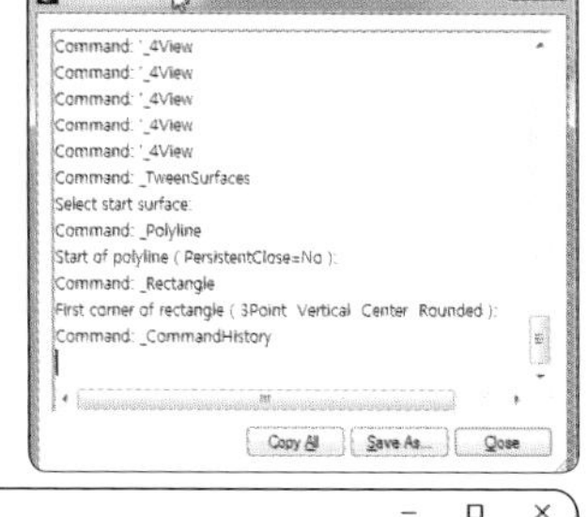

❷ 커맨드 창

명령 실행을 위한 Command Prompt와 사용자가 입력한 명령을 화면에 표시하는 영역이다. 사용된 명령을 500줄까지 표시되는 Command History Window를 참조하면서 작업할 수 있다. F2 키로 창을 별도로 활성화할 수 있으며 Command Prompt에서 마우스 오른쪽 버튼으로 클릭하면 바로 앞에서 실행했던 명령을 순서대로 보여주며 직접 선택하여 명령을 실행할 수도 있다.

❸ 탭 툴바

툴들을 풀다운 메뉴와 같이 비슷한 그룹으로 묶어서 15개의 탭으로 만들어 놓은 것이다. 빈번하게 사용되는 것을 우선 순위로 분류하였다. 각각의 탭 툴바를 플로팅 상태(강제로 화면으로 끌어 내림)로 설정하면 그룹이 된다.

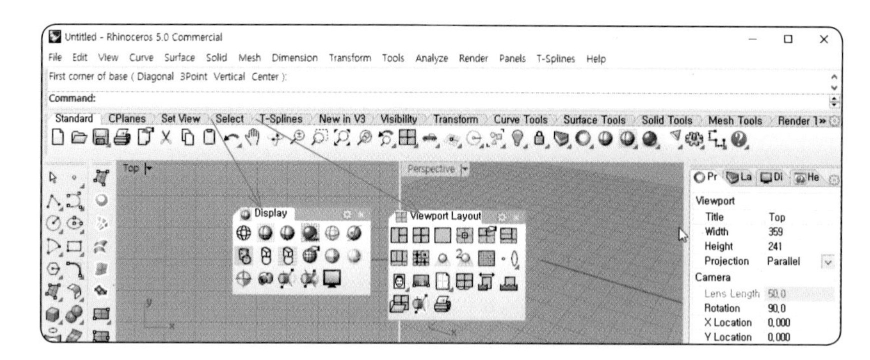

❹ 스탠다드 툴바

탭 툴바의 첫 번째 가로 형태의 툴바 모음으로 탭을 선택할 때마다 관련된 명령들이 펼쳐진다.

❺ 메인 툴바

화면 좌측에 세로 형태의 툴바를 가르키며 각 툴을 클릭하면 커맨드 창에 명령과 옵션을 입력하여 설정할 수 있다. Rhino 3D에서 가장 자주 사용하는 툴이 모여있다.

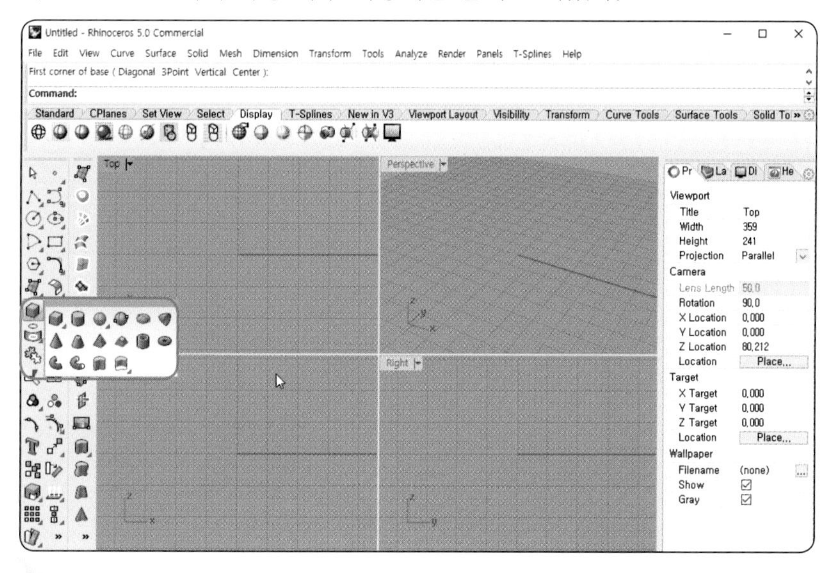

❻ 뷰포트

그래픽 영역 안에서 기본적으로 4개의 각각 다른 뷰가 나타나며, Top, Front, Right, Perspective로 모델링 방향을 표시한다. 뷰포트는 Viewport Layout 탭 툴바의 설정에 따라 여러가지 모양으로 변경할 수 있다.

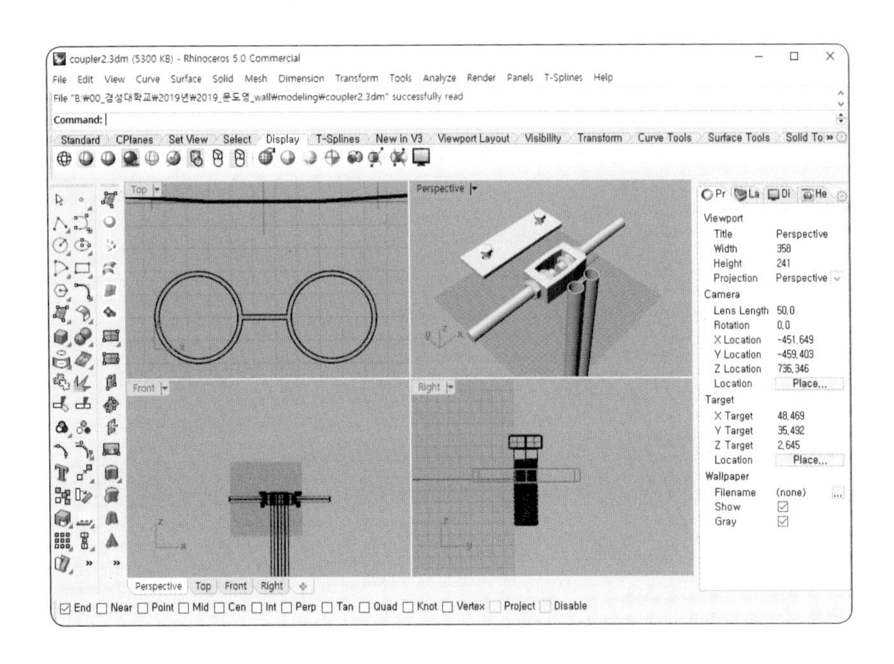

❼ 패널

Properties, Layers, Display, Help 등 많은 기능을 패널 탭에서 관리한다. 또는 Properties 탭에서 마우스 오른쪽 버튼을 눌러도 같은 목록이 나타난다.

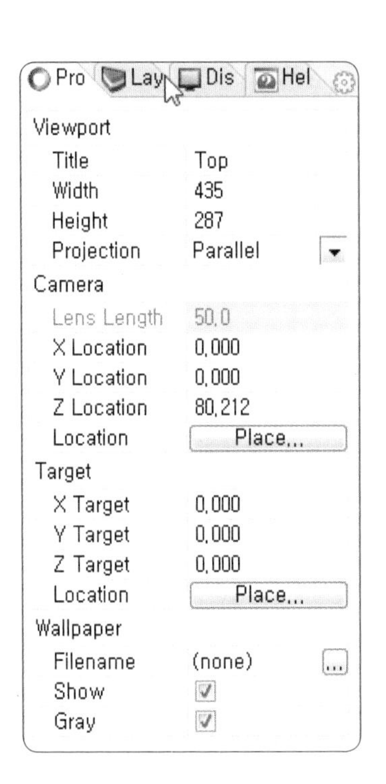

❽ Viewport Tabs

3D 작업을 하다보면 컴퓨터의 모니터의 크기가 제한적이고 물리적으로 확장이 어렵기 때문에 화면을 좀 더 넓게 사용해야할 경우가 빈번하다. 이럴 경우 탭을 마우스로 더블클릭하면 전체화면으로 변경되어 넓게 작업할 수 있다.

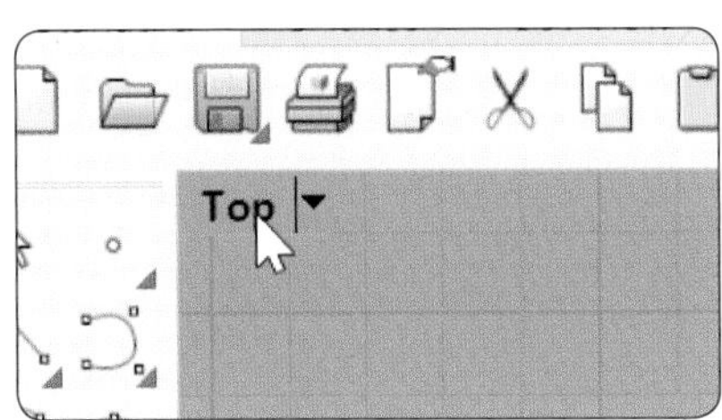

⑨ 개체 스냅 바

개체 스냅은 자신이 원하는 지점을 정확하게 선택할 수 있도록 도와주는 드로잉 보조 툴로 모델링 학습을 하면서 아주 빈번하게 나오므로 개념 이해가 반드시 필요하다.

End Near Point Mid Cen Int Perp Tan Quad Knot Vertex Project Disable

⑩ 상태 바

포인터(마우스의 커서)의 좌표, 기타 옵션의 현재 상태를 표시한다. 상태 바의 적절한 이용은 작업을 보다 효율적이고 정확하게 모델링을 진행할 수 있도록 도움을 준다.

CPlane x -11.341 y -6.719 z 0.000 Millimeters 기본값 Grid Snap Ortho Planar Osnap SmartTrack Gumball Record Histor

Rhino 3D 보충수업

단축키

컴퓨터 그래픽에서 단축키의 사용은 작업의 효율성 측면에서 상당히 중요한 요소이므로 반드시 익히도록 해야 한다.

단 축 키	결 과
F2	Command History 창 불러 오기
Ctrl + Tab	– View ports 건너뛰기 – View ports 변경(Maximum Size에서 원하는 View로 이동)
Pg up	Zoom in
Pg dn	Zoom Out
Ctrl + ↑, ↓, →, ←,	원하는 방향으로 조금씩 Pan 실행
Home	Undo View Change
End	Redo View Change

… [방향키로 정밀하게 개체를 움직이기 위한 설정

오브젝트를 선택하고 Enter +방향키를 사용하면 미세하게 이동할 수 있다. 스탠다드 탭에서 (Options)를 클릭하여 나타난 Rhino Option 대화창에서 Modeling Aids의 Nudge를 클릭한다. Nudge step의 Nudge key alone의 수치값을 설정한다. 수치값이 작을수록 세밀하게 이동할 수 있다.

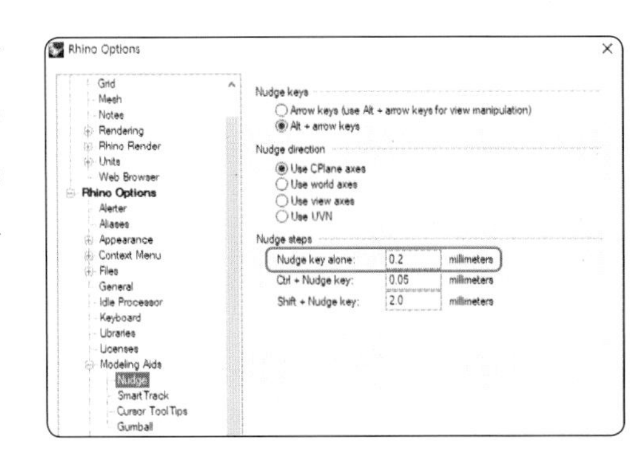

… 화면을 보는 다양한 방법

라이노에서 4개의 화면으로 분할된 뷰포트를 여러가지 방법으로 볼 수 있다. 왼쪽 상단에 바라보는 방향을 표시하는 글자가 있는데 이곳을 클릭하면 메뉴가 표시된다. 선택에 따라 화면을 다르게 볼 수 있다.

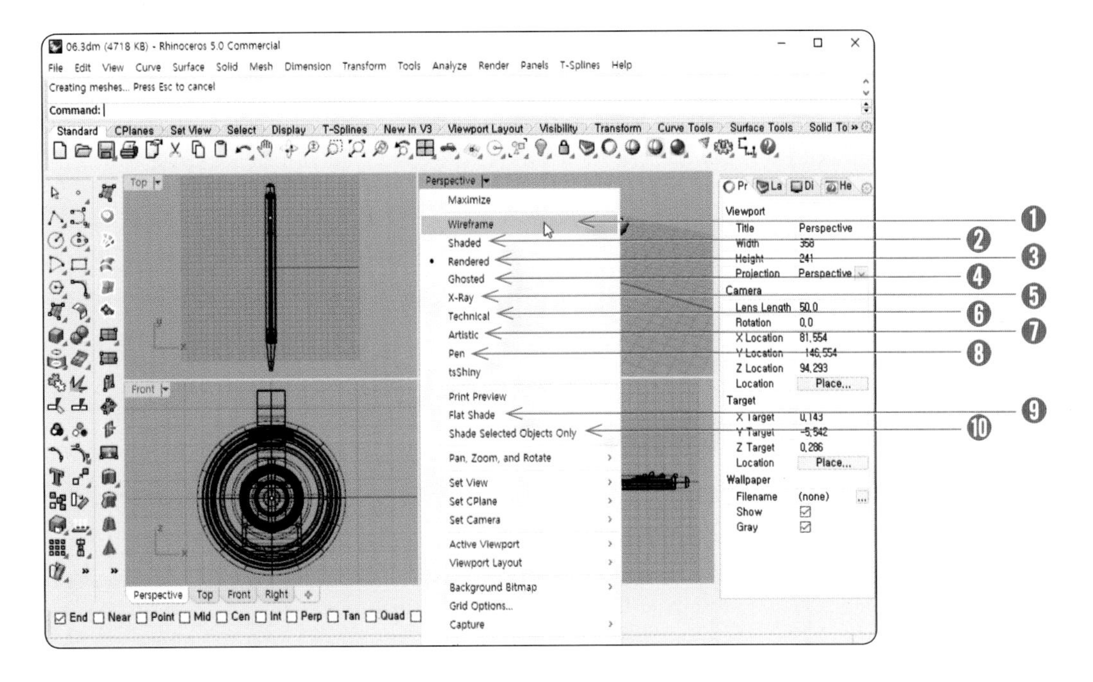

❶ **Wireframe** : 오브젝트를 선형의 와이어 형태로 보여준다.

❷ **Shaded** : 오브젝트를 그레이스케일과 아이소 커브까지 표현하며 가장 빠른 그레이스케일 Preview 형태로 보여준다.

❸ **Rendered** : 모델링 데이터를 아이소 커브가 보이지 않는 쉐이드 상태로 보여준다. Layer에서 개체에 재질, 하이라이트 그림자 투명도, Texture Map, Bump Map, Ground plane의 반사 등이 지원 가능하고 skylight, Sunligh에 따른 그림자 등이 표현된다.

❹ **Ghosted** : 오브젝트의 표면을 투명하게 만들어 반대편의 표면을 보여 주도록 설정한다.

❺ **X-Ray** : 모델링 오브젝트를 X-Ray 필름처럼 사물을 투영한 형태로 보여준다. 작업 중 오브젝트를 반투명으로 투영하게 설정하여 오버랩된 서피스를 보면서 편집하기 위해 설정한다.

❻ **Technical** : 모델링 오브젝트를 실루엣으로 처리하는 옵션이다. 다른 오브젝트 뒤에 있는 오브젝트 면은 실선과 점선으로 생략되어 표현된다.

❼ **Artistic** : 질감있는 아트지에 회화적인 스케치 이미지로 그린 평면적인 선으로 표현한다.

❽ **Pen** : 종이에 펜으로 그린 평면적인 그림으로 표현한다. 검은색 라인으로 오브젝트의 외곽을 표현하며 배경에는 흰색을 사용한다.

❾ **Flat Shade** : 결과물을 회색 음영의 입자로 표시해 준다.

❿ **Shade Selected Objects Only** : 사용자가 선택한 오브젝트에만 원하는 Shade 형태로 표현한다.

··· 커맨드 창으로 명령 입력하기

라이노에서 라인을 그리거나 오브젝트를 생성하고 합치고 나눌 때 사용하는 등의 대부분의 기능은 두 가지 방법으로 실행할 수 있다. 첫 번째는 화면 왼쪽에 있는 메인 툴바의 아이콘을 선택하는 방법과 두 번째는 화면 위쪽의 커맨드 창(Command Area)에서 명령어를 입력하는 대화형 방법이 있다. 사용자에 따라 두 가지 방법 중에서 어떤 것을 사용해도 상관없다. 마우스의 사용이 익숙하거나 그래픽 작업을 해보았다면 메인 툴바의 아이콘을 사용하는 것이 편리하지만 그래픽 작업을 해보지 않았거나 라이노를 처음 사용하는 사용자의 경우에는 커맨드 창을 이용하는 것이 효과적일 것이다. 여기에서는 원을 그려보면서 커맨드 창의 사용법에 대해 알아보겠다.

01 커맨드 창에 'circle'을 입력하고 Enter 를 누른다. 이 때 관련된 명령어들이 커맨드 창 아래에 메뉴로 표시되는 것을 볼 수 있다.

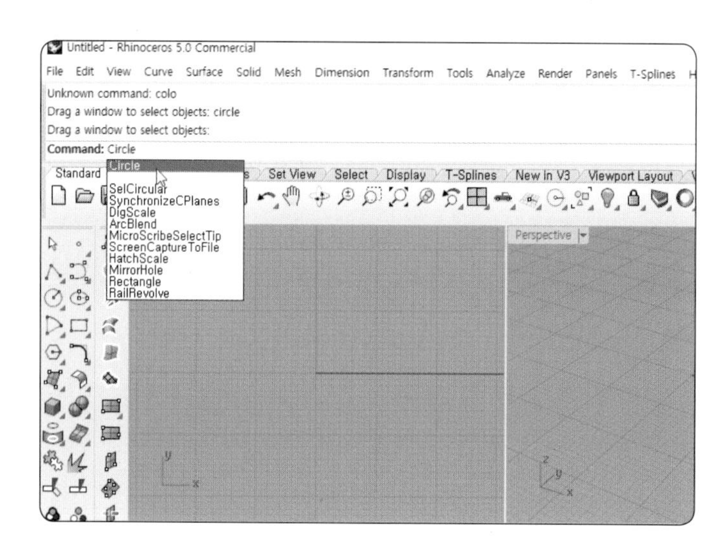

02 'Center of circle'이 나타난다. 원의 중심점을 지정하라는 의미로, 화면의 중앙에 정확히 그리기 위해 X, Y 좌표의 값을 숫자 0,0으로 입력하고 Enter 를 누른다.

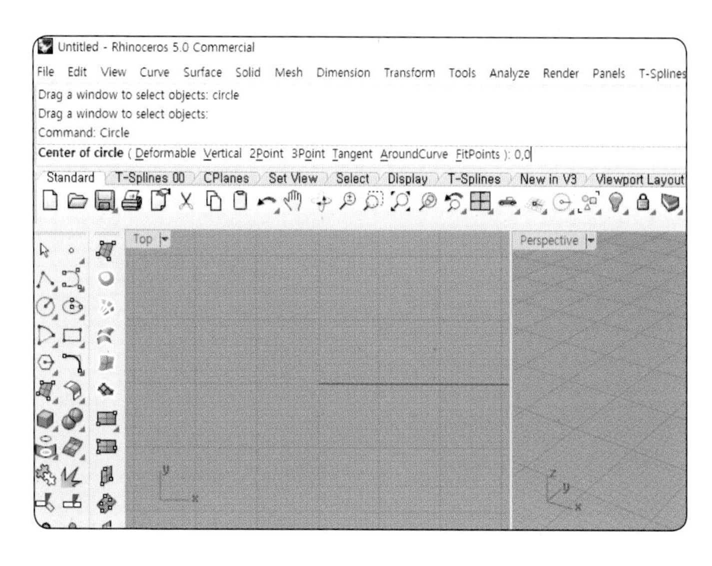

03 Radius가 나타난다. 원의 반지름 값을 입력하라는 의미로 Top view 창으로 마우스를 이동하고 숫자 20을 입력한 후 Enter 를 누르면 원의 중심은 화면의 중심인 0,0이 되고 반지름이 20인 원이 그려진다.

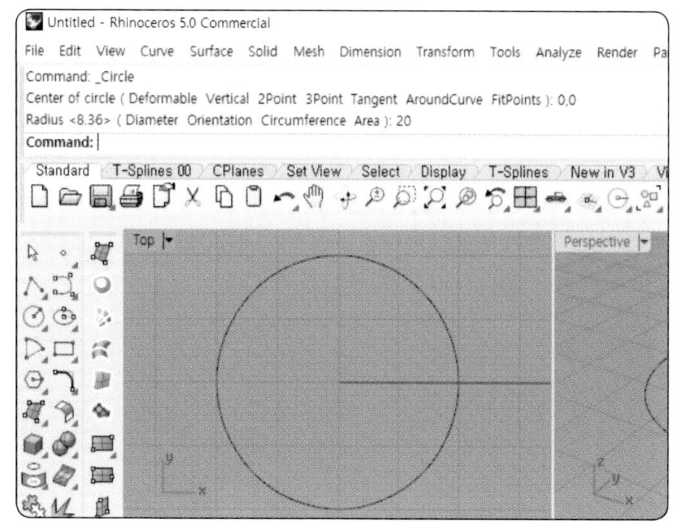

··· Keyshot(키샷)의 이해

Rhino 3D는 벡터 방식의 모델링 전용 프로그램이다. 모델링 파일을 사실적인 사진처럼 만들기 위해서는 렌더링 과정이 필요하다. 디자이너들은 실시간으로 재질을 입혀 빠르게 작업을 할 수 있는 'Keyshot'이나 'V-ray' 등의 프로그램을 선호한다. Keyshot은 3D 렌더링뿐만이 아닌, 애니메이션과 인터렉티브 VR 기법을 지원한다. 또한 CPU 기반 아키텍처를 사용하여 좋은 그래픽 카드가 없어도 실시간 렌더링을 구현할 수 있다. 25개 이상의 3D 파일 형식을 불러올 수 있으며 다양한 재질과 환경 프리셋, 인터렉티브 라벨링, 텍스처 매핑, 물리 조명, 애니메이션 기능을 마우스의 드래그 앤 드롭만으로 쉽게 만들 수 있다.
Keyshot은 다음과 같은 3가지 특징이 있다.

- 신속하게 : Keyshot의 독특한 렌더링 엔진은 재질, 조명, 카메라의 변경을 즉시 반영하여 빠르게 편집할 수 있다.
- 보다 쉽게 : 정밀한 렌더링을 위한 전문기술이 필요없다. 제작된 3D 모델링을 Keyshot으로 불러와 라이브러리에서 적절한 재질을 마우스의 드래그 앤 드롭만으로 적용할 수 있다.

● 정확하게 : Keyshot을 개발한 Luxion의 독특한 물리 렌더 엔진은 GI(Global Illumination) 방법과 진보된 재질 표현 연구에 기초하여 보다 정확한 결과를 만들 수 있다.

··· 키샷[Keyshot] 설치하기

01 키샷을 설치하기 위해 브라우저에서 www.keyshot.com을 접속하여 downloads 화면으로 이동한다.

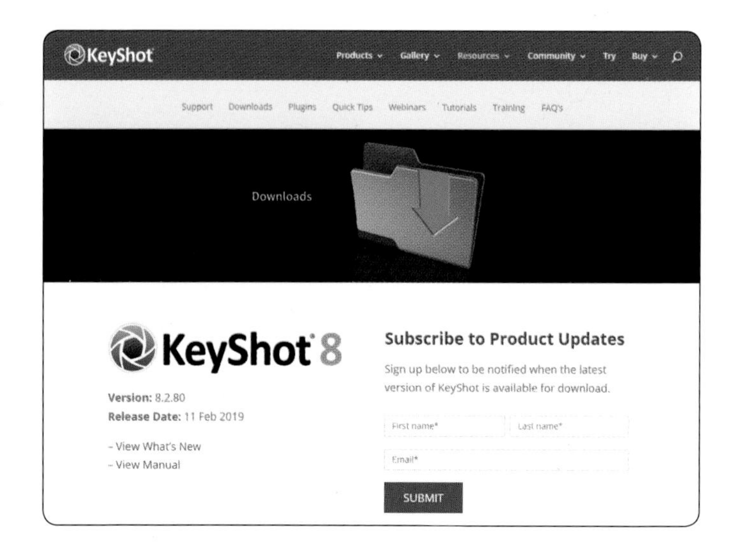

02 개인의 정보를 입력하고 사용하고 있는 컴퓨터의 버전을 클릭하면 키샷 DEMO 버전이 다운로드된다.

03 다운로드된 키샷 설치 파일을 실행한다.

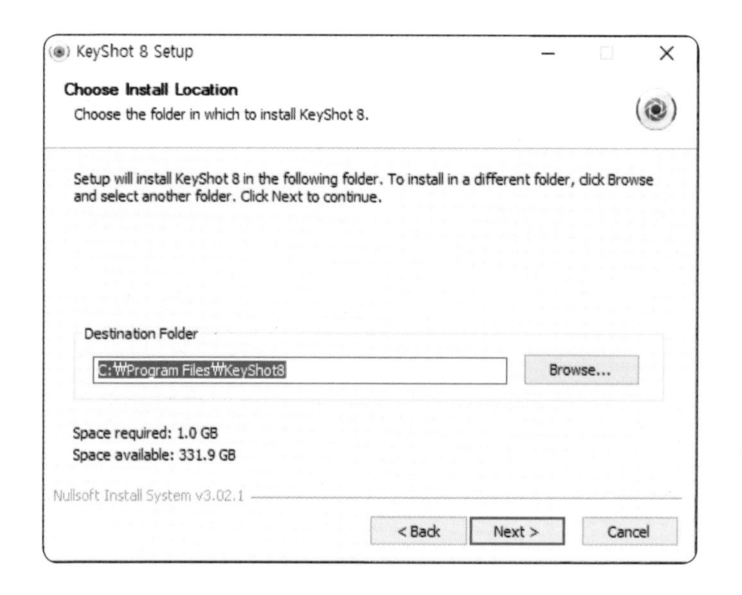

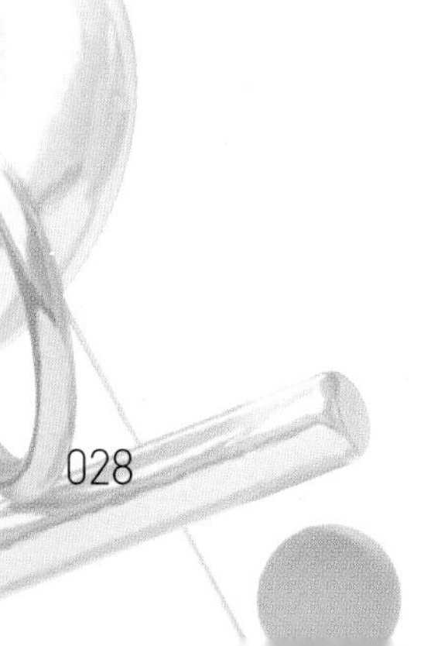

04 키샷 설치가 완료되면 프로그램을 실행한다. 화면에 키샷 등록 창이 나타나면 [등록하지않고 계속하기]를 클릭한다. 만약 라이선스를 보유하고 있으면 라이선스 번호를 입력한다.

05 키샷 프로그램이 실행되면서 나타나는 안내 화면에서 오른쪽 데모씬 탭을 선택하고 칫솔(toothbrush.bip)을 선택한다.

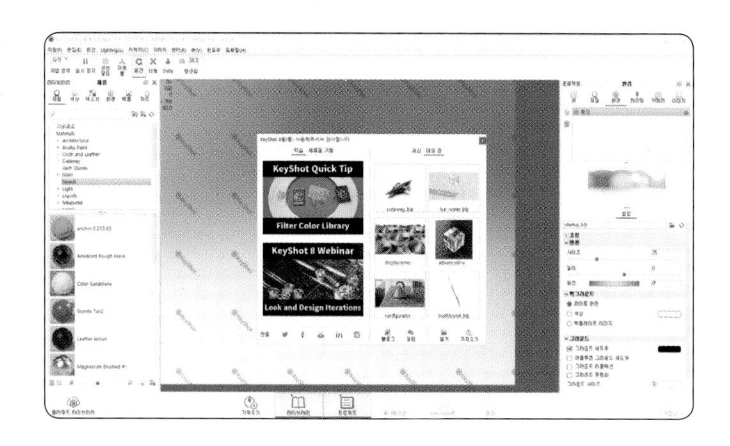

06 간단하게 재질을 변경해 보자. 좌측에 재질 탭을 선택하고 아래 재질 라이브러리에서 plastic〉clear를 선택한다.

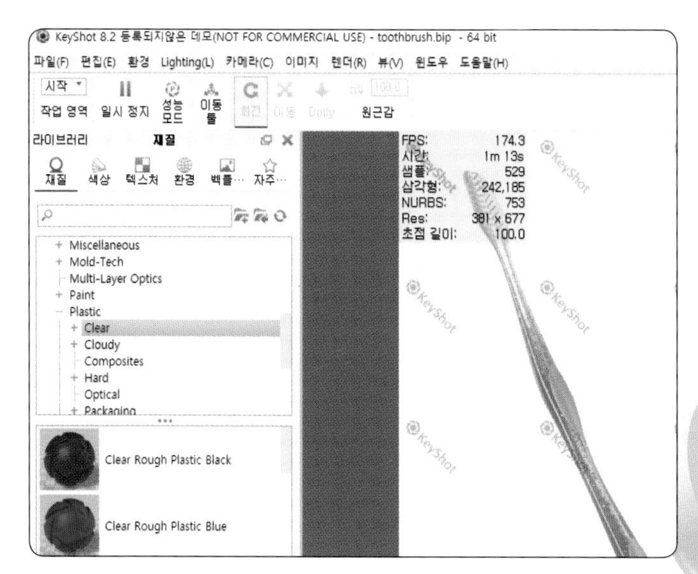

07 아래 탭에 나타나는 그림들이 재질의 샘플파일이다. 이중에서 'Clear Rough Plastic Green'을 선택하여 오른쪽 칫솔 몸통에 드래그 앤 드롭한다. 좌측 라이브러리에서 지정한 재질로 해당 부분의 재질이 변경된 것을 알 수 있다.

TIP

바탕에 나타나는 'KeyShot' 로고 마크는 데모 버전을 사용할 때 나타난다. 바닥이 깨끗한 결과를 얻으시려면 정품을 구입해야 한다.

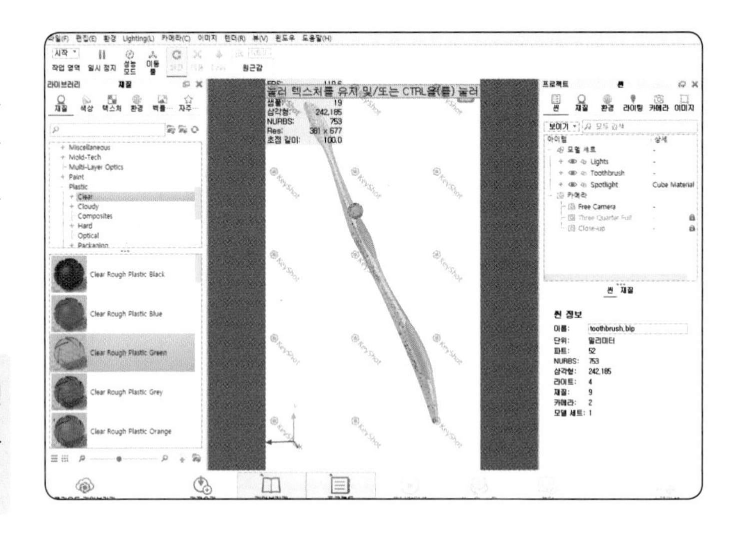

08 계속해서 환경을 변경해 보자. 좌측 환경 탭을 선택하고 아래 탭에서 '2 Panels Titled 4K'를 선택하여 오른쪽 칫솔부분에 드래그 앤 드롭한다.

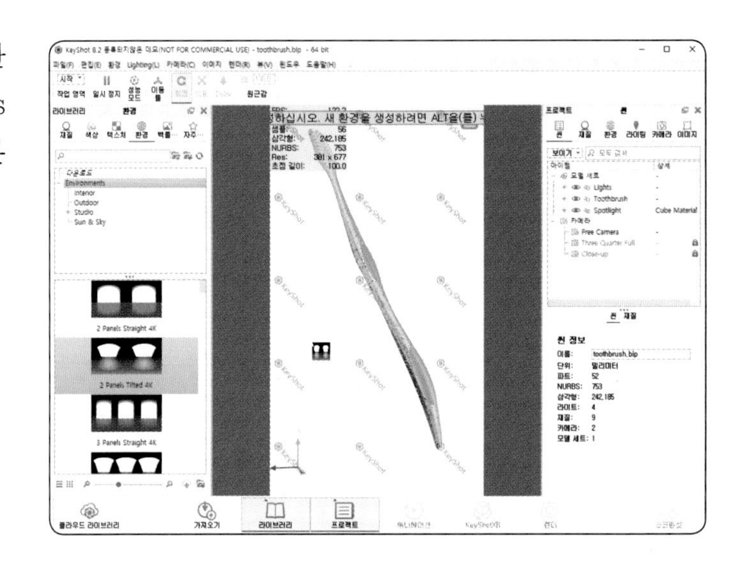

09 화면의 상태를 사진과 같은 품질인 그림 파일로 저장하기 위해서는 렌더링을 해야 한다. 상단 메뉴바의 렌더에서 '렌더'를 선택하면 결과를 얻을 수 있다. 데모 버전에서는 렌더를 수행할 수 없다.

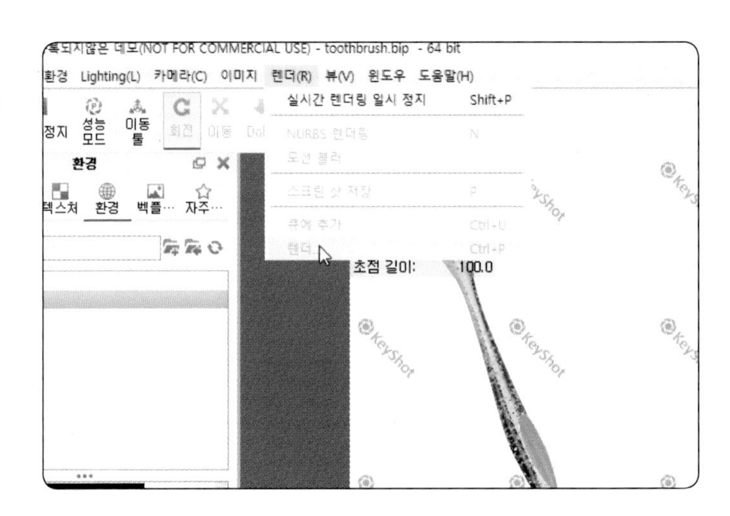

10 참고로 정식 버전에서 렌더링 결과는 오른쪽 화면과 같다.

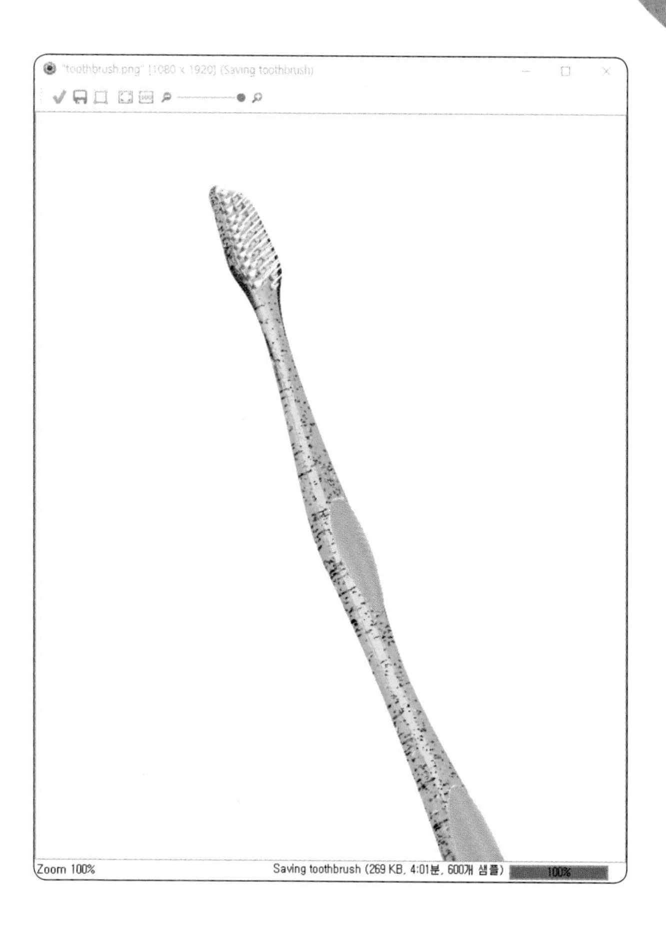

실습 예제1 |

Rhino 3D를 활용하여 다음의 그림과 같이 만들어 보자.

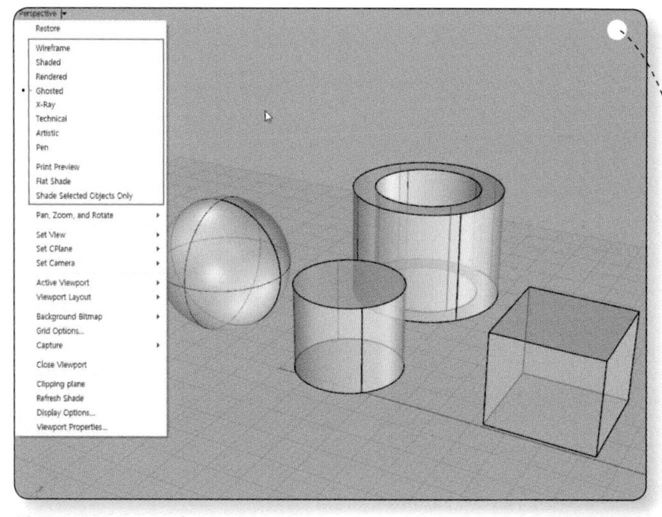

완성 파일 | Sample〉ex02-01.3dm

keypoint

① 샘플예제 파일 "ex02-01"을 연다.
② 다양한 줌 기능을 사용한다.
③ Perpective View 탭에서 'shade', 'Rendered', 'Ghots', 'X-ray' 모드를 적용한다.

03 S·E·C·T·I·O·N

Rhino 3D 모델링 이해하기

Rhino 3D의 작업 환경을 설정해보고 속성 값을 적용해 보자.

PREVIEW

완성 파일 | Sample>ex11_05.dm

··· 학습 내용

- Rhino 3D Undo 횟수를 설정해 보자.
- Rhino 3D Template를 이해하자.
- 새로운 작업 환경을 만들고 저장하고 불러와 보자.
- Gumball과 Osnap을 이해하자.

··· Rhino 3D 작업 환경 설정하기

···기초 환경 설정 및 작업 단위의 설정

정확한 모델을 만들기 위해서는 기초 환경 설정이 우선 되어야 하며, 작업을 시작하기 전에 반드시 작업 단위를 설정해 주어야 한다. 작업 단위를 설정하는 방법에는 Document Properties를 이용하거나 Template File을 사용하는 방법이 있다.

···Document Properties를 이용한 단위 설정

IGES, OBJ, 3DS, DWG, DXF, LWO, VRML, MTS 등 매우 다양한 File Format을 지원하므로 CAD, CAM, 제품 디자인, Reverse Engineering, Animation, VR, Web 3D 등 다양한 분야에 응용할 수 있다.

① File 〉 Properties 〉Units 클릭

② Model Units를 Milimeters로 설정

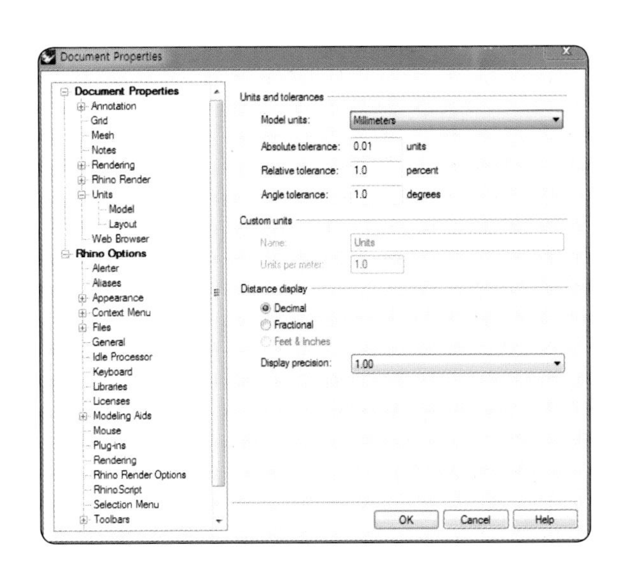

···Template File을 이용한 단위 설정

① File 〉 New

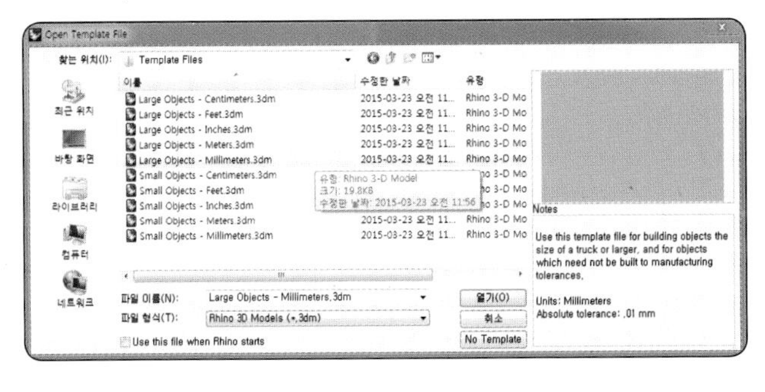

···라이노 환경 설정

라이노 환경 옵셥은 command에서 'option'을 입력하거나 스탠다드 탭에서 Options( ) 아이콘을 클릭하면 된다.

···Undo의 설정

Undo 명령은 작업 전에 충분히 설정해 두어 실수로 인한 되돌림의 한계를 늘려줄 수 있으며, 데이터를 수정할 때 편리하다. 초기 값은 1이지만 초보자일 경우 30에서 100으로 설정하는 것이 좋다.

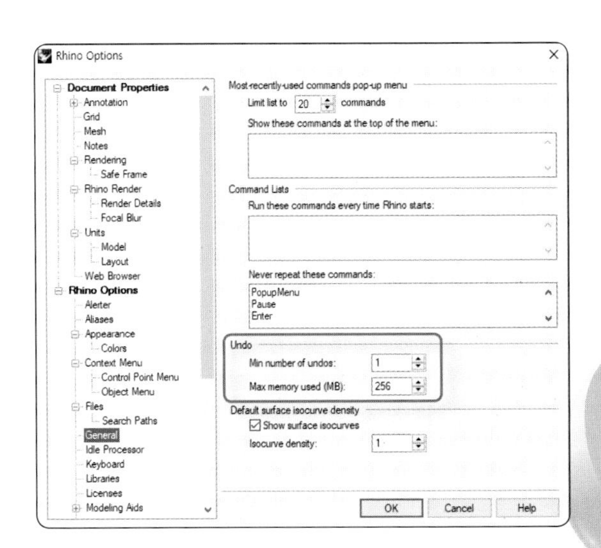

…Appearance 설정

초보자의 경우 가끔 메뉴 바나 커맨드 창이 사라져서 당황하는 경우가 있다. 이때 Show the following items를 체크하여 활성 상태로 만들어 주면 사라졌던 메뉴 바나 커맨드 창이 다시 나타난다. Cosshairs에 체크하여 활성화하면 Viewport에 흰색의 십자형 교차선이 생기는데 CAD 도면 제작시에 가이드선으로 사용하면 좋다. 평상시에는 비활성화하는 것이 좋다.

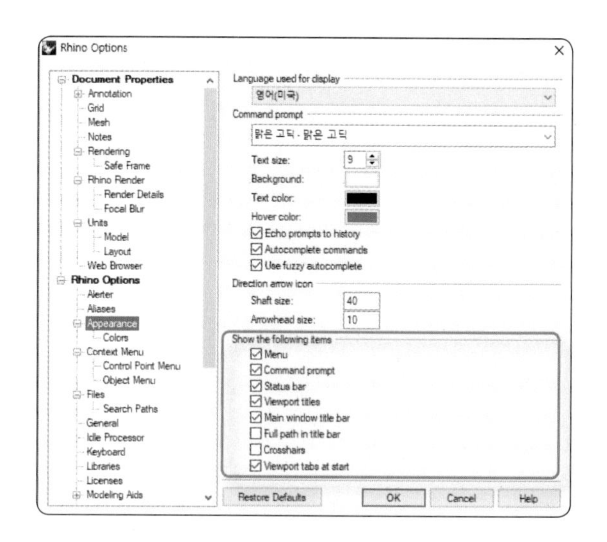

…Files의 설정

이 부분에서 중요한 것은 AutoSave인데 초보자나 숙련자도 공통적으로 설정해 두면 좋다. 특히 초보자의 경우 작업에 몰두한 나머지 Rhino 3D가 원인도 모르게 시스템이 다운되는 경우가 있는데, 자동으로 Back-Up AutoSave 파일이 설정해둔 곳에 가장 최근 작업을 보존한다. 하지만 주의할 것은 시작 전에 해두어야 하며 반드시 작업 중인 데이터에 File Name이 지정된 상태여야 한다는 것이다. 물론 가장 좋은 방법은 자주 저장하는 습관을 갖는 것이다.

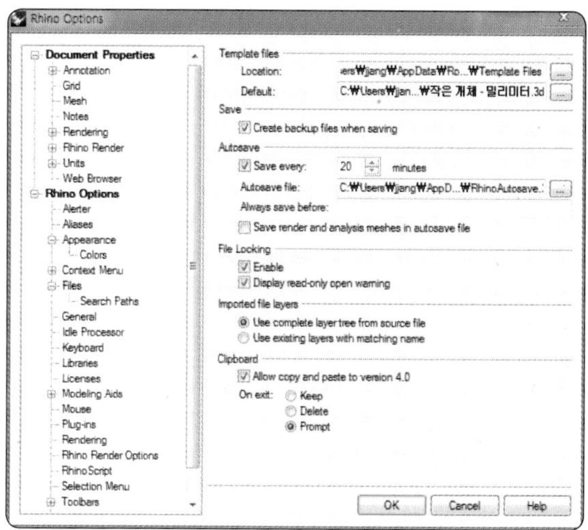

… Object Snap(Osnap) 이해하기

Osnap은 캐드 뿐만 아니라 Rhino 3D에서 모델링을 하는 작업에서 필수적인 기능이다. 하지만 단독의 명령어가 아니라 어떤 명령어를 실행하는 도중에 사용하는 옵션이다.

CAD를 사용해 본 사용자라면 도면을 그리는데 있어서 좌표계만으로 그릴 수 없다는 것을 알 수 있다. Rhino 3D에서도 Osnap의 옵션의 활용 없이는 도면이나 모델링은 사실 불가능하다. Osnap은 스탠다드 툴바에서 제공하는 Object Snap Floating Toolbar와 화면의 하단에 위치한 Status Bar에 있는 Osnap이 있다. 대부분 라이노 사용자들은 하단의 Osnap을 단축키를 이용하여 Toggle On/Off하면서 사용한다.

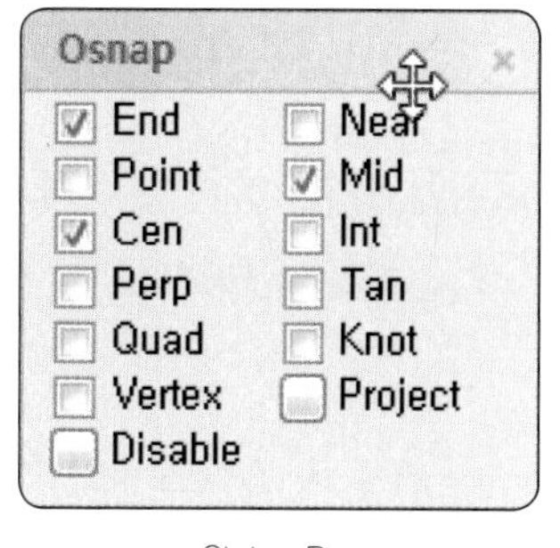

Status Bar

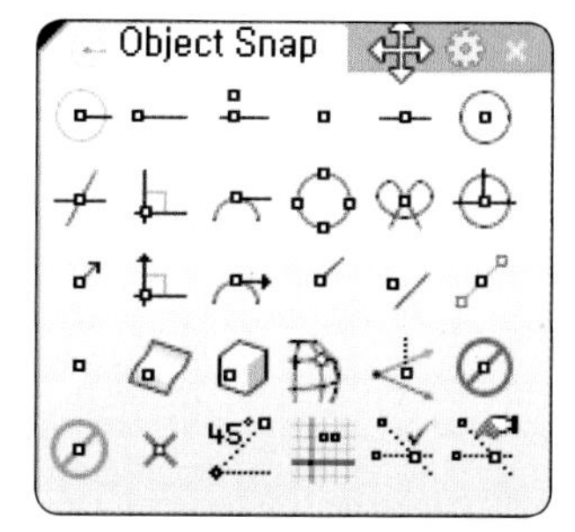

Floating Toolbar

스탠다드 툴바에서 제공하는 Object Snap Floating Toolbar의 Osnap은 서로 연계성을 가지고 작동하며 사용자가 이해하기 쉽도록 아이콘화 해두었기 때문에 익숙하지 않은 사용자들은 서로 번갈아가면서 사용하면 된다.

Floating Toolbar에서 제공하는 Osnap의 마우스 왼쪽 버튼(LMB) 마우스, 오른쪽 버튼(RMB) 기능은 Osnap을 1회성으로 사용하느냐 지속적으로 사용하느냐의 선택 옵션이다.

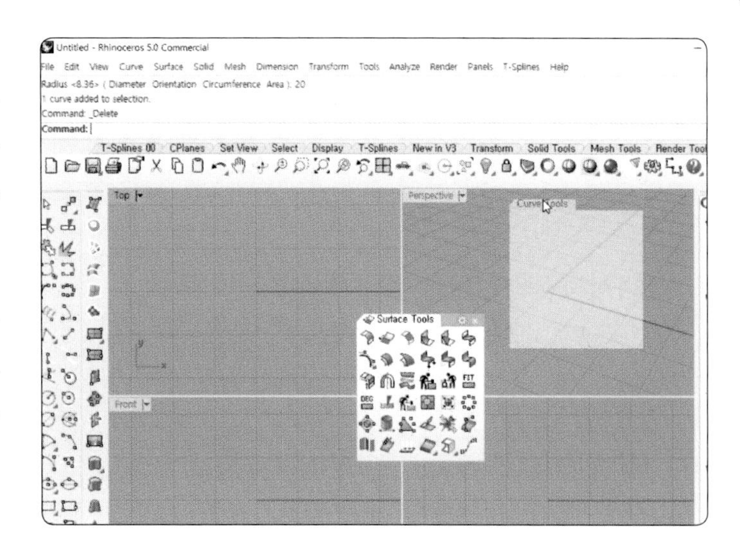

··· Rhino 3D 좌표 개념

1. 절대 좌표(X거리 값, Y거리 값, Z거리 값)

절대 좌표는 기준 좌표 값이 절대 변하지 않는 것으로, 원점(0,0,0)을 기준으로 X, Y, Z 값을 콤마(Coma)로 구분하여 입력하는 방법이다.

절대좌표란?

절대 좌표는 모든 기준이 Origin(원점)이 된다. 예를 들어 X축에서 10만큼, Y축으로 10만큼 원점부터 이동하는 라인을 그린다면 (10,10)로 표현한다.

절대 좌표를 이용한 도면 그리기

Top View를 클릭하여 활성화하고 메인 툴바의 Polyline( )을 클릭하거나 커맨드 창에서 polyline을 입력한 후 Enter 를 눌러 아래와 같은 순서로 입력하면 사각형을 그릴 수 있다.

ⓐ10,10 (Space Bar 또는 Enter) → ⓑ 30,10 (Space Bar 또는 Enter) → ⓒ 30,30 (Space Bar 또는 Enter) → ⓓ 10,30 (Space Bar 또는 Enter) → ⓔ 10,10 (또는 C + Enter)

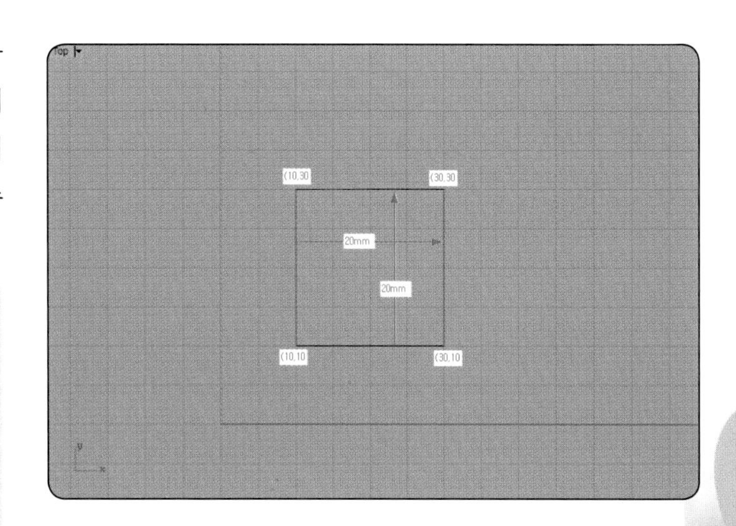

2. 상대 좌표(@X거리 값,Y거리 값,Z거리 값)

상대 좌표는 방금 전에 사용한 좌표, 다시 말해 직전 좌표가 모든 기준이 되며 절대 좌표와 구분하기 위해서 R 또는 @를 좌표 값 앞에 입력하여 사용한다. 절대 좌표와 같은 똑같은 사각형을 상대 좌표로 그리는 학습을 해 보자(예 : R100,100 또는 @100,100).

상대 좌표를 이용한 도면 그리기

Top View에서 메인 툴바의 Polyline( )을 클릭하거나 커맨드 창에서 polyline을 입력한 후 Enter 를 눌러 아래와 같은 순서로 입력하면 사각형을 그릴 수 있다.

ⓐ10,10(Space Bar 또는 Enter) → ⓑ
@20,0(Space Bar 또는 Enter) → ⓒ
@0,20(Space Bar 또는 Enter) → ⓓ
@–20,0(Space Bar 또는 Enter) → ⓔ @0,–20(또는 C + Enter)

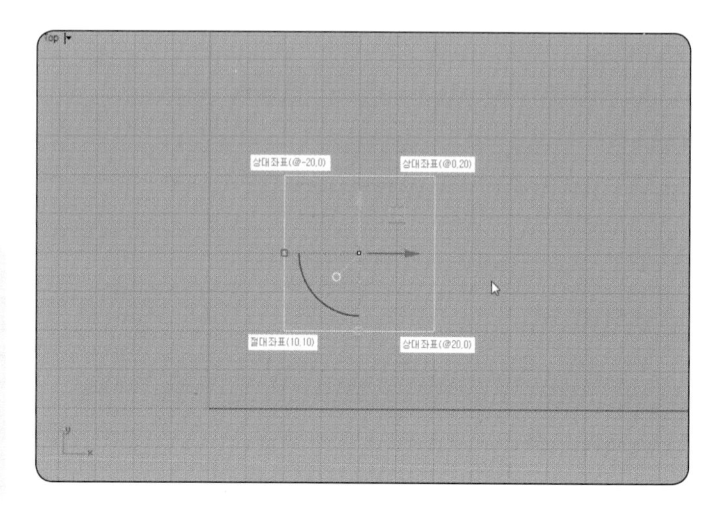

3. 상대극 좌표(@거리 값 〈 방향)

상대극 좌표는 상대 좌표와 마찬가지로 방금 전에 사용한 직전 좌표가 모든 기준이 되며 절대 좌표와 구분하기 위해서 R 또는 @를 좌표 값 앞에 사용한다. 하지만 다른 점은 좌표 값을 @X,Y로 입력을 하는 것이 아니라 @거리〈각도로 입력한다. 일반적으로 반시계 방향으로 각도를 입력하지만, 시계 방향으로 각도를 입력할 경우에는 앞에 "–"마이너스 부호를 붙여 사용한다(반시계방향 : R100〈90, 시계방향 : @100〈–90). 절대 좌표와 같은 똑같은 사각형을 상대극 좌표로 그리는 학습해 보자.

상대극 좌표를 이용한 도면 그리기

Top View에서 메인 툴바의 Polyline( )을 클릭하거나 커맨드 창에서 polyline을 입력한 후 Enter 를 눌러 아래와 같은 순서로 입력하면 사각형을 그릴 수 있다.

ⓐ10,10 (Space Bar 또는 Enter) → ⓑ
@20〈0 (Space Bar 또는 Enter) → ⓒ
@20〈90 (Space Bar 또는 Enter) → ⓓ
@20〈180 (Space Bar 또는 Enter) → ⓔ
@20〈–90 (또는 C + Enter)

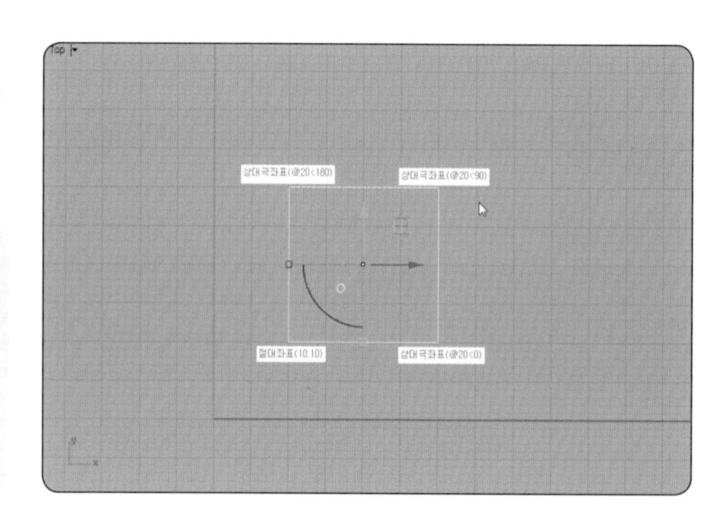

4. 직교(Ortho)를 이용한 도면 그리기

직교를 이용한 좌표 입력 방법은 이미 3D 모델링이나 캐드를 능숙하게 사용하는 사용자라면 익히 알 수 있는 기능이지만 익혀두면 상당히 편리한 기능이다.

❶ 화면 오른쪽 하단의 Status Bar에서 Ortho 버튼(또는 F8)을 켠다. Ortho는 마우스 커서를 수직 · 수평으로만 움직이도록 고정시키는 버튼이다.

Grid Snap	Ortho	Planar	Osnap	SmartTrack	Gumball	Record History	Filter

❷ Top View에서 메인 툴바의 Polyline() 을 클릭하거나 커맨드 창에서 polyline을 입력한 후 Enter 를 눌러 아래와 같은 순서로 입력하면 사각형을 그릴 수 있다.

ⓐ 10,10 (Space Bar 또는 Enter) → ⓑ 20 입력하고 마우스 커서를 0도 방향으로 이동 (Enter) → ⓒ LMB(마우스 클릭) → ⓓ 20 입력하고 마우스 커서를 90도 방향으로 이동 (Enter) → ⓔ LMB(마우스 클릭) → ⓕ 20 입력하고 마우스 커서를 180도 방향으로 이동 (Enter) → ⓖ LMB(마우스 클릭) → ⓗ C (Enter)

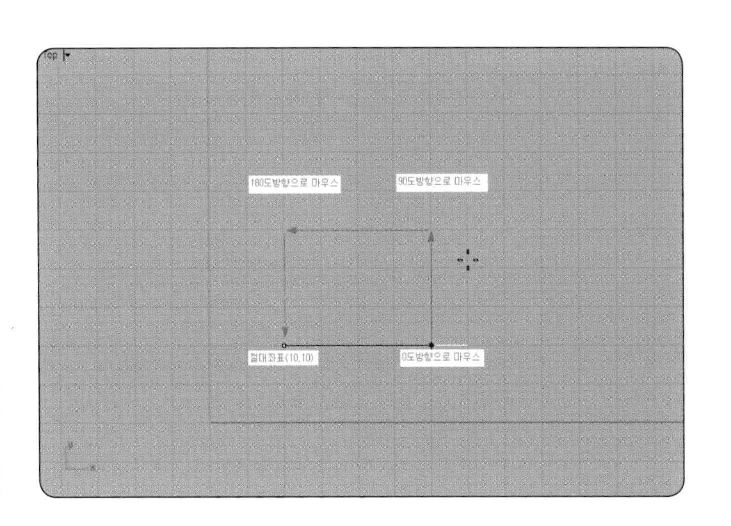

··· 정투상도법의 이해

1. 투상법의 개요

투상법은 물체의 입체 형상이 평면 위에 투영된 모습을 도면으로 그려 표시하는 방법이다.

2. 정투상법의 개요

정투상법(Orthographic projection)은 물체의 표면으로부터 평행한 위치에서 물체를 바라보며 투상하는 방법으로, 투상면은 물체와 평행하고 투상선은 투상면에 수직으로 그려 투상도를 실물과 같은 크기로 나타난다. 정투상도법에서 가상의 투상면은 항상 물체와 평행하고, 투상선은 투상면에 수직이다. 따라서 투상면이 어느 위치에 있든지 투상도의 크기는 항상 일정하다. 정투상도법은 서로 다른 방향에서 투상된 몇 개의 투상도를 조합하여 3D의 물체를 2D의 평면 위에 정확하게 표현하는 방법이다.

3. 정투상도법의 종류

정투상도법으로는 제1각법, 제3각법이 있으며 일반적으로 제3각법을 원칙으로 사용하지만, 토목이나 선박 제도 등과 같이 필요한 경우에는 제1각법을 사용하기도 한다.

① 정면도 : 물체의 특징이 가장 잘 나타나있는 도면
② 평면도 : 정면도를 기준으로 위쪽에서 본 도면
③ 우측면도 : 정면도를 기준으로 오른쪽에서 본 도면
④ 좌측면도 : 정면도를 기준으로 왼쪽에서 본 도면
⑤ 저면도 : 정면도를 기준으로 아래쪽에서 본 도면
⑥ 배면도 : 정면도를 기준으로 뒤쪽에서 본 도면

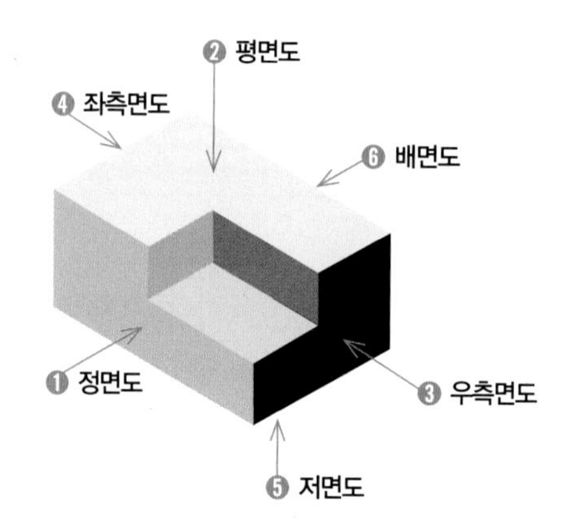

··· 제3각법의 이해

제3각법은 가장 많이 사용되는 정투상도법으로 어떤 입체적인 물체가 육면체 박스의 가운데에 놓여 있다고 생각한다. 우리나라에서는 제도 통칙으로 사용하고 미국에서도 사용하는 투상법이다.

- 제3각법은 눈(시점) → 투상면(화면) → 물체의 순으로 진행되며, 보는 위치면에 상이 나타난다.
- 평화면, 측화면을 입화면과 같이 평면이 되도록 회전 시키면 정면도 위에 놓이고, 정면도의 오른쪽에 우측면도가 놓인다.
- 제3각법은 제1각법에 비해 도면을 이해하기 쉬우며, 치수 입력이 편리하고 보조 투상도를 사용하여 복잡한 물체도 쉽고 정확하게 나타낼 수 있다.

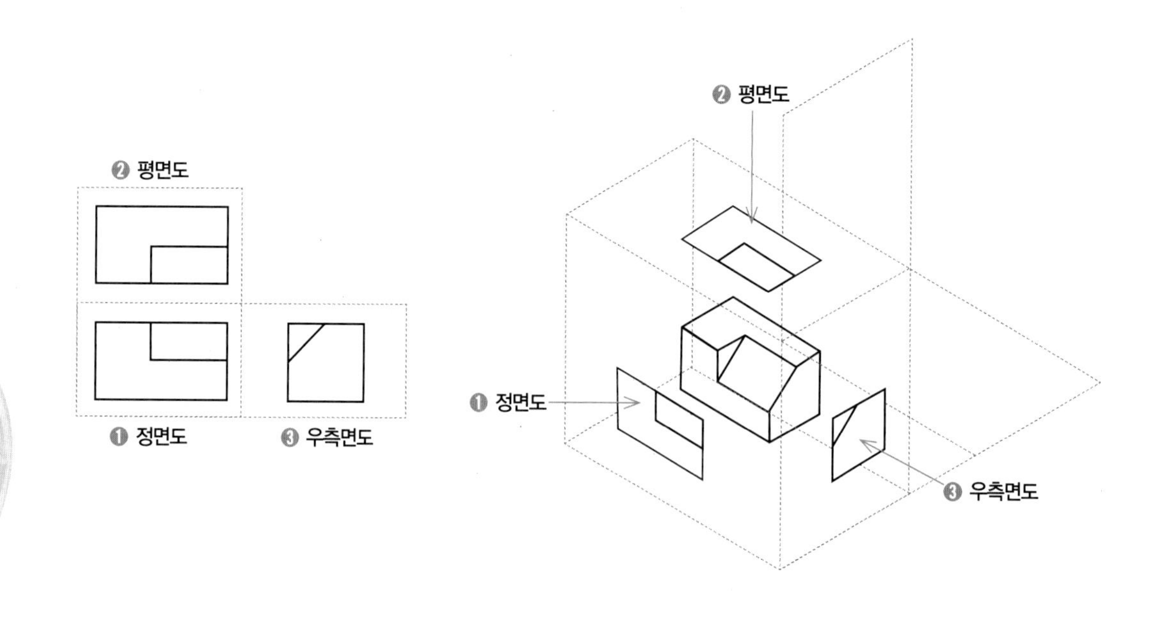

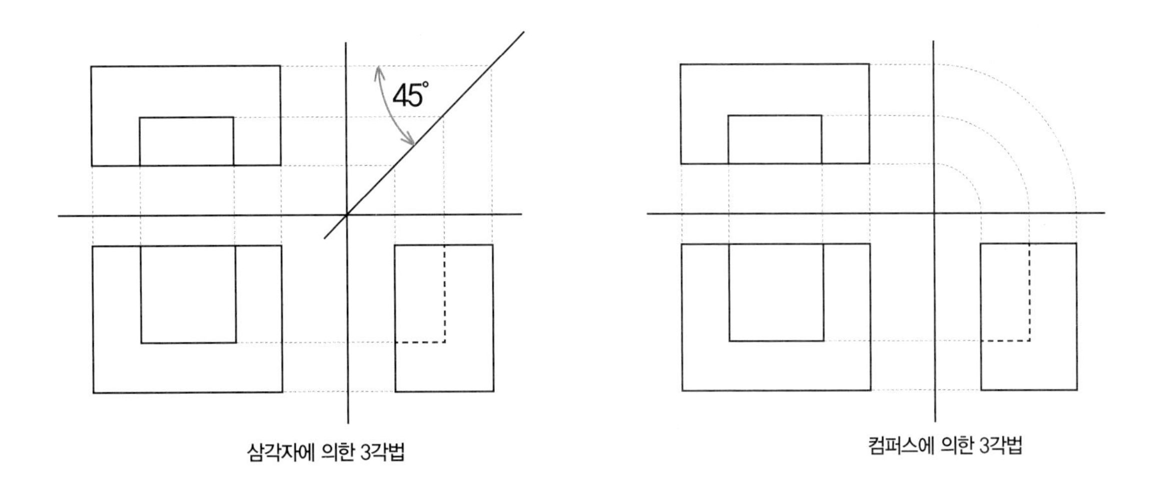

제1각법의 이해

제1각법은 영국에서 발달한 정투상 도법으로 유럽과 일본에서 사용하며 제1면각에 물체를 두고 투상면에 투영된 형상을 도면으로 그린다. 물체는 눈과 투상면 사이에 있다. 주로 토목이나 선박 제도 등에서 사용된다.

① 제1각법은 눈(시점) → 물체 → 투상면(화면) 순서대로 도면을 작성한다.

② 물체를 제1각 안에 놓고 투상하므로 투사선이 물체를 통과하여 투사면에 이른다. 보는 위치의 반대편에 상이 나타나므로 제3각법과 위치는 반대이다.

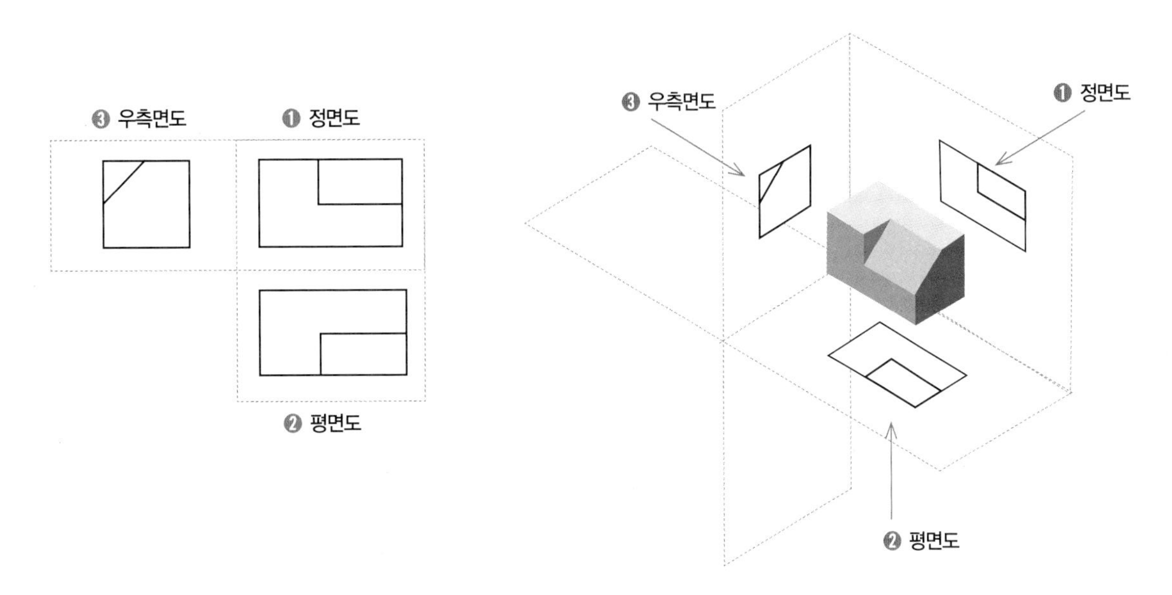

③ 수직으로 교차하는 2개의 가상 평면으로 하나의 공간을 4 등분했을 때 오른쪽 위의 공간을 제1각(1st Angle) 또는 1사분면(1st Quadrant)이라 하며, 제1각을 기준으로 반시계 방향으로 제2각(2nd Angle), 제3각(3rd Angle), 제4각(4th Angle)이라 한다. 제1각법(1st Angle Projection)은 물체를 제1각에 놓고 정투상하는 방법으로 물체는 눈과 투상면 사이에 위치한다. 평화면 측화면을 입화면과 같은 평면이 되도록 회전시키면 정면도의 왼쪽에 우측면도가 놓이고, 평면도는 정면도의 아래쪽에 놓인다.

Rhino 3D 보충수업

라이노 3D에서 사용되는 마우스 동작

마우스로 오브젝트를 선택하는 두 가지 방법

01 화면 상에서 보이는 오브젝트를 선택하는 방법은 크게 두 가지가 있다. 왼쪽 위나 아래를 클릭하여 드래그를 하면 선택 박스가 나타난다. 나타나는 선택 박스 안에 들어가는 오브젝트만 선택이 된다.

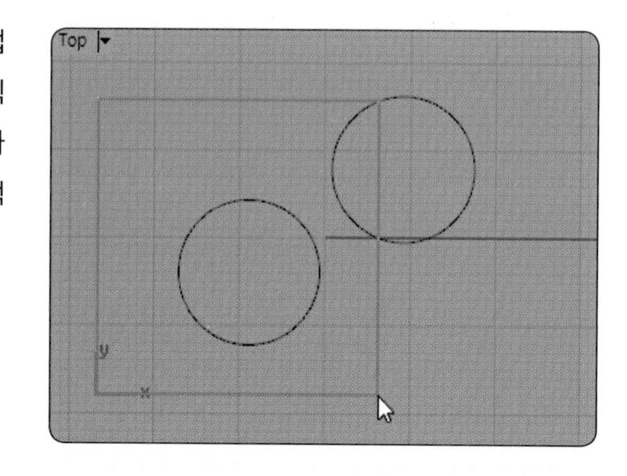

02 반면 오른쪽 아래나 위에서 클릭하여 드래그하면 선택 박스가 나타나는데, 그 선택 박스가 오브젝트에 걸치기만 해도 선택이 된다.

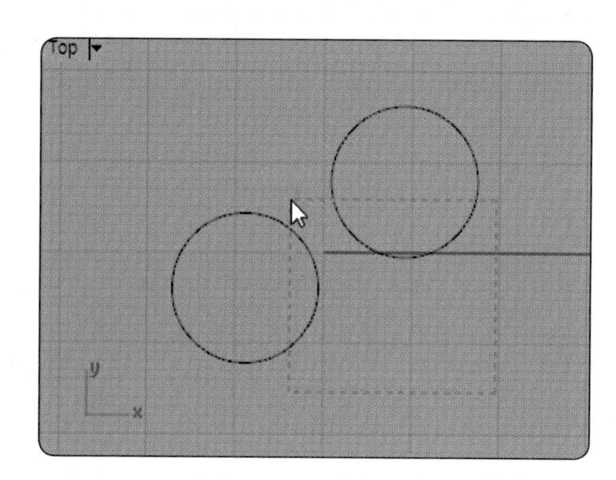

03 이번에는 여러 오브젝트를 하나씩 선택해 보자. 키보드의 Shift 를 누른 상태에서 오브젝트를 하나씩 선택한다. 화면 상에 선택된 오브젝트는 노란색으로 표시된다.

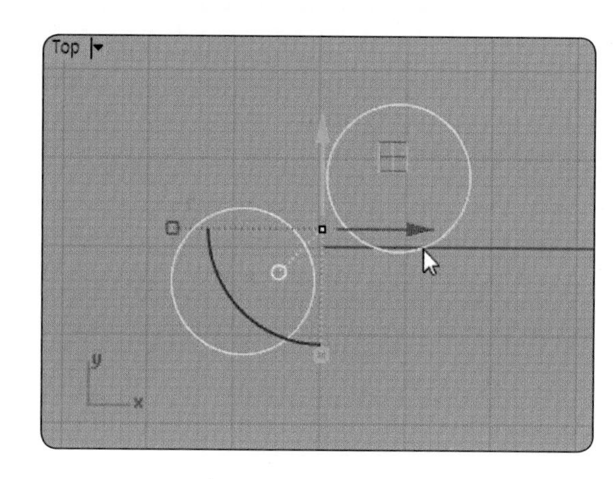

04 선택된 오브젝트 중에 불필요한 오브젝트의 선택을 해제해 보자. 키보드의 Ctrl 을 누른 상태에서 필요 없는 오브젝트를 선택하면 해제된다.

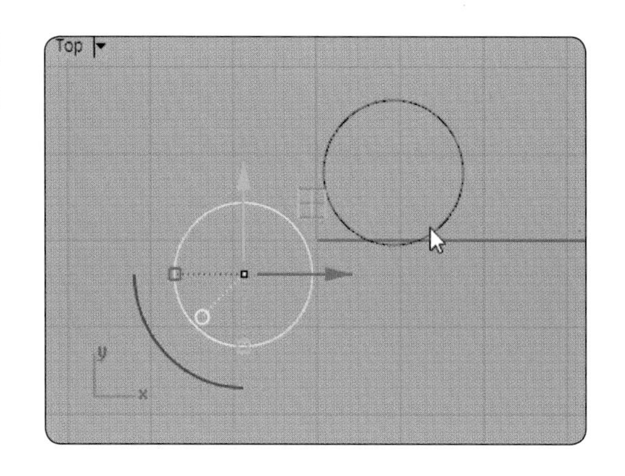

05 이번에는 Gumball을 활용하여 쉽게 오브젝트를 이동해 보자. 하단에 'Gumball' 글자를 클릭하여 활성화한다.

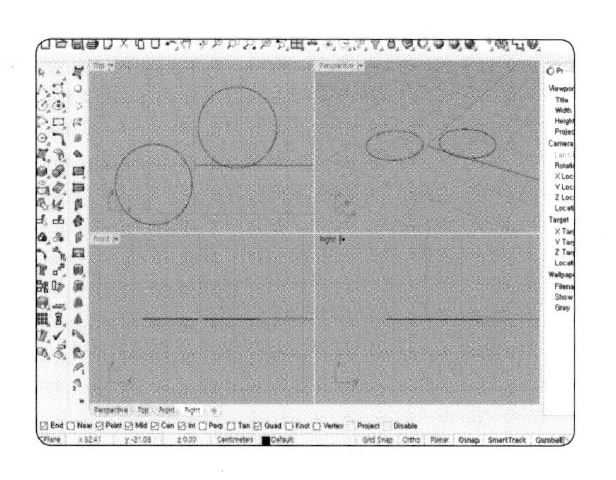

06 화면 상에 오브젝트를 선택하면 상 · 하 · 좌 · 우 연두색과 빨간색, 파란색으로 나타나는 화살표의 표식을 볼 수 있다. 빨간색은 X축, 연두색은 Y축, 파란색은 Z축을 의미한다.

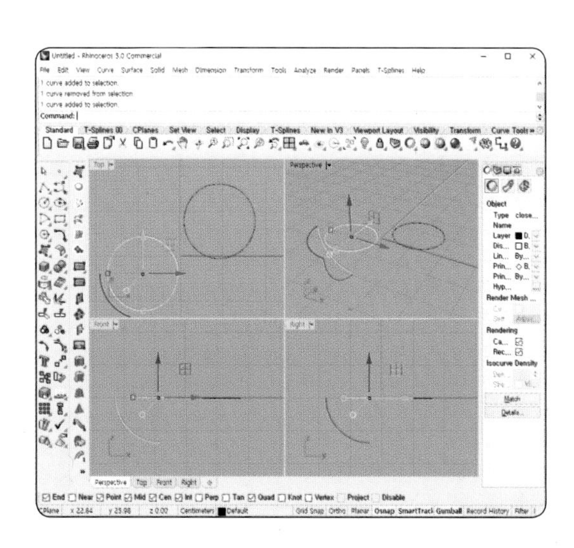

07 Top View에서 연두색 화살표를 선택하여 위(Y축 방향)로 드래그 해보자. 오브젝트가 Y축 방향으로만 이동하는 것을 알 수 있다.

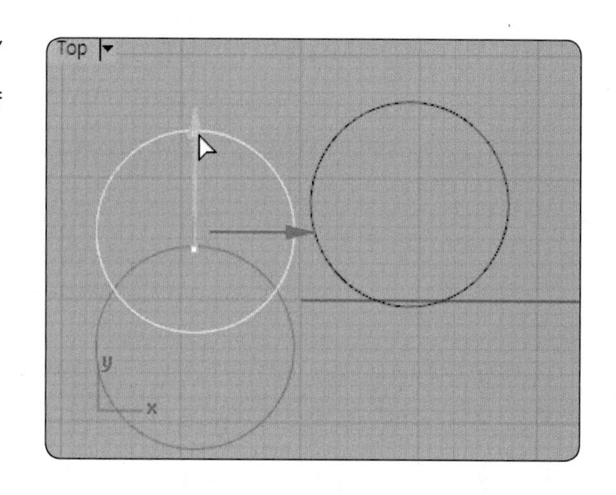

08 Front View에서 파란색을 선택하여 위(Z축 방향)로 드래그 해보자. 오브젝트가 Z축 방향으로만 이동하는 것을 알 수 있다.

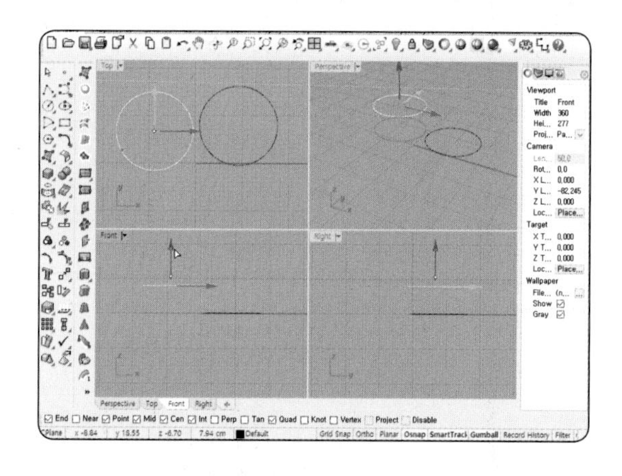

09 이번에는 X, Y축을 동시에 이동해 보자. Top View에서 한자로 '밭전자田' 표시가 되어 있는 아이콘을 클릭 앤 드래그 하면 X, Y 방향으로 이동하는 것을 알 수 있다.

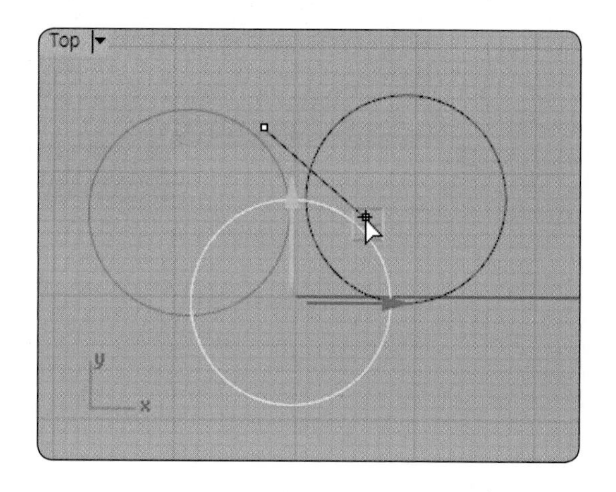

10 Gumball을 활용하여 빠르게 오브젝트를 복제에 하는 방법을 알아보자. 먼저 복제할 오브젝트를 선택한 다음, 키보드의 Alt를 누르면서 이동을 한다.

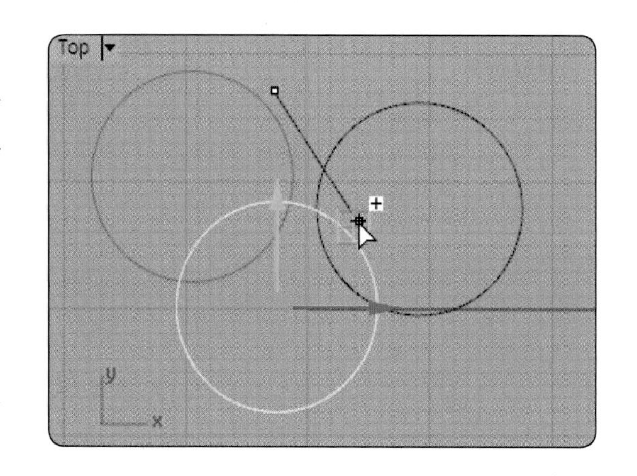

11 키보드와 마우스 클릭을 해제하면 빠르게 오브젝트가 복제된 것을 알 수 있다.

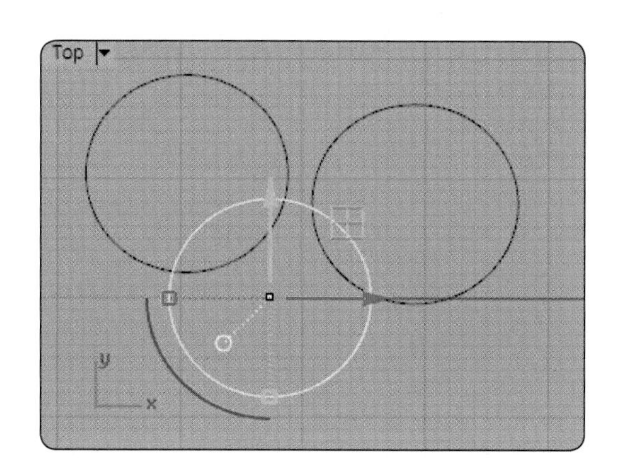

Rhino 3D 보충수업

마우스를 이용한 화면의 이동

01 4화면으로 보이는 화면 중에 일정 화면을 크게 확대해 보자. 라이노 3D 화면상에서 'Top'이라고 쓰인 글자 부분을 마우스로 더블클릭한다. Top View가 크게 확대된 것을 알 수 있다.

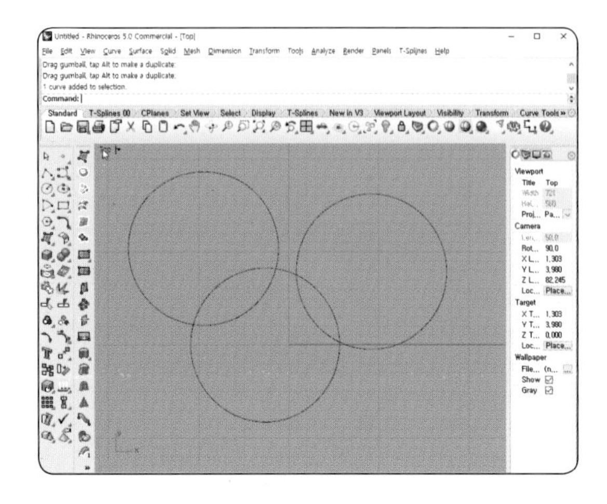

02 반대로 4개의 창이 보이는 원래의 상태로 변경하려면 앞에서와 마찬가지로 'Top'이라고 쓰인 글자 부분을 마우스로 더블클릭한다.

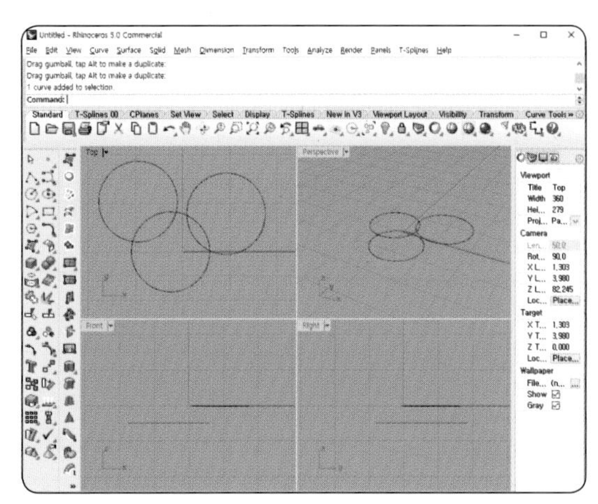

03 화면을 확대/축소하는 방법은 마우스의 가운데 스크롤 버튼을 활용하면 된다. 다른 방법은 키보드의 Ctrl 키를 누른 상태에서 마우스의 오른쪽 버튼(또는 가운데 버튼)을 눌러 위 · 아래로 드래그하면 화면이 Zoom IN/OUT된다.

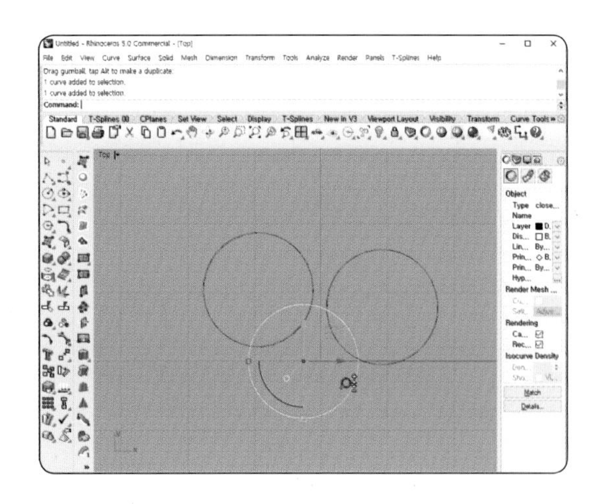

04 화면을 이동하는 방법은 키보드의 Shift 키를 누른 상태에서 마우스의 오른쪽 버튼을 누르면 '손' 아이콘이 표시된다. 화면을 상하좌우로 움직여 이동할 수 있다.

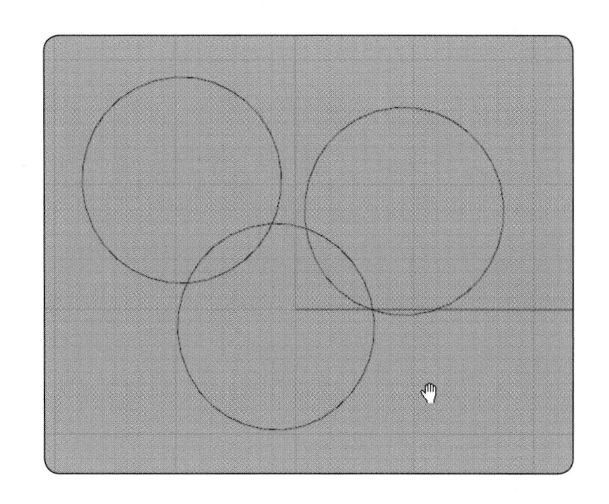

05 Perspective View에서는 마우스의 오른쪽 버튼을 누르고 드래그를 하면 카메라 방향에서 바라본 상하좌우 3차원으로 이동할 수 있다.

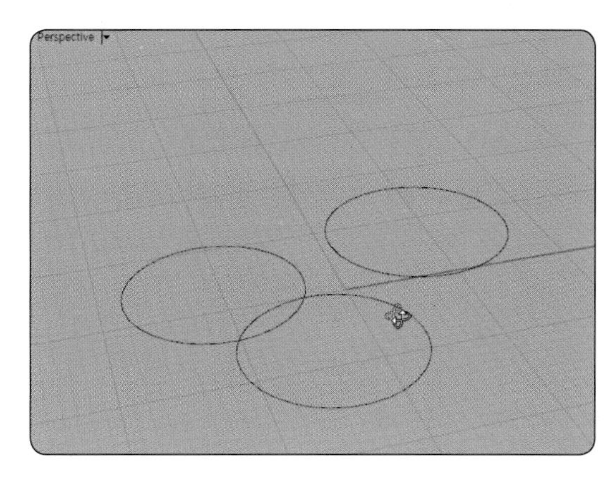

06 라이노 3D에서는 화면 이동이 많다보니 축이 흐트러지는 경우가 있다. 이때는 상단의 스탠다드 툴바의 '4 default viewport' 아이콘을 마우스의 오른쪽 버튼으로 선택하면 해결된다.

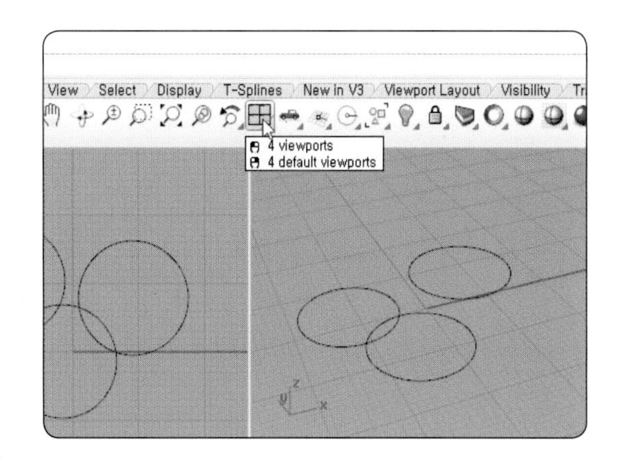

··· Gumball(검볼)의 이해하기

Gumball은 라이노 모델링에 중요한 기능이다. 작업자가 선택한 오브젝트를 이동, 크기 조정, 회전 등을 별도의 명령어를 입력하지 않고 키보드와 마우스로 검볼 위젯 제어를 하여 모델링 능률을 올리는 막강한 기능이기 때문이다. 검볼의 사용 방법을 간단히 익혀보도록 하자.

01 Top View를 선택하고 메인 툴바에서 Box 툴의 solid를 클릭한 후 truncated pyramid( )를 선택하면 커맨드 창에 'Command: _TruncatedPyramid'가 자동으로 표시된다.

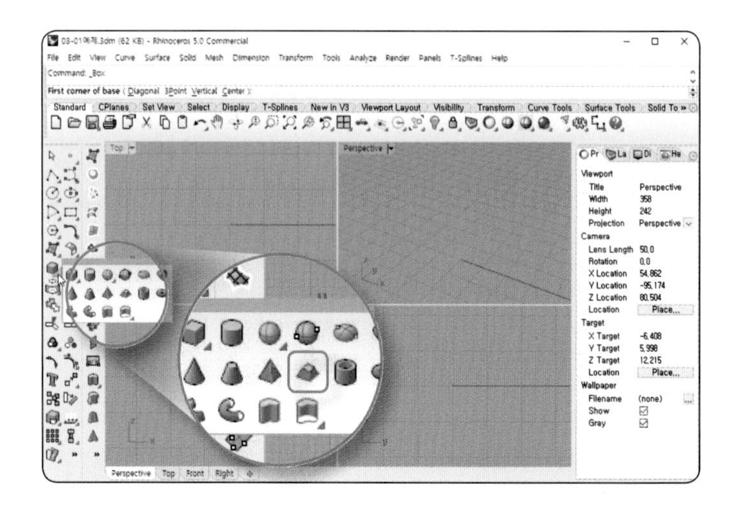

02 계속해서 커맨드 창에는 'Center of inscribed trunad pyramid(NumSides=5 Circumscribed Edge Star DirctionConstraint=Verical Sloid=Yes):'가 표시되면 "0"을 입력한다. 옵션 값은 변의 수, 외접, 모서리, 별, 방향 제한 솔리드를 설정할 수 있으며 0을 입력한 것은 중심점을 입력한 것이다.

```
Command: _TruncatedPyramid
Center of inscribed truncated pyramid ( NumSides=5  Circumscribed  Edge  Star  DirectionConstraint=Vertical  Solid=Yes ): 0
```

03 커맨드 창에 'Corner of truncated pyramid (NumSides=5):'가 표시되면 "10"을 입력한다. 옵션 값은 각뿔의 모서리 위치 값을 의미한다.

```
Center of inscribed truncated pyramid ( NumSides=5  Circumscribed  Edge  Star  DirectionConstraint=Vertical  Solid=Yes ): 0
Corner of truncated pyramid ( NumSides=5 ): 10
```

04 키보드의 Shift 를 누르고 드래그하거나 오른쪽 하단의 Status Bar에서 Ortho(직교)버튼을 켜서 마우스 커서가 수직/수평으로만 제어되도록 설정하고 5각형의 모서리 끝이 위로 향하게 그려준다.

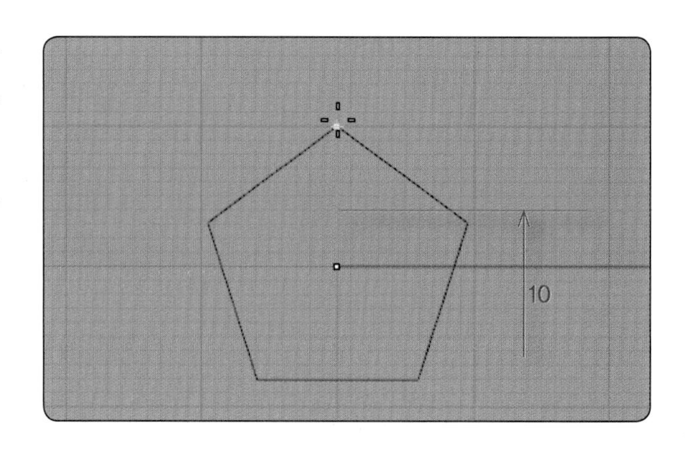

05 계속해서 마우스를 Front View로 이동하고 오른쪽 화면과 비슷한 높이에서 클릭한다.

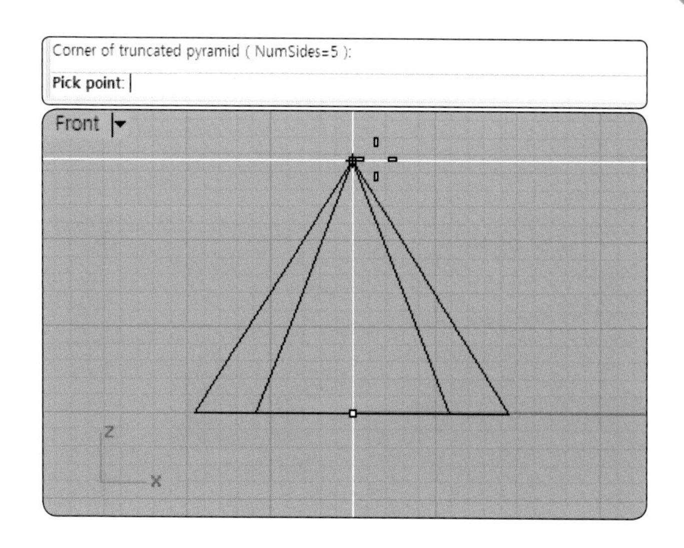

06 잘려진 피라미드의 위쪽 내접 크기를 오른쪽 화면과 같은 너비에서 클릭해 준다.

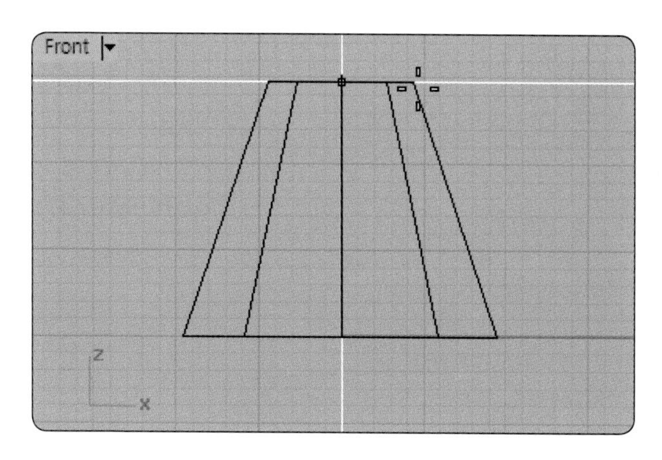

07 Perspective View의 왼쪽 상단의 'Perspective' 탭을 클릭한 후 'shade'를 선택하여 음영 모드로 전환하고 오른쪽 하단 Status Bar에서 Gumball(검볼) 버튼을 클릭하여 도형을 선택하면 빨강, 파랑, 초록의 화살표의 검볼이 표시된다.

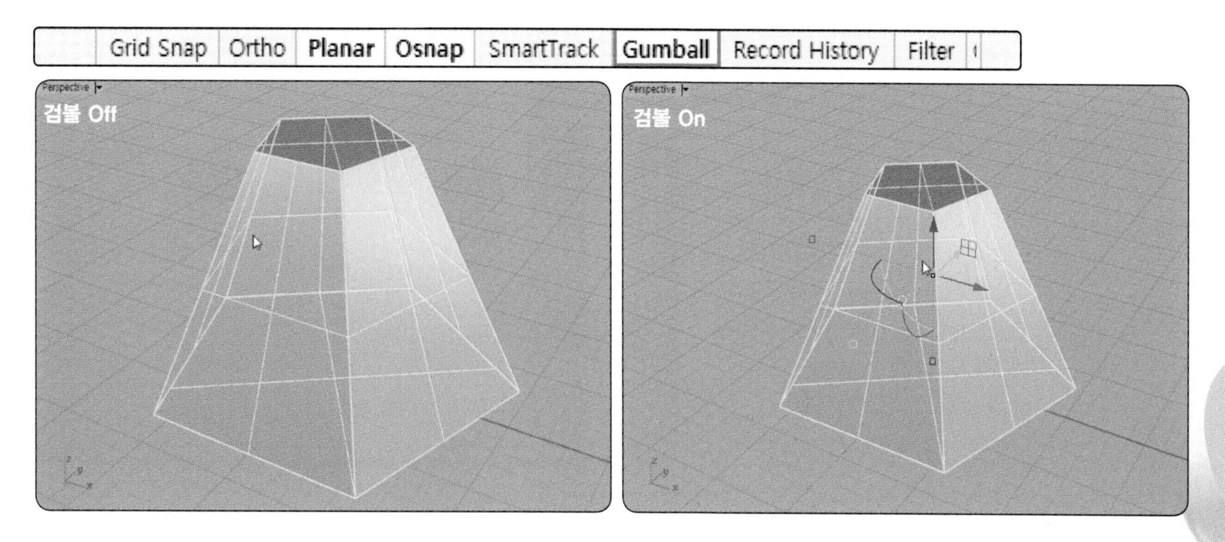

··· Gumball 위젯 사용방법 - 오브젝트의 핸들로 이동하는 방법

01 Top View에서 선택된 오브젝트의 검볼 위젯 X축(빨간색 축)을 클릭해서 인풋 텍스트 창에 "20"을 입력한다. 반대쪽으로 이동시키려면 "-20"을 입력하면 된다.

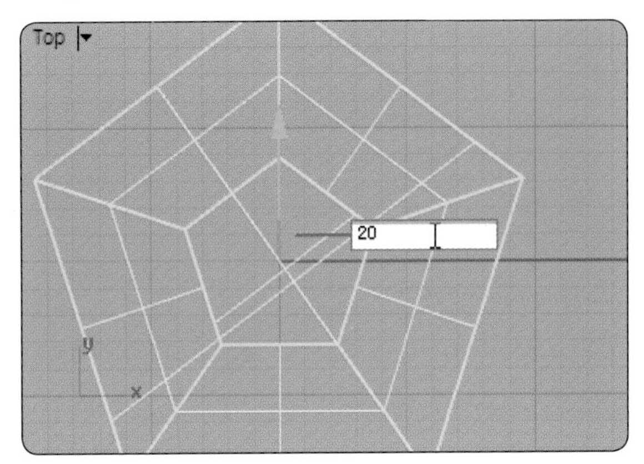

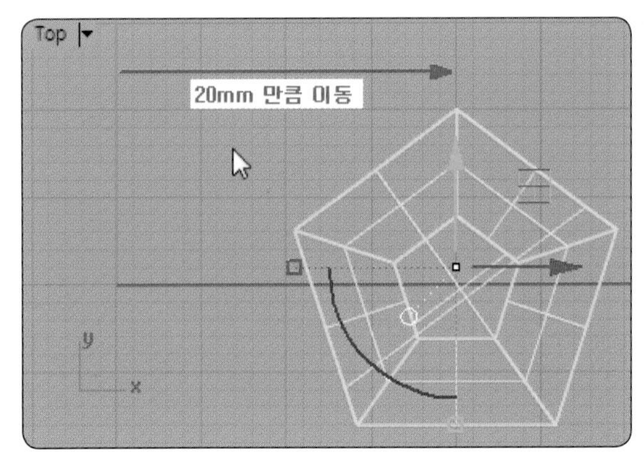

02 Top View에서 선택한 오브젝트를 Y축으로 이동해 보자. X축 이동과 방법은 동일하다. Y축(녹색 축)을 클릭하여 인풋 텍스트 창에 "20"을 입력한다.

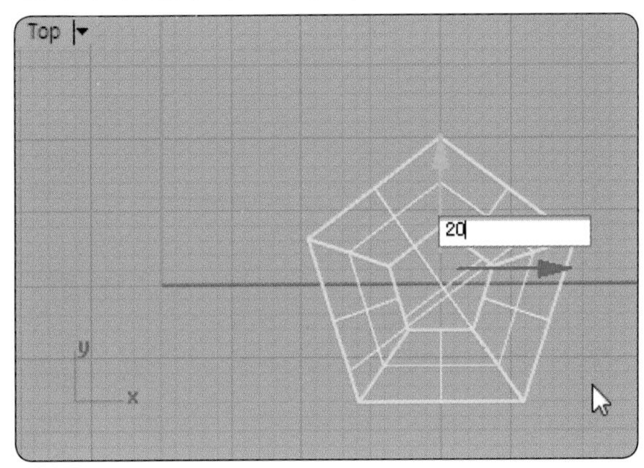

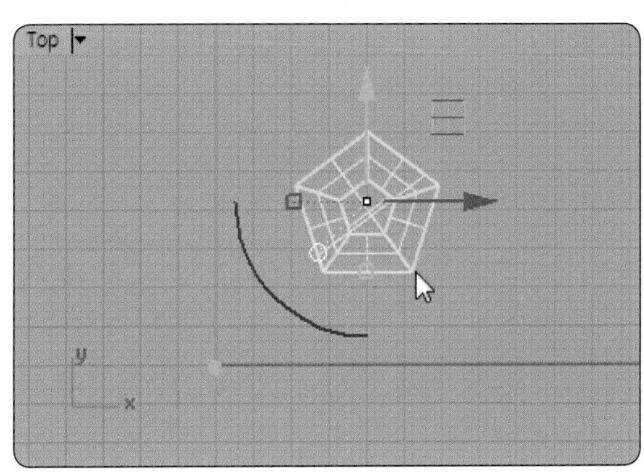

03 Front View에서 선택한 오브젝트를 Z축으로 이동해 보자. X축/Y축 이동과 방법은 동일하다. Z축(파란색 축)을 클릭하여 인풋 텍스트 창에 "20"을 입력한다.

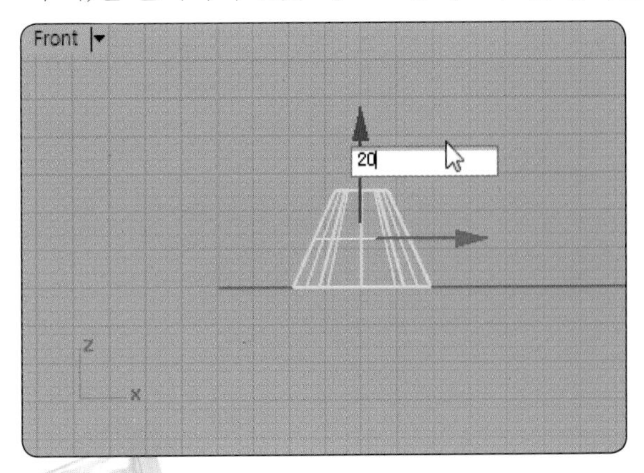

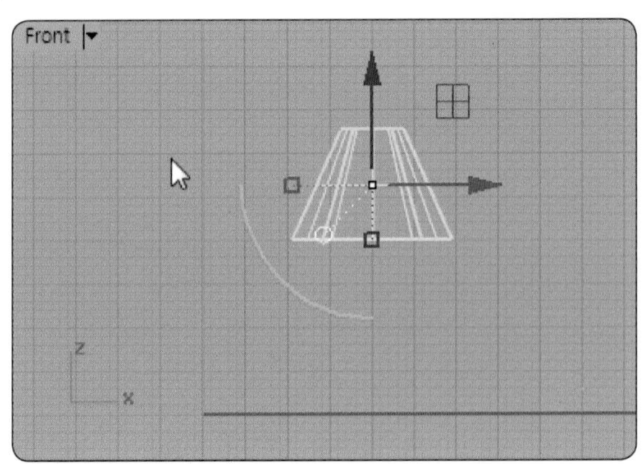

··· 오브젝트에 표시된 핸들을 이용하여 Rotate(회전)하는 방법

01 Right View에서 선택된 오브젝트의 검볼 위젯의 파란색 호 부분(사용자에 따라 색상이 다르게 나타날 수 있음)을 클릭하여 나타나는 텍스트창에 "−45(또는 45)"을 입력한다. 캐드나 그래픽에서는 +값은 반시계 방향, −값은 시계 방향으로 작용한다. 즉, 오브젝트를 회전시키려는 방향을 결정하고 축의 화살표를 엄지와 검지를 이용해서 돌린다고 이해하면 된다.

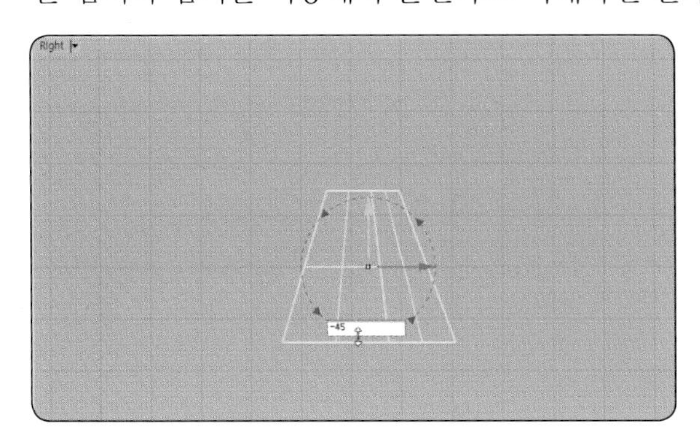

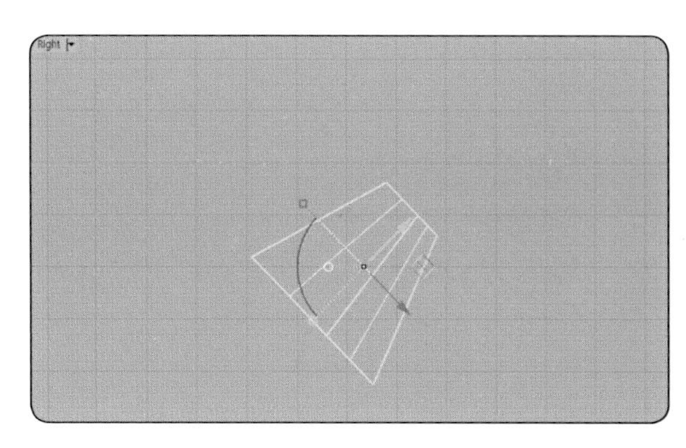

02 Edit 메뉴에서 Undo 명령을 선택하여 다시 오브젝트를 원위치 시킨다. Front View에서 선택된 오브젝트의 검볼 위젯 Y축(녹색 축)을 클릭해서 인풋 텍스트 창에 "−30(또는 30)"을 입력한다.

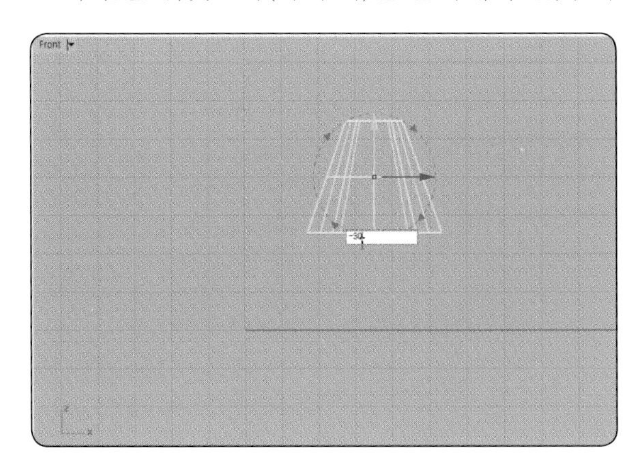

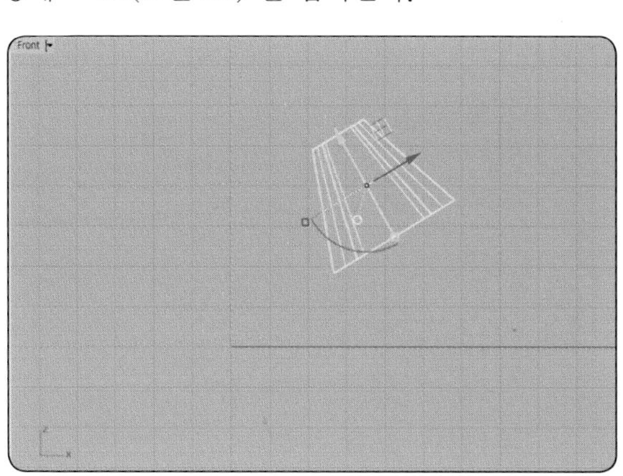

03 Edit 메뉴에서 Undo 명령을 선택하여 다시 오브젝트를 원위치 시킨다. Top View에서 선택된 오브젝트의 검볼 위젯 Z축(파란색 축)을 클릭해서 인풋 텍스트 창에 "−60"을 입력한다.

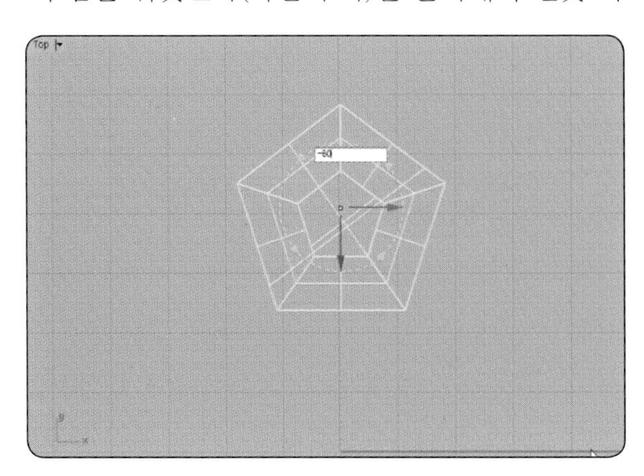

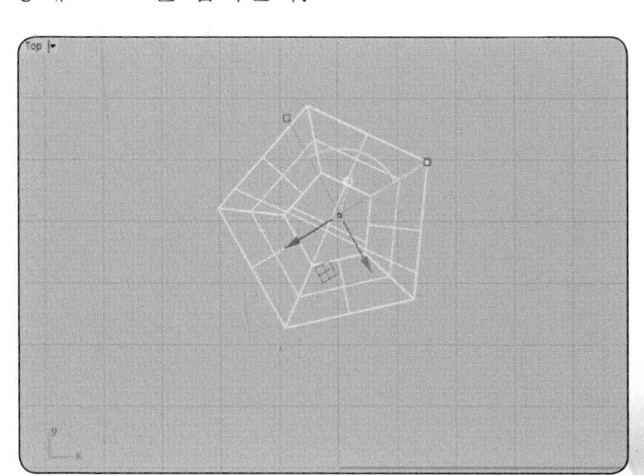

04 단일 뷰포트에서 모든 작업을 한 번에 실행하려면 Perspective View에서 각각의 축을 의미하는 컬러를 클릭해서 인풋 텍스트 창에 값을 입력하면 이동, 회전이 가능하다.

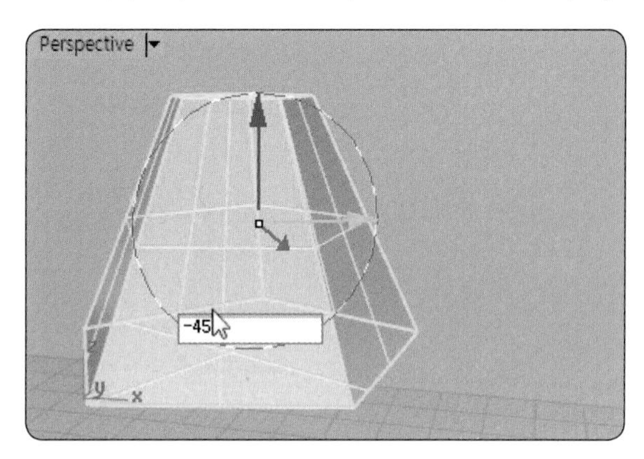

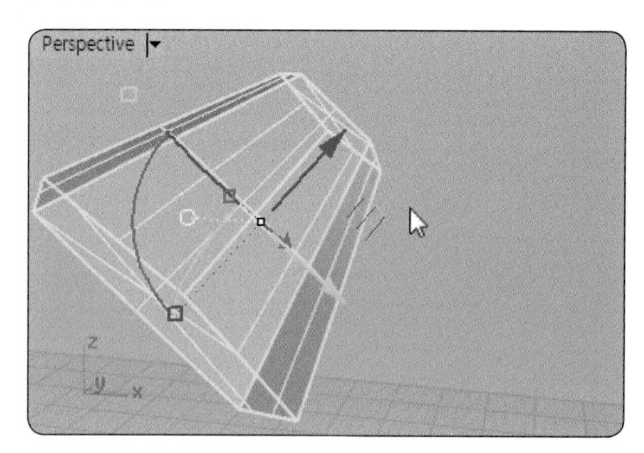

··· 오브젝트에 표시된 핸들을 이용하여 Scale(확대, 축소)하는 방법

01 확대, 축소하는 것 역시 이동이나 회전과 동일한 방법으로 하면 된다. Top View에서 선택된 오브젝트의 검볼 위젯 X축의 끝부분의 작은 상자를 클릭해서 인풋 텍스트 창에 "2"를 입력한다. 여기서 숫자 "2"는 200% 확대를 의미하며 축소를 할 때는 "0.5"을 입력하면 50% 축소시킨다.

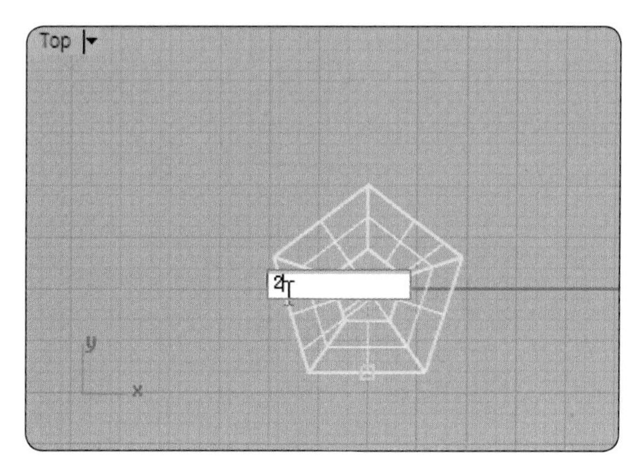

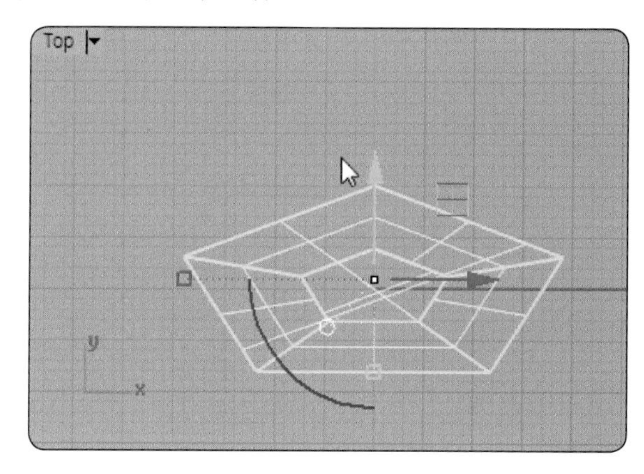

02 Perspective View에서 선택된 오브젝트의 검볼 위젯 Z축의 끝부분의 작은 상자를 클릭해서 인풋 텍스트 창에 "0.5"을 입력하면 50% 축소된다.

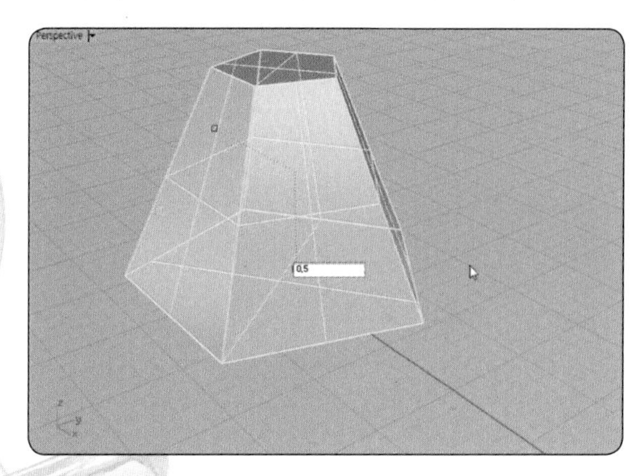

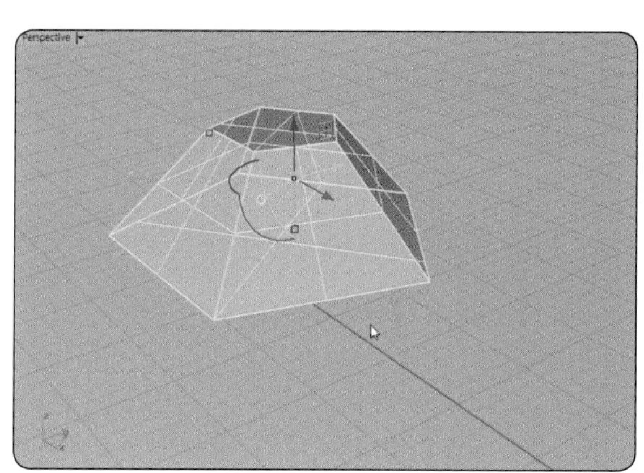

··· Gumball을 이동하는 방법 - 검볼의 원점 변경

01 Perspective View에서 검볼의 흰색의 작은 동그라미 부분을 클릭한 후 팝업 메뉴에서 Relocate Gumball을 선택하면 Gumball의 중심축을 다른 영역으로 이동시킬 수 있다.

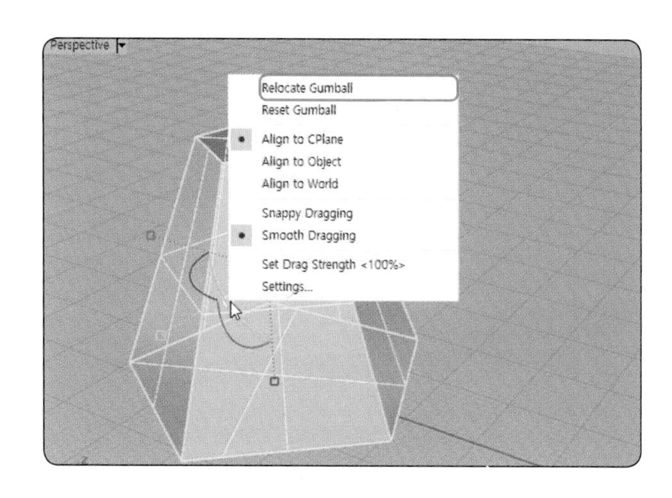

02 0,0 원점이 될 지점을 클릭한다.

Gumball X-axis direction. Press Enter to accept default:

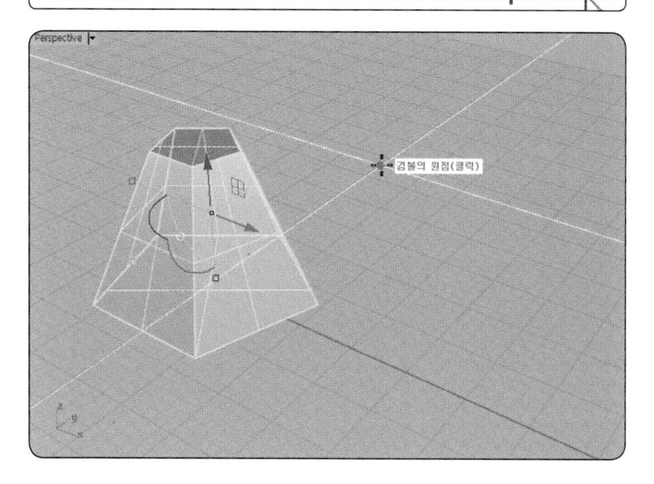

03 '검볼의 X축 기준'이 나타나면 X축 방향으로 마우스를 이동하여 클릭하고 '검볼의 Y 축 기준'이 나타나면 Y축 방향으로 마우스를 이동하여 클릭하면 Gumball의 축이 변경된다.

Gumball X-axis direction. Press Enter to accept default:

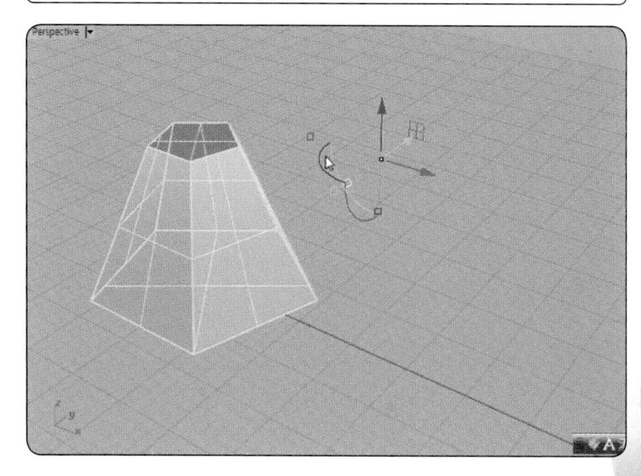

04 단일 뷰포트에서 모든 작업을 한 번에 실행하려면 Perspective View에서 각각의 축을 의미하는 컬러를 클릭해서 인풋 텍스트 창에 값을 입력하면 이동, 회전이 가능하다.

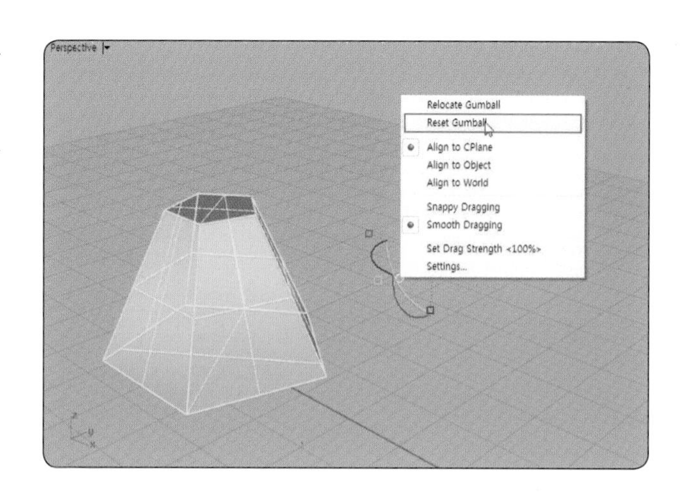

··· Gumball의 유용한 기능

01 Ctrl 키를 누른 상태에서 검볼의 방향 화살표를 드래그하면 원하는 위치로 쉽게 변경이 가능하다.

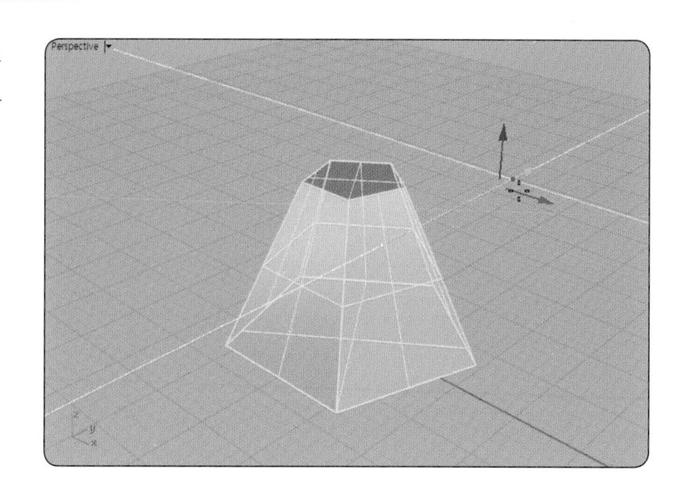

02 Top View에 중심원을 이용하여 반지름 "5"인 원을 그려준다. Perspective View에서 Curve를 Y축 방향으로 이동하면서 Ctrl 키를 누르면 원통형 Surface가 만들어진다. 참고로 Surface를 이용하면 닫힌 원기둥이 된다.

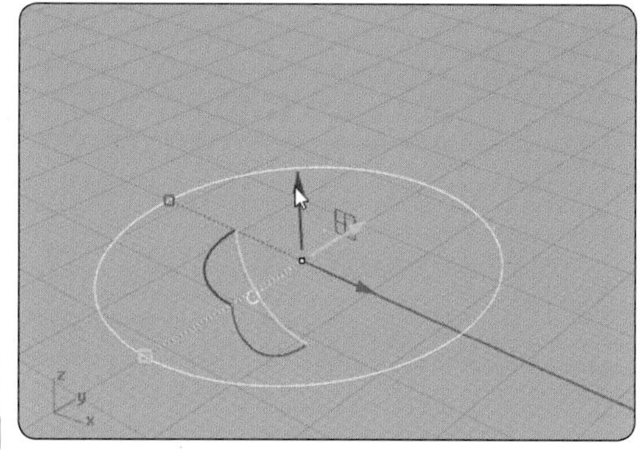

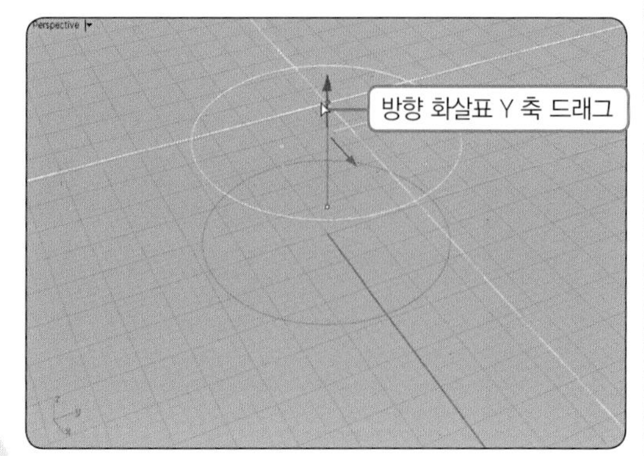

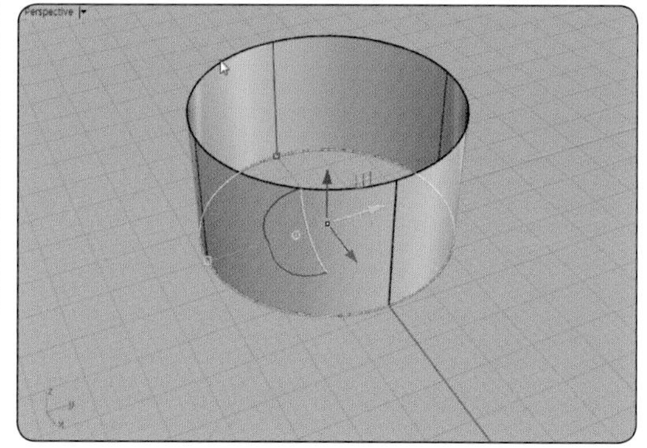

··· Gumball을 이용하여 Curve와 Surface 두께 주기

01 샘플파일 'ex03-01.3dm'을 불러온다. 하나의 원 Curve와 별, 사각형의 Surface를 모두 선택한다.

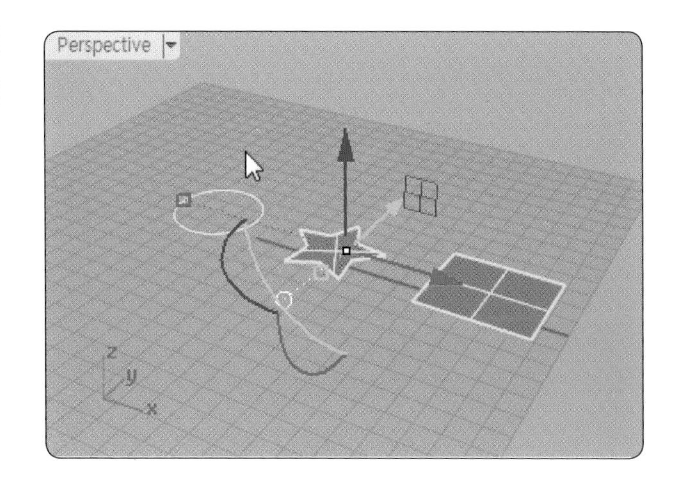

02 Perspective View에서 Gumball을 Y축 방향으로 이동하면서 Ctrl 키를 누르면 원, 별, 사각 Surface가 만들어진다.

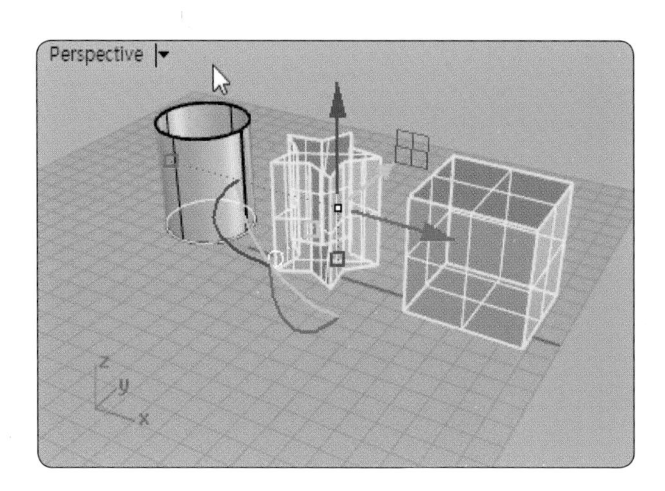

··· Gumball을 이용하여 Curve와 Surface 확대 축소

Ctrl + Shift 를 조합하여 누르면서 차례로 원기둥, 별기둥, 사각박스의 모서리(Edge)를 선택해서 확대, 축소를 해보자.

01 원기둥의 윗면 모서리를 Ctrl + Shift 를 누른 상태에서 Edge를 선택한다.

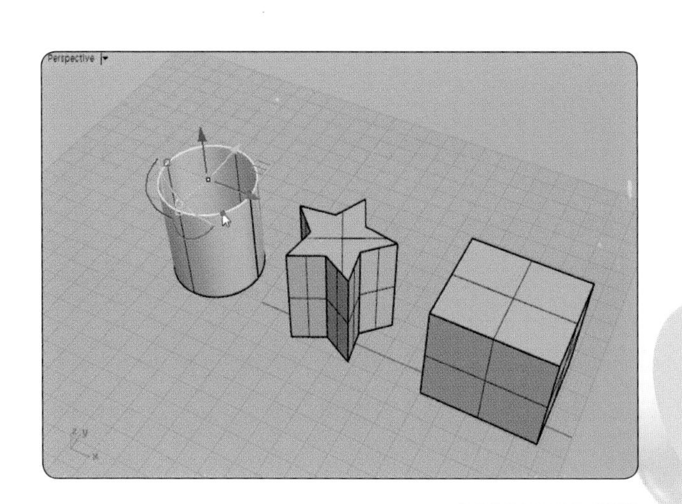

02 윗면 모서리가 선택된 상태에서 검볼의 X 또는 Y축의 화살표 반대쪽 작은 사각형을 드래그한다. 이때 정원을 유지하도록 Shift 를 누르면서 확대시킨다.

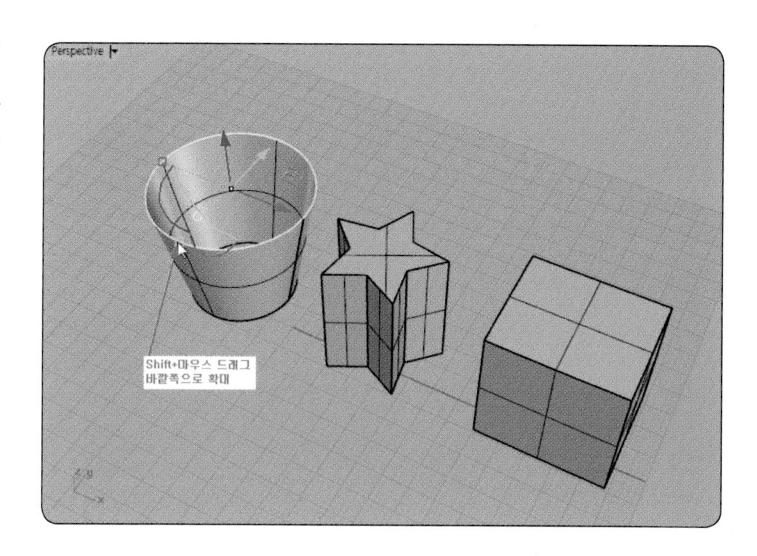

03 오른쪽 그림처럼 Ctrl + Shift 를 누른 상태에서 별기둥의 윗면 Surface를 선택한다.

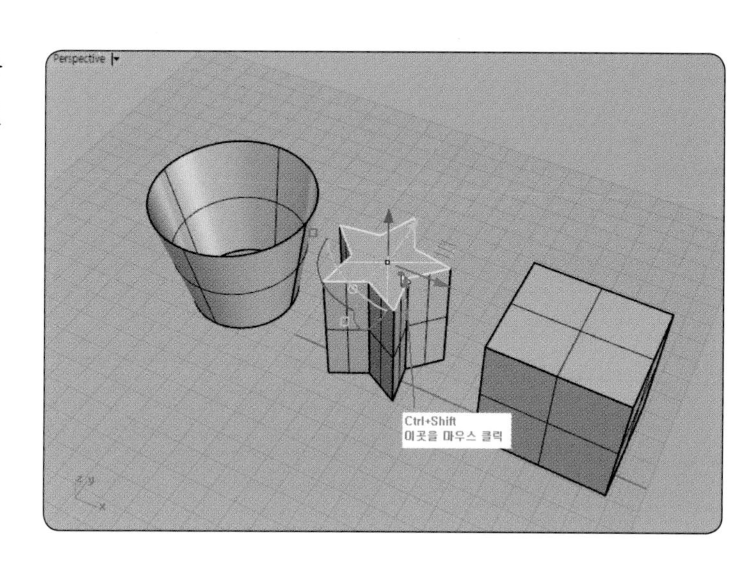

04 Surface가 선택된 상태에서 검볼의 X 또는 Y축의 화살표 반대쪽 작은 사각형을 드래그한다.

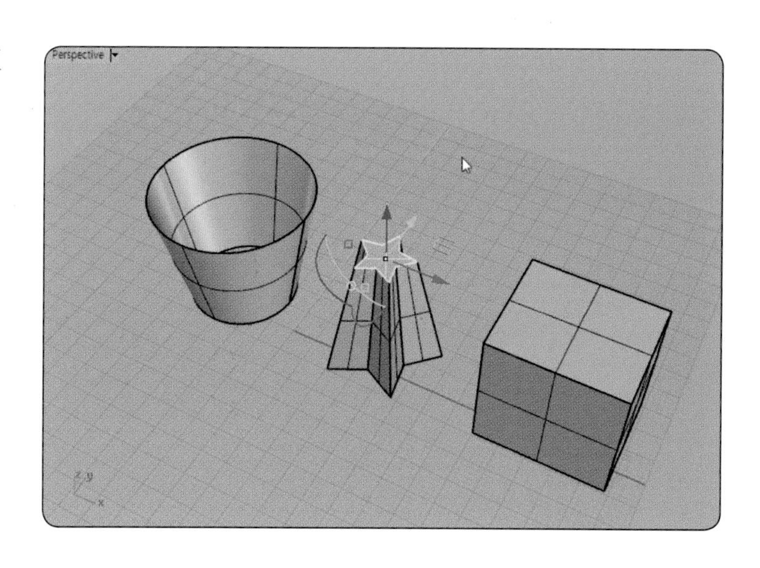

05 오른쪽 그림처럼 Ctrl + Shift 를 누른 상태에서 사각 상자의 Edge(모서리면)를 선택한다.

Ctrl + Shift 를 이용하여 Surface의 Edge와 Solid의 Surface면을 선택해서 변형하는 방법을 학습했는데 이것을 Sub Object Selection이라고 한다.

06 Edge(모서리면)가 선택된 상태에서 검볼의 X축의 화살표(빨간색)를 안쪽으로 드래그한다.

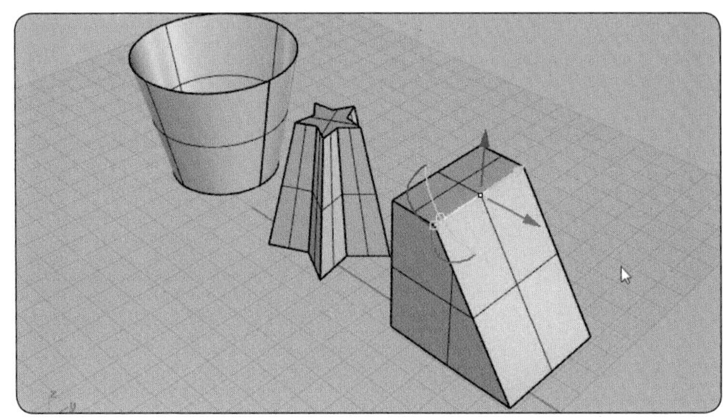

Rhino 3D 보충수업

Gumball 위젯의 각 명칭 및 기능

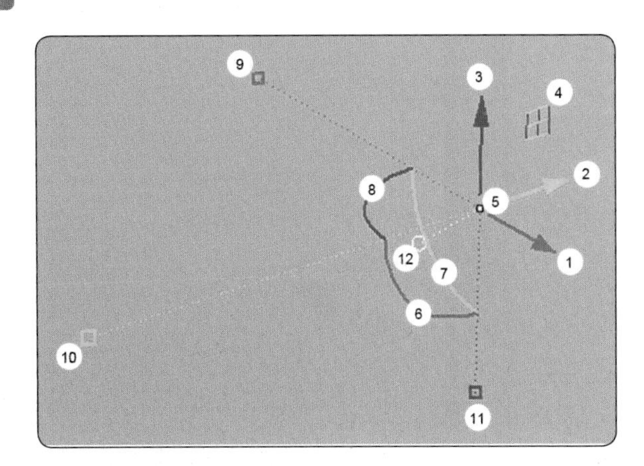

- Move(이동)
  - ❶ Move X(빨): X축으로 대상을 이동
  - ❷ Move Y(녹): Y축으로 대상을 이동
  - ❸ Move Z(파): Z축으로 대상을 이동
  - ❹ Axis Plane Indicator: 축 평면 표시기를 의미하며 XY, YZ, XZ의 제한된 방향으로 이동
  - ❺ Free Move Origin: 자유롭게 대상을 이동
- Rotate(회전)
  - ❻ Rotate X: X축으로 대상을 회전
  - ❼ Rotate Y: Y축으로 대상을 회전
  - ❽ Rotate Z: Z축으로 대상을 회전
- Scale(크기 조정)
  - ❾ Scale X: X축으로 대상을 확대/축소
  - ❿ Scale Y: Y축으로 대상을 확대/축소
  - ⓫ Scale Z: Z축으로 대상을 확대/축소
- Setting (검볼 설정)
  - ⓬ Menu Ball: Gumball에 대한 설정

라이노를 학습할 때 기하학적(Geometry)으로 생각하는 것이 매우 중요하다. 단순히 렌더링 결과에서 나타나는 몇 가지 구조적 에러 뿐만 아니라 향후 3D 프린팅을 했을 때 황당한 문제점을 수없이 경험하게 된다. 3D 모델링을 잘하기 위해서는 기본기가 중요하다는 것을 강조하고 싶다. 성급하게 무엇인가를 빨리 만들려고 하는 것은 잘못된 생각이다. 기본을 반복하다보면 응용이 되고, 응용의 반복이 전문가로 발전시켜 주게 된다.

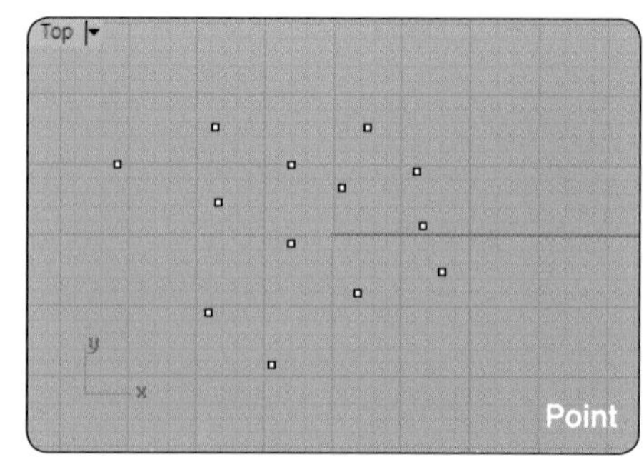

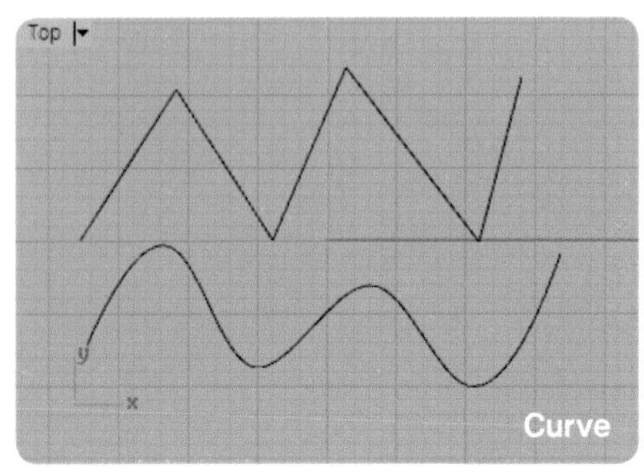

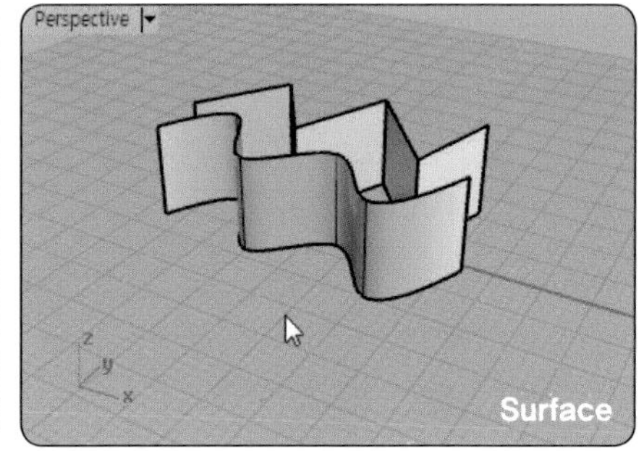

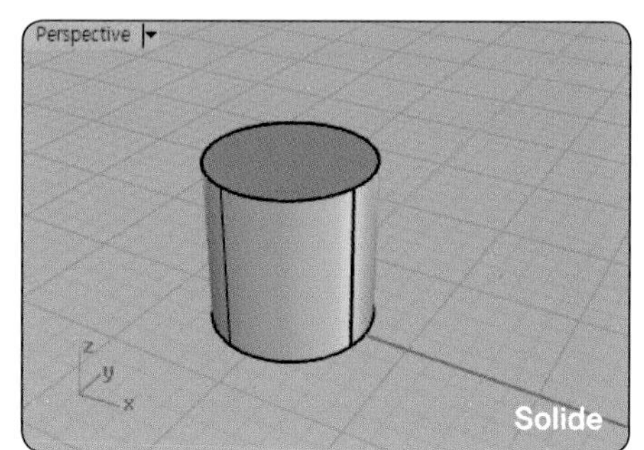

···점(Point)

디자인의 구성 요소들 중 가작 작은 단위이다. 점의 기능은 일상에서 우리가 선을 긋기 위해 특정 위치에 두 점을 찍고 자를 고정시켜 그리는 것과 같은 개념으로 라이노 3D에서도 위치를 표현하거나 선택을 위한 조력 요소로 사용된다.

···선(Curve)

점이 움직이면 점의 정지는 파괴되고 점이 처음 움직임을 시작한 시점부터 끝나는 위치까지의 점의 연장을 선이라 한다. 그래서 기하학에서는 수많은 점들의 집합을 선이라 정의하고 라이노 3D에서는 선을 Curve로 정의한다. 커브는 한 줄의 와이어라고 생각하면 되며 일직선이나 구불거리는 곡선의 형태를 말하며 열리거나 닫힐 수 있다. 폴리커브는 몇 조각의 커브세그먼트가 끝과 끝이 결합된 것이다. 일직선, 세그먼트로 이루어진 폴리라인, 호, 원, 다각형, 타원, 원통형 나선, 원뿔형 나선, 커브의 제어점을 통해 변형한 선, 도형, 규칙적이지 않은 자유형식선, 이런 것들의 혼합 등이 있다.

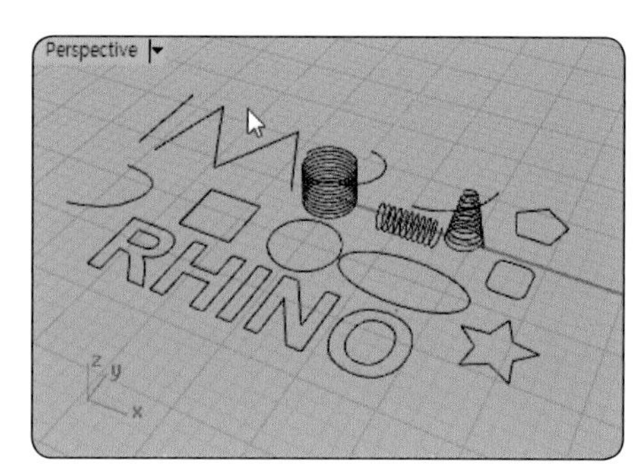

···면(Surface)

서피스는 직사각형의 신축성이 있는 고무 시트와 같은 구조로 이해하면 된다. 모든 단일 서피스는 기본적으로 직사각형으로 시작되며 원기둥과 같은 닫힌 서피스는 직사각형의 종이를 동그랗게 말아 양쪽 끝이 만나는 원리로 이해하면 된다. 라이노의 모델링 데이터를 일반적으로 넙스(Nurbs) 형식이라 하는데 넙스 면의 기본은 사각이다. 사각인 면을 동그랗게 말아서 원기둥의 형태를 만든다고 가정하면 양끝에 만나는 부분을 굵은 선으로 나타나는데 이 부분을 심(Seam)이라고 한다. 와이어 프레임 뷰에서 보면 형태 안쪽의 면에 커브가 십자로 교차하여 있는 모습이 보이는데, 이러한 커브를 아이소커브(Isocurve or Isoparametric curve)라고 한다.

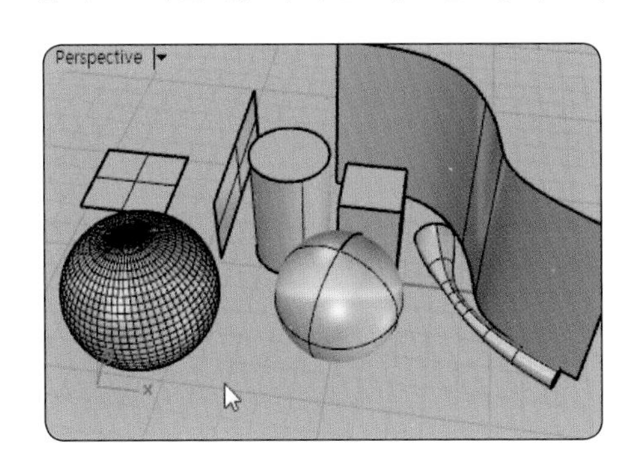

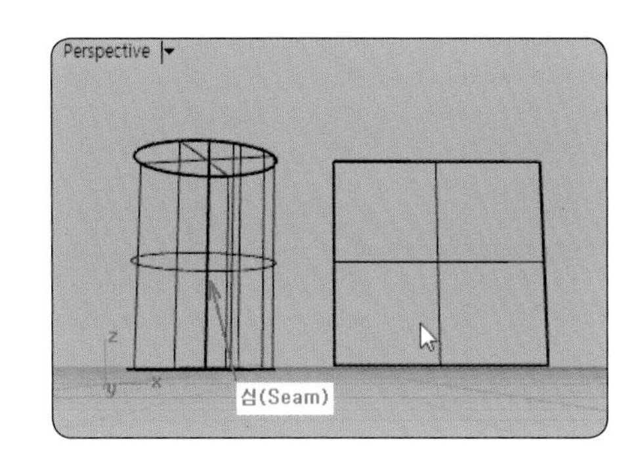

…폴리서피스(PolySurface)

폴리서피스는 두 개 이상의 서피스를 결합한 것이다. 폴리서피스는 닫혀 있을 수도 있고 열려 있을 수도 있다. 이중 체적(부피)을 포함하는 닫혀진 폴리서피스는 솔리드가 된다. 단일 서피스가 두 개 이상 결합되어 있으면 그것은 폴리서피스라고 보면 된다.

…솔리드(Solid) 또는 입체(3Dimension)

면과 면이 만나서 생기는 형을 입체공간이라 할 수 있으며 X, Y, Z 축이 존재한다. 솔리드는 공간의 양감(volume)을 표현하고 조소나 조각이 이에 속한다. 즉, 체적을 포함하는 서피스 또는 폴리서피스를 솔리드라고 한다. 서피스 또는 폴리서피스가 완전하게 닫혀서 솔리드가 만들어진다. 라이노는 단일 서피스로 이루어진 솔리드와 폴리서피스 솔리드로 구분된다. 단일 서피스는 둥글게 말아 스스로 결합(구, 원환, 타원체)할 수 있다.

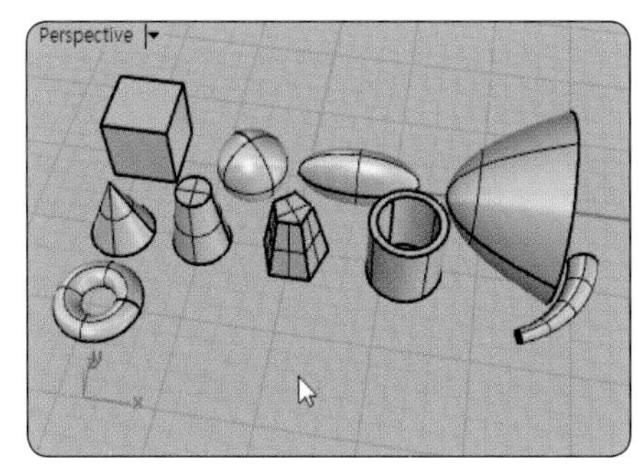

오른쪽 포물면(Paraboloid)은 닫힌 폴리서피스, 즉 솔리드를 말한다. 자신이 선택한 오브젝트가 서피스인지 폴리서피스인지 솔리드인지 확인하려면 F3 키를 눌러 Properties 창을 띄워보면 Object type 오른쪽에 해당 오브젝트의 타입이 표시된다. Rhino 3D에서 서피스, 폴리서피스, 솔리드의 개념은 명확히 알아두어야 한다. 서피스, 폴리서피스는 어떤 조건(체적을 가질 때=완전히 닫혀 있을때)을 충족시킨다는 전제하에서만 솔리드가 된다.

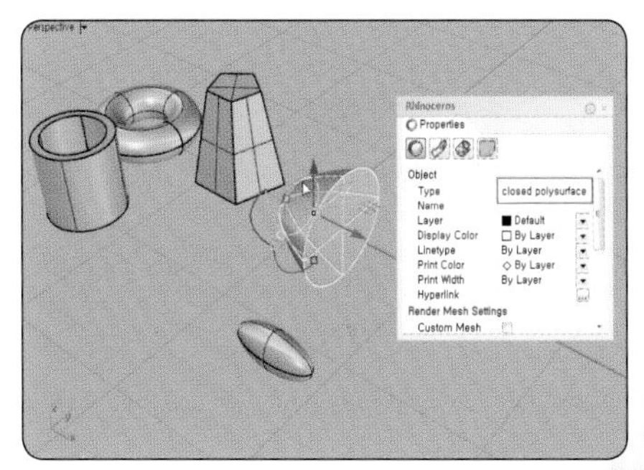

··· 원통을 가지고 간단한 실험을 해보자

01 Circle(아이콘) 툴을 이용하여 Top View에 원을 하나 그려서 서피스에서 extrude Straight(아이콘)로 원기둥을 만든다. 위아래가 막혀 있지 않은 Open extrusion 상태이다.

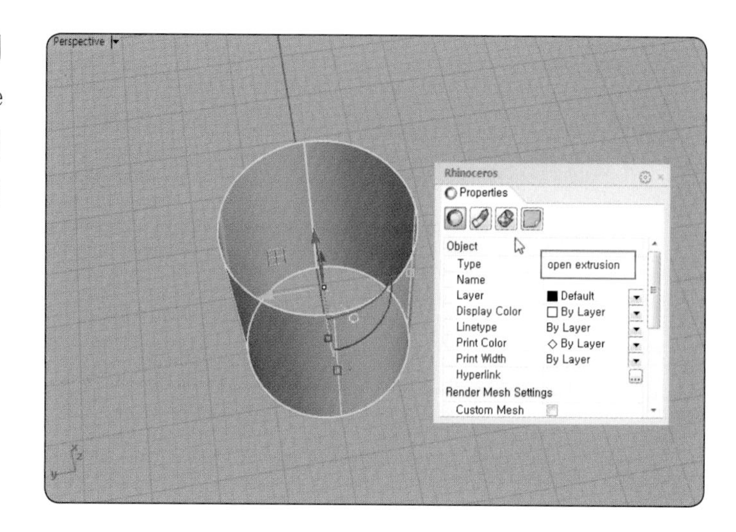

02 앞에서 생성한 원기둥은 위아래가 뚫려 있는 상태이다. 원기둥의 위아래를 막을 수 있는 면을 생성해 보자. 원통의 윗면과 밑면을 선택하고 Surface from planar curves(아이콘) 아이콘을 선택하여 면을 생성한다.

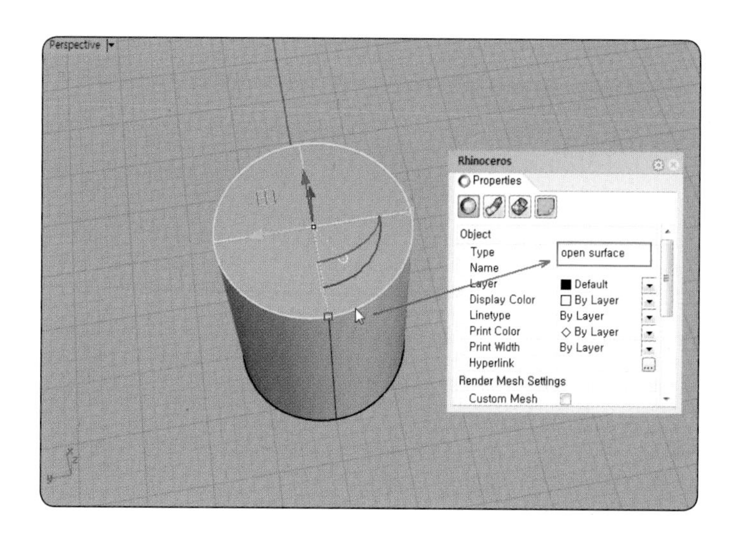

03 앞에서 생성한 원기둥과 윗면과 밑면은 현재 각각 다른 면으로 분리되어 있다. Join(아이콘) 명령을 내리고 원기둥, 윗면, 밑면을 선택하고 Enter 를 입력하면 close surface가 된다.

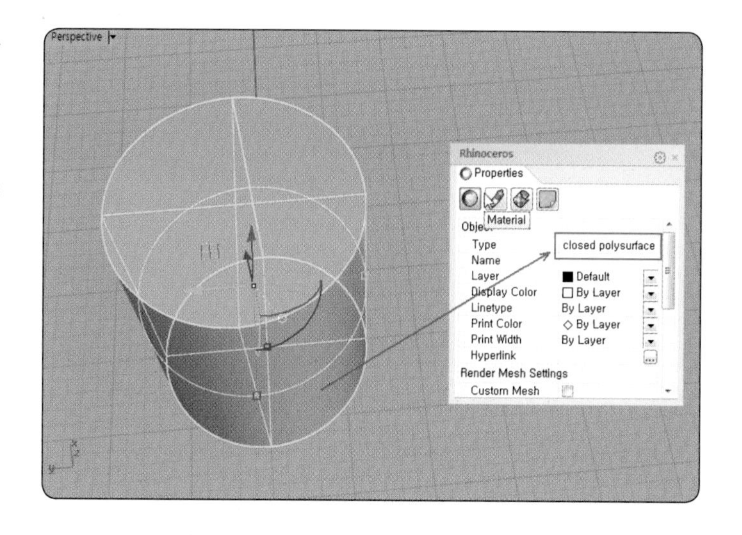

실습 예제

Rhino 3D를 Pyramid를 활용하여 다음의 그림과 같이 만들어 보자.

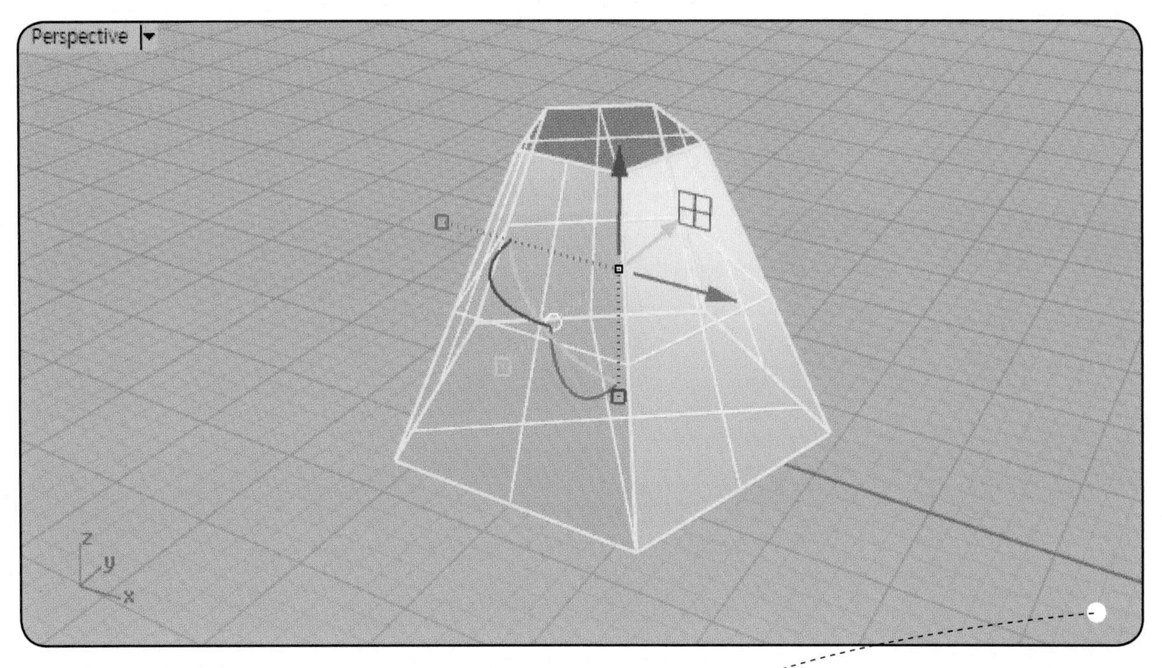

완성 파일 | ex03-01.3dm

keypoint

① 검볼을 이용하여 이동, 축소, 확대, 회전을 해 보자.
② Osnap의 각 기능을 반복학습 한다.
③ ex04-002를 이용하여 높이 값을 적용해보자.

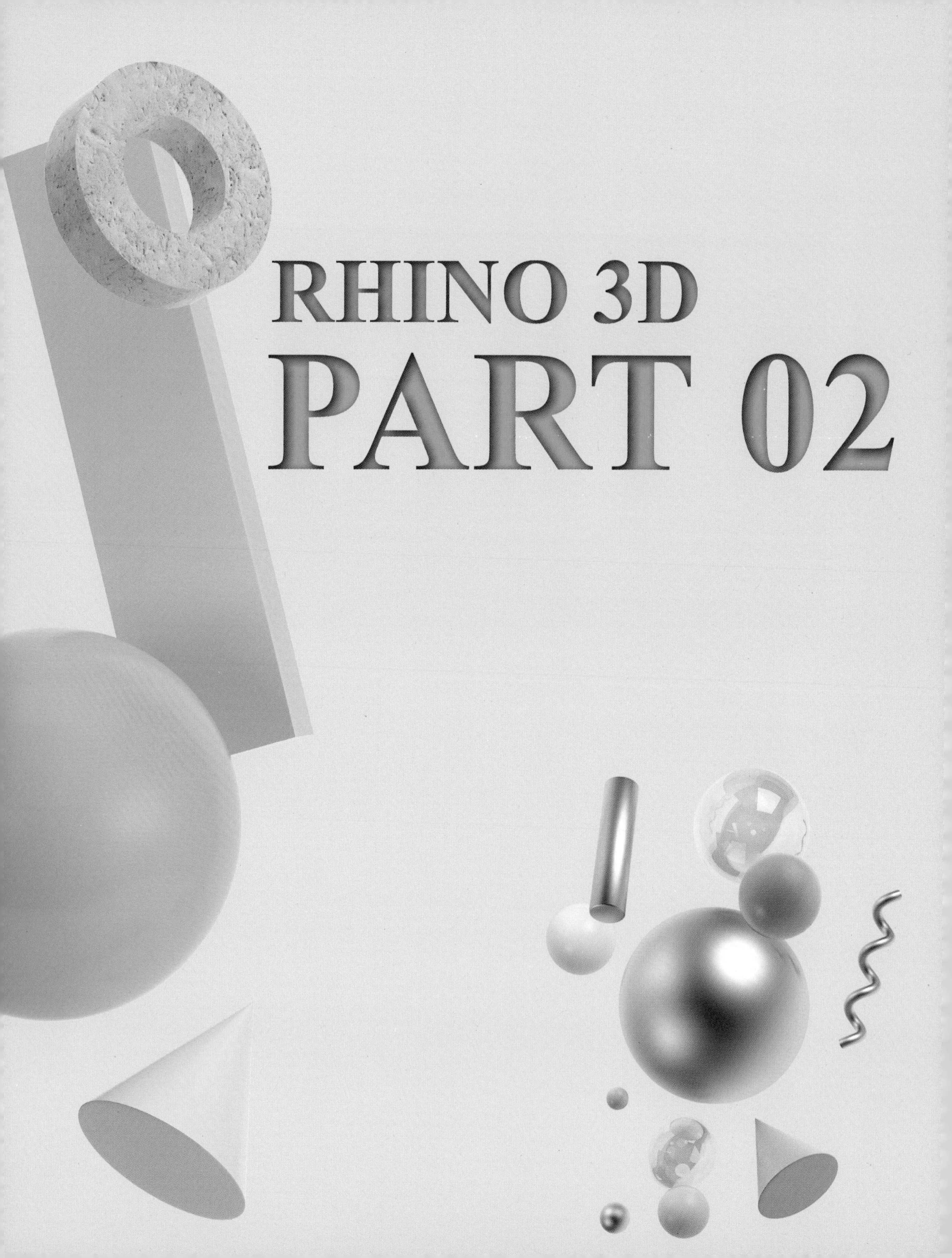
RHINO 3D
PART 02

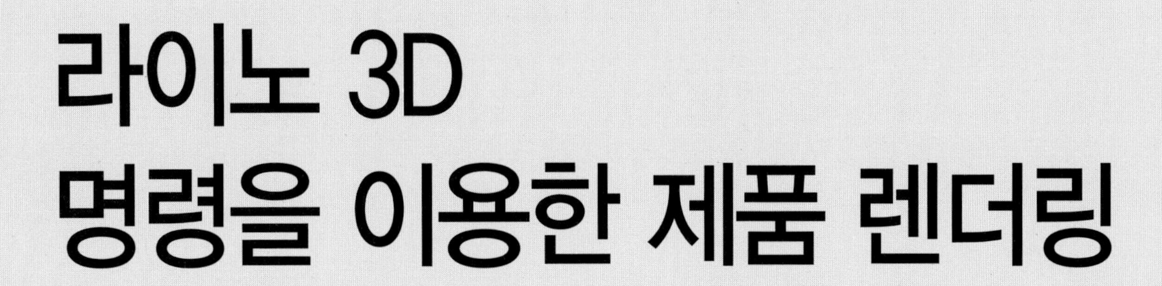

라이노 3D 명령을 이용한 제품 렌더링

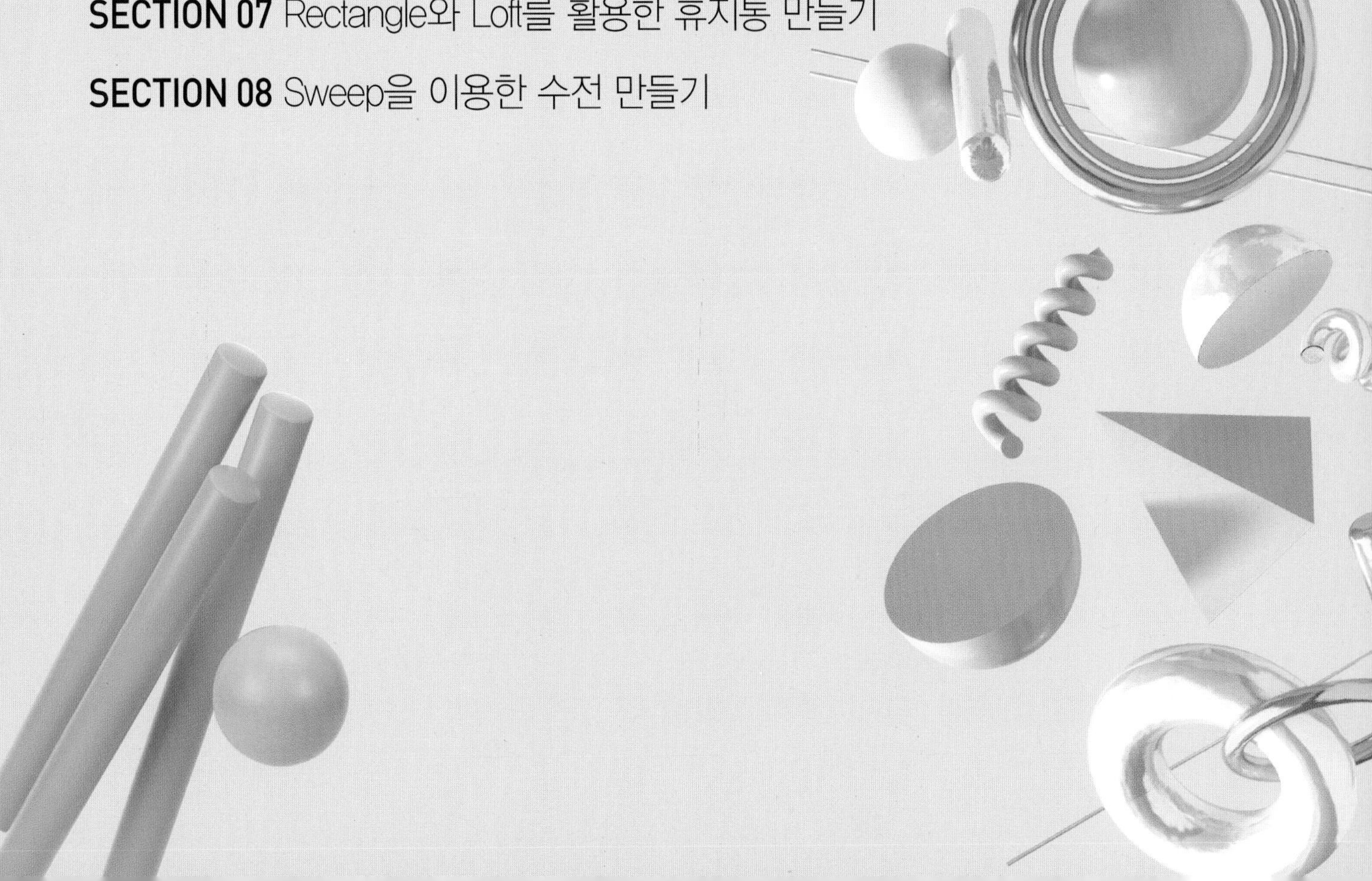

04 S·E·C·T·I·O·N

Polygon과 Exturde로 지우개와 연필 만들기

PREVIEW

완성파일 : main04-01.3dm

··· **학습 내용**

- Rectangle로 사각형을 그려보자.
- Fillet으로 사각형 모서리를 둥글게 만든다.
- ExtrudeCrv로 이용하여 솔리드를 생성한다.
- Filletedge로 솔리드 모서리를 둥글게 만든다.
- Polygon으로 육각형 생성한다.
- Cone으로 원뿔을 생성한다.
- Trim으로 불필요한 면을 제거한다.
- Split으로 오브젝트를 분리한다.
- Keyshot을 이용하여 재질을 입히고 렌더링한다.

··· 지우개 만들기

01 [File] 메뉴에서 [New]를 선택하여 [Open Temlate File] 대화상자가 나타나면 [Small Object – Milimeters]를 선택하고 [열기] 단추를 클릭해 새로운 창을 만든다.

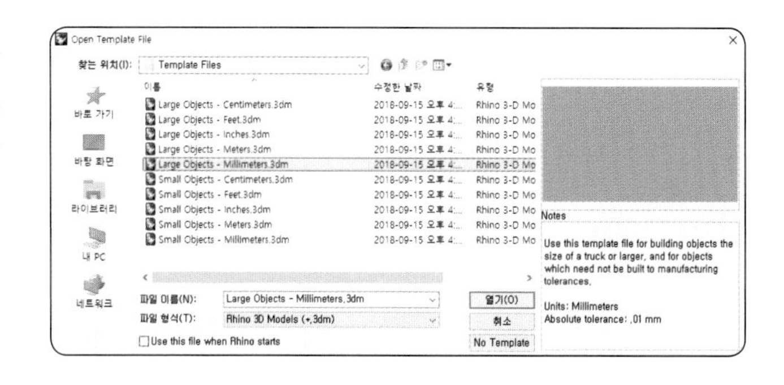

TIP
자동차처럼 큰 오브젝트를 만들때는 Large Object를 사용하며 생활용품 크기를 사용할때는 Small Object를 사용한다.

02 먼저 네모 모양 지우개를 만들어 보자. 커맨드 창에 'rectangle'을 입력하고 키보드의 Enter를 눌러준다. Rectangle 명령어는 사각형 생성 명령이다.

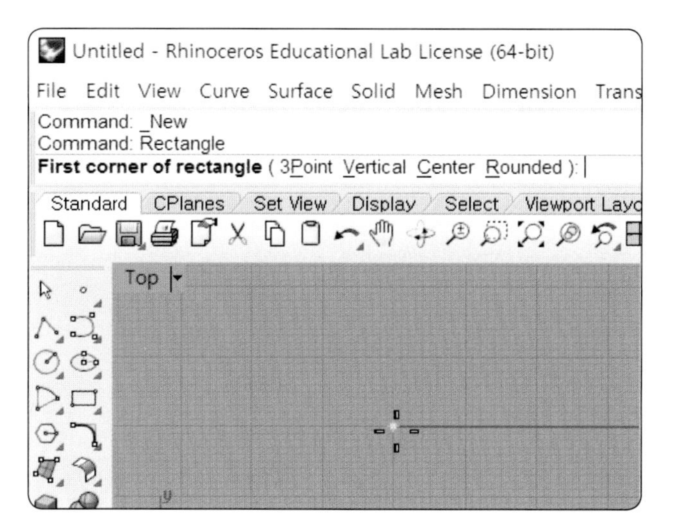

TIP
모든 명령어는 커맨드 창에 입력하고 키보드의 Enter 를 눌러 실행하거나, 원하는 아이콘을 찾아서 마우스로 클릭하면 된다. 바로 앞의 명령어를 다시 이용할 때는 간단히 Space Bar 나 Enter 또는 마우스의 오른쪽 버튼을 클릭하면 된다.

03 Top view로 마우스를 옮기고 계속해서 커맨드 창에 숫자 '0,0'을 입력하고 Enter를 누른다.

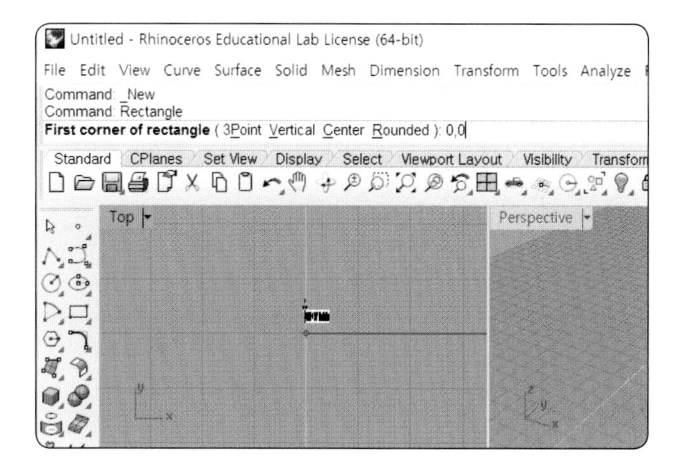

TIP
이 지점이 사각형을 그리는 기준선이 된다. 앞의 숫자 '0'은 'X' 좌표의 값을, 뒤의 숫자 '0'은 'Y' 좌표의 값을 의미한다. 구분은 쉼표(,)로 한다.

04 계속해서 커맨드 창에 숫자 '50,20'을 입력하고 Enter 를 누른다. 지우개의 크기는 50mm×20mm로 지정하였다.

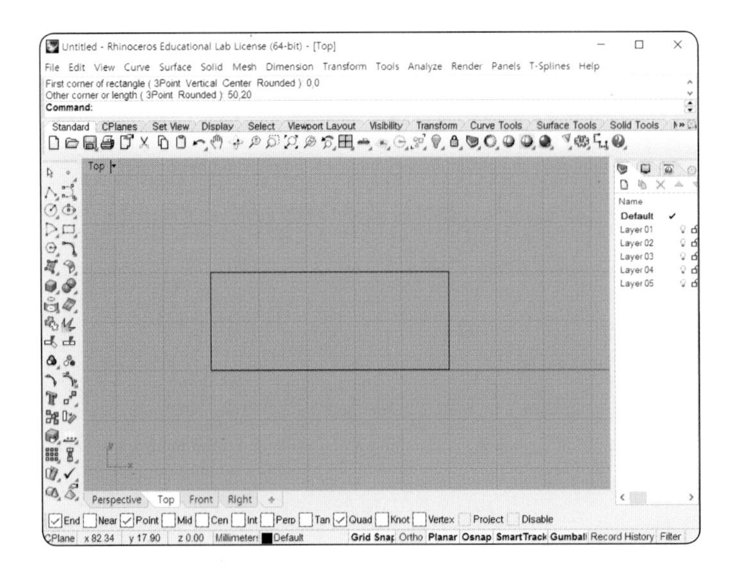

05 모서리를 부드럽게 만들어 보자. 커맨드 명령 창에 'Fillet'을 입력하고 Enter 를 눌러 'Select first curve to fillet' 옵션에서 J'를 입력하거나 마우스로 'Join=no' 부분을 클릭하여 'Join=yes'로 변경한다. 만일 'Join=Yes'로 설정되어 있으면 다음 과정으로 넘어간다. Join은 모서리를 둥글게 변경한 후에 커브가 연결되도록 한다.

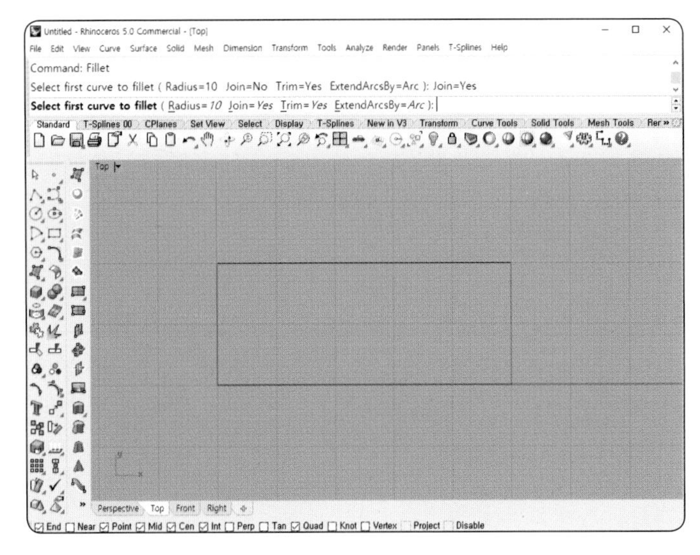

Rhino 3D 보충수업

단위의 수정

일반적으로 단위는 mm를 사용한다. 만일 단위를 수정하려면 [Tools] 메뉴에서 [Options]를 선택하여 [Rhino Options] 대화상자가 나타나면 Units 탭을 선택한 후 Model Units에서 변경할수 있다.

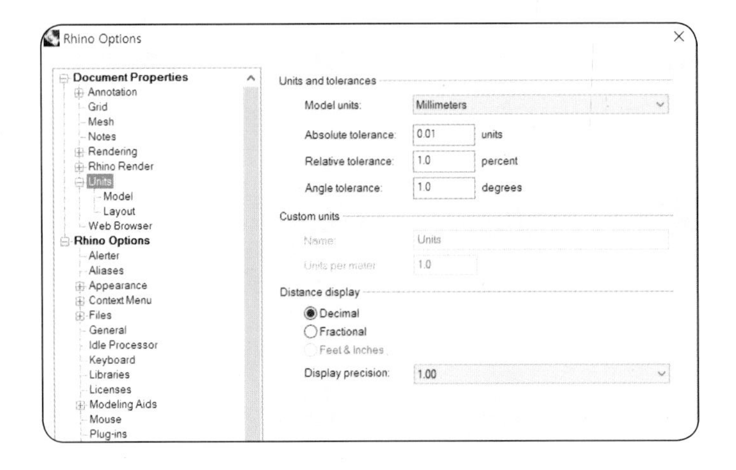

06 'Select first curve to fillet' 옵션이 'Join=yes'로 변경되었으면 3을 입력하고 Enter 를 누른다.

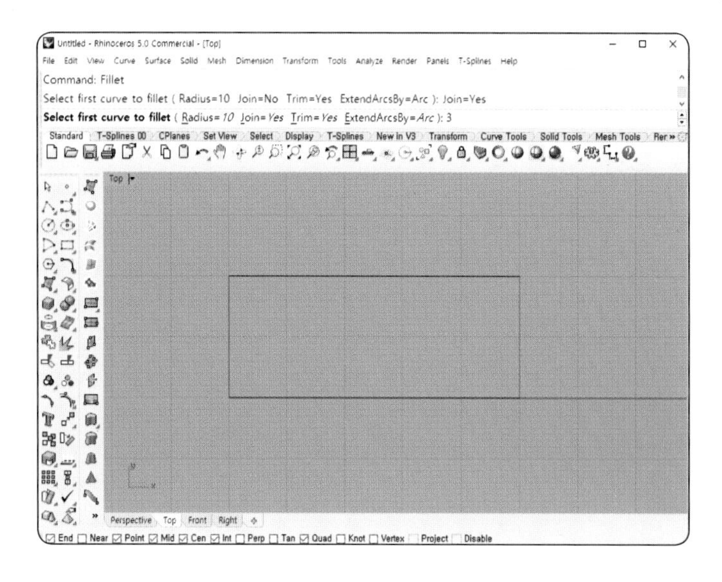

07 둥글게 변경할 모서리의 양쪽에 있는 두 선(❶, ❷)을 차례대로 클릭한다. 선을 클릭할 때 선이 노란색으로 깜빡거리면서 선택되었다는 것을 표시해 준다. 반지름으로 지정한 3mm로 모서리가 둥글게 만들어진다.

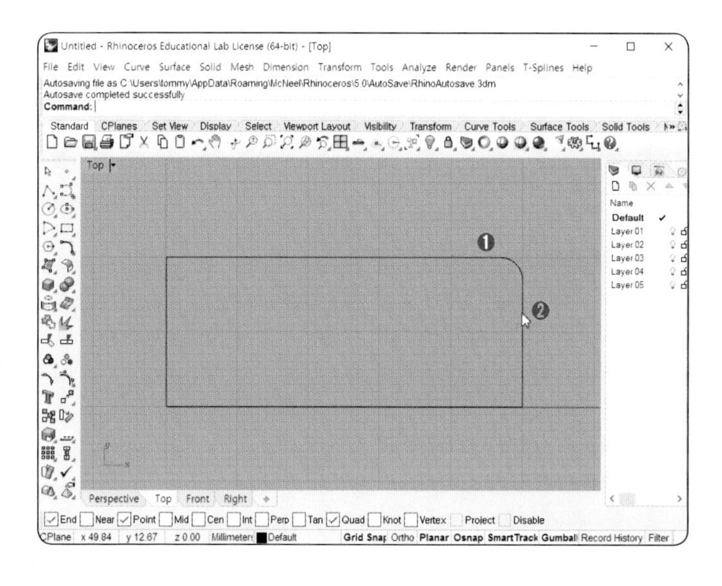

08 앞에서의 Fillet 명령을 다시 입력하거나 Space Bar 키 또는 마우스의 오른쪽 클릭을 이용하여 방금 내린 명령을 반복해서 모서리를 둥글게 만들어준다.

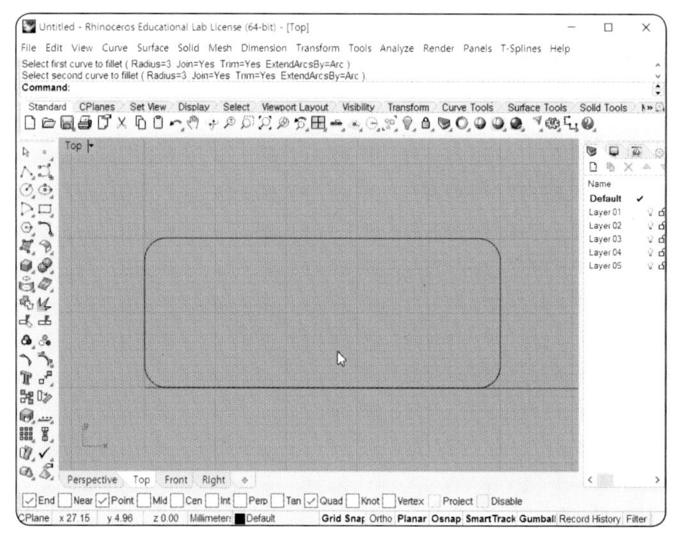

09 방금 그린 커브를 선택하여 하나의 커브로 이루어졌는지 확인한다. 만약 따로 떨어져 있다면 전부 선택하여 커맨드 창에 'Join' 명령으로 하나의 커브로 변경할 수 있다.

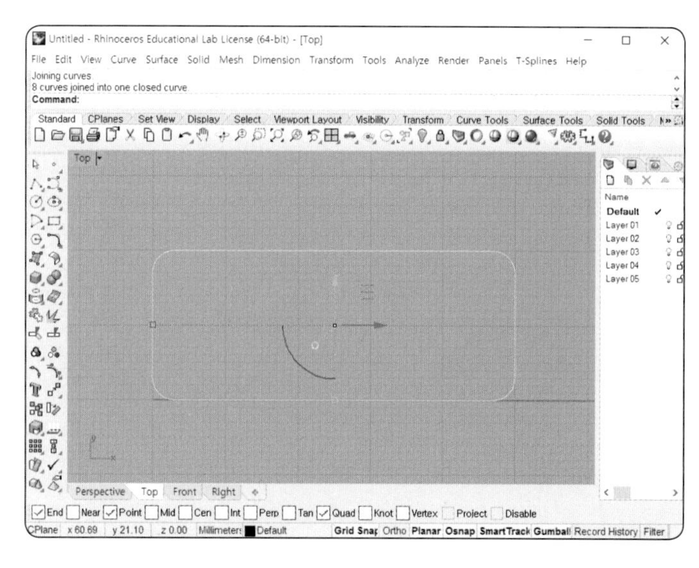

10 커브를 솔리드로 추출해 보자. 커멘드 창에 'ExtrudeCRV'를 입력하고 Enter를 눌러 Select curves to Extrude가 나타나면 방금 그린 사각형 커브를 클릭한다. 'Select curves to Extrude. Press Enter When done:'이 나타나면 Enter를 누른다.

TIP
'Extrude' 명령어는 한방향으로 같은 모양을 그대로 밀어내는 압출성형을 의미한다. 뒤의 CRV는 커브를, SRF는 서피스를 의미한다.

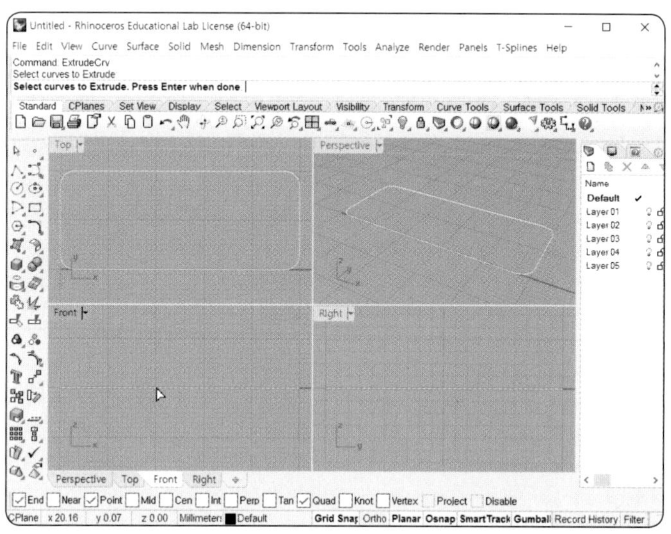

11 커맨드 창에 'Extrusion distance' 옵션으로 변경되고 여기서 'Bothsides=No', 'Solid=Yes'로 변경한 후 '10'을 입력하고 Enter를 누른다.

TIP
마우스를 위쪽이나 아래쪽으로 움직여 보면 평면의 커브가 마우스 방향대로 입체로 추출되는 것을 확인할 수 있다.

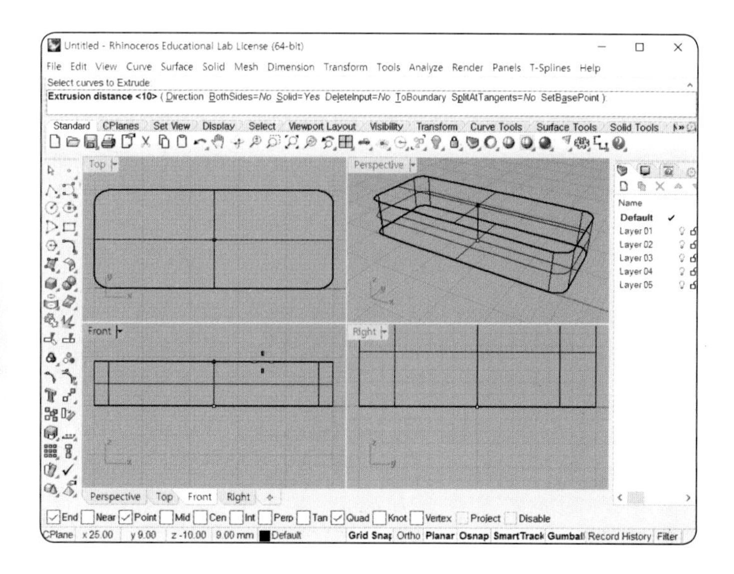

12 Perpective view에서 왼쪽 상단의 글자를 클릭하여 나타난 메뉴에서 Shaded를 선택하면 단순한 음영처리된 입체 모드로 변경된다.

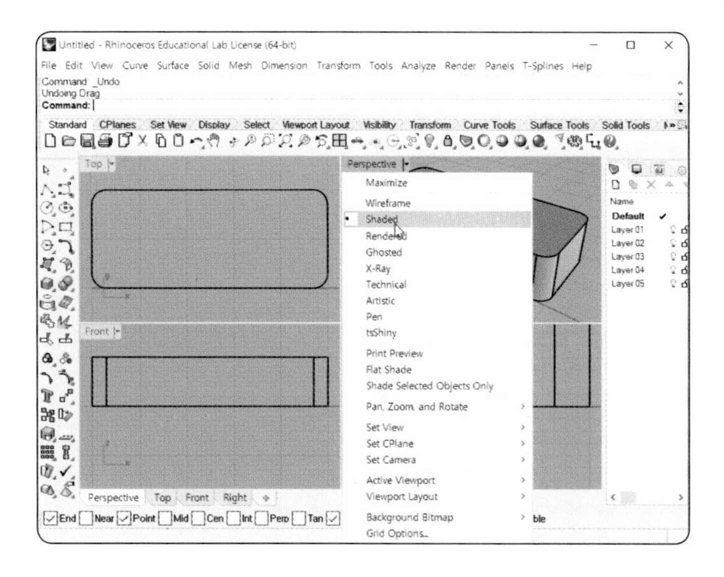

13 윗부분도 둥글게 만들어 보자. 커맨드 창에서 'Filletedge'를 입력하고 Enter 를 눌러 옵션이 나타나면 '1'을 입력하고 Enter 를 누른다.

TIP

커브의 모퉁이를 둥글에 만들어 주는 명령이 'Fillet'이며, 솔리드의 모서리를 둥글게 만들어주는 명령은 'Filletedge'이다.

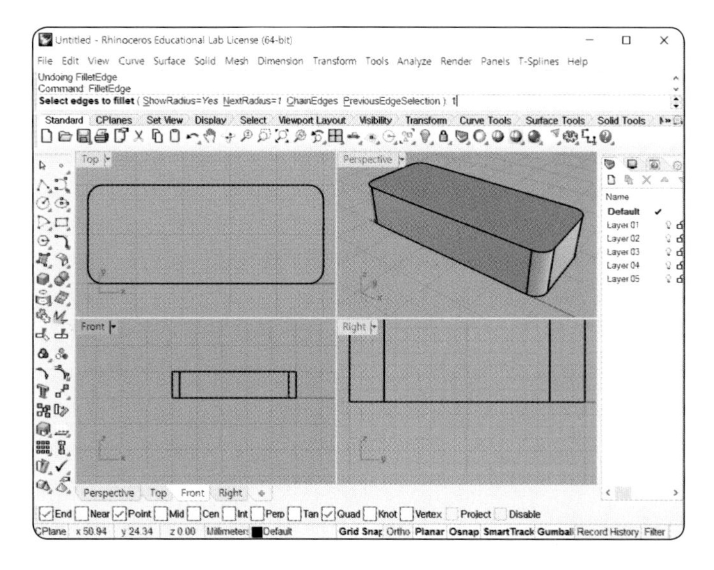

14 전체 모서리를 둥글게 만들기 위해서 마우스로 전체를 드래그하여 선택한다.

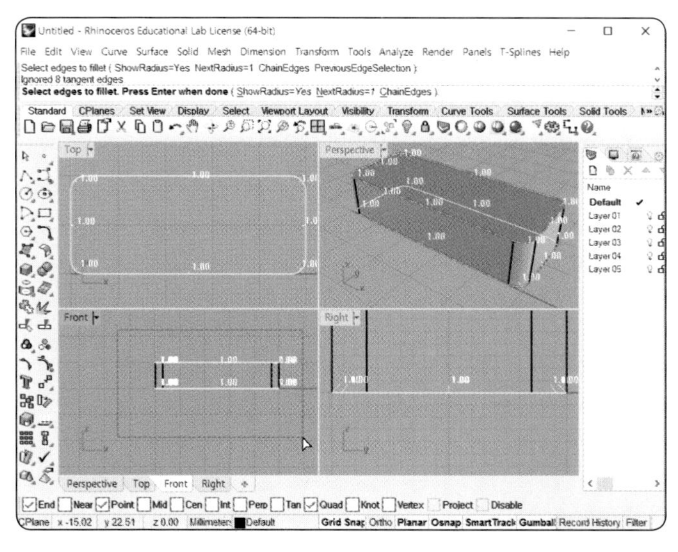

15 Enter 를 두 번 눌러 지우개를 완성한다.

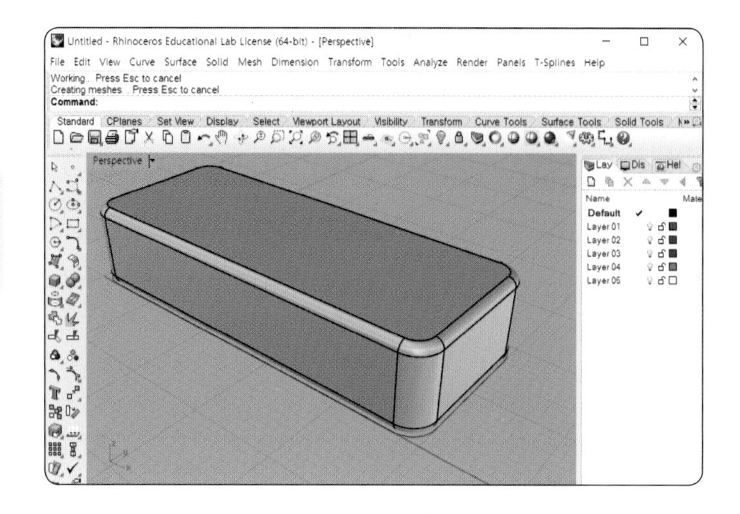

TIP

Enter 를 두 번 누르는 것은 처음에는 'Filletedge'를 추가하거나 다른 옵션을 설정하기 위해서이고 두 번째는 최종 적용을 위해서이다.

··· 간단한 육각형 연필 만들기

01 지우개를 선택하고 커맨드 창에 'Hide'를 입력하고 Enter 를 누르면 지우개가 사라진다. 앞에서 그렸던 사각형 커브도 선택하고 'Hide' 명령으로 숨겨둔다. 숨겨진 지우개는 'Show' 명령을 이용하면 언제든지 다시 표시할 수 있다.

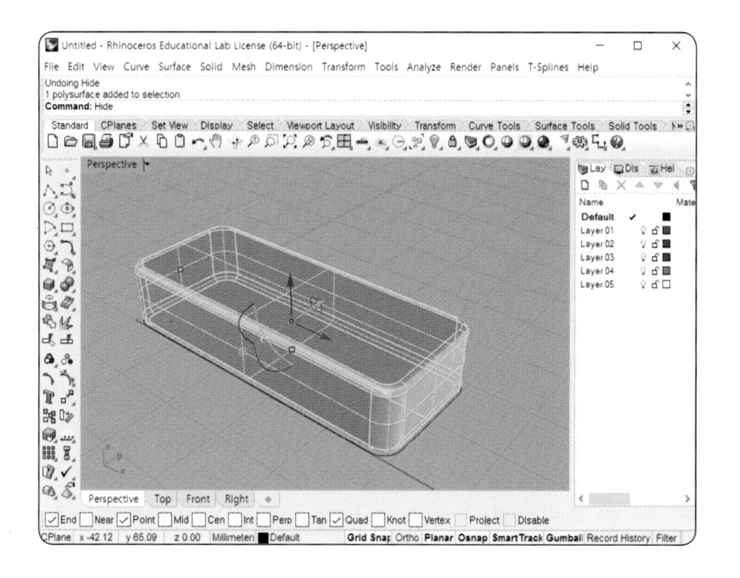

02 커맨드 창에 'Polygon'을 입력하고 Enter 를 눌러 옵션 값으로 나타나는 NumSides(모서리 개수)를 클릭한 후 '6'을 입력한다. 계속해서 나타나는 옵션 값에 '0,0'을 입력한 후 Enter 를 눌러 육각형이 시작하는 지점을 설정하고 'Center of polygon'이 나타나면 Front view에서 마우스를 오른쪽으로 움직인 후 숫자 '5'를 입력하고 Enter 를 눌러 육각형 커브를 생성한다.

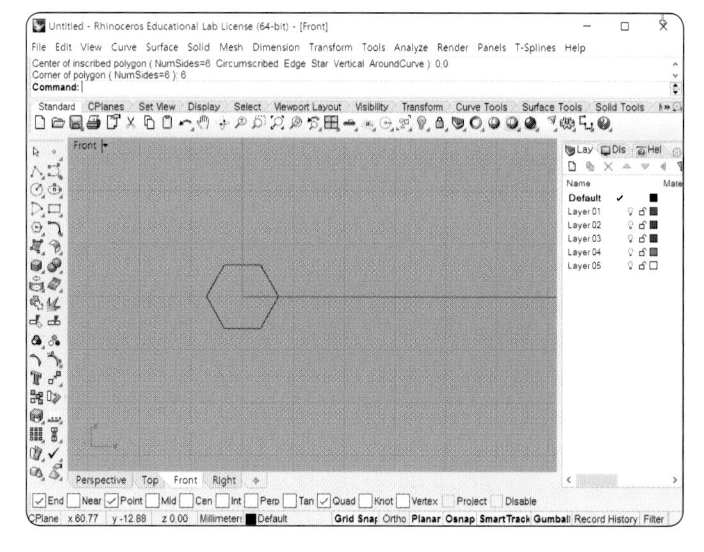

03 육각형의 커브를 서피스로 만들어 보자. 커맨드 창에 'ExtrudeCrv'를 입력한 후 Enter 를 누르면 Select curves to Extrude가 나타난다. 육각형 커브를 클릭하면 'Select curves to Extrude. Press Enter when done'의 명령이 나타난다. Enter 를 누른 후 'Right View'에서 마우스를 좌우로 이동하면 육각 기둥을 만들 수 있게 된다.

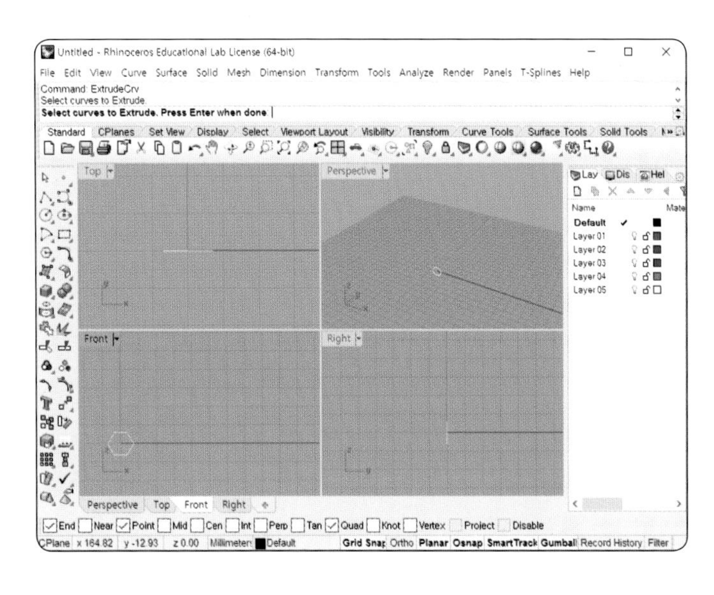

04 커맨드 창에 나타나는 옵션 값 중에 'Solid=No'로 설정을 바꿔준다. 마우스로 'Solid' 단어를 클릭하거나 키보드에서 'S'를 입력한 후 Enter 를 눌러주면 설정이 변경된다. 또한 기둥이 양쪽으로 생성될 때는 'Bothside=No'를 선택한다.

TIP

서피스(Surface) 면이고 솔리드(Solid)는 입체라는 차이점이 있다.

05 'Right View'에서 마우스를 오른쪽으로 움직인 후에 '170'을 입력하고 Enter 를 누르면 연필의 육각형 기둥이 만들어진다.

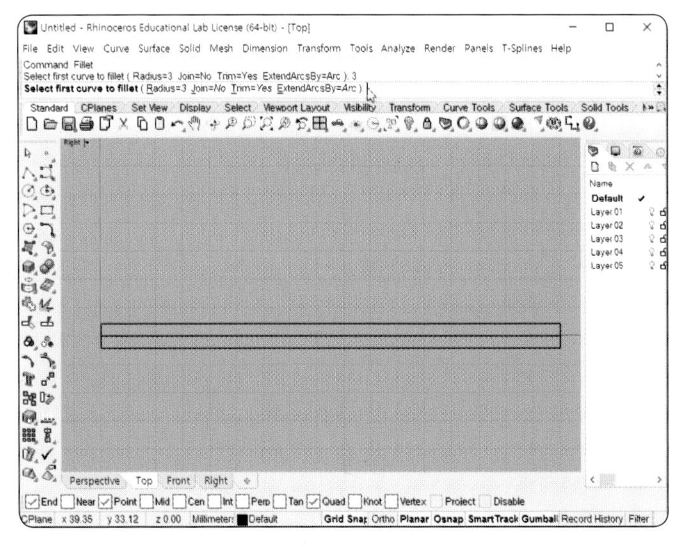

06 앞서 'Solid=no' 옵션을 선택하였기 때문에 속이 비어있는 형태를 볼 수 있다.

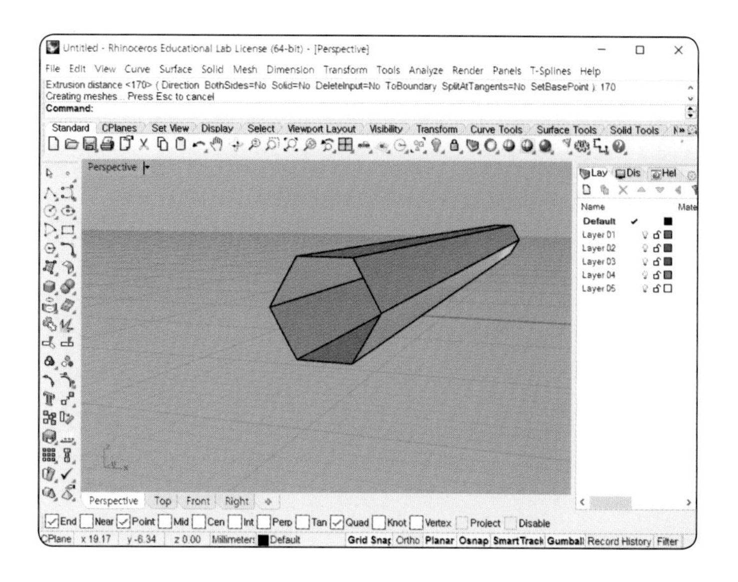

07 연필의 앞 부분을 만들어 보자. Front view에서 커맨드 창에 'Cone'을 입력하고 Enter를 누른다. 앞에서 육각형 연필 기둥을 만들 때 옵션의 'Solid=no'로 설정하였으므로 'Base of cone' 옵션에서도 'Solid=no'로 설정한다.

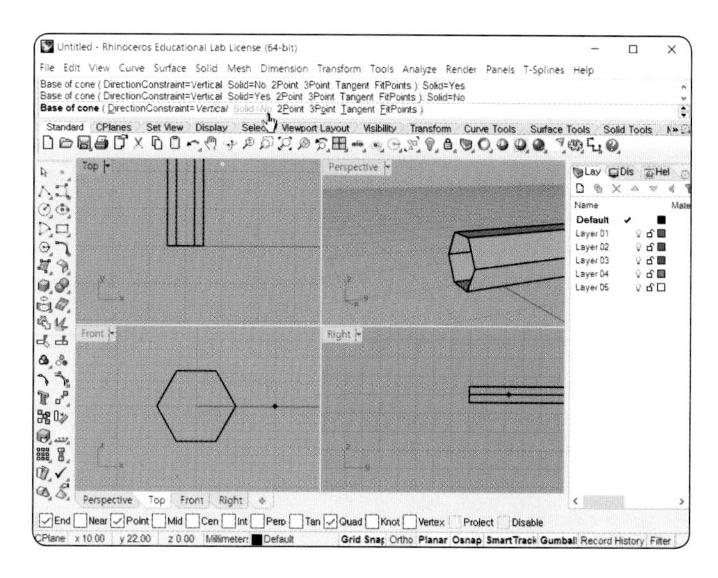

08 'Base of cone' 옵션에서 기준점 설정을 위해 0,0으로 입력하고 Enter를, Radius 옵션에서는 육각 기둥을 만들 때보다 큰 '7'을 입력하고 Enter를 누른다.

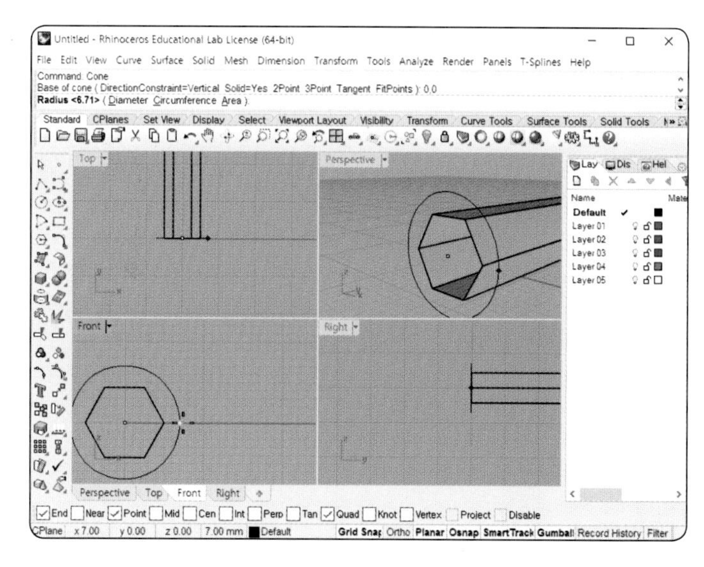

09 커맨드 창에 End of cone 옵션이 표시되면 계속해서 원뿔의 뾰족한 부분을 설정하기 위해 Right View 창에서 마우스를 왼쪽에 놓고 '50'을 입력한 후 Enter를 눌러 원뿔을 만든다.

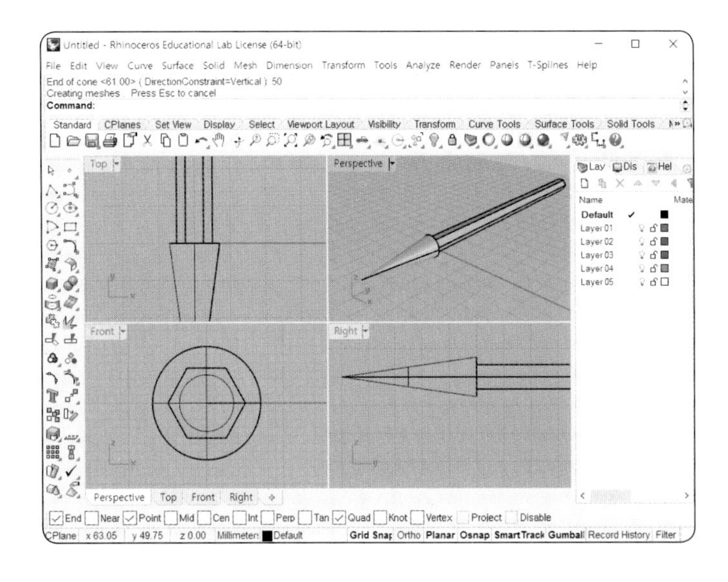

10 만들어진 원뿔을 선택하고 하단의 'Gumball' 탭을 선택하여 활성화하면 오브젝트를 움직이거나 회전하고 크기를 조절할 수 있는 파랑, 빨강, 초록색의 화살표가 표시된다.

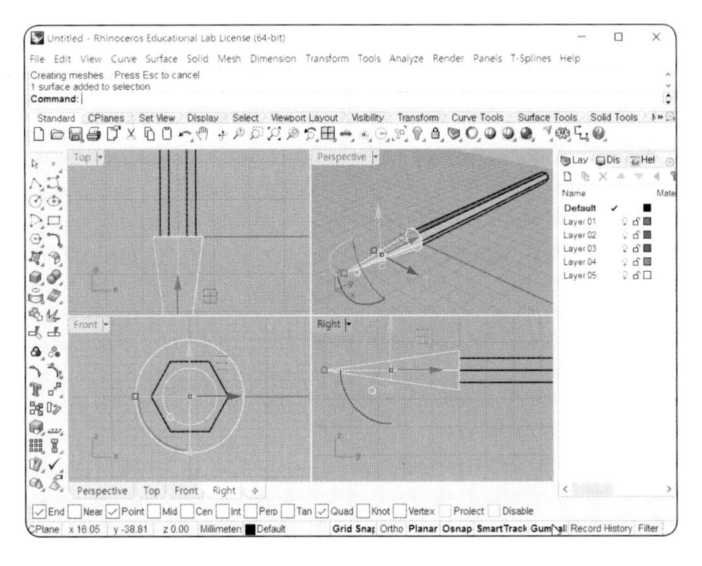

11 빨간색 화살표를 선택하여 드래그하면 좌우측으로만 오브젝트가 이동된다. 오른쪽으로 원뿔을 이동하여 그림과 같이 겹쳐지게 만들어 준다. 연필을 깎을 때 나타나는 모양이 되도록 육각형 끝부분이 나타나게 한다.

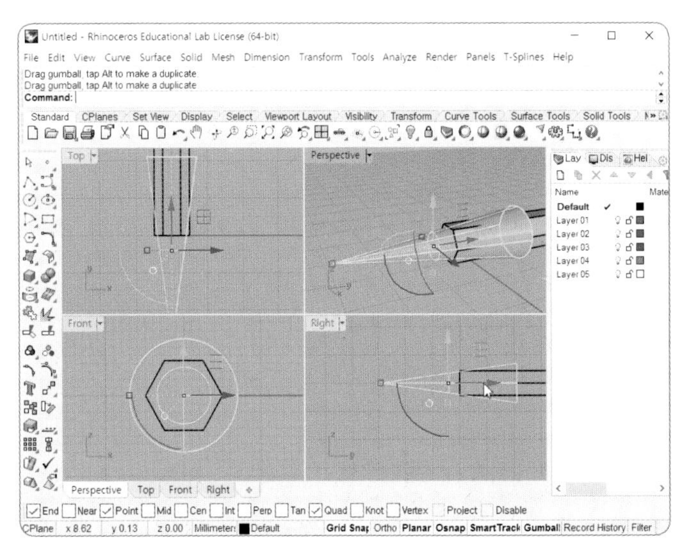

12 이제 겹쳐진 부분을 제거해 보자. A물체에서 B를 제거한다는 느낌으로 명령을 실행한다. 커맨드 창에 'Trim'을 입력하고 Enter를 누른다. 'Select cutting objects' 글자가 나타나면 뾰족한 원뿔을 선택하고 Enter를 눌러준다.

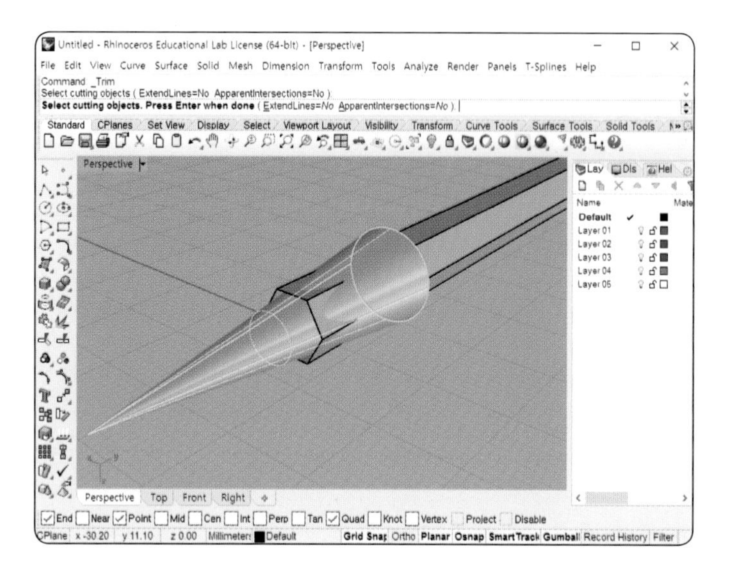

13 'Select object to trim' 글자가 나타나면 육각 기둥의 필요없는 부분을 클릭한다. 불필요한 앞쪽 부분이 삭제된 것을 확인하고 Enter 눌러 명령을 끝낸다.

TIP

Trim 명령이 잘 실행되지 않는다면 두 오브젝트를 생성할 때 'solid=no'를 선택했는지 확인한다. Trim 명령은 두 오브젝트가 같은 속성으로 이루어졌을 때 동작한다.

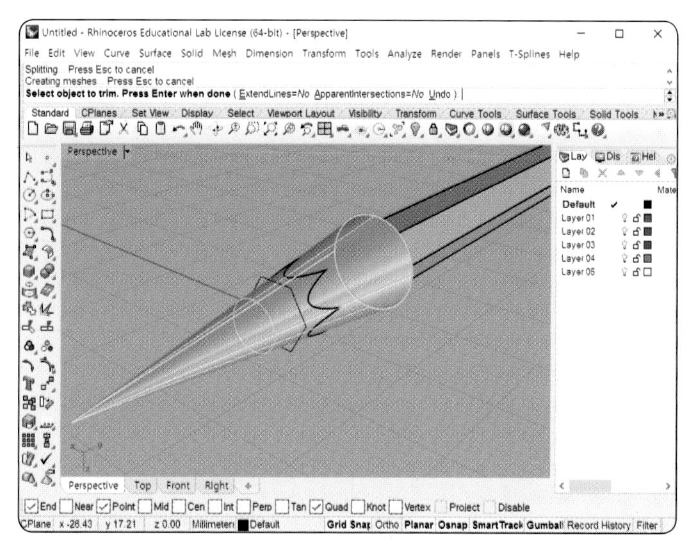

14 원뿔의 불필요한 부분을 삭제해 보자. 커맨드 창에 'Trim'을 입력하고 'Select cutting objects'가 나타나면 육각형 몸통을 선택하고 Enter를 누른다.

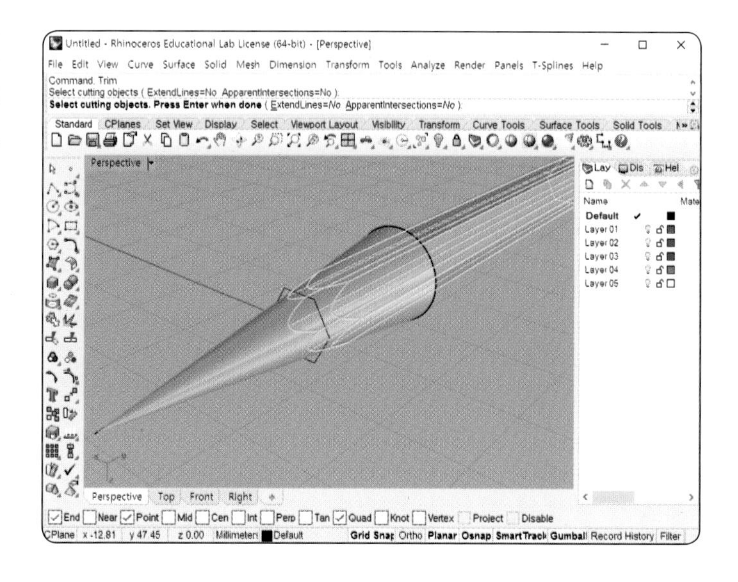

15 계속해서 커맨드 창에 'Select object to trim' 글자가 나타나면 불필요한 원뿔의 끝부분을 선택한다. 불필요한 부분이 지워진 것을 확인하고 Enter 를 눌러 명령어를 해제한다.

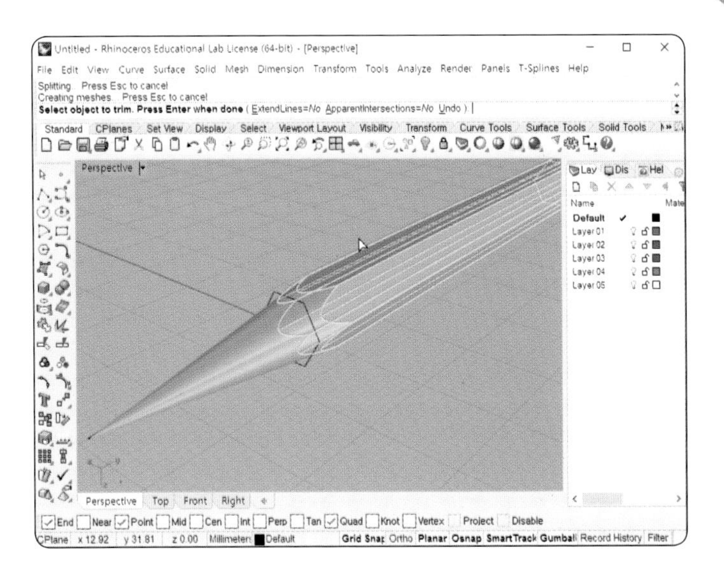

16 다음은 연필심 부분을 만들어 보자. 다른 재질을 입혀야 하기 때문에 분리해야 한다. Top view에서 커맨드 창에 'Polyline'을 입력하고 Enter 를 누른다. 그림과 같이 연필심 길이 만큼의 라인을 마우스 클릭으로 만들어준다.

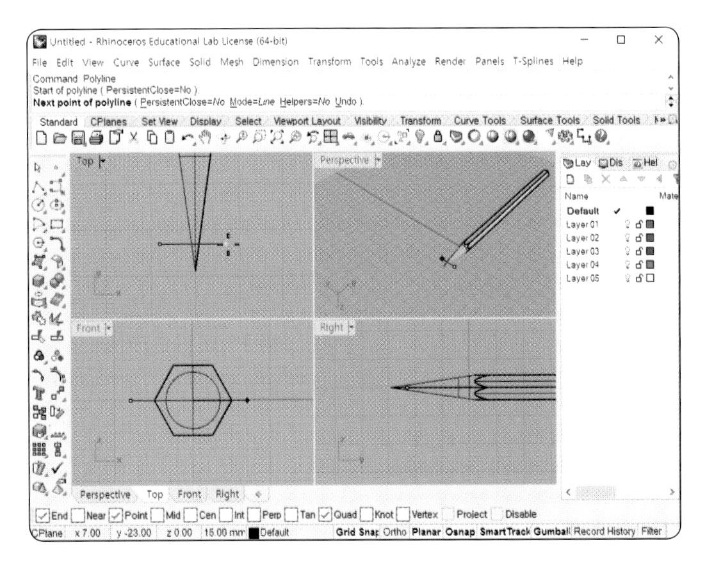

17 커맨드 창에 'Split'를 입력하고 Enter 를 누른다. Select objects to split 글자가 나타나면 원뿔을 선택하고 Enter 를 누른다.

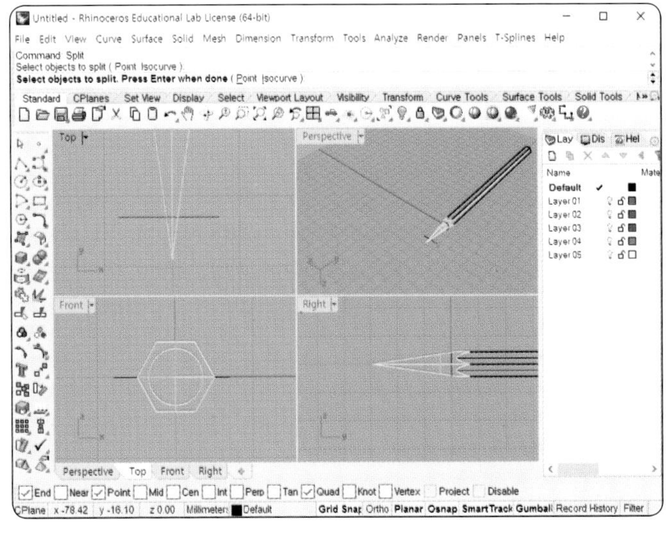

18 select cutting objects가 나타나면 앞에서 그렸던 polyline을 선택하고 Enter 를 누르면 연필심이 분리된다. 연필심의 앞부분만 클릭하여 선택이 되면 연필심이 제대로 분리된 것이다.

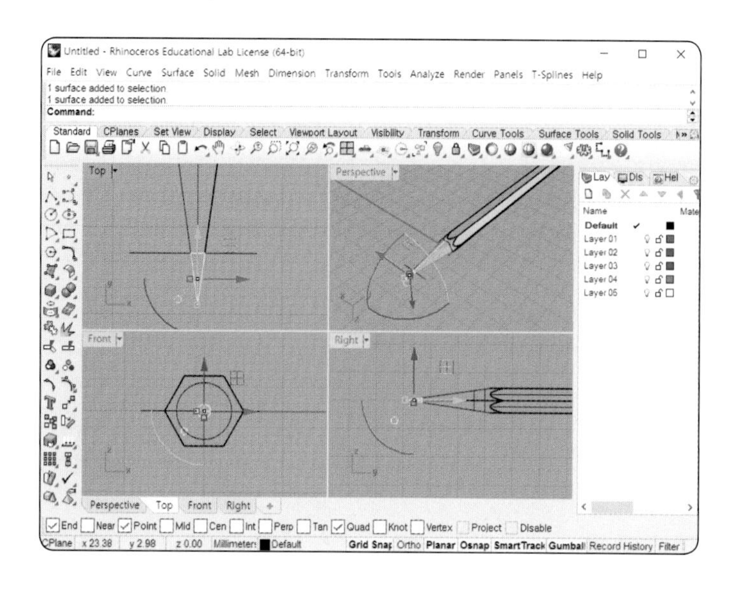

19 Perspective view에서 연필의 뒷면을 보면 구멍이 뚫려 있다. 커맨드 창에서 'planarsrf'를 입력한 다음 Enter 를 누른다. 커맨드 창에 'select planar curves to build surface' 옵션이 표시되면 육각형의 테두리를 차례대로 선택한다.

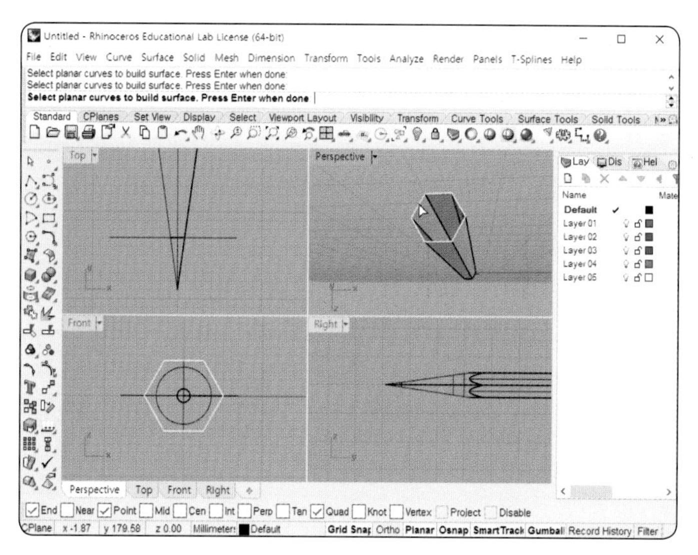

20 선택이 완료되면 Enter 를 눌러 연필의 뒷부분을 막는다.

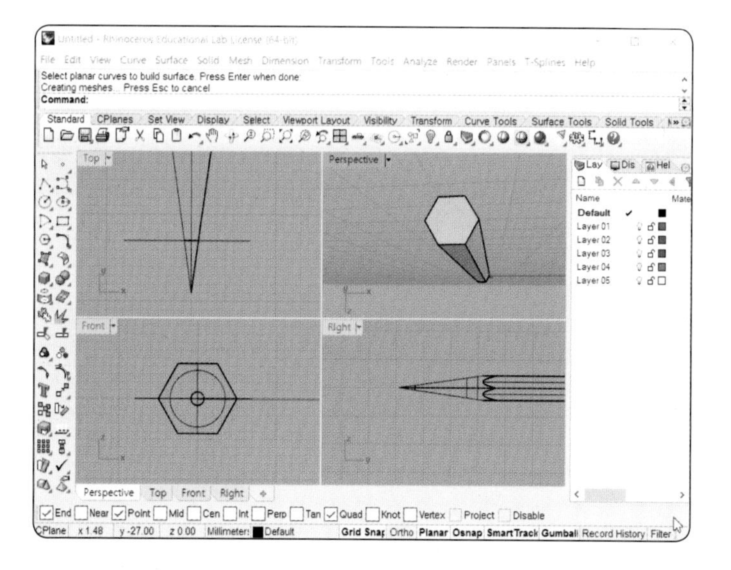

TIP

선택된 모서리가 평면 상에 있기 때문에 막혀지는 것이다. 만약 어느 한점이나 모서리가 평면 상에 위치해 있지 않으면 'planarsrf' 명령어로 마감을 할 수 없다.

21 커맨드 창에 'Show'를 입력하고 Enter 를 눌러 앞에서 그렸던 지우개를 보이게 한다. 연필과 겹쳐져 있다면 지우개를 선택하고 Gumball을 이용하여 지우개를 다른 위치로 이동한다. 연필만 전체 선택하고 Gumball을 이용하여 이동하면서 Alt 를 누르면 복제가 된다. 2개를 만들어 준다.

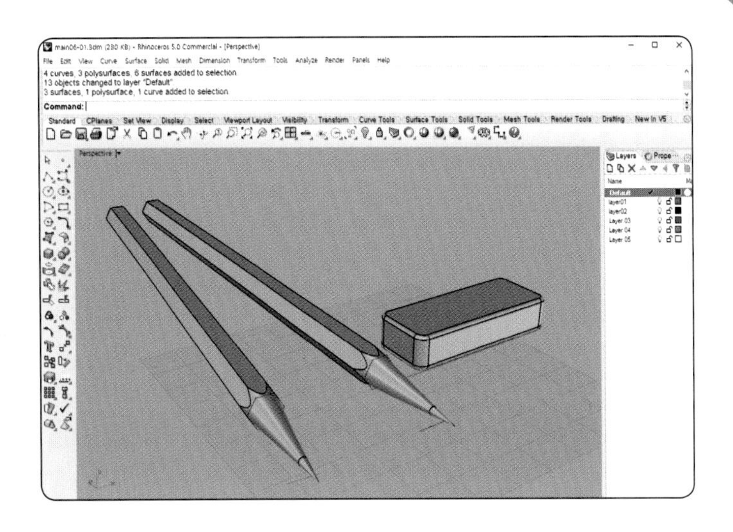

··· Keyshot을 이용하여 렌더링하기

01 앞에서 만들었던 연필과 지우개를 영문으로 저장한다. Keyshot을 실행하여 [파일] 메뉴에서 [열기]로 저장했던 파일을 가져온다.

TIP

파일의 이름을 영문으로 저장하는 이유는 가끔 2바이트를 지원하지 않는 프로그램에서 한글로 저장된 파일을 불러올 경우 에러가 나기 때문이다.

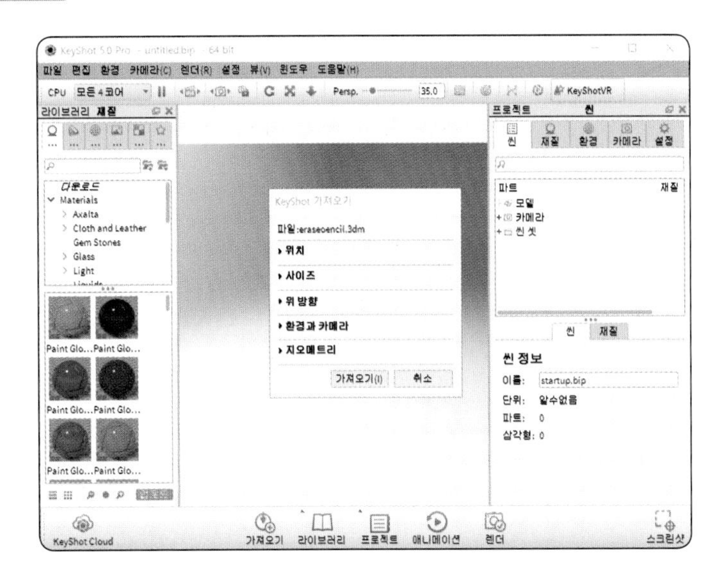

02 처음 불러온 파일은 설정된 재질이 없어 검은색으로 나타난다.

03 화면 왼쪽의 둥근 부분은 미리 설정해 놓은 재질 라이브러리이다. 원하는 재질을 선택한 후 불러온 연필과 지우개에 마우스로 드래그 앤 드롭으로 설정할 수 있다. Keyshot은 실시간 렌더링 미리보기 기능으로 즉흥적으로 빠르게 재질을 확인할 수 있다.

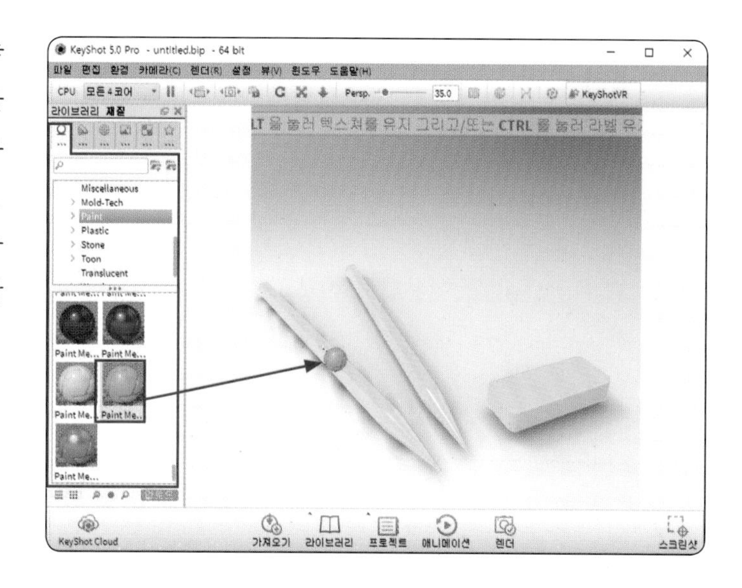

04 Keyshot의 재질이 전체적으로 적용되는 것을 볼 수 있다. Rhino 3D에서 재질 별로 Layer를 따로 설정하는 것이 좋다. 그렇지 않을 경우에는 Keyshot에서 해당 오브젝트를 선택하고 마우스의 오른쪽 클릭을 이용하여 '재질 링크 해제'를 선택한다.

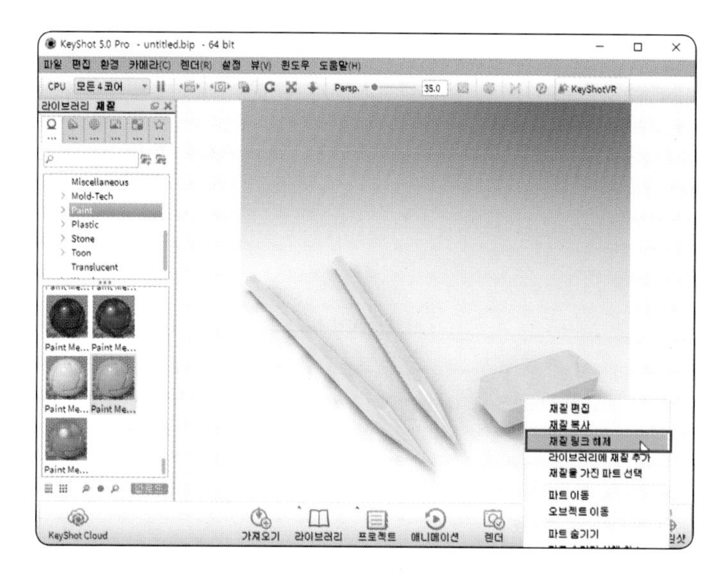

05 마찬가지 방법으로 육각형 몸통, 깎은 부분, 연필심 부분, 후면 부분을 마우스의 오른쪽 클릭으로 '재질 링크 해제'를 한다. 다시 원하는 재질을 지정한다.

06 지우개가 공중에 떠 있다면, 지우개 위에서 마우스의 오른쪽 클릭을 한다. 팝업 창에서 '파트 이동'을 선택한다.

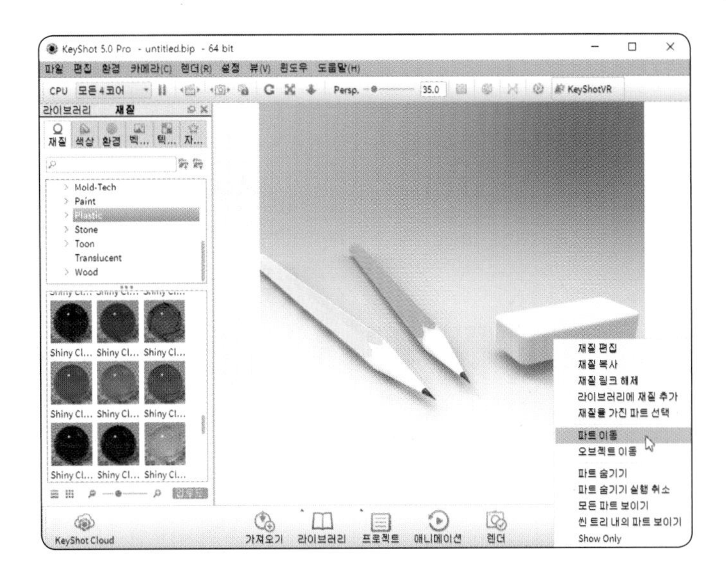

07 나타나는 팝업 창에 '그라운드에 스냅' 글자를 클릭하면 자동으로 지우개를 바닥에 밀착시켜 준다.

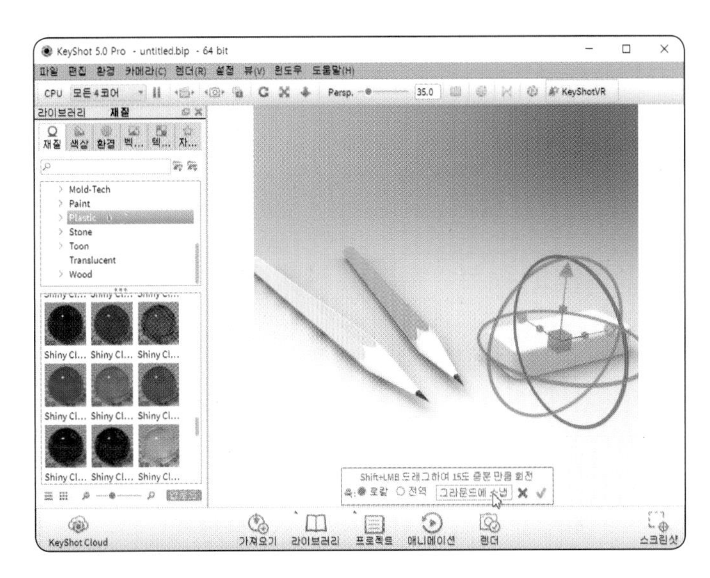

08 왼쪽 환경 탭에서 'startup'을 선택하여 렌더링 창으로 드래그 앤 드롭한다. 환경 맵을 설정하는 부분으로 조명, 배경이 설정되어 있는 렌더링 환경 세트이다.

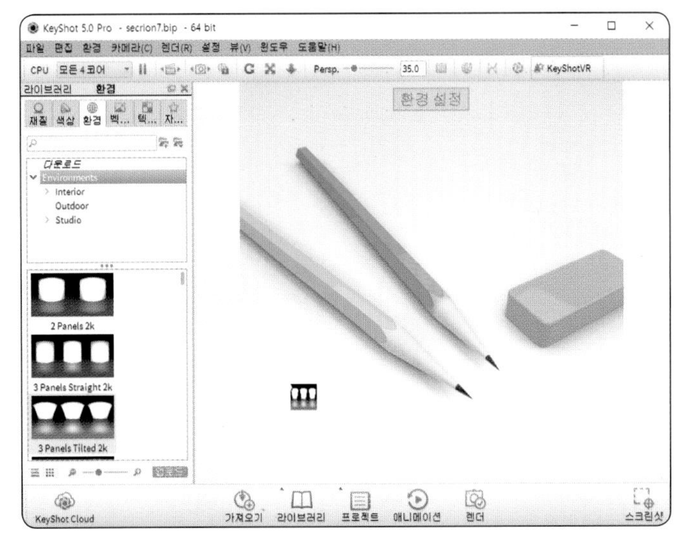

09 만약 그림자가 모자이크처럼 보인다면 하단의 프로젝트 탭을 선택하여 환경 탭에서 그라운드 사이즈를 줄일 수 있다. [렌더] 메뉴에서 [렌더]를 선택한다. 렌더링 시간이 길어지는 단점이 있으므로 적절히 조절한다.

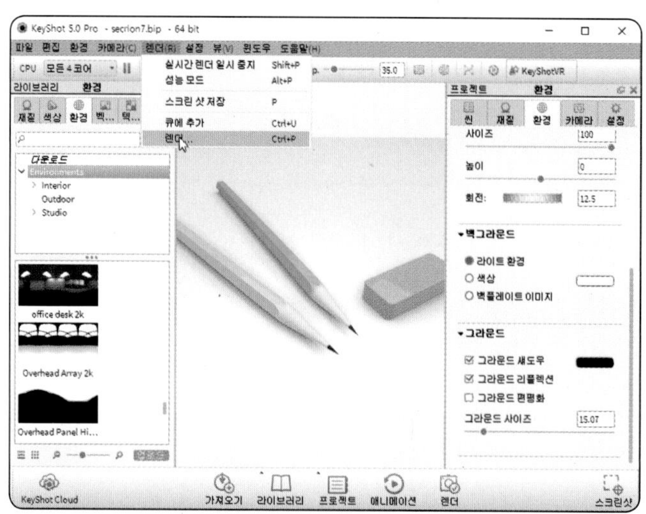

11 렌더링 옵션을 설정해 보자. 이름(영문으로 표기), 렌더링 위치, 파일 포맷, 해상도를 설정하여 렌더를 선택한다.

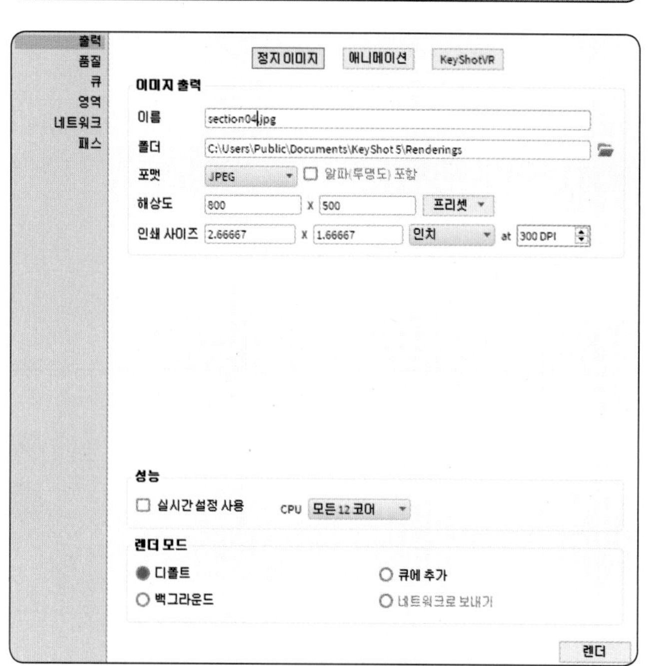

12 잠시 후 렌더링의 결과가 화면에 표시되고, 끝나면 자동으로 컴퓨터에 저장된다.

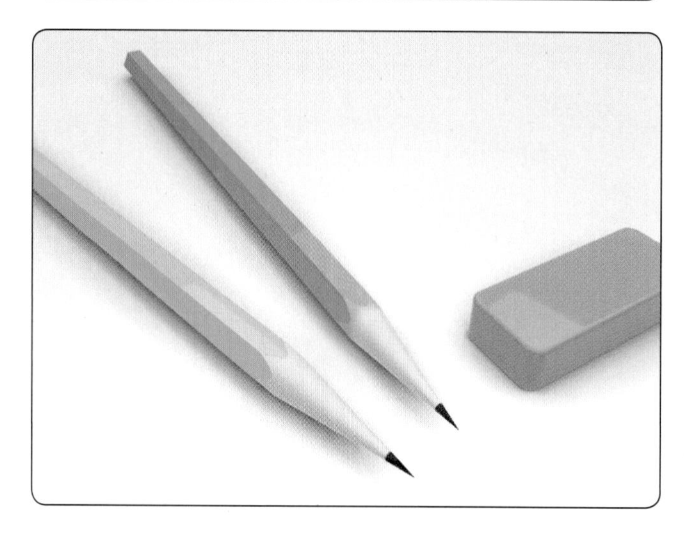

실전 문제 1 | 별모양 얼음판 만들기

앞서 학습한 모델링 방법을 응용하여 Rhino 3D와 Keyshot을 이용하여 별 모양 얼음판을 모델링해 보자.

keypoint

① Polygon을 이용하여 별모양을 그린다.
② Fillet을 이용하여 모서리를 부드럽게 한다.
③ PlanarSrf를 이용하여 커브를 평편한 면으로 만든다.
④ ExtrudeCrv를 이용하여 커브를 입체면(서피스)로 만든다.

완성 파일 | Sample>ex04-01.3dm

실전 문제 2 | 블럭 만들기

Rhino 3D와 Keyshot을 이용하여 블럭을 모델링해 보자.

keypoint

① Retangle과 Circle을 이용하여 모양을 생성한다.
② Fillet을 이용하여 모서리를 부드럽게 한다.
③ ExtrudeCrv를 이용하여 커브를 입체면(서피스)로 만들어 준다.

완성 파일 | Sample>ex04-02.3dm

05 S·E·C·T·I·O·N

Revolve와 Boolean difference로 드라이버 만들기

PREVIEW

완성파일 : main05-01.3dm

··· **학습 내용**

- polyline으로 도형을 그린다.
- Fillet으로 모서리를 둥글게 만들어 준다.
- Revolve를 이용하여 회전체를 생성한다.
- Filletedge로 솔리드 모서리를 둥글게 만들어 준다.
- Boolean difference를 이용하여 오브젝트를 변형한다.
- Trim으로 불필요한 면을 제거한다.
- Split으로 오브젝트를 분리한다.
- Keyshot을 이용하여 재질을 입히고 렌더링한다.

··· 드라이버 손잡이 만들기

01 [File] 메뉴에서 [New]를 선택하여 [Open Templete Files] 대화상자가 나타나면 [Small Object – Millimeters]를 선택하여 새로운 창을 생성한다.

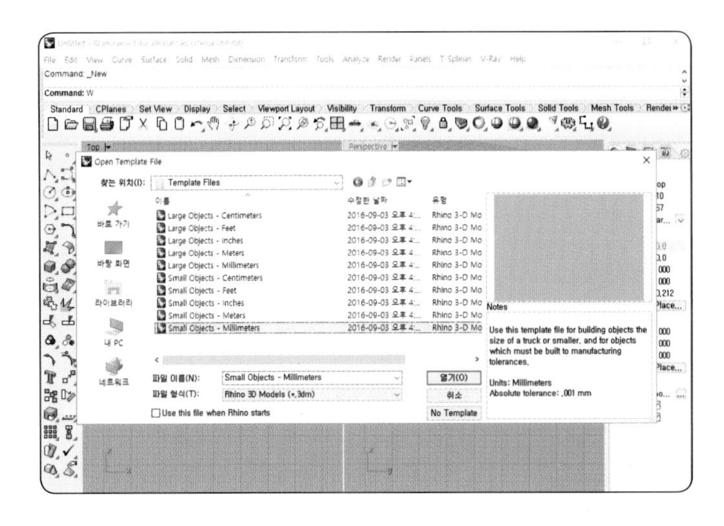

02 드라이버는 가운데를 중심으로 회전하는 오브젝트의 성격을 갖고 있으므로 중심축을 설정해 보자. Front view에서 커맨드 창에 'polyline'을 입력하고 Enter를 누른다. Start of polyline에서 '0,0'을 입력하고 Enter를 누른 후 끝나는 지점(Next point of polyline)은 '100,0'을 입력하고 Enter를 누른다. 더 이상 선을 그리지 않기 때문에 Enter를 눌러 완료한다.

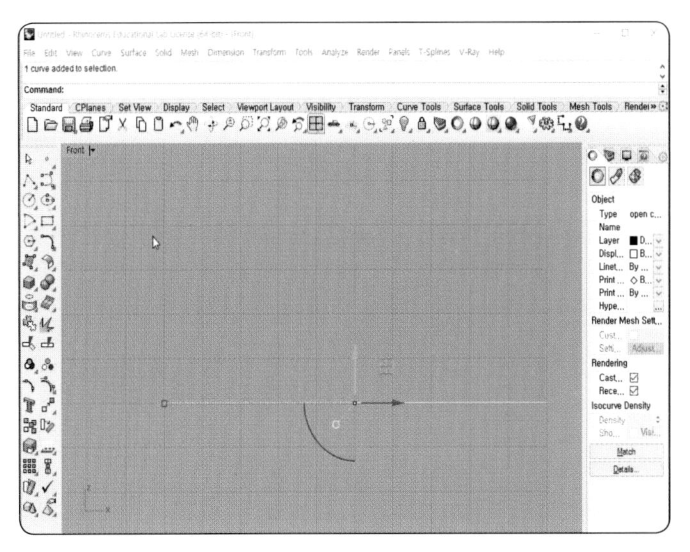

03 생성된 선을 가이드 라인으로 변경해 보자. 화면의 오른쪽 부분에 '레이어' 아이콘을 선택한다. 'Layer 01'의 이름 부분을 더블 클릭하여 레이어 이름을 'guide'로 변경한다.

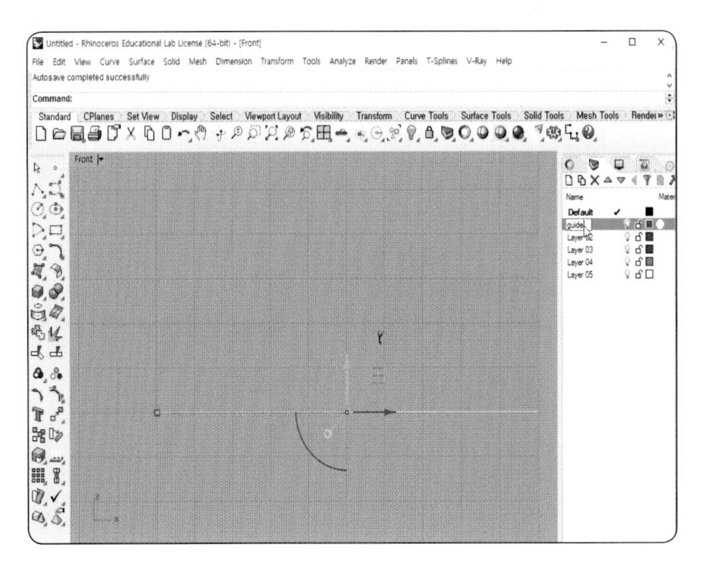

TIP

Rhino 3D의 레이어 기능은 포토샵의 레이어와 비슷한 기능을 가지고 있다. 복잡한 3D 모델링 오브젝트를 구분할 수 있으며, Keyshot 렌더링시 재질을 레이어별로 구분할 수 있다. 작업자의 취향에 따라 레이어의 기능을 부여할 수 있다.

04 앞에서 그렸던 선을 선택한 상태에서 레이어의 'guide' 위에서 마우스의 오른쪽을 클릭하여 [Change object Layer]를 선택한다.

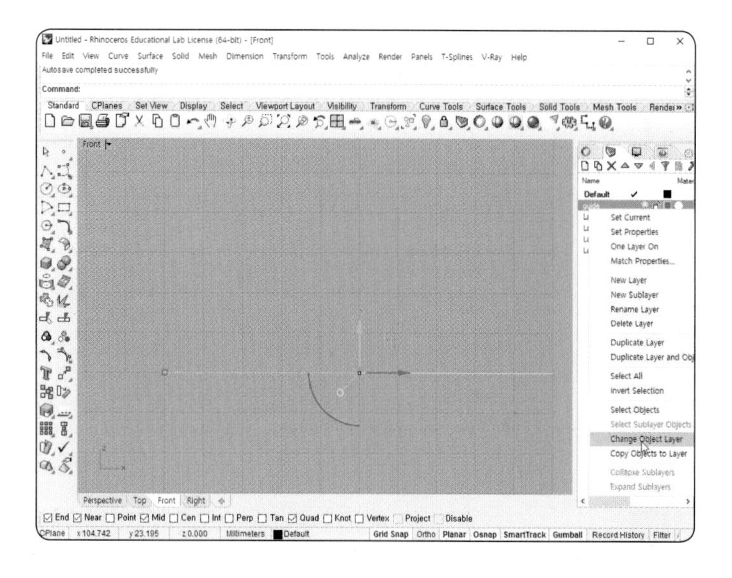

05 선이 'guide'로 변경되었으며 'guide'의 자물쇠 마크를 클릭하면 수정이 불가능한 상태로 된다. 'default' 레이어를 더블클릭하여 V자 마크를 활성화한다.

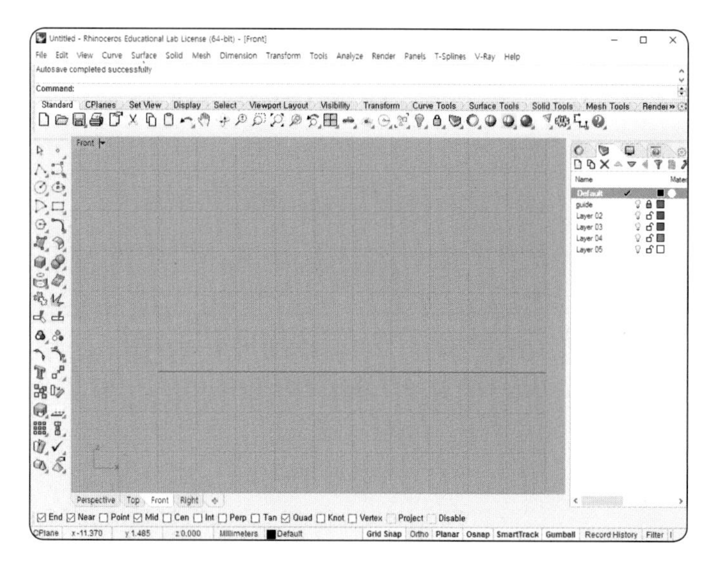

06 드라이버 손잡이 부분을 만들어 보자. 커맨드 창에 'polyline'을 입력하고 Enter를 눌러 시작하는 좌표 '0,0'을 입력하고 Enter, 두 번째 좌표 '0,20'을 입력하고 Enter, 세 번째 좌표 '100,20'을 입력하고 Enter, 네 번째 좌표 '100,0'을 입력하고 Enter를 누른다. 마지막으로 Enter 한 번 더 눌러 선을 완성한다.

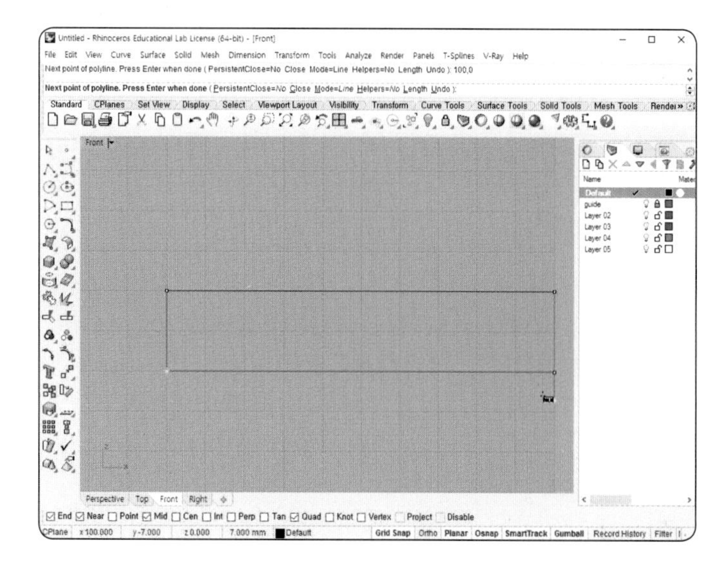

07 드라이버의 손잡이 부분을 만들어 보자. 커맨드 창에 'circle'을 입력하고 Enter 를 누른 후 숫자 '30,20'을 입력하고 Enter 를 누른다.

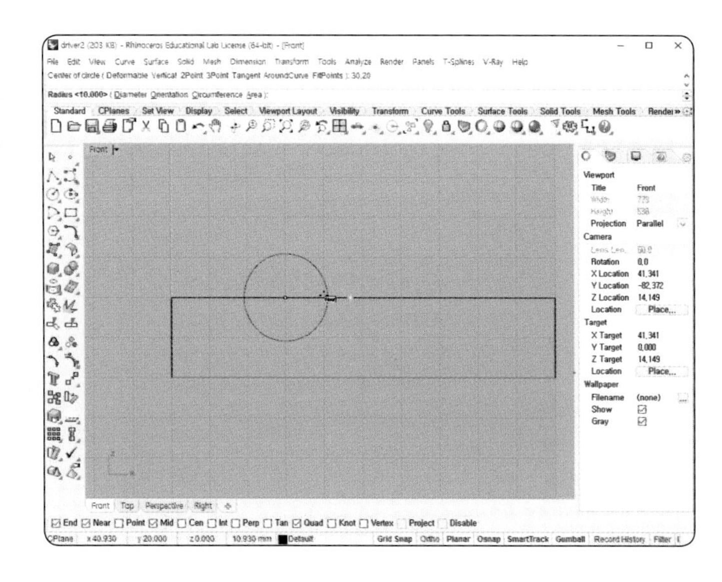

08 원의 크기를 지정해 보자. 계속해서 커맨드 창에 'Radius'가 표시되면 '10'을 입력하고 Enter 를 눌러준다.

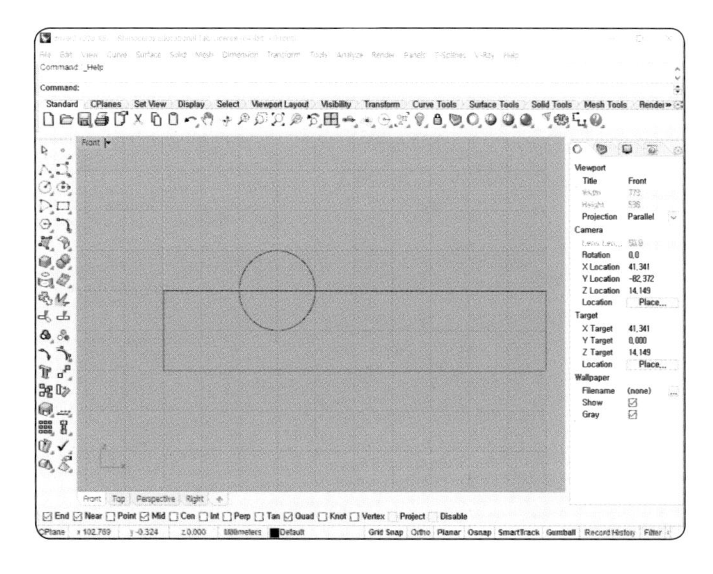

09 Fillet을 이용하여 드라이버의 뒷부분과 앞부분을 둥글게 만들어 보자. 커맨드 창에 'Fillet'을 입력하고 Enter 를 누른 후 '15'(반지름의 크기)를 입력하고 Enter 를 눌러준다. 커맨드 창에서 'Join=Yes', 'Trim=Yes'로 옵션 값을 변경한다. 마주 보는 두 변 ❶과 ❷를 차례대로 눌러 둥글게 만든다.

TIP

'Join'의 기능은 두 개의 커브를 하나의 커브로 합쳐 준다. 'Trim'의 기능은 이전에 만들어진 커브를 지우고 새로 생성된 커브로 대체한다.

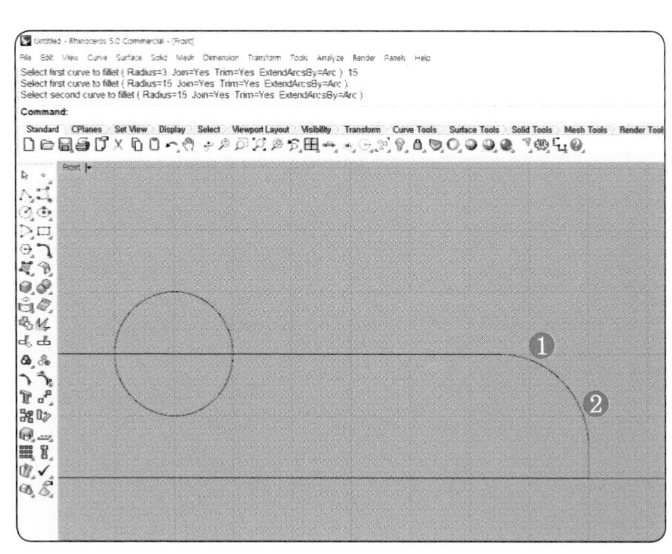

10 앞에서 만든 손잡이 부분을 'Trim'을 활용하여 만들어 본다. 커맨드 창에 'Trim'을 입력한다. 앞에서 생성했던 원과 라인을 차례대로 선택한다.

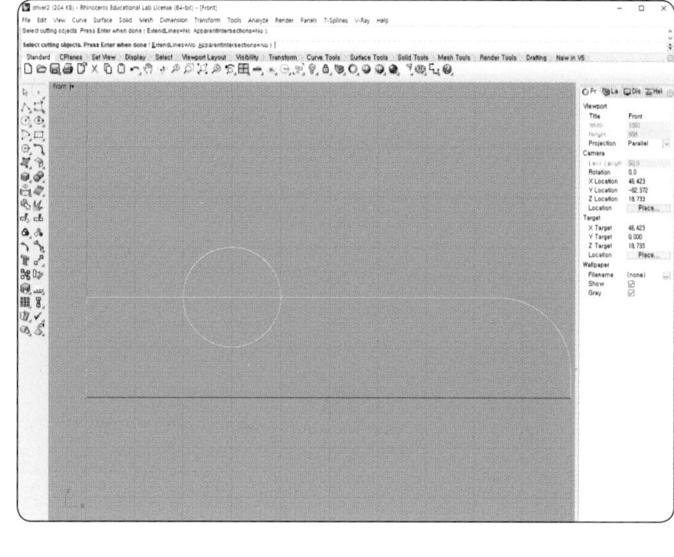

TIP

오브젝트를 먼저 선택하고 라이노의 명령을 입력하면 오브젝트를 선택하는 단계를 생략하게 된다. 편리에 따라 오브젝트 선택과 명령어의 우선 순위를 정한다.

11 선택이 완료되면 Enter 를 눌러준다. 다음으로 트림할 부분을 선택한다. 트림이 그림과 같이 되면 Enter 를 눌러 완료한다. 트림할 부분이 원활하게 되지 않으면 Esc 를 눌러 명령을 해제하고 [Edit] 메뉴에서 [Undo] 명령을 활용하여 다시 실행한다.

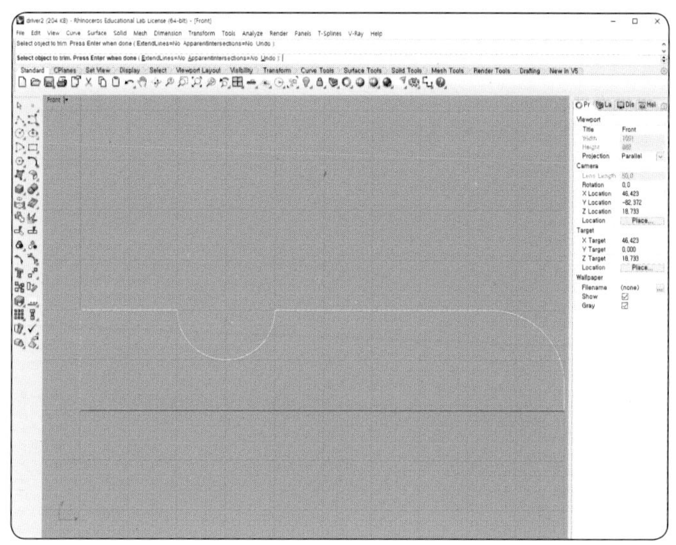

12 커맨드 창에 'Fillet'을 입력하고 Enter 를 누른 후 '5'를 입력하여 앞에서 trim한 부분을 그림과 같이 만들어 준다. 같은 방법으로 Fillet 명령을 활용하여 그림과 같이 만들어 준다.

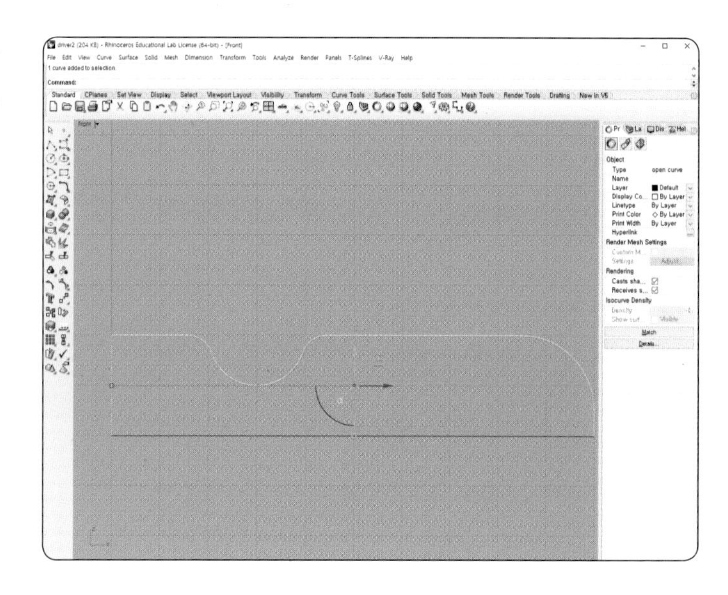

13 revolve 명령을 활용하여 회전체를 만들어 보자. 오브젝트 선택이 해제된 상태에서 (Esc 를 눌러주면 해제됨) 커맨드 창에 'revolve'를 입력한 후 Enter 를 누르고 회전할 커브를 선택한다. 선택이 완료되면 다시 Enter 를 누른다.

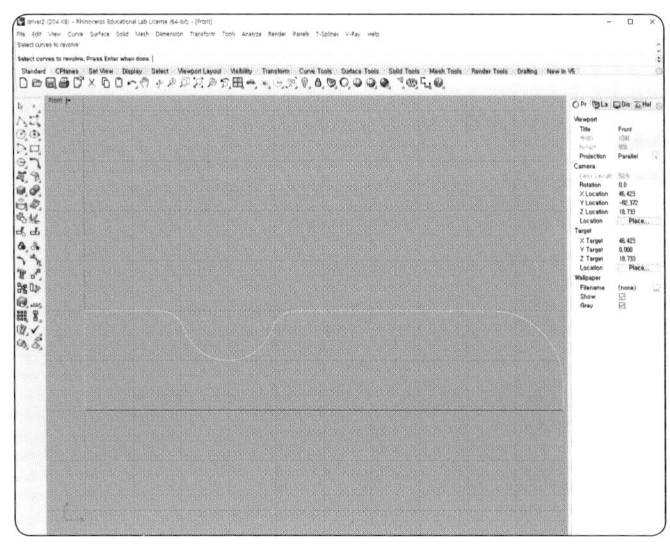

14 커맨드 창에 'start of revolve axis'가 표시되면 회전할 시작 축으로 앞에서 그렸던 guide의 왼쪽 끝을 선택한다.

TIP
아래 onsap 부분에 'end'를 활성화하면 guide의 왼쪽 끝을 정확하게 선택할 수 있다.

15 계속해서 커맨드 창에 'End of revolve axis'가 나타나면 커브의 오른쪽 끝을 선택한다. 회전이 되는 시작점과 끝점을 선택하여 회전의 축을 설정한다.

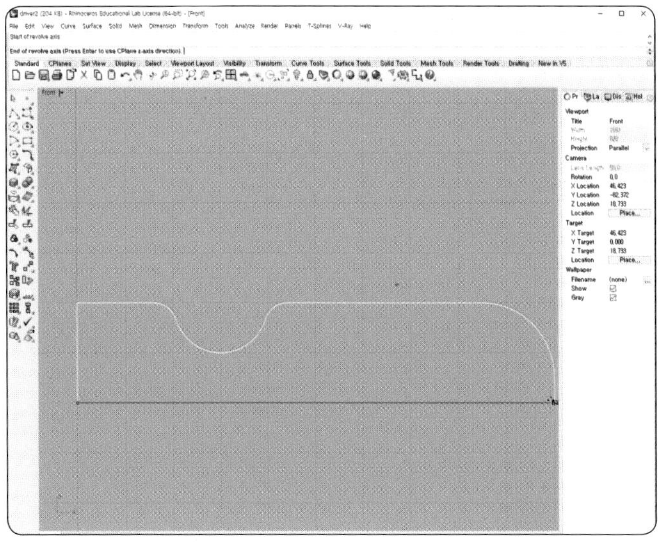

16 커맨드 창에 'start angle'이 나타나면 숫자 '0'을 입력하고 'revolution angle'이 나타나면 숫자 '360'을 입력한다. 회전이 시작하는 각도와 끝나는 각도를 지정하는 역할로 커브를 자동으로 회전시켜 회전체를 생성시킨다. Perspective의 화살표를 눌러 'Shaded'를 선택한다.

TIP

원래의 값이 0으로 되어 있으면 '0' 입력을 생략하고 Enter 를 누른다. 마찬가지로 360로 되어 있으면 숫자 '360' 입력을 생략하고 Enter 를 누른다.

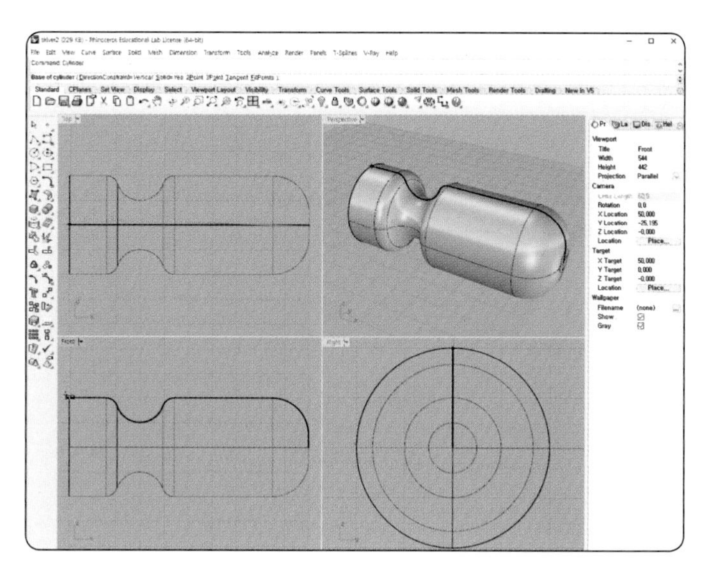

17 손잡이의 홈을 만들어 보자. 'Right view' 창을 선택하고 커맨드 창에 'Cylinder'를 입력하고 Enter 를 누른다. 'Right view' 창에서 base of cylinder는 앞에서 그렸던 손잡이의 상단 사분점을 클릭해 주고 반지름 7인 원기둥을 생성한다.

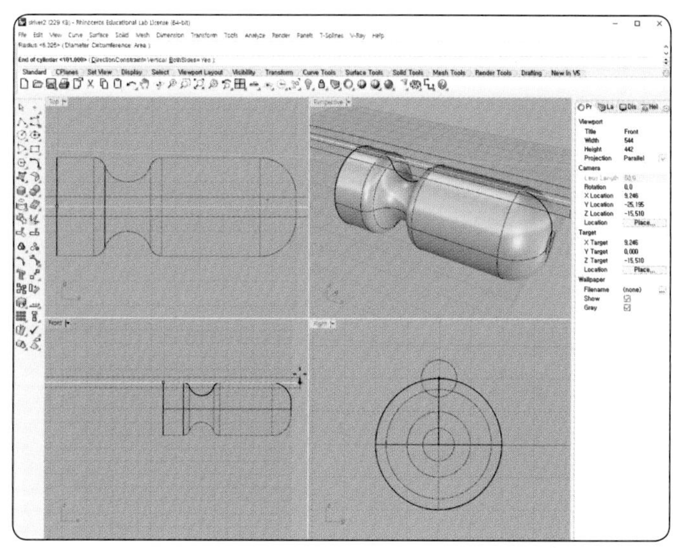

18 커맨드 창의 옵션 중 B 를 눌러 'Both Sides=on'으로 지정한다. 'Front view' 창에서 양쪽으로 실린더 오브젝트를 늘려 준다. 앞에서 생성한 드라이버 몸체보다 더 크게 만들어 준다.

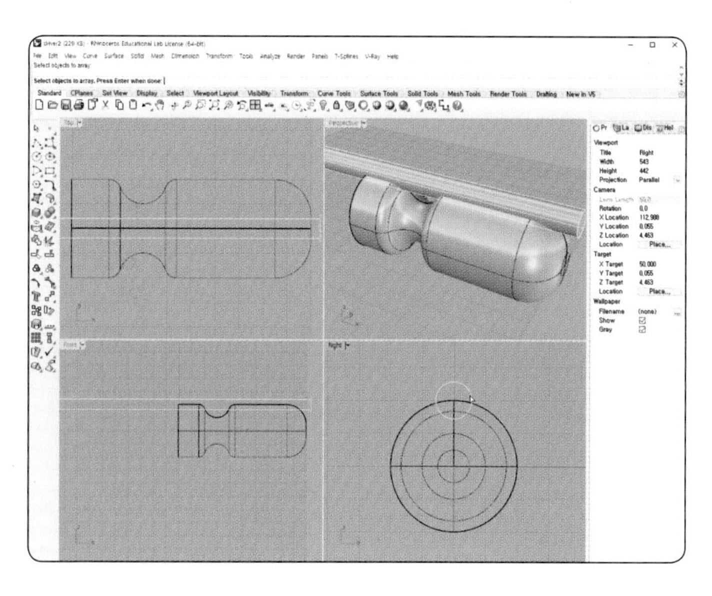

19 앞에서 생성한 실린더(원기둥)을 가운데를 중심으로 다단 복제를 해보자. 커맨드 창에 'ArrayPolar'를 입력하고 Enter 를 누른다. 'Right View'에서 다단 복제의 원본인 앞에서 생성한 실린더를 선택하고 Enter 를 눌러 커맨드 창에 'center of polar array'가 나타나면 기준 좌표 값인 '0,0'을 입력하고 Enter 를 누른다.

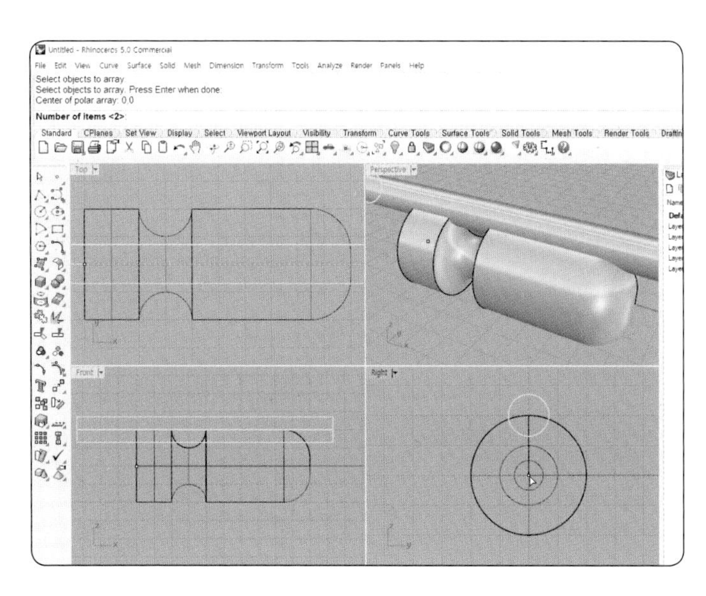

20 'number of items'가 나타나면 숫자 '6'을 입력하고 Enter 를 누른다. 'Angle to fill or first reference point 〈360〉'을 확인하고 계속 Enter 를 눌러주면 6개의 오브젝트가 0,0을 중심으로 다단 복제가 된다.

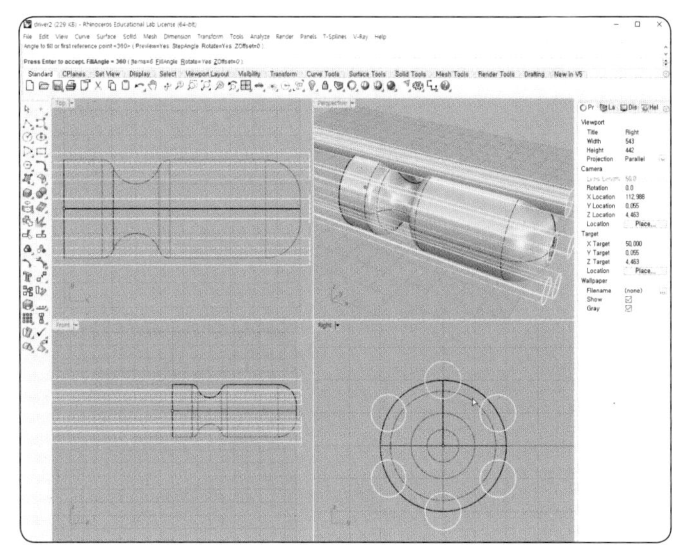

21 다음으로는 앞에서 만든 드라이버 본체에서 방금 다단 복제한 6개의 오브젝트를 삭제해보자. 커맨드 창에 'boolean difference'를 입력하고 Enter 를 누른다. 'select surfaces of polysurfaces to subtract from'이 나타나면 부모가 될 드라이버 본체를 선택하고 Enter 를 누른다.

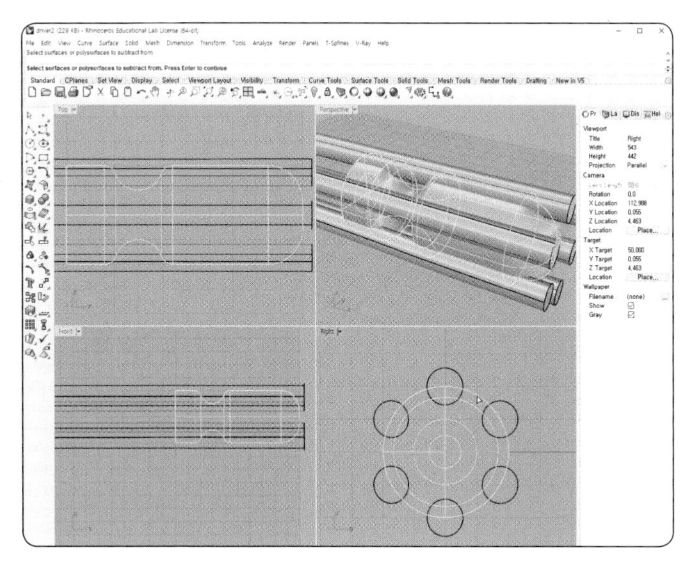

22 'Select surfaces or polysurfaces to subtract with'가 나타나면 뺄 6개의 오브젝트를 선택한다. 선택이 잘못되면 Ctrl 을 누르고 오브젝트를 선택하면 해제된다. 이때 옵션 창에서 'deleteinput=Yes'로 설정한다.

TIP

Ctrl 을 누르면서 잘못 선택된 오브젝트를 클릭해 주면 해제가 된다.

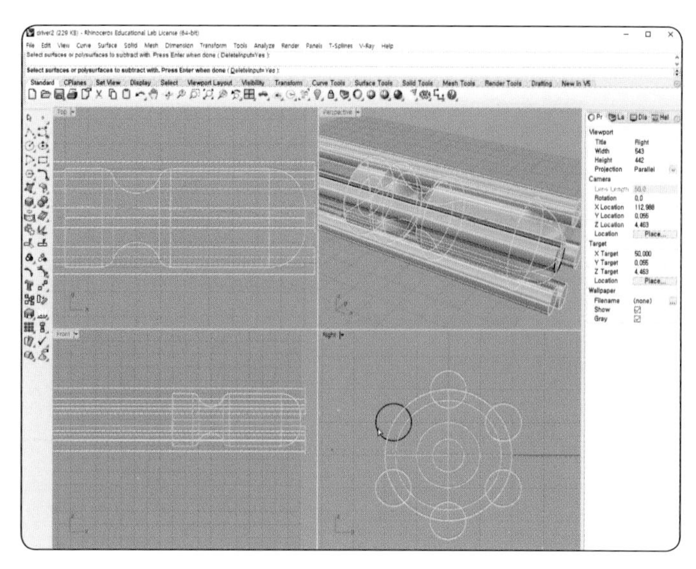

23 계속해서 Enter 를 눌러주면 드라이버 본체에서 6개의 다단 복제된 실린더가 삭제된 결과물을 얻을 수 있다.

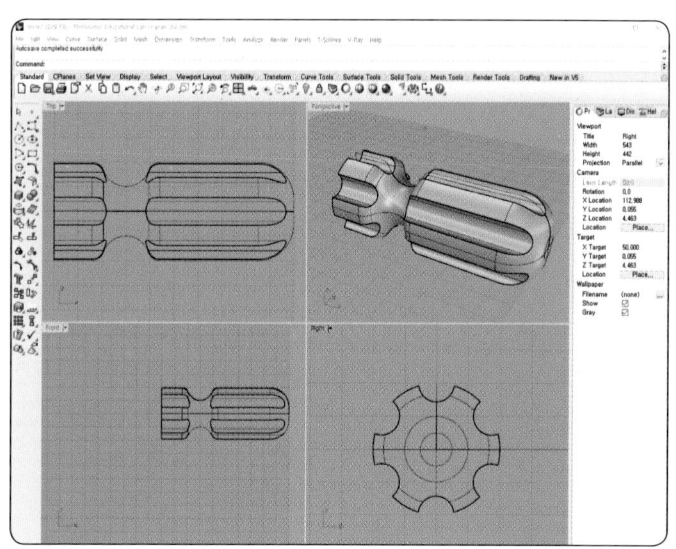

24 모서리를 둥글게 만들기 위해 커맨드 창에서 'Filletedge'를 입력하고 Enter 를 눌러준다. 둥글게 만들어야 할 모서리의 크기 값으로 숫자 '1'을 입력하고 Enter 를 누른다. 상황에 따라 너무 크게 들어가면 결과가 깨져 나올 수 있다. 숫자의 크기를 더 작게 조절하여 준다.

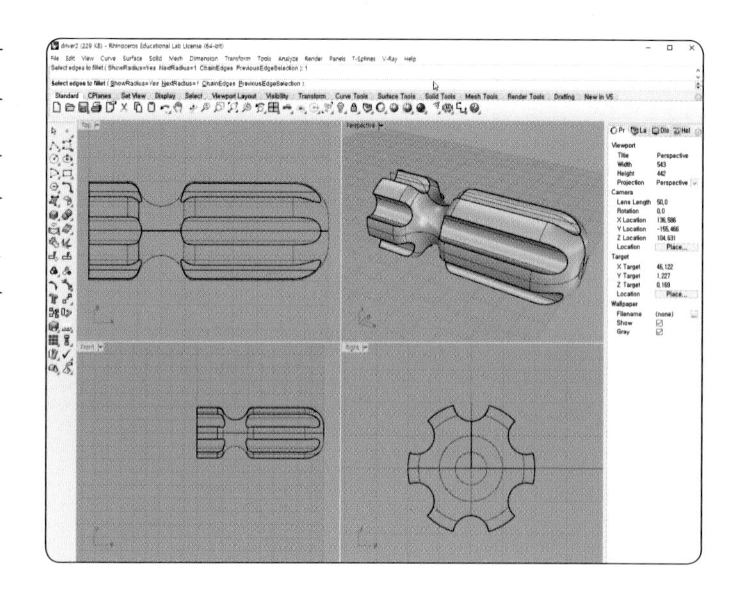

25 마우스를 드래그하여 전체를 선택한다. 모든 모서리를 반지름 '1' 값으로 전체 모서리가 둥글게 된 것을 확인한다.

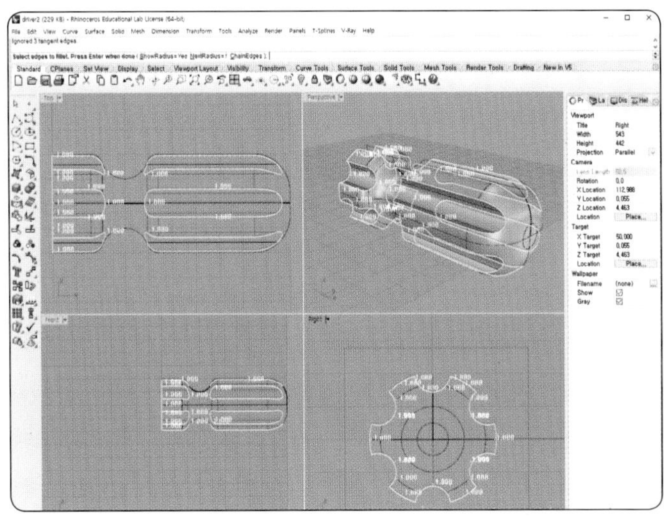

26 계속해서 나타나는 커맨드 창에 Enter 를 두 번 눌러 준다.

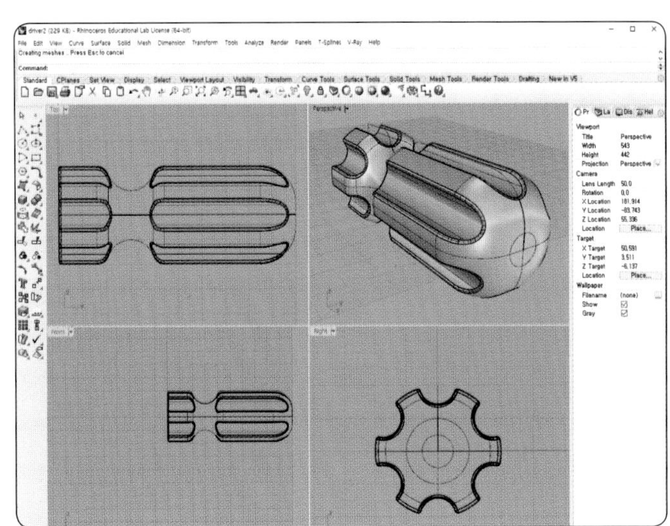

··· 드라이버의 앞 부분 만들기

01 커맨드 창에 'cylinder'를 입력하고 Enter 를 누르고 'Rhight view'에서 기준 좌표인 '0,0'을 입력하고 Enter 를 누른다. 드라이버의 쇠막대기 부분의 반지름 크기를 설정하기 위하여 숫자 '5'를 입력하고 Enter 를 누른다. 커맨드 창의 'BothSides =no'로 설정을 하고 'Front view'에서 마우스를 좌측으로 움직여 원기둥을 그림과 같이 생성한다.

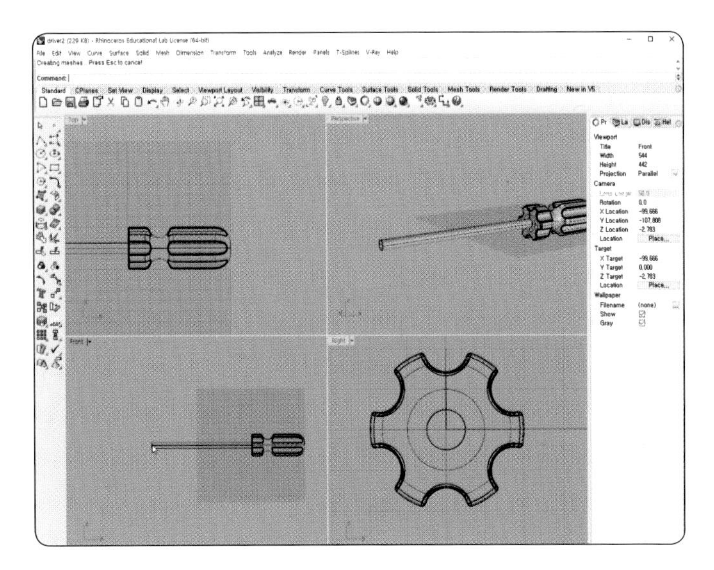

02 '−'자형 드라이버를 만들기 위해 커맨드 창에 'curve'를 입력한 후 Enter 를 누르고 그림과 같이 Front view에서 커브를 만들어 준다.

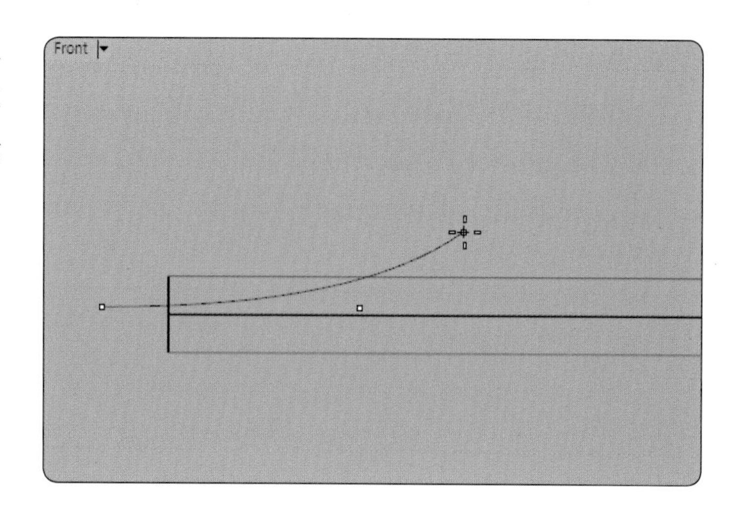

03 양쪽으로 똑같은 커브를 만들어 보자. 커맨드 창에 'mirror'를 입력하고 Enter 를 누른 후 앞에서 생성한 커브를 선택하고 Enter 를 눌러준다. 커맨드 창에 'start of mirror plane'이 나타나면 기준점이 될 시작점인 원기둥의 끝을 선택하고 'End of mirror plane'이 나타나면 기준점이 될 끝점인 원기둥의 오른쪽 수평 지점을 클릭하여 마무리한다.

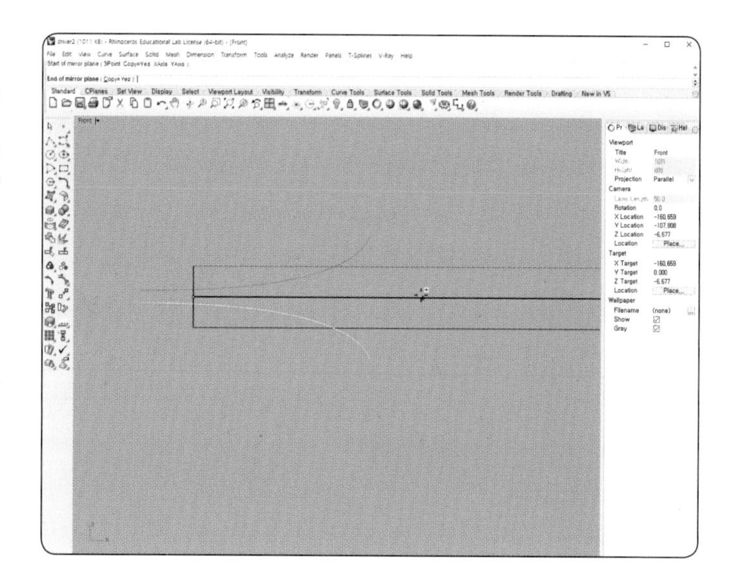

04 커맨드 창에 'wirecut'을 입력하고 Enter 를 눌러준다. 'select cutting curve'가 나타나면 커브를 선택하고 바로 원기둥 오브젝트를 선택한다.

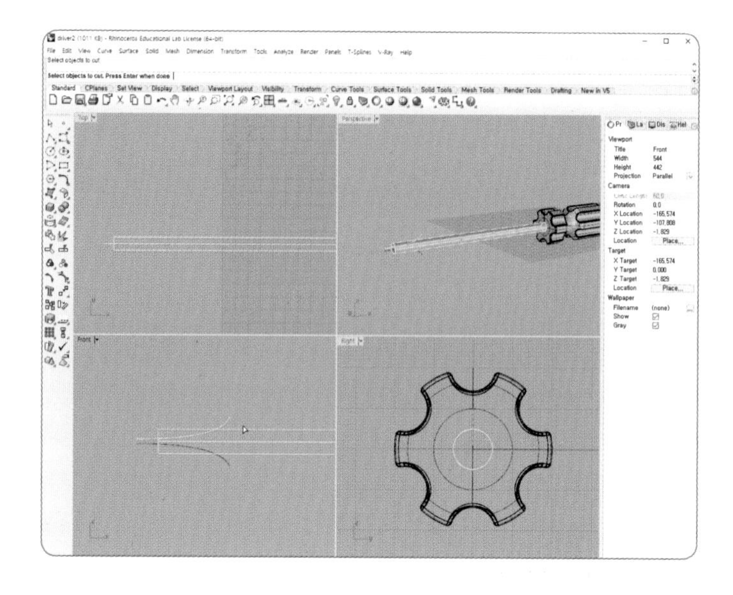

05 'Top view'에서 마우스를 움직여 잘라낼 범위를 넓게 지정을 하고 클릭한다.

TIP

wirecut은 커브를 활용하여 솔리드의 일정 부분을 잘라내는 방식이다. 정확히 잘라내기 위해 범위를 지정하는데 먼저 커브를 가상의 면으로 만들고 잘라낼 범위를 지정하는 방식으로 진행된다.

06 'Front view'에서 마우스를 위쪽으로 움직여 잘라낸 범위를 넓게 지정하고 클릭한다. 커맨드 창의 옵션 부분에 'KeepAll=Yes'로, 'Bothside=No'로 설정한다.

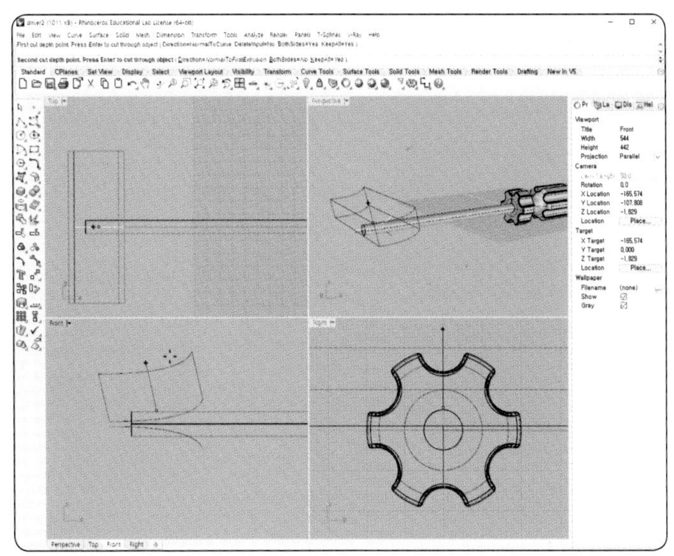

07 완료가 되면 그림과 같이 커브를 중심으로 오브젝트가 분리된 것을 알 수 있다. 선택해서 Delete를 눌러 불필요한 부분을 지운다.

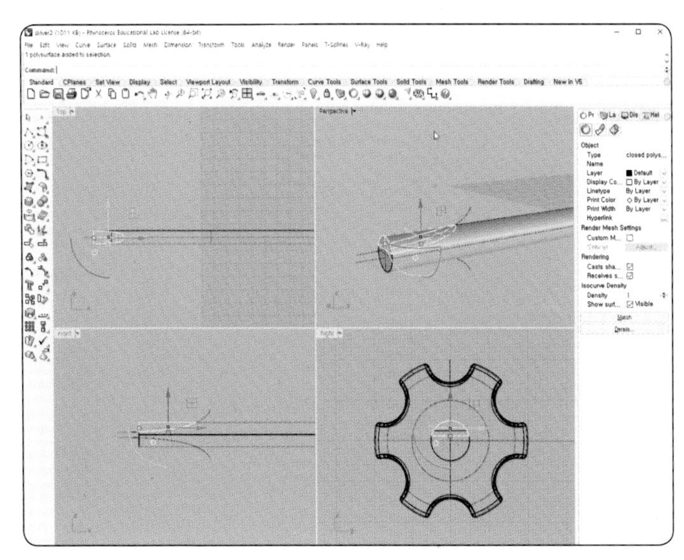

08 마찬가지 방법으로 mirror로 생성해 두었던 반대쪽 커브와 'Wirecut' 명령어를 활용하여 드라이버의 끝의 형태로 만들어 준다.

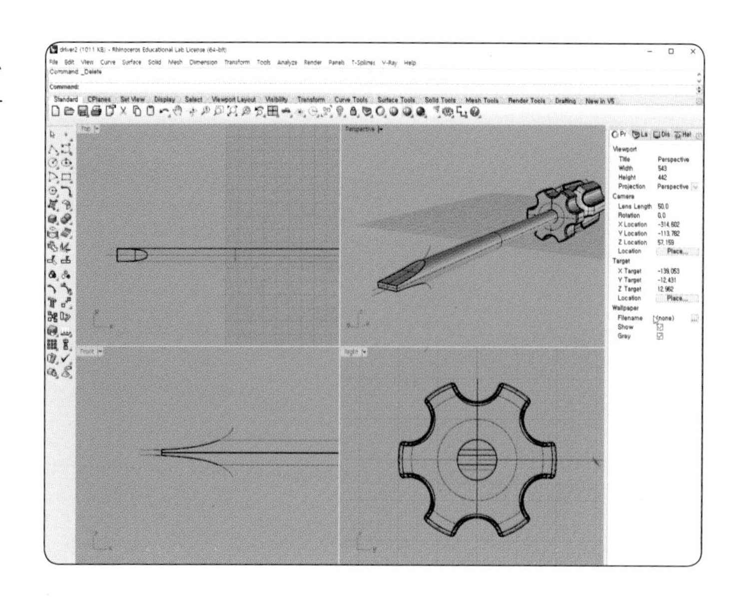

09 Keyshot을 실행시켜 앞에서 제작한 드라이버를 불러온다. 재질 상자에서 'steel' 부분을 선택하여 드라이버 앞부분으로 드래그 앤 드롭하여 재질을 선택한다. 마찬가지 방법으로 손잡이 부분을 [plastic]-[clear]의 원하는 색상을 선택하여 재질을 선택한다.

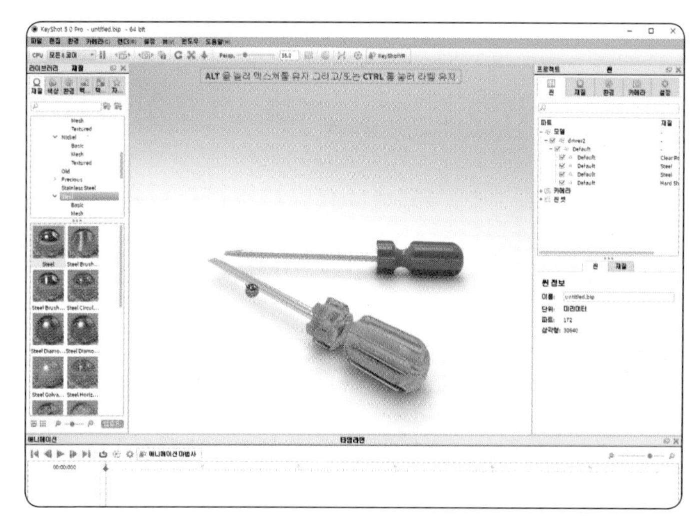

10 환경 탭에서 콘트라스트가 강한 배경으로 지정하고 오른쪽의 환경 탭에서 대비와 밝기를 조절하면 좀더 사실적인 렌더링 결과물을 얻을 수 있다.

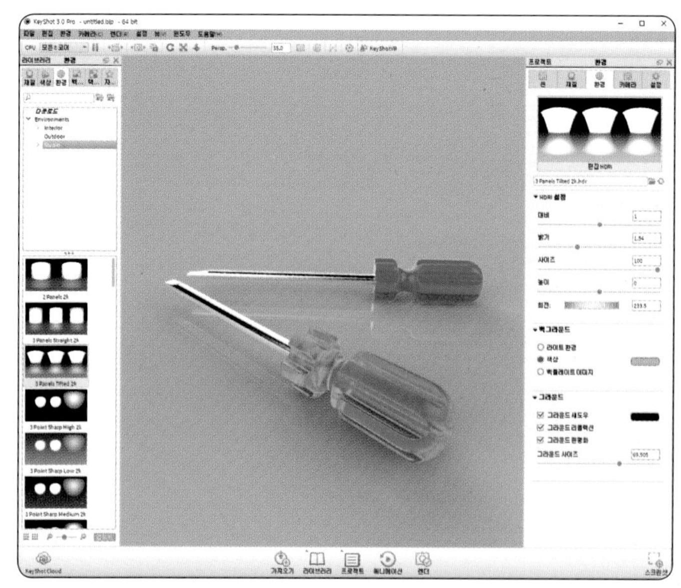

Rhino 3D에서 각 재질별로 레이어를 따로 지정해야한다. 그렇지 않을 경우 Keyshot에서 오브젝트를 선택하고 마우스의 오른쪽 버튼을 활용하여 '재질 링크 해제'를 선택하여 각 부분별로 재질을 설정할 수 있다.

실전 문제 1 | 십자 드라이버

앞서 학습된 모델링 방법을 응용하여 드라이버를 모델링해 보자.

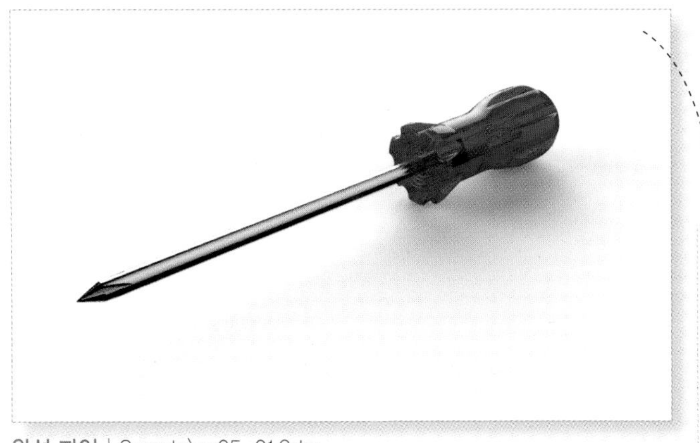

완성 파일 | Sample〉ex05-01.3dm

keypoint

① Curve와 Trim을 활용하여 몸통의 단면을 그린다.
② revolve를 이용하여 회전체를 만든다.
③ 손잡이 될 부분의 오브젝트를 만들어서 BooleanDifference로 뺀다.

실전 문제 2 | 망치

앞서 학습된 모델링 방법을 응용하여 망치를 만들어 보자.

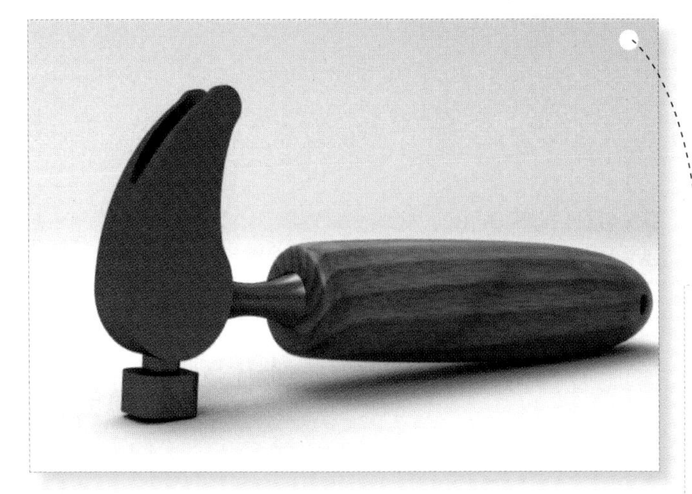

완성 파일 | Sample〉ex05-02.3dm

keypoint

① Curve와 Trim을 활용하여 몸통의 단면을 그린다.
② revolve를 이용하여 회전체를 만든다.
③ 망치의 윗부분을 단면커브로 그린다.
④ ExtrudeCrv를 이용하여 서피스를 생성시킨다.

06 S·E·C·T·I·O·N

Curve와 Revolve로 와인병, 와인잔 만들기

··· **학습 내용**

- curve로 단면을 그린다.
- Pictureframe을 활용하여 사진을 가지고 온다.
- revolve를 이용하여 회전체를 생성시킨다.
- pointson을 활용하여 커브를 조절한다.
- Layer 탭을 활용하여 오브젝트를 정리한다.
- Keyshot을 이용하여 재질을 입히고 렌더링한다.

··· 와인병 만들기 만들기

01 [File] 메뉴에서 [New]를 선택하여 [Large Object – Millimeters]를 선택하여 새로운 창을 연다.

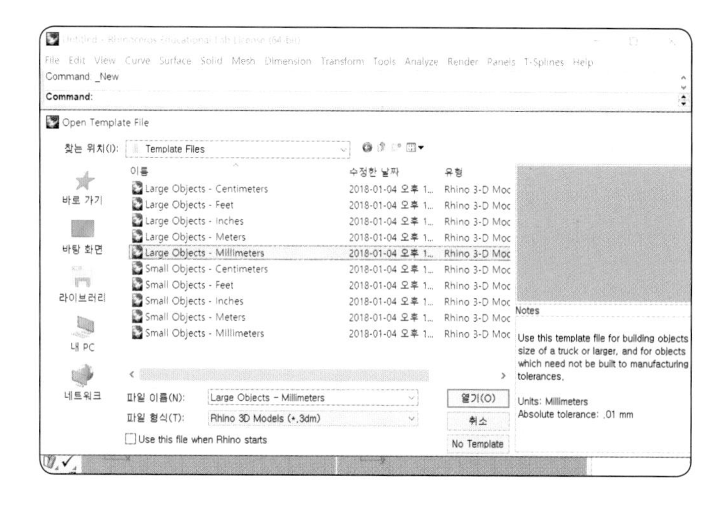

02 'Front view' 창을 선택하고 커맨드 창에 'polyline'을 입력하고 Enter를 입력한다. Start of polyline에서 숫자 '0,0'을 입력하고 Enter를 누른 후 끝나는 지점은 '0,300'을 입력한다.

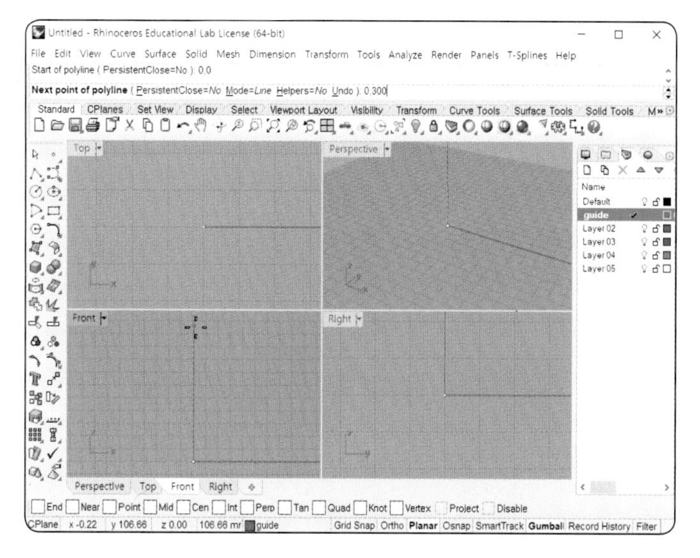

03 와인병은 가운데를 중심으로 회전하는 오브젝트의 성격을 가지고 있다. 중심축을 설정해 보자. 오른쪽 Layer 탭에서 빨간색 레이어 부분의 이름을 더블 클릭하여 'guide'로 변경하고 레이어를 선택한다.

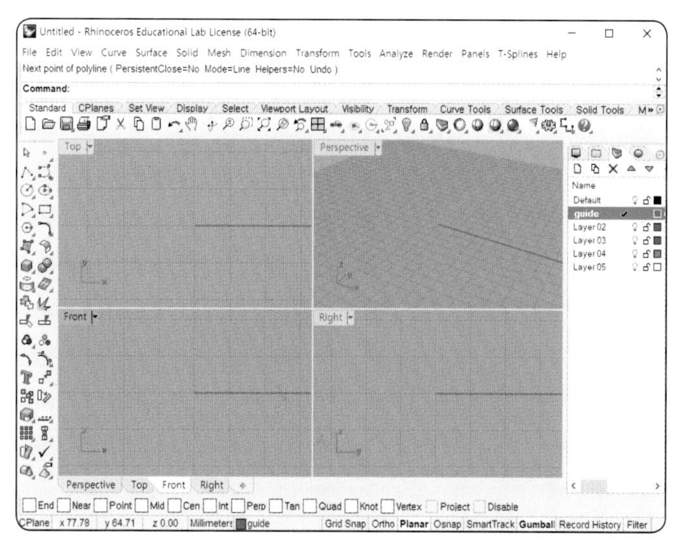

04 오른쪽 레이어 탭에서 'Layer02'를 더블 클릭하여 선택하고 이름을 'wine bottle'로 수정한다.

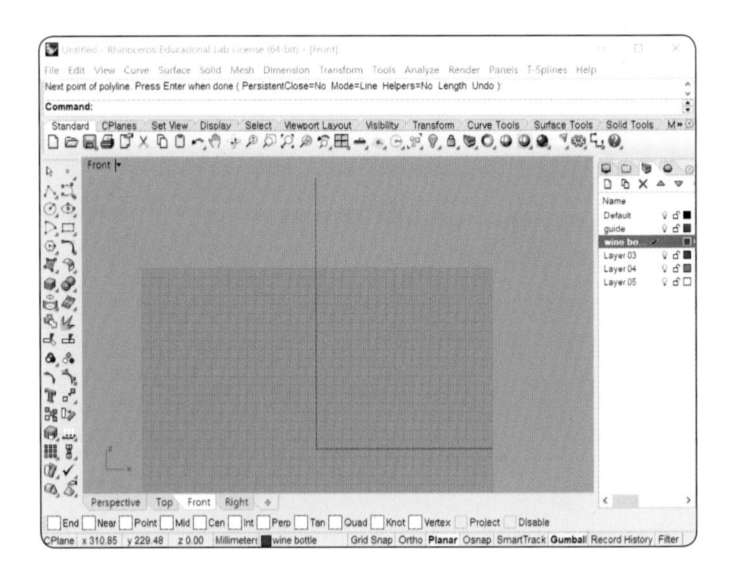

05 보다 정확한 모델링을 위하여 저장된 와인병 사진의 이미지를 불러오자. 'Front view' 창을 선택하고 커맨드 창에서 'PictureFrame'을 입력하고 Enter 를 눌러 준다. 저장된 와인병 사진인 'wine.jpeg'를 선택하여 [열기]를 클릭한다.

TIP

PictureFrame은 이미지를 불러와 배경으로 놓고 커브를 그릴 때 유용하다.

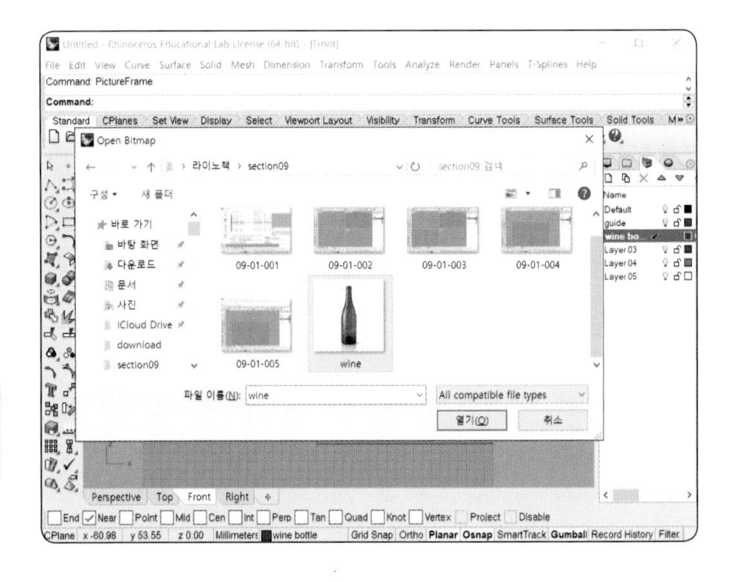

06 화면 상에 마우스로 클릭 앤 드래그하여 사이즈를 선택하여 그림과 같이 불러온다. 불러온 wine 이미지를 선택하여 화면의 중간으로 이동하여 앞에서 그렸던 중심선에 맞게 위치시켜 준다.

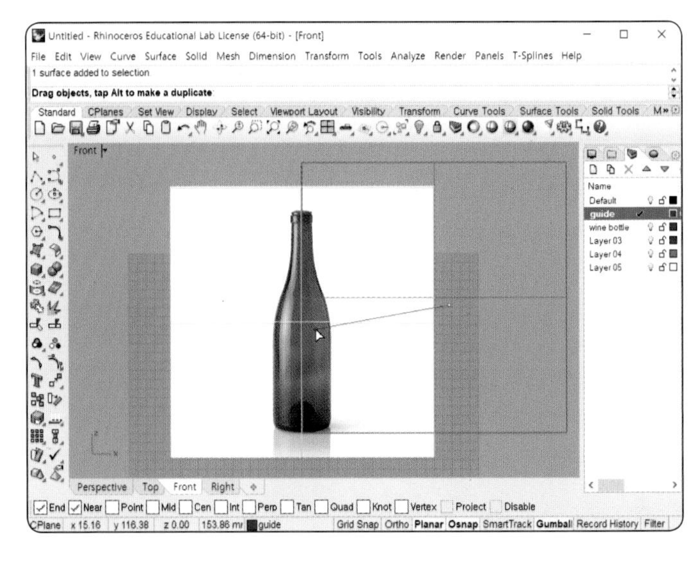

07 불러온 그림의 사이즈가 작으면 아래의 'Gumball'을 눌러 기능을 활성화한 다음 화면 상의 초록색 작은 네모 점을 Shift 와 마우스의 왼쪽 버튼을 클릭한 채로 드래그하여 와인병의 바닥을 앞에서 그렸던 0,0 지점에 맞추어 최대한 조절한다.

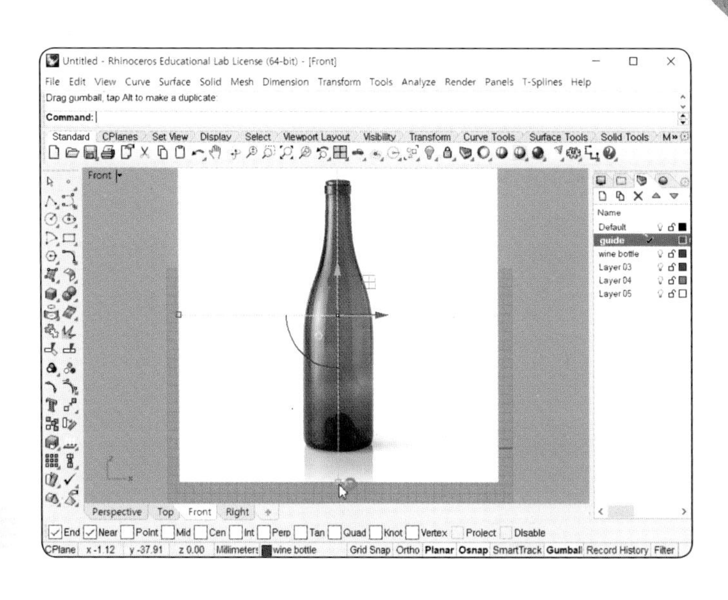

TIP

Shift 는 다중으로 점을 선택할 수 있다.

08 'wine bottle' 레이어를 와인병색과 차이를 두기 위해 연두색으로 변경한다. 생성된 레이어를 더블 클릭하여 V 마크를 확인한다. 'Front view' 창을 활성화하고 커맨드 창에 'curve'를 입력하고 Enter 를 눌러 커브를 그리기 시작한다. 'guide' 레이어에서 생성했던 기준선에서 정확하게 시작하기 위해 아래 osnap 중 'Near(근처점)'를 선택한다. 화면과 같이 와인병의 외곽을 그리기 시작한다. 한쪽의 단면만 그리면 된다.

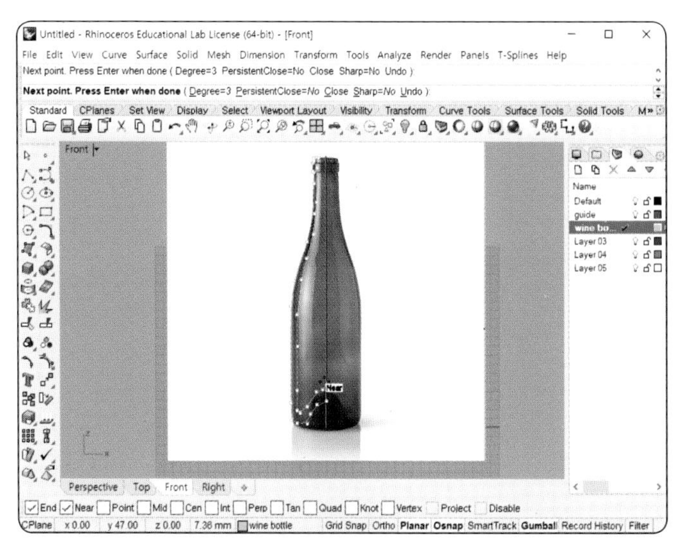

09 생성된 커브가 한축을 중심으로 360도 회전을 하기 때문에 커브의 단면은 그림과 같이 열림 커브로 만든다.

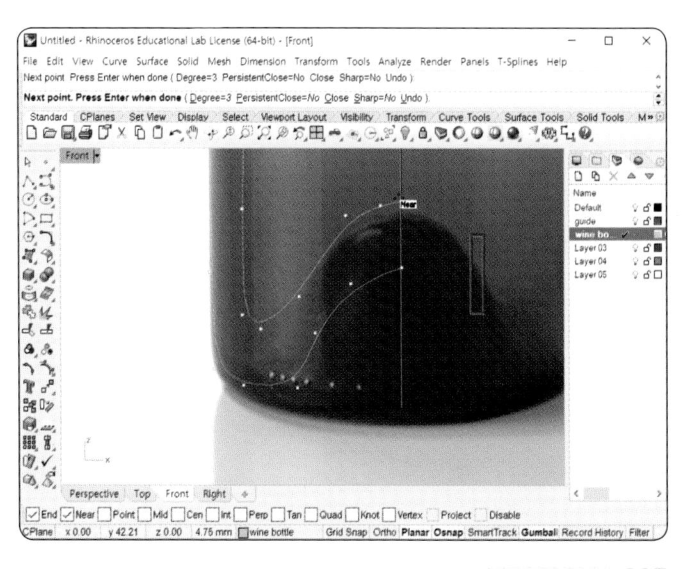

TIP

중심축 부분을 연결하지 않는 이유는 닫힌 솔리드를 만들기 위해서이다.

10 커브를 선택하고 커맨드 창에 'PointsOn'을 입력하고 Enter 를 누르면 커브를 보다 정확하게 편집할 수 있는 점이 생성된다. 이 점을 'control point'라고 한다. 각각의 점을 선택하고 마우스의 왼쪽 버튼을 활용하여 정확한 라인으로 정리한다. 와인병의 제조 특성상 내부의 선은 외부선과 형태가 일치하지 않는 것이 더 사실적이다.

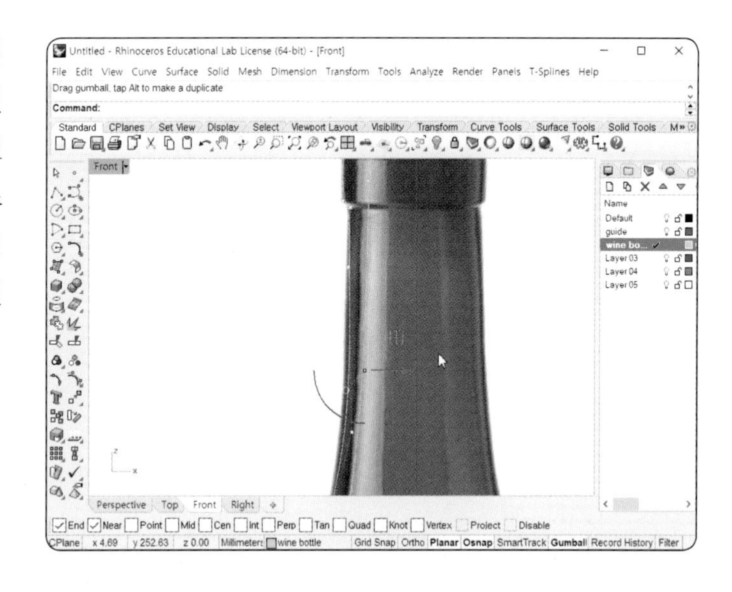

11 'PointsOn' 명령어를 활용하여 Control Point 편집이 완료되면 키보드의 Esc 를 두 번 눌러 'PointsOn' 기능을 해제한다.

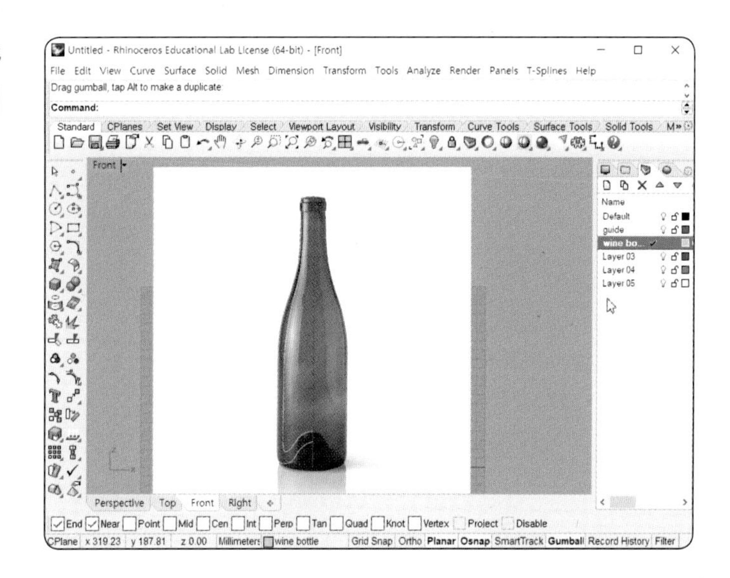

12 커브를 회전시켜 솔리드를 추출한다. 커맨드 창에 'revolve'를 입력하고 Enter 를 누른다. 앞에서 선택한 커브를 선택하고 Enter 를 누른다.

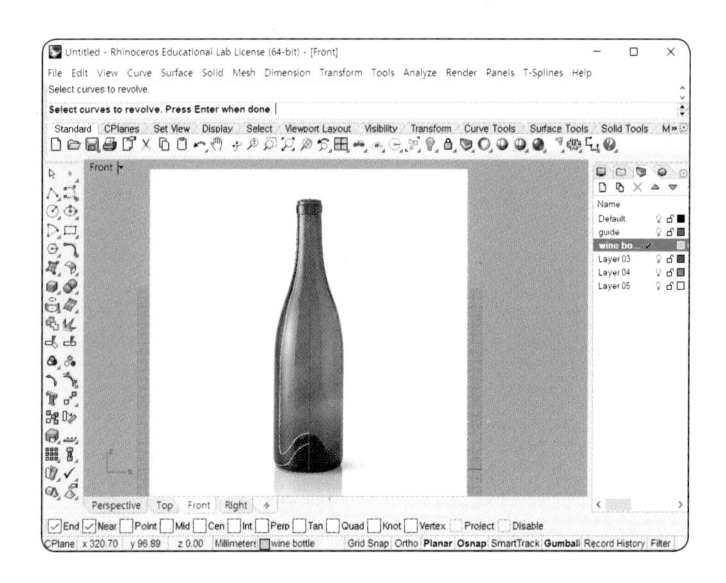

13 회전의 축을 설정하자. 커맨드 창에 'start of revolve axis'가 나타나면 앞에서 그렸던 guide의 원점(0,0)지점을 선택한다. 이때 Osnap은 'End'가 선택되어 있도록 한다.

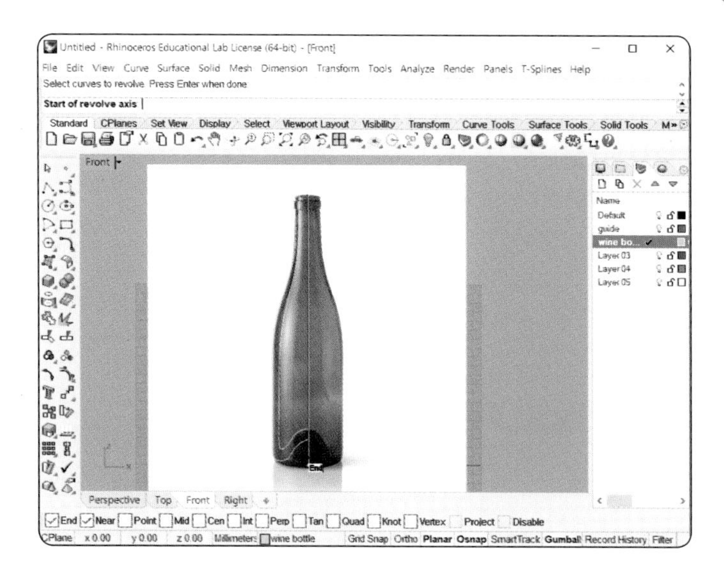

14 계속해서 커맨드 창에 'End of revolve axis'가 나타나면 가이드 상단의 끝점을 선택한다. 'start angle'이 나타나면 숫자 '0'을 입력하고 Enter 를 누른 후 'Revolution angle'이 나타나면 숫자 '360'을 입력한 후 Enter 를 입력하면 회전체 오브젝트가 생성된다.

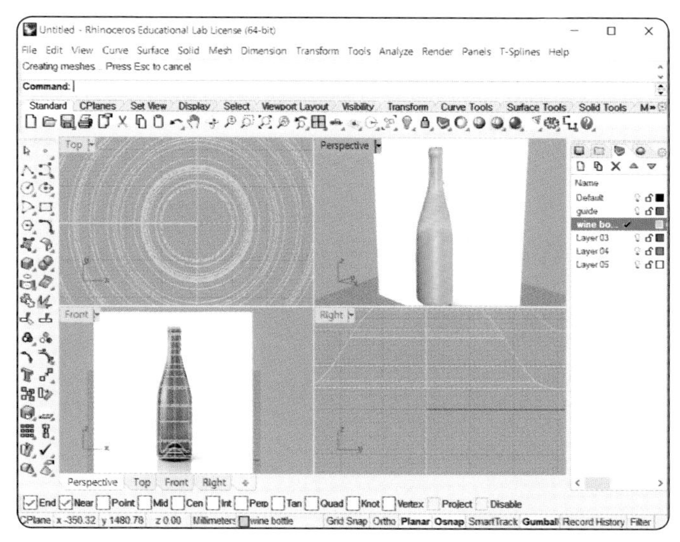

15 와인병에 담긴 와인을 모델링하자. 우측 레이어 탭에서 'Layer03' 레이어를 더블 클릭하여 선택하고 이름을 'wine'으로 변경한다.

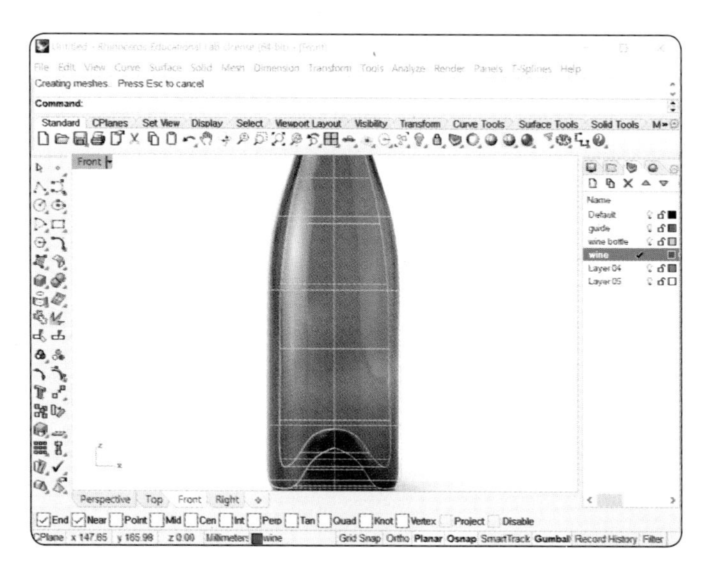

16 앞의 방법과 동일하게 커맨드 창에 'curve'를 입력하고 Enter 를 눌러 커브를 활용하여 와인 모델링을 한다. 단 여기서 중요한 점은 와인의 오브젝트와 와인병의 오브젝트가 그림과 같이 어느 정도 겹쳐 있도록 모델링한다. 정확하게 면을 일치시켜버리면 렌더링 시 간섭 현상이 생겨 이미지가 깨져 보이기 때문이다.

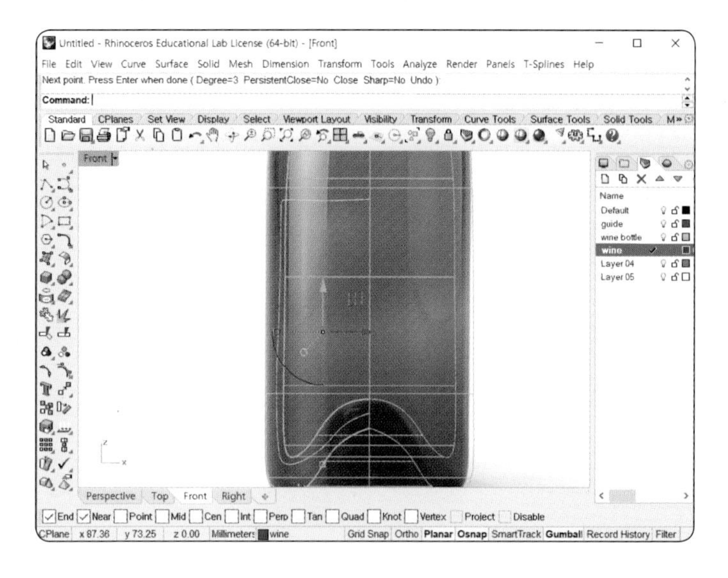

17 커맨드 창에 'revolve'를 입력하고 Enter 를 눌러 와인의 회전체를 생성시켜준다. 방법은 와인병 만들 때와 동일하다.

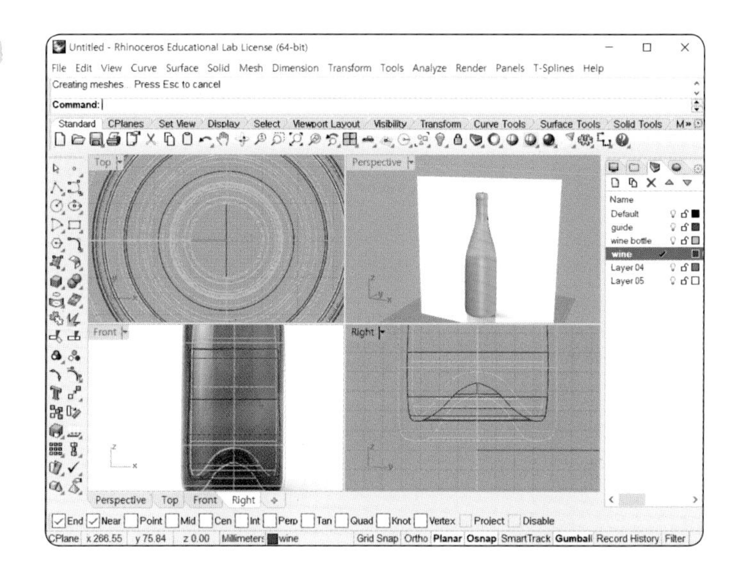

18 와인병을 선택하고 아래로 이동시켜 바닥에 위치시켜 준다.

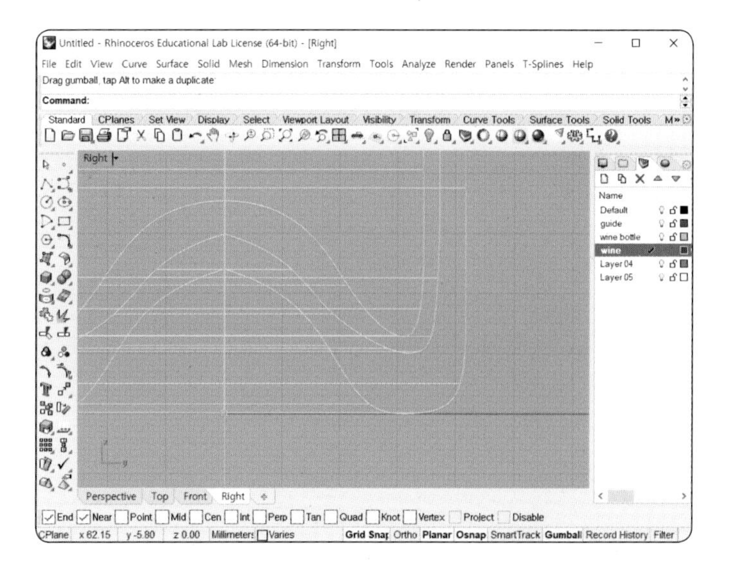

··· 와인잔 만들기 만들기

01 오른쪽 Layers 탭에서 'Layer 04'를 더블 클릭하여 선택하고 이름을 'glass'로 변경한다. 와인잔 모델링시 방해가 될 수 있는 'wine bottle' 레이어와 'wine' 레이어의 '전구' 아이콘을 클릭하여 레이어 보기를 비활성화한다.

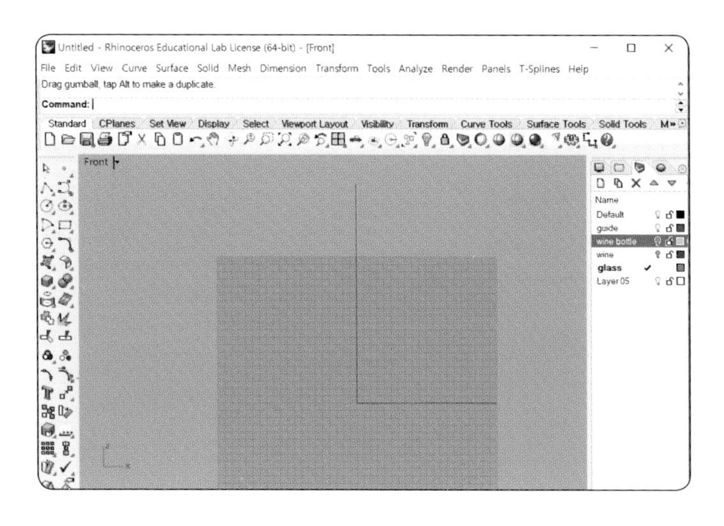

02 'Front view' 창을 활성화 시키고 커맨드 창에 'curve'를 입력하고 Enter 를 눌러 와인잔의 단면을 와인병을 그린 동일한 방법으로 그림과 같이 그린다.

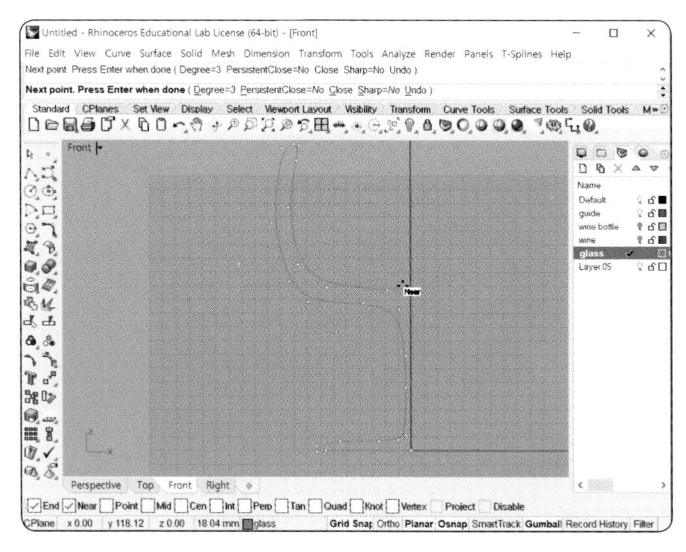

03 커맨드 창에 'PointsOn'을 입력하고 Enter 를 눌러 앞에서 그린 커브를 수정한다. 사용하는 기능키는 F10이다.

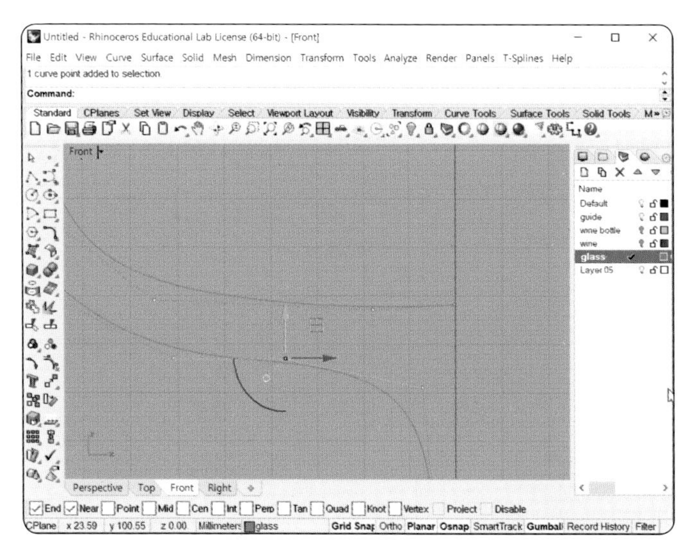

04 수정이 완료되면 Esc를 두 번 눌러 해제하고 커맨드 창에서 'Revolve'를 입력하고 Enter를 눌러 커브를 회전체로 생성시켜준다. 명령어 사용 방법은 와인병을 생성할 때와 동일하다.

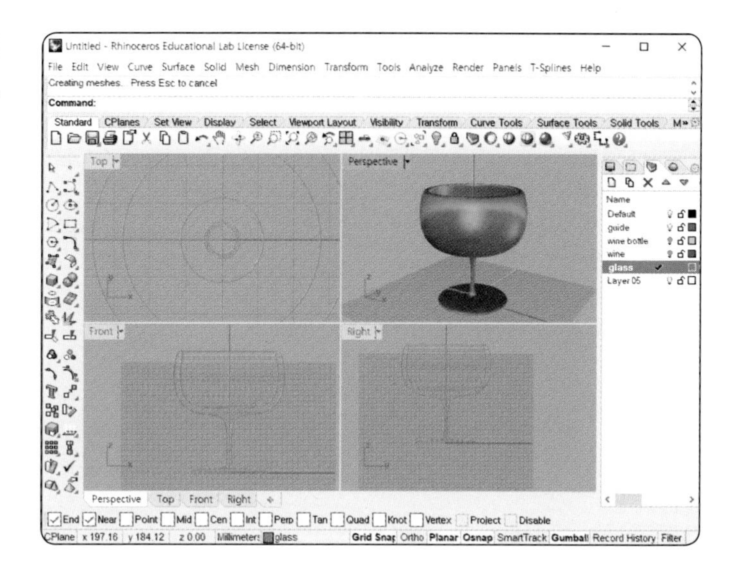

05 마찬가지 방법으로 와인잔에 와인이 채워져 있도록 만들어 보자. 이 때 와인 레이어를 선택하고 와인 오브젝트를 생성하면 키샷에서 렌더링 시 수월하다.

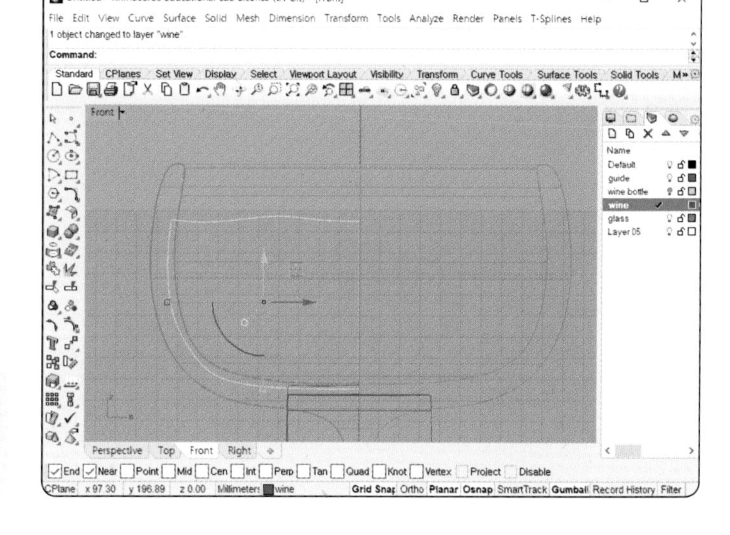

TIP

채워져 있는 와인은 와인잔과 약간 겹치게 커브를 그려야 한다. 그 이유는 렌더링시 재질 표면이 중첩되어 검게 나타나기 때문이다.

06 와인잔을 이동시키고 와인병 보기를 활성화한다. Gumball을 활용하여 와인잔의 크기 와인병과 비례하여 조절한다.

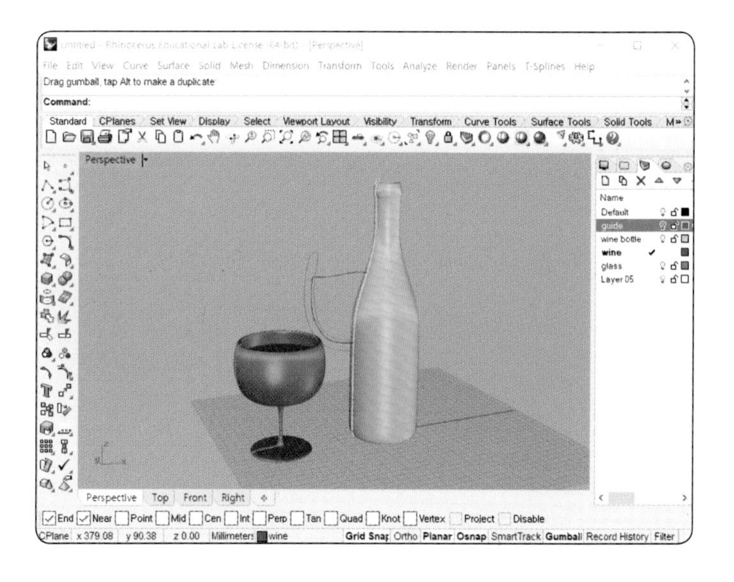

07 키샷을 실행하여 앞서 저장한 모델링 파일을 불러온다. 재질 탭에서 [Glass]-[glass basic black]을 선택하여 와인병에 적용한다. [Glass]-[glass basic grey]를 선택하여 와인잔에 적용한다. [Liguids]-[Liguids Chadonay]를 선택하여 와인에 적용한다.

08 환경 탭에서는 그림과 같은 환경 맵을 적용한다. 오른쪽 환경 탭에서 'Height'를 '-0.443' 적용하여 위치를 낮쳐주고, [Background]-[color]를 선택하여 배경을 와인색으로 변경한다. 'Ground'에서는 'Ground Reflections'를 선택하여 바닥에 반사된 이미지를 만들어 주어 완성시킨다.

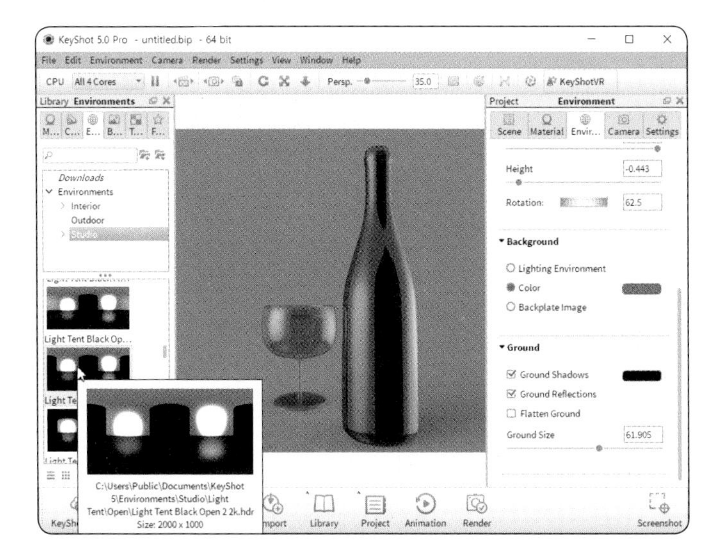

Keyshot에서 라벨 만들기

Keyshot에서 렌더링 시 제품 라벨을 추가하는 방법을 알아보자(준비파일: winelabel.png, 완성파일: winelabel.bip).

01 라벨이 되는 그림을 준비한다. 만약 투명하게 될 부분이 있으면 포토샵에서 지워서 투명하게 만들어 줘야 한다. 투명한 영역이 있으면 포토샵에서 GIF나 PNG-24 파일로 저장한다.

02 Keyshot을 실행시켜 앞서 제작한 와인 모델링 파일을 불러온다. 오른쪽 패널에서 와인병에 지정된 'glass' 재질을 선택하고 'Label' 탭을 선택한다. '+' 아이콘을 클릭하여 'Add label(texture)'를 선택하여 나타나는 상자에 앞에서 저장한 라벨 파일을 불러온다.

03 불러온 이미지가 와인병의 원하는 위치에 적용하기 위하여 Label 패널에서 위치, 크기, Label의 형태, 뒤집기 등의 옵션을 이용하여 조절한다.

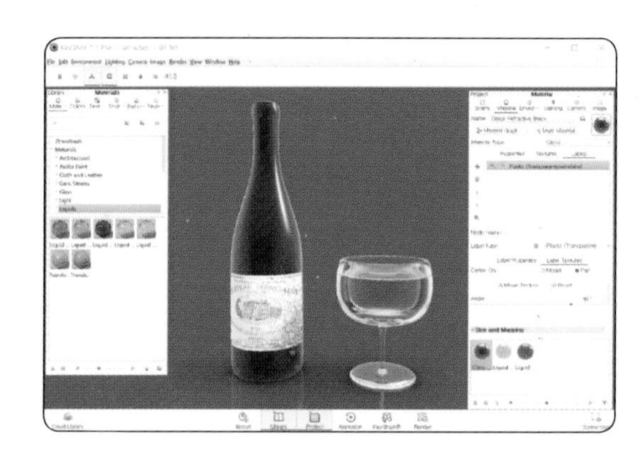

실전 문제 1 | 소주병과 소주잔

앞서 학습된 모델링 방법을 응용하여 소주병을 모델링 해 보자.

완성 파일 | Sample〉ex06-01.3dm

keypoint

① curve를 활용한 소주병의 외곽 곡선을 그린다.
② pointson을 활용하여 곡선을 수정한다.
③ revolve를 이용하여 회전체를 생성한다.
④ Keyshot을 이용하여 유리질감으로 렌더링 한다.

실전 문제 2 | 캔들

앞서 학습된 모델링 방법을 응용하여 캔들 만들어 보자.

완성 파일 |Sample〉ex06-02.3dm

keypoint

① curve를 활용한 캔들의 외곽 곡선을 그린다.
② pointson을 활용하여 곡선을 수정한다.
③ revolve를 이용하여 회전체를 생성한다.
④ Keyshot을 이용하여 유리질감으로 렌더링 한다.

07 S·E·C·T·I·O·N

Rectangle와 Loft를 활용한 휴지통 만들기

PREVIEW

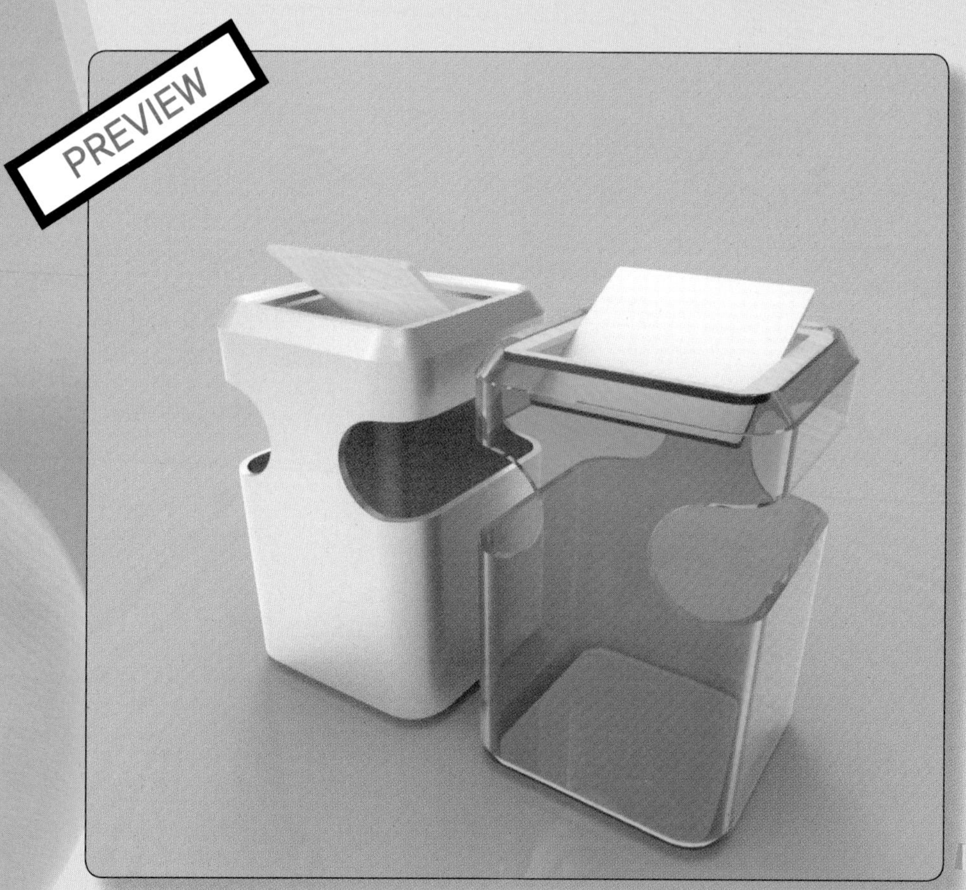

완성파일 : main07-01.3dm

··· 학습 내용

- Rectangle로 단면을 그린다.
- Rectangle의 Rounded 명령을 활용하여 둥근 모서리의 사각형을 그린다.
- Loft를 이용하여 서피스를 생성한다.
- Offsetsrf를 이용하여 솔리드를 만든다.
- Wirecut을 활용하여 뚜껑을 만든다.
- Keyshot을 이용하여 재질을 입히고 렌더링한다.

··· 휴지통 만들기 만들기

01 [File] 메뉴에서 [New]를 선택하여 [Large Object – Millimeters]를 선택하여 새로운 창을 연다.

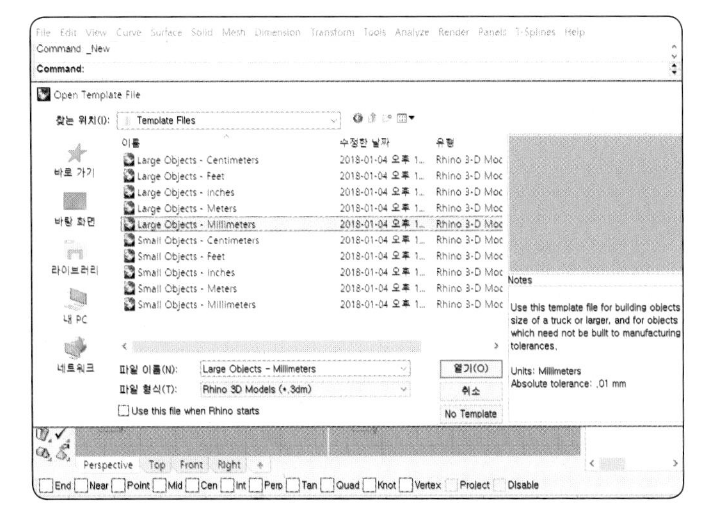

02 모서리가 둥근 사각형을 그려보자. 커맨드 창에서 'Rectangle'을 입력하고 Enter 를 누른다. 계속해서 커맨드 창에 나타난 'First corner of rectangle'에서 'rounded'를 입력한다. 그림과 같이 좌표값 '0,0'으로 시작하는 사각형 커브를 그리고 마우스의 움직여 모서리의 크기를 조절한 후 클릭하면 모서리가 둥근 사각형이 만들어진다. 이때 사각형의 크기는 가로 150, 세로 150 크기로 만들고 둥근 모서리는 25로 설정한다.

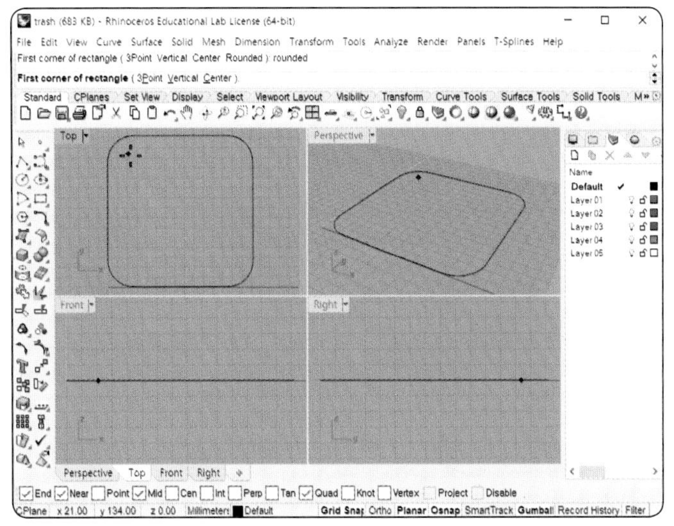

03 앞에서 만든 둥근 사각형보다 작은 커브를 만들어 보자. 커맨드 창에 'offset'을 입력하고 Enter 를 누른 후 앞에서 그린 사각형을 선택하고 숫자 '5'를 입력한 후 Enter 를 누른다. 마우스를 안쪽으로 이동하여 안쪽에 커브를 복제한다.

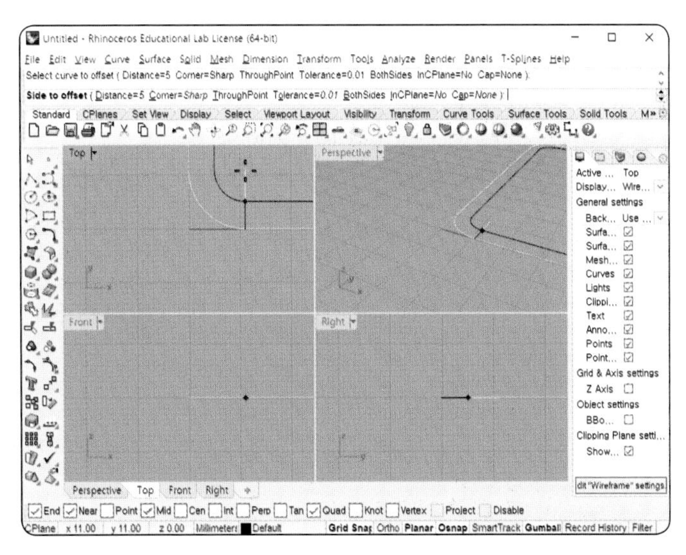

TIP

'offset'은 지정된 간격으로 띄워서 선택된 오브젝트와 동일한 형태의 커브를 생성시킨다.

04 맨 처음에 만든 둥근 사각형 커브를 위쪽으로 이동시켜 보자. 하단의 'Gumball'이 활성화된 상태에서 큰 둥근 사각형 커브를 선택한다. 'Perspective view' 창에서 'Y' 축으로 이동을 담당하는 파란색 화살표를 선택하고 마우스를 드래그하여 그림과 같이 위쪽으로 오브젝트를 이동시킨다.

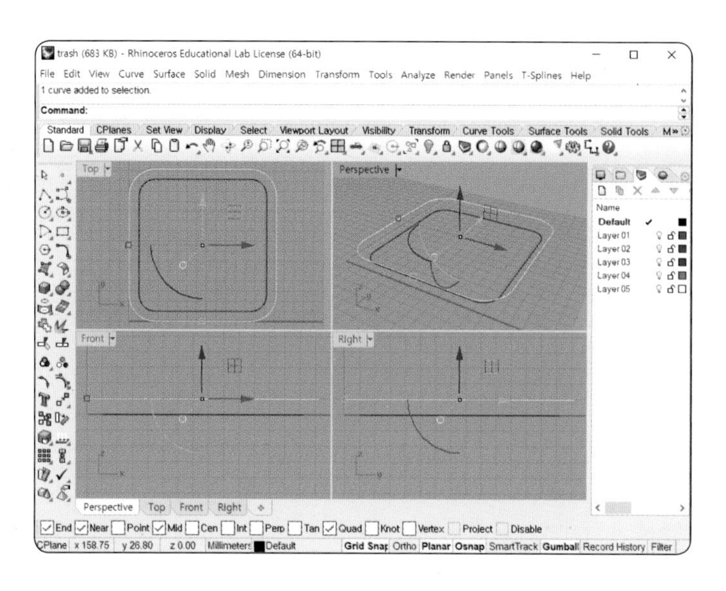

05 앞에서 그렸던 두 커브를 이동시키면서 복제해 보자. 두 사각형 커브를 선택하고 Alt를 누른 상태에서 'Y'축 파란색 화살표를 드래그하여 위쪽으로 이동시킨다. 그림의 높이는 250이다.

TIP

Alt를 누르고 이동을 하면 복제가 된다.

06 복제된 둥근 사각형 커브 중에 작은 크기를 파란색 화살표를 이용하여 더 위로 올려준다. 그림과 같이 윗부분의 간격과 아랫부분의 간격이 비슷하도록 조절한다. 하단의 'Grid snap'을 활성화하여 이동하면 쉽게 정렬할 수 있다.

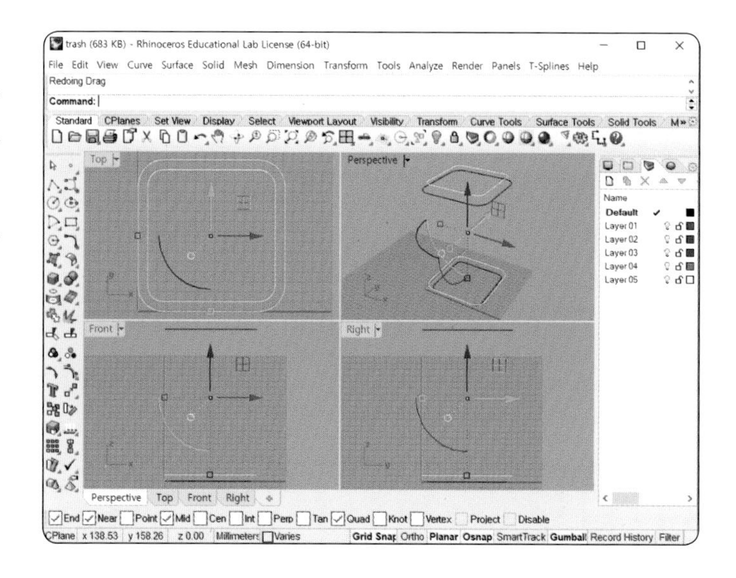

07 'Loft'를 활용하여 커브와 커브 사이에 서피스를 생성시켜 보자. 커맨드 창에 'Loft'를 입력하고 Enter 를 누른다. 맨 위의 커브와 그 바로 다음의 커브를 차례대로 선택하고 Enter 를 눌러준다. 옵션 대화상자가 나타나면 계속해서 Enter 를 눌러주면 두 커브사이에 서피스가 생성된다.

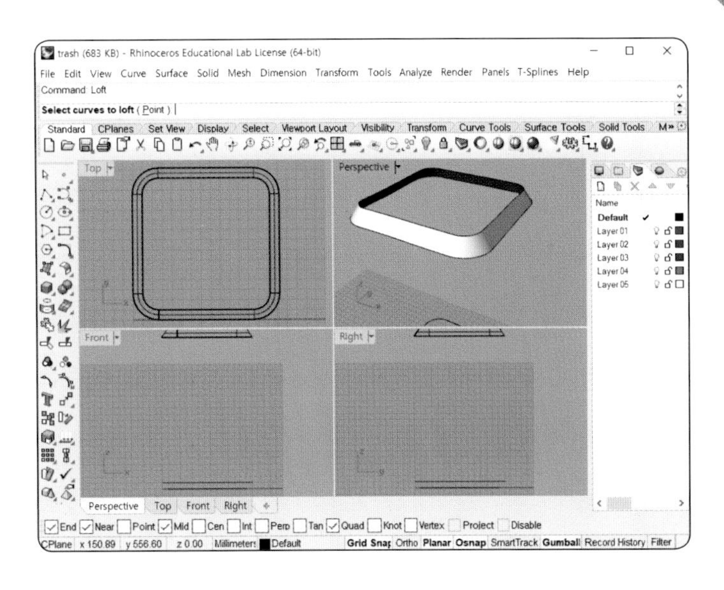

08 위의 큰 커브와 아래의 큰 커브도 'Loft' 명령을 이용해 서피스를 생성한다.

TIP
'Loft' 명령은 다수의 커브를 연결시켜 서피스를 생성시켜주는 역할을 한다. 두 커브 사이에 정확한 면을 생성시키기 위해서는 하나씩 커브를 선택해서 서피스를 만들어 주는 것이 좋다.

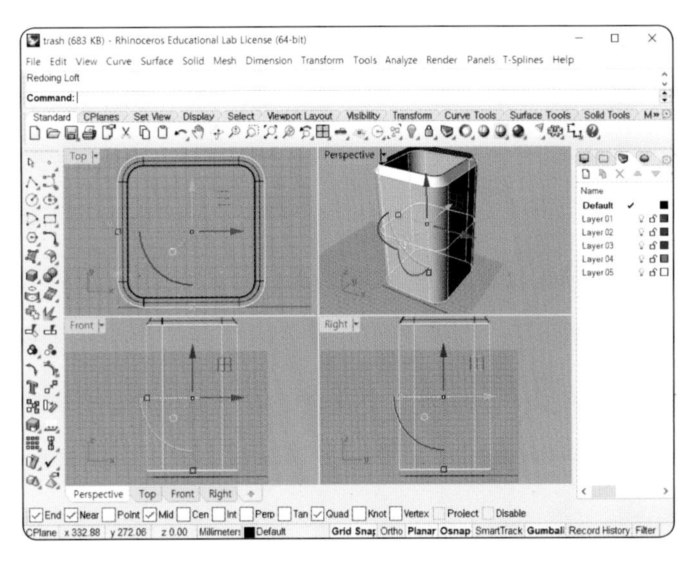

09 계속해서 'Loft' 명령을 활용해 하단에도 화면과 같이 서피스를 생성시켜 준다.

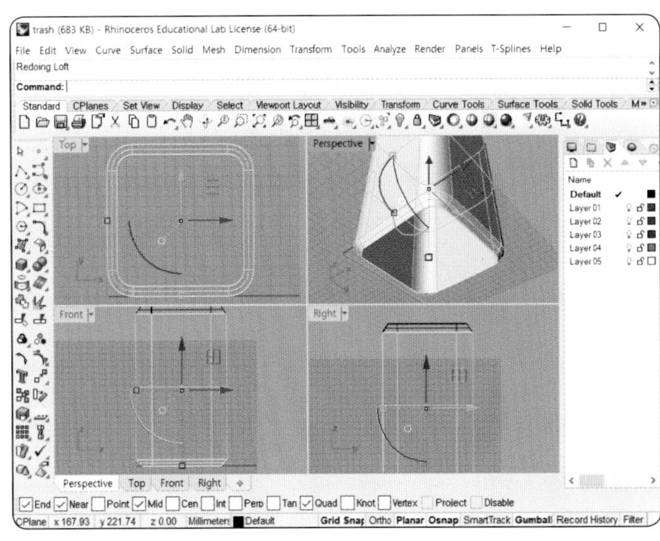

10 앞에서 생성한 3개의 서피스를 선택하고 커맨드 창에 'Join'을 입력한 후 Enter 를 눌러 하나의 폴리서피스로 합쳐준다.

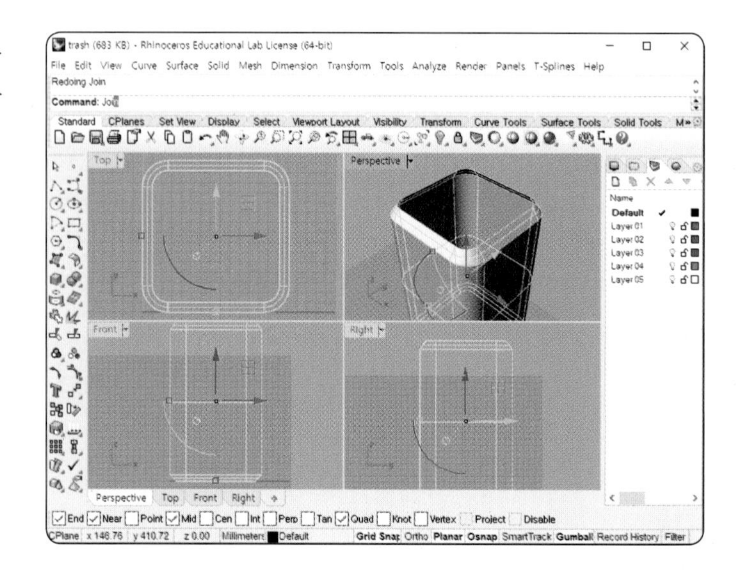

11 다음은 휴지통의 측면 입구를 만들어 보자. 'Front view' 창을 활성화하고 커맨드 창에 'Rectangle'을 입력한 후 Enter 를 누른다. 나타나는 옵션에 'Rounded'를 선택하고 마우스의 클릭과 드래그를 이용하여 그림과 같은 커브를 생성시켜 준다.

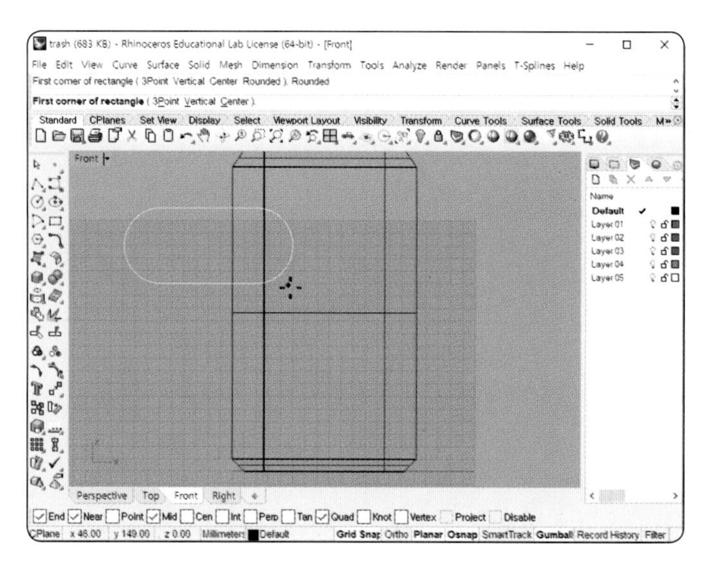

12 출입구를 양쪽으로 만들기 위하여 오른쪽에는 'Rectangle' 명령어를 활용하여 둥근 모서리의 커브를 생성한다. 또는 앞에서 만든 좌측의 커브를 Alt 를 활용하여 이동하여 복제해도 된다.

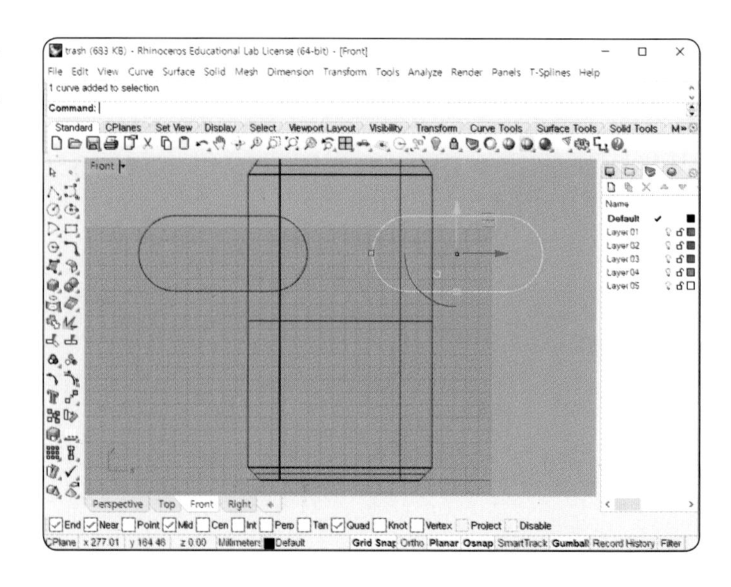

13 앞에서 만들었던 본체 부분에서 생성시킨 커브 부분을 제거해 보자. 서피스에서 커브를 분리시킬 때는 'split' 명령을 활용한다. 커맨드 창에 'split'을 입력하고 Enter 를 눌러준다. 'select object to split' 라인이 나타나면 휴지통 본체를 선택하고 Enter 를 눌러준다. 'select cutting to object' 라인이 나타나면 앞에서 그린 둥근 사각형 커브를 선택하고 Enter 를 눌러준다.

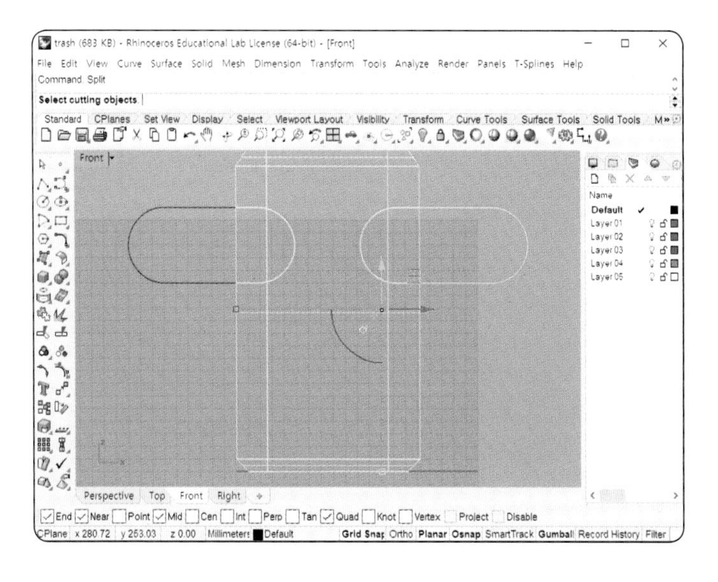

14 분리된 부분 중에 불필요한 부분을 선택하고 Delete를 눌러 제거한다. 동일한 방법으로 다른 쪽의 불필요한 부분을 'split' 명령과 Delete를 이용하여 제거한다.

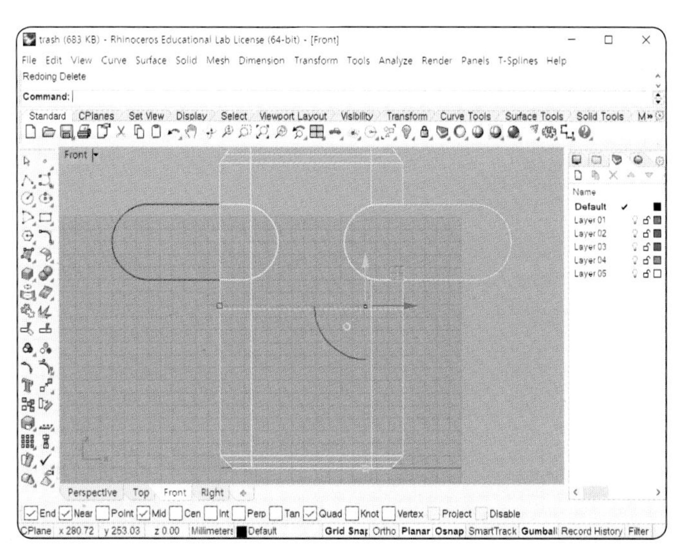

TIP

'split' 명령은 커브를 이용하여 오브젝트를 분리하고 'trim' 명령은 커브를 이용하여 오브젝트의 필요 없는 부분을 삭제한다.

15 바닥의 면을 생성시켜 보자. 커맨드 창에서 'PlanarSrf'를 입력하고 Enter 를 누른다. 하단의 커브를 선택하고 Enter 를 누르면 바닥의 면이 생성된다.

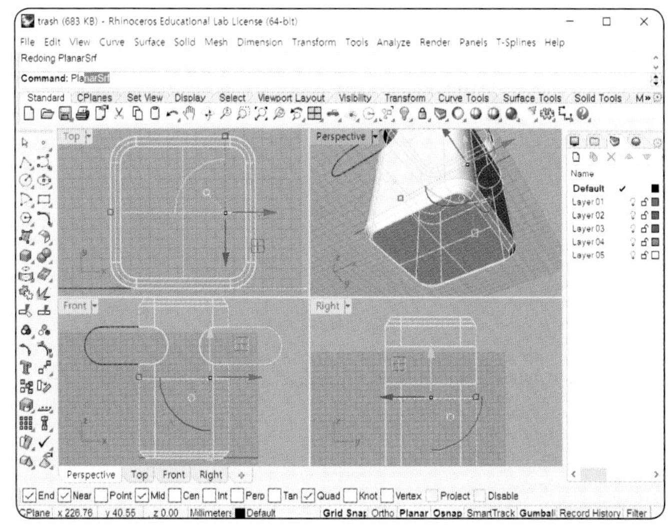

16 생성된 바닥의 면과 본체를 선택하고 커맨드 창에 'Join'을 입력하고 Enter 를 눌러 하나의 폴리서피스로 합쳐준다.

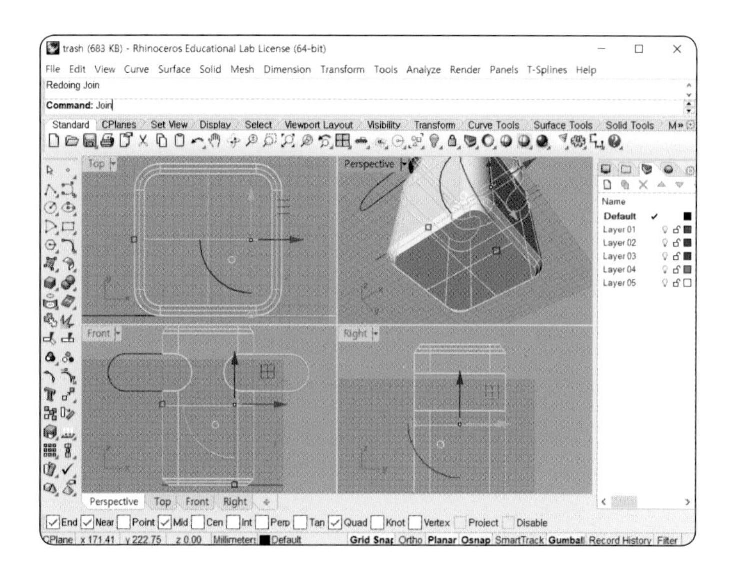

17 현재 만든 본체는 두께가 없는 서피스이다. 커맨드 창에 'OffsetSrf'를 입력하고 Enter 를 눌러 앞에서 만든 휴지통 본체를 선택하고 Enter 를 눌러준다. 이때 옵션 부분에 'Conner=Round'를 선택한다. Distance는 '5'로 변경하고 방향은 F 를 눌러 외부 방향으로 생성시킨다.

TIP
Solid를 'Yes'로 선택하면 솔리드로 자동 생성된다.

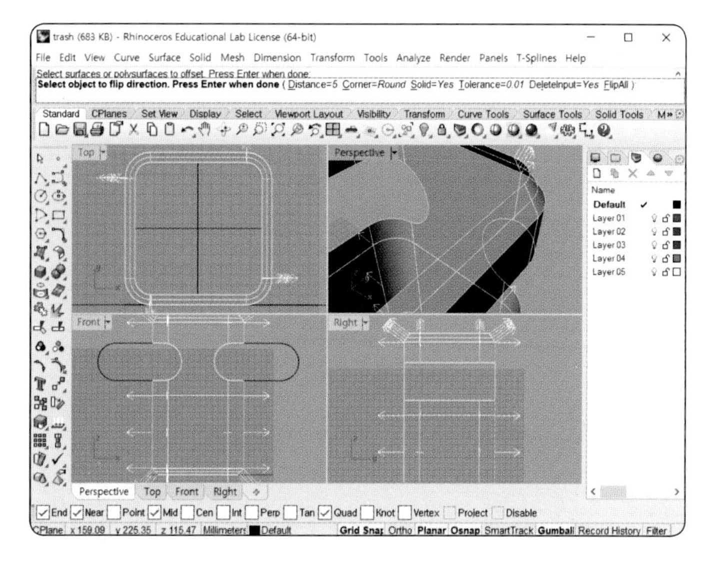

18 Enter 를 누르면 폴리서피스가 '5' 만큼의 두께가 있는 솔리드로 변환이 된다.

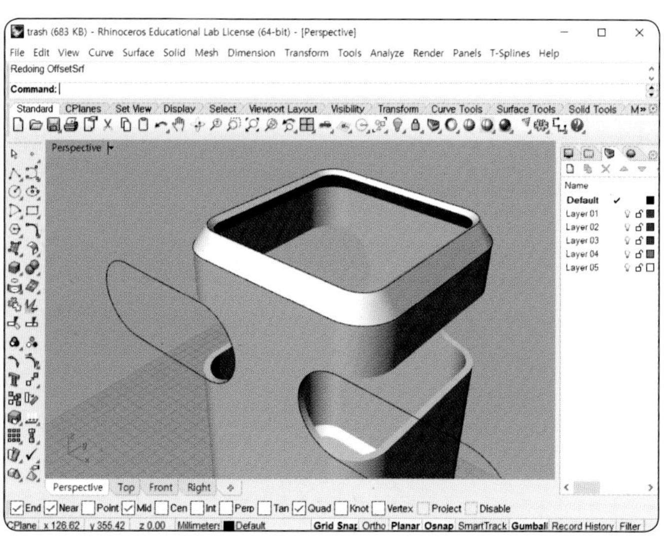

··· 휴지통 뚜껑 만들기

01 휴지통 뚜껑을 만들기에 앞서 본체를 선택하고 커맨드 창에 'Hide'를 입력하고 Enter 를 눌러 숨긴다.

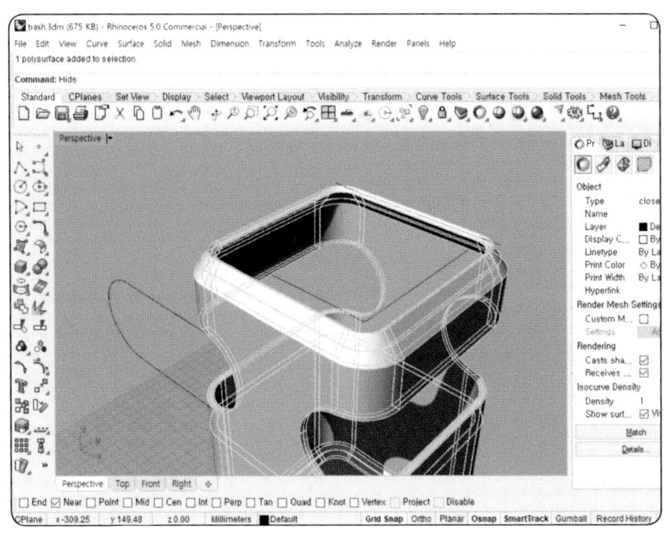

TIP
감춰진 오브젝트를 다시 보는 명령은 'Show'이다.

02 커맨드 창에 'PlanarSrf'를 입력하고 Enter 를 누른 후 상단의 커브를 선택하고 Enter 를 눌러준다.

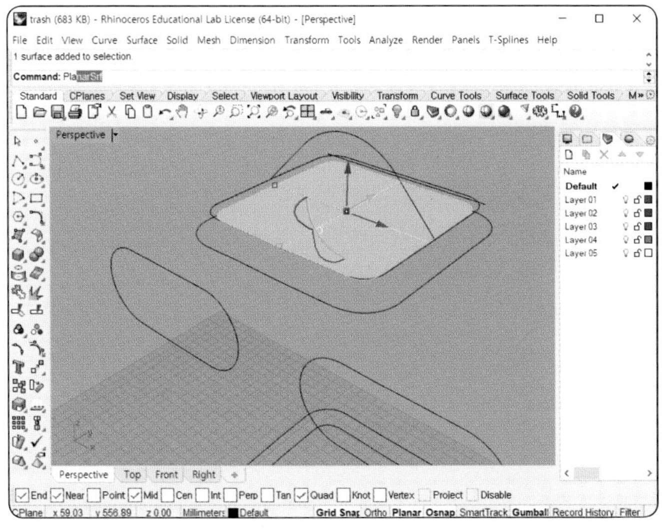

03 생성된 서피스의 두께를 지정하자. 커맨드 창에 'ExtrudeSrf'를 입력하고 Enter 를 누르고 앞에서 생성시킨 서피스를 선택하고 Enter 를 누른다. 'Front view' 창에서 마우스를 위아래로 움직여 두께를 지정하고 클릭한다.

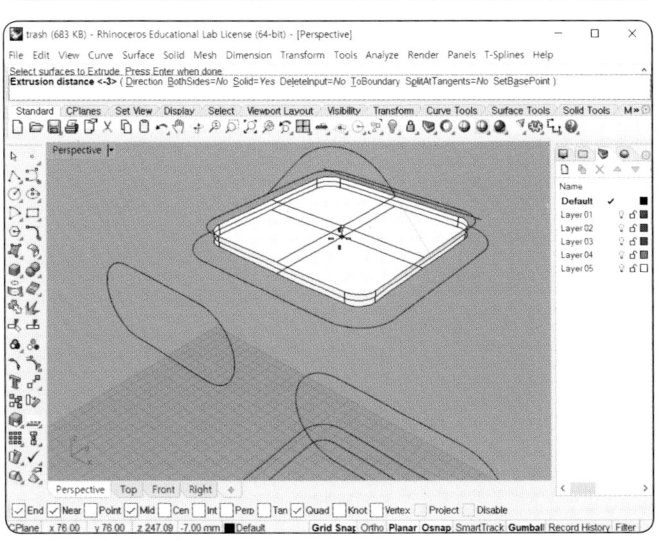

04 생성된 뚜껑 솔리드에 회전문을 만들어 보자. 커맨드 창에 'Offset'을 입력하고 Enter 를 입력하고 둥근 모서리 사각형 커브를 선택하여 앞으로 10만큼의 Offset 커브를 생성시킨다.

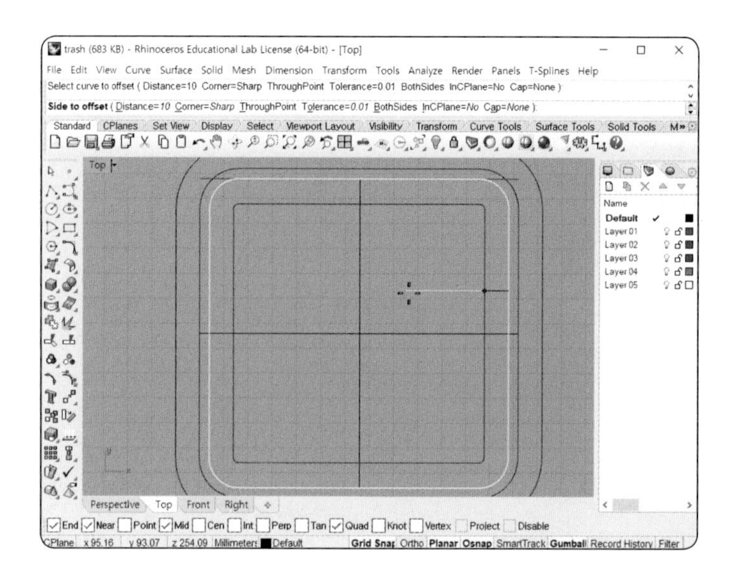

05 커맨드 창에 'wirecut'을 입력하고 Enter 를 누른다. offset으로 생성시킨 커브를 선택하고 바로 뚜껑 오브젝트를 선택한다. 'cut depth point'가 나타나면 Front view 창에서 넉넉하게 범위를 지정하고 클릭한다. 커브로 나뉘어진 두 오브젝트가 생성된다.

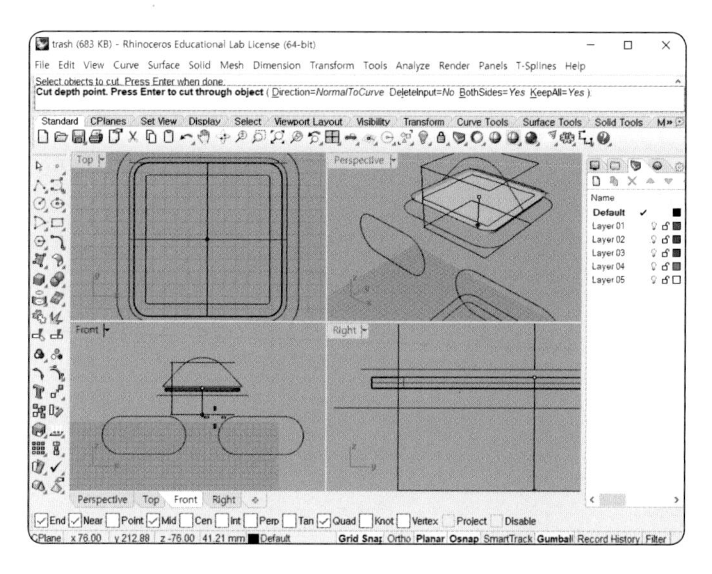

06 회전하는 이미지를 만들어 주기 위해 앞에서 나누어진 회전 뚜껑을 선택하고 'gumball' 아이콘의 빨간색 회전 화살표를 선택하고 마우스로 드래그하면 그림과 같이 뚜껑이 회전된다.

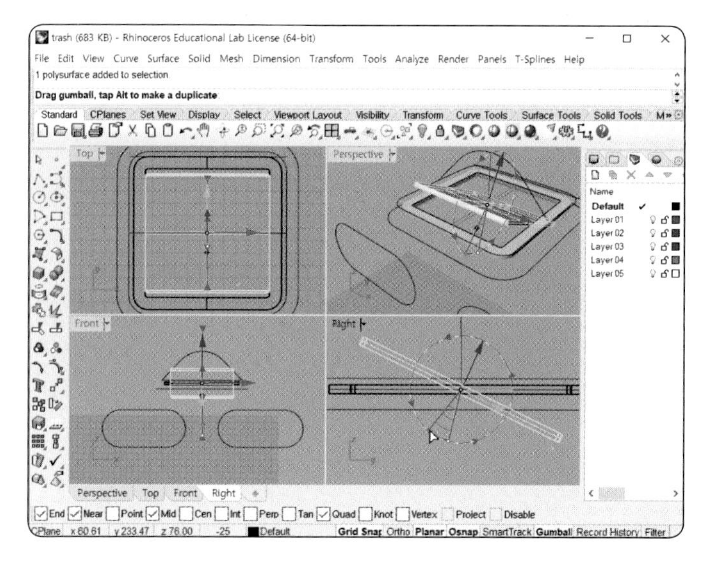

07 커맨드 창에서 'show'를 입력한 후 Enter 를 눌러 앞에서 감추어 두었던 휴지통의 본체 부분을 표시한다.

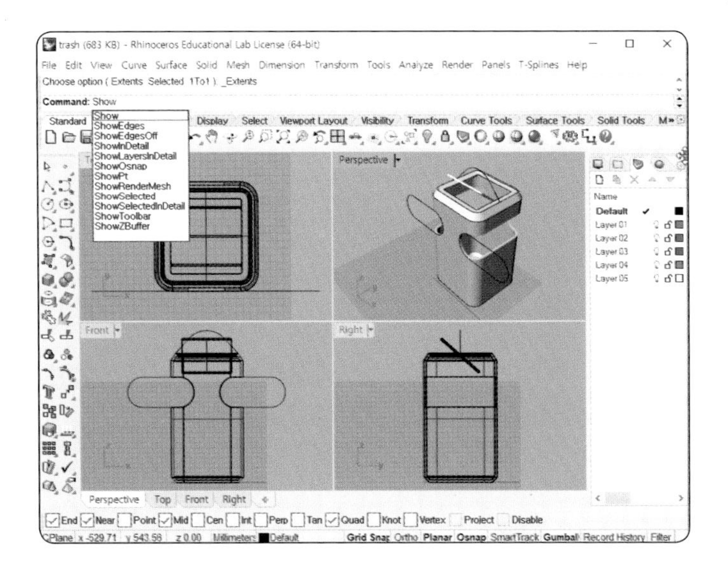

08 상황을 연출하기 위하여 1개의 세트를 복사해 보자. 앞에서 생성시킨 모든 오브젝트를 선택한다. 커맨드 창에 'copy'를 입력하고 Enter 를 누른다. 'point to copy from'이 나타나면 화면의 아무 지점이나 클릭한다. 복제하기 전에 원점을 지정하는 의미이다. 복제할 부분으로 마우스를 이용하여 빈 공간에 클릭하면 간편하게 복제되며 중복적으로 몇 개를 복제할 수 있다.

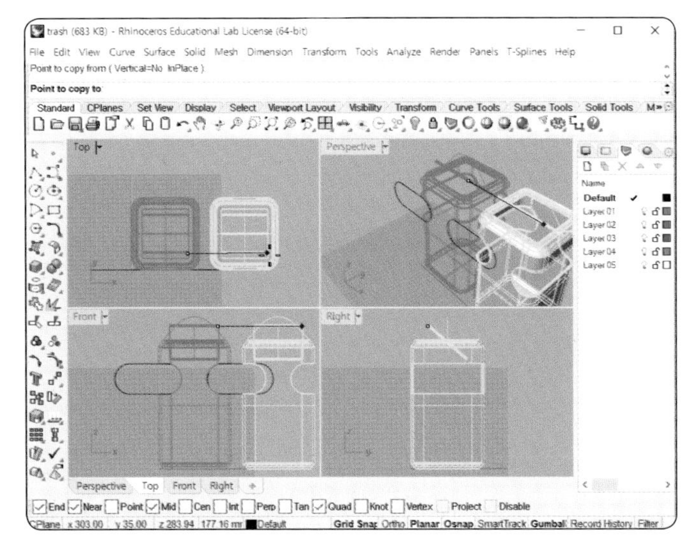

09 복제된 휴지통의 뚜껑을 더 회전시키고 저장한다.

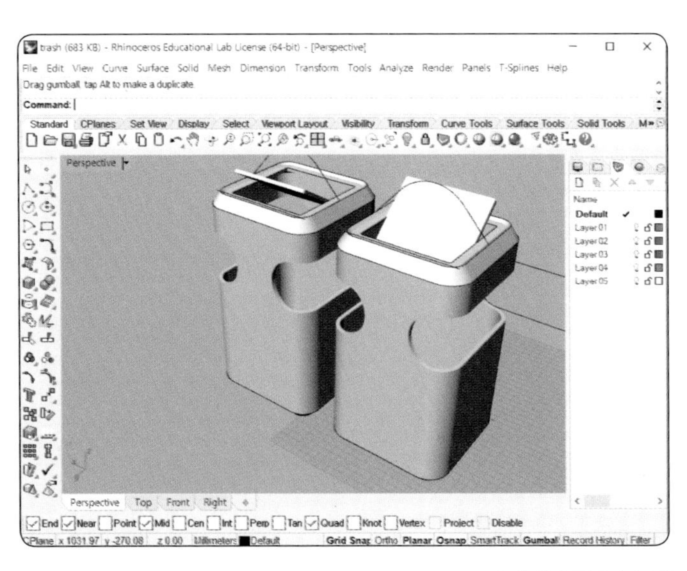

10 Keyshot을 실행하고 저장된 휴지통 파일을 불러온다. 휴지통의 재질은 [metal]-[aluminum]을 선택하고, 다른 재질은 [plastic]-[clear]의 연두색 재질을 선택한다. 뚜껑은 서로 다른 재질을 임의로 지정한다. 환경은 'startup'을 선택하여 바닥으로 드래그 앤 드롭한다. 바닥의 재질은 회색으로 지정하여 환경을 조절하여 마무리한다.

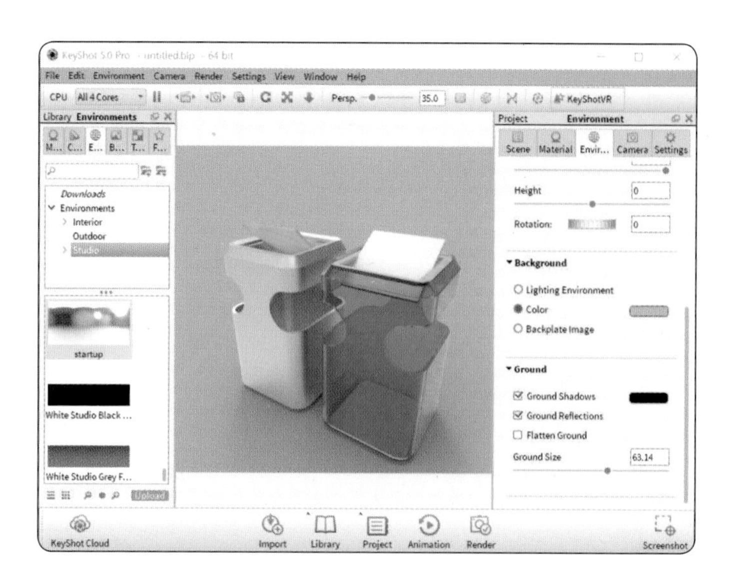

11 재질에 대한 분리는 라이노에서 각 재질별로 레이어를 따로 만들어 주는 것이 좋다. 하지만 키샷에서도 오브젝트를 선택하여 '재질 링크 해제(Unlink Material)'를 선택하여 오브젝트별로 다른 재질을 설정할 수 있다.

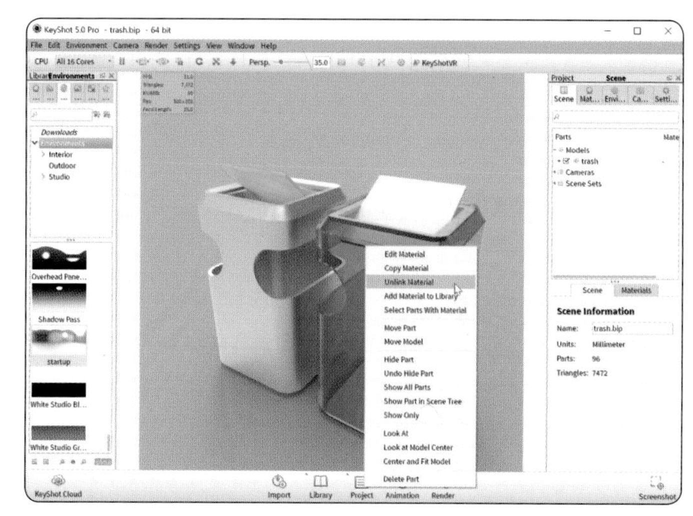

실전 문제 1 | 선반

앞서 학습된 모델링 방법을 응용하여 선반을 모델링해 보자.

keypoint

① Polyline과 Curve를 함께 사용하여 솔리드를 만든다.
② Copy를 이용하여 같은 모양의 솔리드를 만들어 작업시간을 단축한다.
③ Extrude를 이용하여 다양한 두께의 솔리드를 생성한다.
④ FilletEdge로 모서리를 깎아서 어린이 용품의 느낌을 더해준다.

완성 파일 | Sample〉ex07-01.3dm

실전 문제 2 | 2층 침대

앞서 학습된 모델링 방법을 응용하여 이층 침대를 만들어 보자.

keypoint

① Rectangle을 이용하여 단면커브를 생성한다.
② ExtrudeCrv를 이용하여 두께와 높이를 준다.
③ 같은 재질이 들어갈 부분은 BooleanUnion 명령으로 한 개의 솔리드로 만든다.

완성 파일 |Sample〉ex07-02.3dm

08 S·E·C·T·I·O·N

Sweep을 이용한 수전 만들기

서피스를 생성하는 방법 중 하나의 레일 커브와 여러개의 단면 커브를 이용한 Sweep1 방법에 대해서 알아본다.

PREVIEW

완성파일 : main08-01.3dm

··· 학습 내용

- Circle을 그린다.
- Loft를 이용하여 서피스로 생성한다.
- Sweep1을 이용하여 'ㄷ'자로 꺾여진 파이프 부분을 생성한다.
- BooleanUnion을 이용하여 두 개의 폴리서피스를 하나의 폴리서피스로 결합시킨다.
- Filletedge를 이용하여 접합부분을 부드럽게 만든다.

··· 수전 몸통 만들기

01 [File] 메뉴에서 [New]를 선택하여 [Large Object – Centimeters]를 선택하여 새로운 창을 연다.

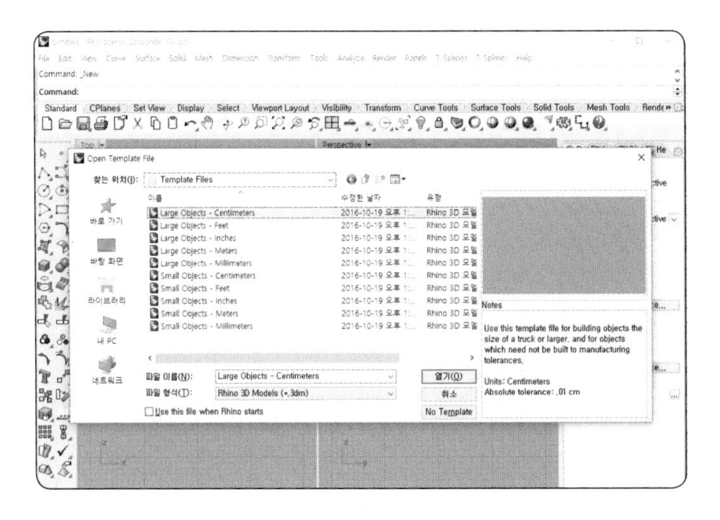

02 먼저 수전 몸통 하부를 만들어 보자. 'Top view' 창을 활성화하여 커맨드 창에서 'Circle'을 입력하고 Enter 를 누른다. 'Center of circle:' 옵션에 0,0을 입력하고 Enter , 'Radius:' 옵션에 10을 입력한 후 Enter 를 눌러 원을 만든다.

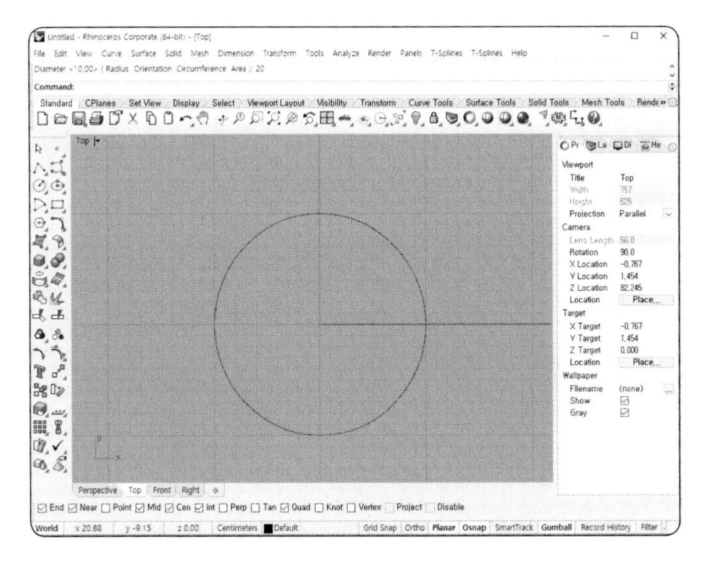

03 원의 중심에 중심선을 그린다. 'Front view' 창에서 커맨드 창에 'Line'을 입력하고 Enter 를 누른다. ' Start of line:' 옵션 0,0을 입력하고 Enter , 'End of line:' 옵션에 55를 입력한 후, 마우스의 방향을 Y축 방향으로 위치시키고 Enter 를 눌러 선을 그린다.

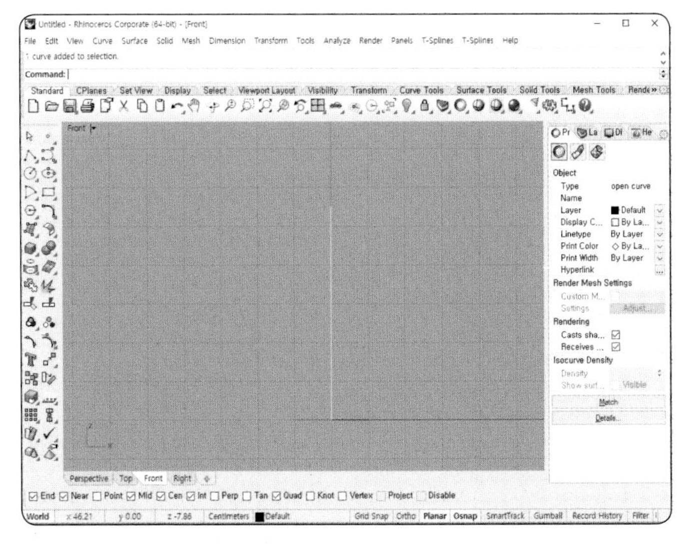

04 커맨드 창에 'copy'를 입력하고 Enter 를, 앞에서 그린 원을 선택하고 Enter 를 누른다. 'Point to copy from:' 옵션을 0,0으로 입력하고, 복사할 위치를 중심 라인의 끝점에 맞춰 복사한다.

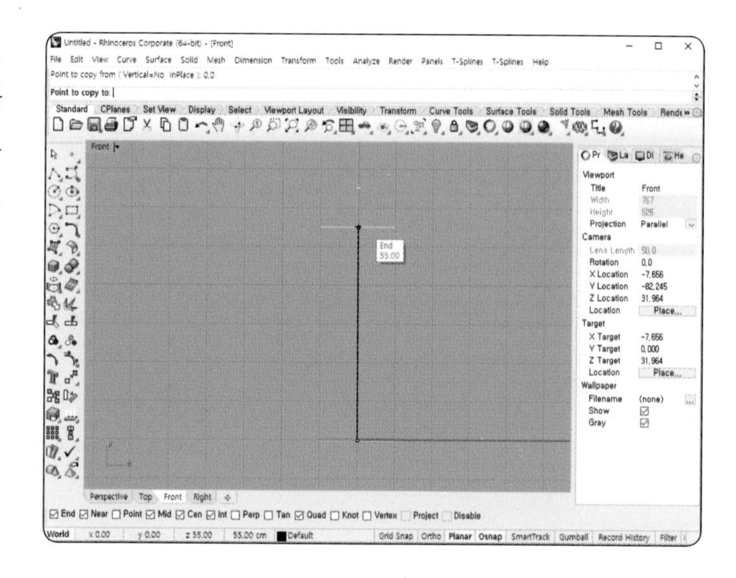

05 커맨드 창에 'Loft'를 입력하고 Enter , 두 개의 원을 선택하고 Enter 를 두 번 눌러 대화상자가 나타나면 설정없이 Enter 를 두 개의 원을 연결하는 면을 만든다.

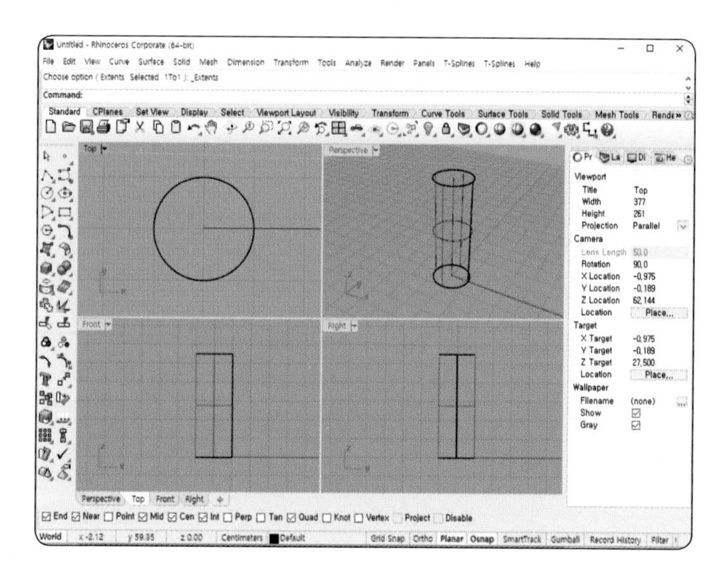

06 커맨드 창에 'Offset'을 입력하고 Enter 를 누른다. 위의 상부에 있는 원 커브를 선택하고 'Top view'에서 안쪽으로 간격 5를 입력하고 Enter 를 누른다.

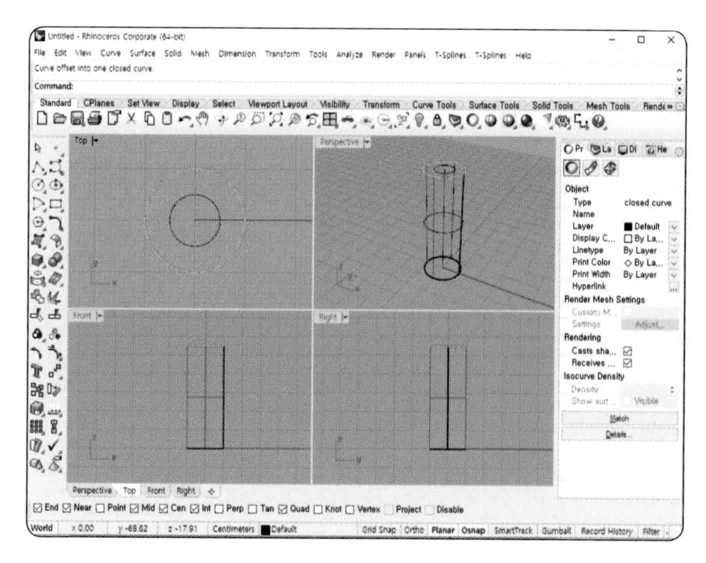

07 라이노 창 아래 Snap grid를 활성화하고, 앞에서 'Offset'으로 생성한 작은 원을 선택한다. 'Front view'를 활성화하고, Shift 를 누른 상태에서 원 커브를 위로 4칸 이동한다.

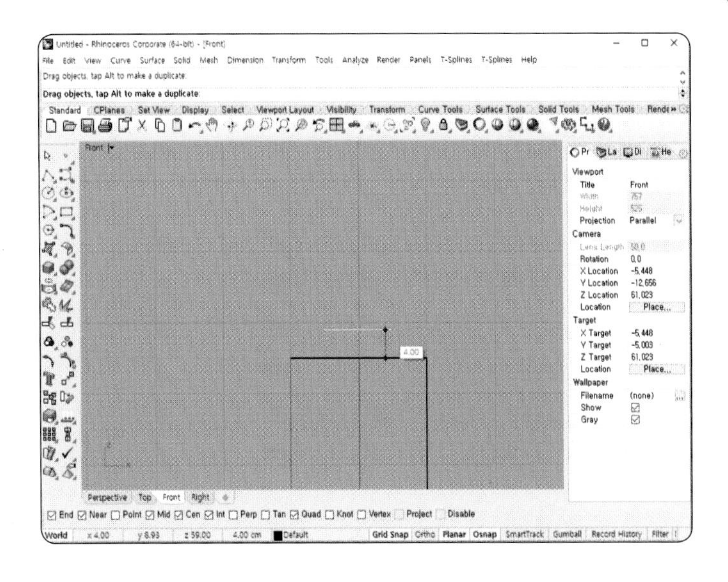

08 커맨드 창에 'Loft'를 입력하고 Enter 를 누른다. 작은 원 커브와 상부의 반지름 10인 원 커브 사이에 면을 생성한다.

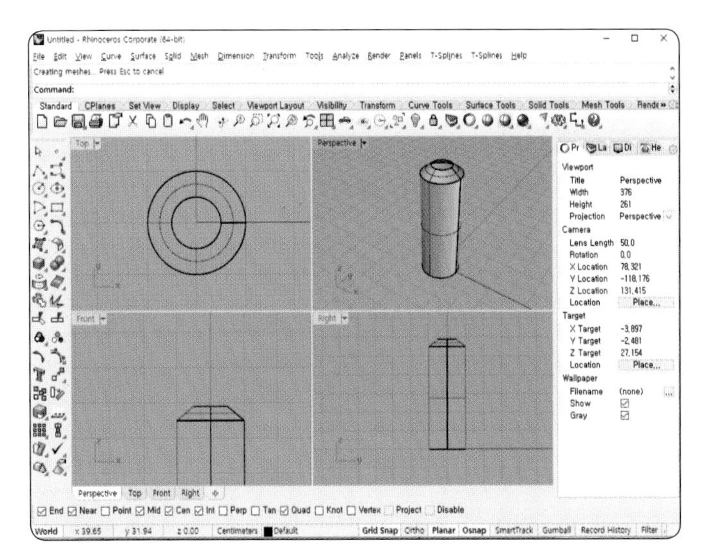

09 'Perspective view' 창으로 이동하여 커맨드 창에 'Planarsrf'를 입력하고 Enter 를 눌러 하단 부분의 원 커브를 선택하여 끝을 막아준 다음 생성한 Surface를 전부 선택하여 커맨드 창에 'Join'을 입력하고 Enter 를 눌러준다.

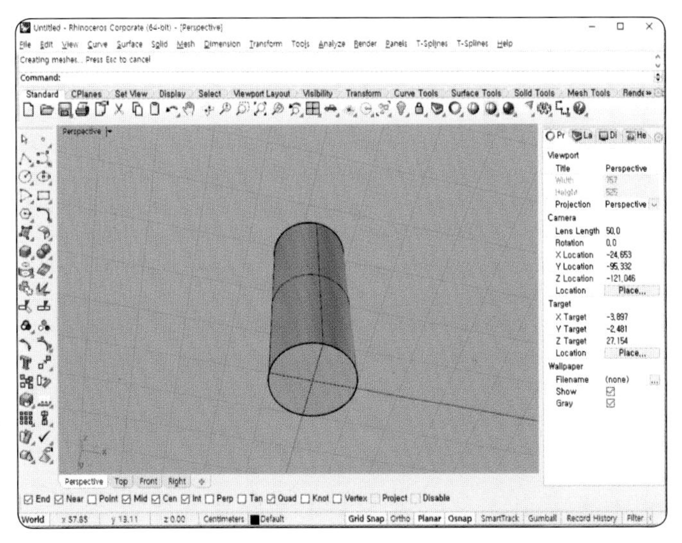

10 이어서 수전의 파이프 부분을 그려보자. 커맨드 창에 'Line'을 입력하고 Enter 를 입력한다. 'Start of line' 옵션에서 '0,59'를 입력하고 Enter 를, 'End of line' 옵션에서 '100'을 입력하고 Enter 를 누른 후 'Front view'에서 마우스를 활용하여 마우스의 방향을 Y축 방향으로 위치시키고 그림과 같이 라인을 그린다.

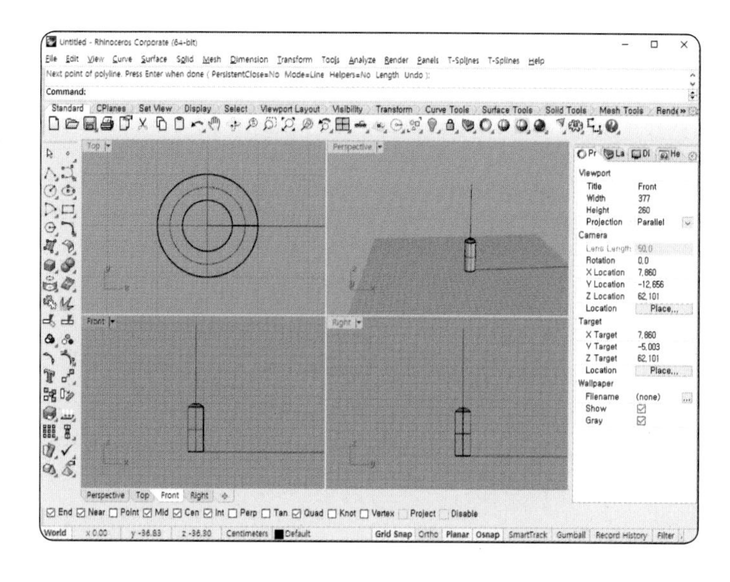

11 커맨드 창에 'Offset'을 입력하고 Enter 를 누른다. 라인 커브를 선택하고 55를 입력하여 'Front view'에서 왼쪽 방향으로 간격을 띄운다.

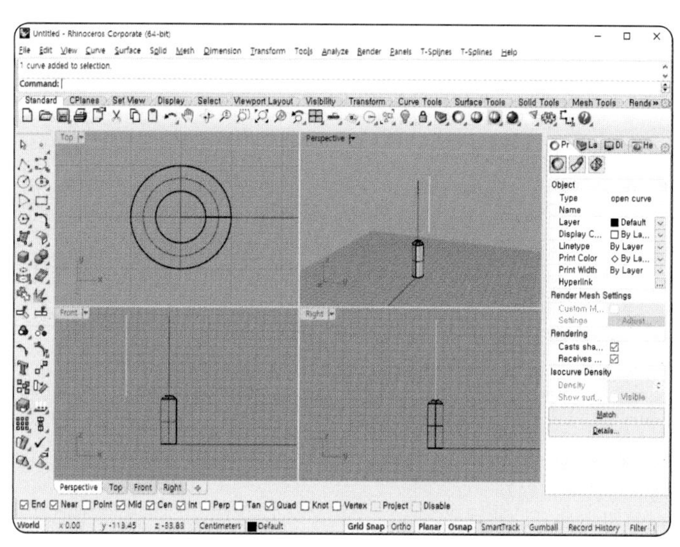

12 'Front view' 창을 활성화한다. 커맨드 창에 'Move'를 입력하고 Enter 를 누르고, 앞에서 'Offset'로 생성한 라인 커브를 선택한 후 'Selet objects to move. press Enter when done'에서 Enter 를 누른다. 'Point to move from' 옵션이 나타나면 다시 라인을 클릭하고 'Point to move to' 옵션에서 '6'을 입력한 후 마우스로 수직 위를 클릭하여 라인을 이동한다.

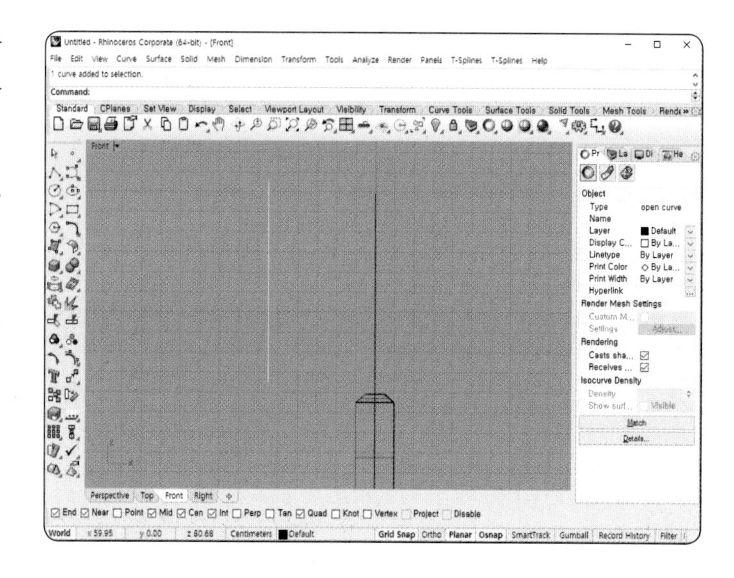

13 두 커브의 끝을 커맨드 창에 'Line'을 입력하고 Enter 를 눌러 연결시켜 그린다.

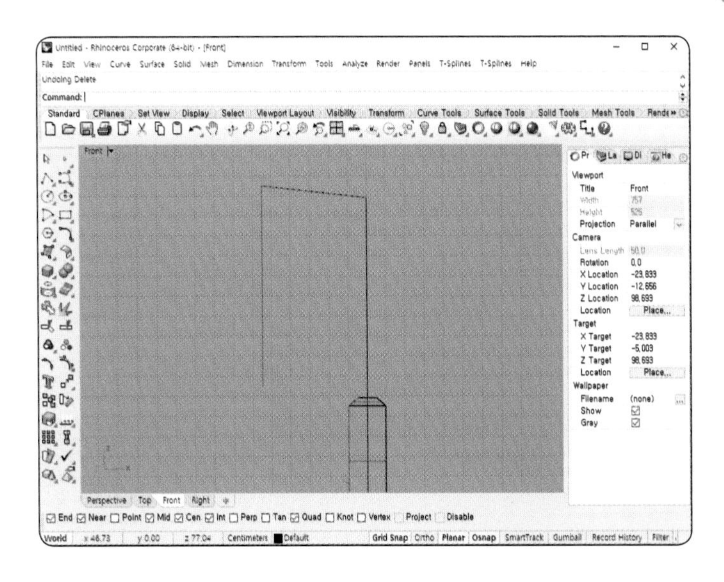

14 각진 라인을 부드럽게 만들어 보자. 커맨드 창에 'Fillet'을 입력하고 Enter 를 눌러 두 커브의 끝을 반지름 20의 커브로 만든 뒤, 파이프가 될 커브들을 커맨드 창에 'Join'을 입력하고 Enter 를 눌러 오브젝트를 합친다.

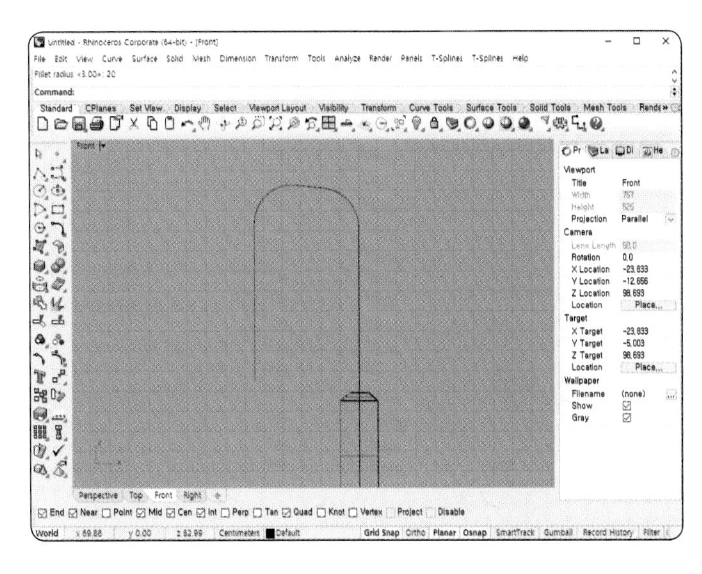

15 커맨드 창에 'Line'을 입력하고 Enter 를 누르고, 명령 창에서 양쪽(O)을 입력한다. 수전 파이프의 끝점에 임의의 가로선을 그린다.

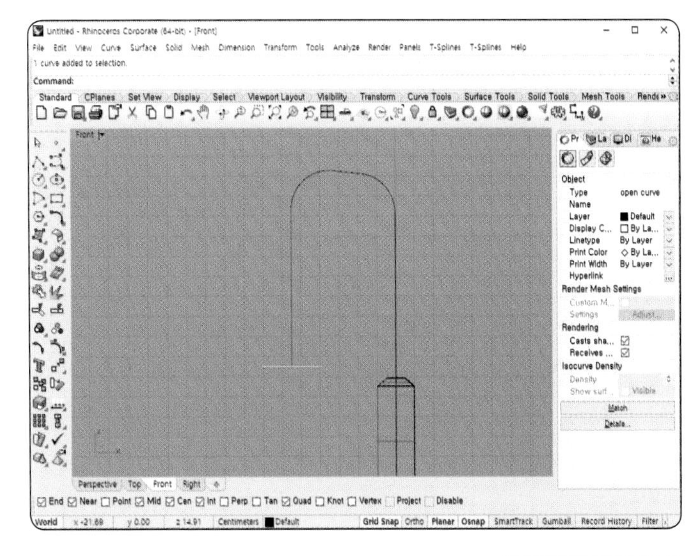

16 그려준 선은 커맨드 창에서 'Move'를 입력하고 Enter 를 눌러 위로 '40'을 이동시켜 준다.

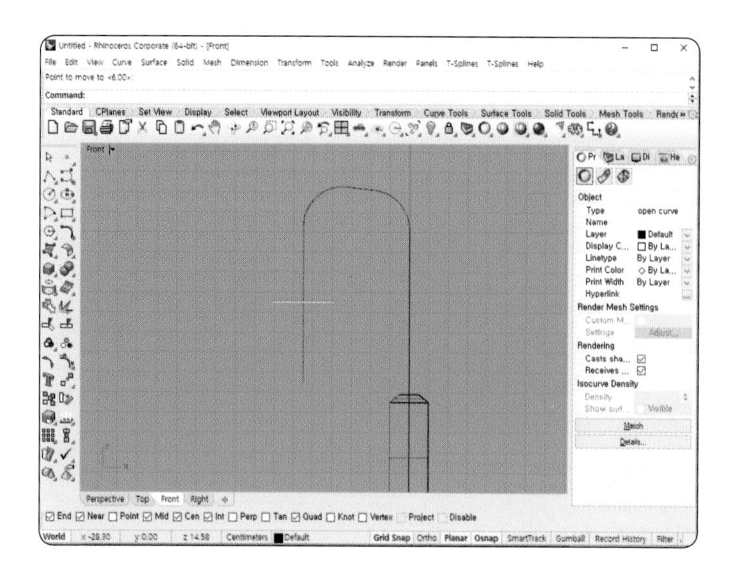

17 커맨드 창에 'Split'를 입력하고 Enter 를 눌러 Select objects to split 옵션이 표시되면 수전의 파이프 커브를 선택하고 Enter , Select cutting objects 옵션이 표시되면 임의의 가로선을 선택하고 Enter 를 눌러 수전의 파이프 커브를 자른다.

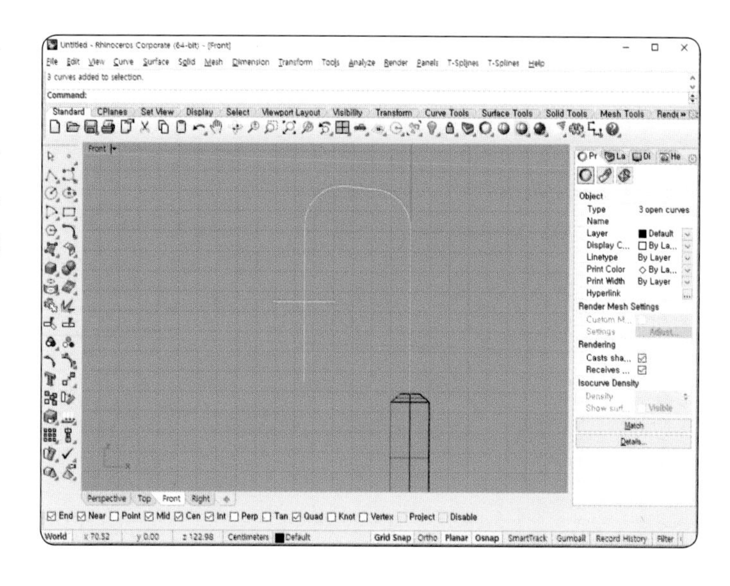

18 임의의 선 아래 잘린 수전 파이프 커브와 임의의 선을 선택하여 키보드의 Delete 를 눌러 삭제한다. 커맨드 창에 'Sweep1'을 입력하고 Enter 를 누른다. Select rail 옵션이 나타나면 수전의 파이프 커브를 선택하고, Select cross section curves 옵션이 나타나면 06, 07 과정에서 offset 명령으로 만든 작은 원 커브를 선택한 후 Enter 를 두 번 눌러 나타난 대화상자에서도 Enter 를 눌러 수전의 파이프을 생성한다.

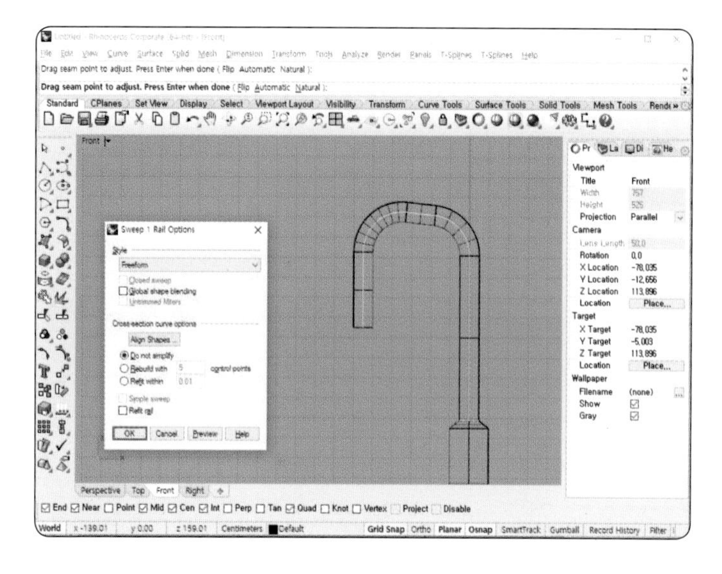

19 'Perspective view'을 선택하고 커맨드 창에 'Planarsrf'를 입력하고 Enter 를 눌러 수전의 끝을 막아준다.

TIP

sweep1은 기차가 단면 커브라 하면 기찻길을 레일 커브로(Rail Curve)로 생각하면 된다. Sweep1의 경우 레일 커브가 1개이고, Sweep2일 경우에는 레일 커브가 2개이다. 선택하는 순서는 레일 커브(1개 또는 2개) – 단면커브(다수의 커브 또는 점) 순이다.

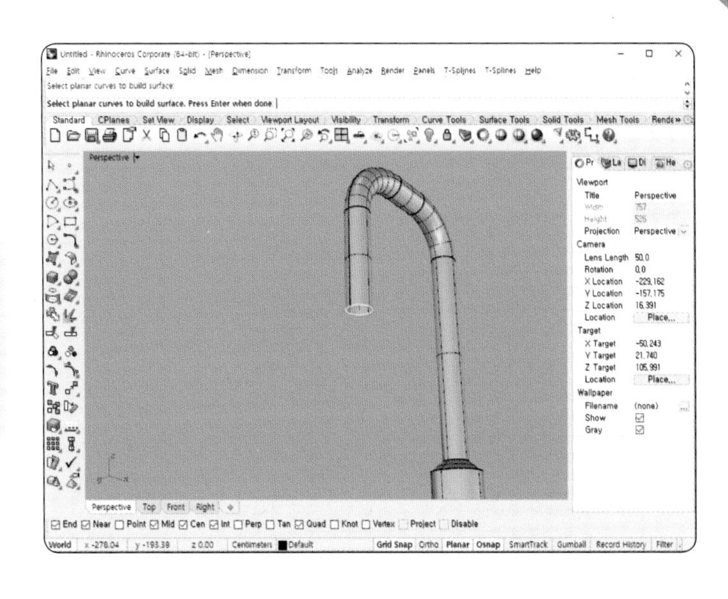

20 전체 오브젝트와 수전의 하부 몸통을 선택하고 커맨드 창에 'Join'을 입력하고 Enter 를 눌러 하나의 솔리드로 만들어 준다. 단, 19 과정에서 'Planarsrf' 명령으로 수전의 끝을 막았을 때 생성된 오브젝트도 'Join' 명령으로 묶어주어야 한다.

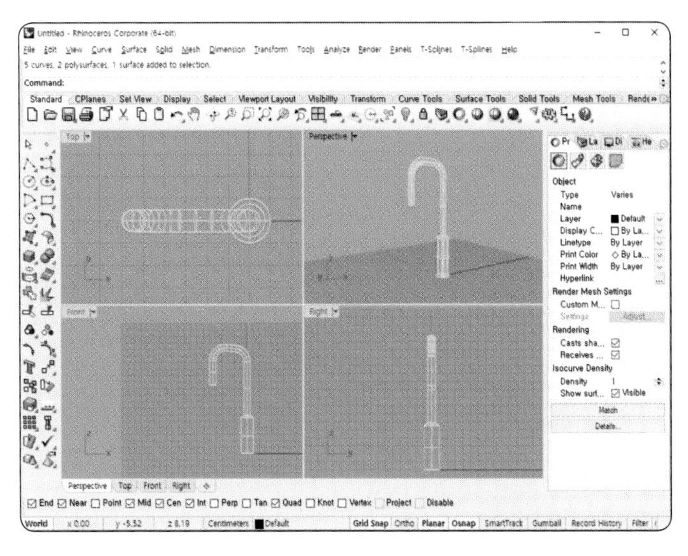

21 수전의 절단면을 만들어주기 위해서 'Front view'를 활성화한다. 커맨드 창에 'Rectangle'을 입력하고 Enter 를 누르고, 'First corner or rectangle' 옵션에서 'C'를 입력하고 Enter , 'Center of Rectangle' 옵션에서는 '–55,130'을 입력하고 Enter , 'Other corner of length' 옵션이 나타나면 '20'을 입력하고 Enter , 'Width. Press Enter to use length' 옵션에서는 '0.5'를 입력하고 Enter 를 눌러 사각형을 만든다.

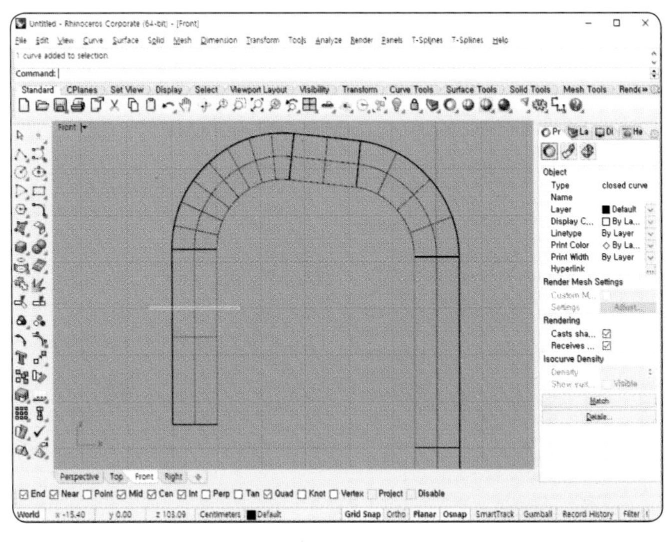

22 커맨드 창에 'ExtrudeCrv'를 입력하고 Enter 를 누른다. 그려진 직사각형 커브를 선택하여 양쪽으로 'Top view'에서 확인하며 돌출시켜 막힌 직육면체를 만든다. 단, 'Extrusion distance' 옵션에서 'BothSides=Yes'로 설정되어 있어야 한다.

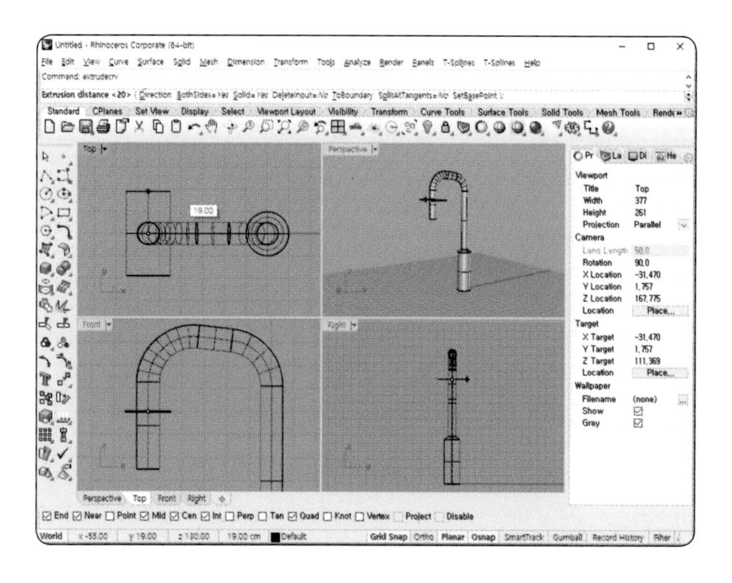

23 오브젝트를 분리해 보자. 커맨드 창에 'BooleanDifferent'를 입력하고 Enter 를 눌러 수전의 절단면을 나눈다. Select 'surfaces or polysurfaces to subtract from' 옵션에서는 수전을 클릭하고 Enter , 'Select surfaces or polysurfaces to subtrace with' 옵션에는 사각형 육면제 폴리서피스를 클릭하고 Enter 를 눌러 오브젝트를 분리한다.

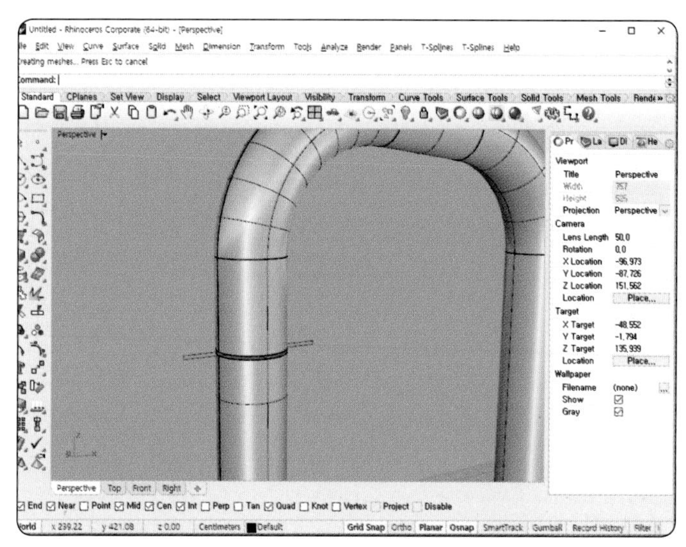

24 이어서 'Front view'를 활성화시켜 수전 손잡이가 될 핸들 부분을 만들어 보자. 화면 하단에 Osnap을 클릭하고 Mid를 선택한다. 커맨드 창에서 Circle를 입력한 후 수전 몸통 중간 지점(0,27) 또는 Osnap을 활용한 mid 지점을 클릭하여 반지름(Radius) 8의 원을 그린다.

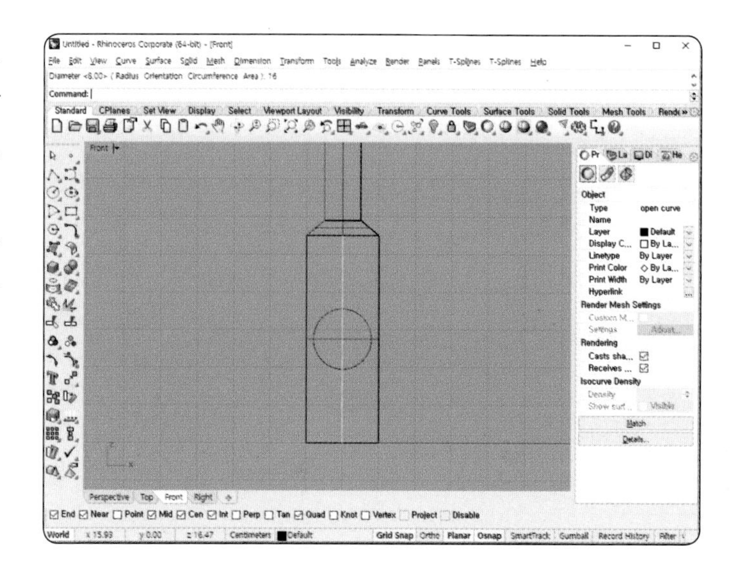

25 커맨드 창에 'ExtrudeCrv'를 입력하고 Enter 를 누른다. 중간 지점에 그려진 원을 선택하고 Enter 를 누른다. 'Extrusion distanc'e 옵션에서 'BothSide=No', 'Solid = Yes'로 설정하고 −38을 입력한 후 Enter 를 누른다.

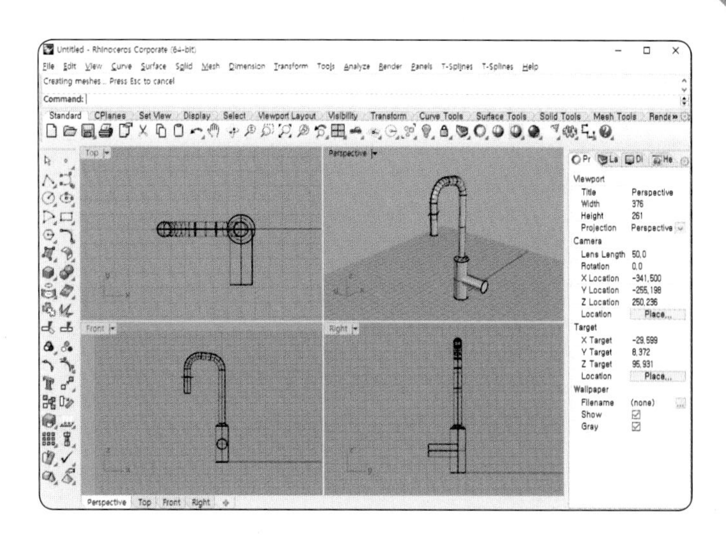

26 핸들과 수전을 하나로 만들기 위해서 커맨드 창에 'Booleanunion'을 입력하고 Enter 를 누른다. 생성된 오브젝트 전체를 선택하고 다시 Enter 를 눌러 하나의 오브젝트로 만들어 준다.

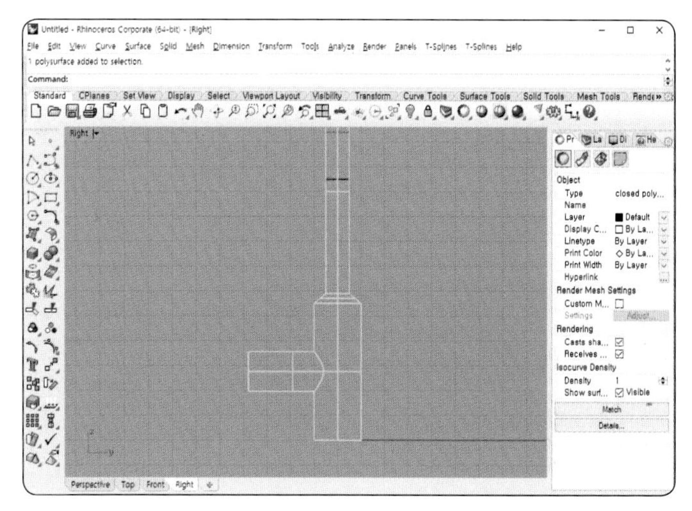

··· 핸들 만들기

01 'Right view'를 활성화시켜 핸들 부분과 핸들의 몸통을 나눠줄 부분을 만들어 보자. 커맨드 창에 'Rectangle'을 입력하고 Enter 를 눌러 'First corner of rectangle' 옵션에서 '−29,37'을 입력하고 Enter , 'Other corner or length'에서는 '1'을 입력하고 Enter , 'Width. Press Enter to use length' 옵션에서는 '−3'을 입력하고 Enter 를 누른다.

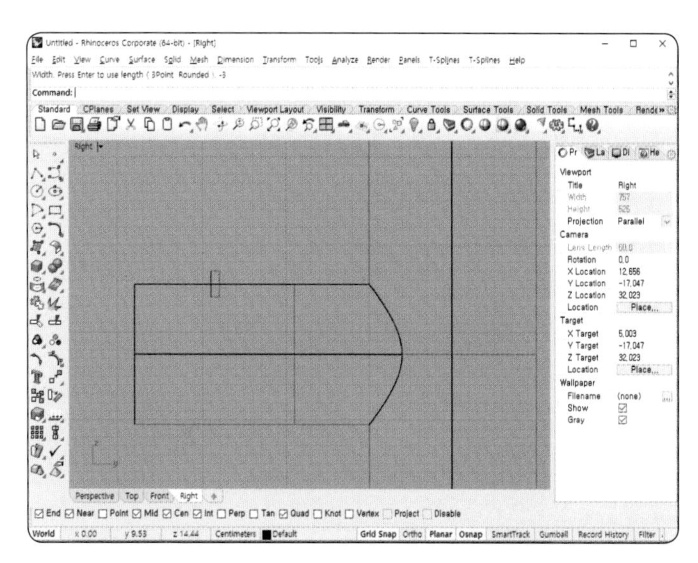

02 앞에서 생성한 'Rectangle' 오브젝트를 revolve를 활용하여 고리 형태로 오브젝트를 만들어 보자. 커맨드 창에 'Revolve'를 입력하고 Enter를 누른다. 'Right View'에서 'Rectangle' 오브젝트를 선택하고 Enter를 누른다. 커맨드 창에 'Start of revolve axis'가 나오면 Front view에서 튀어나온 핸들 부분의 원의 중심을 선택하고 Enter를 누른다. 'start angle'에서는 '0'을 입력하고 'revolution angle'에서는 '360'을 입력하고 Enter를 누른다.

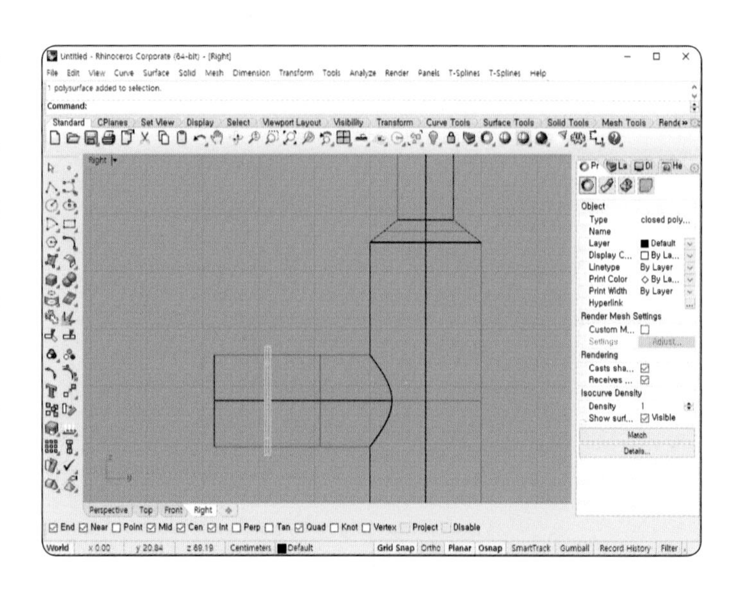

03 수전을 선택하고 커맨드 창에 'Boolean difference'를 입력하고 Enter, 'Select surfaces of polysurfaces to subtract with:' 옵션에서 Revolve(회전)시킨 폴리서피스를 선택한다. 'Select surfaces or polysurfaces to subtract with. Press Enter when done:' 옵션에서 Enter를 눌러 수전 손잡이에 홈을 만들어 준다.

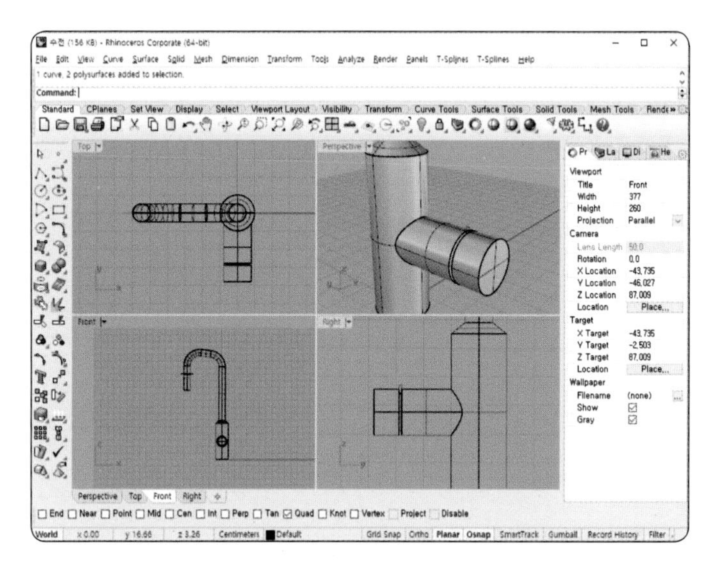

04 Osnap에서 Quad만 체크하고, 중심점은 비활성한다. 'Top view'에서 핸들을 선택하고 커맨드 창에 'Circle'을 입력하고 Enter를 누른다. 'Center of circle:' 옵션에서 핸들의 사분점을 정확히 클릭하고 'Radius:' 옵션에 1.5 사분점을 중심으로 하는 원을 생성한다.

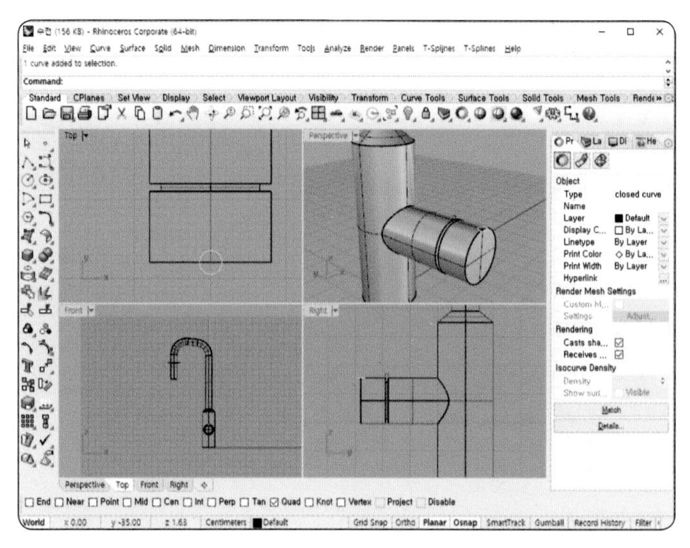

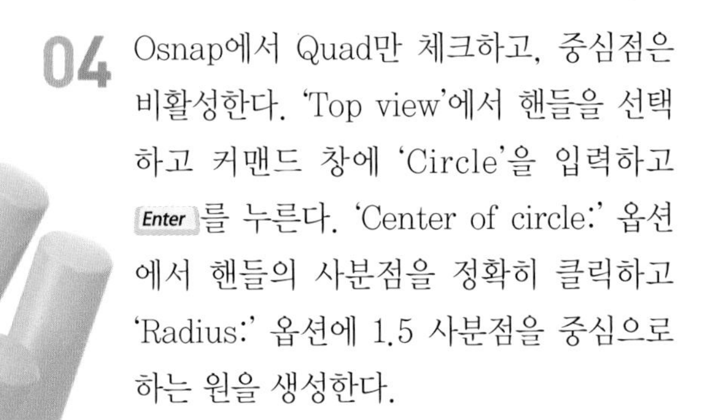

05 커맨드 창에 'Move'를 입력하고 Enter를 누른다. 'Select objects to move:' 옵션에서는 원 커브를 선택하고 Enter, 'point to move form:'에서는 원의 사분점을 클릭하여 기준점으로 한다. 'point to move to:' 옵션이 나타나면 '3.5'를 입력하고 Enter를 누른 후 수직으로 이동한 후 클릭하여 원 커브를 이동시킨다.

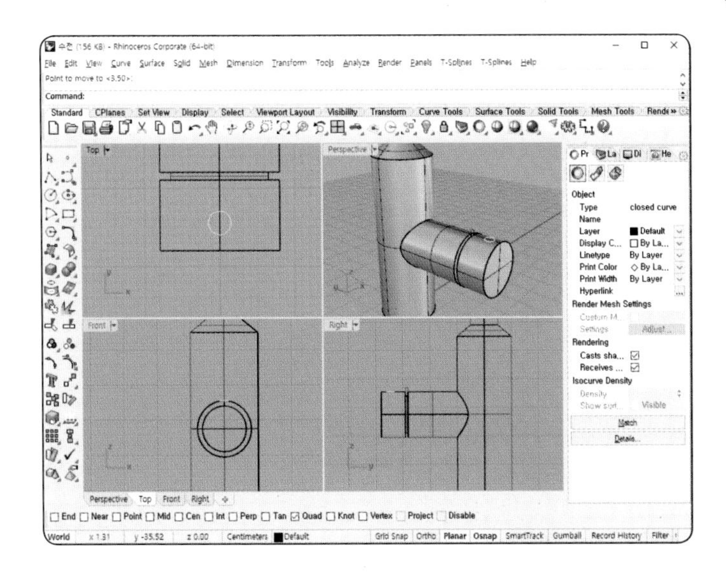

06 커맨드 창에 'ExtrudeCrv'를 입력하고 Enter, 'Select curves to Extrude:' 옵션에서는 이동시킨 원을 선택한 후 Enter를 누른다. 'Extrude distance:' 옵션에서 'BothSides=Yes'로 설정하고, 'Front view'와 'Right view'에서 확인하면서 6을 입력한 후 Enter를 눌러 원 커브를 돌출시킨다.

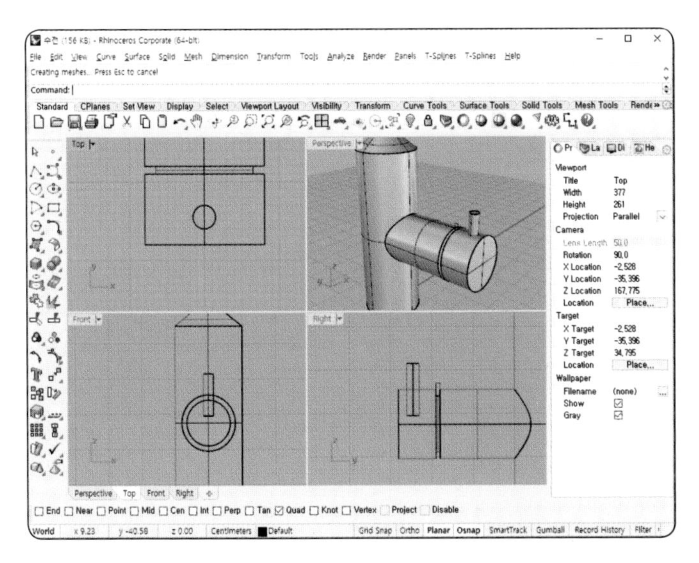

07 Osnap에서 Cen을 체크하고 Quad를 비활성화한다. 커맨드 창에 'ArrayPolar'를 입력하고 Enter, 'Select objects to array:' 옵션에서는 'Extrude'로 생성한 원기둥을 선택하고 Enter, 'Center of polar array:' 옵션에서는 'Front view'에서 핸들의 중심점을 클릭한다. 'Number of items:'에서 '6'을 입력하고 Enter, 'Angle to fill or first reference point:' 옵션에서 '360'을 입력하고 Enter를 2번 누르면 원기둥이 회전 복제된다.

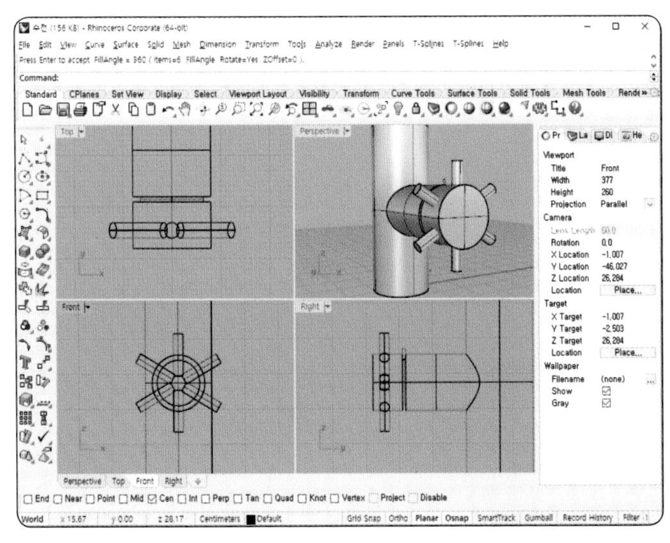

08 앞에서 'ArrayPolar'로 생성한 6개의 폴리서피스와 몸체를 하나로 만들기 위하여 전체 폴리서피스를 선택하고 커맨드 창에 'BooleanUnion'을 입력하고 Enter를 눌러 하나로 합친다.

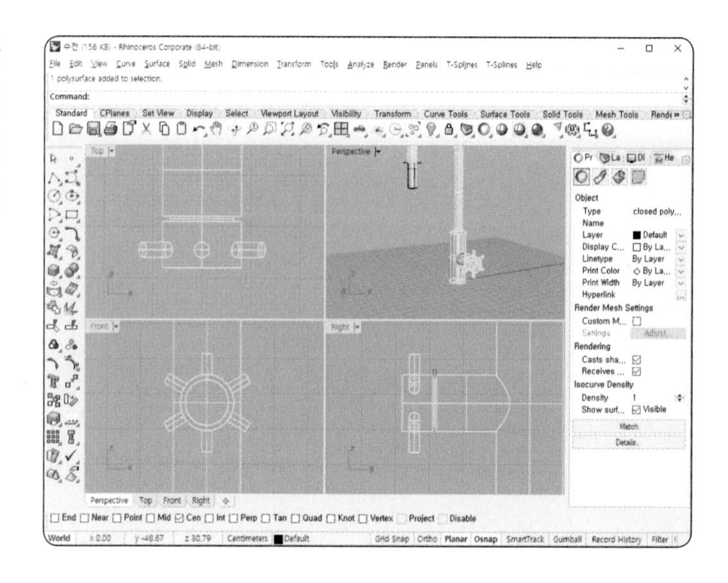

09 핸들부와 몸통을 자연스럽게 연결해 주기 위해 커맨드 창에 'FilletEdge'를 입력하고 Enter, 'Select edges to fillet:' 옵션이 나타나면 'NextRadius'를 클릭하여 5로 변경한 후 몸통과 핸들부의 이음부분을 선택한 후 Enter를 2회 누른다.

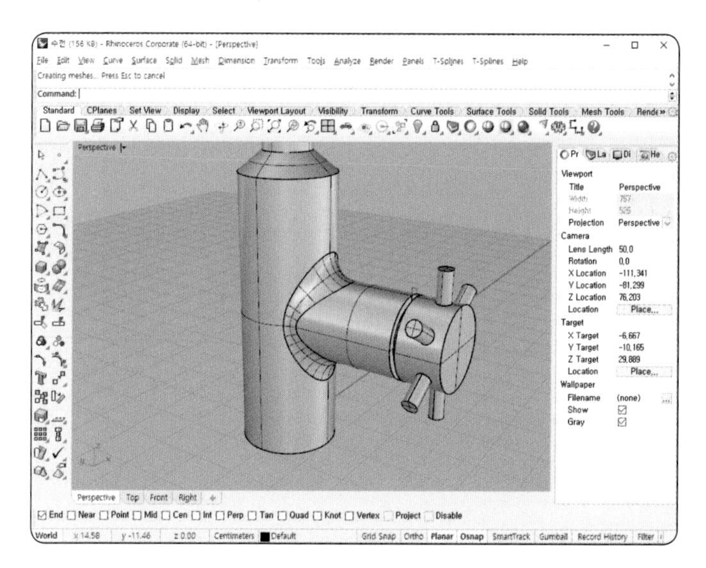

10 Osnap에서 End만 선택하고 나머지는 비활성화한다. 수전과 바닥의 열결 부위를 만들어 보자. 수전 맨 아래의 원을 선택하고, 커맨드 창에 'Offset'을 입력한 후 Enter를 누른다. 'Side to offset:' 옵션에서 'Distance'를 '4'로 설정하고 'Top view'에서 선택한 원 커브의 바깥을 클릭하여 원을 생성한다.

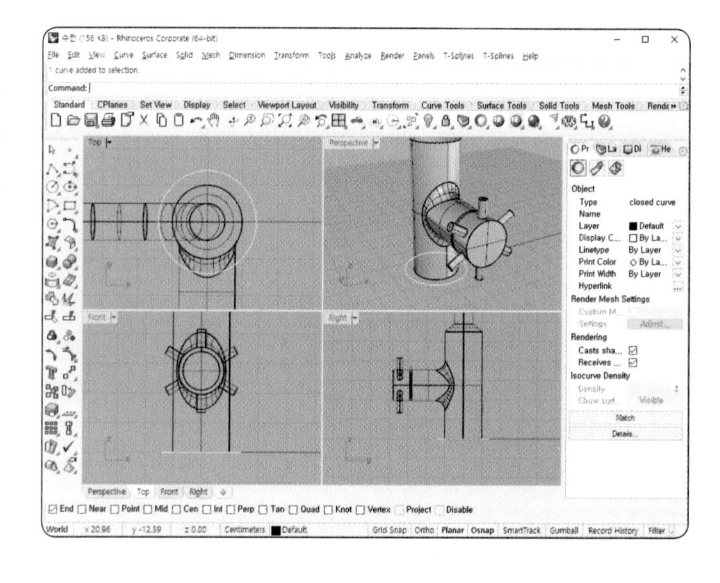

11 바깥에 만든 큰 원을 선택하고 커맨드 창에 'Move'를 입력하고 Enter, 'point to move:' 옵션이 나타나면 다시 바깥에 만든 큰 원의 중심을 선택하고 Enter, 'point to move to:' 옵션에서는 '3'을 입력하고 Front view에서 수직 아래로 이동시킨다. 커맨드 창에 'Loft'를 입력하고 Enter, 하단부의 원과 아래쪽으로 이동시킨 원 커브를 선택하고 Enter를 두번 누른 후 대화상자가 나타나면 Enter를 눌러 서피스를 생성한다.

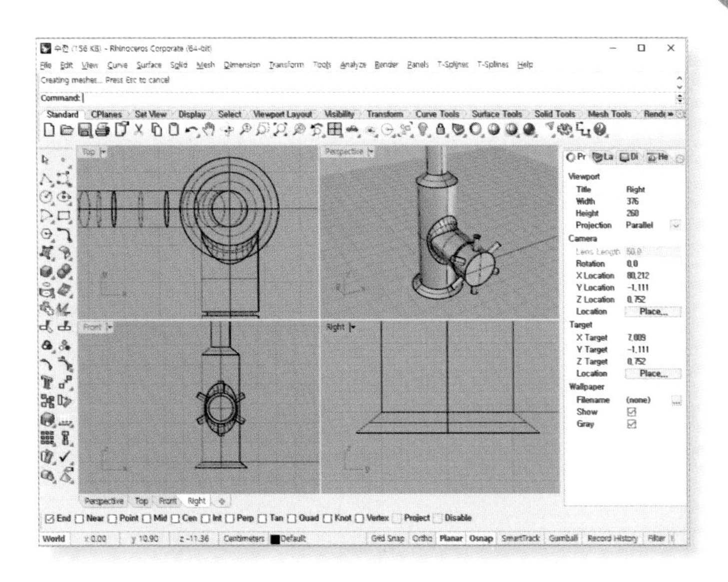

12 완성된 파일을 'keyshot' 프로그램으로 불러와 'metal'-'chrome'-'basic' 재질을 입혀준다. 환경 탭에서 컨트라스트가 강한 3조명을 선택하여 그림과 같이 만들어 준다.

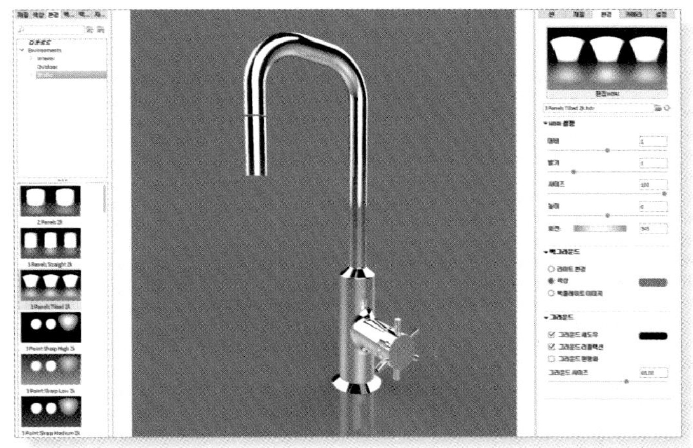

실전 문제 1 | 샤워기

앞서 학습된 모델링 방법을 응용하여 샤워기를 모델링 해 봅시다.

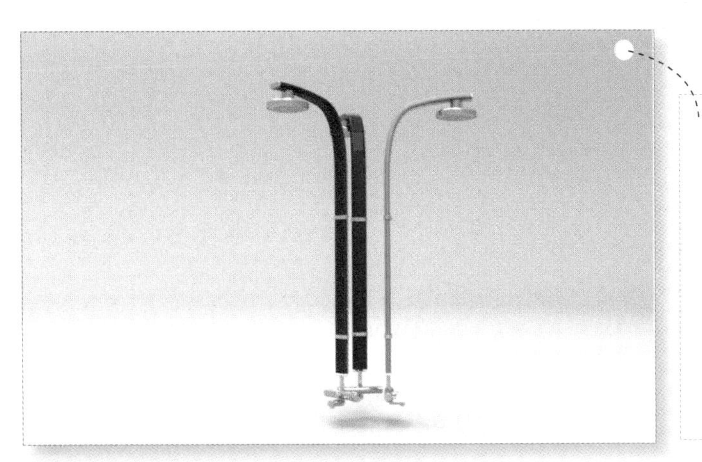

keypoint

① 전체적인 크기를 생각하며 작업하기 위해 Right view에서 옆 라인을 먼저 그리고 시작한다.

② 솔리드가 여러 개 나오는 제품은 교차점이 잘 맞아야 하므로 스냅을 반드시 활성화시키고 작업한다.

③ 물이 나오는 부분은 하나의 구멍이 될 curve를 만들고 Array 명령으로 여러 개를 만든다.

④ 같은 재질이 들어갈 부분과 이어지는 솔리드를 생각하며 Join, BooleanUnion을 한다.

완성 파일 | Sample〉ex08-01.3dm

RHINO 3D PART 03

라이노 3D 드로잉을 활용한 제품 렌더링

SECTION 09 라이노 2D 드로잉 기초

SECTION 10 Polyline과 Revolve로 유리잔 만들기

SECTION 11 커피 핸드밀 그라인더 모델링하기

SECTION 12 아로마 향로 디자인하기

SECTION 13 라디오 모델링하기

SECTION 14 하이팩 의자 모델링하기

SECTION 15 선글라스 모델링하기

SECTION 16 3D 프린팅하기

09 S·E·C·T·I·O·N

라이노 2D 드로잉 기초

라이노는 범용 캐드와 같이 도면을 직접 제작하고 치수 기입이 가능하며 파일을 dwg 포맷으로 저장하여 호환이 가능하다. Rhino 3D의 좌표 개념을 이해하고 2D 드로잉 방법을 학습해 보자.

PREView

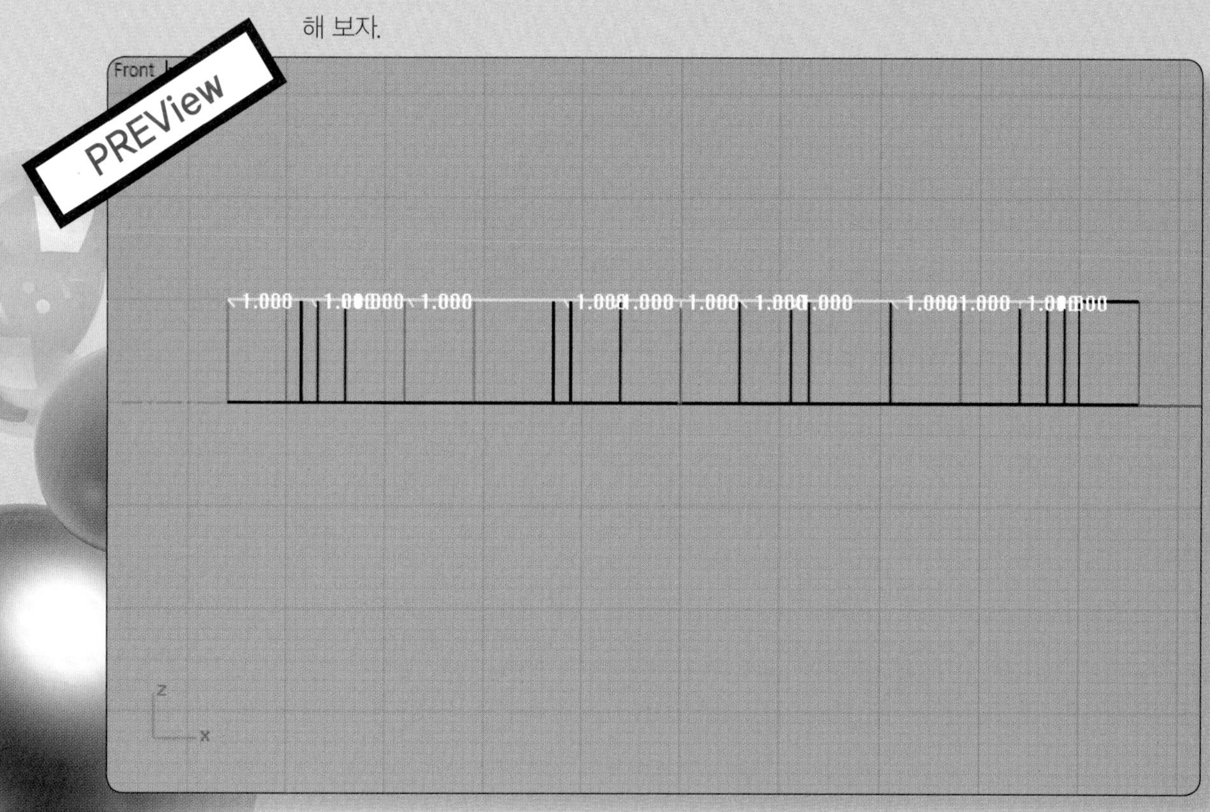

··· 학습 내용

- 직선과 곡선 드로잉을 해보자.
- 라인을 그려보자.
- 원을 그려보자.
- 치수 기입을 해보자.

··· 직선과 곡선 드로잉의 이해

Line(단일선 그리기)

커맨드 창에 'Line'을 입력하고 Enter 를 누르거나 메인 툴바에서 Line( ) 툴을 이용해 그림과 같은 순서로 클릭하면 직선을 그릴 수 있다.

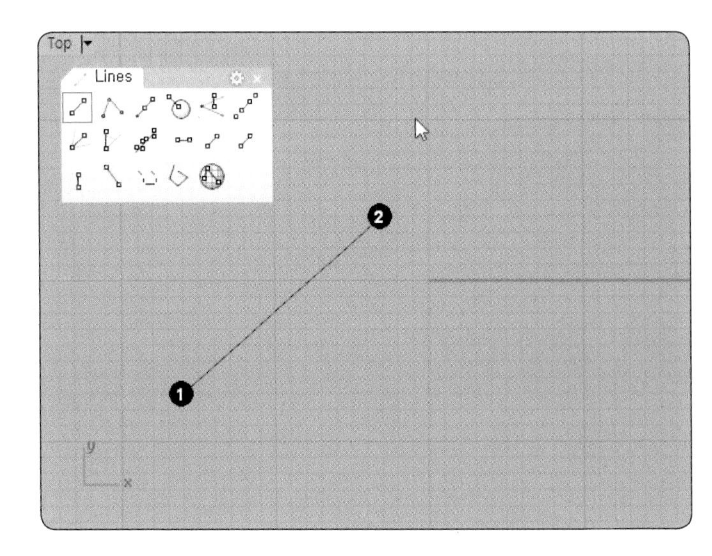

Polyline(LMB)

커맨드 창에 'Polyline'을 입력하고 Enter 를 누르거나 메인 툴바에서 Polyline( ) 툴을 이용해 그림과 같은 순서로 클릭하면 선이 생성된다. 그리던 선을 마무리하려면 Enter 를 누르면 된다.

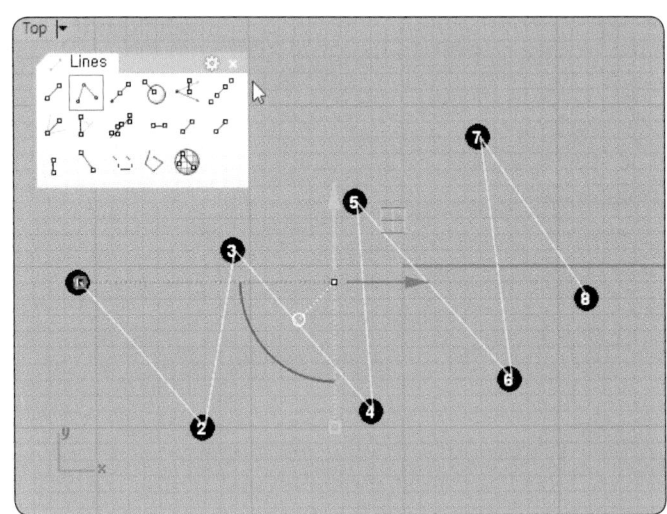

Line segments(RMB)

메인 툴바에서 Line segments(Polyline( ) 툴에서 마우스 오른쪽 단추를 클릭)를 선택하고 그림과 같은 순서로 클릭해 선을 생성한다. Enter 를 눌러 해제하고 각각의 선을 선택하여 하단의 Gumball 아이콘을 활성화하여 이동시키면 분리가 된다.

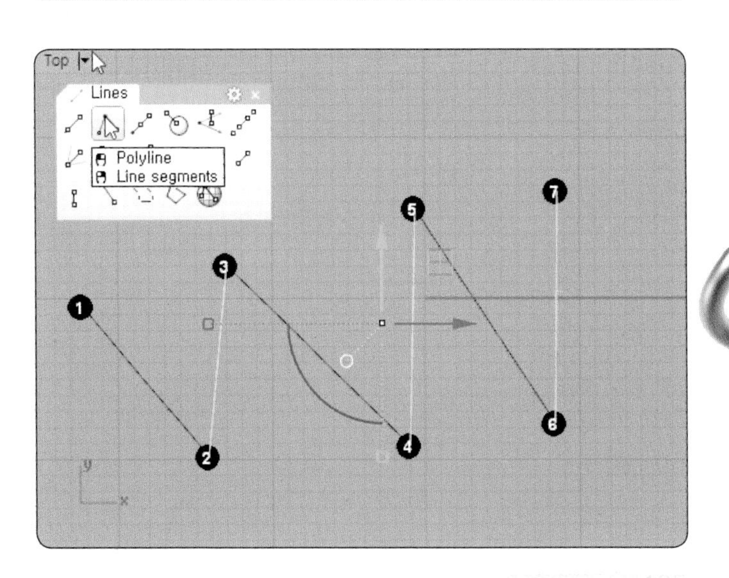

Control Point Curve

커맨드 창에 'curve'를 입력하고 Enter 를 누르거나 메인 툴바의 Control Point Curve(⬚) 툴을 이용해 그림과 같은 순서로 클릭하면 선이 생성된다. 그림과 같은 순서로 클릭하면 부드러운 곡선이 그려지며 곡선은 자동으로 정렬된다.

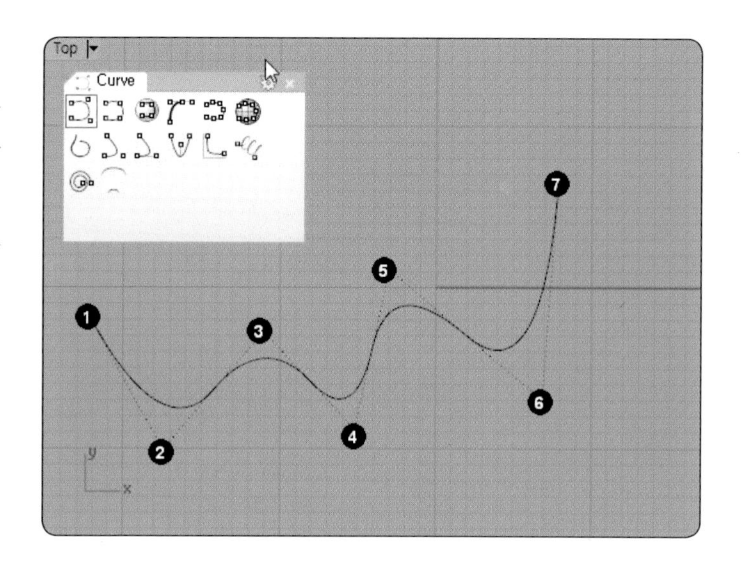

Interpolate Points

커맨드 창에 'InterPCrv'를 입력하고 Enter 를 누르거나 메인 툴바의 Curve: Interpolate points(⬚) 툴을 이용해 그림과 같은 순서로 클릭하여 커브를 만들어 준다. 앞의 Control Point Curve(⬚) 툴과의 차이는 커브의 선이 클릭한 지점을 통과한다.

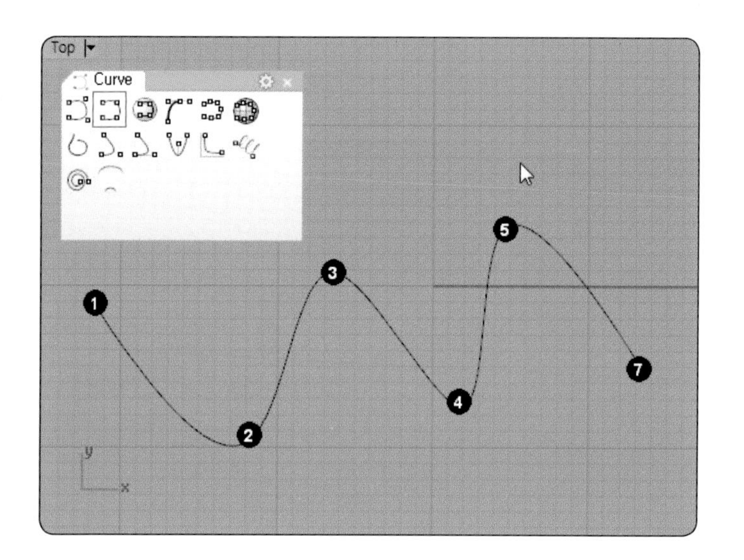

Spiral

커맨드 창에 'Spiral'을 입력하고 Enter 를 누르거나 메인 툴바의 Spiral(◎) 툴을 이용해 그림과 같은 순서로 클릭하면 나선형 용수철과 같은 모양을 그릴 수 있다.

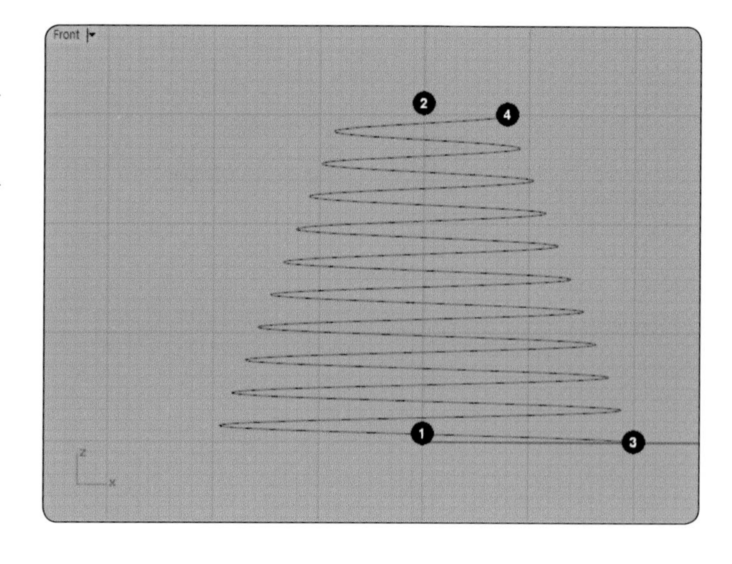

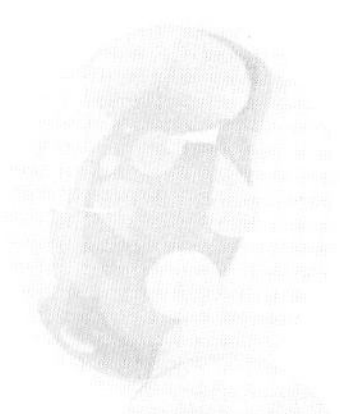

Helix

커맨드 창에 'Helix'를 입력하고 Enter 를 누르거나 메인 툴바에서 Helix() 툴을 선택해 그림과 같은 순서로 클릭하면 스프링 커브를 만들 수 있다.

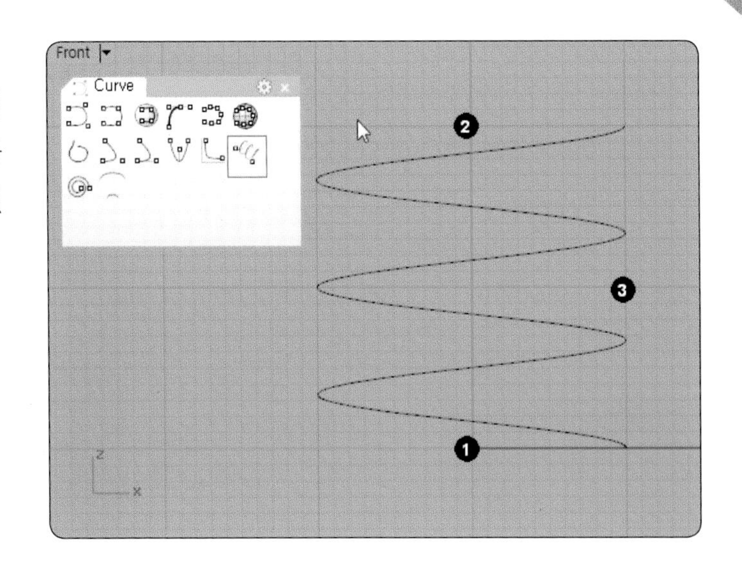

Tween between two curves

'Curve' 명령을 활용하여 두 개의 커브를 그리고 커맨드 창에 'TweenCurves'를 입력하고 Enter 를 누르거나 메인 툴바의 Tween between to curves() 툴을 선택한 후 두 커브를 차례대로 선택하면 두 개의 커브 사이에 커브가 만들어 진다. 커맨드 창의 'Nunber' 옵션에 입력하는 숫자에 따라 생성되는 커브의 숫자가 다르게 만들어 진다.

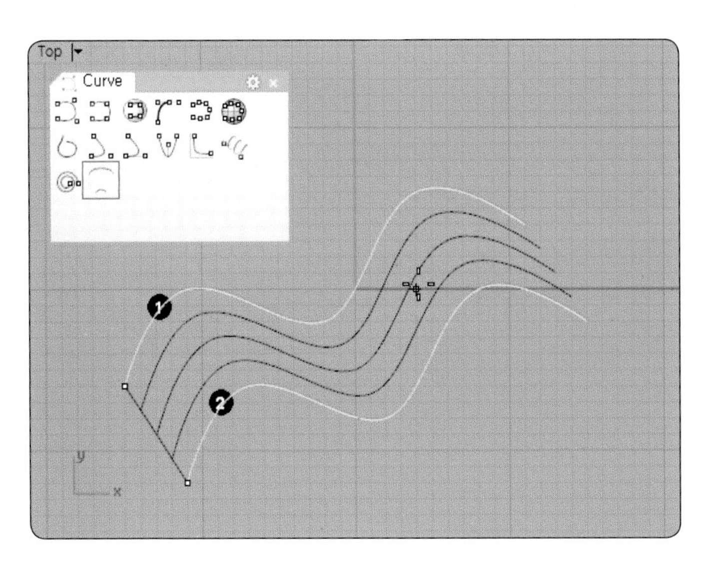

Circle: center, radius Circle(원 그리기)

커맨드 창에 'Circle'을 입력하고 Enter 를 누르거나 메인 툴바의 Circle: center, radius() 툴을 선택하여 그림과 같은 순서로 클릭하면 중심을 기준으로 하는 원을 그릴 수 있다.

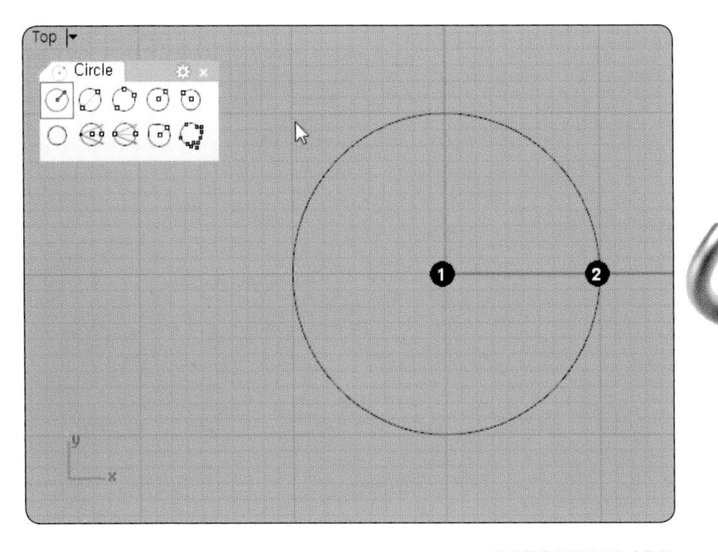

Circle: Tangent, Tangent, Radius:

직선 라인 하나와 적당한 위치에 원을 그려놓고 커맨드 창에 'Circle'을 입력하고 Enter 를 누르고 옵션에서 Tangent를 선택하거나 메인 툴바에서 Circle: Tangent, Tangent, Radius(◎)를 선택한 후 그림과 같은 순서로 클릭하면 원과 선 사이에 새로운 원을 그릴 수 있다.

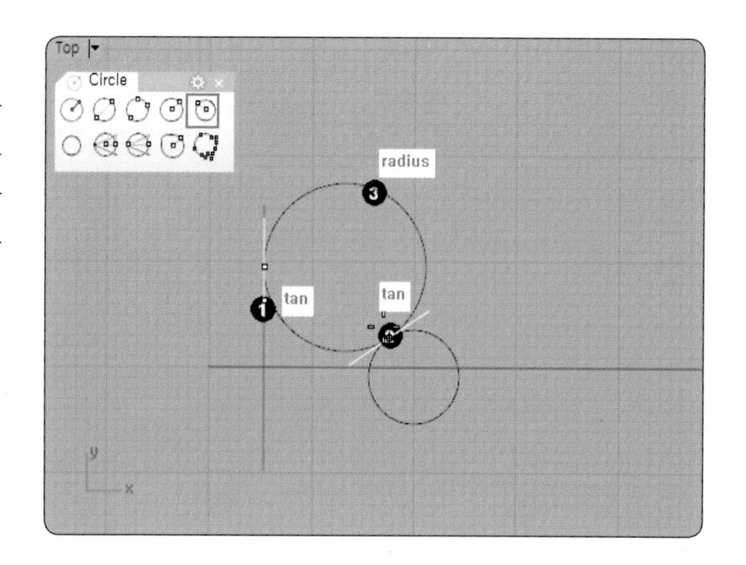

Tangent to 3 Curves

3개의 원을 임의의 크기로 그려놓고 커맨드 창에 'Circle'을 입력하고 Enter 를 누르고 옵션에서 Tangent를 선택하거나 메인 툴바에서 Circle Tangent to 3 Curves(○)를 선택한 후 그림과 같은 순서로 클릭하면 3개의 원에 접하는 원을 그릴 수 있다.

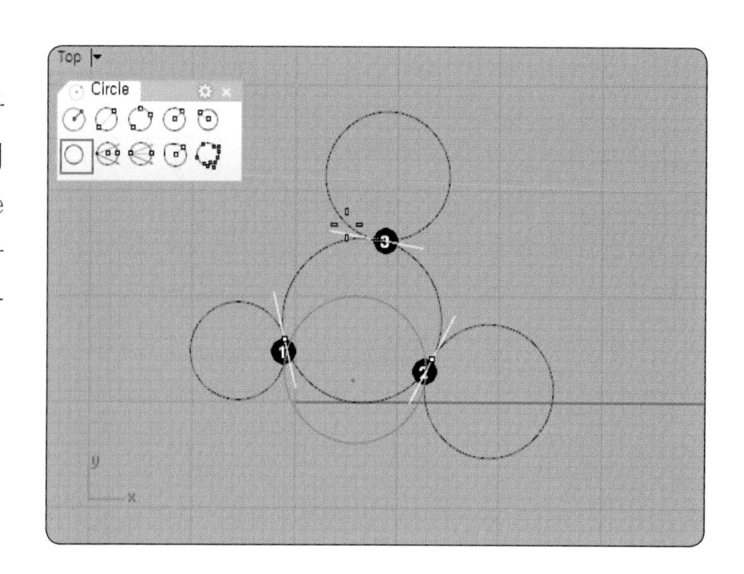

Ellipse: From Center:

커맨드 창에 'Ellipse'을 입력하고 Enter 를 누르거나 메인 툴바의 Ellipse: From Center(◎) 툴을 선택하고 그림과 같은 순서로 클릭하면 타원을 그릴 수 있다.

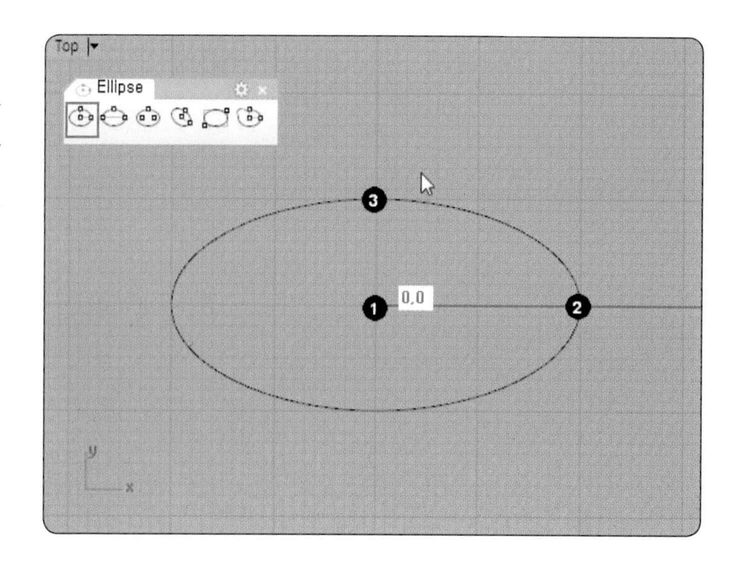

Circle: diameter

커맨드 창에 'Circle'을 입력하고 Enter 를 누르고 옵션에서 2Point를 선택하거나 메인 툴바에서 Circle: diameter(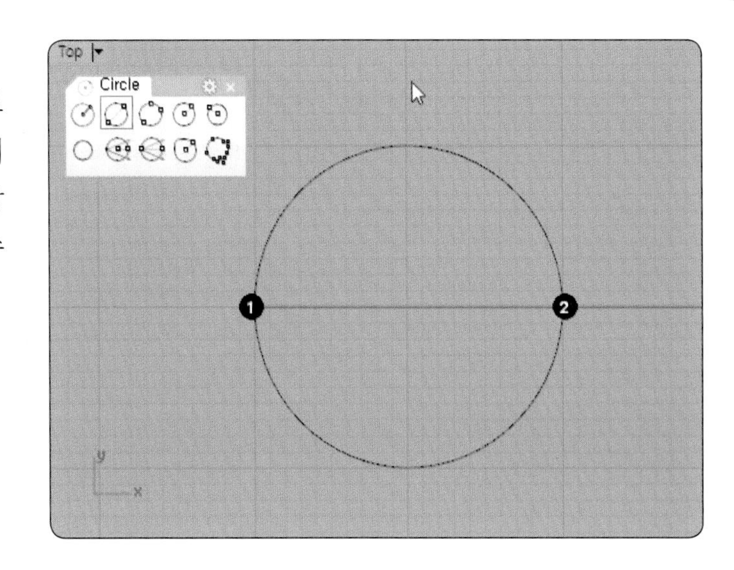)를 선택한 후 그림과 같은 순서로 클릭하면 클릭한 크기의 원을 그릴 수 있다.

Circle: 3Points

커맨드 창에 'Circle'을 입력하고 Enter 를 누르고 옵션에서 3Point를 선택하거나 메인 툴바에서 Circle: 3points()를 선택한 후 그림과 같은 순서로 클릭하여 원을 그릴 수 있다.

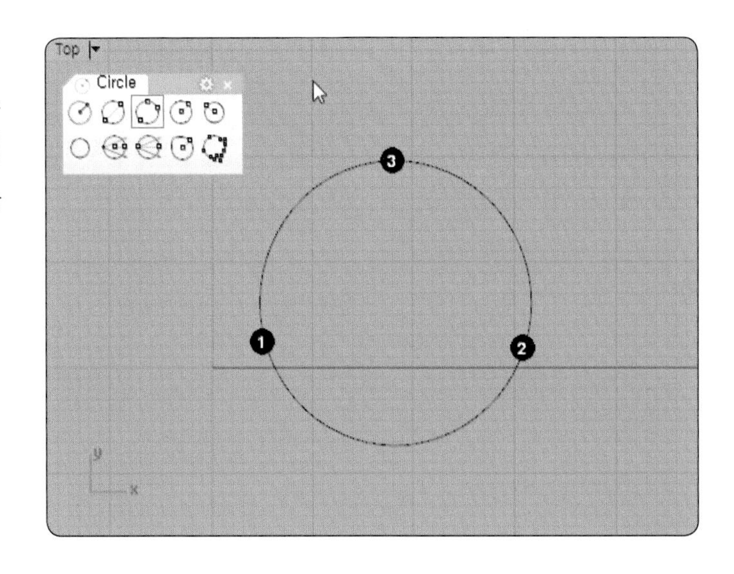

Circle: Around Curve

메인 툴바의 'Line' 툴로 직선을 생성하고 커맨드 창에 'Circle' + Enter 를 누른 후 옵션에서 AroundCurve를 선택하거나 메인 툴바의 Circle: Around Curve() 툴을 선택하여 그림과 같은 순서로 클릭하면 직선과 직각이 되는 원을 그릴 수 있다. Line이 아닌 Curve를 이용하여 곡선을 그렸을 때는 곡선의 끝에서 직각이 되는 원이 그려진다.

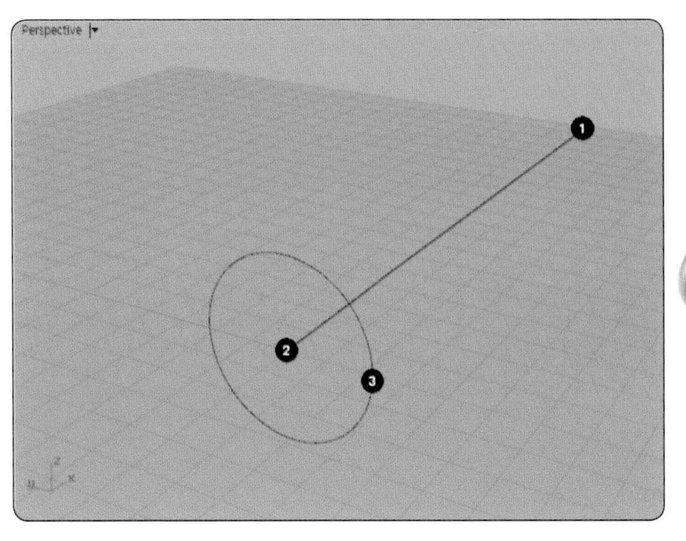

Ellipse Diameter

커맨드 창에 'Ellipse'을 입력하고 Enter 를 누른 후 Diameter 옵션을 클릭하거나 메인 툴바에서 Ellipse: Diameter()를 선택하고 그림과 같은 순서로 클릭하면 타원을 그릴 수 있다.

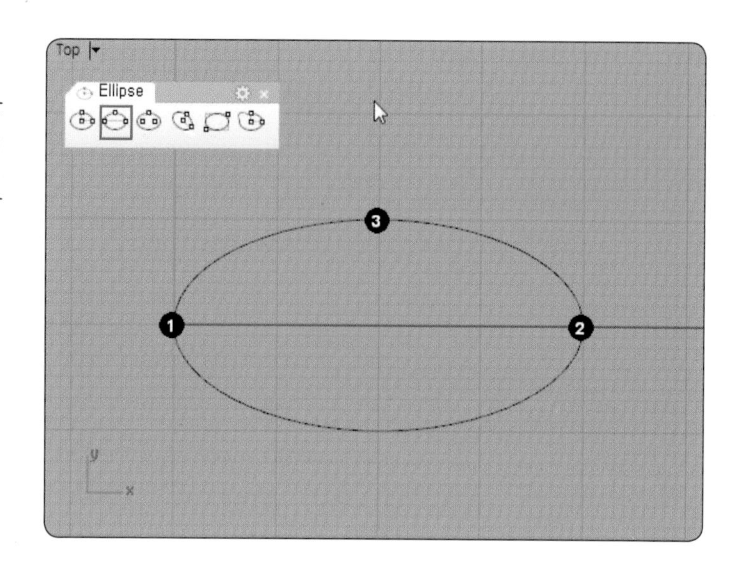

Ellipse Around Curve

'Curve'로 곡선을 생성한 후 커맨드 창에 'Ellipse'을 입력하고 Enter 를 누르고 AroundCurve 옵션을 클릭하거나 메인 툴바에서 Ellipse: Around Curve() 툴을 선택해 그림과 같은 순서로 클릭하면 타원을 그릴 수 있다.

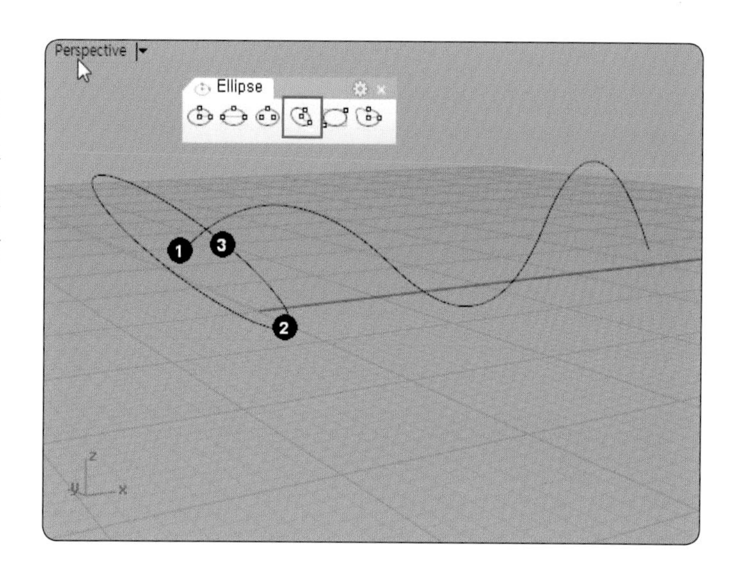

Arc: Center, Start, Angle

커맨드 창에 'Arc'를 입력하고 Enter 를 누르거나 메인 툴바에서 Arc: Center, Start, Angle() 툴을 선택하고 그림과 같은 순서로 클릭하면 호를 그릴 수 있다.

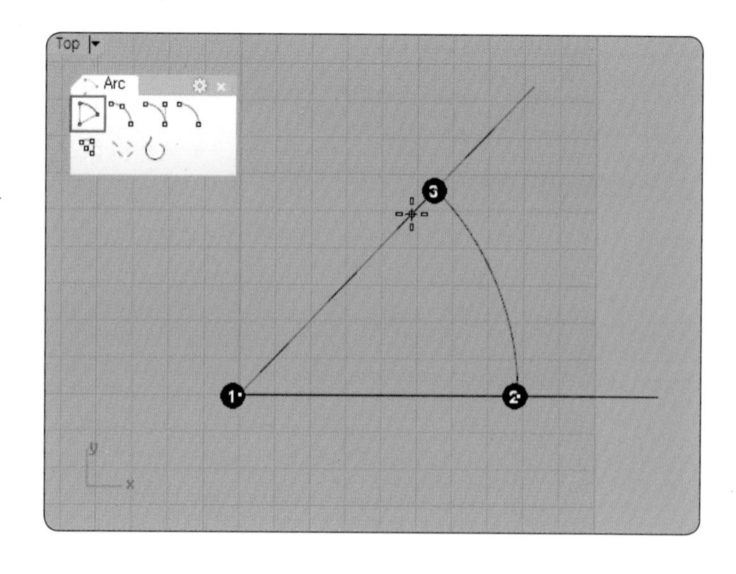

Arc: Start, end

커맨드 창에 'Arc'를 입력하고 Enter 를 누른 후 StartPoint 옵션을 클릭하거나 메인 툴바에서 Arc: Start, end( )를 선택하고 그림과 같은 순서로 클릭하면 호를 그릴 수 있다.

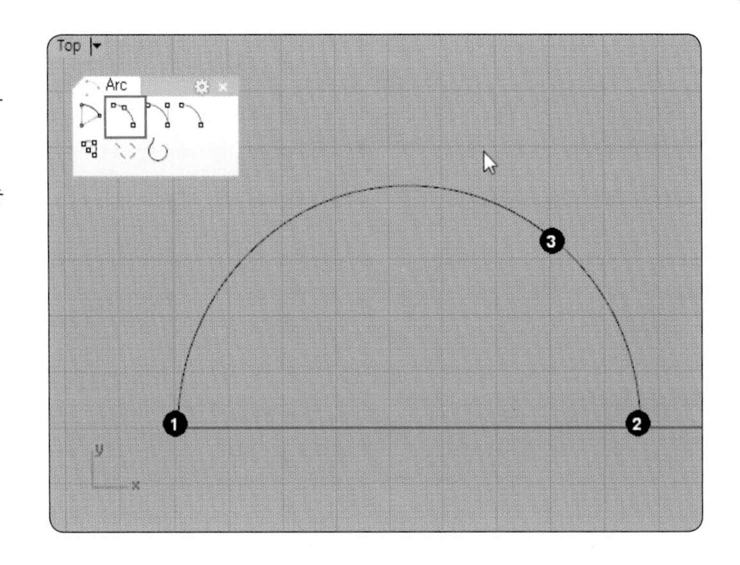

Arc: Start, end, Direction at Start

커맨드 창에 'Arc'를 입력하고 Enter 를 누른 후 'StartPoint 옵션을 선택하고 Viewport에서 호를 그릴 부분을 클릭한 다음 커맨드 창의 'End of Arc'의 'Direction'을 선택하거나 메인 툴바의 Arc: Start, end, Driection at Start( ) 툴을 선택하여그림과 같은 순서로 클릭하면 호를 그릴 수 있다.

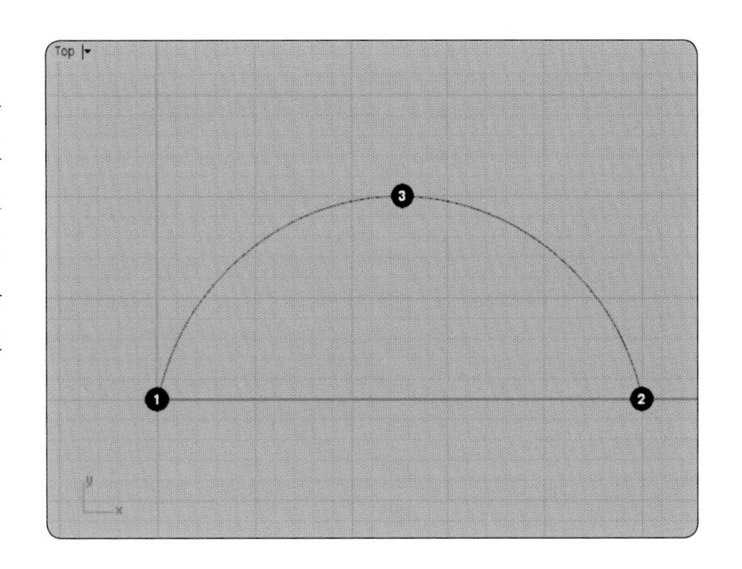

Rectangle: Corner to corner

커맨드 창에 'Rectangle'을 입력하고 Enter 를 누르거나 메인 툴바에서 Rectangle: Cornet to corner( ) 툴을 선택해 그림과 같은 순서로 클릭하면 직사각형을 그릴 수 있다. Shift 를 이용하면 정사각형을 그릴 수 있다.

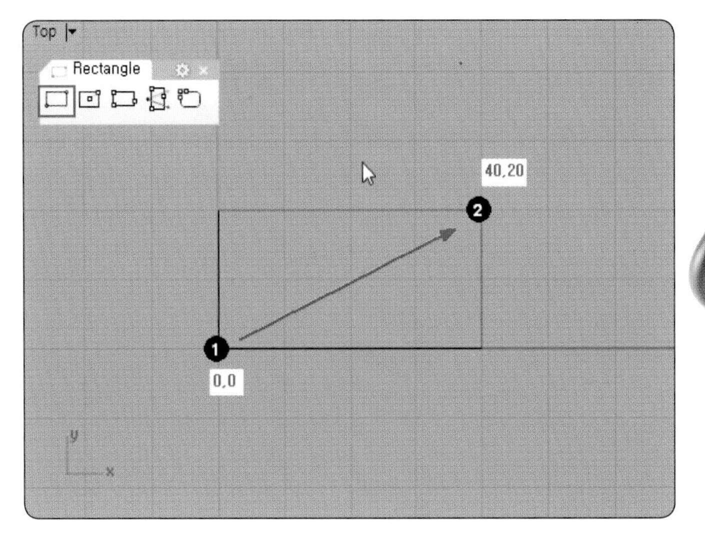

Rectangle: Center, corner

커맨드 창에 'Rectangle'을 입력하고 Enter 를 누르고 Center 옵션을 클릭하거나 메인 툴바에서 Rectangle: Center, corner(▣) 툴을 선택하여 그림과 같은 순서로 클릭하면 직사각형을 그릴 수 있다. Shift 를 사용하면 정사각형이 만들어진다.

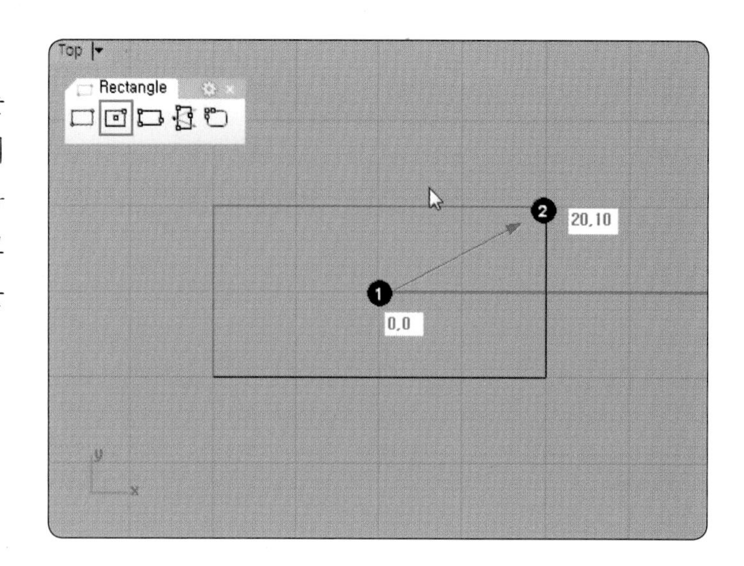

Rectangle: 3Points

커맨드 창에 'Rectangle'을 입력하고 Enter 를 누른 후 3Points 옵션을 클릭하거나 메인 툴바에서 Rectangle: 3Points(▭)를 선택하여 그림과 같은 순서로 클릭하면 사각형을 그릴 수 있다.

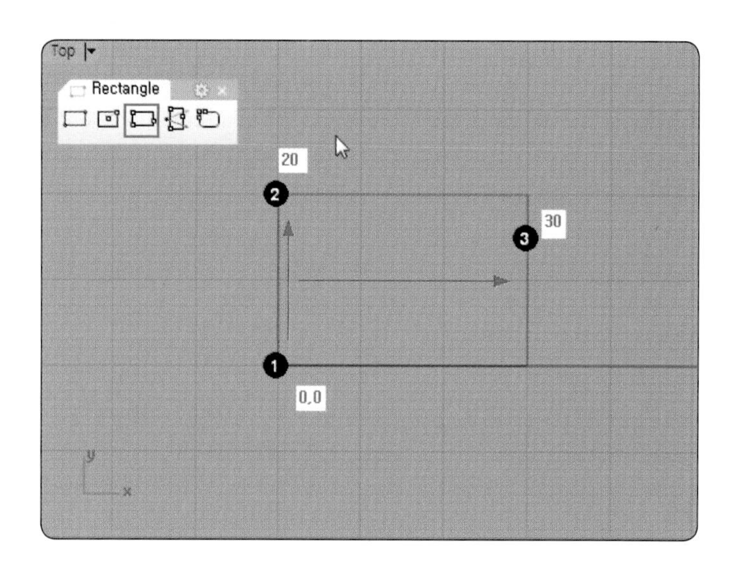

Polygon: Center, Radius

커맨드 창에 'Polygon'을 입력하고 Enter 를 누른 후 옵션에서 'Numsides'를 클릭해 면의 수를 5로 입력하고 Enter 를 누르거나 메인 툴바에서 Polygon: Center, Radius(⊝) 툴을 선택하고 커맨드 창의 옵션에서 'Numsides'를 클릭해 면의 수를 입력하면 다각형을 그릴 수 있다.

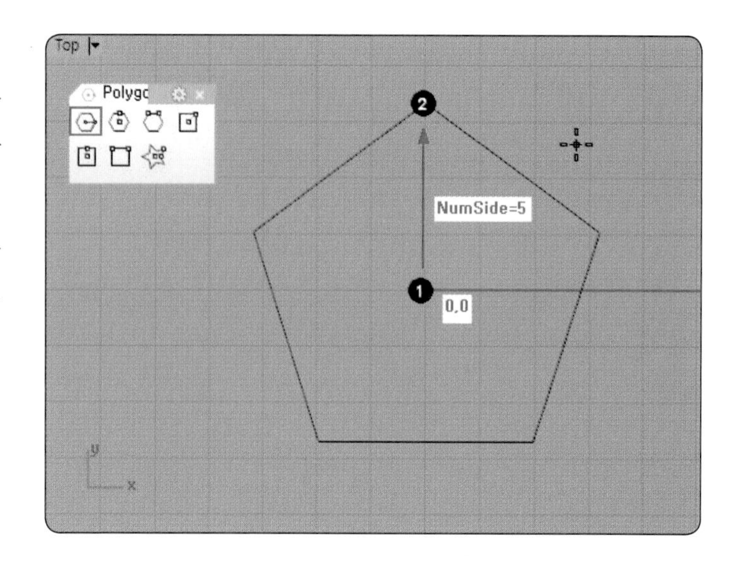

Circumscribed Polygon: Center, Radius

커맨드 창에 'Polygon'을 입력하고 Enter 를 누른 후 Viewport를 클릭하고 옵션에서 'Numsides'를 클릭해서 면의 수를 입력한 다음 Enter 를 누르거나 Circum scribed Polygon: Center, Radius( )를 클릭한 후 커맨드 창의 옵션에서 'Numsides'를 클릭해서 면의 수를 입력하면 중심점을 기준으로 다각형을 그릴 수 있다.

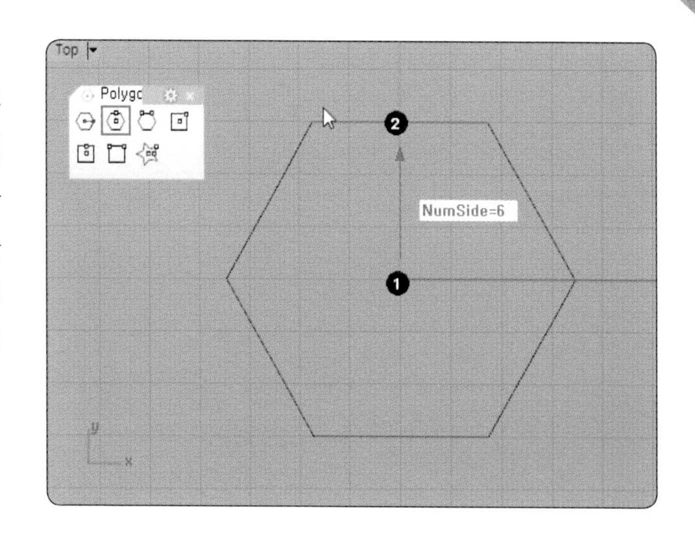

Polygon: Star

커맨드 창에 'Polygon'을 입력하고 Enter 를 눌러 옵션에서 'Star'을 클릭하여 면의 수를 입력하거나 메인 툴바에서 Polygon: Star( ) 툴을 선택하고 커맨드 창의 옵션에서 'Star'를 클릭한 후 면의 수를 입력하면 여러 가지 별 모양을 그릴 수 있다.

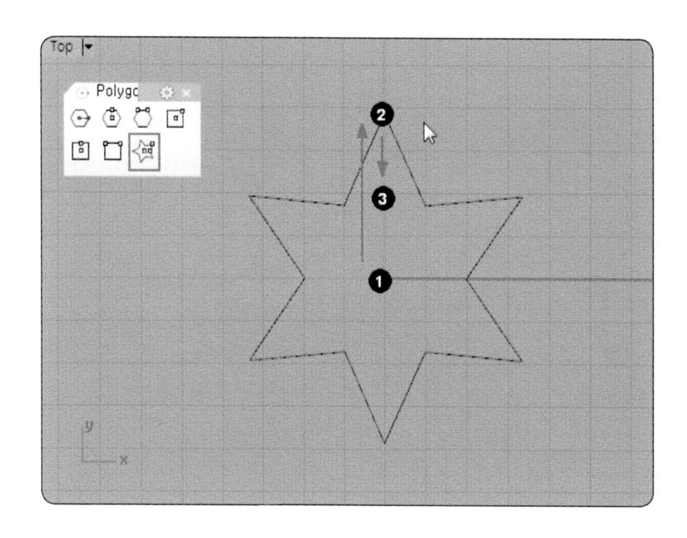

Fillet Curves

두 개의 라인을 직각으로 그려준다. 커맨드 창에 'Fillet'을 입력하고 Enter 를 누른 후 옵션에서 'Radius'를 눌러 반지름 값을 입력하고 Enter 를 누르거나 메인 툴바에서 Fillet( ) 툴을 선택하고 커맨드 창의 옵션에서 'Radius'를 눌러 반지름 값을 입력하고 양쪽 선을 클릭하면 모서리를 둥글게 연결할 수 있다.

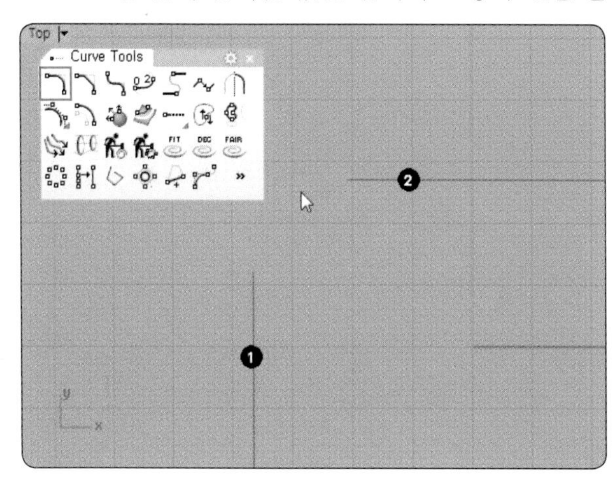

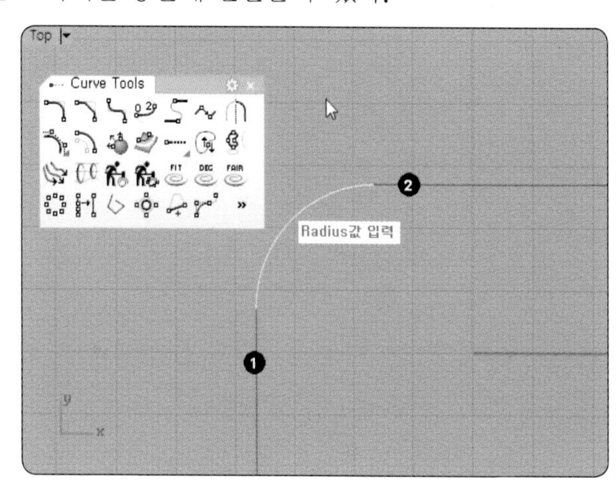

Chamfer Curves:

두 개의 라인을 직각으로로 그려준다. 메인 툴바에서 Chamfer Curves(![]) 툴을 선택하거나 커맨드 창에 'Chamfer'을 입력하고 Enter 를 누른다. 커맨드 창의 옵션에서 'Distances'를 클릭해 시작점과 끝지점의 거리를 입력하고 두 직선을 클릭하면 입력한 거리만큼 직선으로 연결한다.

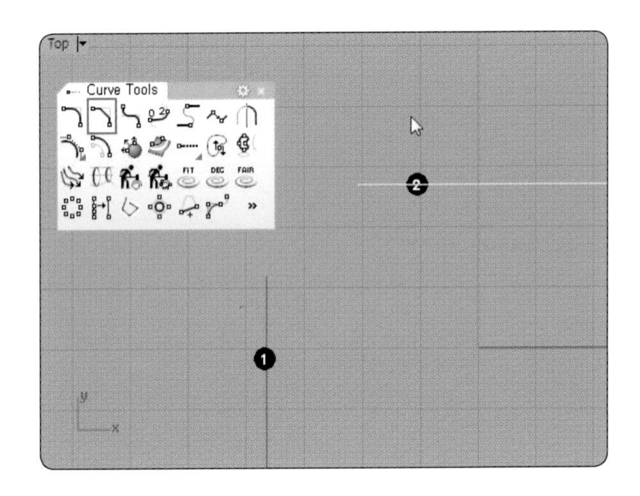

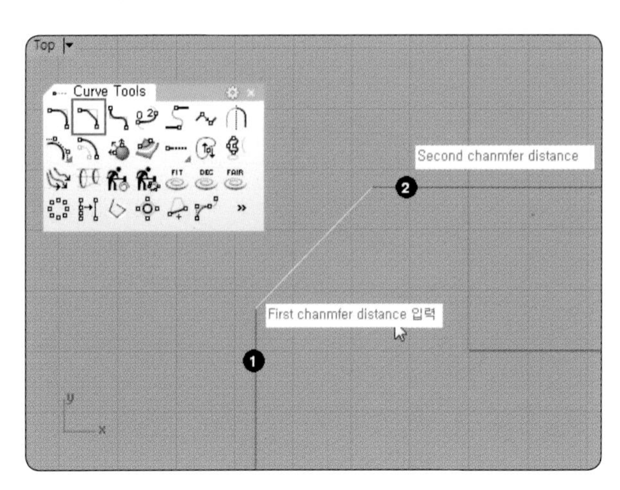

Offset Curve

호 또는 선을 그림과 같이 임의로 그려준다. 커맨드 창에 'Offset'을 입력하고 Enter 를 누르거나 메인 툴바에서 Offset curve(![]) 툴을 선택한 후 옵션에서 'Distance'를 눌러 거리 값을 입력하고 Enter 를 누르면 그림과 같은 순서로 클릭하면 간격을 띄워서 복사할 수 있다.

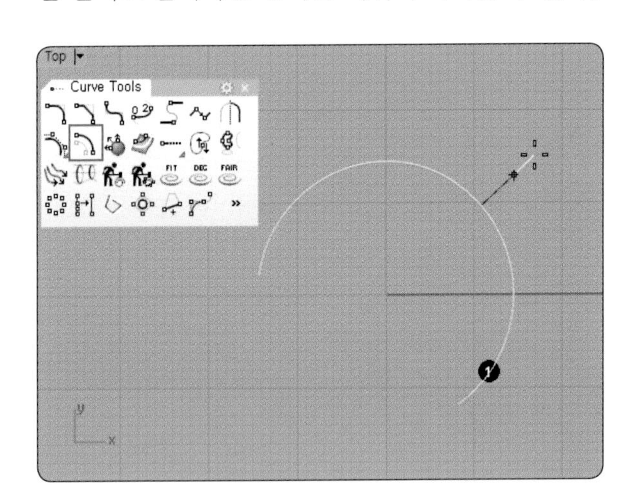

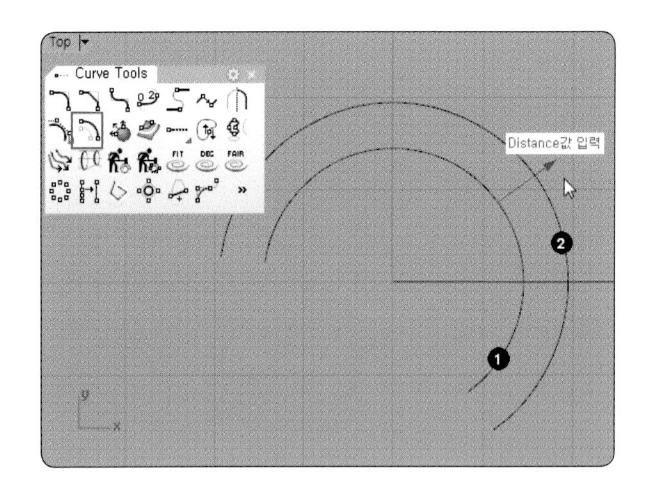

포인트 수와 차수(Point count , Degree)의 이해

라이노에서 직선과 커브 자유 곡선 및 기하학 도형들은 모두 커브로 인식되며, 모든 커브들은 조정이 가능한 점(Point)들로 이루어져 있다. 직선을 포함한 기하학 도형과 곡선들을 그린 후 F10을 누르면 활성화된 제어점(Control point)을 확인할 수 있다. 여기서 차수(Degree는 제어점 (Control port)보다 최소하나가 적은 양의 정수로 나타낸다. 제어점(Cored point과 차수Degree)의 관계를 이해하도록 한다.

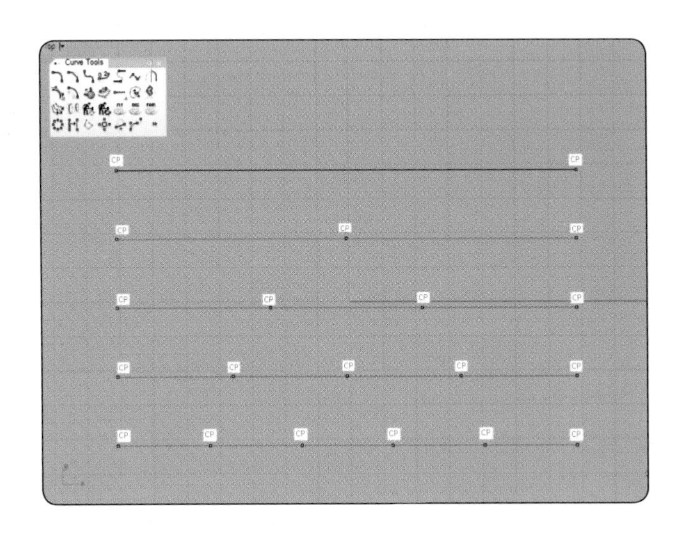

Point count : 2, Degree : 1

Point count : 3, Degree : 2

Point count : 4, Degree : 3

Point count : 5, Degree : 4

Point count : 6, Degree : 5

따라서, 직선에 차수(Degree)를 증가시키면 제어점은 차수 변화에 따라 증가한다. Change degree 명령어를 사용하여 제어점을 증가시키면 커브의 외형은 탄력있고 부드러워 보이지만 제어점이 너무 많아져서 조작하기가 어려워지므로 적당한 차수로 조정해서 커브를 그리는 것이 중요하다. Rhino 3D의 경우 차수는 최소 1에서 최대 32까지 가능하다.

제어점 (control point)과 매듭 점 (Knot point)의 이해

제어점은 커브를 그린 다음 원하는 모양으로 재구성할 때 사용되는 중요한 명령어이다. 쉽게 말해 모든 직선과 곡선들은 점으로 이루어져 있고, 이 점들을 움직이거나 조정하면 직선과 커브의 형상을 변형할 수 있다. 제어점은 매듭 점의 추가나 감소에 영향을 받으며, 매듭점 또한 제어점을 추가하거나 감소할 때 사용된다. 즉 특정 커브를 면으로 만들 Isocurve가 생성되며, Isocurve가 시작되는 위치에 매듭점이 존재하는 것을 확인할 수 있다.

01 메인 툴바에서 Line: from midpoint( )를 선택하고 커맨드 창 옵션의 'middle of line' 맨 뒤에 '0,0'으로 입력하고 수평 방향으로 ❶번 선을, 같은 방법으로 수직 방향으로 ❷번 선을 그린다.

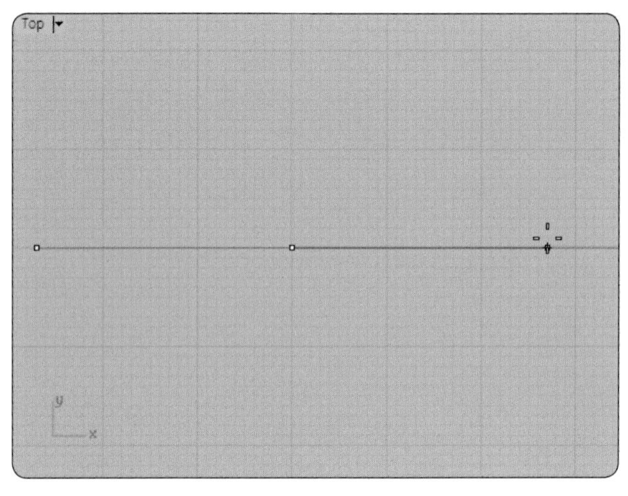

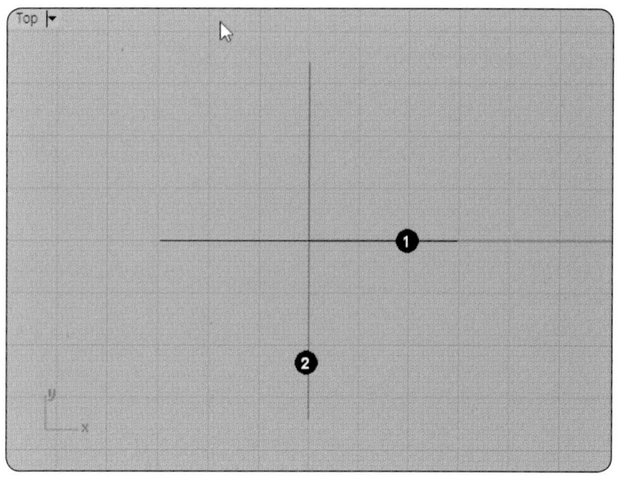

02 하단의 Osnap 창에서 Int(교차점)을 선택한다. 메인 툴바에서 Circle: center, radius( ) 툴을 선택하고 선이 교차되는 부분(❸)을 클릭한 후 커맨드 창의 'Center of circle' 옵션 맨 뒤에 21을 입력해 반지름 21의 원(❹)을 그린다. 같은 방법으로 반지름 34의 원(❺), 반지름 39의 원(❻)을 그린다.

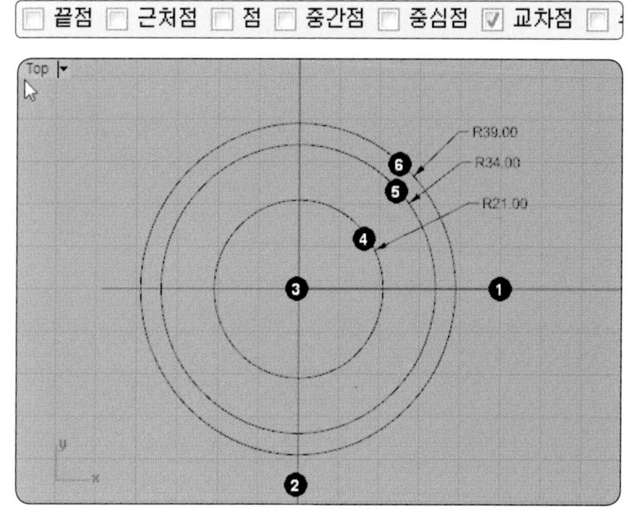

03 위와 같은 방법으로 Circle: center, radius( ) 툴로 12시 방향 반지름 34의 원(❺)과 수직선(❷)의 교차점(❼)에서 클릭하여 반지름 6의 원(❽)과 반지름 12인 원(❾)을 그린다.

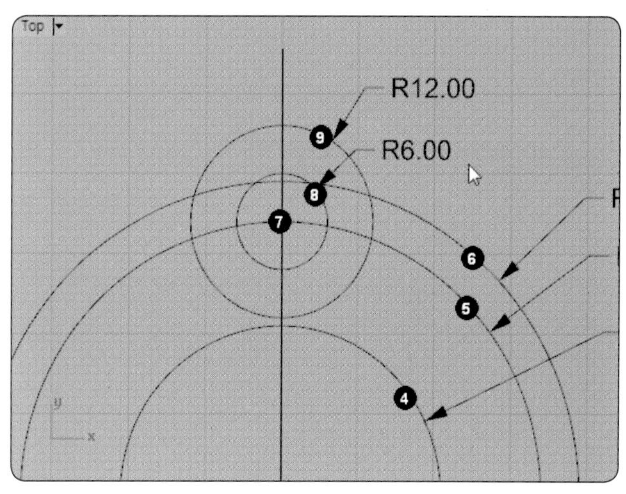

04 메인 툴바에서 Trim( ) 툴을 선택하고 ❻번 원과 ❾번의 원을 클릭하여 선택한 후 Enter 를 누르고 아래 왼쪽의 그림에서 안쪽에 있는 선을 클릭하여 오른쪽 그림과 같이 안쪽의 선을 삭제한다.

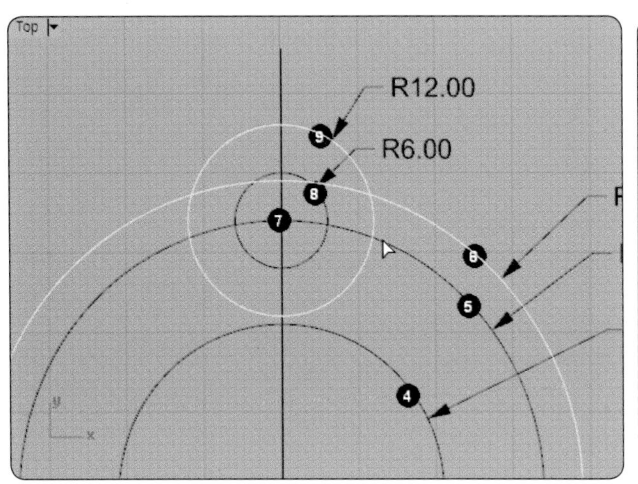

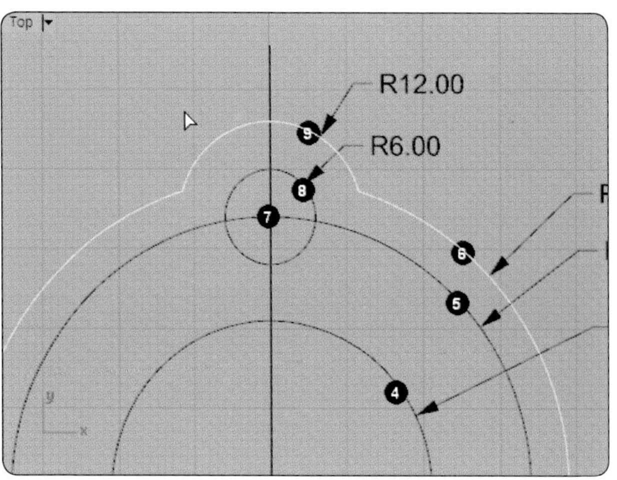

05 메인 툴바에서 Fillet curves( ) 툴을 선택하고 커맨드 창의 옵션에서 'Radius'를 클릭하여 반지름을 3으로 설정하고 'Join'은 'No'로 설정한다. ❻번의 원과 ❾번의 원을 각각 클릭하여 둥글게 변경하고 ❿번 부분도 클릭하여 둥글게 변경한다. ⓫번 부분도 같은 방법으로 둥글게 만들어 준다.

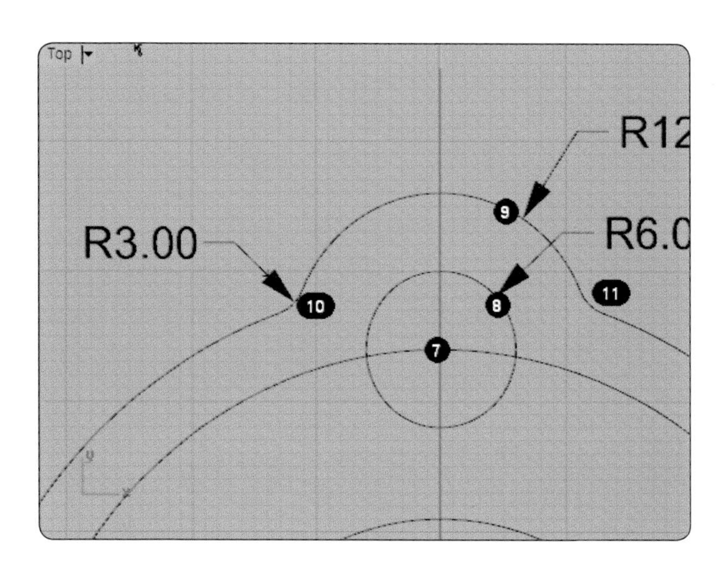

06 메인 툴바에서 Polar array( ) 툴을 선택하거나 커맨드 창에서 'ArrarPolar' 명령을 입력하고 그림과 같이 ❼번, ❾번, ❿번, ⓫번을 선택하고 Enter 를 누른다.

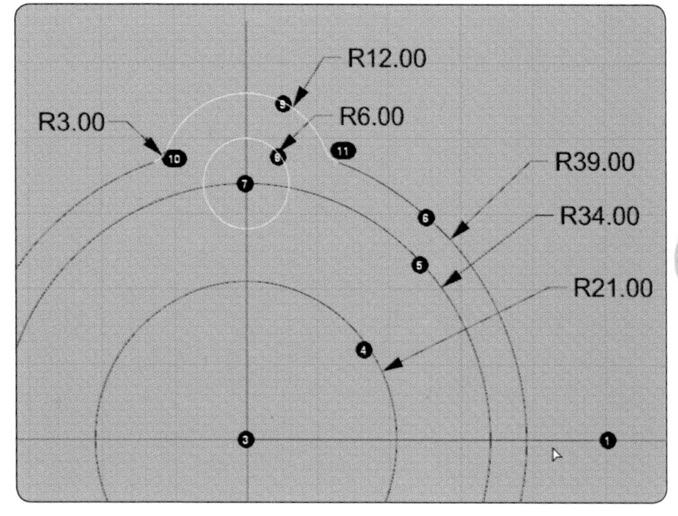

07 커맨드 창에서 Center of polar array: 옵션에서 중심점은 ❸지점(0,0)을 클릭한다. 'Number of items:' 옵션에서 항목 수는 배열 복사할 자신을 포함하여 4개를 입력한다. 'Angle to fill or reference point:' 옵션에선 채울 각도는 '360'로 입력하고 Enter 를 2번 누른다.

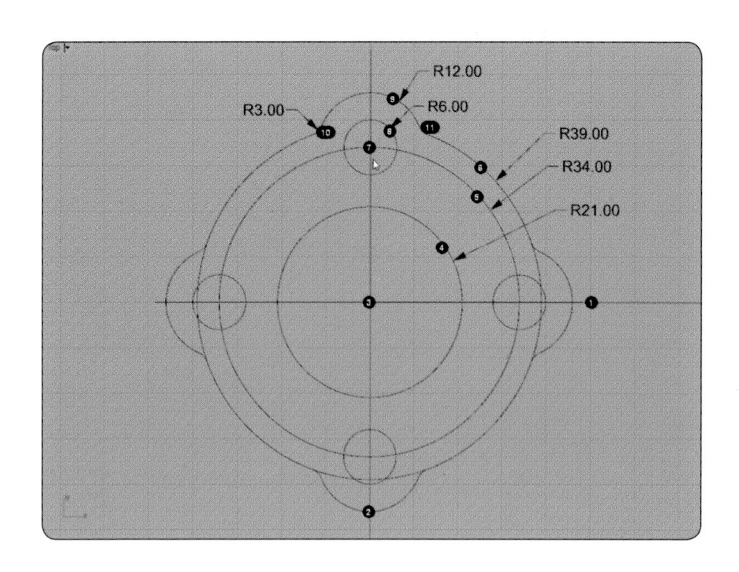

08 메인 툴바에서 Trim( ) 툴을 클릭하거나 커맨드 창에 Trim 명령을 입력하고 Enter를 누른 후 Fillet 명령으로 만든 연결 원과 ❻번 원을 선택한 다음 Enter를 누른다.

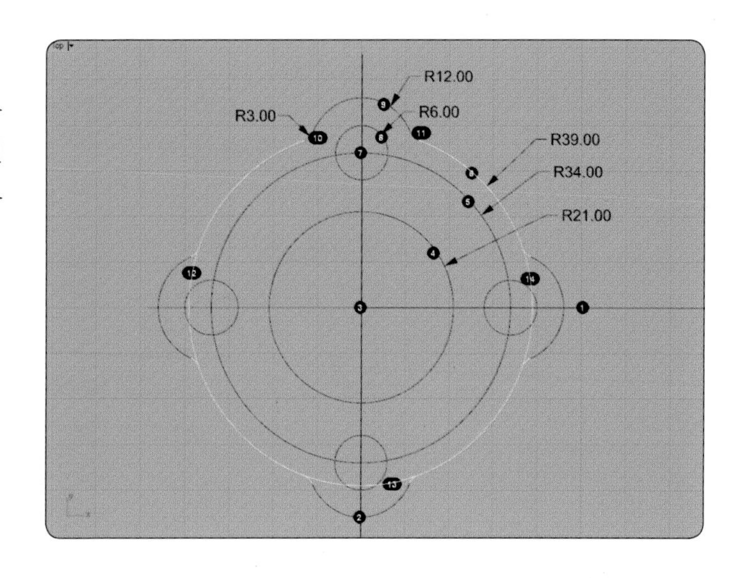

09 오른쪽 화면과 같이 불필요한 부분을 클릭하는 방법으로 제거한 후 Enter 를 눌러 작업을 마무리한다.

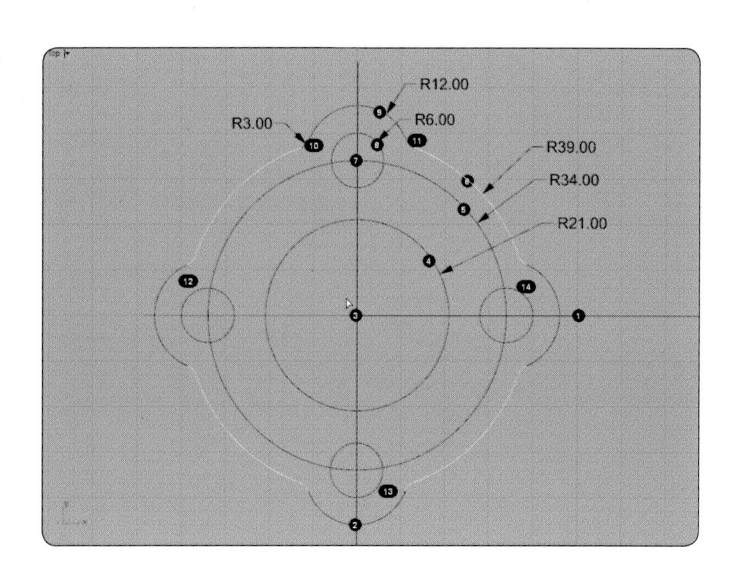

10 Layers 패널에서 메모장 그림인 새 레이어를 선택하여 새로운 레이어를 생성하고 이름은 중심선으로 입력한다.

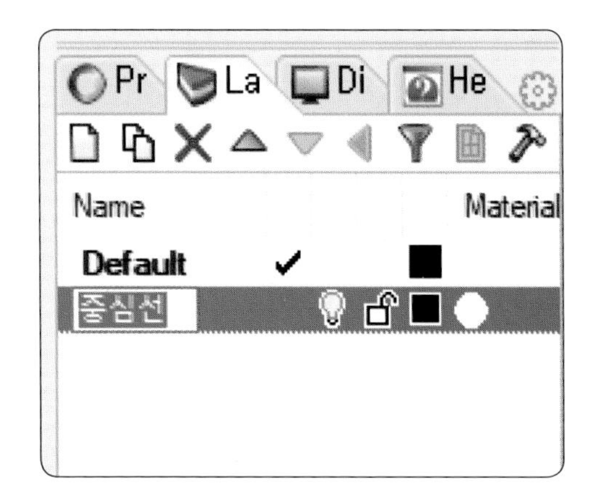

11 Layers 패널의 중심선 레이어의 열쇠 모양 옆에 있는 컬러 변경 탭을 클릭하여 빨간색으로 변경한다.

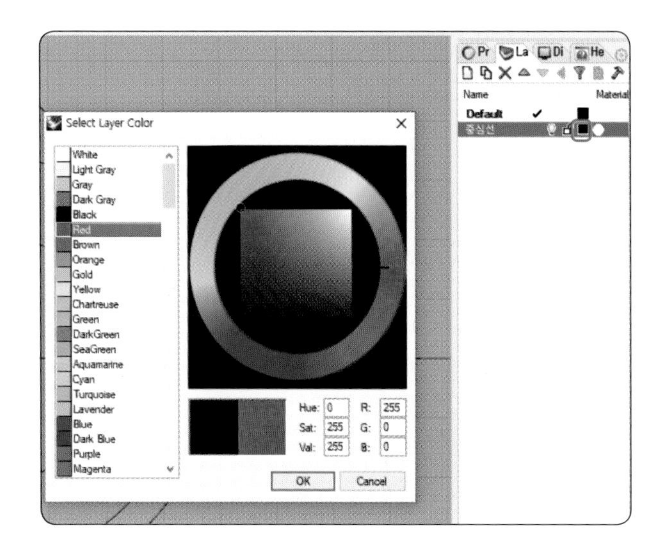

12 중심선으로 그려놓은 수평 수직의 직선과 원 커브를 선택하고 중심선 레이어에서 마우스 오른쪽 단추를 클릭하여 팝업 메뉴가 나타나면 Chang Object Layer 메뉴를 선택하여 중심선 레이어로 변경한다.

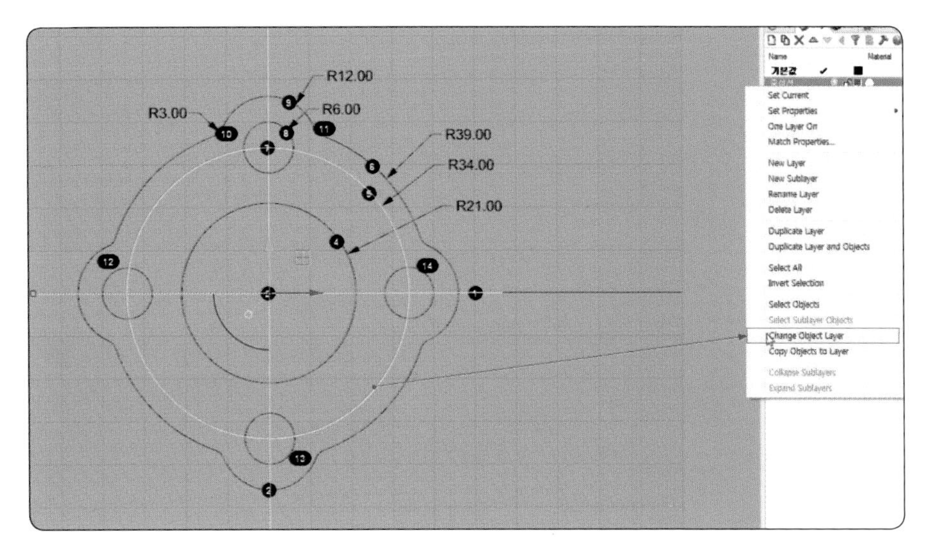

13 중심선 레이어에서 마우스 오른쪽 단추를 클릭하여 팝업 메뉴가 나타나면 Set Properties〉Linetype을 선택하여 Select Linetype 대화상자가 나타나면 Center를 선택하고 OK를 클릭한다.

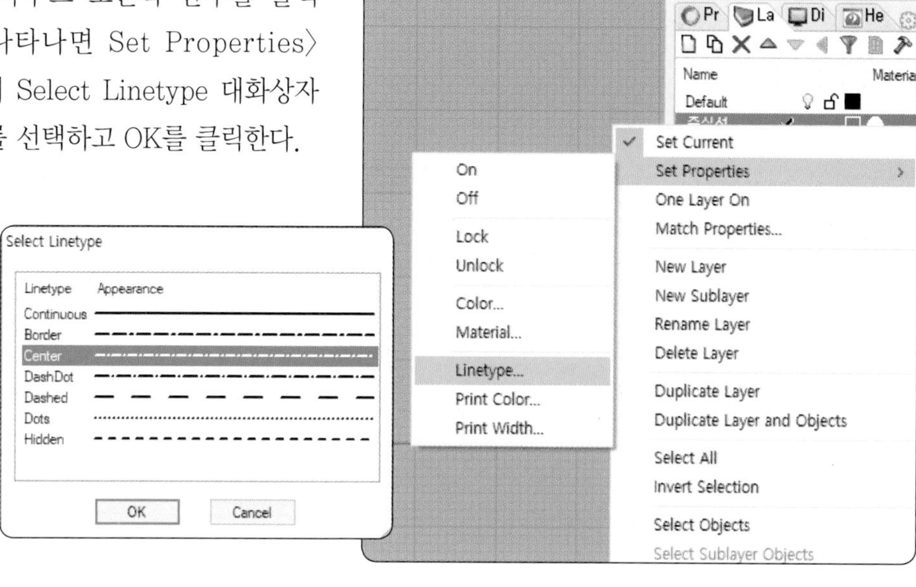

14 이제 두 커브의 속성이 빨간색의 중심선으로 변경되었다.

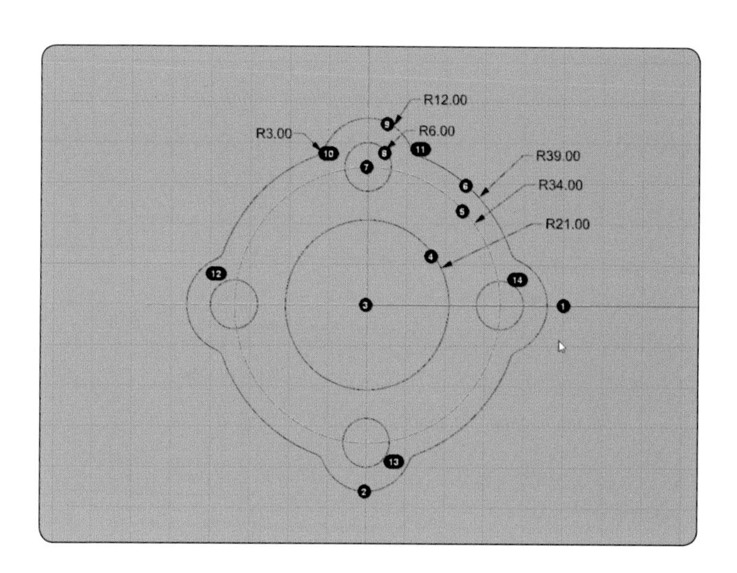

15 Layers 패널에서 중심선 레이어의 자물쇠 아이콘을 클릭해서 레이어를 잠근다. 만일 중심선에 자물쇠 아이콘이 표시되지 않는다면 Default 레이어를 클릭하면 중심선 레이어의 자물쇠가 표시된다.

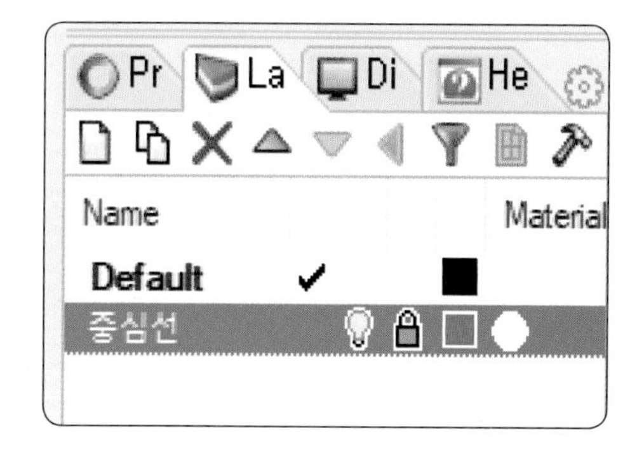

16 오브젝트의 왼쪽 상단 끝에서 오른쪽 하단까지 박스의 형태로 드래그하여 선택한다.

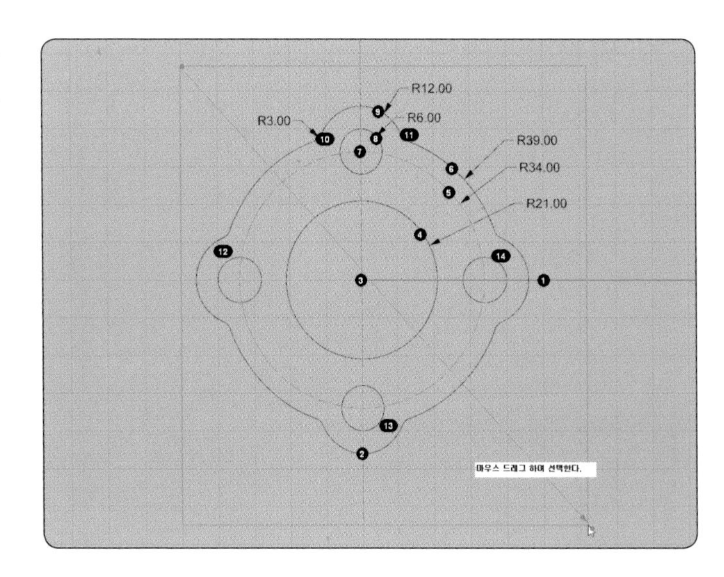

17 스탠다드 툴바에서 Join(   ) 툴을 클릭하면 선택한 오브젝트가 하나로 합쳐진다.

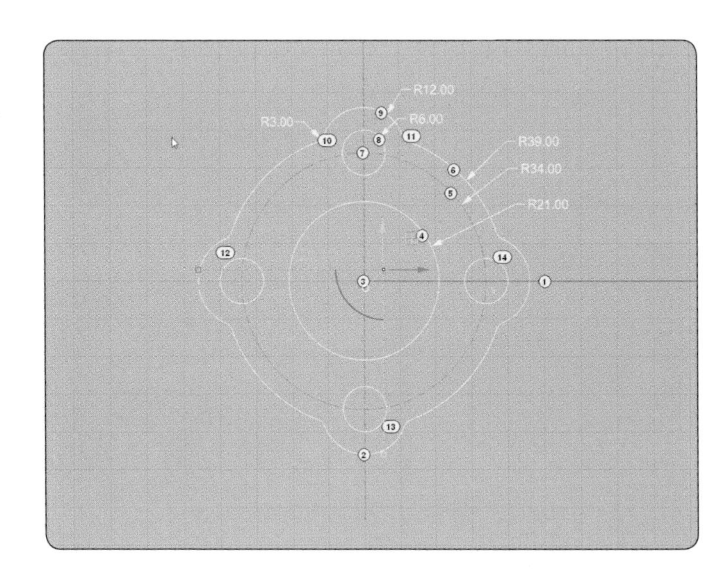

18 그려진 오브젝트를 왼쪽 상단에서 오른쪽 하단까지 드래드하여 모두 선택한다.

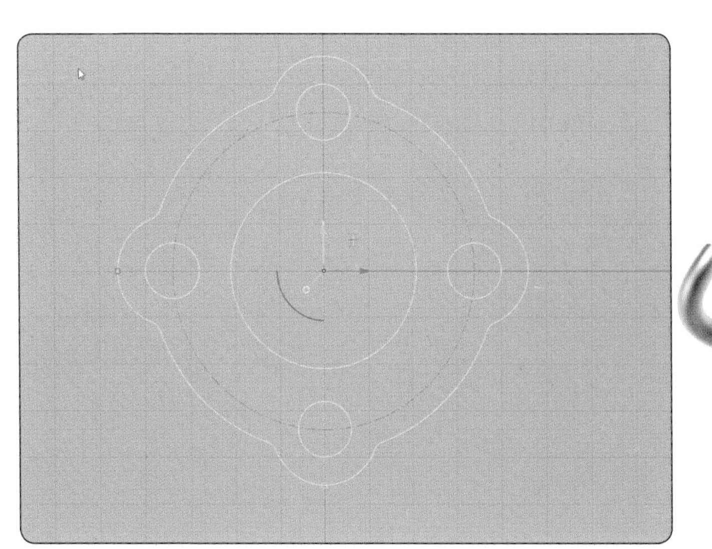

19 선택된 커브를 스탠다드 툴바의 Extrude Closed Planar Curve( ) 툴을 선택하고 'Extrusion distance' 옵션의 'Solid=Yes'로 설정한 후 두께 값 '10'을 부여한다.

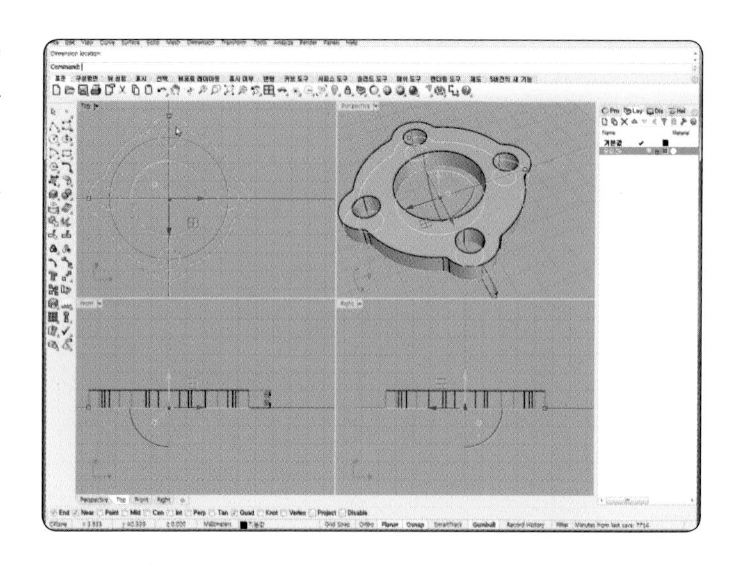

20 스탠다드 툴바에서 Variable Radius Fillet( ) 툴을 선택하고 Front View에서 아래 부분을 드래그하여 선택하고 0.5를 입력하여 모서리를 반지름 0.5인 라운드로 처리한다.

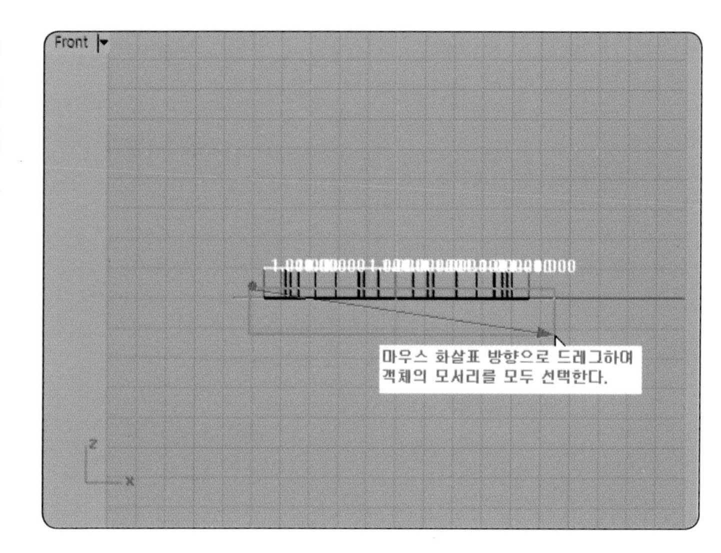

21 화면에 0.5만큼 라운드 처리 예상 값이 나타나면서 모서리가 둥글게 처리되었다.

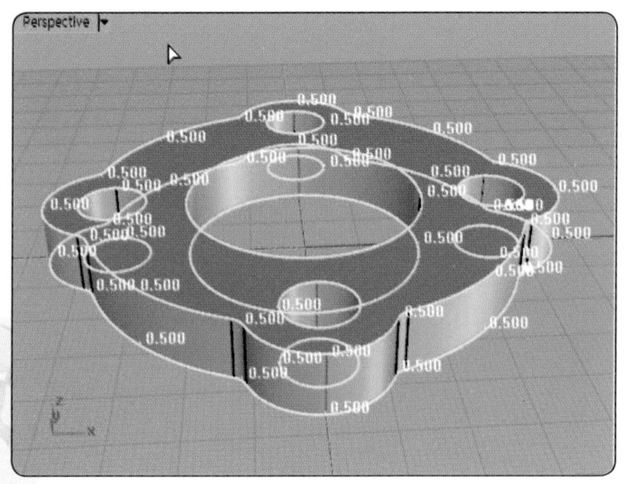

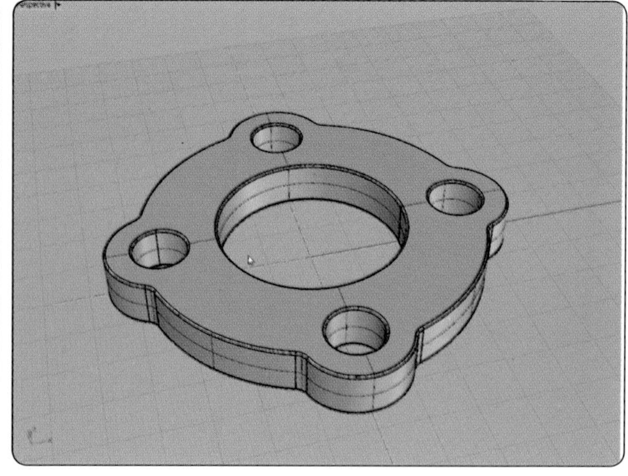

··· 치수 입력하기

01 샘플 파일에서 '치수입력.3dm' 파일을 불러온 후 Top View를 최대로 활성화한다. 수평 치수(Horizontal Dimension)를 입력해 보자. 커맨드 창에 명령을 입력하는 방법과 스탠다드 툴바에서 Linear Demension(아이콘) 툴을 이용하는 방법이 있다. 두 가지 방법을 병행해서 수치를 입력해 보자.

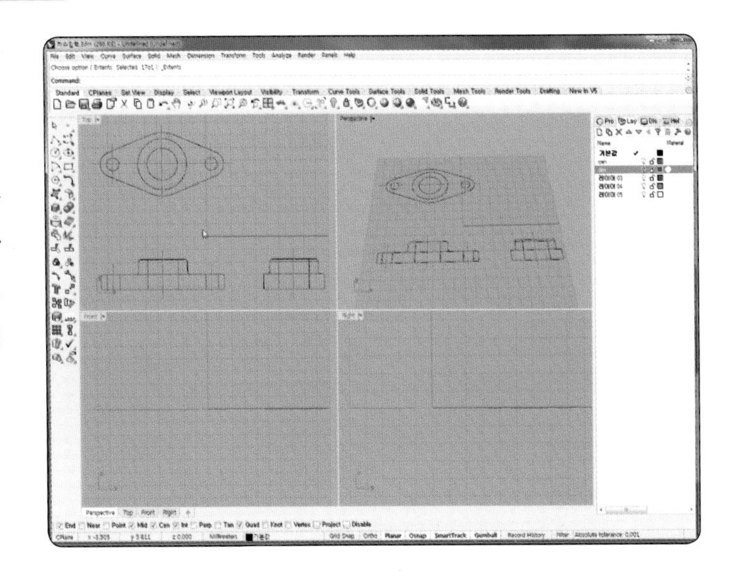

02 Osnap에서 End에만 체크하고 커맨드 창에 'DIM'을 입력하고 Enter 를 누른다. 마우스로 ❶과 ❷를 순서대로 클릭하면 치수선과 치수가 나타난다. 이 상태에서 아래로 드래그하여 자동으로 치수 보조선이 나타나면 ❸에서 클릭하여 치수 입력을 완료한다.

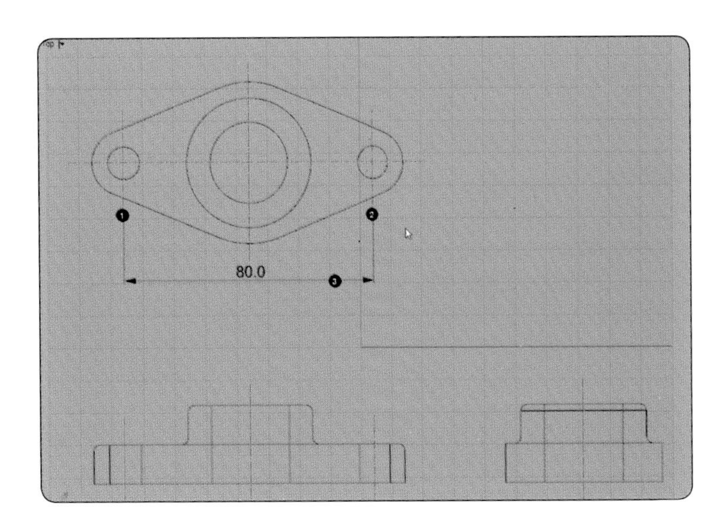

03 커맨드 창에 'DimRadius'를 입력하고 먼저 오른쪽의 원(❶)을 클릭하고 드래그하면 치수선과 함께 치수가 나타난다. 위로 드래그하여 ❷에서 클릭하면 원의 지름을 지름을 표시하는 치수선을 만들 수 있다.

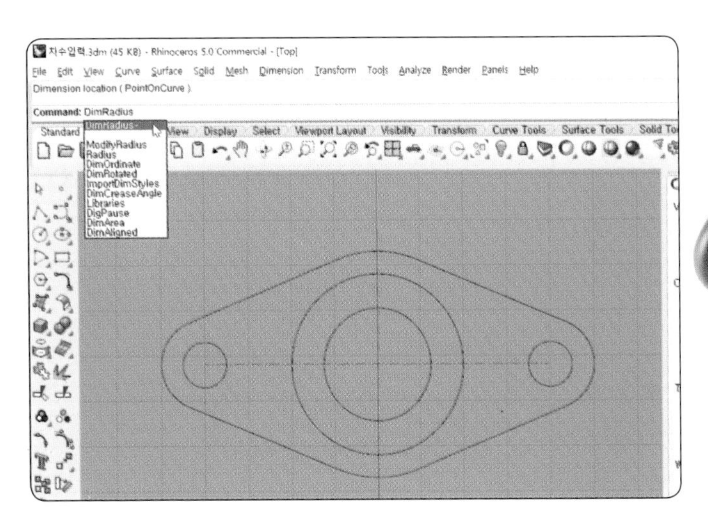

04 계속해서 반지름 25와 반지름 5값을 입력해보자.

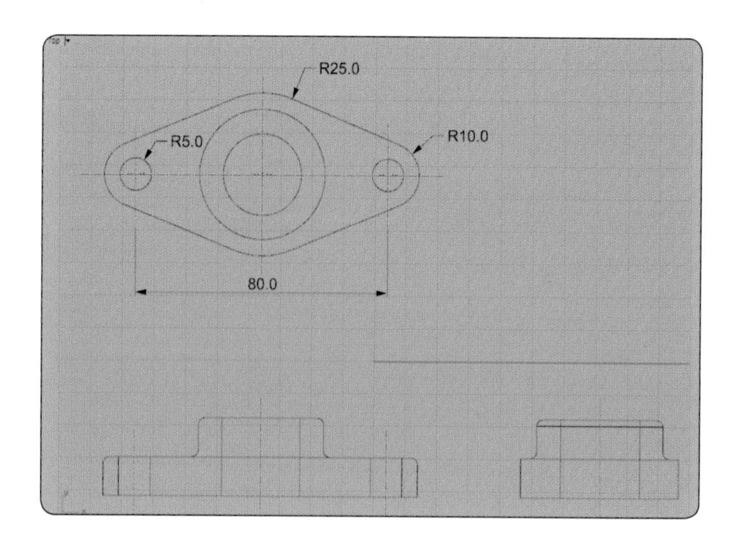

05 이번에는 정면도에 치수를 입력해 보자. 스탠다드 툴바에서 Liner Dimension( ) 툴을 눌러 회색의 Dimension Floating Toolbar를 클릭한 채로 드래그하여 화면에 열어놓는다. Horizontal Dimension( ) 툴을 선택하고 ❶, ❷, ❸의 순서로 클릭하여 치수선과 치수 그리고 치수 보조선을 그린다.

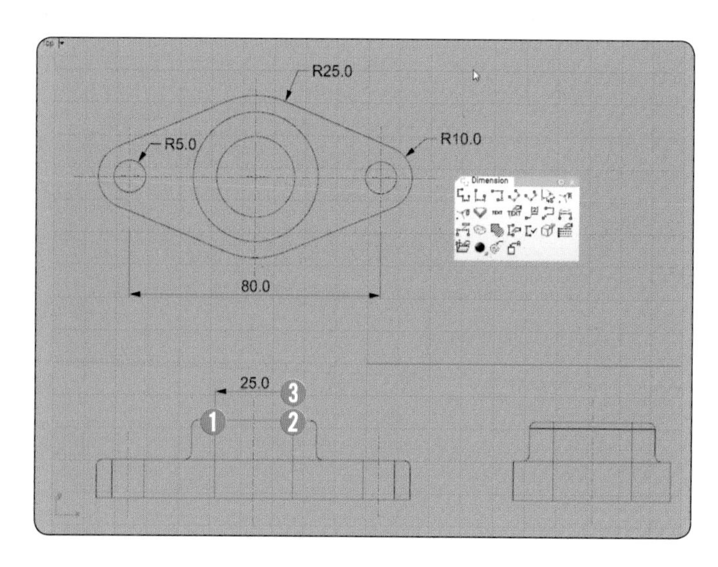

06 Horizontal Dimension( ) 툴을 이용해 화면과 같이 치수선과 치수, 그리고 치수 보조선을 그린다.

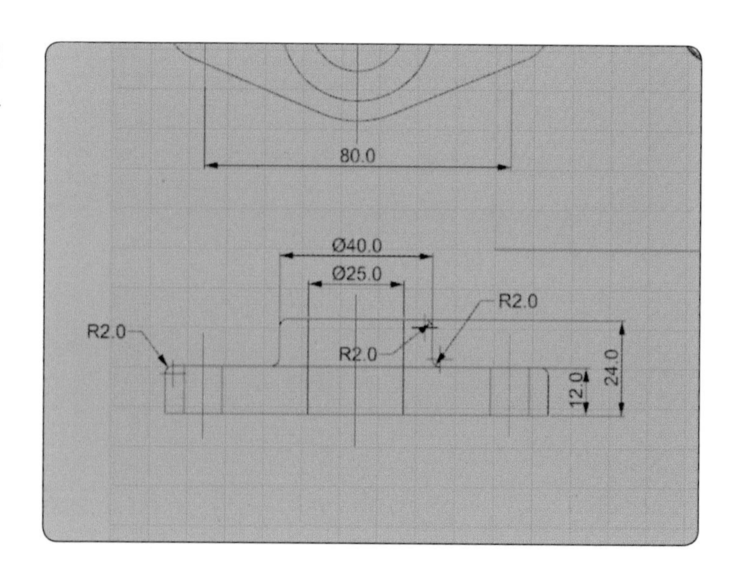

07 Vertical Dimension( ) 툴을 클릭하고 ❶, ❷, ❸ 그리고 ❹, ❺, ❻의 순서로 클릭하여 세로 방향으로 치수, 치수선과 치수 보조선을 그린다.

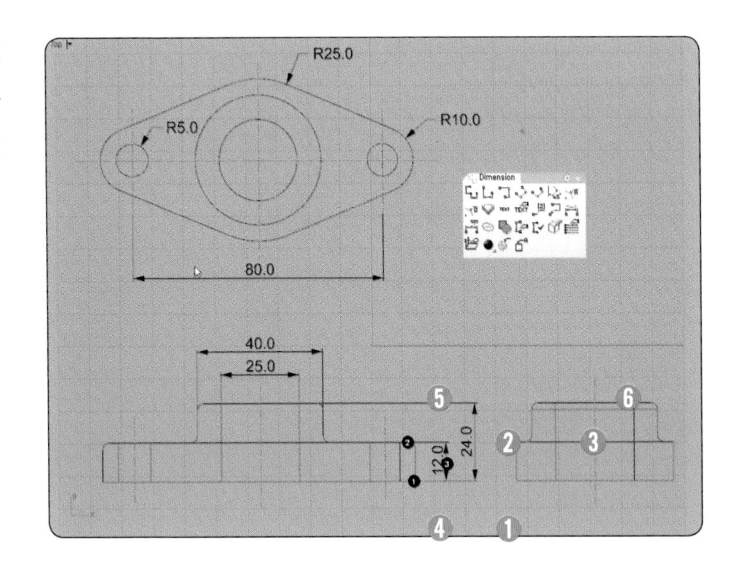

08 Radius Dimension( ) 툴을 클릭하고 정면도의 모서리 라운드 부분을 클릭한 채로 드래드하여 화면과 같이 치수와 치수선 및 치수 보조선을 오른쪽 화면과 같이 그려서 마무리한다.

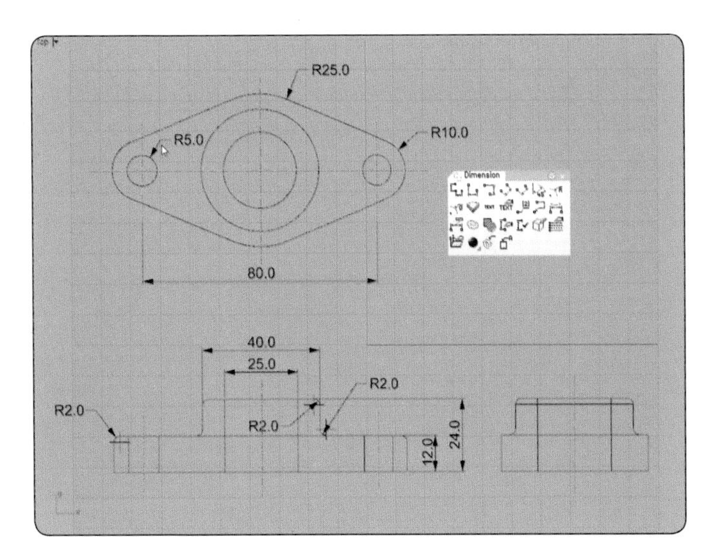

09 수정할 치수를 클릭해서 선택한다.

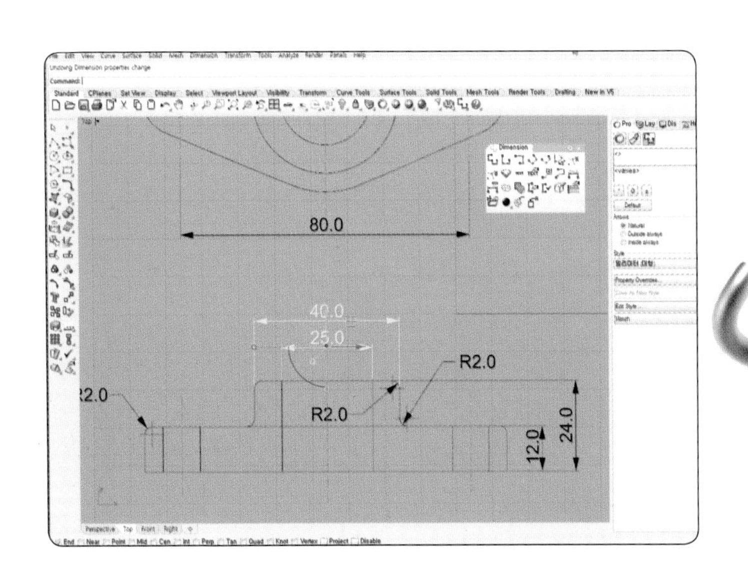

14 Properties 탭에서 Dimension을 클릭하고 Ø를 클릭하면 치수의 앞에 Ø가 나타난다.

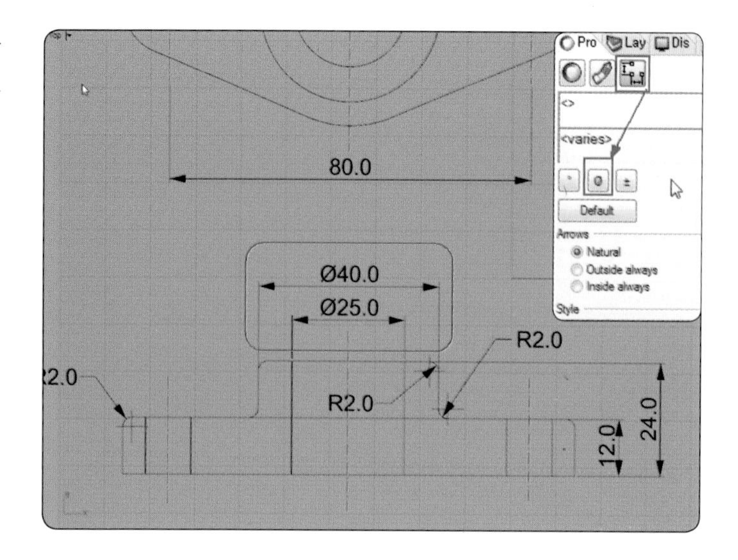

15 완성된 도면의 치수를 `Shift`를 누르고 클릭하여 모두 선택한 후 Layer 패널의 Layer03에서 마우스 오른쪽 단추를 클릭하여 나타난 팝업 메뉴에서 Change Object Layer를 선택하여 치수를 Layer03 레이어로 이동시킨다.

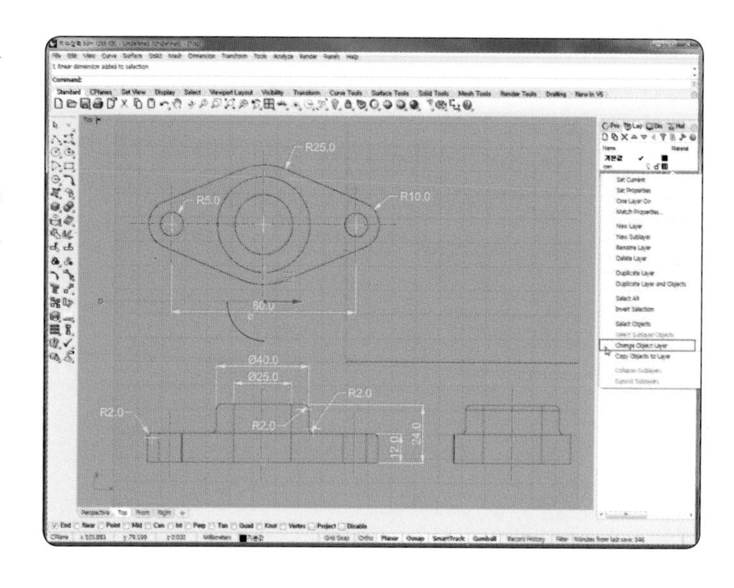

16 치수를 Layer03으로 이동시켰기 때문에 치수의 컬러가 파랑으로 변경되어 표시된다.

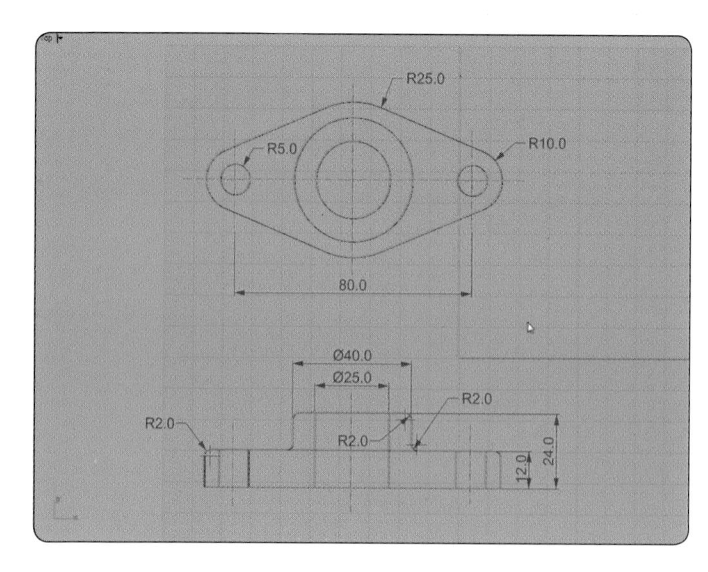

실전 문제 1 | 치수 입력

Rhino 3D를 좌표 값을 이용하여 다음의 2D 도면을 완성하고 Dimension을 이용하여 치수를 입력해 보자.

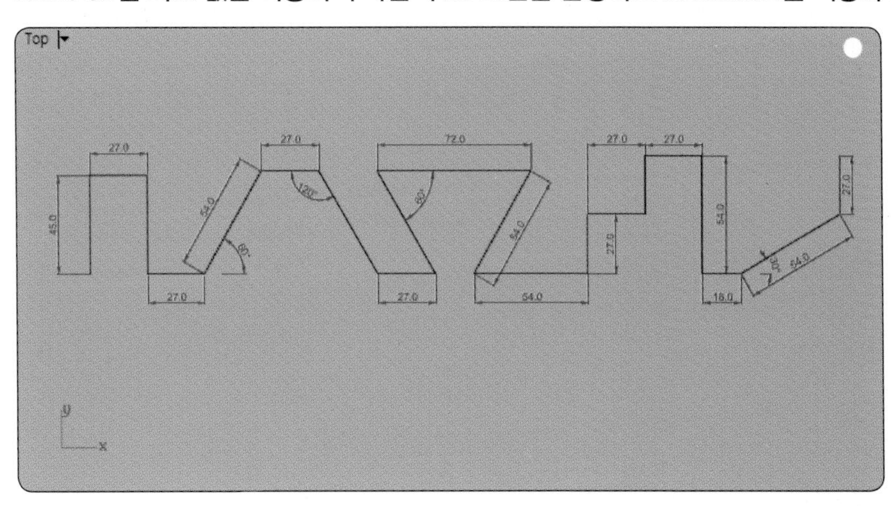

완성 파일 | ex09-01.3dm

10 S·E·C·T·I·O·N

Polyline과 Revolve로 유리잔 만들기

회전 명령어를 이용하여 유리잔을 만들어 보자.

PREView

완성파일 : main10-01.3dm

··· **학습 내용**

- Offset과 Trim으로 커브를 그려본다.
- Fillet으로 모서리를 다듬는 방법을 알아본다.
- Revolve로 회전체 솔리드를 생성한다.
- Keyshot을 이용하여 재질을 입히고 렌더링한다.

··· 유리잔 받침 만들기

01 [File] 메뉴에서 [New]를 선택하여 [Open Template File] 대화상자가 나타나면 [Small Objects – Millimeters]를 선택하고 [열기] 단추를 클릭해 새로운 창을 만든다.

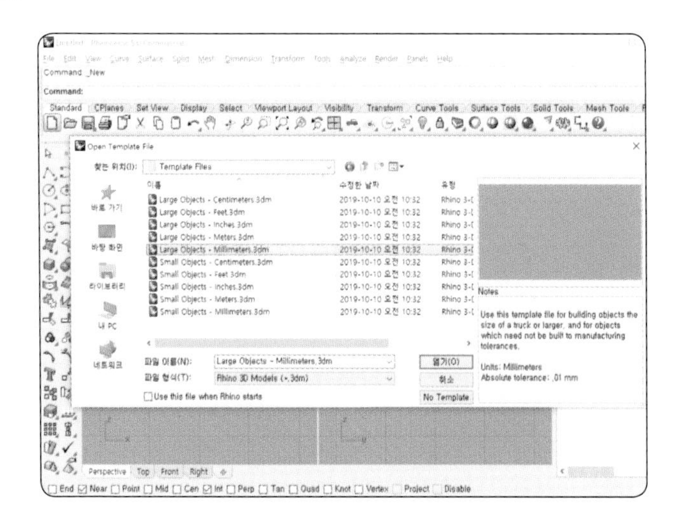

02 세워져 있는 유리잔을 만들기 위해서 Front View에서 드로잉을 해야 한다. 메인 툴바에서 Lines 〉 Line : from midpoint( ) 툴을 선택하고 커맨드 창의 'Middle of line:' 옵션에 '0'을 입력한 후 Enter 를 누른다. 계속해서 커맨드 창에서 'End of line:' 옵션에서는 100을 입력하고 Enter 를 누른 후 마우스를 수직 방향으로 움직이고 클릭하면 수직의 라인이 생성된다.

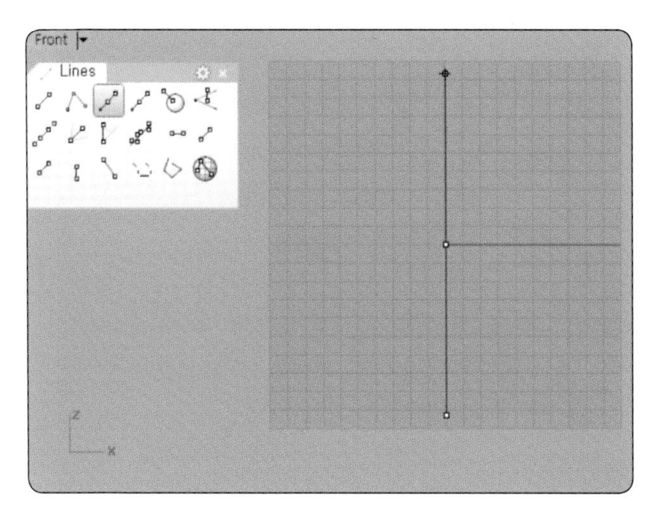

03 메인 툴바에서 Lines 〉 Polyline( )을 선택하고 커맨드 창의 'Start of polyline:' 옵션에 0을 입력하고 Enter 를, 'Next point of polyline:' 옵션에서 '-30,0'을 입력하고 Enter 를 누른 후 마우스를 왼쪽 수평으로 이동시킨 후 클릭하고 Enter 를 눌러 30밀리미터만큼 선을 그린다.

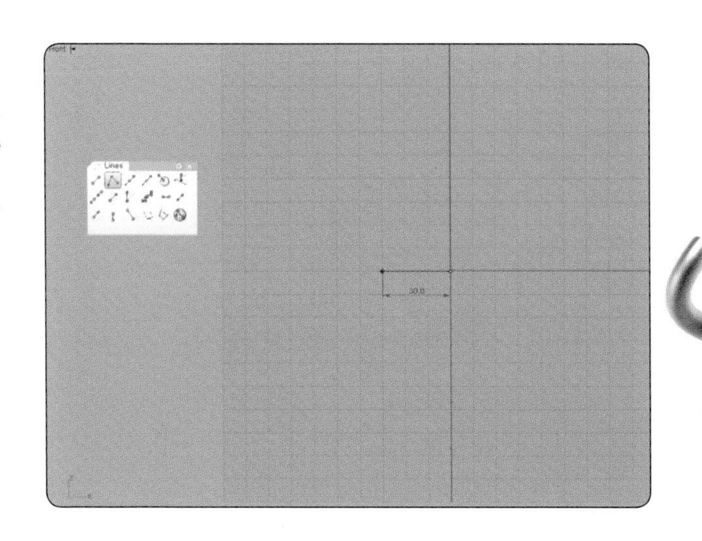

04

메인 툴바에서 Lines 〉 Polyline(⩘) 툴을 선택하고 커맨드 창의 'Start of polyline:' 옵션에 '0,40'을 입력하고 Enter 를, 'Next point of polyline:' 옵션에 '6'을 입력한 후 마우스로 왼쪽으로 수평 이동하여 클릭하고 Enter 를 눌러 6밀리미터의 선을 그린다.

TIP
라이노는 바로 앞에서 사용한 툴이나 명령을 실행하려면 Enter 를 눌러 명령을 다시 호출하여 사용할 수 있다.

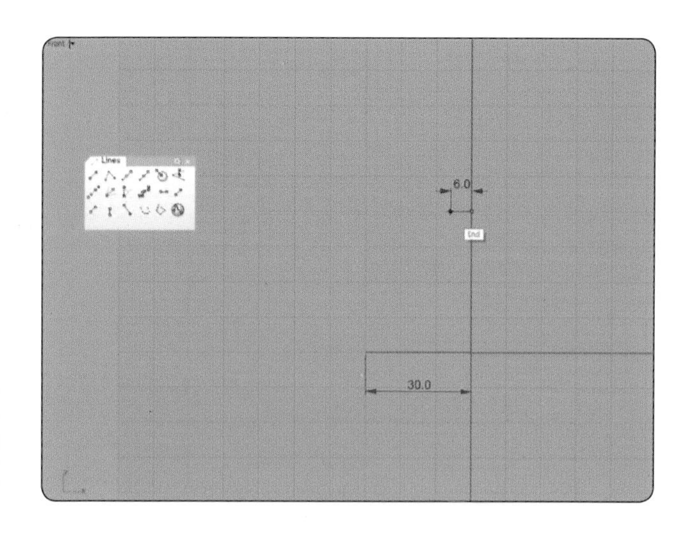

05

메인 툴바에서 Lines 〉 Polyline(⩘) 툴을 선택하여 커맨드 창에 'Start of polyline:' 옵션이 나타나면 이미 그려놓은 ❶의 왼쪽 끝점을 클릭하고 'Next point of polyline:' 옵션에 2를 입력한 후 Enter 를 누르고 마우스를 위로 수직 이동하고 클릭한 후 Enter 를 눌러 2밀리미터의 선 ❸을 그린다.

TIP
라이노에서는 마우스 휠을 이용해서 화면을 확대 · 축소할 수 있으므로 작은 개체를 연결할 때 화면을 확대하면 유용하게 작업할 수 있다.

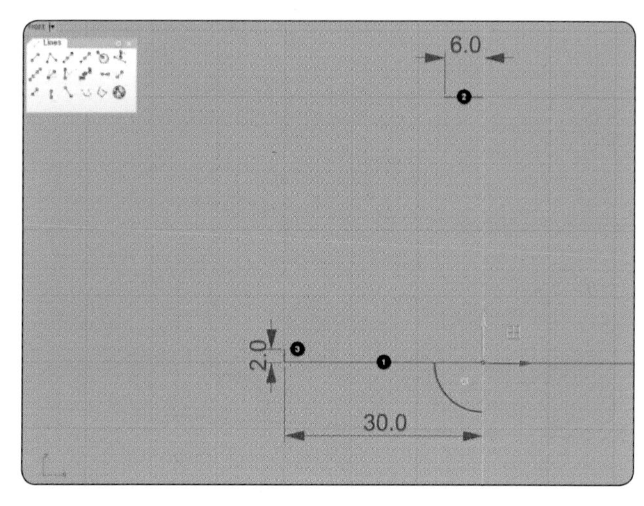

06

메인 툴바에서 Curve〉 Curve: interpolate points(⬚) 툴을 이용하여 ❸에서 ❷를 연결하는 ❹곡선을 아래 그림과 같이 그려준다. 만약에 한번에 원하는 곡선을 그리지 못했다면 당황하지 말고 ❹곡선 오브젝트를 선택한 후 F10 을 눌러 제어점을 켜고 원하는 형태로 수정이 가능하다.

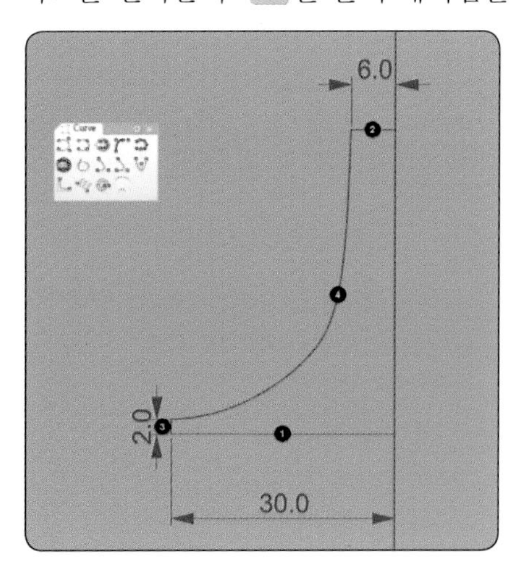

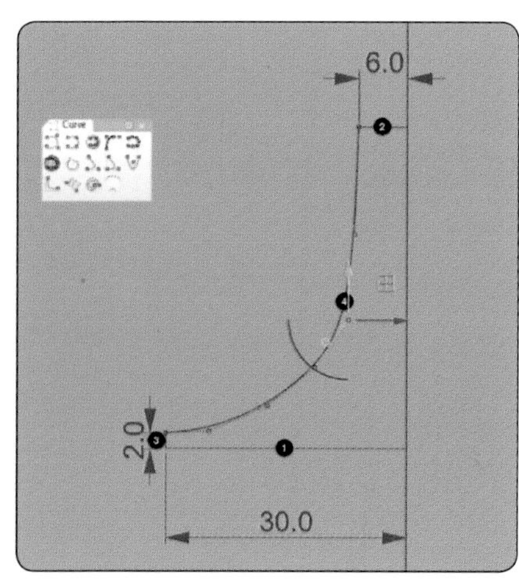

TIP
F10 은 생성된 커브에 제어점을 켜서 수정해주는 기능이다. 제어점 수정이 끝나고 Esc 를 누르면 제어점이 해제된다.

07 메인 툴바에서 Curve〉Offset curve( ) 툴을 클릭한다. 커맨드 창의 Side to offset 옵션 값에서 Distance를 클릭하여 값을 1로 변경한 후 ❹의 커브를 선택하고 마우스를 안쪽으로 이동한 후 클릭하여 1 만큼 안쪽으로 복사한다. 같은 방법으로 ❸의 커브도 안쪽으로 복사한다.

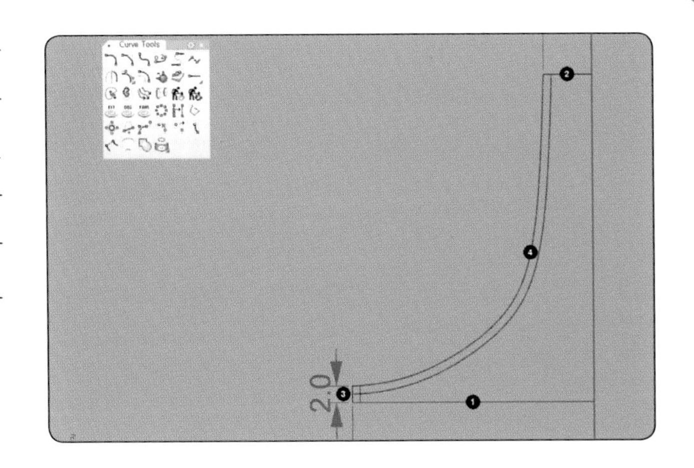

08 화면을 확대하여 안쪽으로 복사한 곡선 오브젝트와 위쪽의 직선 오브젝트, 아래쪽 또한 곡선 오브젝트와 직선 오브젝트가 닿아 있는지 확인한다. 닿아 있지 않으면 불필요한 부분을 잘라낼 수 없으므로 연장을 해야 한다.

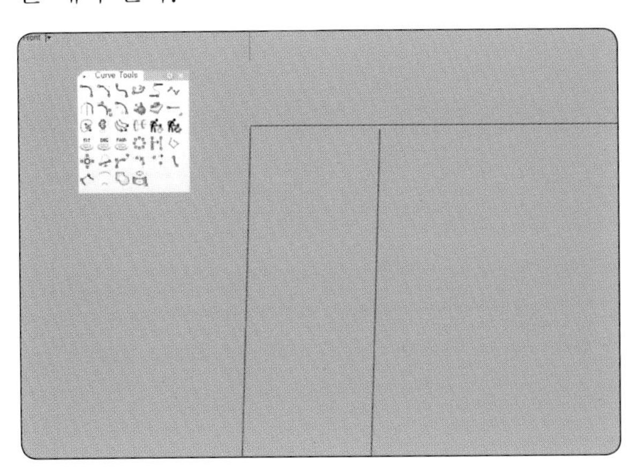

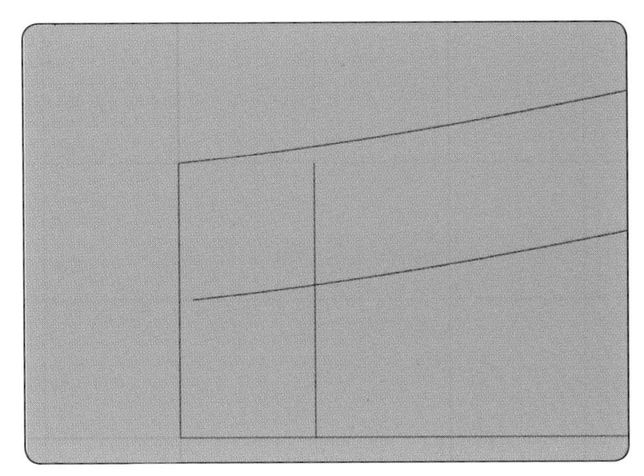

09 메인 툴바에서 Curve Tools 〉 Extend Curve( ) 툴을 선택하여 Select boundary object or enter estension lengh. Press Enter for dynamic extend: 옵션에서 ❷를 선택한 후 Enter 를, Select curve to extend: 옵션에서는 안쪽 곡선을 선택하면 곡선을 선택하고 Enter 를 누르면 안쪽 곡선이 연장된다. 같은 방법으로 아래쪽의 곡선과 직선도 연장한다.

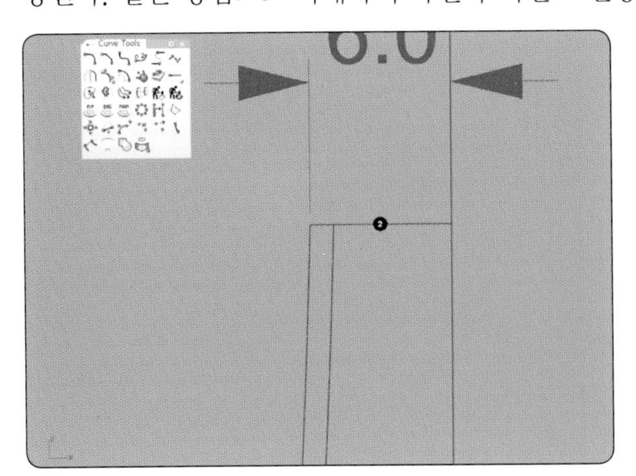

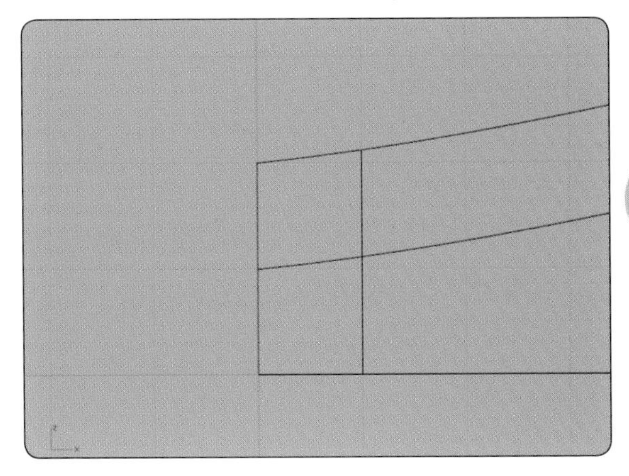

10 메인 툴바에서 Trim(✂) 툴을 클릭하여 Select cutting object: 옵션이 나타나면 안쪽으로 복사한 커브 두 개와 아래쪽의 직선 커브를 선택한 후 Enter 를, Select object to trim: 옵션에서는 불필요한 부분을 클릭한 후 Enter 를 눌러 삭제한다.

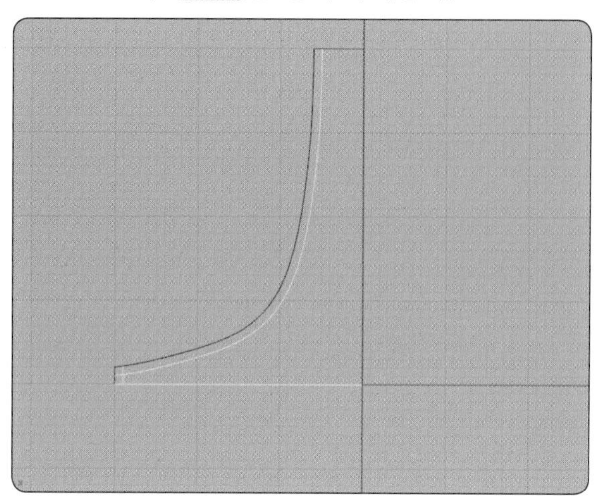

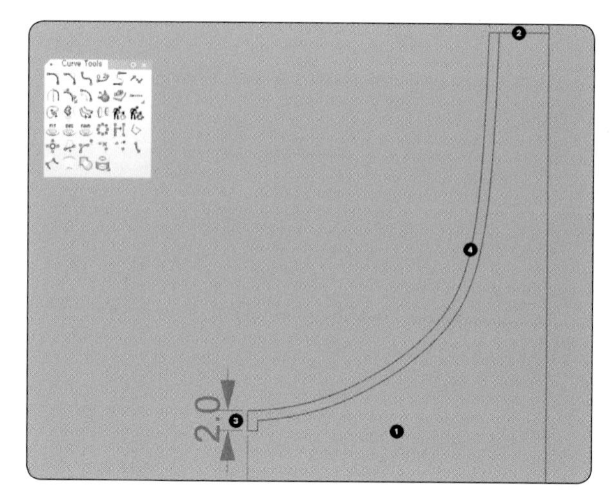

11 유리잔 위에 결합부위를 만들기 위해 탭 툴바에서 Curve tools 〉 Offset curve(🔄) 툴을 선택하여 Select curve to offset: 옵션이 나타나면 Distance를 클릭해 값을 11로 입력하고 Enter 를 누른다. 오브젝트❷를 선택하고 아래쪽으로 11만큼 복제한다. 같은 방법으로 Distance의 값을 12로 설정하여 오른쪽 그림과 같이 하나 더 복제한다.

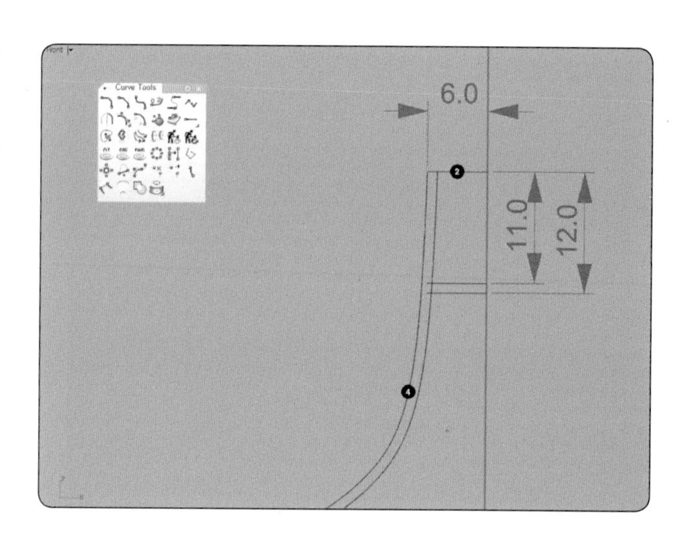

12 메인 툴바에서 Trim(✂) 툴을 선택하여 Select cuttiong objects: 옵션이 나타나면 Offset curve 툴로 만든 두개의 수평선과 곡선을 모두 선택하고 Enter 를 누른다. 계속해서 Select object to trim: 옵션이 나타나면 삭제할 부분을 모두 클릭한 후 Enter 를 눌러 오른쪽 그림과 같이 만든다.

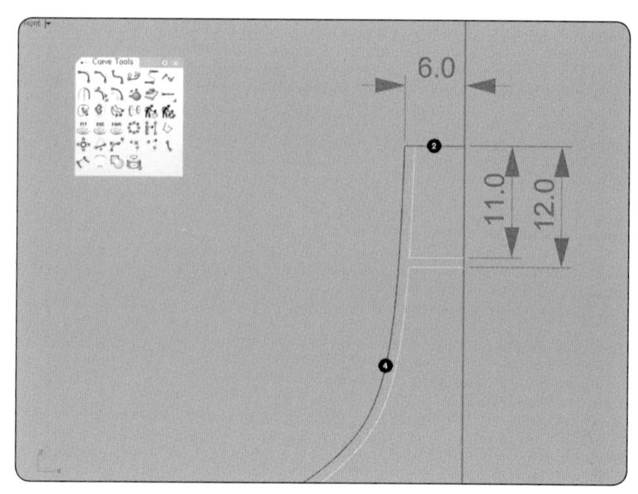

13 메인 툴바에서 Curv tools 〉 Offset curve() 툴을 선택하고 커맨드 창에 Select curve to offset: 옵션에서 Distance를 클릭하여 값을 1로 입력한다. Front view에서 ❺ 오브젝트를 선택하고 안쪽으로 클릭하여 1 만큼 안쪽으로 복사한다. 같은 방법으로 ❻ 오브젝트를 복사한 다음 Trim() 툴을 사용해 아래 오른쪽과 같이 선을 정리한다. 그리고 ❷ 오브젝트도 Trim() 툴을 사용해서 정리한다.

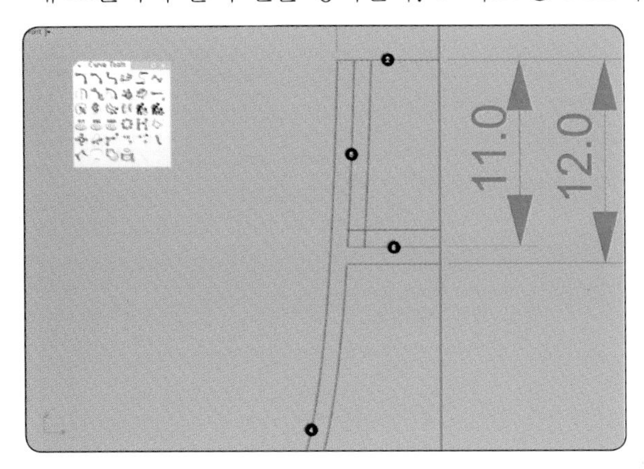

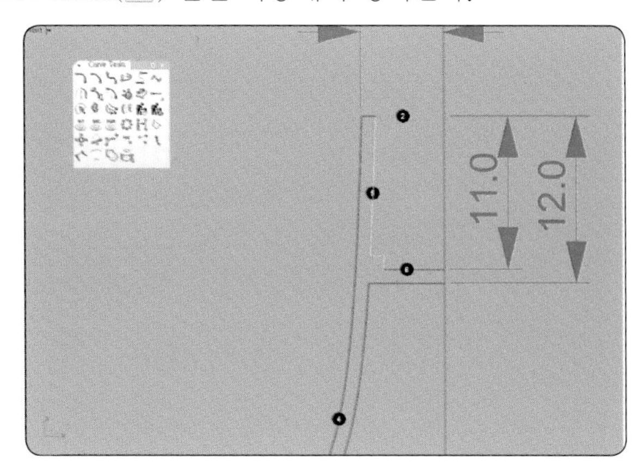

14 ❺, ❻ 오브젝트 부분을 확대하여 보면 끝부분이 깔끔하게 다듬어져 있지 않으므로 반드시 Trim() 툴을 사용해 아래 오른쪽과 같이 선을 정리한다.

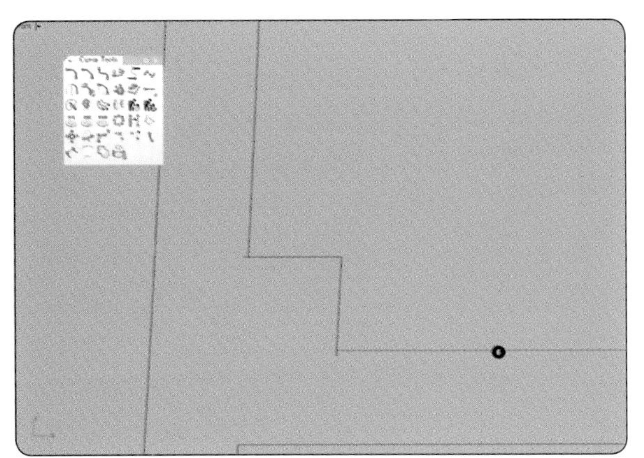

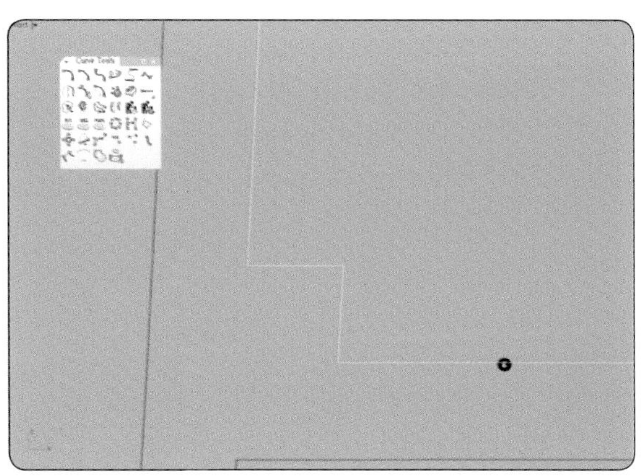

15 전체 오브젝트를 클릭한 채로 드래그하여 선택한 후 메인 툴바에서 Join() 툴을 클릭해 모두 연결한다.

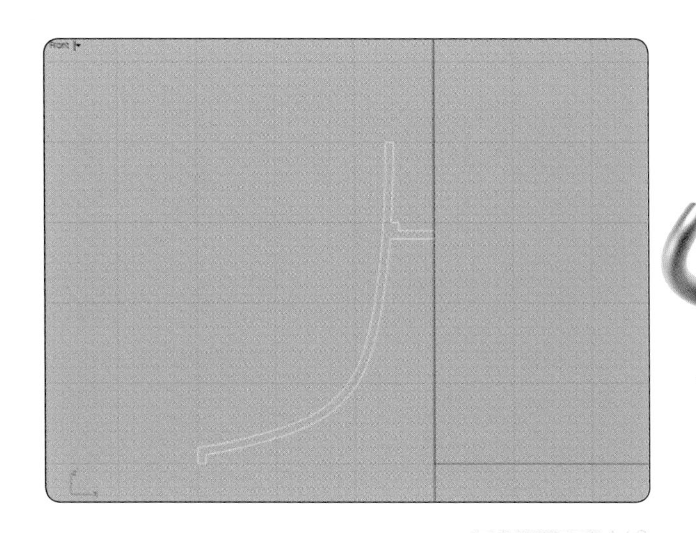

16 Join으로 묶여진 오브젝트가 선택된 상태에서 커맨드 창에 Revolve를 입력하여 Start of revolve axis: 옵션이 나타나면 Front View에서 회전될 중심축 위를 클릭하고 End of revolve axis: 옵션에서는 중심축의 아래쪽을 클릭한다. Start angle: 옵션에서는 0을 입력하고 Enter를, Revolution angle: 옵션에서는 360을 입력하고 Enter를 눌러 회전체를 만들어준다.

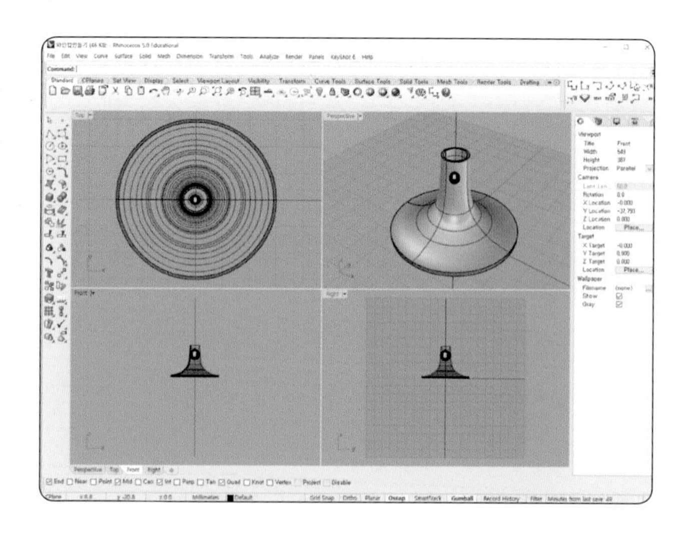

17 완성된 회전체를 선택하고 Properties 탭을 확인해 보면 closed polysurface가 된 것을 확인할 수 있다.

TIP

모든 모델링 데이터는 파트별로 이렇게 반드시 닫혀 있어야 3D 프린팅을 할 수 있는 기본 조건이 된다.

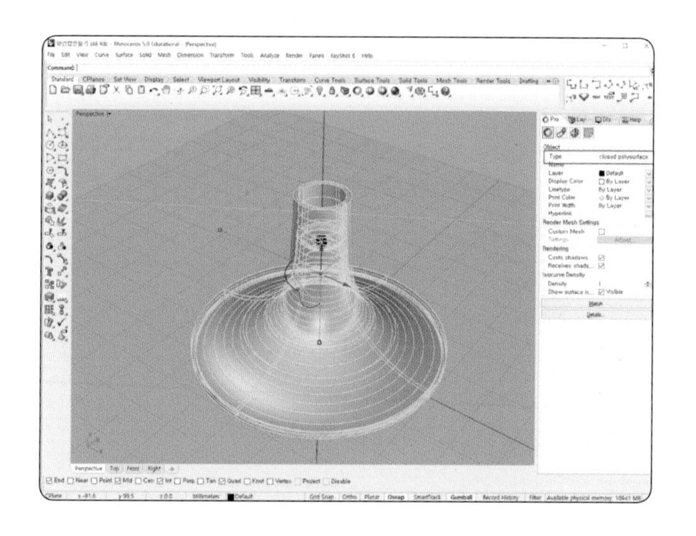

18 메인 툴바에서 Solid tools( ) 〉 Variable radius fillet( ) 툴을 클릭하여 커맨드 창에 Select edges to fillet: 옵션에서 NextRadius=1을 클릭한 후 '1'을 입력하고 Enter를 누르고 ❾모서리를 클릭한다. Select edges to fillet. Press Enter when done: 옵션에서 Enter를, Select fillet handle to edit. pless when don: 옵션에서 Enter를 누르면 아래 오른쪽과 같이 모서리 부분이 곡선으로 바뀐다.

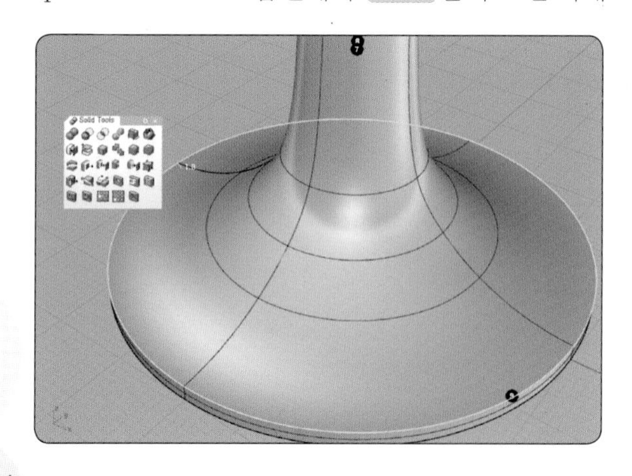

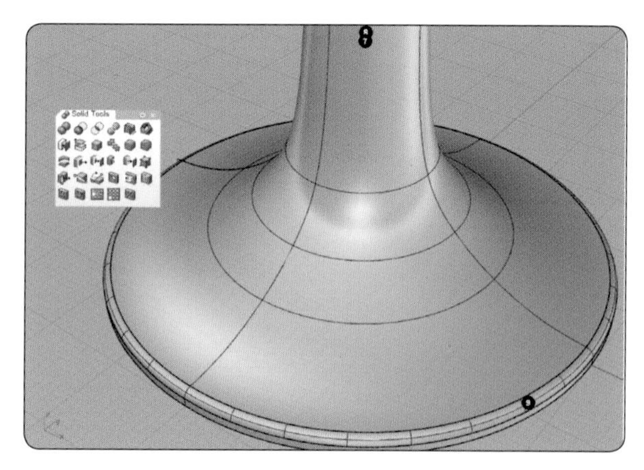

··· 유리잔 보울(BOWL) 만들기

01 유리잔의 몸통 부분 모델링을 만들기 전에 앞서 만들었던 유리잔 받침을 숨겨놓기 위해서 커맨드 창 아래의 탭 툴바에서 Select 〉 Select Polysurfaces( ) 툴을 이용해 커브와 중심선은 남겨두고 폴리서피스만 선택해 준다. 선택된 폴리서피스는 탭 툴바에서 Visibility 〉 Hide object( ) 툴을 이용하여 숨긴다.

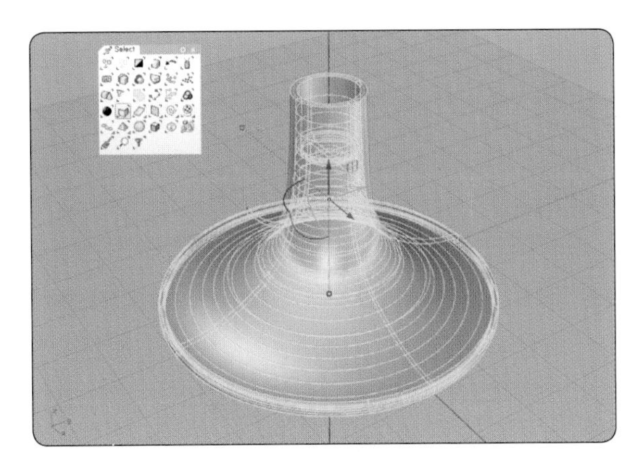

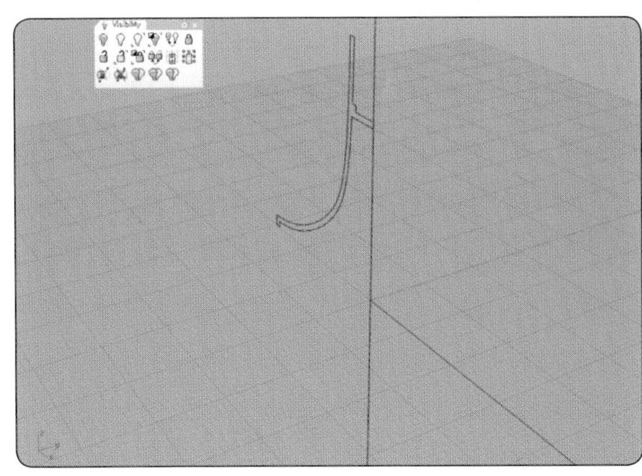

02 이전 작업에서 제작했던 커브와 중심축은 위치가 변하지 않도록 탭 툴바에서 Visibility 〉 Lock object ( ) 툴을 클릭한 후 커맨드 창에 Select object to lock: 옵션이 나타나면 커브❶을 선택하고 Enter 를 눌러 잠가둔다

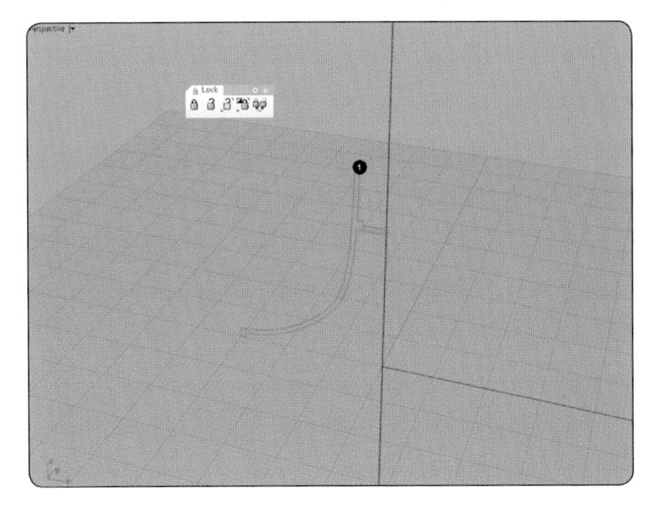

03 polyline을 선택하여 그림에서와 같이 라인을 그린다.

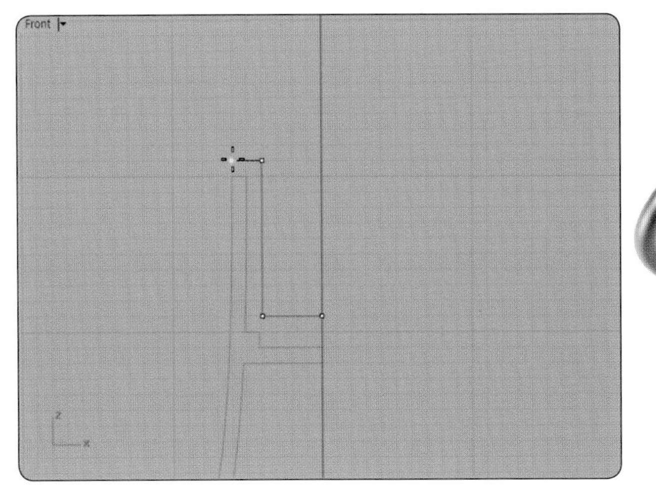

04 curve( ) 툴을 선택하고 polyline의 끝점에서 그림과 같이 유리잔의 윗 부분을 그린다.

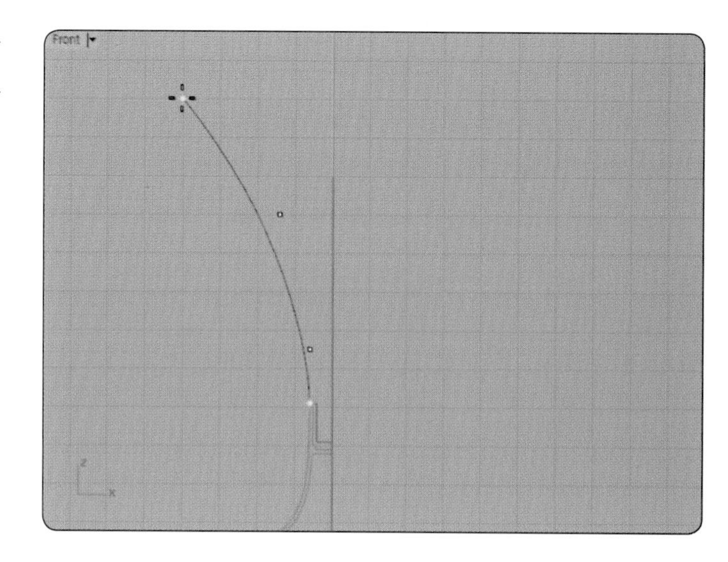

05 앞에서 그린 polyline과 curve 툴로 그린 선을 'join' 명령어를 이용하여 하나의 curve로 만든다.

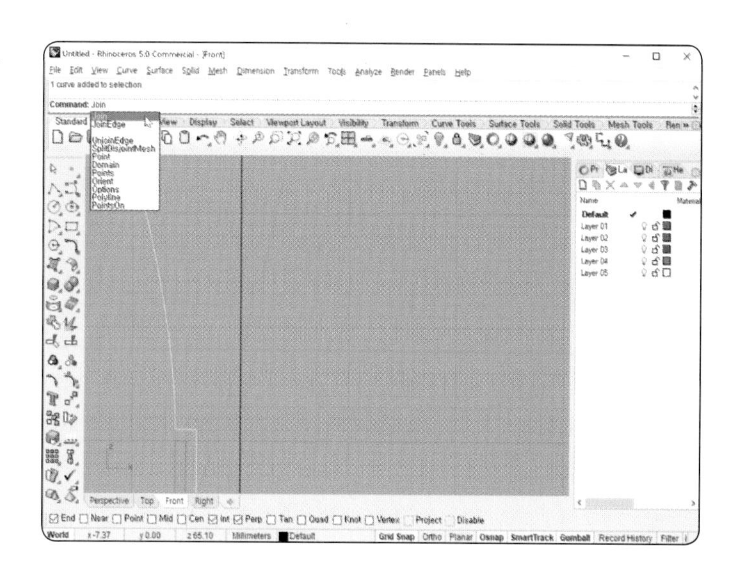

06 컵의 두께를 주기 위하여 앞에서 join한 선을 선택하고 offset 명령어를 이용하여 '1' 만큼의 안으로 떨어진 선을 생성한다.

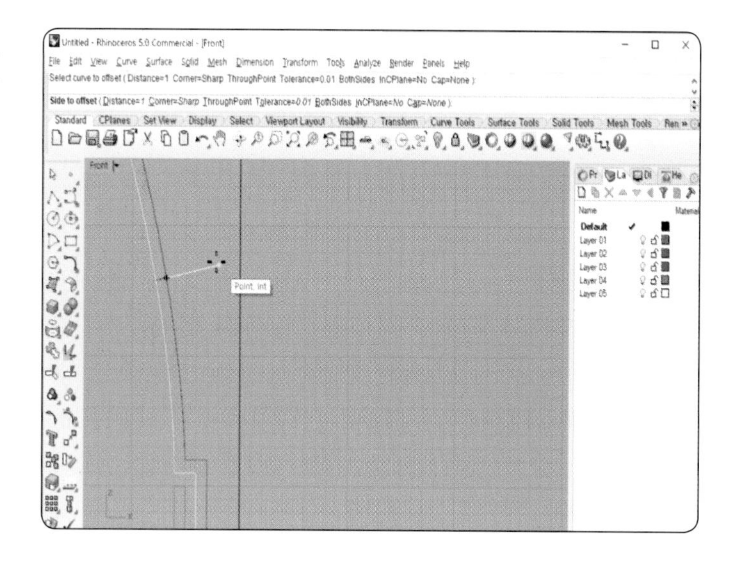

07 'ARC' Arc start, end, point on arc 툴(아이콘)을 선택한다.

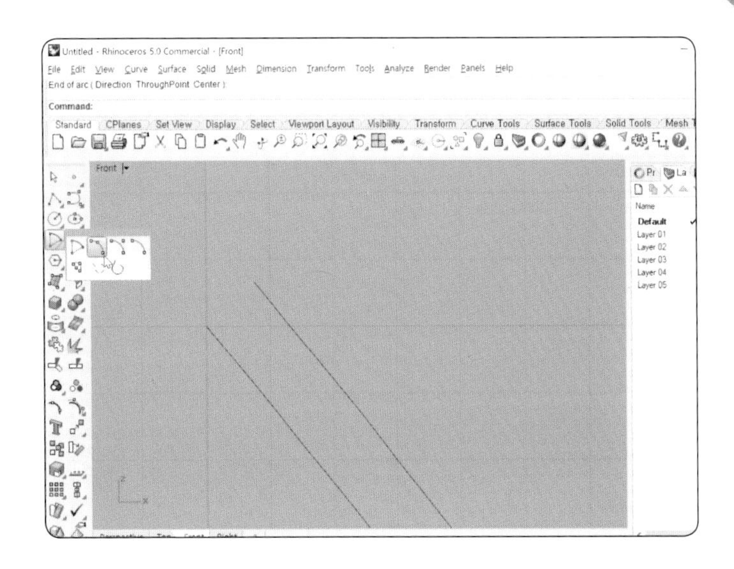

08 계속해서 앞에서 그린 커브와 offset으로 생성한 커브의 끝을 연결하는 arc를 그린다. 이때 Grid Snap을 선택하고 Osnap에서 'end'를 선택하면 쉽게 만들 수 있다.

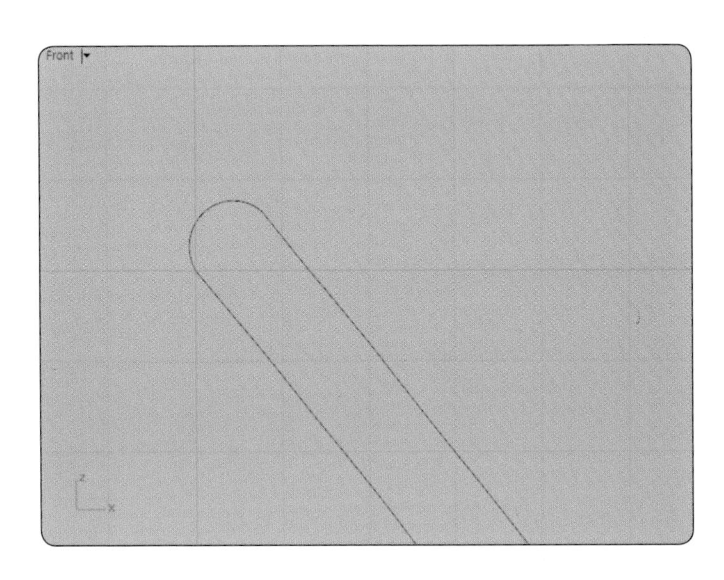

09 join(아이콘) 툴을 클릭하고 앞에서 그린 호와 커브를 하나의 라인으로 만든다. 이때 아래 커브, arc, 위 커브 순서대로 선택한다.

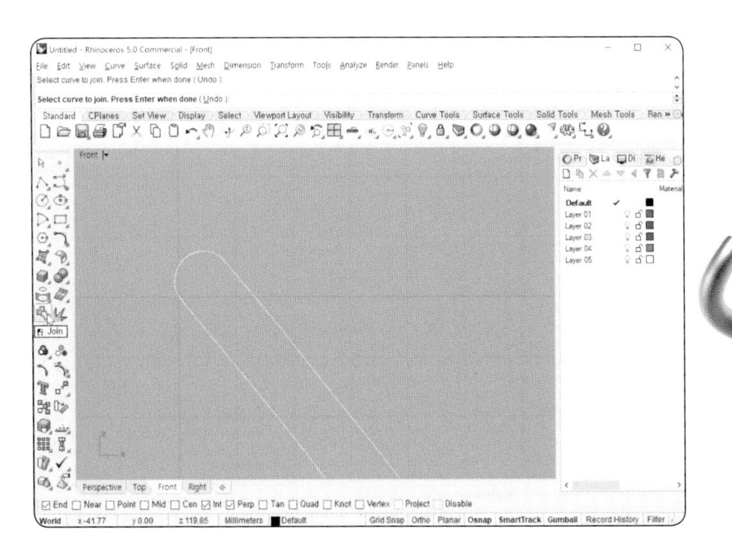

10 두 커브를 입체로 만들어 보자. revolve 아이콘을 선택하고 'select surves to revolve'가 나타나면 생성한 선을 모두 선택하고 Enter 를 누른다.

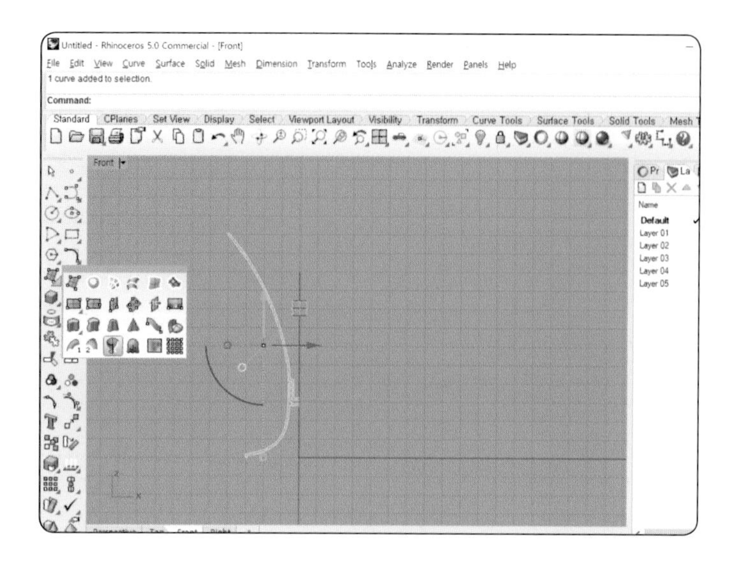

11 계속해서 'start of revolve axis'가 나타나면 revolve의 축을 선택하는 부분으로 앞에서 그렸던 가운데 선의 아래를 선택한다. osnap에서 'end'가 선택되어 있어야 한다.

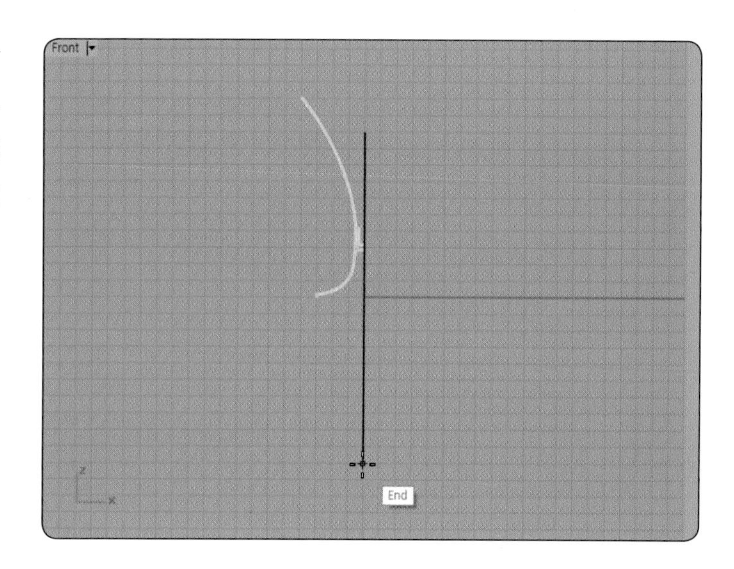

12 계속해서 'end of revolve axis'가 나타나면 앞에서 그렸던 선의 윗부분을 선택한다.

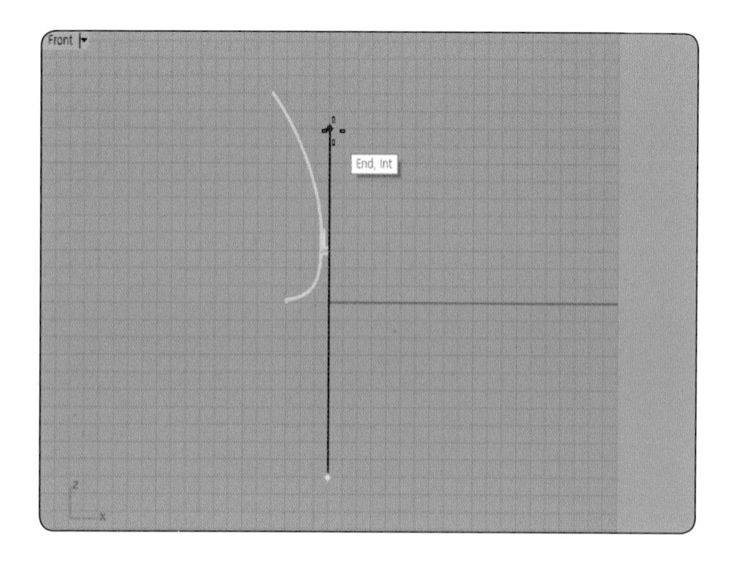

13 'start angle'은 회전하는 축의 시작 각도를 의미한다. '0'을 입력하고 Enter 를 누른다. 계속해서 'revolution angle'은 회전하는 각도를 의미한다. '360'을 입력하고 Enter 를 누른다.

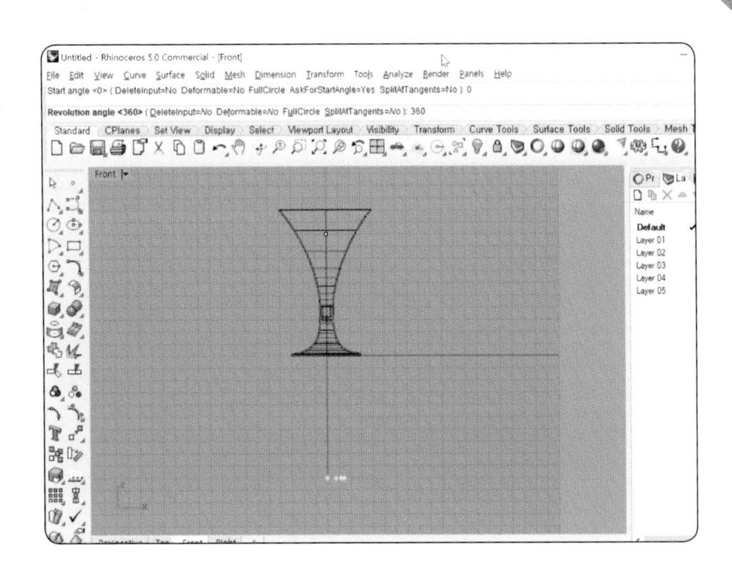

14 revole를 이용하여 컵의 단면 커브를 이용하여 회전체를 생성한다. 'Perspective view'에서 확인한다. 'perspective' 글자 부분을 클릭하면 나오는 'shaded'를 선택하면 음영을 볼수 있다.

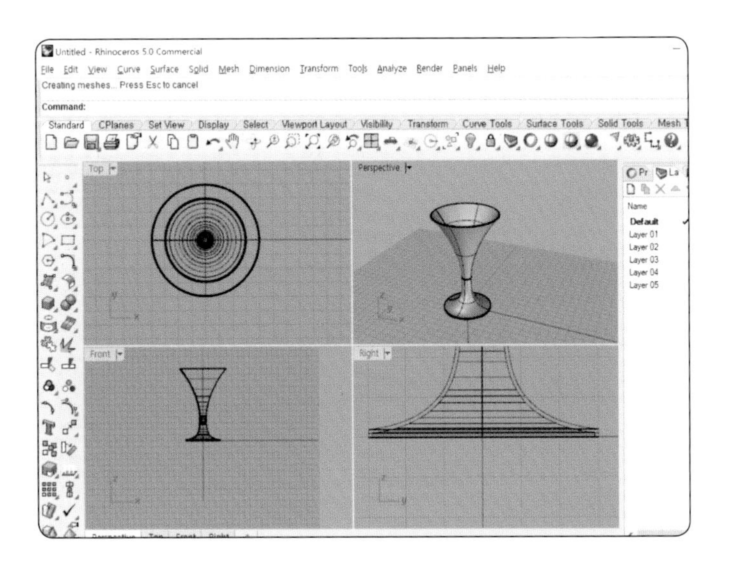

15 keyshot으로 렌더링을 해보자. Rhino 3D에서 제작한 그림을 임의의 파일명으로 저장하고 keyshot을 실행하여 '열기'를 눌러 파일을 불러온다. 파일을 볼러올 때 나타나는 대화상자는 그림과 같이 설정한다. 이때 'Up Orientation'의 'Z'를 선택하고 'Geometry'의 'Import NURBS data'를 선택한 후 'import'를 클릭해야 한다.

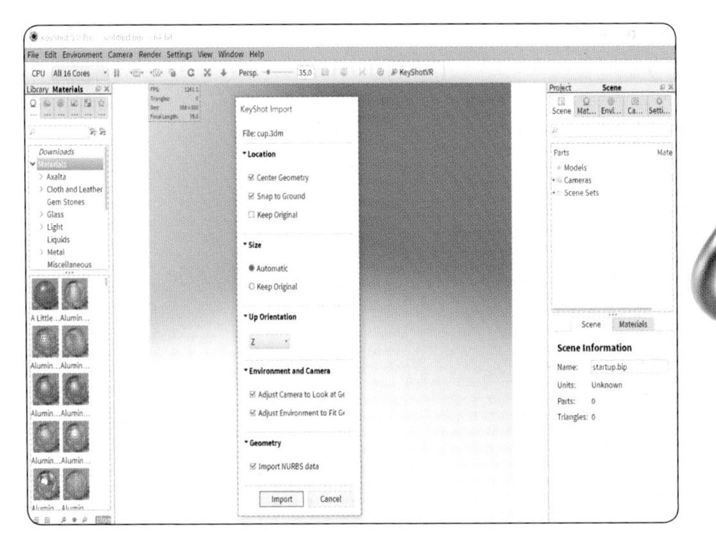

16 재질을 입혀보자. 좌측 라이브러리에서 glass의 clear 탭을 선택하여 오른쪽 맨아래의 'Glass Refractive White'를 클릭한 채로 드래그하여 오른쪽에 있는 모델링에서 드롭한다.

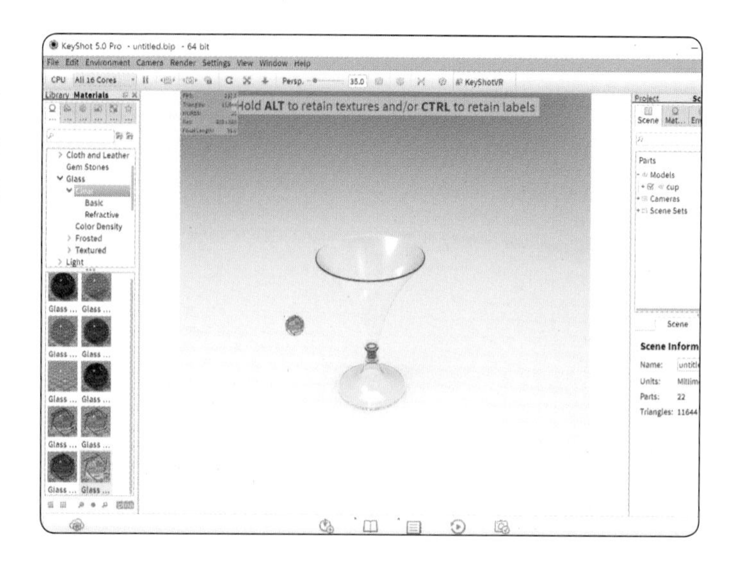

17 이번에는 사실적인 느낌을 만들어 주기 위해 환경 맵을 변경해 보자. 왼쪽의 환경 맵을 선택하여 아래 나타나는 여러 가지의 조명이 있는 환경 맵 중에서 '3 Panels Titled 2k'를 선택하여 오른쪽 그림으로 드래그한다.

18 마지막으로 렌더링을 실행해 보자. 화면 하단에 'Render' 아이콘을 클릭한다. 'name'에는 저장할 파일의 이름, 'folder'에는 저장할 위치를 설정하고 하단의 'Render'를 눌러 렌더링을 실행한다. 렌더링이 끝나면 위에서 설정한 폴더에 자동으로 파일을 생성한다.

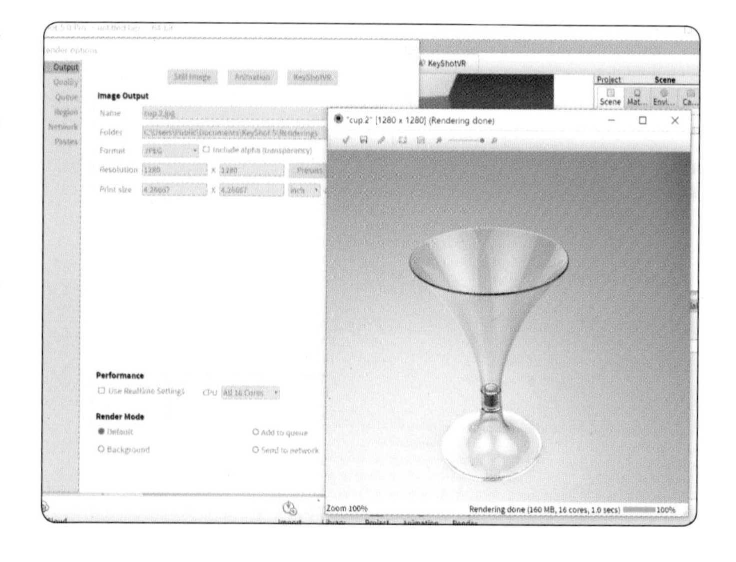

실습 문제 1 | 물컵

커브를 이용해서 간단한 물컵을 만들어 보자

완성 파일 | ex10-01.3dm

keypoint

① Curve를 활용하여 회전의 단면을 그린다.
② revolve를 이용하여 회전체를 생성한다

실습 문제 2 | 항아리

커브와 revolv 이용해서 항아리 만들어 보자

완성 파일 | ex10-02.3dm

keypoint

① Curve를 활용하여 회전의 단면을 그린다.
② revolve를 이용하여 회전체를 생성한다

11 S·E·C·T·I·O·N

커피 핸드밀 그라인더 모델링하기

loft, extrude, revolve, boolean을 활용하여 모델링해보자.

PREView

완성파일 : main11-01.3dm

··· **학습 내용**

- 정확한 2D 커브를 이해한다.
- Loft명령을 사용한다.
- Sweep2를 이용하여 2rail에 대해서 이해한다.
- Boolean에 대해 알아본다.
- Filletedge를 활용하여 모서리를 정리한다.

··· 하우징만들기

01 스탠다드 툴바에서 New( )를 클릭하여 [Open Template File] 대화상자가 나타나면 [Large Objects – Millimeters]를 선택하고 [열기] 단추를 클릭한다. Top View에서 메인 툴바의 Circle( ) 툴을 클릭하여 'Center of circle:' 옵션에서 0을 입력하고 Enter 를, 'Diameter:' 옵션에 85를 입력하고 Enter 를 눌러 원을 그린다. 원을 그릴 때 기본적인 셋팅 값이 'Radius'로 설정된 경우가 있으니 확인해야한다.

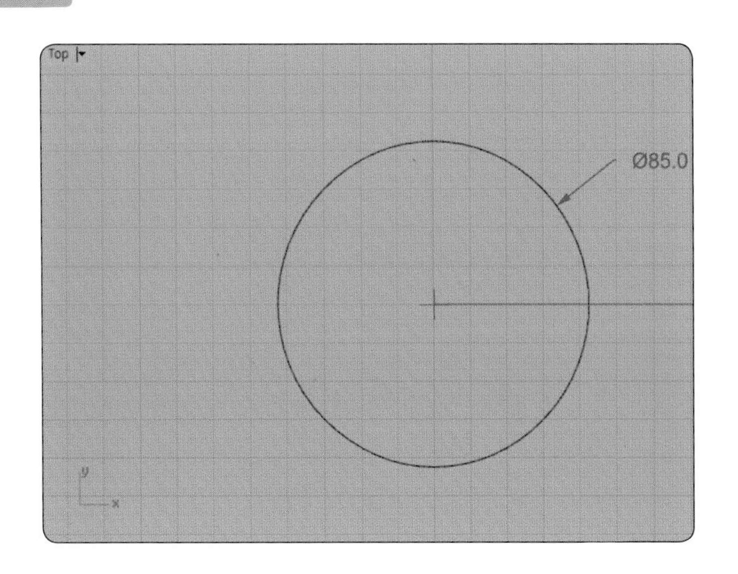

02 Front View에서 Alt 를 누르고 파란색 검볼을 클릭하여 입력 창이 나타나면 10을 입력하고 Enter 를 누르면 위쪽으로 복사한다.

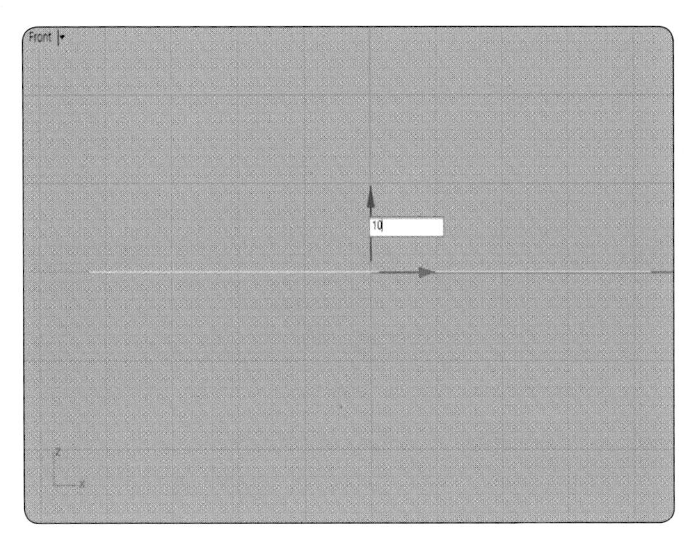

03 Top View에서 메인 툴바의 Circle( ) 툴을 이용해 중심을 0,0으로 하는 지름(Diameter) 79의 원을 그린다.

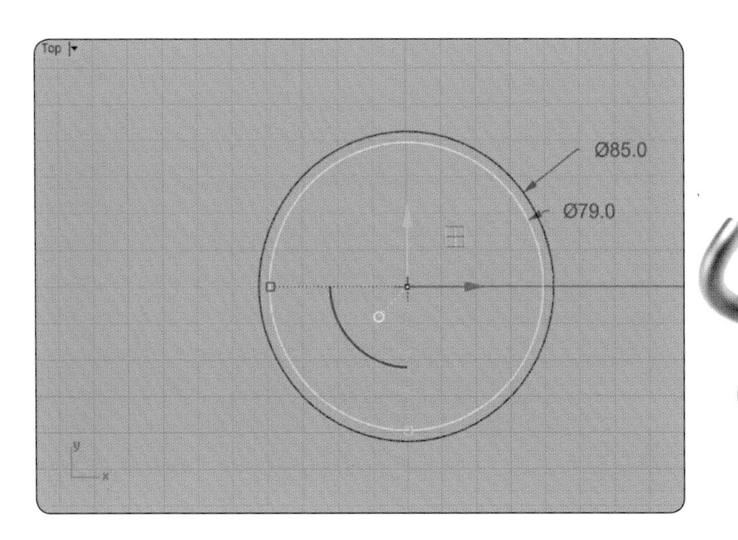

04 Front View를 활성화하고 앞에서 만든 지름 79의 원을 선택한 후 검볼의 파란색 축(Y축으로 이동)을 클릭하여 13을 입력한 후 이동시킨다.

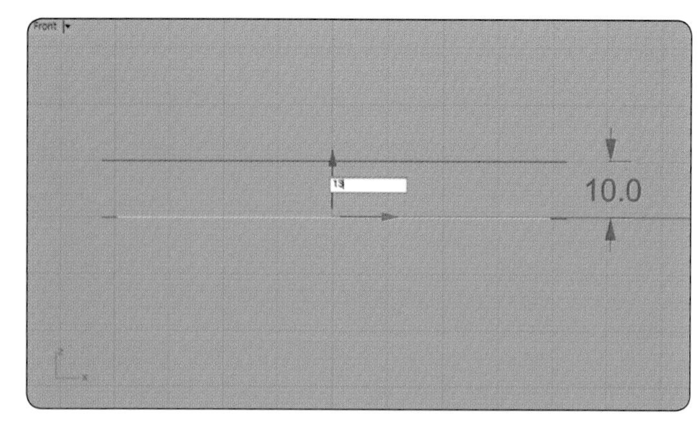

05 위로 13만큼 이동시킨 원 ❸을 선택하고 Alt를 누른 상태에서 검볼의 파란색 축을 클릭한 후 입력창에 '69'를 입력하여 위쪽으로 이동 복사한다.

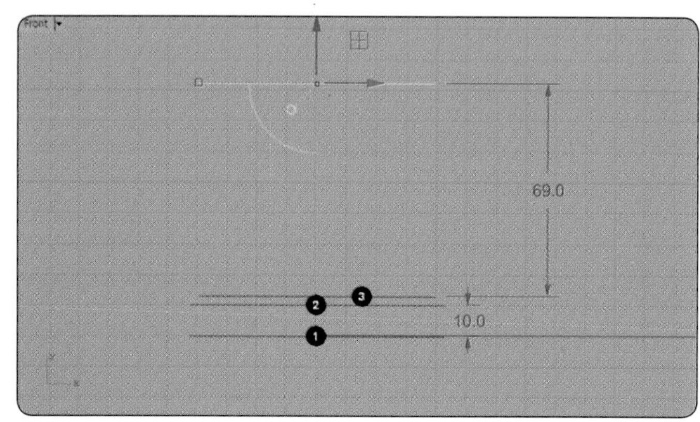

06 탭 툴바에서 Surface Tools를 클릭한 후 메인 툴바에서 Loft() 툴을 클릭한 후 아래쪽 커브로부터 ❶, ❷, ❸, ❹커브를 순서대로 클릭하고 Enter 를 누른다. 중요한 것은 흰색 화살표가 동일 방향을 향하고 있어야 한다. 화살표의 방향이 한 방향으로 되어있지 않다면 마우스로 화살표를 누르거나 옵션에서 Flip(반전)을 한 다음 Enter 를 누른다.

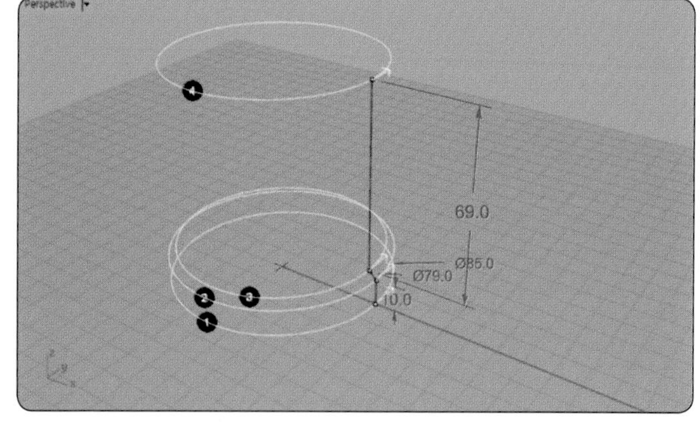

07 Loft Options 대화상자가 나타나면 Style을 클릭한 후 Straight sections을 선택하고 Preview로 바뀐 형상을 확인하고 [OK] 단추를 클릭한다.

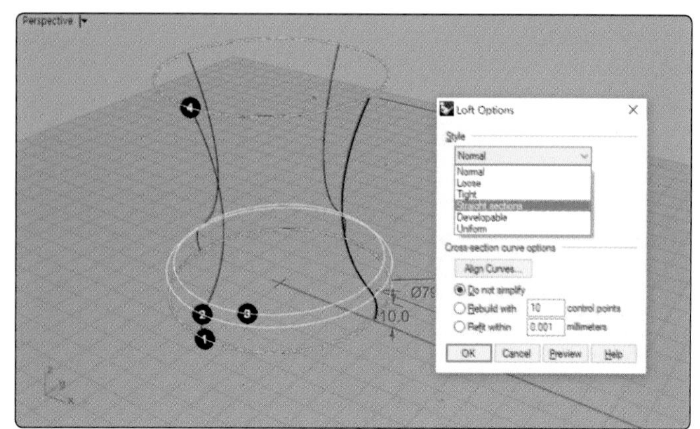

08 위와 아래가 뚫려있으므로 탭 툴바에서 Solid Tools 〉 Cap Planar holes( ) 툴을 선택하여 커맨드 창에 'Select surfaces or polysurfaces to cap:' 옵션이 나타나면 끝막음을 할 서피스를 선택한 후 Enter 를 눌러 윗면과 아랫면이 모두 막혀있는 솔리드로 변경한다.

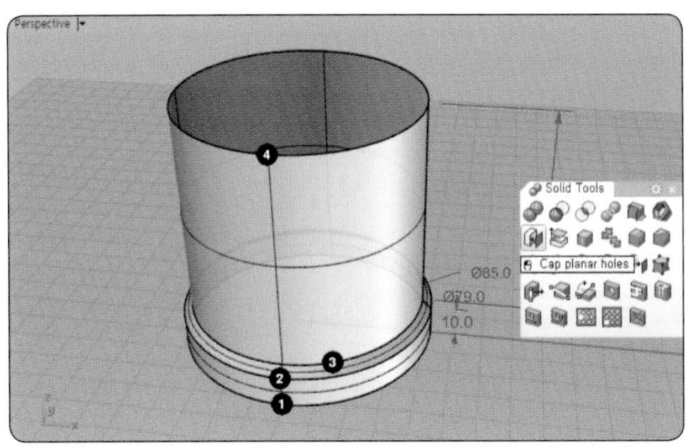
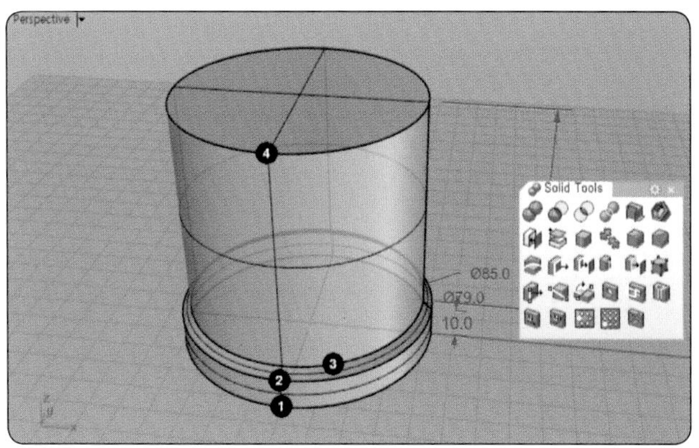

09 탭 툴바에서 Solid tools 〉 Variable radius fillet( )을 선택하여 커맨드 창에서 'Select edges to fillet:' 옵션에서 'Next radius' 옵션 값을 '2'로 변경하고 ❶, ❷번 모서리를 선택한 후 Enter 를 2번 눌러 모서리를 둥글게 변경한다.

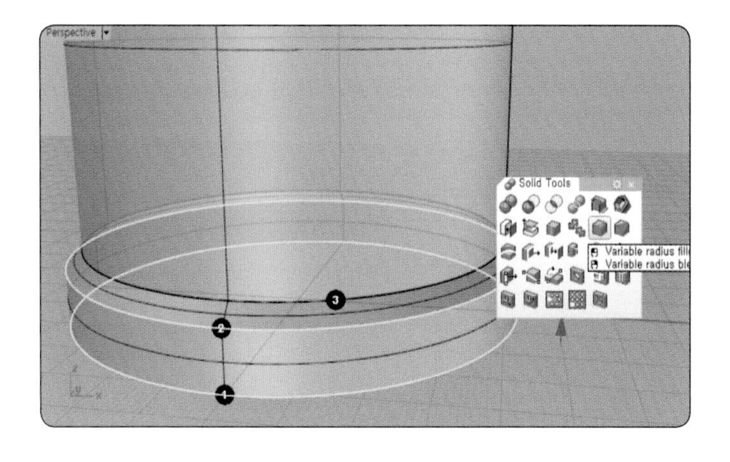

10 반복해서 Enter 를 누르면 방금 사용했던 명령을 다시 사용할 수 있다. 커맨드 창의 옵션에서 'Next radius'의 값을 1로 변경하고 ❸번 모서리를 선택한 후 Enter 를 2번 눌러 모서리를 둥글게 만든다.

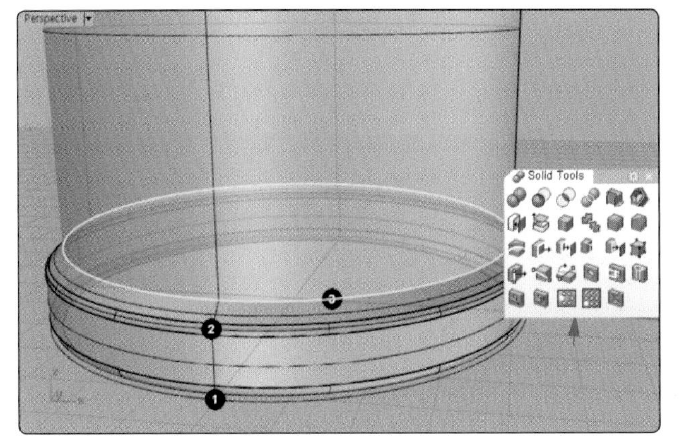
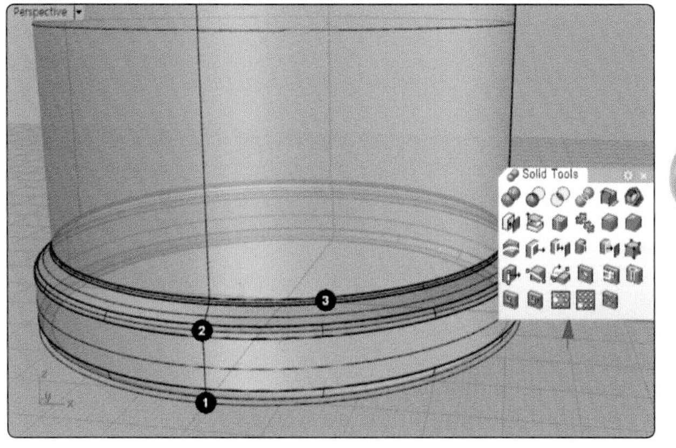

11 탭 툴바에서 Solid Tools 〉 Shell Closed polysurface( ) 툴을 선택하여 커맨드 창에 'Select faces to remove from closed polysurface. Leave at least one face unselected:' 옵션이 나타나면 원통의 윗면을 클릭하고 'Thicess' 옵션의 값을 4로 변경한 후 Enter 를 누르면 미니 커피 그라인더 몸통 부분을 완성된다.

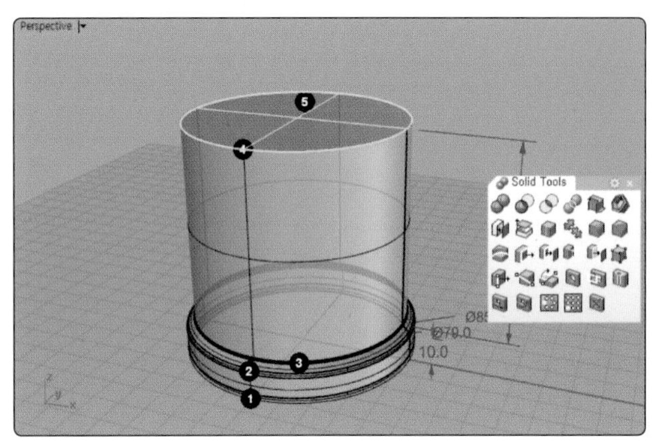

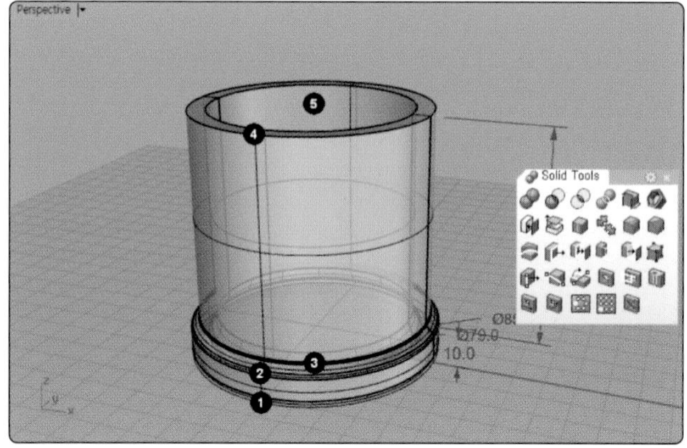

··· 커피그라인더 상단 캡 모델링

01 아무것도 선택되지 않은 상태에서 오른쪽 하단(P1)에서 왼쪽 상단(P2)으로 마우스 드래그하여 선택한다.

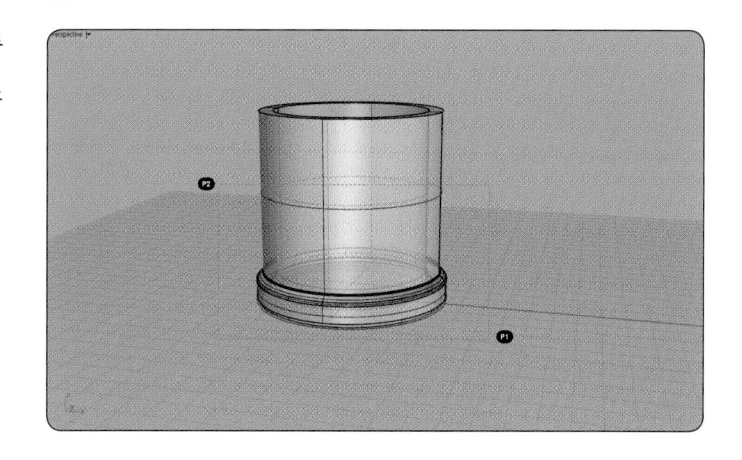

02 탭 툴바에서 Standard 〉 Hide object( ) 를 클릭해 선택된 오브젝트를 숨기고 지름 79인 원만 남긴다.

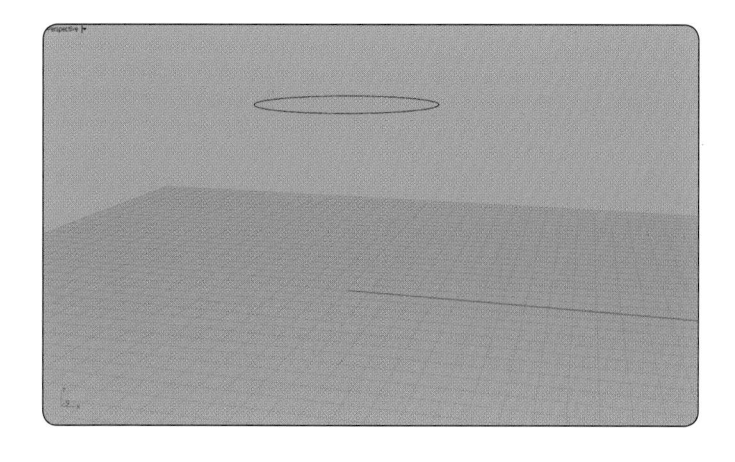

03 Osnap에서 Cen을 선택하고 메인 툴바에서 Circle Tools(◎) 툴을 클릭한 후 Top View에서 기존의 지름 79mm의 원(❶)을 클릭한 후 커맨드 창에서 'Diameter:' 옵션에 85를 입력하여 지름 85mm의 원(❷)을 그린다.

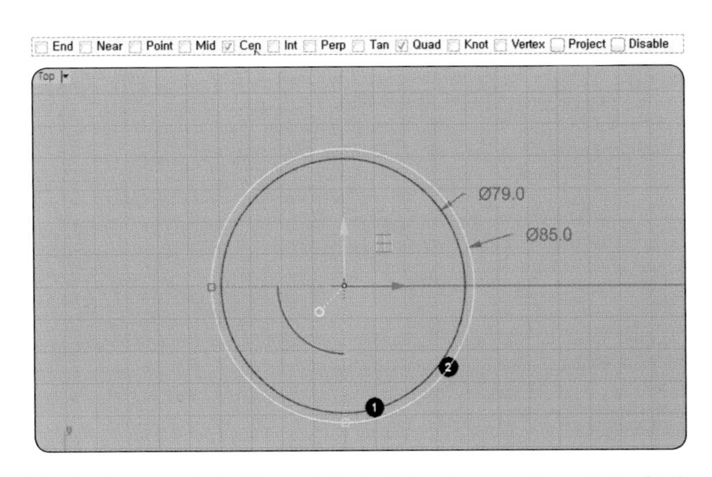

04 Front View에서 85mm의 ❷원을 검볼을 이용하여 3mm만큼 위로 이동시킨다. Front View에서 ❷원을 선택하고 Alt 를 누르고 있는 상태에서 검볼의 파란색 화살표(Y축의 화살표)를 클릭하여 높이 10mm만큼의 지름 85mm원을 복사한다.

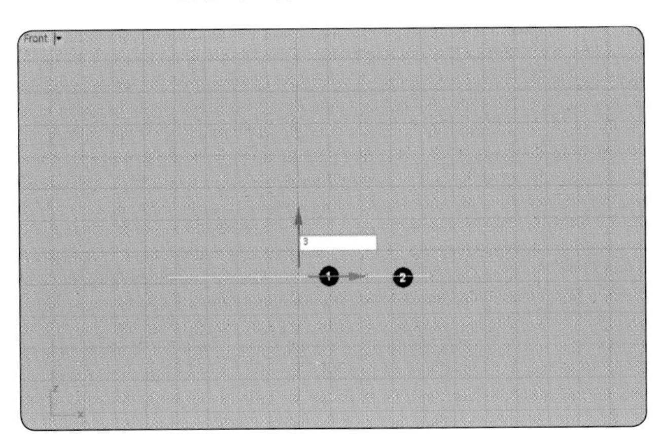

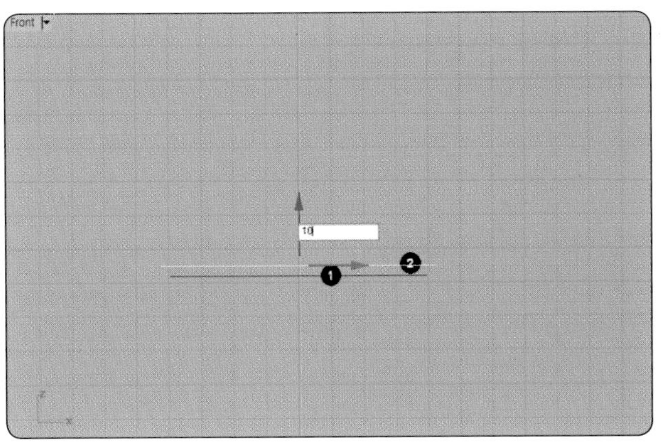

05 Front View에서 ❸번 원을 선택한 후 마우스 커서를 Top View로 옮겨간다. 메인 툴바에서 Circle(◎) 툴을 선택하고 지름 69mm의 원을 그리고 Front View에서 검볼의 파란색 화살표(Y축)을 클릭하여 5mm만큼 위로 이동하여 네 개의 커브를 만든다. 이때, 반드시 오브젝트 스냅의 Cen(중심점) 스냅이 체크되어 있어야 한다.

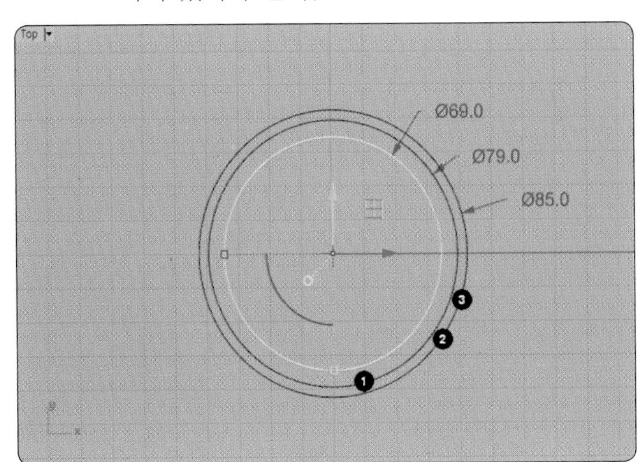

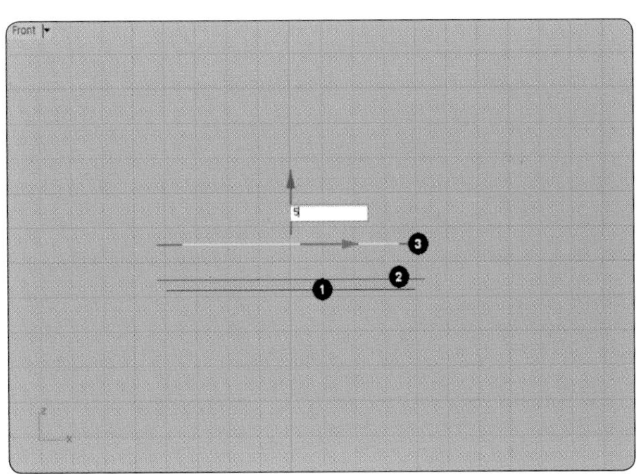

06 Perspective view에서 모두 4개의 커브가 완성되었다. 탭 툴바에서 Surface Tools 탭을 클릭하고 메인 툴바에서 Loft() 툴을 선택하고 맨아래 커브부터 차례로 4개의 커브를 선택하고 Enter 를 2번 누른다.

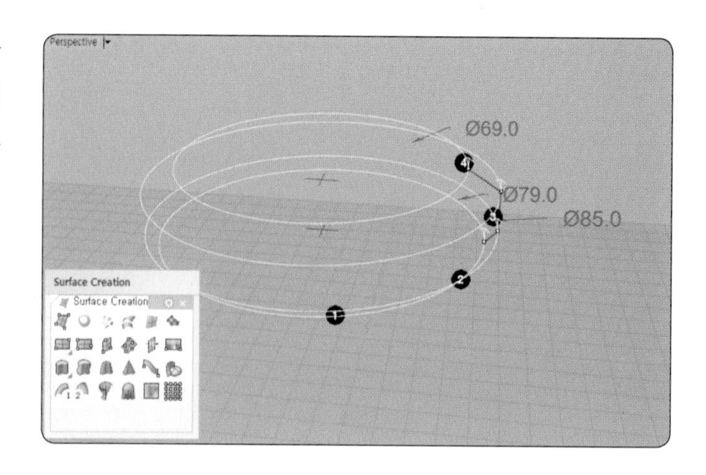

07 Loft Option 대화상자가 나타나면 'Style'을 'Straight sections'으로 선택하고 [OK] 단추를 클릭한다.

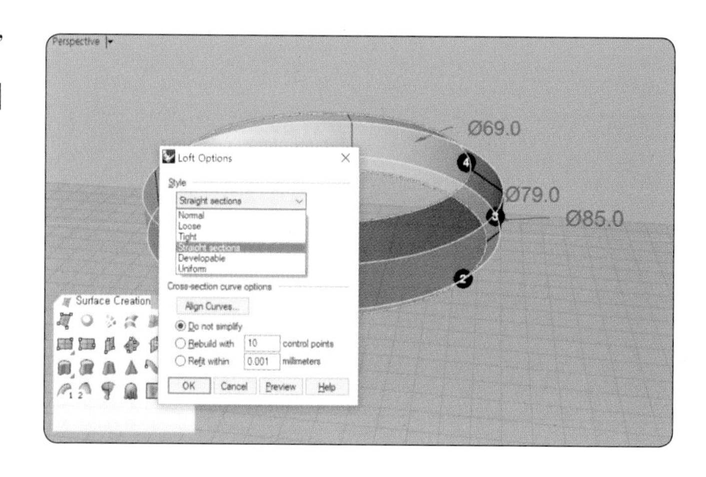

08 탭 툴바에서 Surface Tools 〉 Offset Surface() 툴을 클릭하고 폴리서피스를 클릭한 후 Enter 를 누른 후 커맨드 창의 옵션에서 'Distance=5', 'Corner= Sharp', 'Solid=Yes'로 설정하고 Enter 를 누르면 5mm 두께를 가진 솔리드가 만들어진다.

bject to flip direction. Press Enter when done (Distance=5 Corner=Sharp Solid=Yes Tolerance=0.01 DeleteInput=Yes FlipAll):

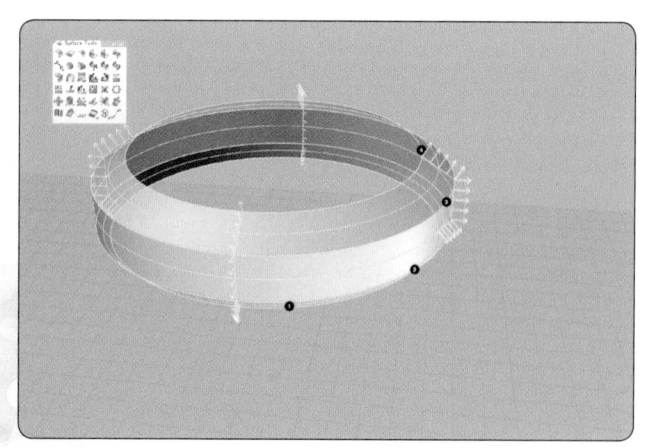

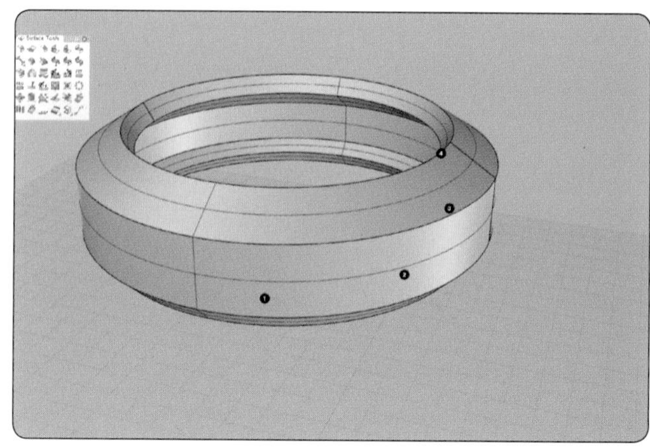

09 탭 툴바에서 Solid tools 〉 Variable radius fillet( ) 툴을 클릭하고 커맨드 창의 옵션에서 'Next radius' 값을 2로 변경하고 ❷, ❸번 모서리를 모두 선택한 후 Enter 를 2번 눌러 서피스 모서리를 곡선으로 처리한다.

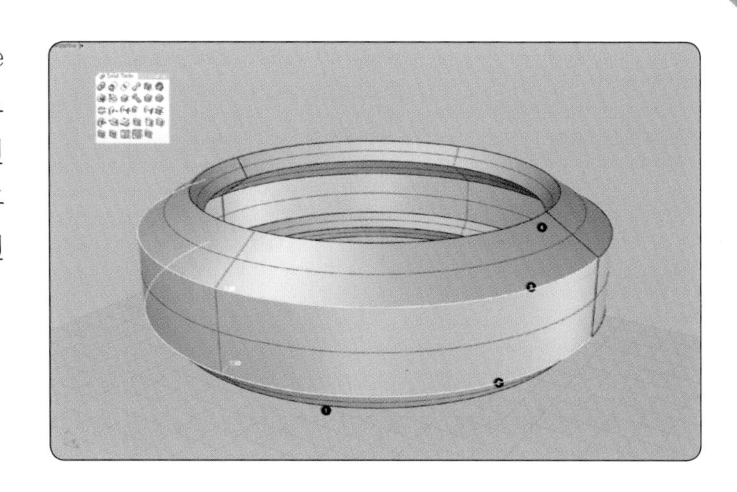

10 탭 툴바에서 Standard 〉 Hide object( ) 툴을 이용해서 ❹번 커브만 남기고 ❶, ❷, ❸번 커브를 숨겨준다.

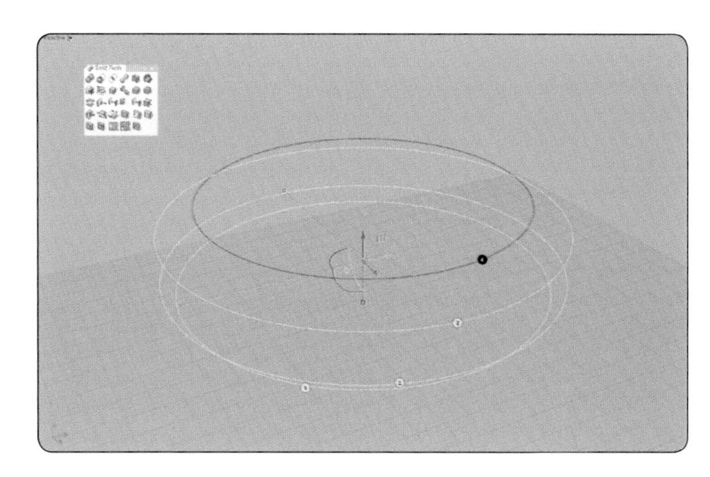

11 기존에 만들어 두었던 지름 69mm ❹ 커브를 Osnap의 Cen에 체크하고 Alt 를 누른 상태에서 파란색 화살표(Y축 화살표)를 클릭한 후 입력 필드에 2를 입력하여 위로 복사한다.

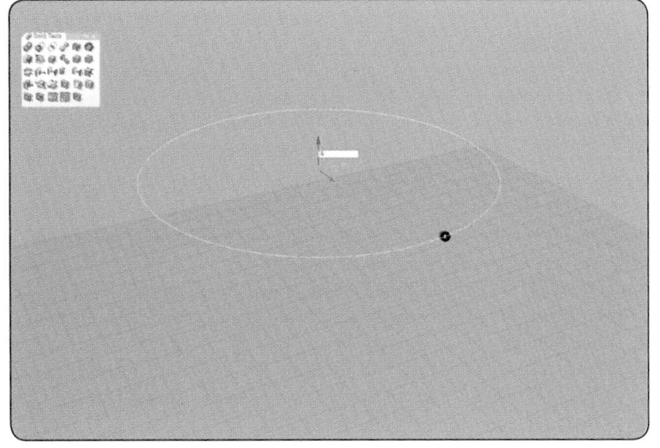

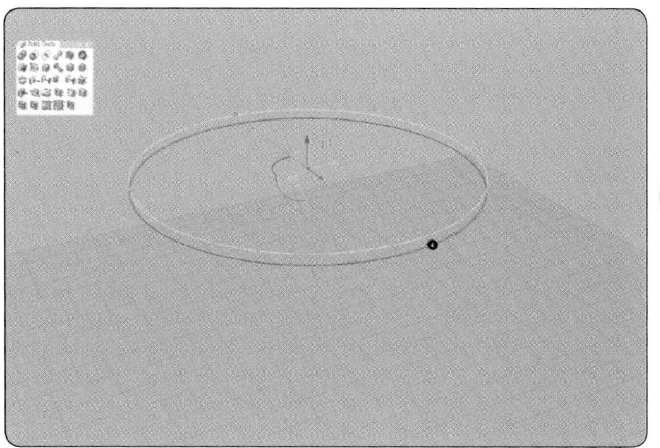

12 Osnap의 Cen에 체크한 후 Perspective View에서 Circle(⊙) 툴로 ❺번 커브를 클릭하고 커맨드 창의 'Diameter'를 '57'로 변경한 후 Enter 를 눌러 ❻번 커브를 만든다.

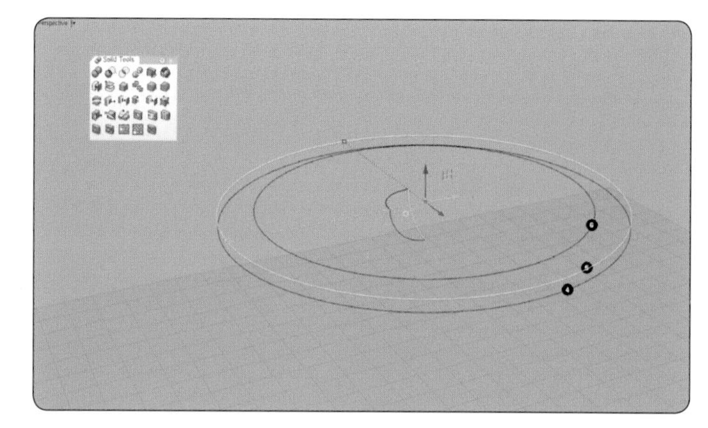

13 Osnap의 Cen에 체크한 후 Perspective View에서 Circle(⊙) 툴로 ❻커브의 클릭하고 커맨드 창에서 'Diameter' 옵션의 값을 '52'로 입력하고 Enter 를 눌러 ❼번 커브를 만든다. 다시 ❼번 커브를 선택하고 검볼의 파란색 화살표(Y축)을 선택하여 1만큼 위로 이동시킨다.

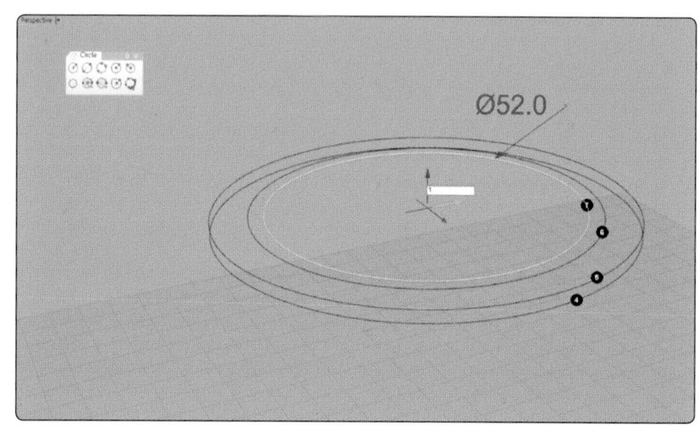

14 앞에서와 같은 방법으로 ❼번 커브를 중심으로 지름(Diameter) 42의 원(❽)을 그린 후 Alt 를 누른 상태로 검볼의 파란색 화살표(Y축 화살표) 클릭하여 3만큼 위로 복사하여 ❾번 커브를 만든다.

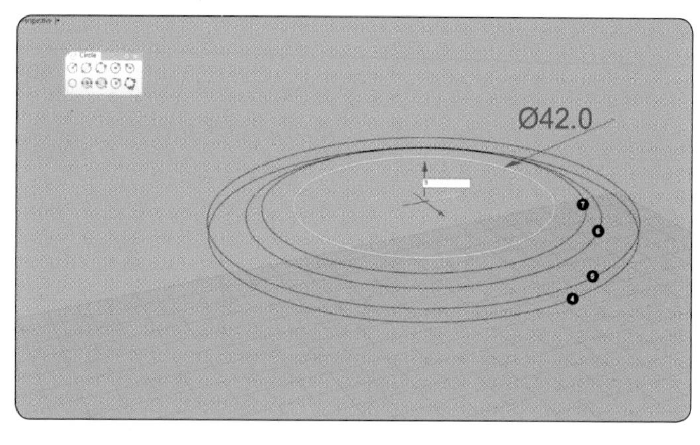

15 앞에서와 같은 방법으로 ❾번 커브를 중심으로 지름(Diameter) 28인 ❿번 커브를 만든다.

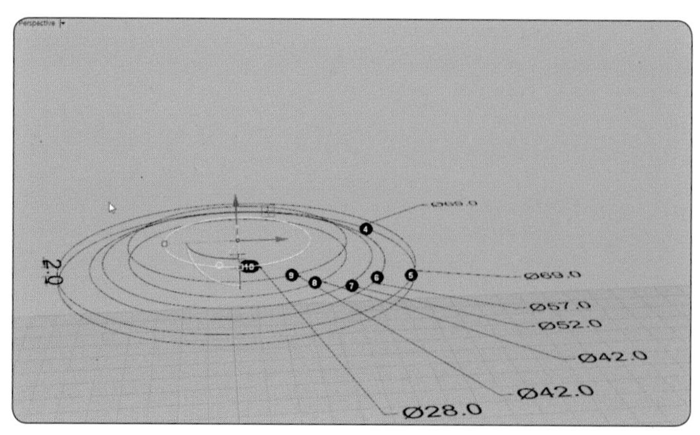

16 탭 툴바에서 Surface Tools 툴을 선택하고 메인 툴바에서 Loft( ) 툴을 클릭한 후 커브를 아래쪽부터 순차적으로 선택하고 Enter 를 2번 누른다. Loft Options 대화상자가 나타나면 'Style'을 'Straight sections'을 선택한 후 [OK] 단추를 클릭해 서피스로 변경한다.

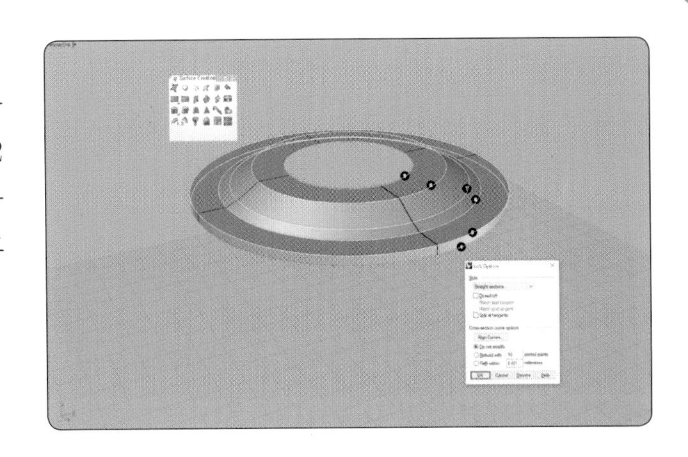

17 탭 툴바에서 Solid Tools > Variable radius fillet( ) 툴을 선택하고 서피스의 모서리 ❺와 ❽를 클릭한 후 커맨드 창의 'Next Radius' 옵션 값을 '0.5'로 변경한 후 Enter 를 2번 눌러 곡면으로 처리한다.

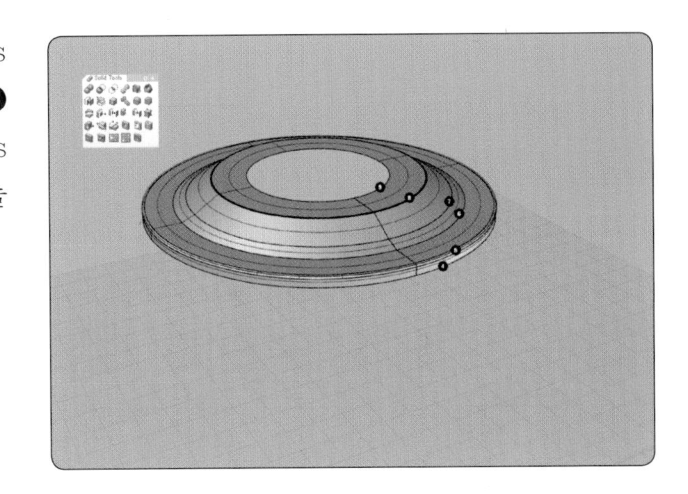

18 탭 툴바에서 Surface Tools > Offset Surface ( ) 툴을 선택한 후 서피스를 선택하고 Enter 를 2번 누른 후 커맨드 창의 옵션에서 'Distance=2', 'Corner=Round', 'Solid=Yes'로 되어있는지 확인하고 화살표 방향이 그림과 반대 방향일 경우 FlipAll 옵션을 클릭하여 반전시킨 후 Enter 를 눌러 두께가 2mm인 스틸캡 하단 부분을 완성한다.

Select object to flip direction. Press Enter when done (Distance=2 Corner=Sharp Solid=Yes Tolerance=0.01 DeleteInput=Yes FlipAll):

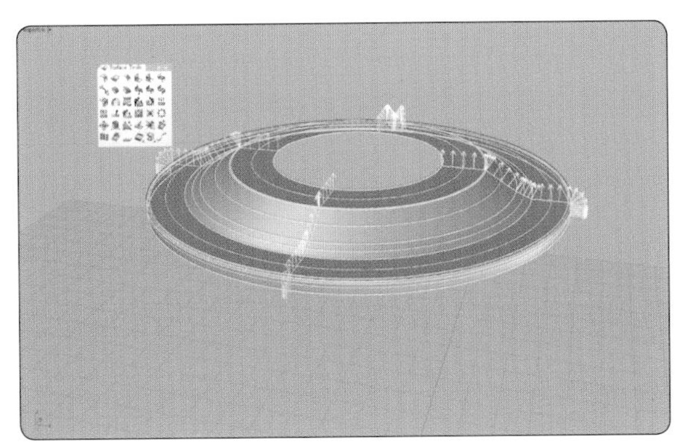

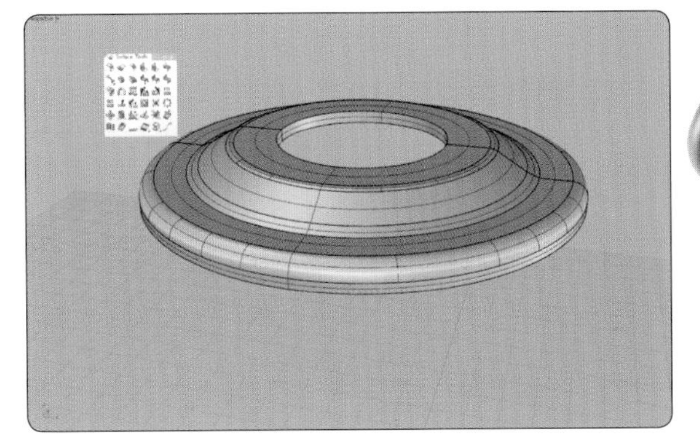

01 아무것도 선택되지 않은 상태에서 오른쪽 하단(P1)에서 왼쪽 상단(P2)으로 마우스로 드래그한 후 탭 툴바에서 Standard 〉 Hide Objects( ) 툴을 클릭하여 모든 객체를 숨긴다.

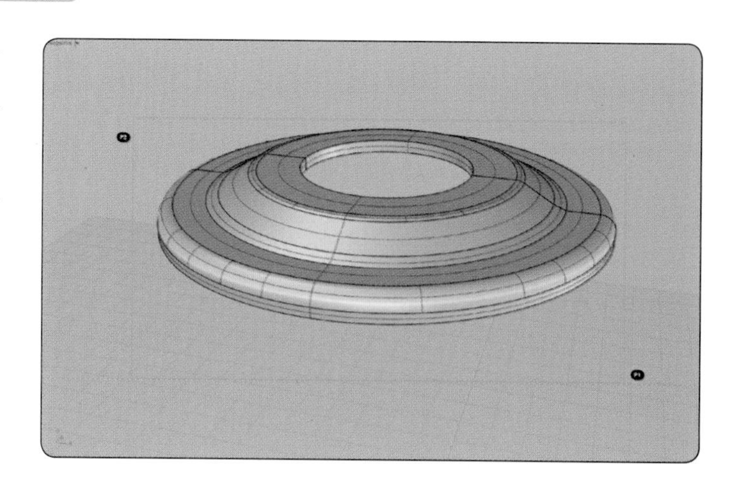

02 Perspective View에서 메인 툴바의 Circle( ) 툴을 이용해 절대 좌표 값으로 원을 그려보자. Circle( ) 툴을 클릭한 후 'Center of circle' 옵션에서 0 ,0,106을 입력하고 Enter 를 누르고 'Diametner' 옵션에서 '36'을 입력하여 원을 그린다.

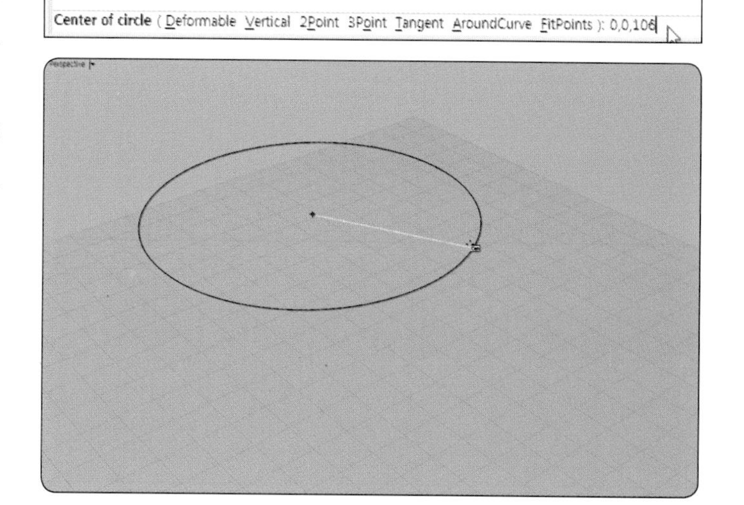

03 계속해서 Enter 를 누르고 Osnap에 Cen이 체크되어 있는지 확인한 후 ❶번 커브를 클릭하고 'Diameter:' 옵션에서 '70'을 입력하고 Enter 를 눌러 ❷커브를 만든다.

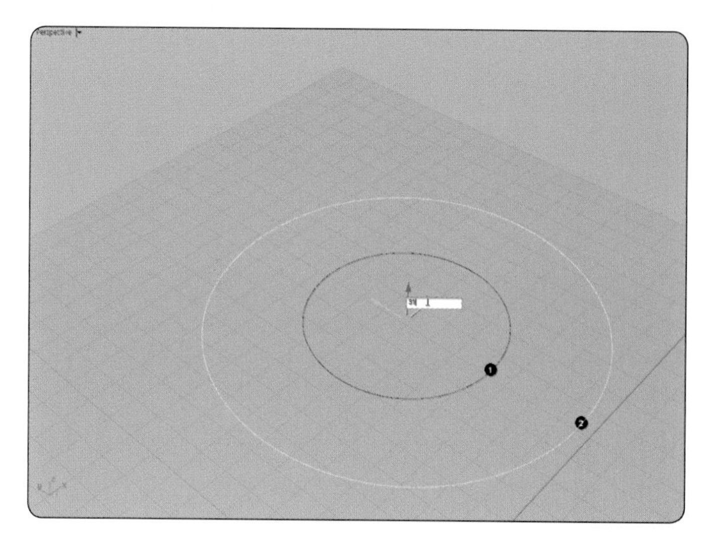

04 70mm의 원(❷)을 검볼을 이용하여 Y축으로 31만큼 위로 이동시킨다.

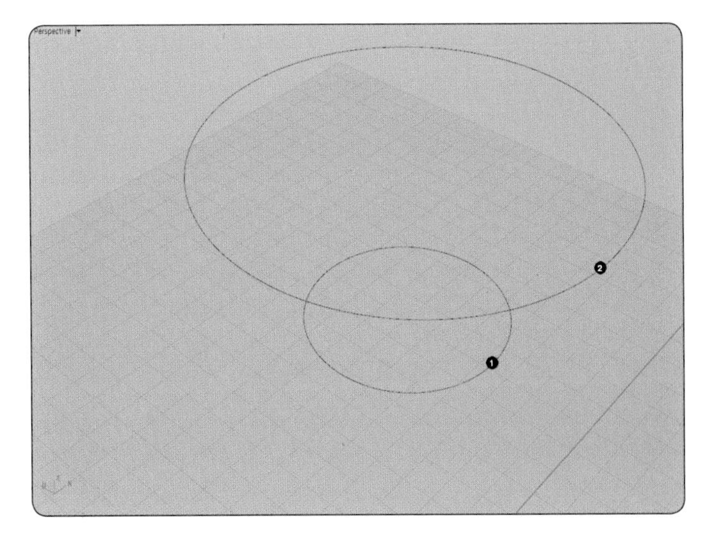

05 Circle( ) 툴을 클릭하고 Osnap의 Cen을 체크한 후 70mm의 원(❷)을 클릭하고 지름(Diameter) 77mm의 원(❸) 커브를 만든다.

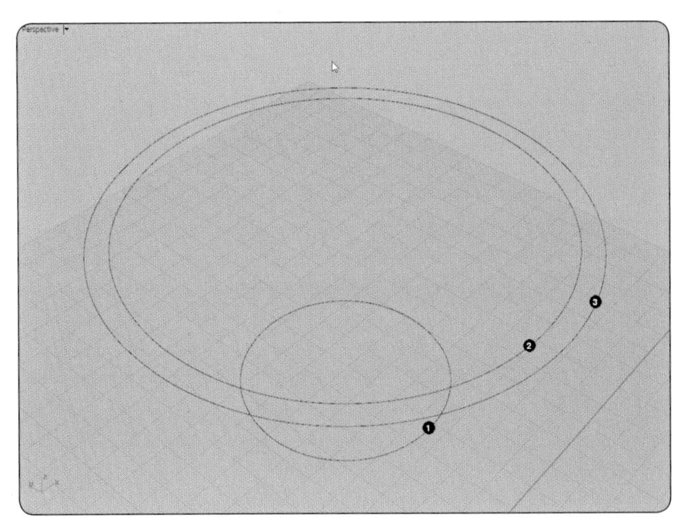

06 ❸커브 선택하고 검볼을 이용하여 2만큼 위로 이동시킨다.

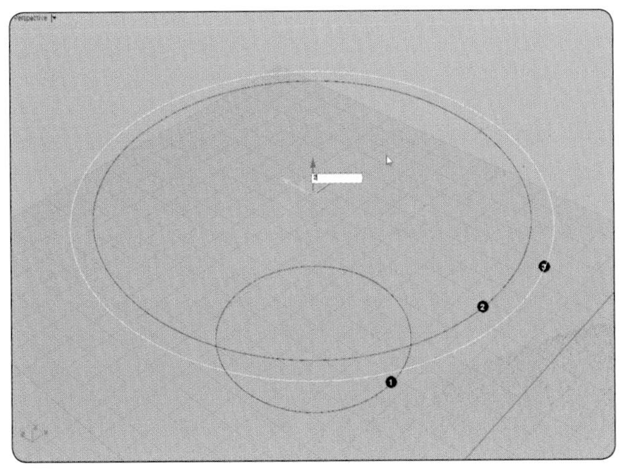

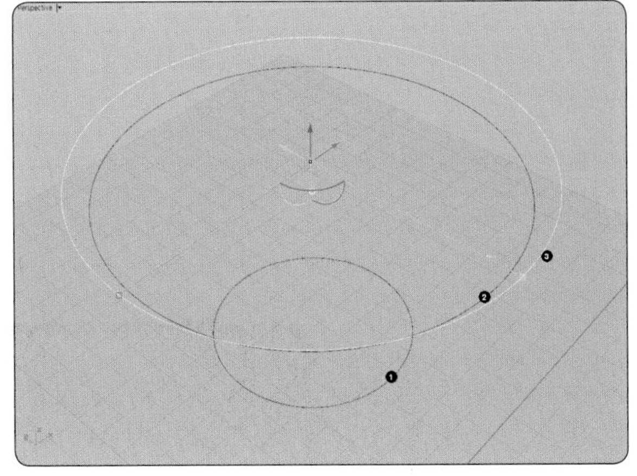

07 ❸ 커브를 Alt 를 누른 상태에서 파란색 화살표를 클릭하고 입력 필드에 2를 입력하여 위로 이동 복사해서 ❹ 커브를 생성한다.

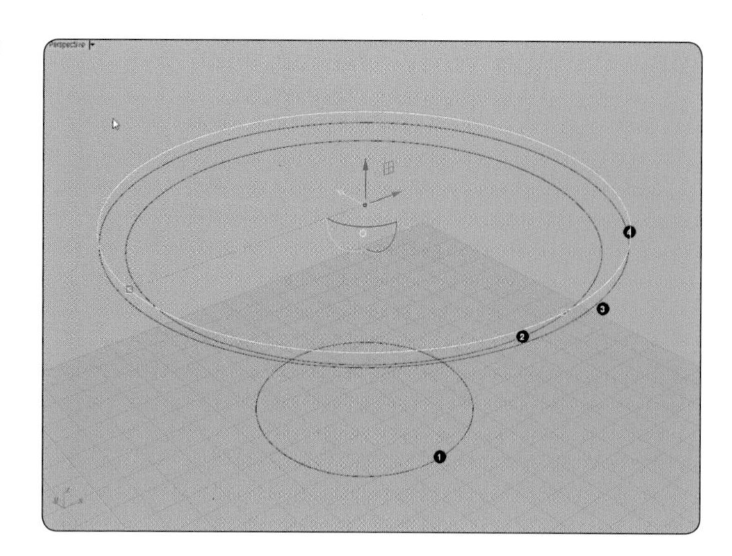

08 메인 툴바에서 Curve: Interpolate points( ) 툴을 클릭하고 Osnap에서 Quad만 체크한 후 Front View에서 ❶번 커브(사분점) P2과 ❷번 커브(사분점) P2를 순서대로 클릭하고 Enter 를 눌러 연결한다.

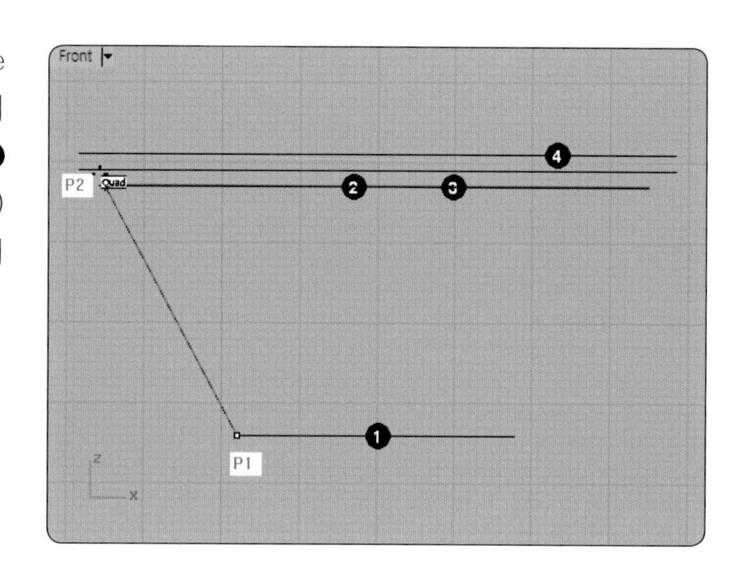

09 반대쪽에도 같은 방법으로 커브를 연결한다.

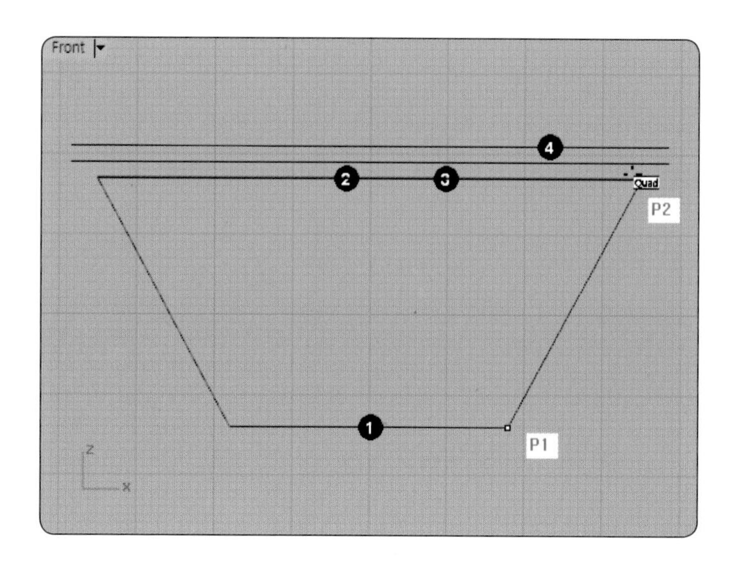

10 ❺커브를 선택하고 탭 툴바에서 Curve Tools 〉 Points on( ) 툴 또는 F10 을 눌러 포인트를 활성화한다.

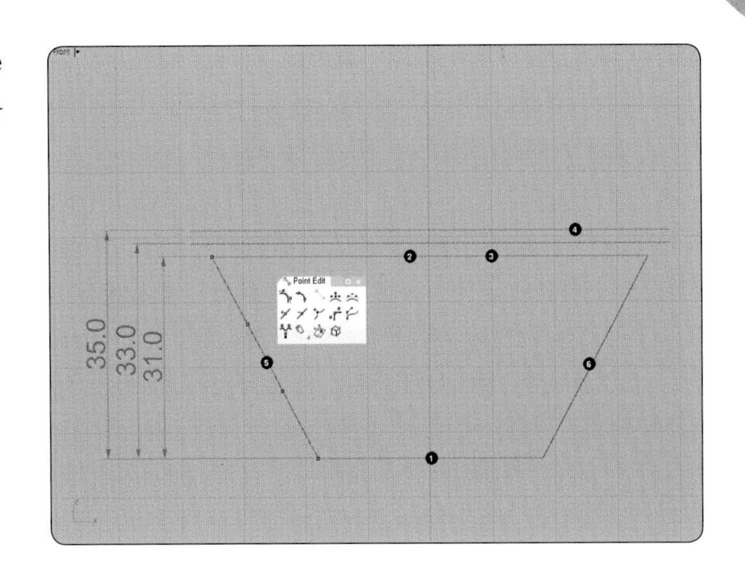

11 ❺커브의 활성화된 포인트 2개를 왼쪽 P1에서 오른쪽 P2 방향으로 드래그하여 선택한다.

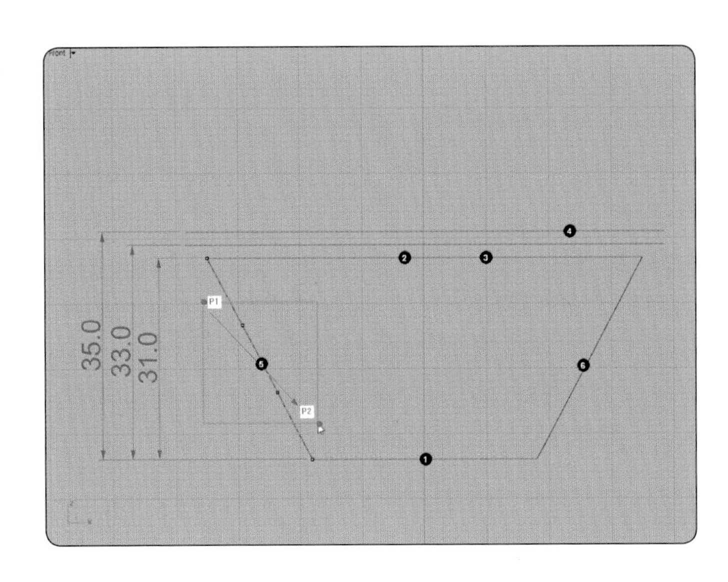

12 Front View에서 X(빨간색)축을 클릭하여 입력 창에 -5를 입력한 다음 Enter 를 누른다.

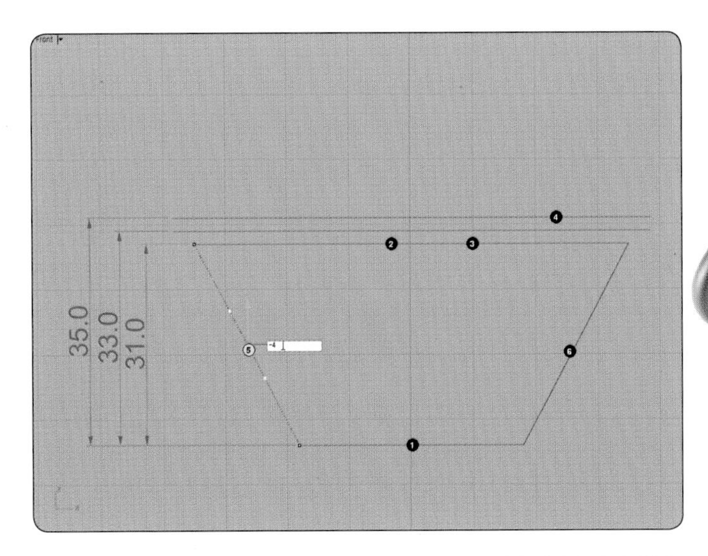

13 ❻번 커브도 동일한 방법으로 X(빨간색) 축을 클릭하여 입력 창에 5를 입력한 다음 Enter 를 누른다.

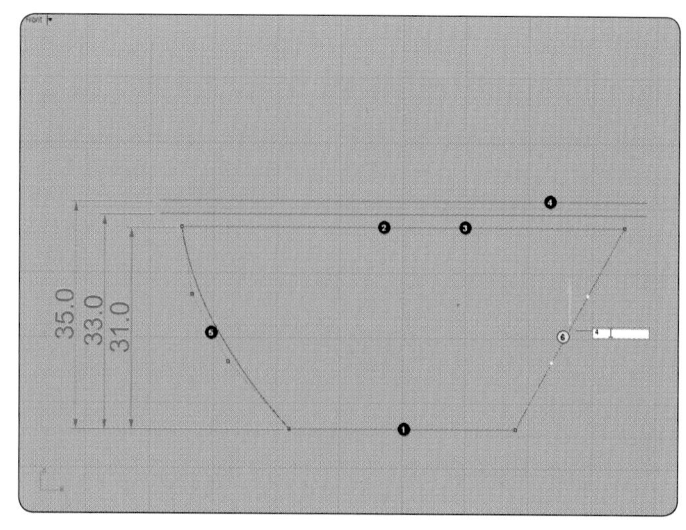

14 탭 툴바에서 Curve Tools 〉 Points on( ) 툴을 마우스 오른쪽 버튼으로 클릭하거나 F11 을 눌러 포인트를 끈다. 탭 툴바에서 Surface Tools 탭을 클릭하고 메인 툴바에서 Sweep 2Rails( ) 툴을 클릭하여 'Select first rail:' 옵션에서 ❺, ❻ 커브를 레일로 선택하고 Enter 를, 'Select cross section curves:' ❶, ❷번 커브를 선택하고 Enter 를 2번 누르고 Sweep 2 Rail Options 대화상자가 나타나면 [OK] 단추를 클릭해서 서피스를 생성한다.

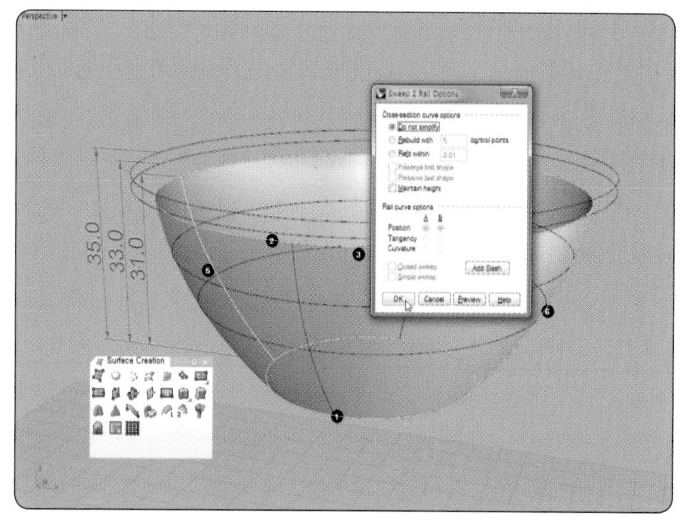

15 탭 툴바에서 Surface Tool 탭을 클릭한 후 메인 툴바에서 Loft( ) 툴을 클릭하고 ❷, ❸, ❹의 커브를 아래쪽부터 순차적으로 선택하여 서피스로 만든 후 전체를 드래그하여 선택한 후 Join( ) 툴로 합쳐준다.

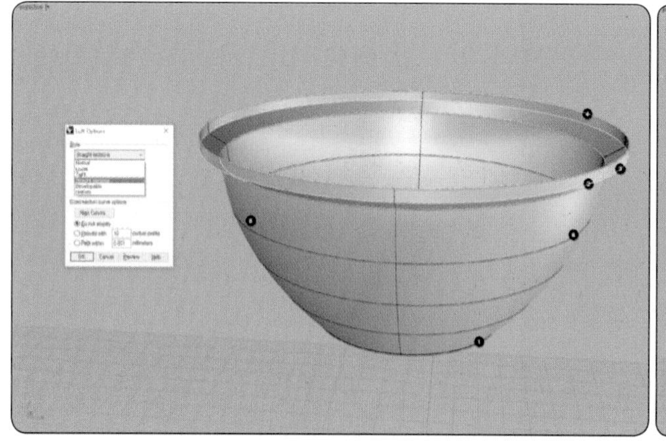

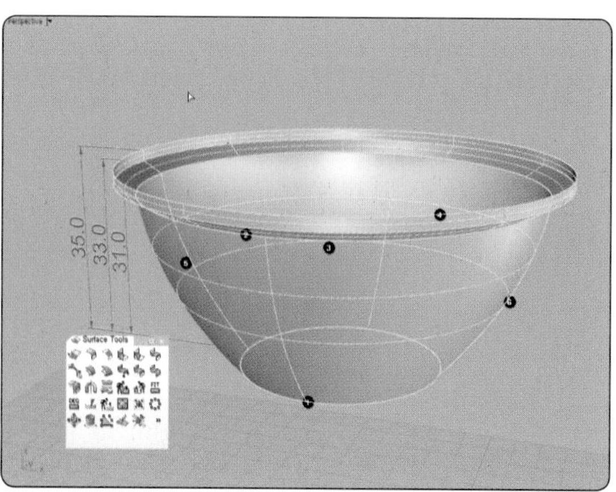

16 탭 툴바에서 Surface Tools 〉 Offset Surface( )를 클릭하고 커맨드 창의 옵션에서 'Distance=2', 'Corner=Round', 'Solid=Yes'로 변경하고 Enter 를 눌러 바깥쪽으로 2mm간격으로 복사한다.

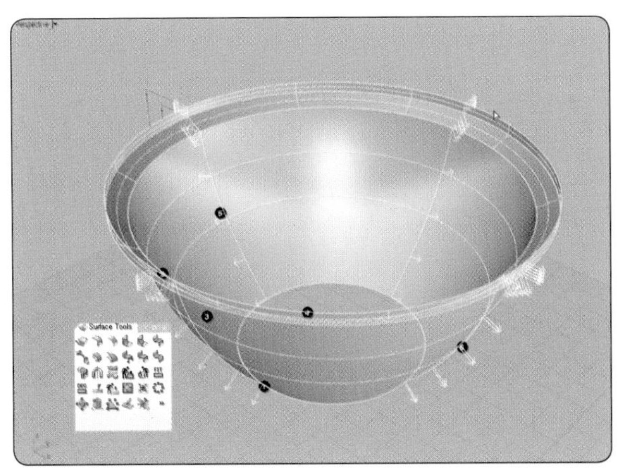

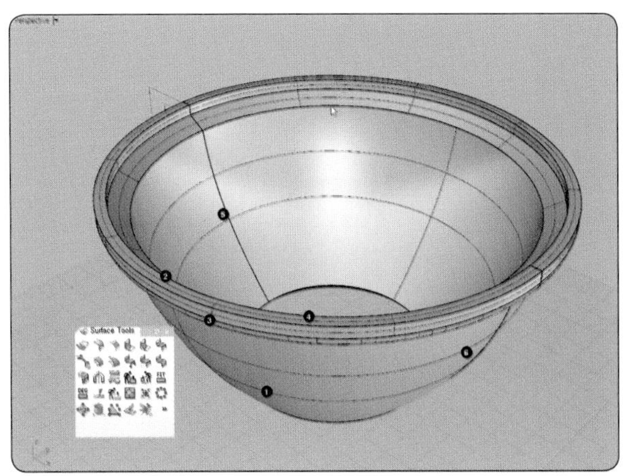

17 탭 툴바에서 Solid tools 〉 Variable radius fillet( ) 툴을 클릭하고 커맨드 창의 옵션에서 'Next radius'의 값을 '1'로 변경한 후 Enter 를 눌러 서피스의 모서리 부분을 곡면으로 처리한다.

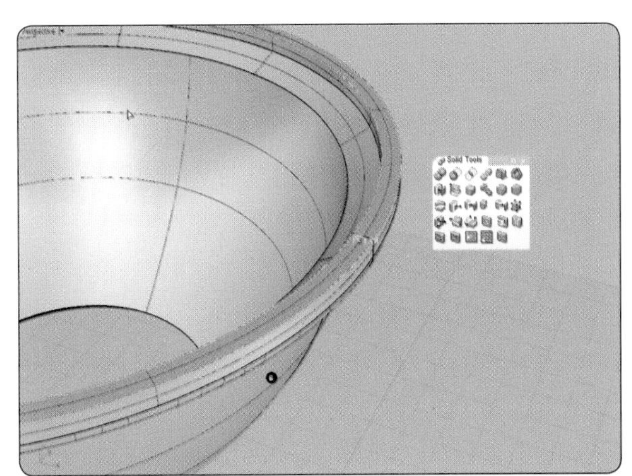

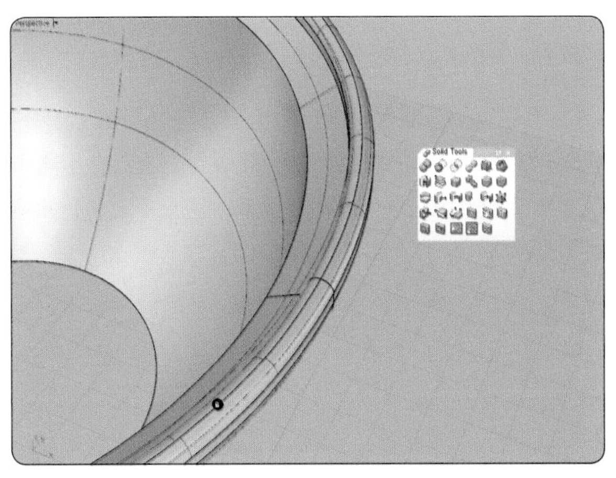

18 커맨드 창에서 Show 명령을 입력하여 제작 중인 전체적인 부품 모델링을 표시한다.

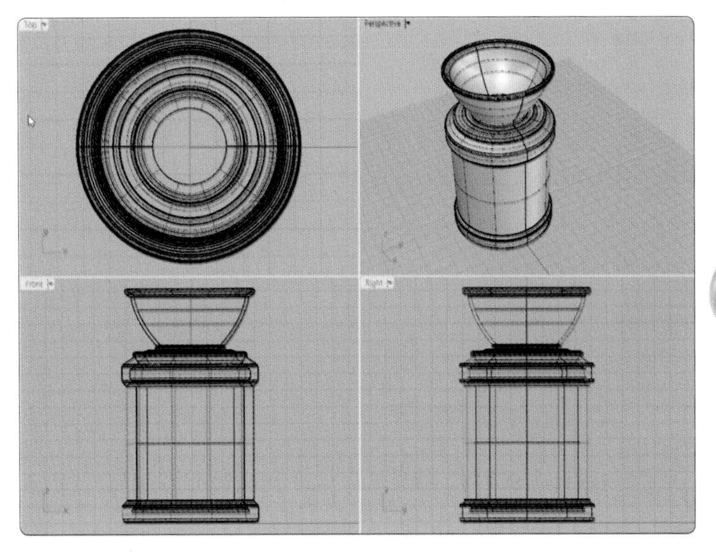

01 커피그라인더 내부의 힌지와 손잡이 부분의 부품 모델링을 해 보자. 핸드 그라인더 몸통의 스틸 커버만 남기고 모두 숨긴다. Perspective View에서 메인 메뉴의 Circle(⊙) 툴을 선택한 후 오브젝트 스냅의 Cen(중심점)을 선택한 다음 스틸 커버의 윗면 안쪽 커브를 중심으로 지름 18.5인 원을 그린다.

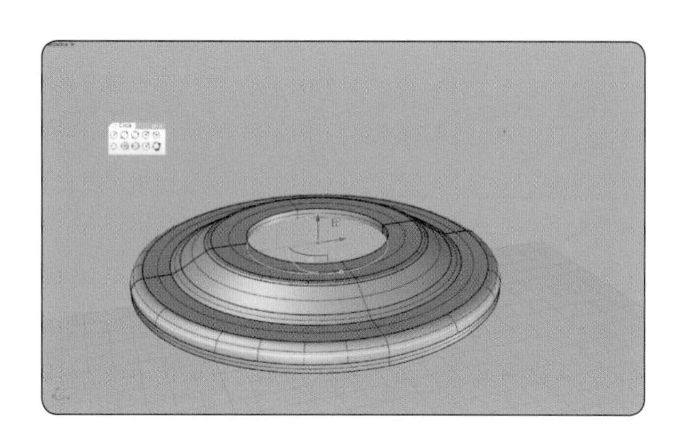

TIP

Invert select and hide selection은 [Hide] 안에 있는 세부적인 명령어로 선택하지 않은 것들을 숨기는 기능을 한다.

02 검볼의 파란색 축을 마우스 클릭해서 23만큼 위쪽으로 이동시킨다.

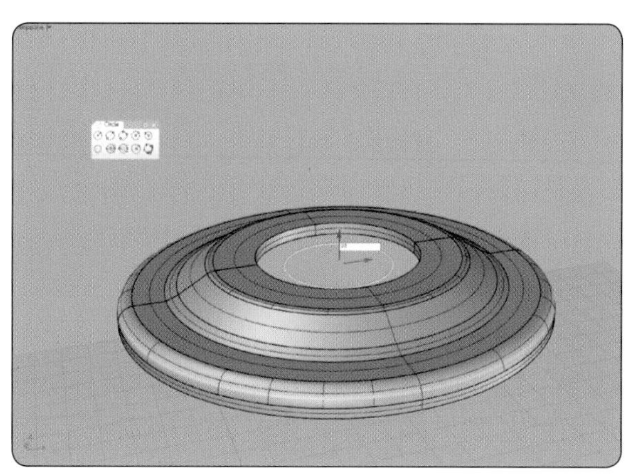

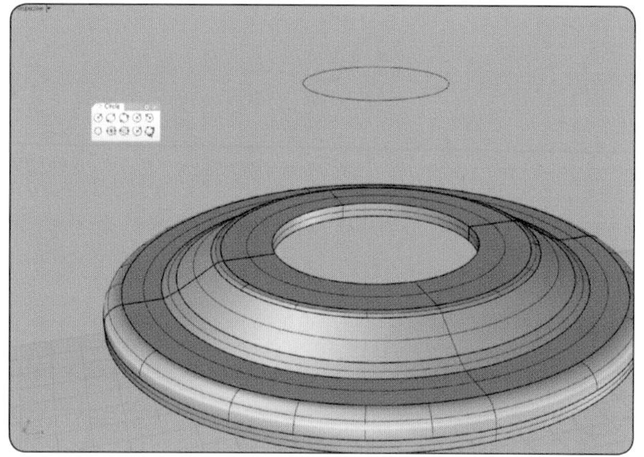

03 Osnap을 Quad에 체크를 하고 Polyline(⋀) 툴을 선택한다. 원의 사분점에서 수평 방향으로 4.8, 스틸 커버 원의 사분점에서 23만큼 수직으로 만나는 커브를 그린다. 메인 툴에서 Rectangle: Center, Corner(▣) 툴을 선택하고 중심점을 기준으로 가로 18.5, 세로 10의 사각형을 그린다.

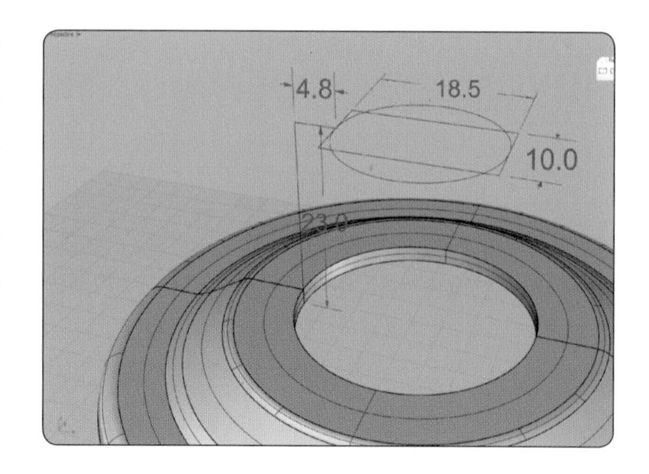

04 원과 직사각형이 만나는 부분은 Trim(![]) 툴을 이용해서 그림과 같이 정리하고 Join(![]) 툴로 합쳐준다.

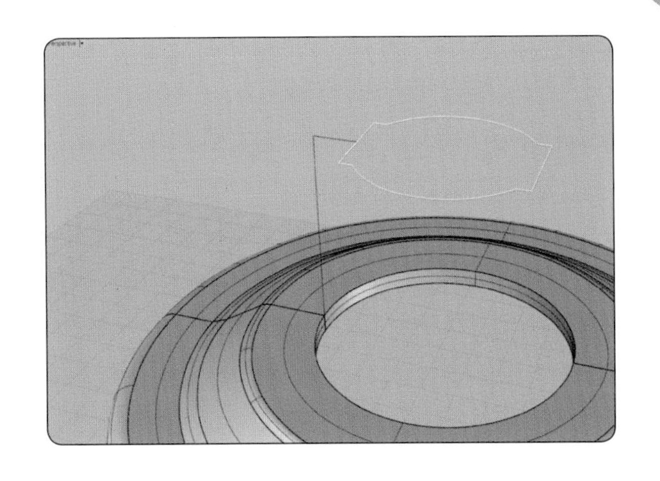

05 탭 툴바에서 Curve Tools 〉 Fillet Curves(![]) 툴을 선택하고 직각으로 만나는 커브를 커맨드 창의 옵션에서 반지름(Radius)의 값을 '2.5', 'Join=Yes' 설정한 후 둥글게 처리한다.

Select first curve to fillet (Radius=2.5 Join=Yes Trim=Yes ExtendArcsBy=Arc):

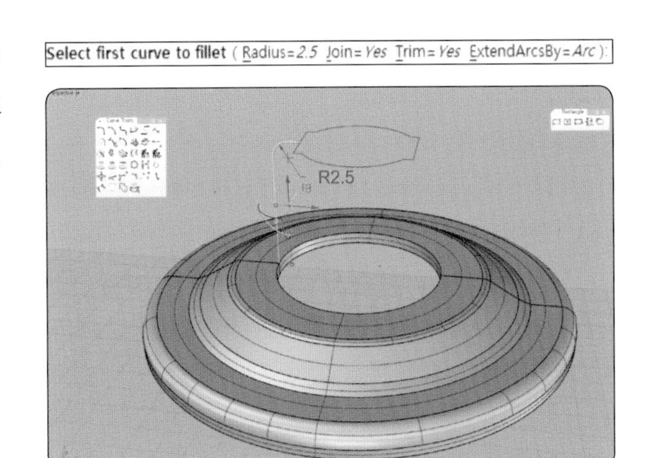

06 탭 툴바에서 Surface Tools를 클릭한 후 메인 툴바의 Extrude Straight(![]) 툴을 선택한다. 커맨드 창에서 'Bothside=Yes', 'distance=5'로 설정하여 선을 면으로 처리한다. 이 때 Osnap은 End로 선택한다. ❷ 커브는 메인 툴바에서 Surface from planar curves(![]) 툴을 클릭하여 평면으로 막아준다.

Extrusion distance <5> (Direction BothSides=Yes Solid=No DeleteInput=No ToBoundary SplitAtTangents=No SetBasePoint):

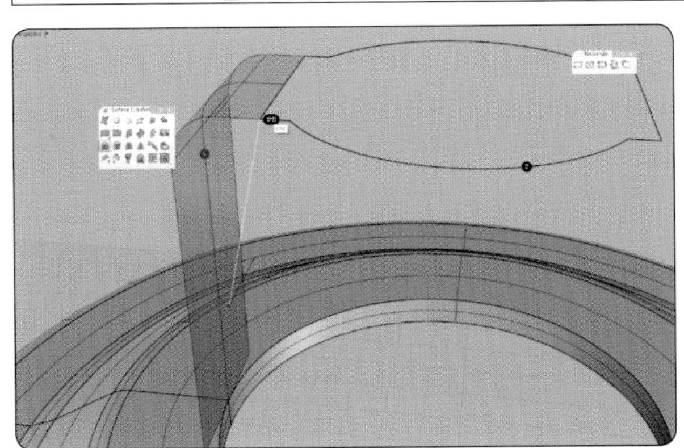

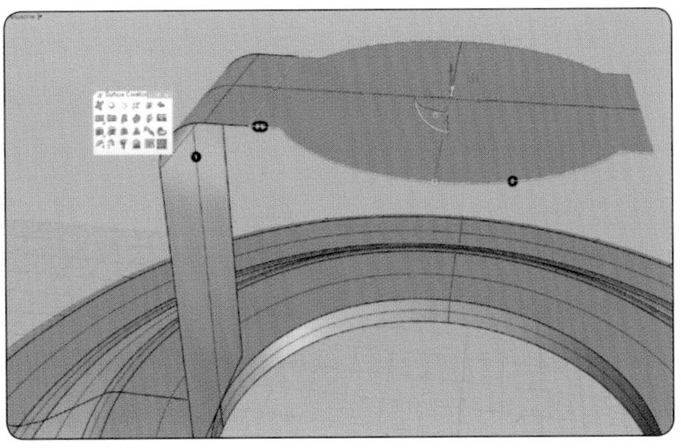

07 완성된 ❶, ❷서피스를 Shift 를 이용해 모두 선택하고 Offset Surface( ) 툴을 이용하여 안쪽 방향으로 1만큼 두께를 만들어준다.

Select object to flip direction. Press Enter when done (Distance=1 Corner=Sharp Solid=Yes Loose=No Tolerance=0.01 BothSides=No DeleteInput=Yes FlipAll):

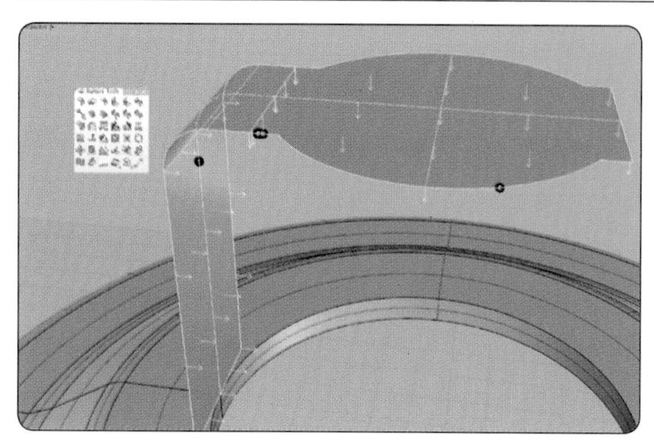

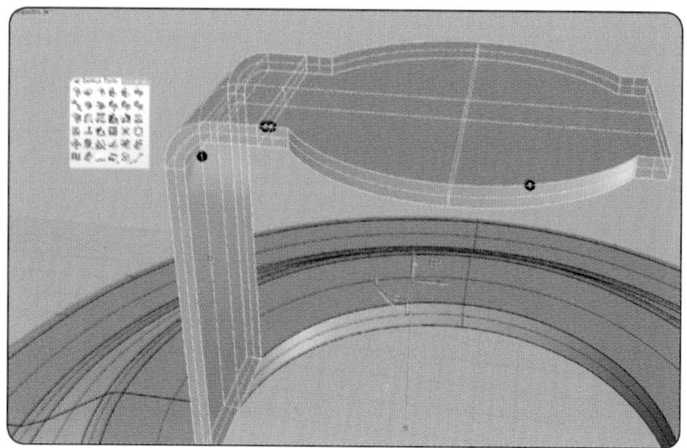

08 ❶을 선택한 후 탭 툴바에서 Tansform 〉 Mirror( ) 툴을 선택한다. Osnap을 Cen으로 설정한 후 ❷커브의 중심을 기준으로 대칭시킨 복사한 후 탭 툴바의 Solid Tools에서 BooleanUnion( ) 툴을 이용해서 하나의 솔리드로 완성한다.

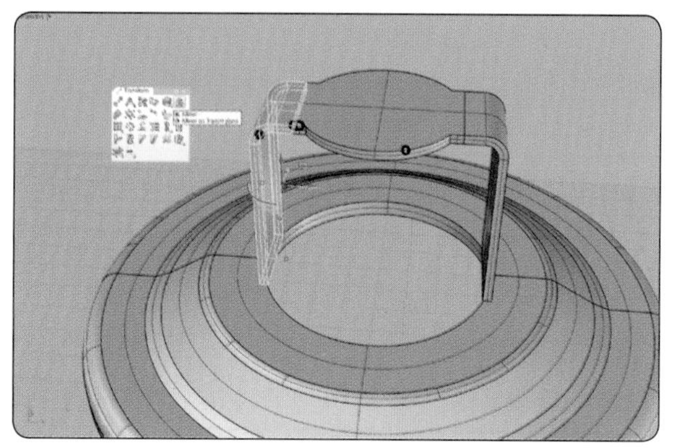

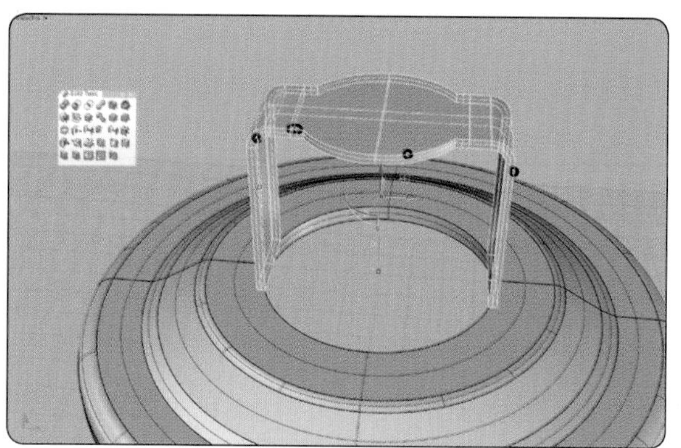

09 Osnap에서 Cen을 선택하고 ❷커브의 중심에 지름 12의 원을 그린 후 탭 툴바에서 Solid Tools을 선택한 후 Extrude closed planar curve( ) 툴을 이용해 위쪽으로 10만큼의 실린더를 만든다.

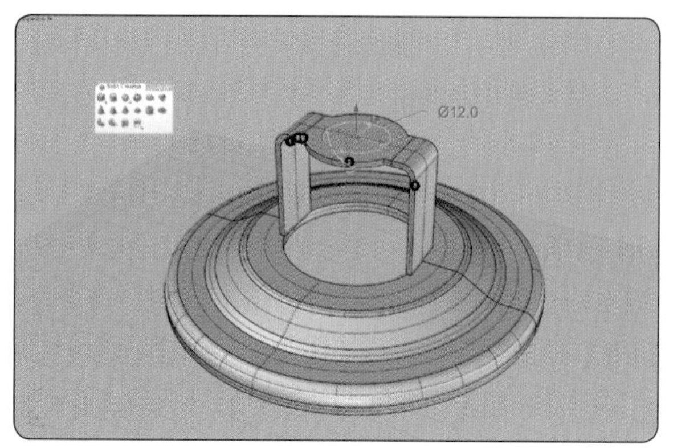

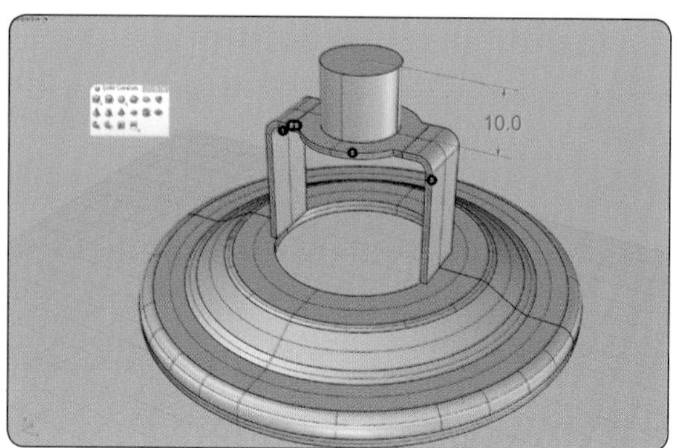

10 탭 툴바에서 Solid Tools를 선택한 후 메인 툴바의 Cylinder( ) 툴을 선택한다. Osnap에서 Cen을 선택한 후 지름(Diameter) 14와 높이 1의 실린더를 만든다.

Diameter <14.00> (Radius Circumference Area):

End of cylinder <1.00> (DirectionConstraint=Vertical BothSides=No):

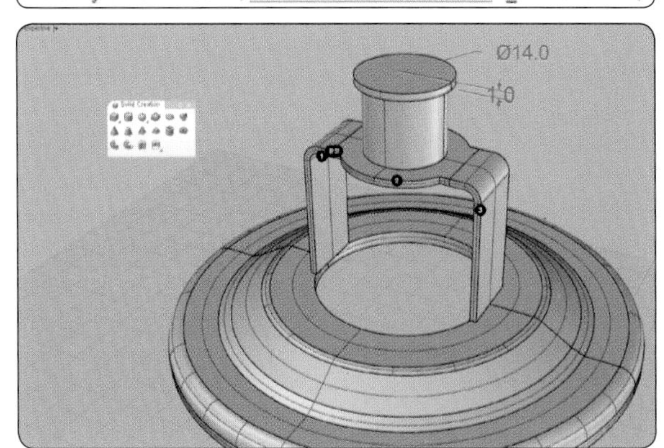

11 다음은 커피그라인더 분쇄기 축을 모델링하기 위해 직전에 만든 맨 위 실린더만 남기고 Hide 명령을 이용해서 모두 숨긴다. 실린더 밑면을 중심으로 지름 19와 지름 23인 두 개의 원을 그린다. 다음으로 Polyline( ) 툴을 선택하고 Osnap을 Quad로 체크한 후 원의 사분점에 P1, P2를 연결하는 라인을 그린 다음 탭 툴바의 Curve Tools 〉 Offset Curve( ) 툴로 양쪽으로 3만큼 복제한다.

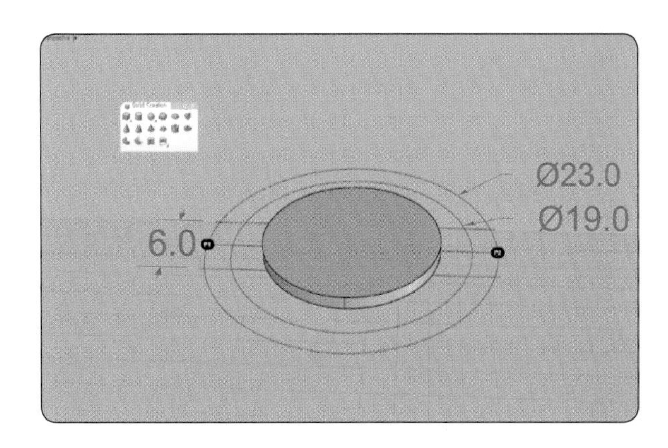

12 메인 툴바에서 Trim( ) 툴을 이용해서 그림과 같이 정리하여 와셔의 기본 커브 남기고 모두 제거한다.

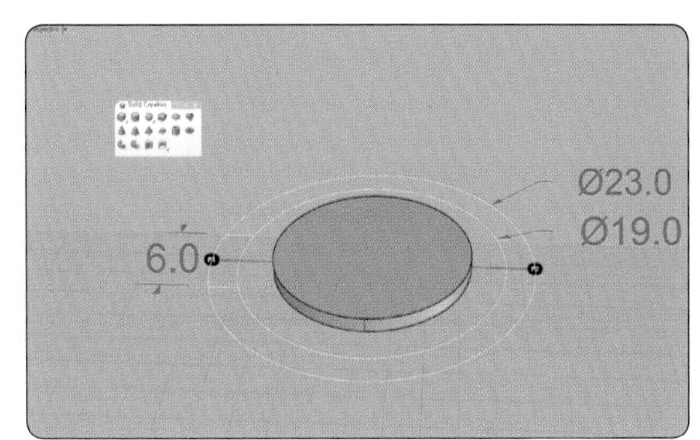

13 PolarArray( ) 툴을 선택하고 Osnap에서 Cen을 체크한다. ❶번 ❷번 커브을 원을 중심을 기준으로 360도 회전시켜 6개를 만들어준다.

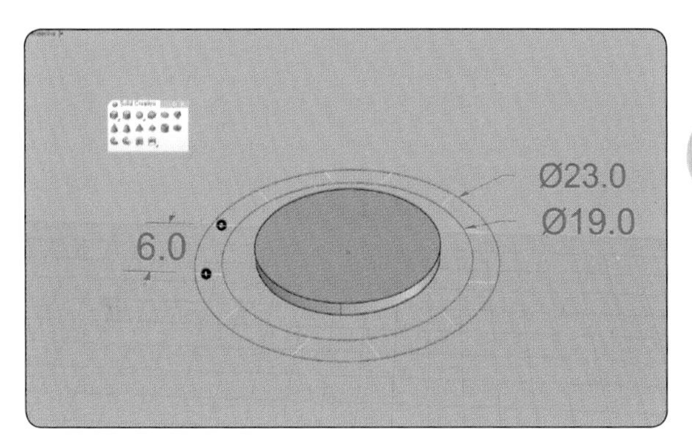

14

메인 툴바의 Trim( ) 툴로 선을 제거하여 그림과 같이 만든 후 Join( ) 툴로 묶어준다.

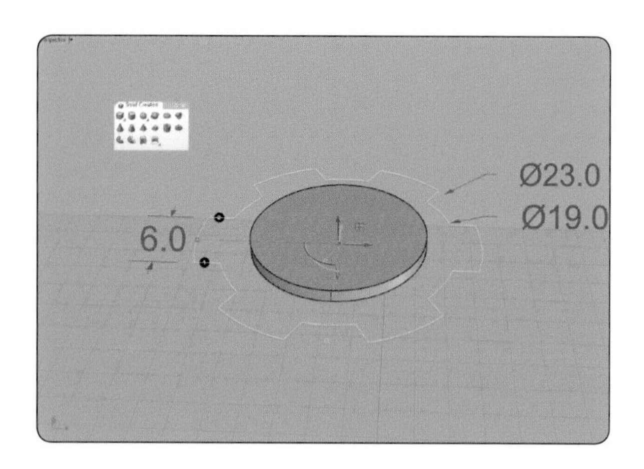

15

묶여준 커브는 탭 툴바의 Surface Tools를 선택한 후 Extrude closed planar curve( ) 툴로 높이 1만큼의 솔리드로 만든다.

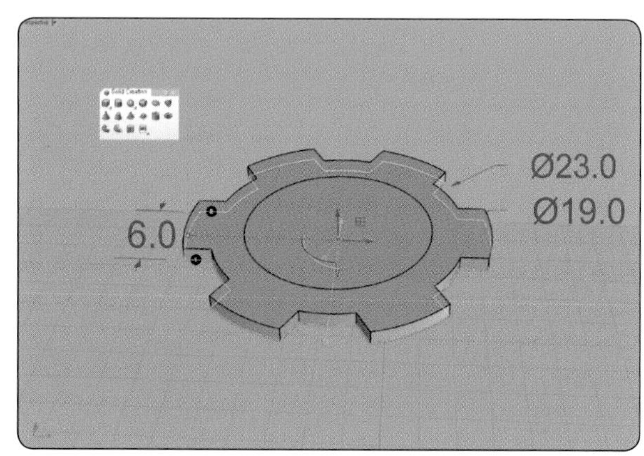

16

탭 툴바에서 Solid Tools 〉 Variable radius fillet( ) 툴을 이용하여 모든 모서리에 R값 0.4mm를 주어 부드럽게 변경한 후 안쪽에 있는 원 Hide 명령을 이용하여 숨긴다.

TIP

라이노는 어떤 명령이 실행되고 있는 중 Osnap과 같이 SelCrv, SelAll, SelDim의 명령을 입력할 수 있다. 명령에서 Sel은 선택의 의미이고, Crv는 커브, Srf는 서피스, Dim은 치수선이며, 한꺼번에 대상을 선택하고 싶을 때 이용한다. 명령 아이콘은 없고 오직 입력 명령어이다.

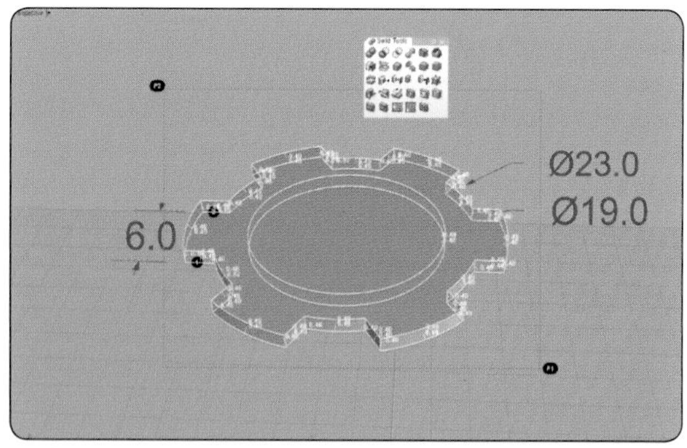

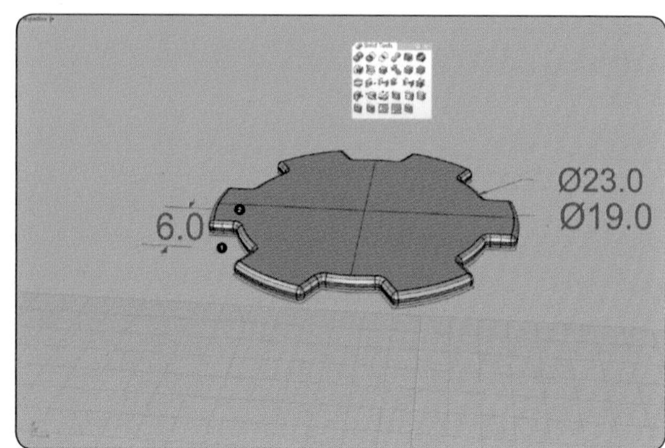

17 각각의 부품을 연결하는 축을 만들고 회전 스크류 및 부품 장치의 모델링을 해 보자. Circle( ) 툴을 선택하고 6각 와셔의 중심을 기준으로(Osnap을 Cen으로 설정) 지름 6의 원을 그린 후 검볼의 Y축(파란색 화살표)을 클릭하여 위로 6만큼 위쪽으로 이동시켜준다.

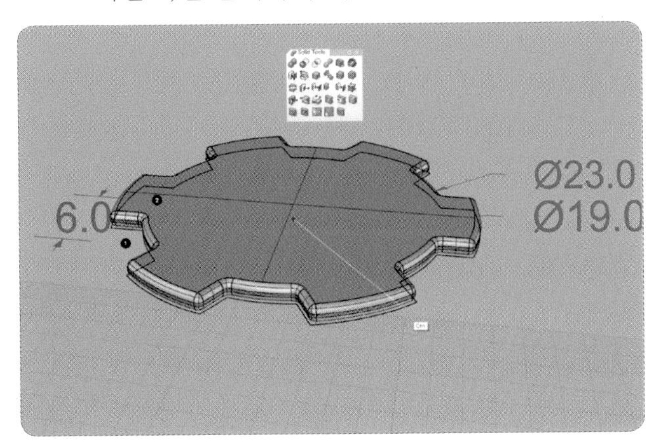

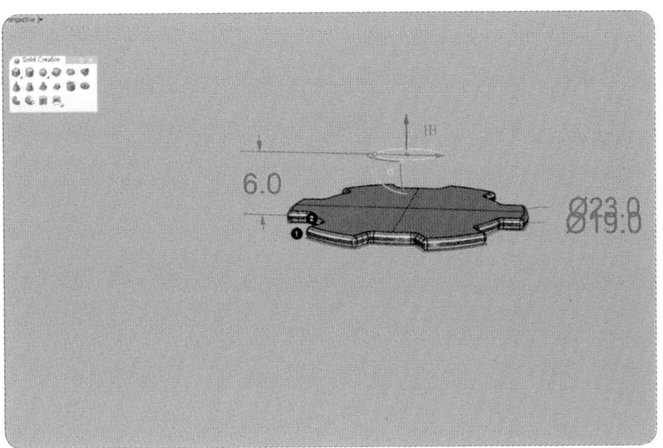

18 검볼의 Y축(파란색 화살표)을 Alt 를 누른 채로 클릭하여 -40만큼 아래쪽으로 복사하여 그림과 같이 두 개의 원을 만든다.

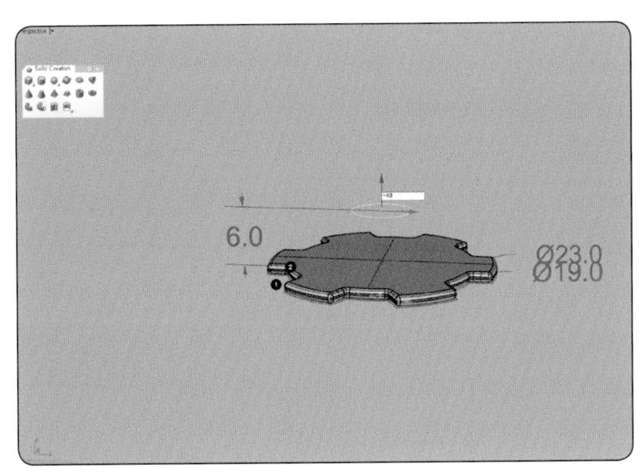

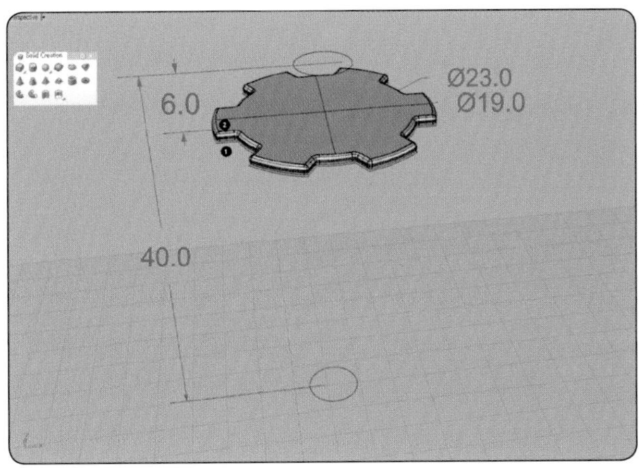

19 탭 툴바에서 Solid Tools을 선택하고 메인 툴바의 Extrude closed planar curve( ) 툴을 선택한다. ❶원을 선택한 후 이용하여 커맨드 창의 'Extrusion distance' 옵션에 -85를 입력하여 아래 방향으로 길게 실린더를 만들어준다.

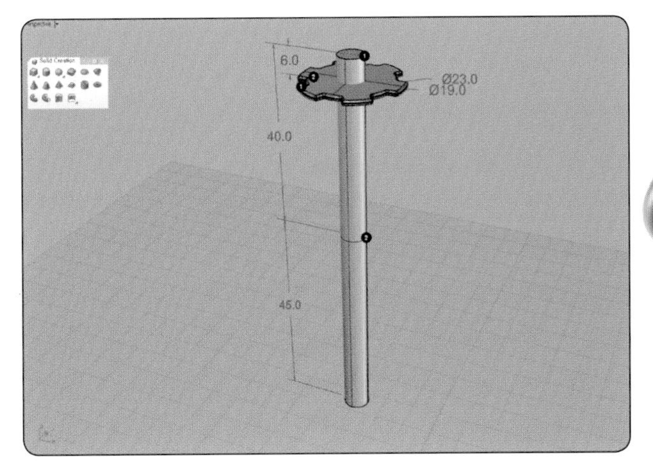

20 스크류산을 만들기 위해 메인 툴바에서 Curve 〉 Spiral( ) 툴을 클릭한 후 Osnap에서 Cen, Quad를 선택한다. 'Start of axis' 옵션에서 ❶을 클릭하고 'End of axis' 옵션에서 ❷커브의 중심을 차례로 클릭한 후 First radius and start point 옵션의 Turns=40으로 변경한 후 커브의 다시 ❶번 ❷번의 바깥 지점을 클릭하여 실린더 스파이럴 커브를 만든다.

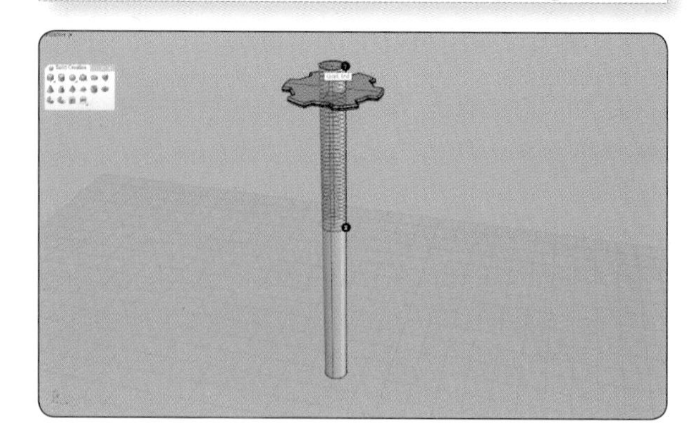

21 완성된 회전 커브를 선택하고 검볼의 파란축을 클릭하여 -0.3만큼 아래쪽으로 이동시킨다.

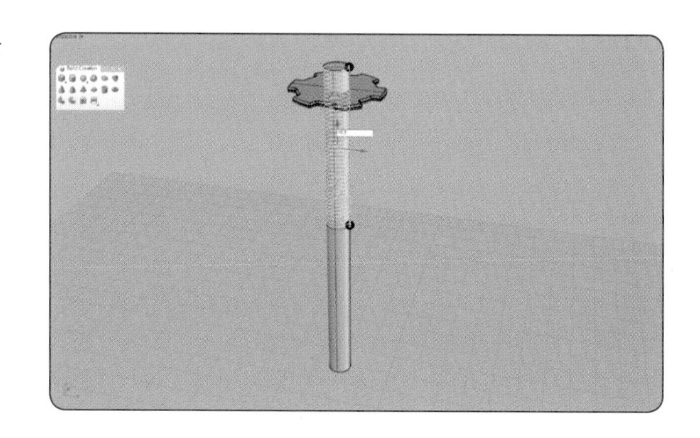

22 탭 툴바에서 Solid Tools 〉 Pipe :Round caps( ) 툴을 선택한 후 스프링 커브를 선택하고 'Start radius' 옵션에 '0.3'을 입력하고 Enter, 'End radius' 옵션에 0.3을 입력하고 Enter를 누르면 쉽게 볼트 산을 표현할 수 있다.

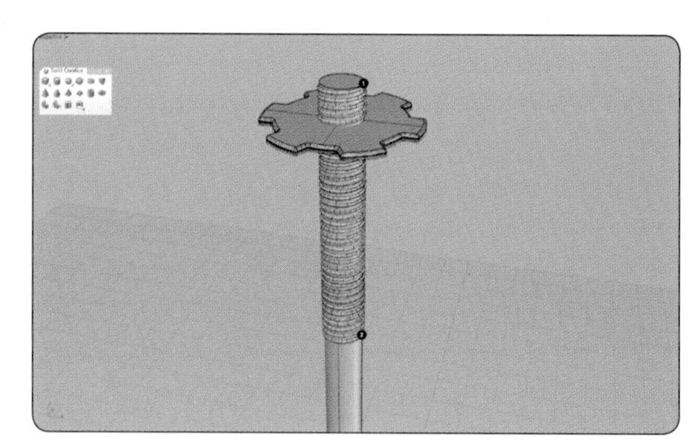

23 실린더 축과 앞에서 제작한 스크류 산을 모두 선택하여 탭 툴바에서 Solid Tool 〉 Boolean Union( ) 툴을 클릭하여 합쳐준다.

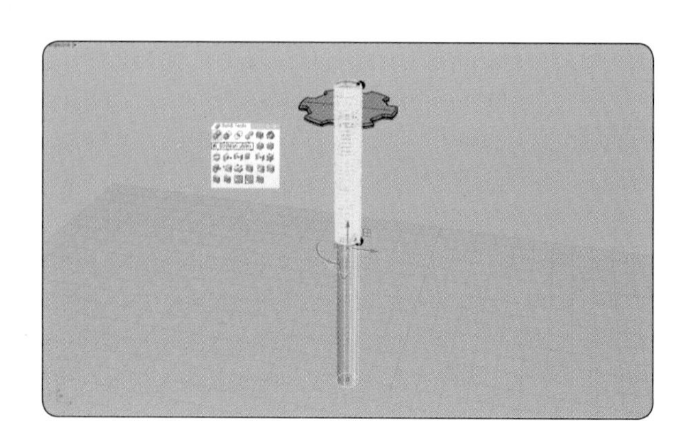

24 걸쇄 핀제작을 위해 6각 와셔의 중심(Osnap의 Cen을 사용) 위에서 지름 10인 Cylinder( ) 툴로 높이 0.5 두께 실린더를 제작한다. 방금 만든 실린더만 남기고 Hide 명령으로 모두 숨기고 ㄱ자 걸쇄 와셔 부품 모델링을 위해 실린더의 중심에 Rectangle :Center,corner를 클릭해서 가로 16, 세로 10의 사각형 커브를 만든다.

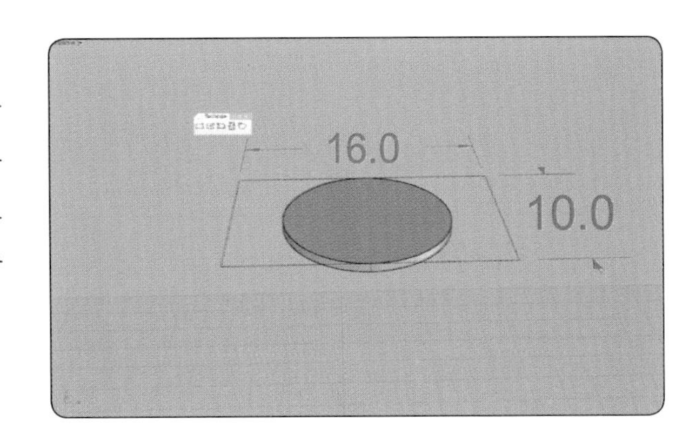

25 탭 툴바에서 Curve Tools 〉 FilletEdge( ) 툴로 반지름(Radius) 5로 설정하여 둥글게 만들고 Chamfer( ) 툴을 선택하고 'Select first curve to chamfer' 옵션의 'Distances=3.3'으로 변경한 후 그림과 같이 변경한다.

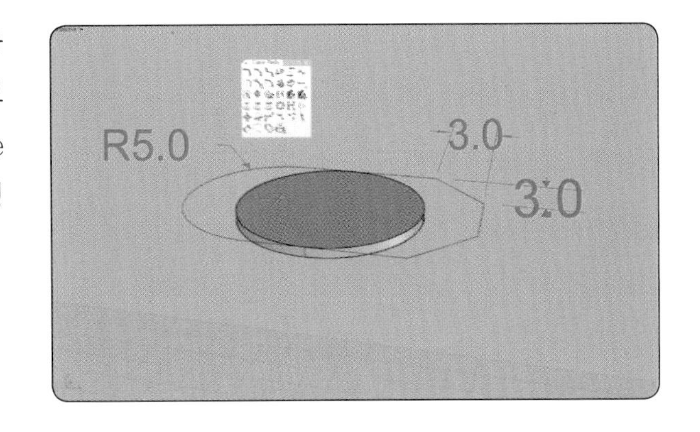

26 Front View에서 메인 툴바의 Curve Tools 〉 Interpolate points( ) 툴을 클릭해서 Osnap을 Mid로 선택하고 그림과 같이 임의의 사이즈로 적당히 ㄱ자 모양의 곡선 커브를 그린다.

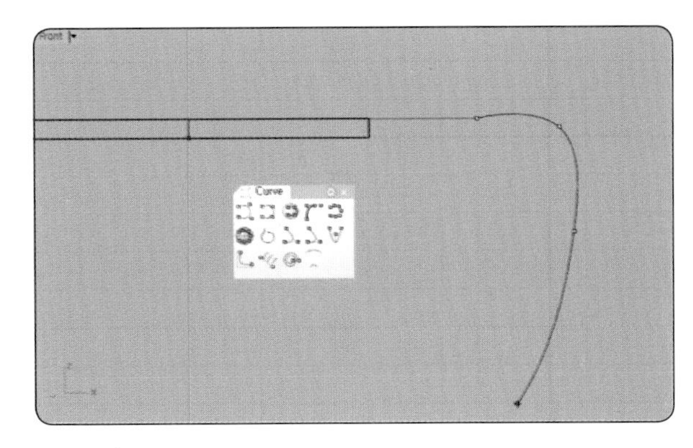

27 탭 툴바의 Curve Tools 〉 Points on( ) 툴을 클릭한 후 점 편집을 통해 곡선의 검볼을 조정하여 완성한다.

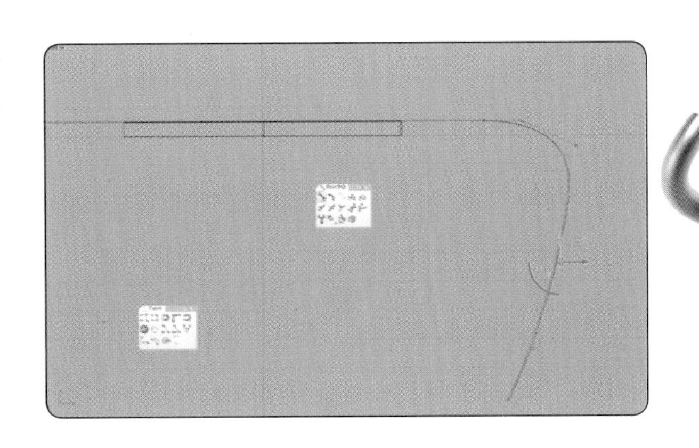

28

Perspective View에서 돌출 커브 Surface Creation의 Extrude Straight( ) 툴로 양옆으로 입력 값 4만큼 늘려주거나 P1의 End에 스냅한다.

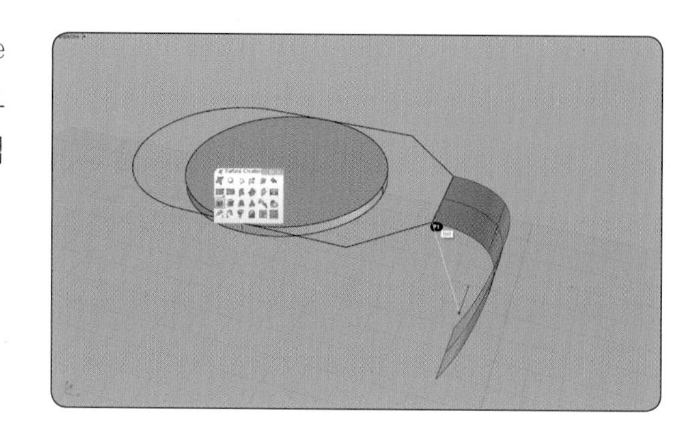

29

위면은 Surface Creation 의Surface from planar curves( ) 툴을 클릭하여 평면을 끝막음 처리한다.

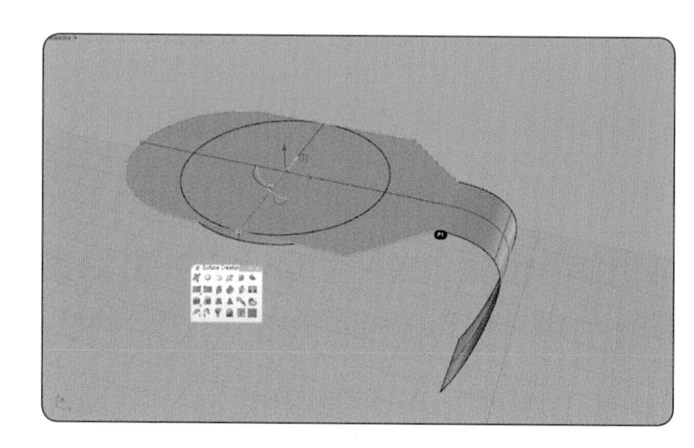

30

서피스를 두 개를 선택한 후 Solid Tools의 Boolean Union( ) 툴을 클릭하여 합쳐준다.

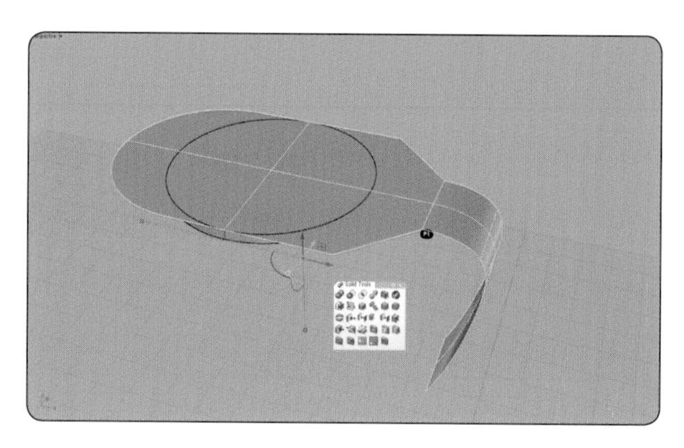

31

ㄱ자 와셔는 메인 툴바에서 Surface Tools 〉 Offset Surface( ) 툴을 이용하여 1만큼 위쪽 방향으로 두께를 넣는다.

Select object to flip direction. Press Enter when done (Distance=*1* Corner=*Sharp* Solid=*Yes* Tolerance=*0.01* DeleteInput=*Yes* FlipAll):

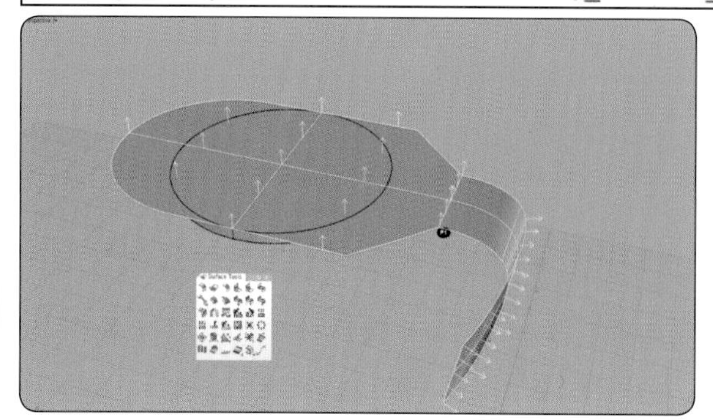

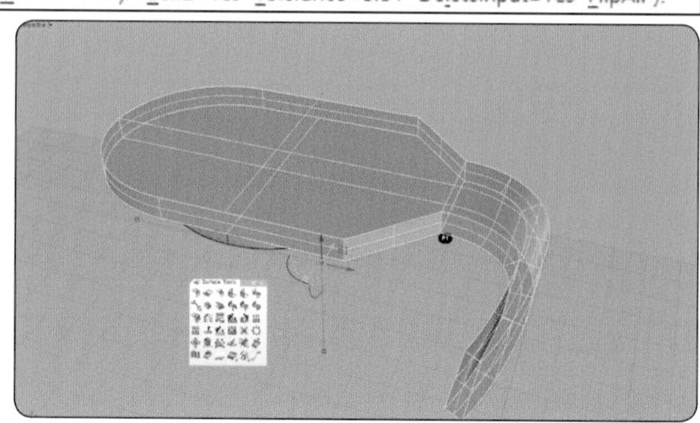

32 탭 툴바에서 Solid Tools를 선택하고 Cylinder( ) 툴을 선택한 후 Osnap의 Cen이 선택된 상태에서 두 부품을 통과할 정도로 Diameter를 6으로 설정하고 옵션 값에서 'BothSides=Yes'로 변경한 다음 양쪽으로 길게 실린더를 만들어준다.

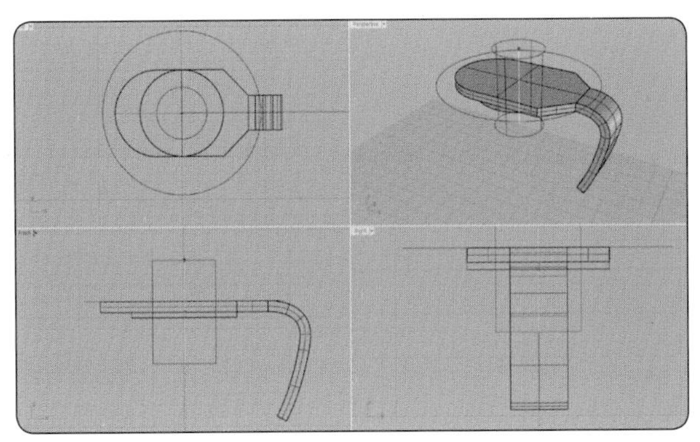

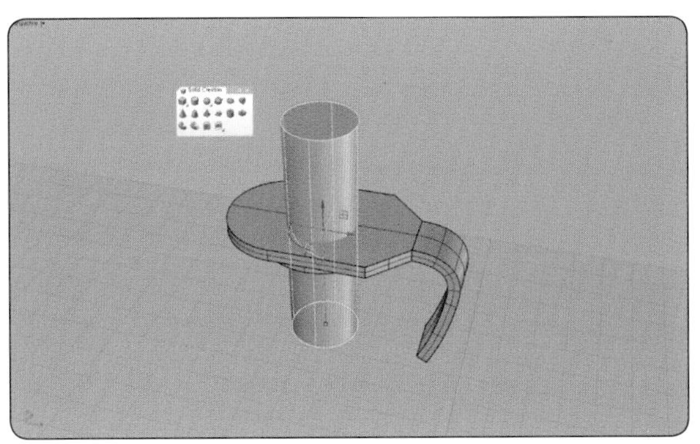

33 탭 툴바에서 Solid Tools 〉 Boolean difference( ) 툴을 클릭한 후 ㄱ자 와셔와 O형 와셔를 선택한 다음 Enter, 앞에서 만든 Cylinder를 선택한 다음 Enter를 눌러 구멍을 뚫어준다. Circle( ) 툴을 선택해서 홀의 중심점(Osnap의 Cen)에서 지름 19인 원을 그리고 원을 제외하고 모두 숨긴다.

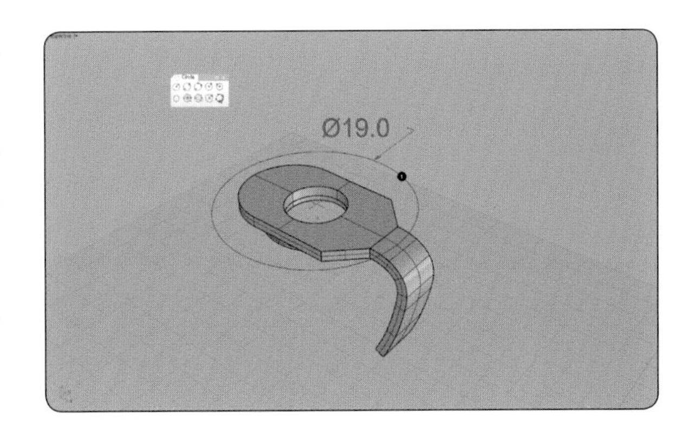

34 미니 핸드밀 손잡이 모델링을 위해 위에 만들어 놓았던 ㄱ자 와셔의 중심을 기준으로 Circle( ) 툴로 지름 19의 원을 그린 후 Line Segment( ) 툴의 마우스 오른쪽 버튼 클릭한다. 라인의 시작점을 원의 사분점(Osnap의 Quad)에 붙여서 Shift를 누른 상태에서 Front View로 마우스를 이동한 후 ❶번 라인 10을 그리고 ❷의 두 번째 라인은 @10〈45를 입력하여 각도 45도만큼 10을 그리고 ❸은 Shift를 누르고 직선으로 80mm만큼의 Polyline을 그린다.

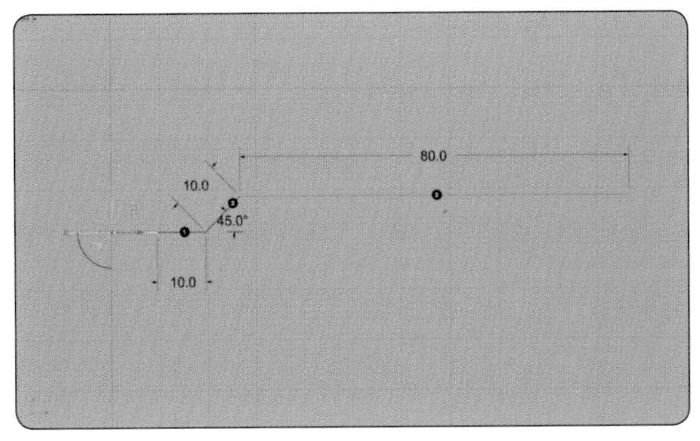

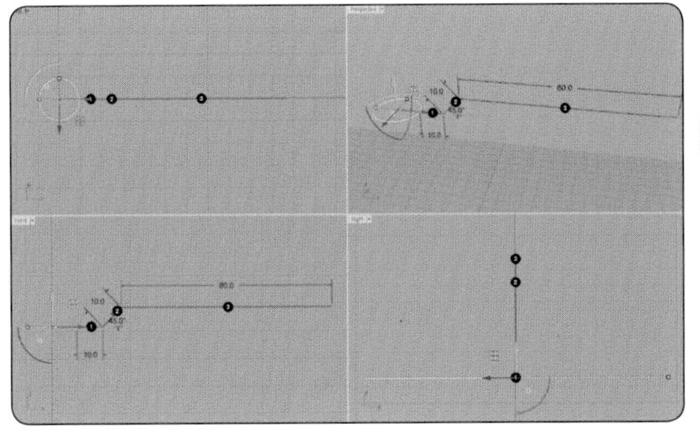

35 Top View에서 ❸번 커브를 Rebuild Curve( ) 툴을 선택하고 'Point curve'는 '7', 'Degree'는 3을 입력하고 OK 버튼을 클릭한다.

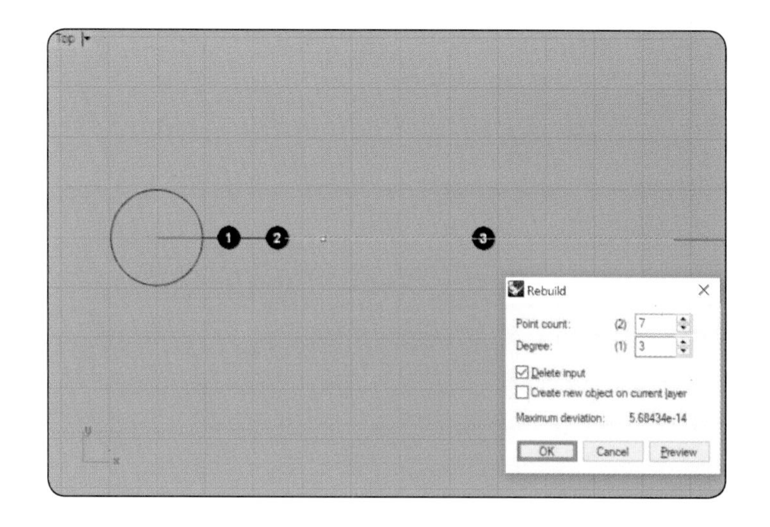

36 Top View와 Front View를 보면서 커브의 점을 부드럽게 조절해야하며 점 편집에 따라 모델링 수준이 높은 결과물과 직결되므로 많은 연습이 필요하다. ❸번 커브를 곡선화해서 아래 그림과 같이 끝부분 점(Osnap의 End)을 A점, B점에 Copy하여 커브를 만들고 원의 사분점(Osnap의 Quad)에서 19.5 만큼 라인을 그린 후 연결해 준다. 곡선의 맨 끝부분은 점 편집을 이용해 거리를 좁혀서 양끝을 연결한다.

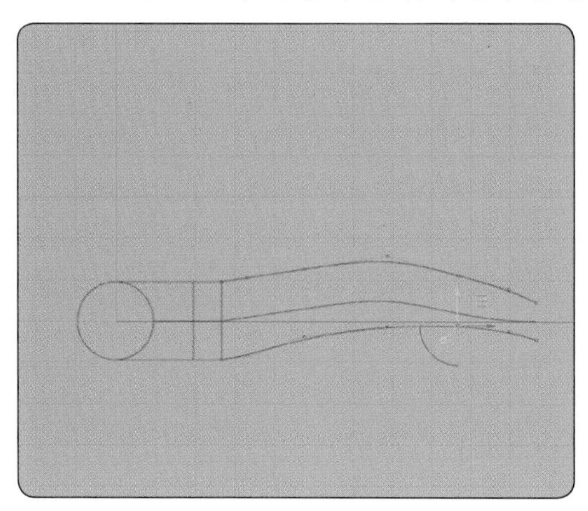

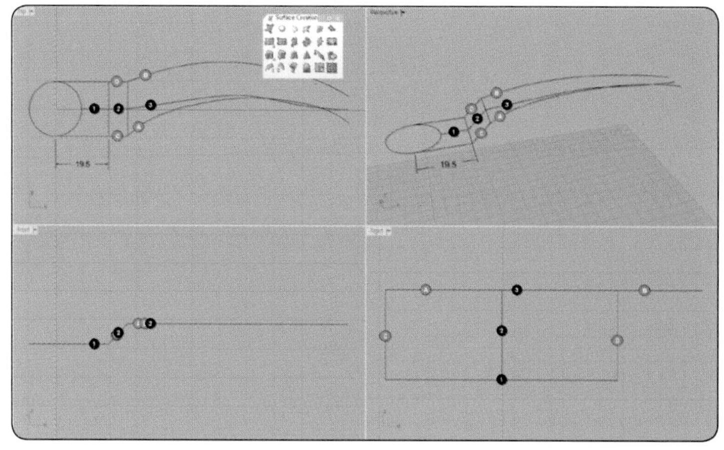

37 원의 사분점에서 연장한 라인은 제거하고 ❶, ❷, ❸번의 라인은 선택하여 제거해도 된다.

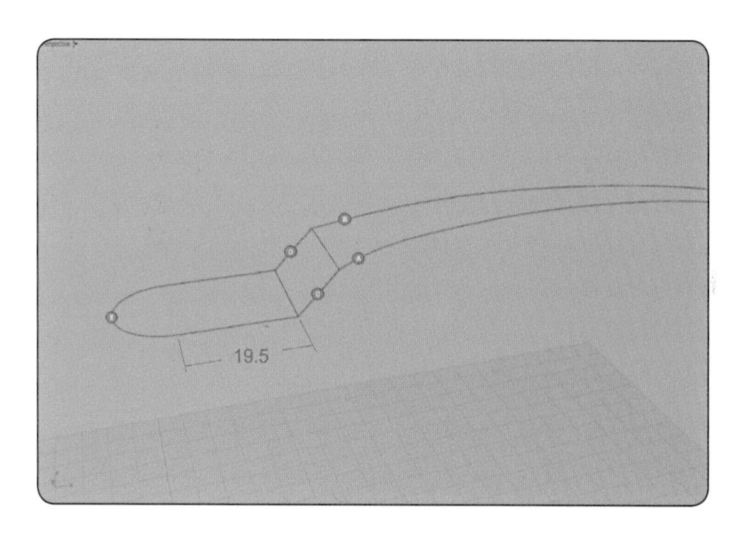

38 서피스를 만들기 위해 A, B와 C, D는 탭 툴바에서 Surface Creations 탭을 선택하고 메인 툴바에서 Loft( ) 툴을 선택한 후 E는 반원과 3개의 커브를 Join( ) 툴로 묶고 Surface from planar curves( )툴을 클릭한 후 평면의 끝을 막아준다.

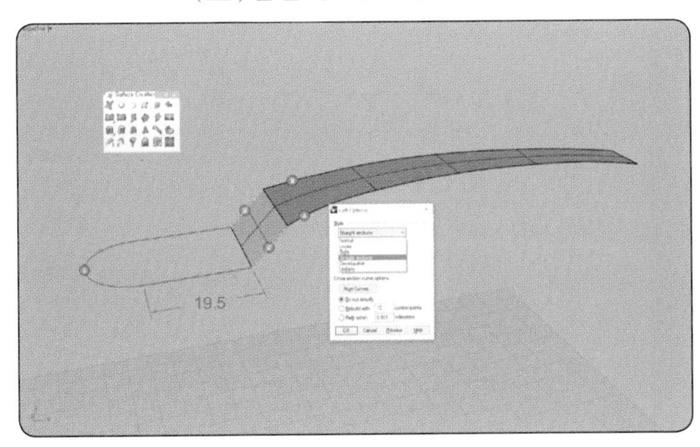

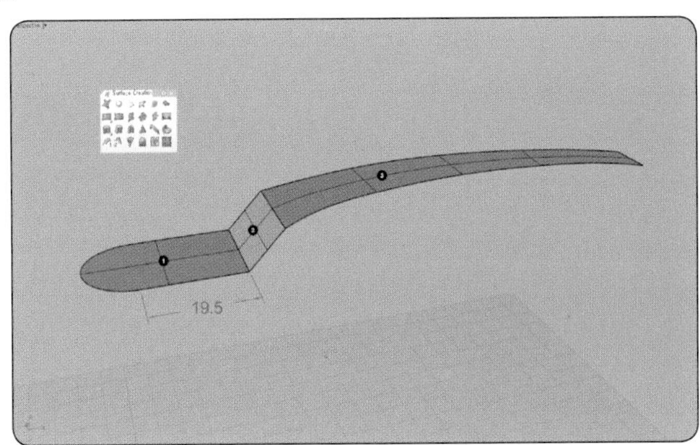

39 연결된 3개의 서피스는 그림과 같이 탭 툴바에서 Surface Tools > Offset Surface( ) 툴을 클릭하여 서피스 간격 띄우기를 위쪽 방향으로 1만큼 솔리드로 만든 후 탭 툴바에서 Solid > BooleanUnion( ) 툴을 이용해서 결합한다.

Select object to flip direction. Press Enter when done (Distance=*1* Corner=*Sharp* Solid=*Yes* Tolerance=*0.01* DeleteInput=*Yes* FlipAll):

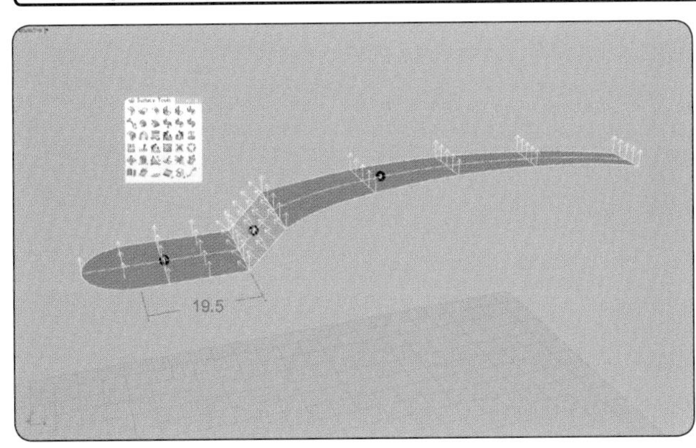

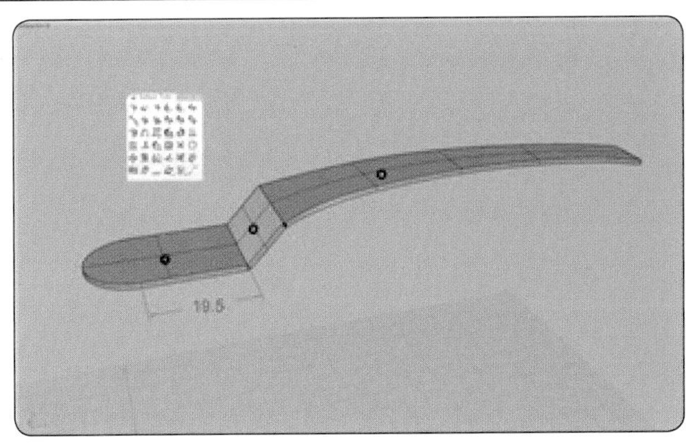

40 회전 손잡이 끝부분을 만들기 위해 Cylinder( ) 툴을 선택하고 중간점(Osnap의 Mid)을 기준으로 높이는 1 또는 윗면의 끝점(Osnap의 End)를 기준으로 두 개체를 Boolean Union( ) 툴로 결합한다.

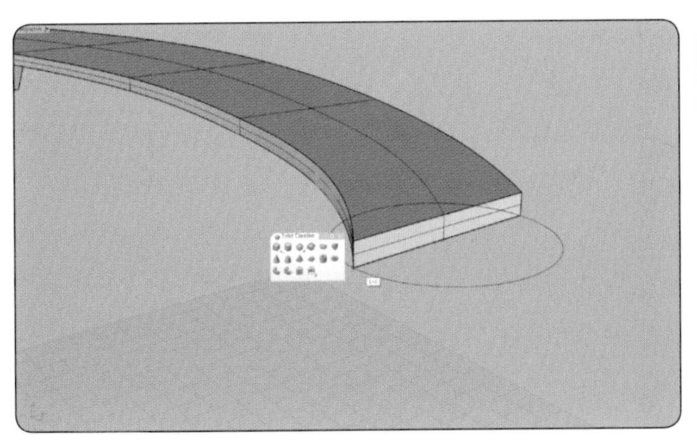

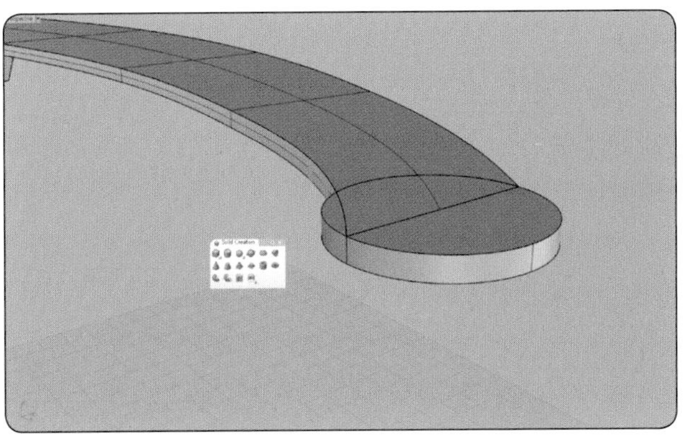

41 이제 핸드밀의 회전 손잡이 고정힌지 모델링을 위해 Circle( ) 툴을 선택하고 반원에 중심(Osnap의 Cen)을 기준으로 지름(Diameter) 8, 지름(Diameter) 12, 지름(Diameter) 13의 3개의 원을 차례로 그린다. 검볼의 파란축을 클릭하여 지름 8인 원을 3만큼 이동하고 13인 원은 같은 방법으로 13만큼 수직 방향으로 이동한다.

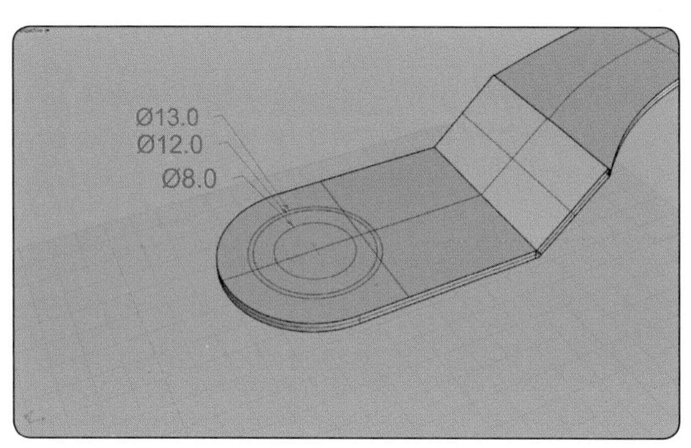

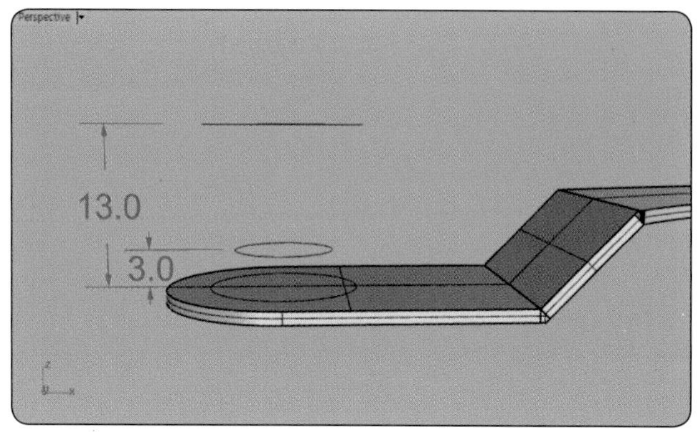

42 Polyline( ) 툴을 선택한 후 지름 12와 8의 두 원을 사분점(Osnap의 Quad)을 기준으로 Front View에서 직선으로 연결하고 탭 툴바의 Curve Tool 〉 Change Degree( ) 툴을 선택한 후 3차수로 변경한 후 F10을 눌러 점을 편집해서 그림과 같이 곡선화한다.

New degree <1> (Deformable=No): 3

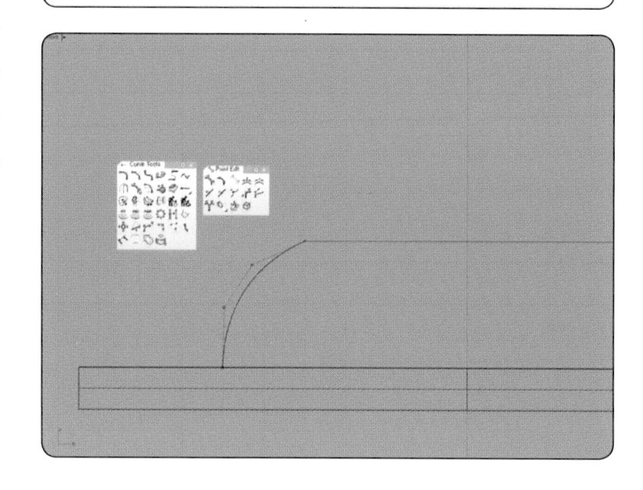

43 완성된 커브는 Mirror( ) 툴을 선택한 후 Osnap의 Cen을 기준으로 반대쪽으로 복사한다.

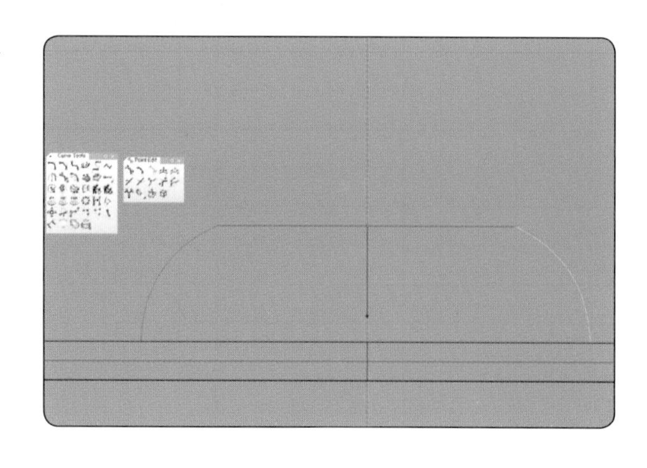

44 Surface Creation 툴의 Sweep 2Rails( ) 툴을 클릭하여 ❶, ❷커브를 레일로 선택하고 ❸, ❹번 커브를 단면으로 선택해서 대화상자가 나타나면 [OK] 버튼을 클릭해 서피스를 생성한다.

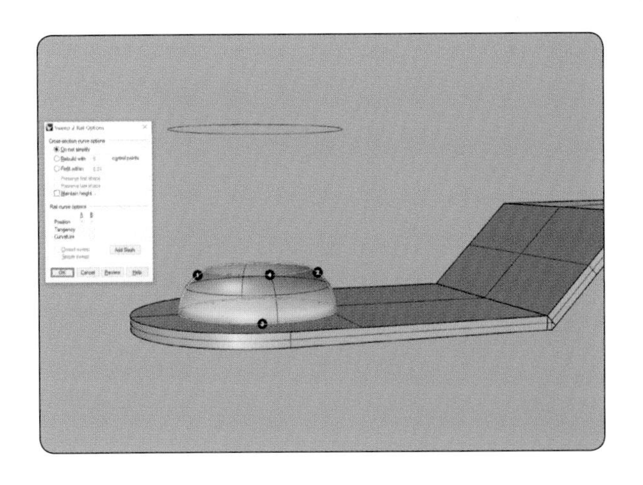

45 그림과 같이 탭 툴바에서 Surface Tools 〉 Offset Surface( ) 툴을 클릭하여 커맨드 창의 옵션에서 'Solid=Yes', 'Distance=1'로 설정한 후 안쪽으로 두껍게 만든다.

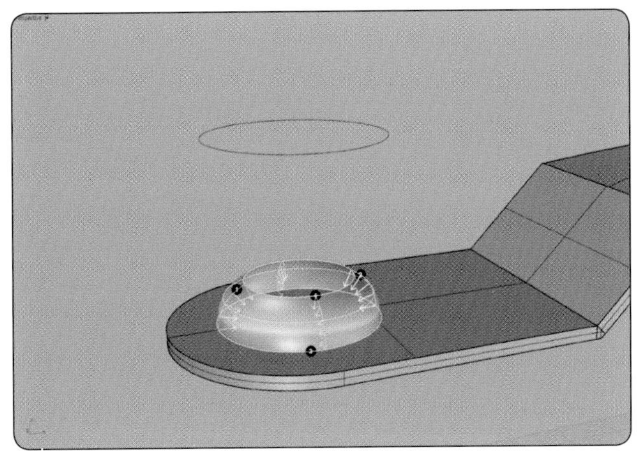

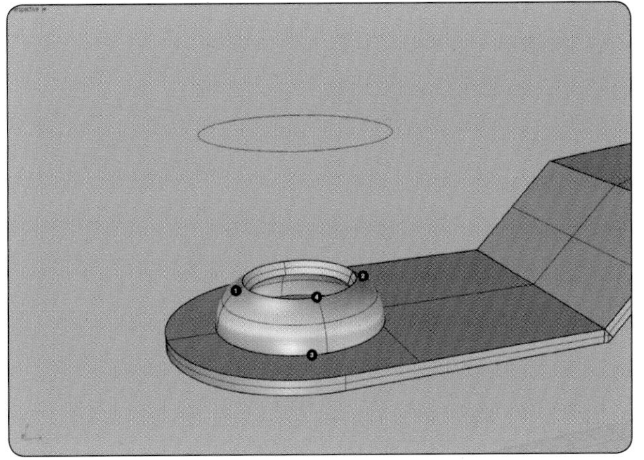

46 미리 만들어둔 13mm의 원을 Cylinder( ) 툴로 중심(Osnap의 Cen)을 기준으로 -5mm만큼 밑으로 돌출시킨 후 같은 방법으로 8의 원은 위쪽으로 5만큼 돌출시켜 기둥을 만든다.

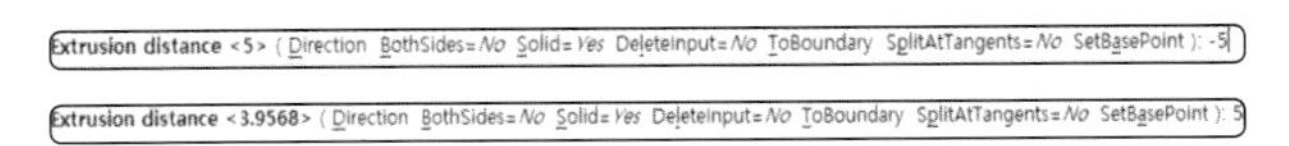

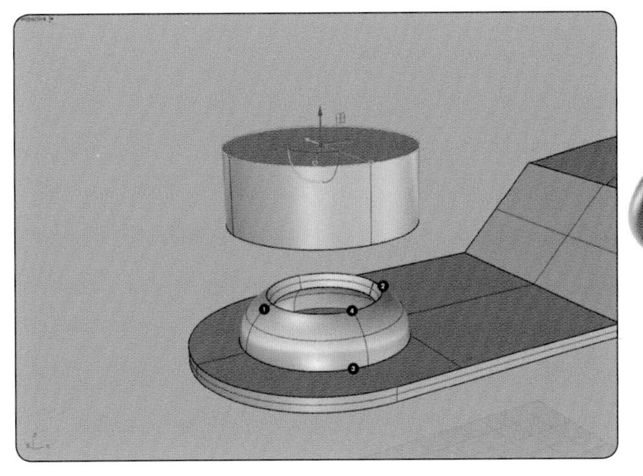

47 3개의 개체를 선택한 후 메인 툴바에서 Solid Tools 〉 BooleanUnion( ) 툴을 이용해 하나의 솔리드로 완성한다.

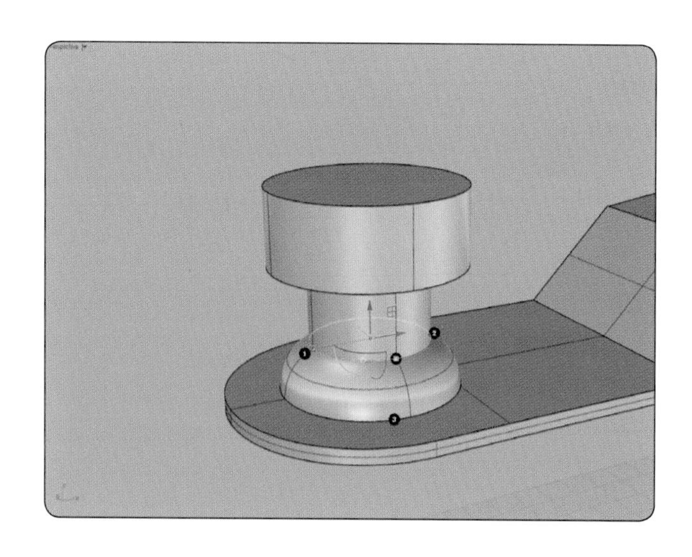

48 메인 툴바의 Solid tools 〉 Variable radius fillet( ) 툴을 클릭하여 'Next radius=0.5'로 설정하고 Enter 를 눌러 위 아래 서피스의 모서리 부분을 곡면으로 처리한다.

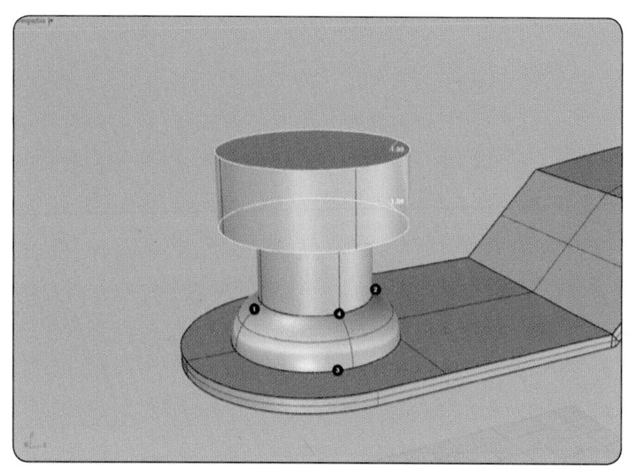

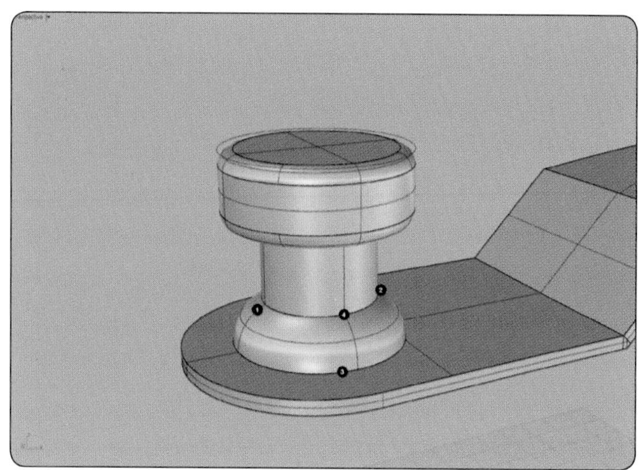

49 손잡이 끝부분 핸들의 모델링을 위해 원의 중심에 지름 7, 16, 18을 그린 후 검볼의 파란축을 클릭해서 18인 원은 높이 10만큼 위로 올리고, 7인 원은 20만큼 위로 올려준다.

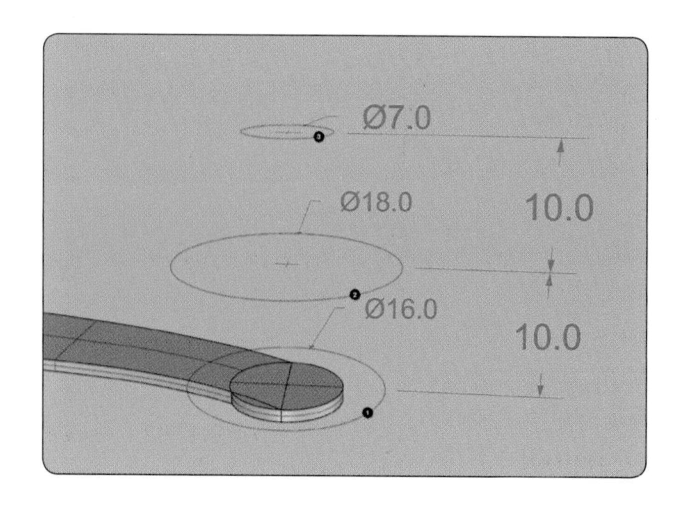

50 Polyline( ) 툴을 선택한 후 지름 7, 18, 16의 3개의 원의 사분점(Osanp의 Quad)을 연결한 후 Front View에서 직선으로 연결된 커브를 Rebuild( ) 툴을 이용해 'Point count'는 '10', 'Degree'는 '3'으로 설정한다.

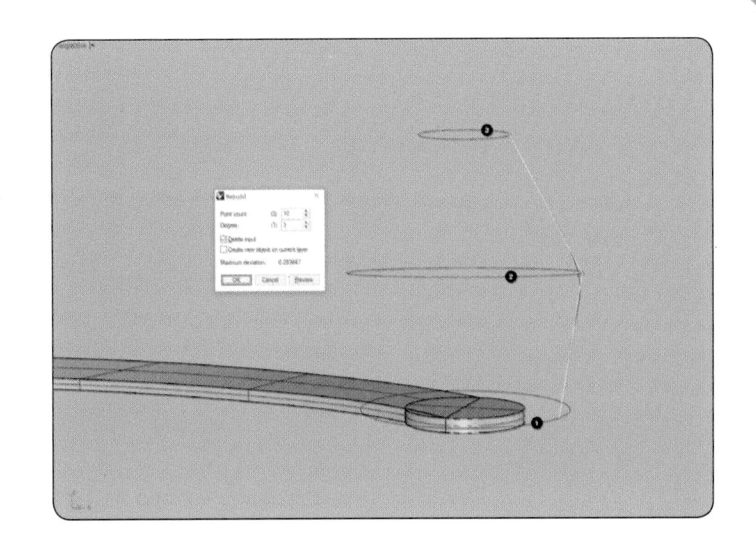

51 이어서 3차수로 변경된 커브는 F10을 눌러 점 편집을 통해 그림과 같이 곡선으로 변경한다.

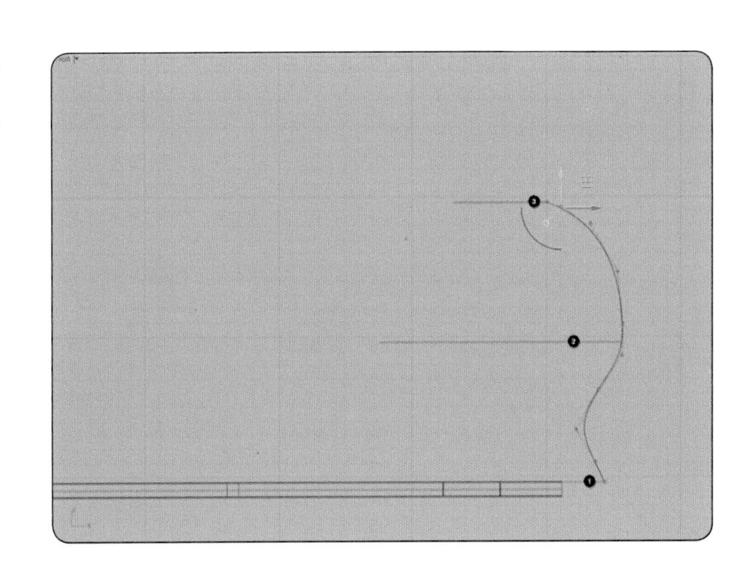

52 점 편집을 통해 조정이 완료된 커브는 Mirror( ) 툴로 복사한 후 탭 툴바의 Surface Tools 〉 Sweep 2Rails( ) 툴을 클릭하여 좌우 커브를 레일로 선택하고 ❶, ❷, ❸번 커브를 단면으로 차례로 선택한다.

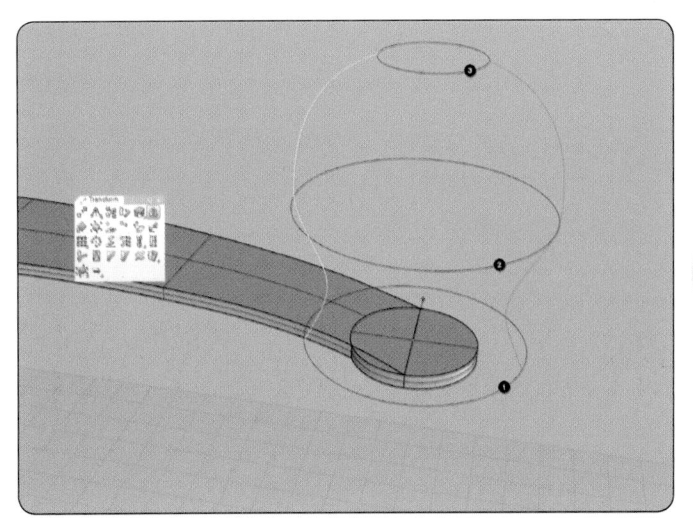

53 완성된 서피스는 위아래가 뚫려있기 때문에 선택한 후 커맨드 창에 Cap을 입력하고 Enter 를 누르거나 탭 툴바의 Solid Tool 〉 Cap planar holes( ) 툴을 클릭해서 구멍을 막아준다.

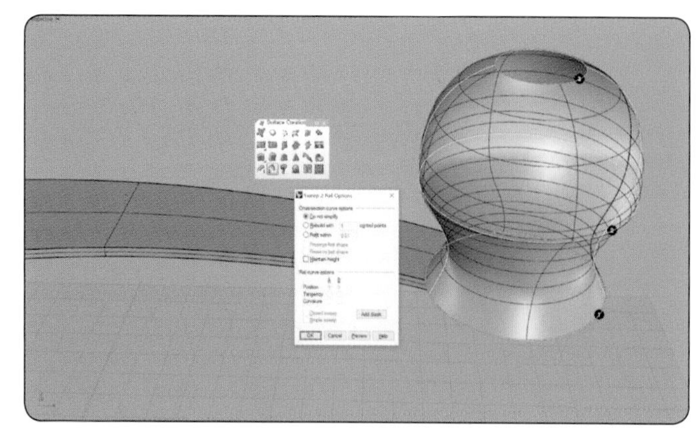

54 마지막으로 ❶번에 Edge에 라운드 처리를 위해 FilletEdge( ) 툴로 0.3mm만큼 라운드 처리한다.

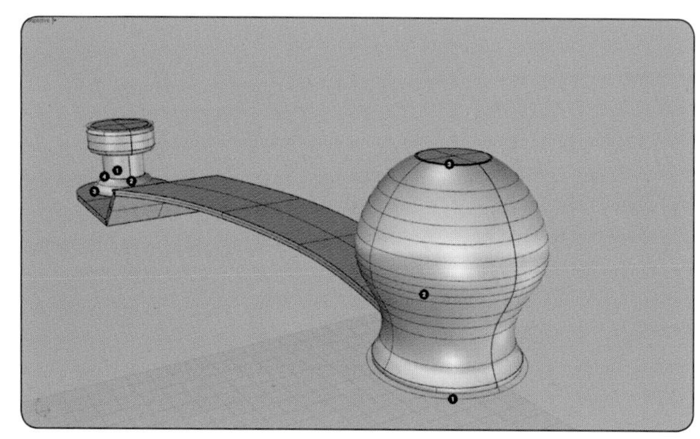

55 지금까지 제작한 모든 모델링을 불필요한 요소(각종 커브, 치수 등..)를 Select 도구에서 선택적으로 호출하여 Hide( )로 숨겨준다.

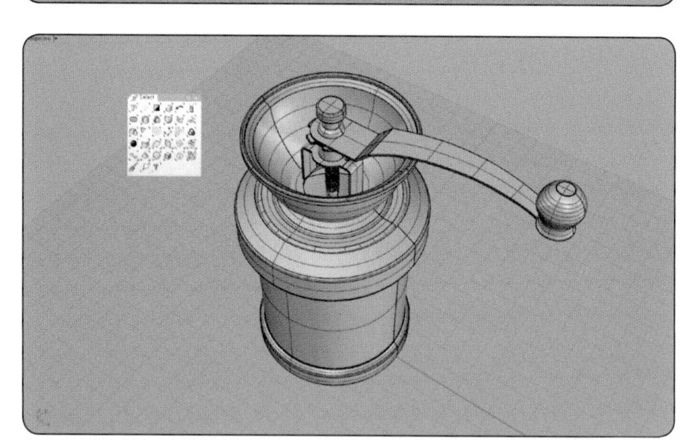

56 그림과 같이 완성된 각각의 부품별 개체들은 컬러로 구분하거나 레이어를 별도로 지정하면 키샷에서 렌더링 할 때 다양한 재질 부여가 가능하다.

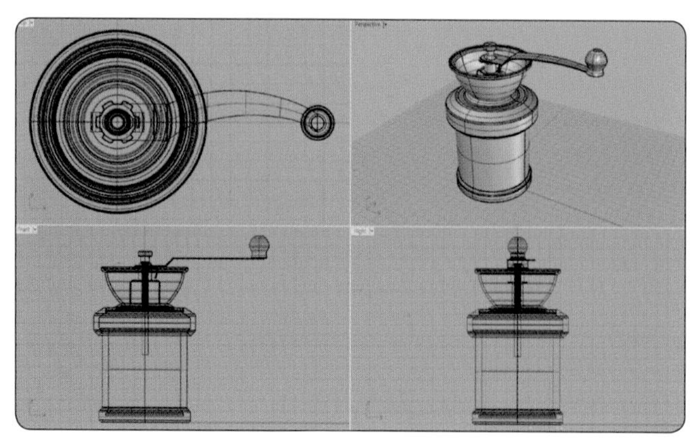

실습 예제 1 | 물뿌리개

3D의 다양한 기능을 이용해 물뿌리개를 만들어 보자.

완성 파일 | ex11-01.3dm

keypoint

① BackgroundBitmap을 이용하여 그림을 가져온다.
② Curve를 이용하여 물주리개의 단면을 그려준다.
③ Revolve를 이용하여 회전체를 만든다.
④ BooleanUnion을 이용하여 개체를 합친다.
⑤ Sweep1을 이용하여 물주리개의 손잡이를 만든다.

실습 예제 2 | 전기포트

여러 가지 기능들을 복합적으로 사용하여 전기포트를 만들어 보자.

완성 파일 | ex11-02.3dm

keypoint

① BackgroundBitmap을 이용하여 그림을 가져온다.
② Curve를 이용하여 전기포트의 단면을 그린다.
③ Revolve를 이용하여 회전체를 만든다.
④ BooleanUnion을 이용하여 개체를 합친다.
⑤ Sweep1을 이용하여 전기포트의 손잡이를 만든다.

12 S·E·C·T·I·O·N

아로마 향로 디자인하기

잎사귀 형태의 향로를 모델링하면서 커브와 면의 편집 방법, 특히 변형 툴을 통한 자유로운 형태의 편집에 대해 학습해 본다.

PREView

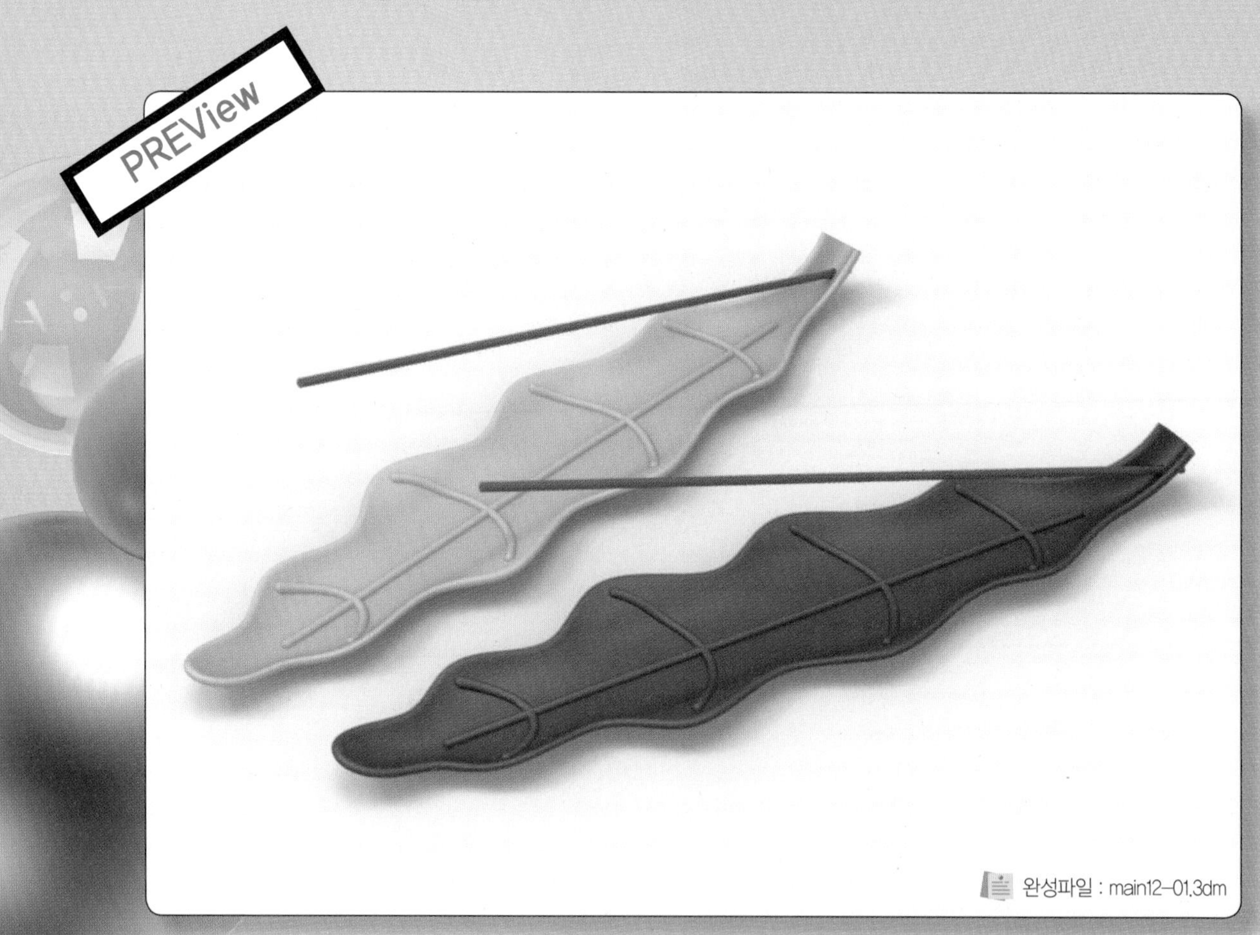

완성파일 : main12-01.3dm

··· 학습 내용

- Line과 Curve interpolate points 드로잉 방법
- Match curve로 선의 접선 일치 조정
- Loft 명령으로 면의 생성과 편집
- Offset Surface 명령으로 두께 생성
- Blend Surface 명령으로 측면 라운드 처리
- Wire cut 명령으로 객체의 절단
- Project 명령으로 라인의 투영과 편집
- Cage edit 명령으로 솔리드 객체의 편집
- Bend 명령으로 솔리드 객체의 편집

··· 입사귀 모양 만들기

01 [File] 메뉴에서 [New]를 선택하여 [Open Template File] 대화상자가 나타나면 [Small Object – Millimeters]를 선택하고 [열기] 단추를 클릭하여 새로운 작업 창을 만든다.

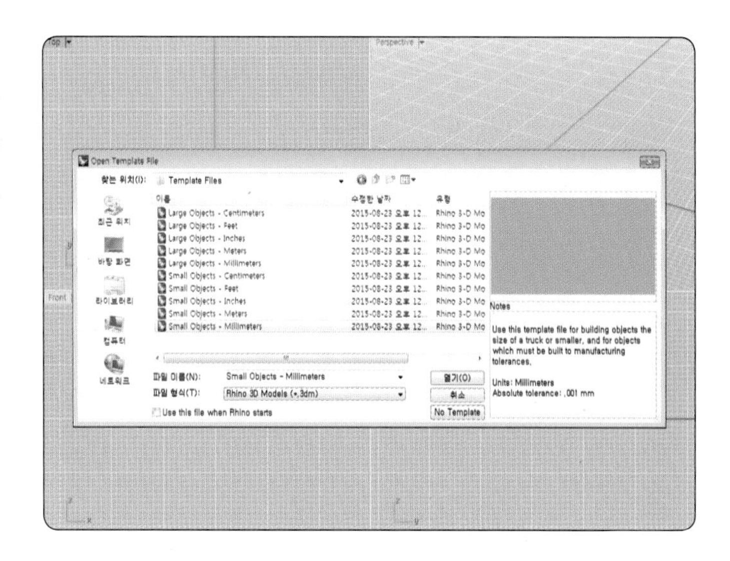

02 Top View를 전체 화면으로 만든 후 상태 표시줄의 Grid Snap, Ortho를 클릭하여 활성화한다. 탭 툴바의 Standard 탭을 클릭한 후 메인 툴바의 Lines 〉 Line : from midpoint( ) 툴을 클릭한다. 커맨드 창에 Middle of line: 옵션이 나타나면 0을 입력하고 Enter, End of line: 옵션에서 90을 입력하고 Enter를 누른 후 수평으로 클릭하면 ❶번과 같은 수평선이 그린다.

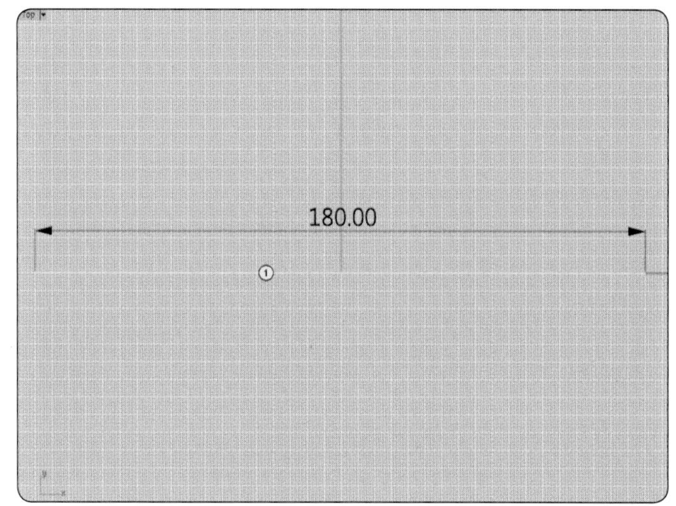

03 향로의 외형선을 그리기 전에 메인 툴바에서 Rectangle 〉 Rectangle: center, corner( ) 툴을 클릭한다. 커맨드 창에 'Center of rectangle:'에서 '0'을 입력하고 Enter, 'Other corner or length:' 옵션에서 180을 입력하고 Enter, 'Width. Press Enter to use lenght:' 옵션에서 '40'을 입력하고 Enter를 눌러 ❷번 직사각형을 그린다.

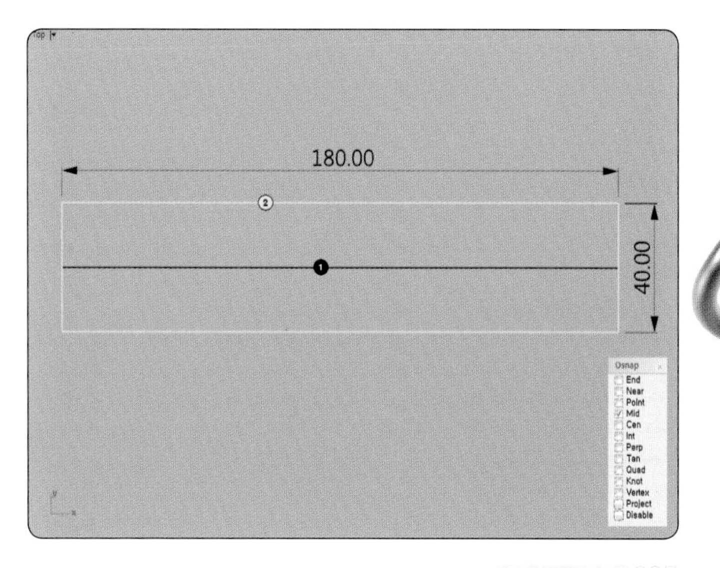

04 02의 과정에서 상태 표시줄에 활성화해 둔 Grid Snap, Ortho를 클릭하여 해제한다. 메인 툴바에서 Curve 〉 Curve: Interpolate points( ) 툴을 선택하고 ❶번 중심선의 끝점에서 시작하는 잎사귀의 형태로 ❸번 외형선을 그린다. 3번 외형선을 수정하고자 하면 F10이나 point on 명령으로 포인트 편집을 해준다.

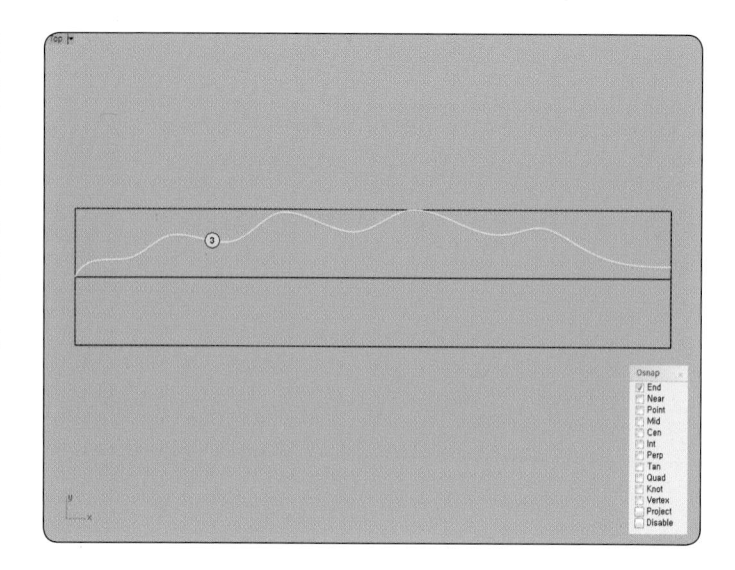

05 상태 표시줄에서 Grid Snap, Ortho를 클릭하여 활성화하고 직사각형은 Standard 〉Hide object( ) 툴을 이용해서 숨겨준다. ❸번 커브를 선택하고 탭 툴바에서 Transform 〉 Mirror( ) 툴을 클릭한 후 중심선을 클릭한 후 수평으로 드래그하여 아랫 부분에 미러링되면 클릭하여 복제한다.

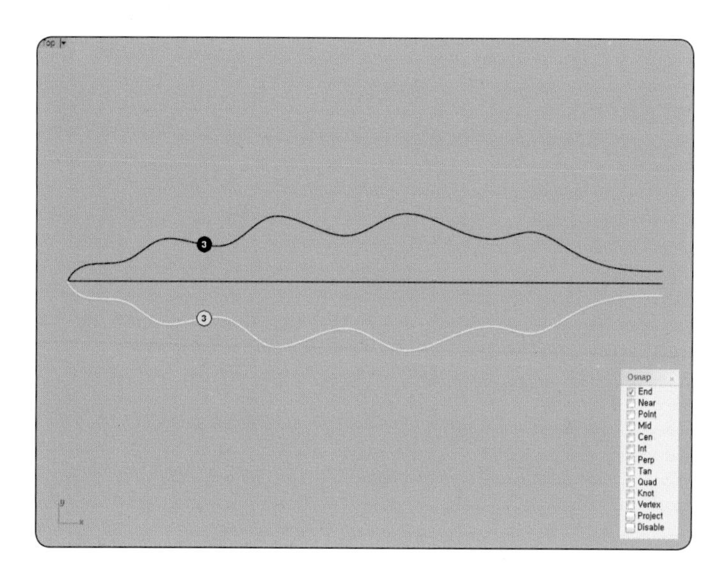

06 대칭 복사된 ❸번 커브의 End 점을 보면 각이 보이는데 앞으로의 작업에 문제가 없도록 이를 없애 주어야 한다.

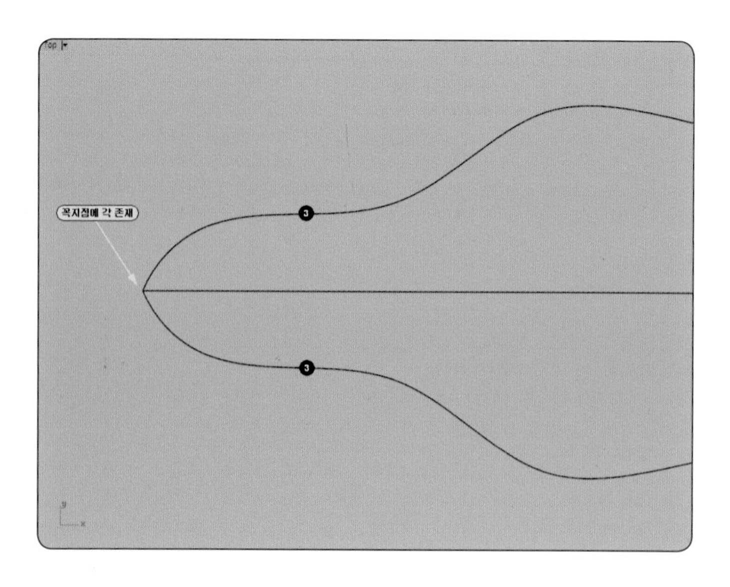

07 탭 툴바에서 Curve Tools 〉 Match curve( ) 툴을 클릭한 후 ❸번 커브를 각각 클릭하여 Match curve 대화상자가 나타나면 'Continuity의 Tangency'를 선택하고, 'Average curves'을 선택하여 체크한 후 [OK] 단추를 클릭한다.

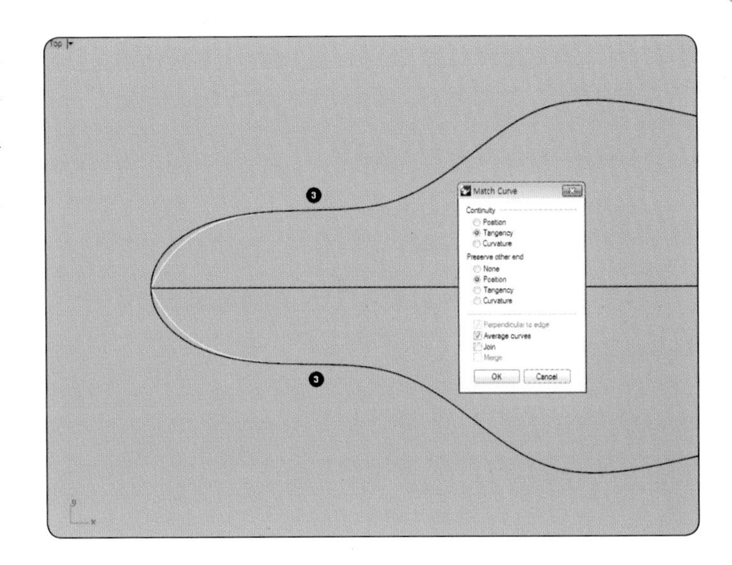

08 Front View를 활성화하고 메인 툴바의 Curve 〉 Curve: Interpolate points( ) 툴을 이용해 ❸번 라인 왼쪽의 End 포인트를 기점으로 하단 3mm 간격의 4번 라인을 그려준다.

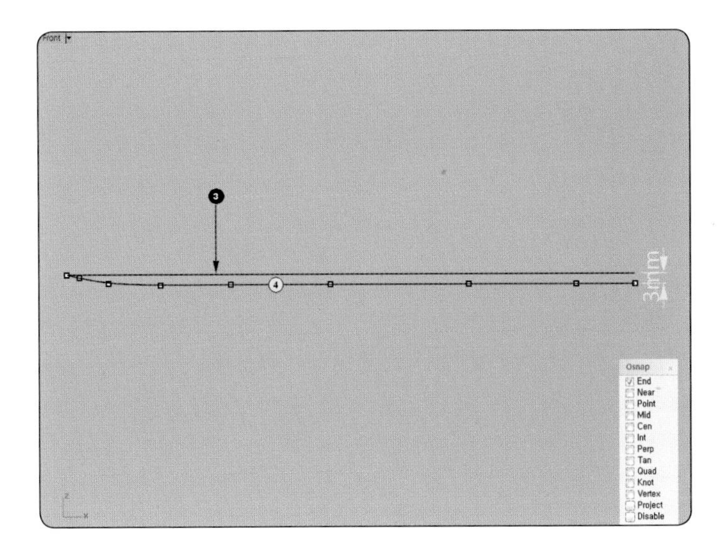

09 Perspective View에서 탭 툴바의 Surface Tools 탭을 클릭하고 메인 툴바에서 Loft( ) 툴을 클릭한다. 그림과 같이 번호 순서대로 클릭하고 'Loft Options'에서 'Style=Normal'을 선택해 주면 로프트 면이 만들어 진다.

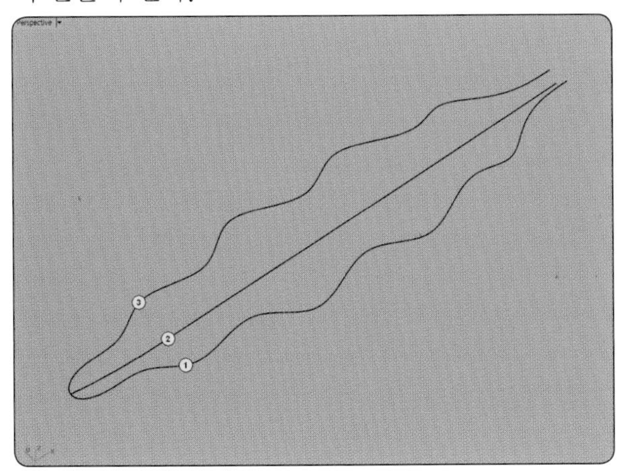

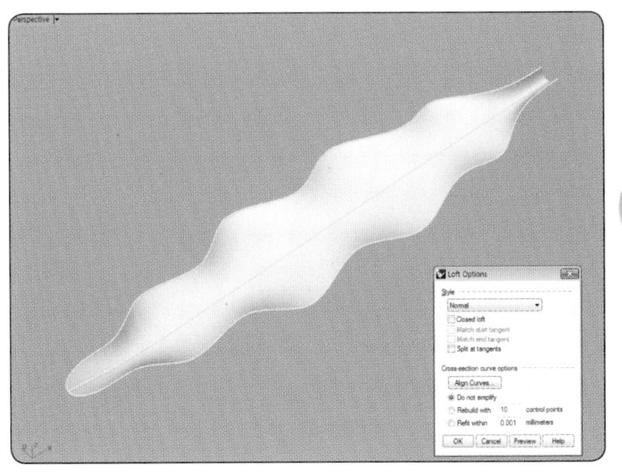

10 탭 툴바에서 Surface Tools 〉 Offset Surface( ) 툴을 클릭하여 잎사귀 면을 선택하고 Enter 를 누른 후 커맨드 창의 옵션에서 'Distance= 1.8', 'Solid=No', 'FlipAll'로 설정을 하고 Surface를 한번 더 클릭하여 화살표를 아래쪽 방향으로 변경한 후 Enter 를 누른다.

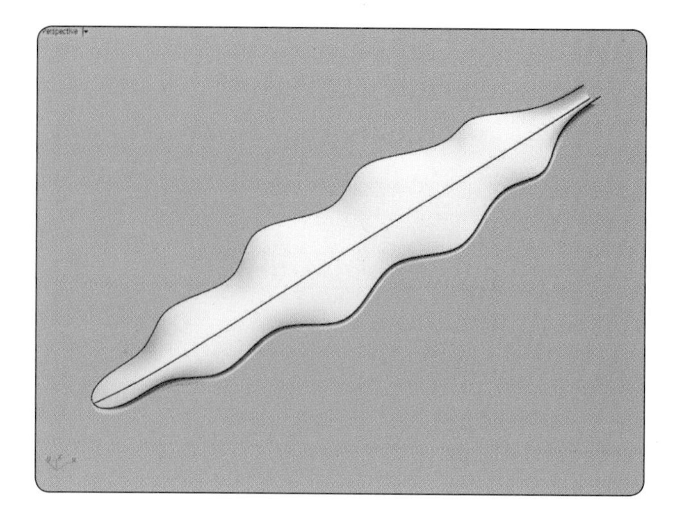

11 탭 툴바에서 Surface Tools 〉 Extend surface( ) 툴을 선택하고 Ⓐ면 끝단의 Edge를 클릭한 후 커맨드 창의 'Extension factor:' 옵션에서 5를 입력한 후 Enter 를 누르면 면이 연장된다. Ⓑ면 끝단도 같은 방법으로 연장한다.

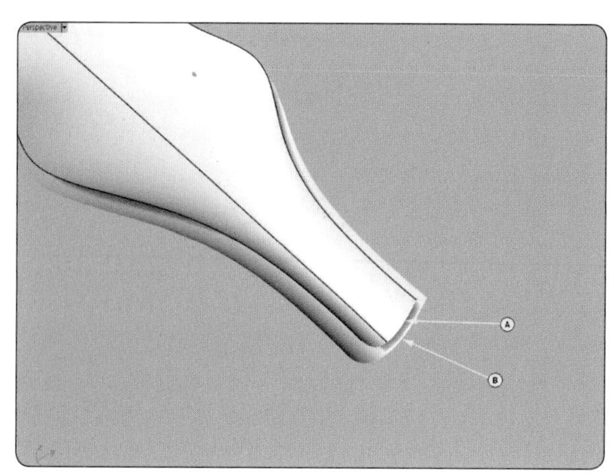

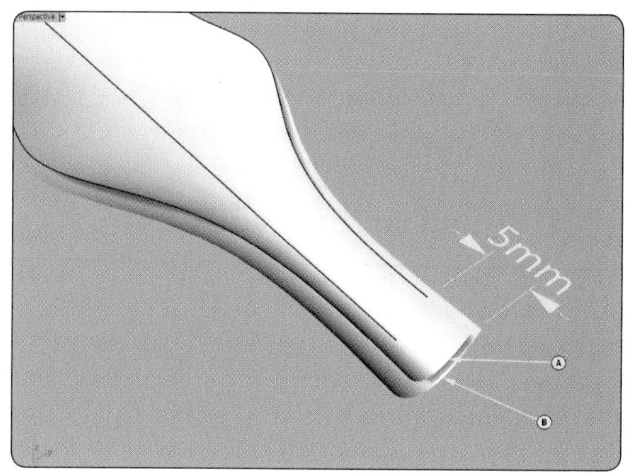

12 탭 툴바에서 Surface Tools 〉 Blend Surface( ) 툴을 클릭하고 Ⓐ면의 양쪽 가장자리와 Ⓑ면의 양쪽 가장자리를 순서대로 선택하고 Enter 를 누른다. Adjust Surface Blend 대화상자가 나타나면 'Tangency'에 체크하고 PreView를 선택하여 면의 상태를 확인해 보고 [OK] 단추를 클릭한다.

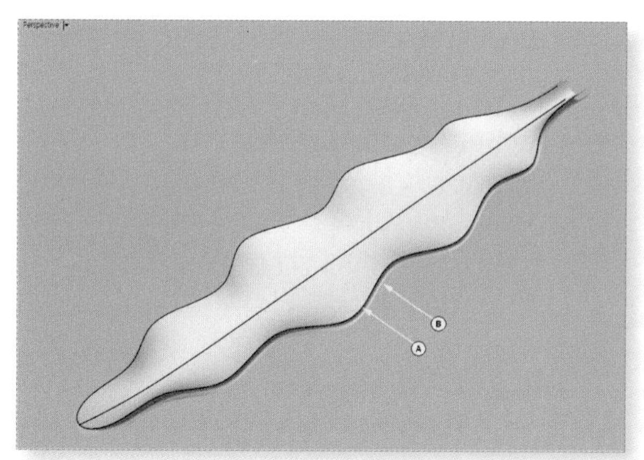

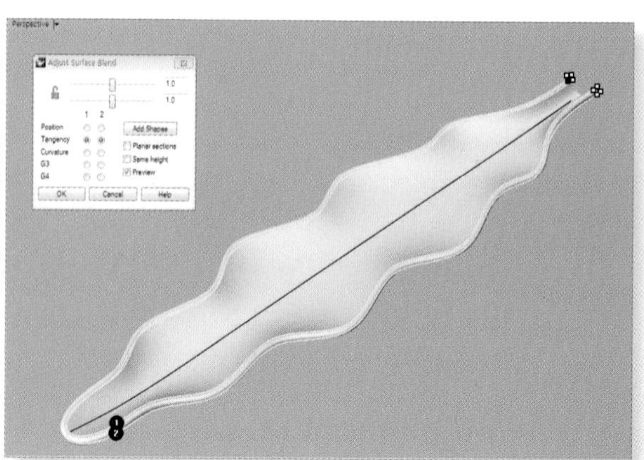

13 지금까지 만든 면을 Join( ) 툴로 붙여 주고 Front View에서 메인 툴바의 Line( ) 툴로 ❶과 같이 수직선을 그린다. 탭 툴바에서 Solid Tools〉Wire cut( ) 툴을 클릭하고 번호 순서대로 선택하고 Enter 를 2번 누르면 객체가 두 개로 잘리게 된다. 오른쪽의 잘린 면은 삭제한다.

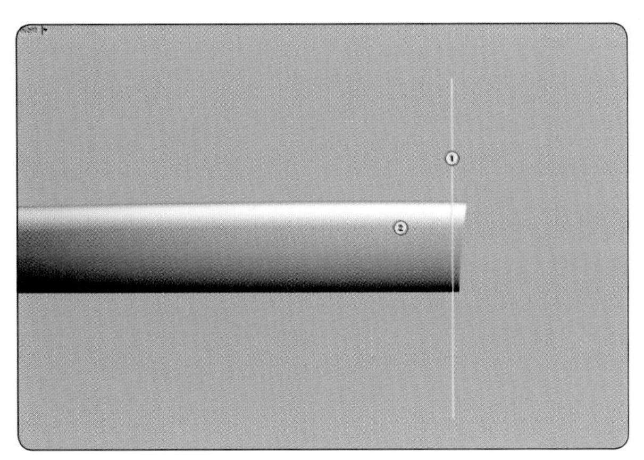

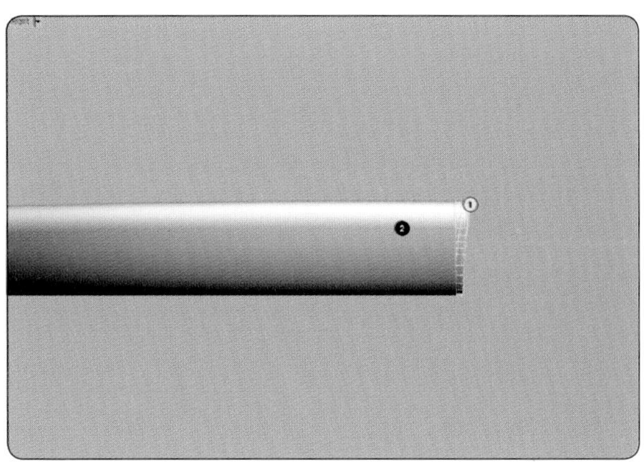

14 Wire cut으로 잘린 곳을 보면 Solid로 막힌 형태이다.

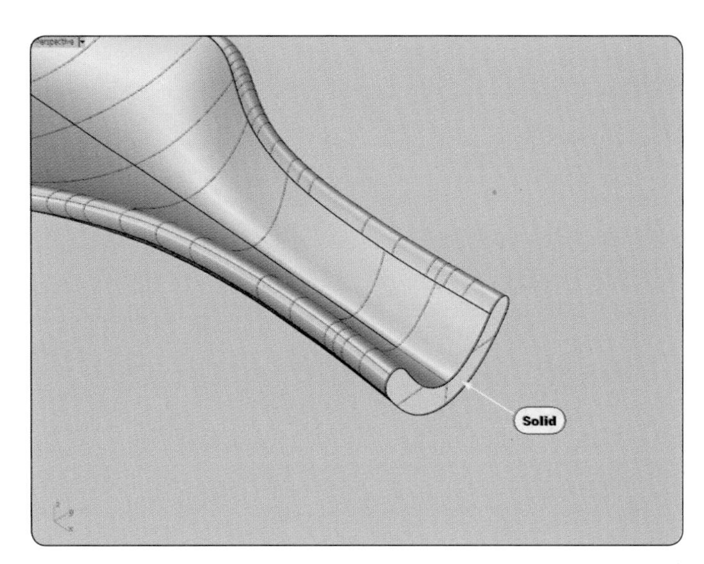

15 잎사귀 문양을 만들자. 먼저 Top View를 활성하하고 메인 툴바에서 Line: from midpoint( ) 툴로 좌표 중심에서 시작하는 수평선(❶)을 적당히 그려준다.

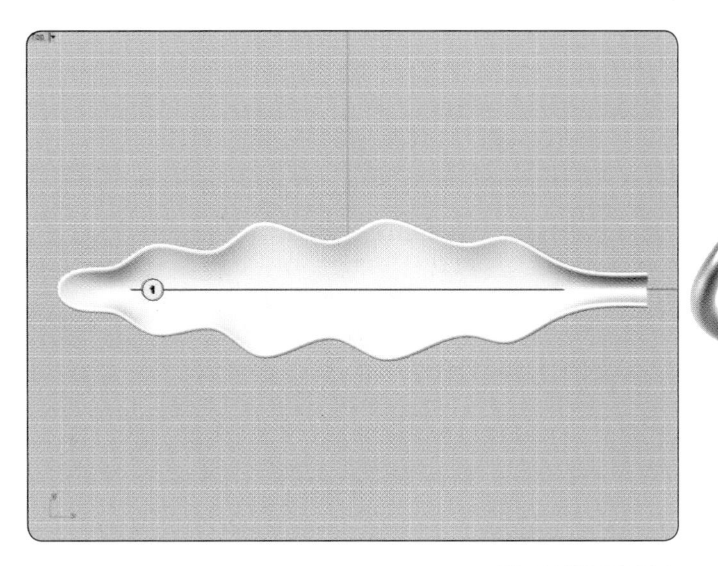

16 메인 툴바에서 Curve : Interpolate points(▣) 툴로 2번 곡선 형태들을 그려준다.

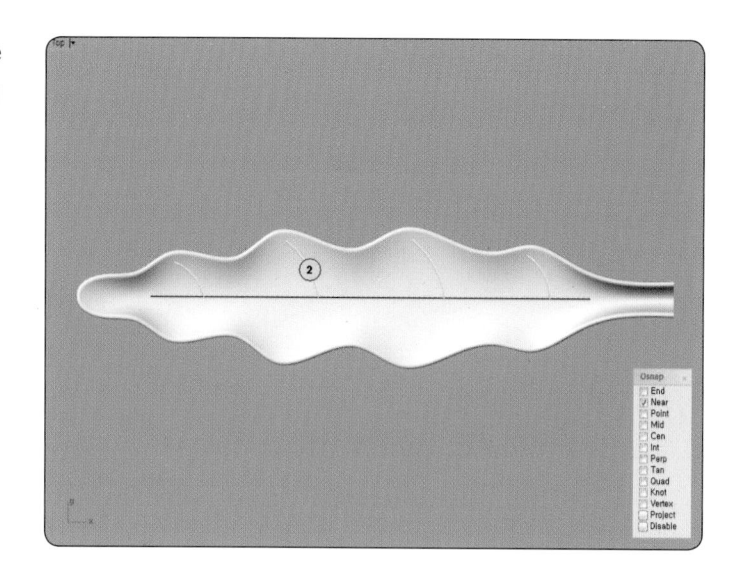

17 탭 툴바에서 Transform 〉 Mirror(▣) 툴을 클릭하여 그림과 같이 대칭 복사해준다.

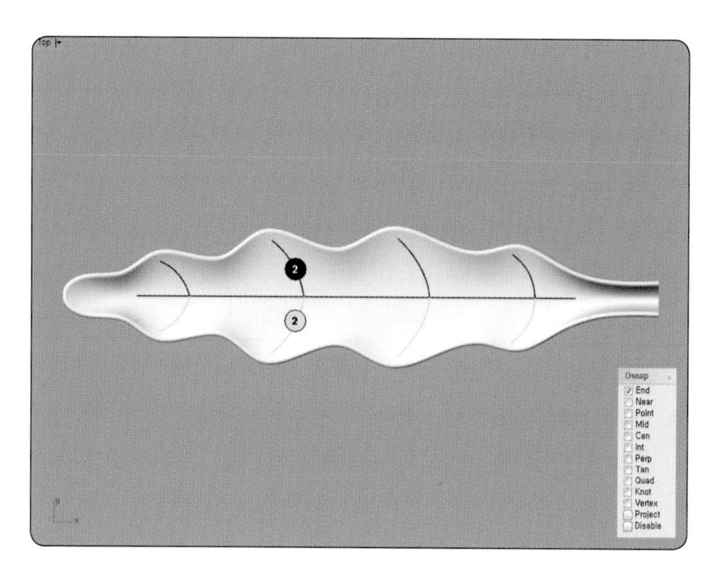

18 대칭 복사하면 연결 부위에 각이 존재하므로 탭 툴바에서 Curve 〉 Match curve(▣) 툴을 클릭한 후 ❷번 커브를 각각 클릭하여 Match curve 대화상자가 나타나면 'Continuity'의 'Tangency'를 선택하고, 'Average curves'을 선택하여 체크한 후 [OK] 단추를 클릭한다.

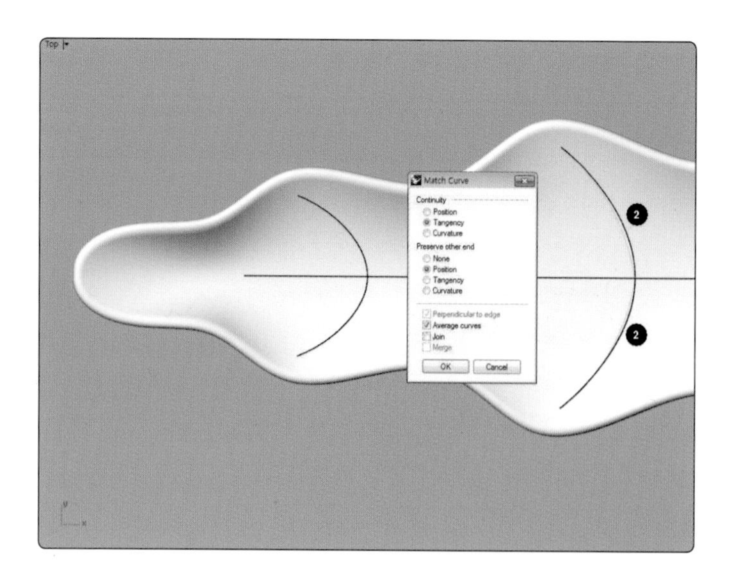

19 매치 커브된 객체들은 모두 메인 툴바의 Join(　) 툴로 합친다.

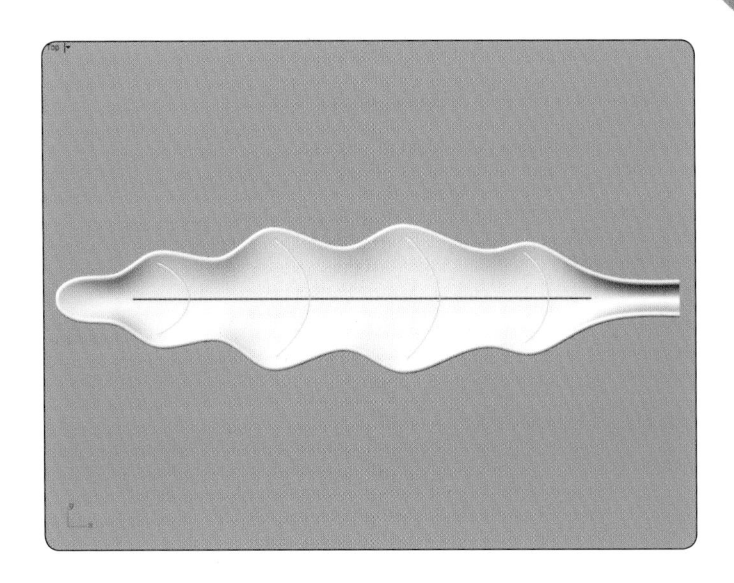

20 잎사귀 문양 커브(Ⓑ)를 선택하고 메인 툴바에서 Pull Curve(　) 툴을 선택한 후 B 객체들을 A 면에 투영해 준다. 이때 주의 사항은 반드시 투영 객체가 정면에서 보이는 Top View에서 투영해 주어야 한다.

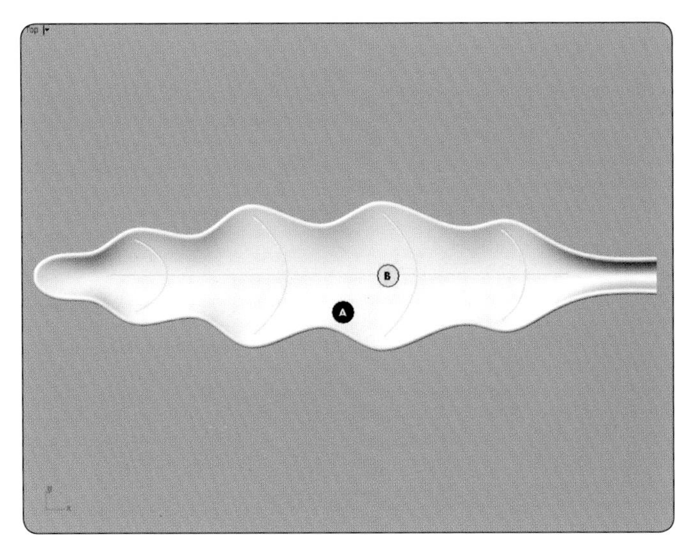

21 투영된 객체들을 Perspective View에서 살펴보면 오른쪽그림과 같다. 빨간색 라인이 면에 투영된 객체이다. 투영이 완료되면 투영 전 오리지널 검은색 라인 커브는 탭 툴바에서 Standard 〉 Hide Objects(　) 툴을 클릭해서 숨겨준다.

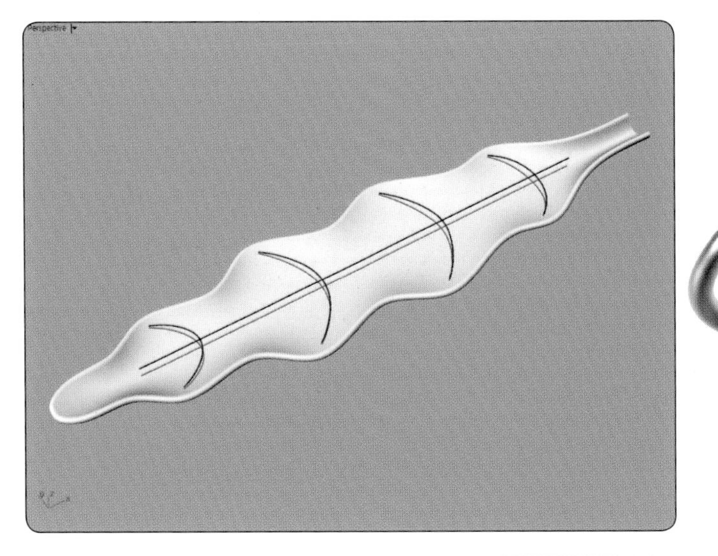

22 투영된 빨간색 라인 객체를 모두 선택한 후 탭 툴바의 Solid Tools를 클릭한 후 메인 툴바의 Pipe: Round caps( ) 툴을 클릭한다. 커맨드 창의 옵션에서 'Pipe radius=1.0', 'Cap=Round'로 설정하고 Enter를 누르면 그림과 같이 동시에 파이프가 만들어진다.

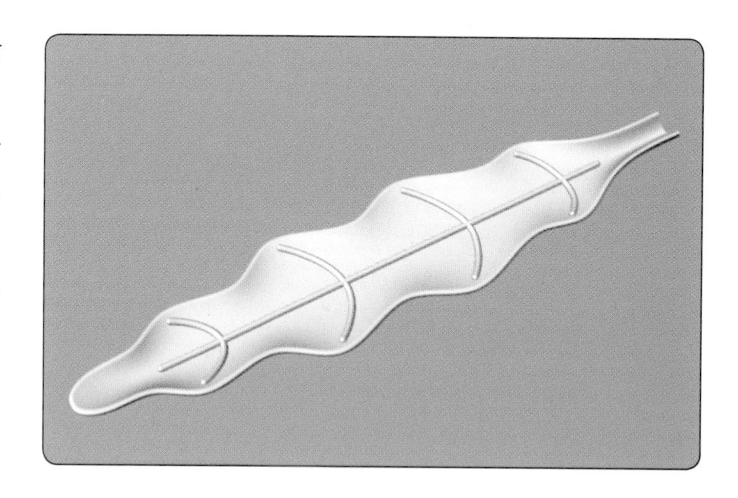

23 탭 툴바에서 Solid Tools 〉 Boolean union( ) 툴을 선택하고 모든 솔리드 객체들을 하나로 붙여준다.

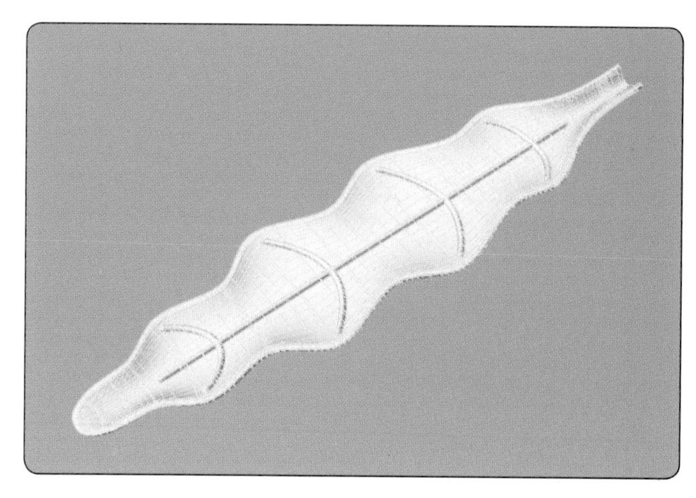

24 향로의 기능을 위해 잎사귀의 모양을 변형해야 한다. 탭 툴바에서 Transform 〉 Cage edit( ) 툴을 클릭한후 작업하고 있는 오브젝트를 선택하고 Enter를 누른다. 커맨드 창의 'Select control object' 옵션에서 BoundingBox를 클릭해 'Coordinate system:' 옵션에서 Enter, Cage points 옵션의 값을 'XPonitCount=14', 'YPointCount=14', 'ZPointCount=14', 'XDegree=3', 'YDegree=3', 'ZDegree=3'로 설정하고 Enter, 'Region to edit' 옵션에서 Enter를 누르면 그림과 같이 편집 포인트들이 생성된다.

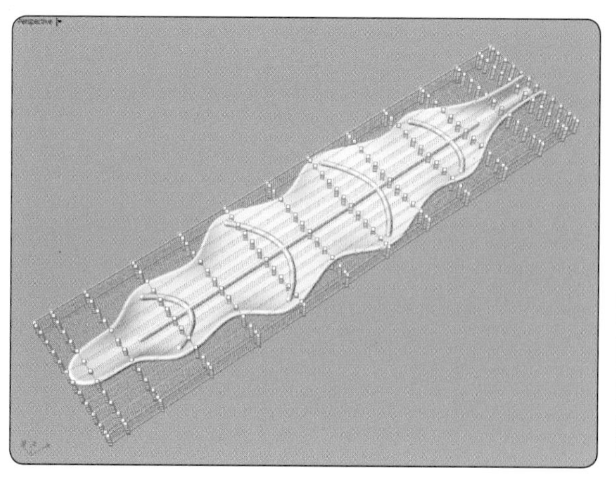

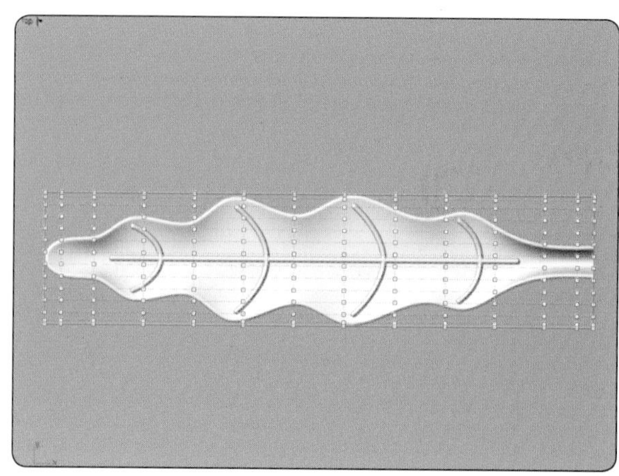

25 키보드의 Shift 를 누른 상태로 화살표가 지시하는 영역에 있는 해당 포인트만을 대칭형으로 드래그하여 선택해 준다.

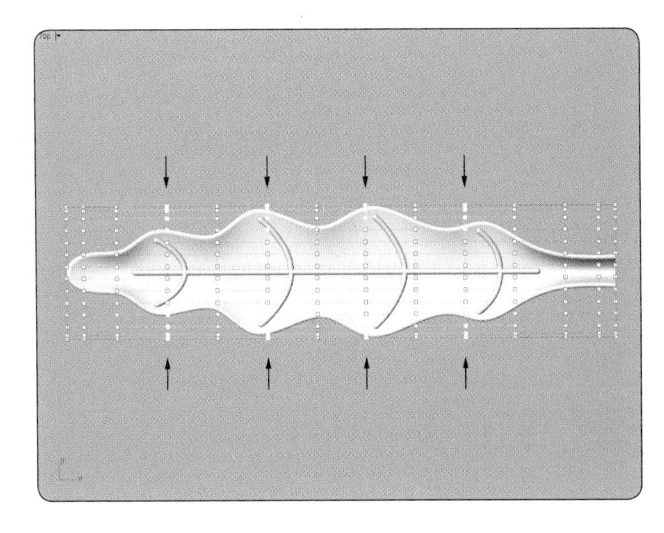

26 검볼(Gumball)을 활성화시켜 선택된 포인트들을 Front View에서 Z축 방향으로 2mm 정도 올려준다. 검볼에서 이동하고자 하는 화살표를 클릭하고 치수 입력을 해서 돌려주면 된다.

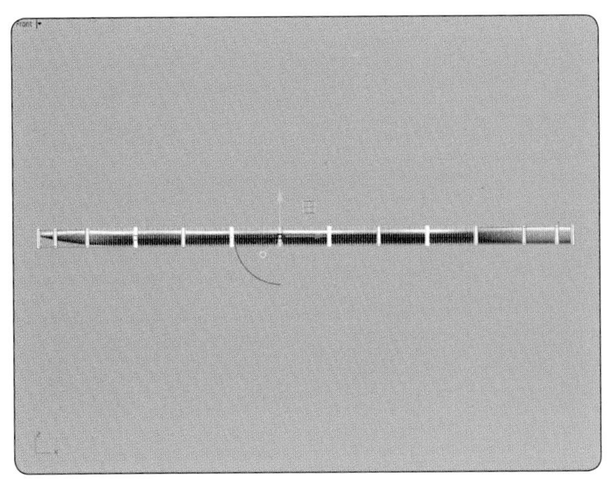

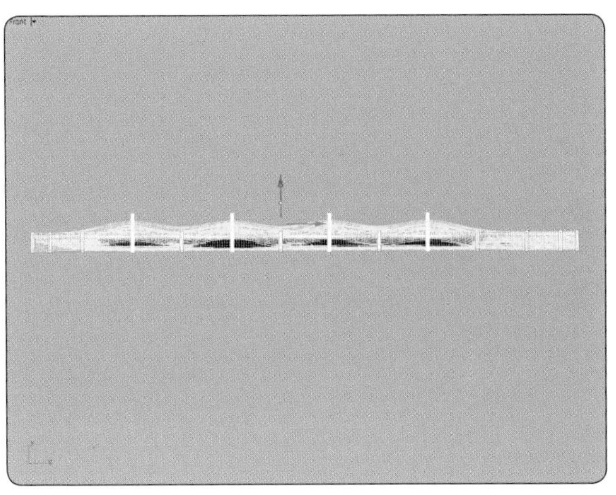

27 Cage edit( ) 툴을 사용한 것은 모서리 변형은 형태를 용기 형식으로 수정하기 위함이다. 화살표 부분의 날개 부분이 위로 다소 올라가게 된다. Cage edit( ) 툴을 사용하면서 만들어진 보조선은 삭제한다.

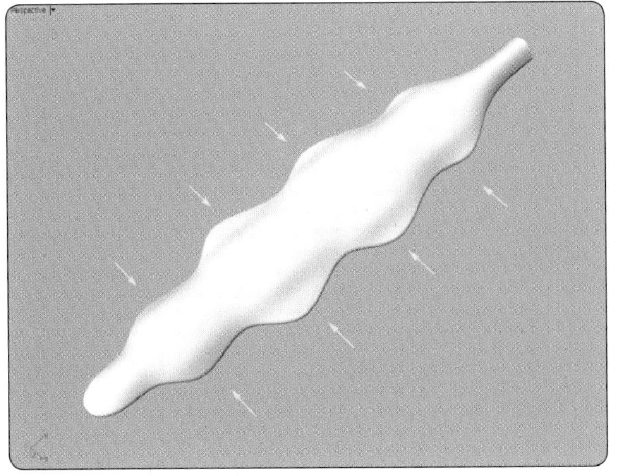

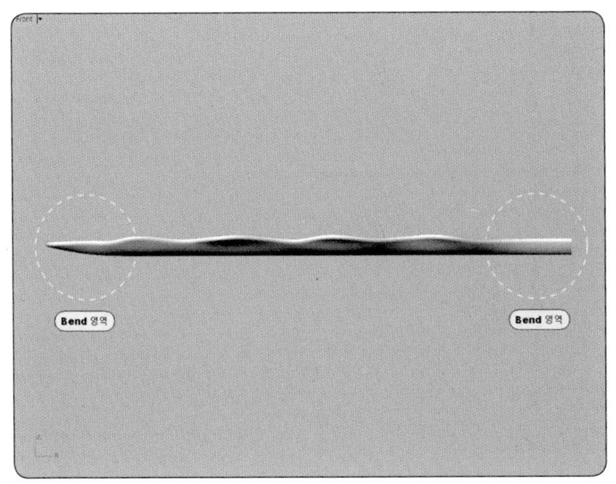

28 Front View의 탭 툴바에서 Transform 〉 Bend(![]) 툴을 클릭하고 작업 중인 오브젝트를 선택하고 Enter를 2번 누른다. 커맨드 창에 'Start of spine:' 옵션이 나타나면 향로 아래쪽 부분(❶)을 클릭하고 'End of spine:' 옵션이 나타나면 왼쪽 끝 지점(❷)를 클릭한 후 'Point to bend through:' 옵션이 나타나면 위로 드래그하여 왼쪽 그림과 같이 휘어지도록 한다. 같은 방법으로 오른쪽도 ❸, ❹를 기준으로 하는 작업을 한다.

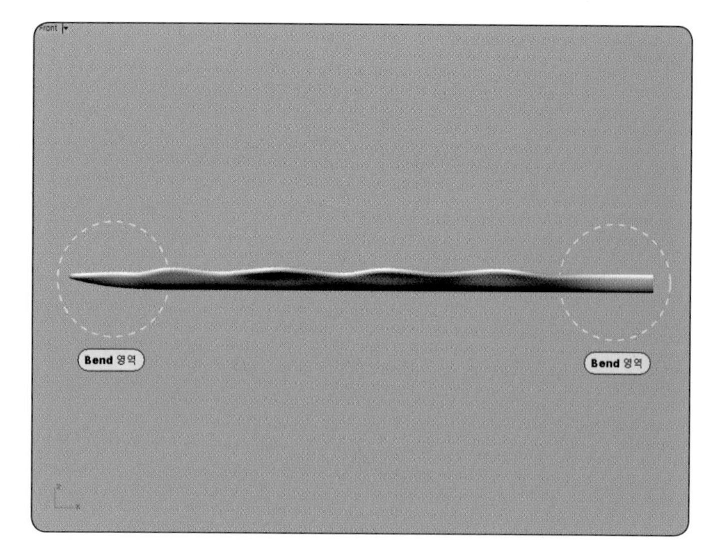

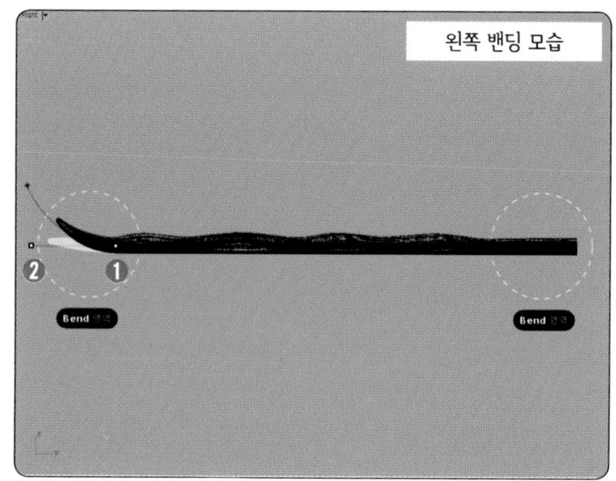

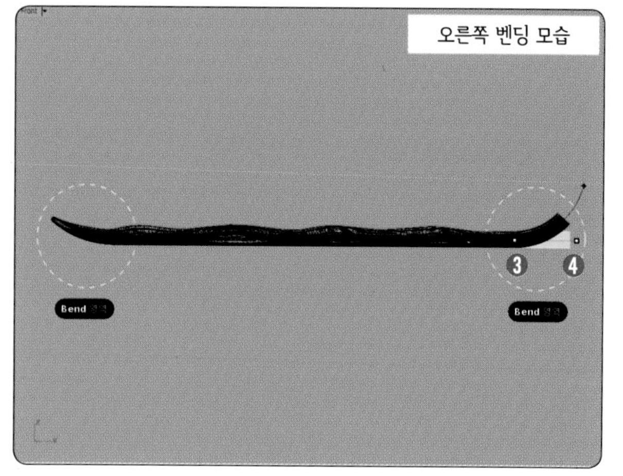

TIP

너무 심하게 밴딩을 하면 객체의 변형이 심해져 형태가 망가지는 경우가 있으므로 주의한다.

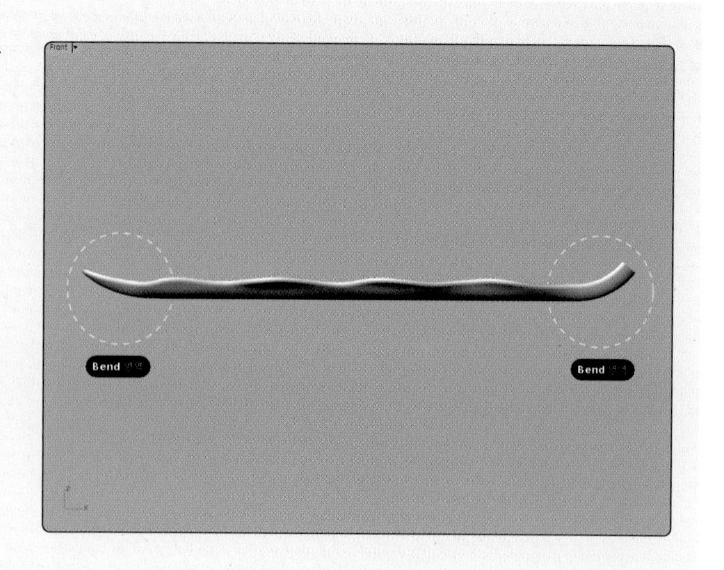

29 밴드 작업이 모두 마무리된 상태에서 객체를 확인한다.

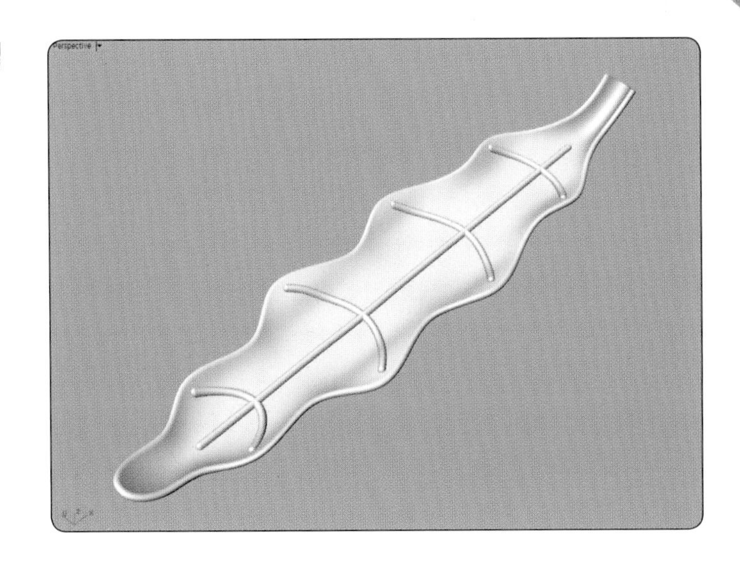

··· 파이프 형태의 아로마 코일 만들기

01 Front View에서 Line( ) 툴을 이용하여 그림과 같이 Ⓐ 라인을 그려준다. 길이는 대략 140-180mm면 적당하다.

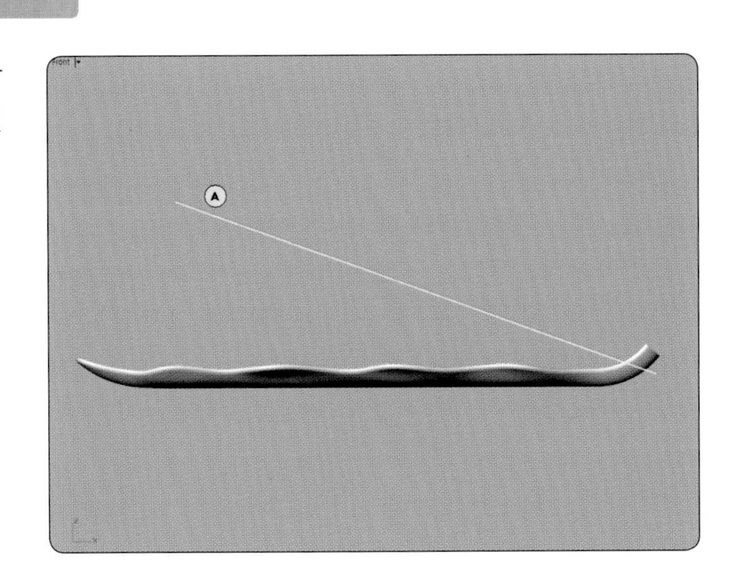

02 이제 이 라인에 총 2개의 지름이 다른 파이프를 만들어 주어야 한다. 탭 툴바에서 Solid Tool 탭을 선택하고 메인 툴바에서 Pipe: Flat caps( ) 툴을 클릭한 후 앞에서 그려놓은 라인를 선택한다. 커맨드 창에 'Start radius:' 옵션 값을 'Diameter'로 설정하고 '1.6'을 입력하고 Enter, 'End radius :' 옵션에서도 같은 값을 입력하여 Ⓑ 파이프를 만들어 준다.

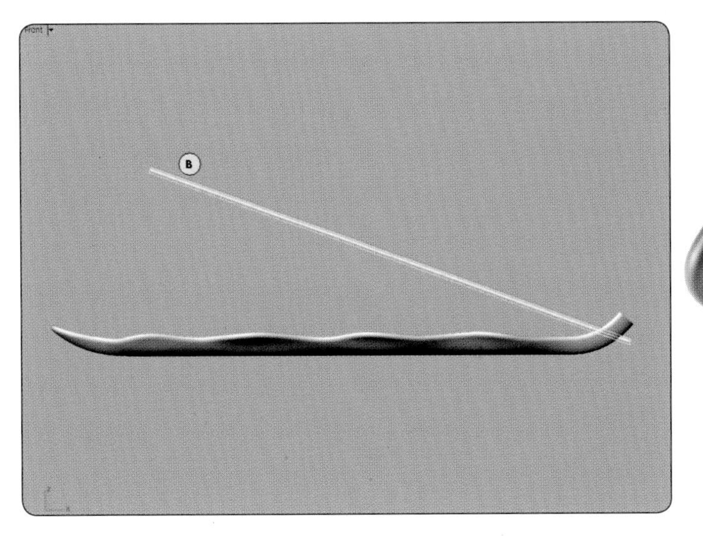

03 Pipe: Flat caps() 툴을 클릭한 후 앞에서의 오브젝트를 클릭하고 같은 방법으로 지름 2mm의 © 파이프를 하나 더 만들어 준다. ©는 잎사귀 형태에 아로마 코일을 꽂을 수 있는 홈을 파기 위한 용도로 사용될 것이다.

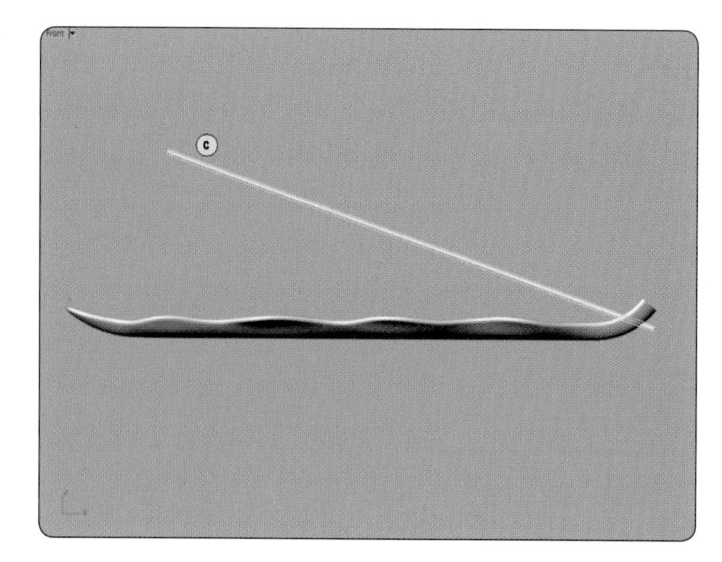

04 탭 툴바에서 Solid Tools 〉 Boolean difference() 툴을 선택하고 잎사귀 오브젝트를 선택하고 Enter, © 파이프를 선택하고 Enter를 눌러 잎사귀 우측 끝단 부위에 C(2mm) 파이프를 이용하여 구멍을 내준다.

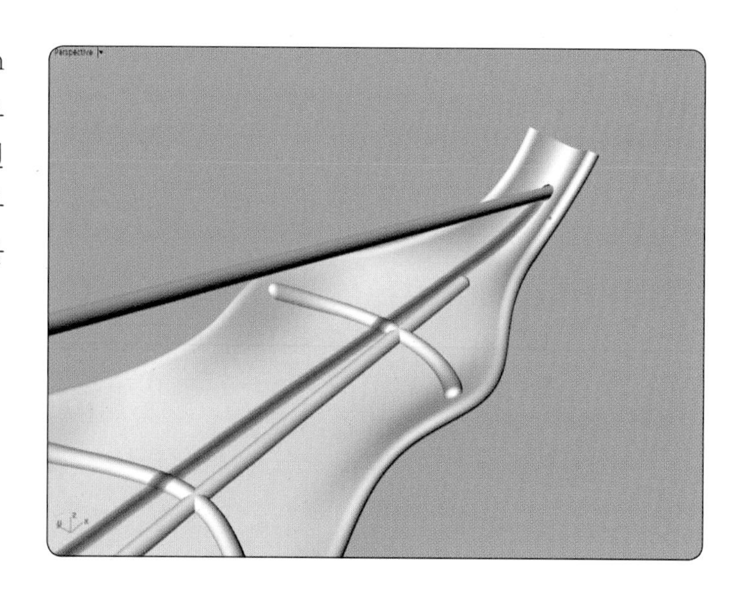

05 아로마 향로 모델링이 모두 마무리되었다. KeyShot으로 렌더링해서 최종 마무리한다.

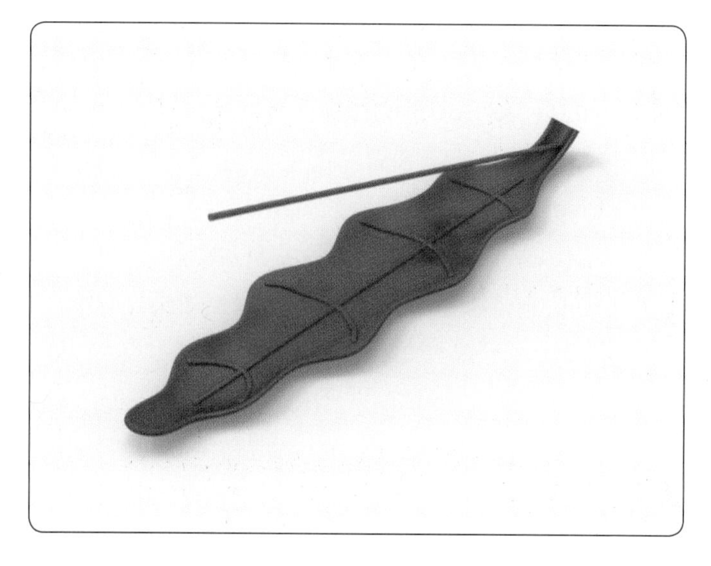

실습 문제 1 | 잎새 향로

앞서 학습된 모델링 방법을 응용하여 잎새 향로를 모델링 해 봅시다.

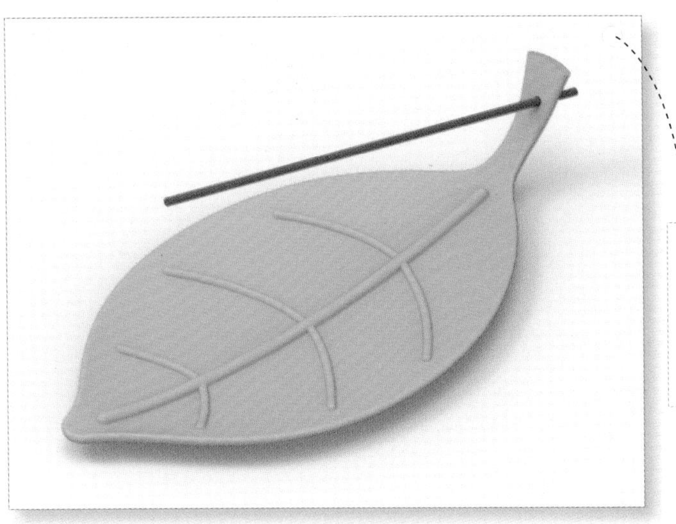

완성 파일 | Sample〉ex12-01.3dm

keypoint

① 외형선을 그릴 때 선과 선이 맞닿은 부분에 Match Curve 명령으로 각이 없도록 해준다.
② 기타 과정은 모두 앞에서의 방법과 동일하게 진행한다.

실습 문제 2 | 단풍잎 향로

앞서 학습된 모델링 방법을 응용하여 단풍잎 향로를 만들어 봅시다.

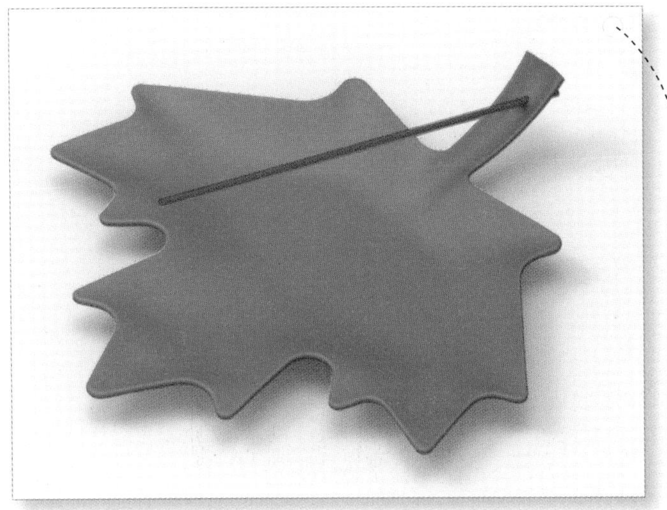

완성 파일 | Sample〉ex12-02.3dm

keypoint

① 외형선을 그릴 때 선과 선이 맞닿는 부분에 필렛 처리하여 모서리에 각이 없도록 해준다.
② 외형선은 offset curve 명령으로 미세하게 안쪽으로 옵셋하고 내측 커브는 아래로 미세하게 내려주어 patch 명령으로 면을 만들어 주는 것이 중요하다.
③ 기타 과정은 모두 앞에서의 방법과 동일하다.

13 S·E·C·T·I·O·N

라디오 모델링하기

경사진 객체에서의 자유로운 모델링을 하기 위해 (Set Cplane to object) cplane 명령어를 사용하는 방법에 대해 학습해보자.

PREView

완성파일 : main13-01.3dm

··· **학습 내용**

- Rectangle 생성 후 Fillet curves 명령으로 모서리 라운드 처리하기
- Offset curve 명령으로 라디오 라인 생성하기
- Revolve 명령으로 다이얼 만들기
- Set CPlane to object 명령으로 다이얼 편집
- Polar array 명령으로 배열 학습하기
- filetedges로 모서리 처리하기
- Boolean Difference 명령으로 솔리드 편집

··· 라디오 몸통 만들기

01 탭 툴바의 Standard 〉 New(🗋)를 클릭하여 [Open Template File] 대화상자가 나타나면 [Small Object – Millimeters]를 선택하고 [열기] 단추를 클릭한다.

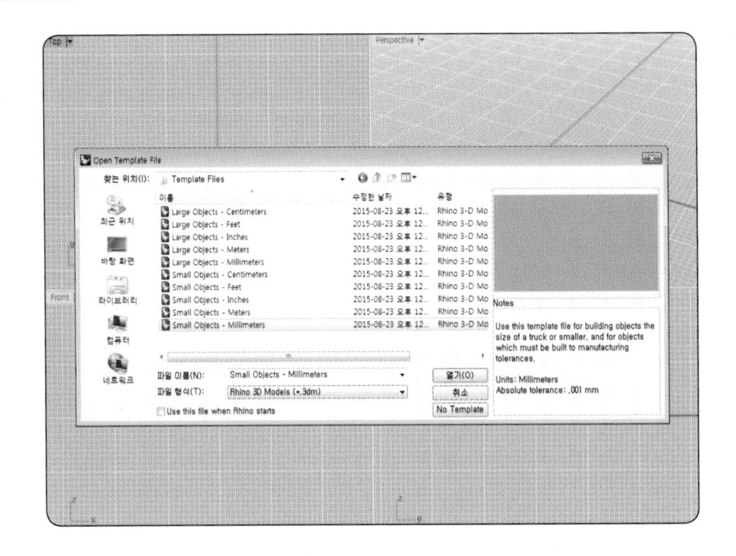

02 Front View를 전체 화면으로 활성화하고 탭 툴바에서 Standard 탭을 클릭한 후 메인 툴바에서 Rectangle 〉 Rectangle center, corner(▣) 툴을 선택한다. 커맨드 창의 'Center of rectangle' 옵션에서 0을 입력하고 Enter, 'Other corner or length:' 옵션에서 100을 입력하고 Enter, 'With. Press Enter to use length' 옵션에서 100을 입력 후 Enter를 누르면 좌표 중심축을 기준으로 정사각형이 만들어진다.

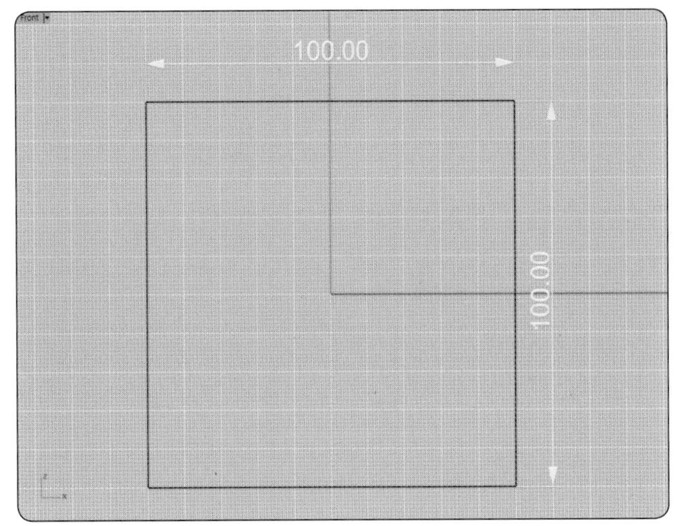

03 탭 툴바에서 Curve Tools 〉 Fillet curves(◹) 툴을 선택하고 커맨드 창의 옵션 값에서 'Radius=10', 'Join=Yes'로 변경한 후 ❶번 변과 ❷번 변을 순차적으로 클릭하여 모서리를 둥글게 변경한다. 나머지도 모두 같은 방법을 사용하여 모서리가 둥근 사각형을 만든다.

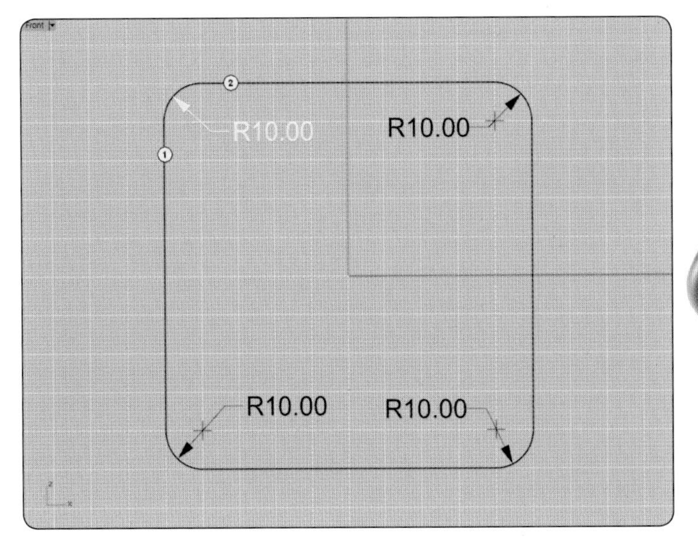

04 탭 툴바에서 Curve Tools 〉Offset curve( ) 툴을 선택하고 'Select curve to offset:' 옵션에서 'Distance=3.8'로 설정하고 모서리가 둥근 사각형을 선택하고 안쪽 방향으로 클릭하여 복사한다.

05 탭 툴바에서 Curve Tools 〉Offset curve( ) 툴을 선택하고 'Distance=0.2'로 설정하여 안쪽 방향으로 모서리가 둥근 사각형을 하나 더 복사한다.

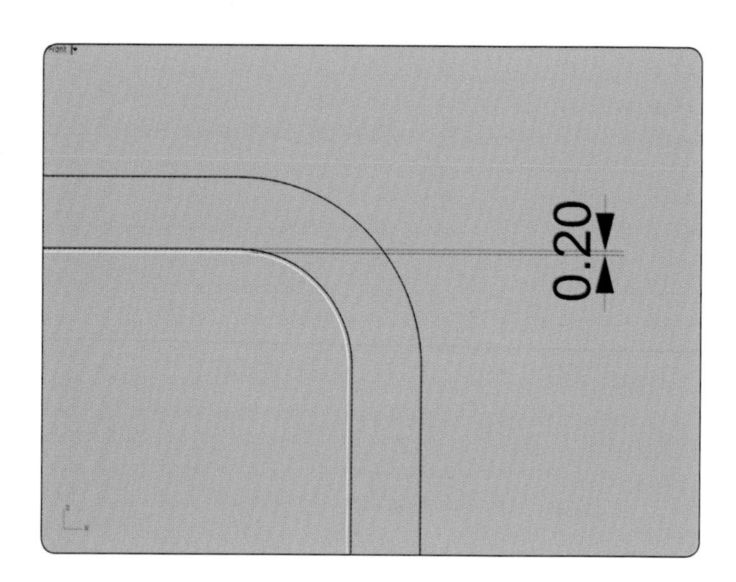

06 탭 툴바에서 Standard 탭을 클릭한 후 메인 툴바에서 Single point( ) 툴을 선택한다. 하단의 Osnap의 End를 클릭하여 체크한 후 그림과 같이 Point-A와 Point-B 지점에 포인트를 찍어 준다.

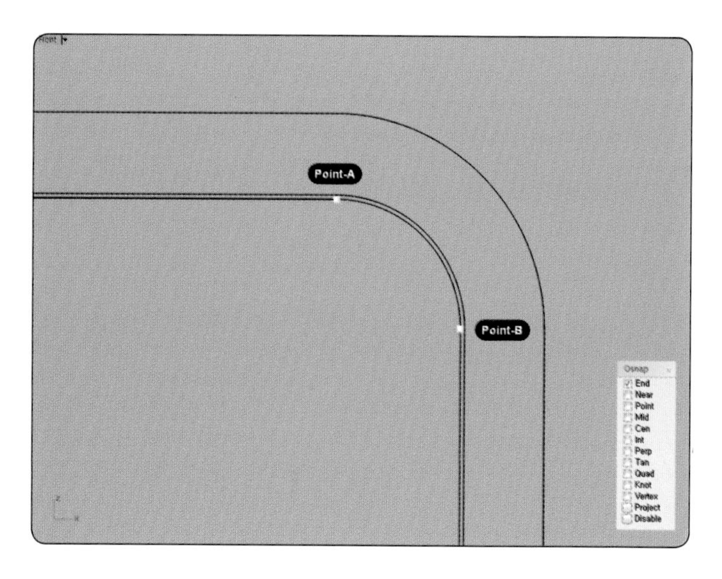

07 상태 표시줄에서 Gumball을 체크하고 Point-A를 클릭하고 가로방향 화살표(X축)을 -19.39만큼 이동한다. Point-B도 동일한 방법으로 세로방향 화살표(Y축)으로 -19.39mm 이동시켜 준다.

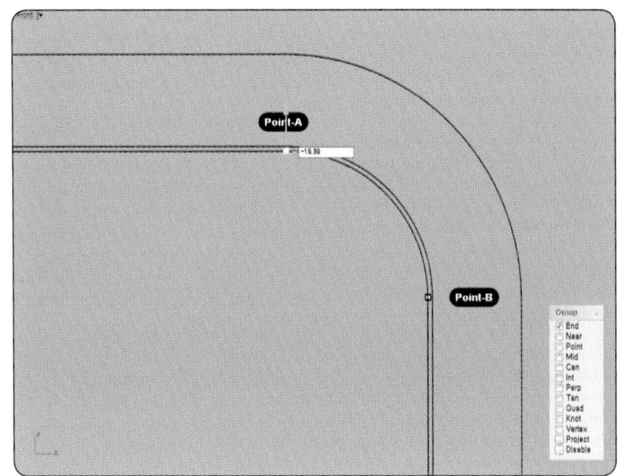

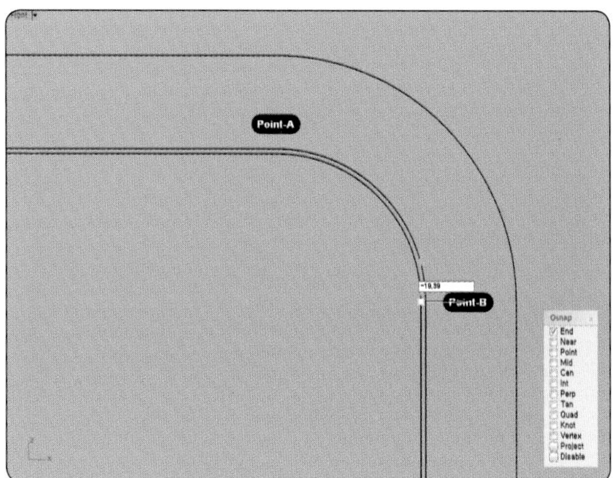

08 탭 툴바에서 Standard 탭을 선택하고 메인 툴바에서 Line( ) 툴을 클릭한 후 Osnap에 Point를 체크하고 그림과 같이 포인트를 연결하는 사선을 그려 준다.

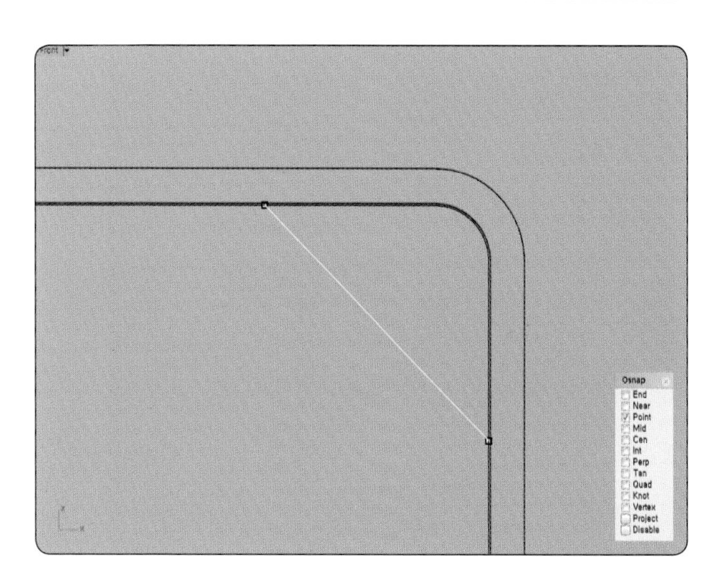

09 그려진 사선을 선택하고 탭 툴바에서 Curve Tools 〉 Offset curve( ) 툴을 선택한 후 'Side to offset:' 옵션에 'Distance=0.2'로 설정하고 바깥쪽 방향에서 클릭하여 사선을 복사한다.

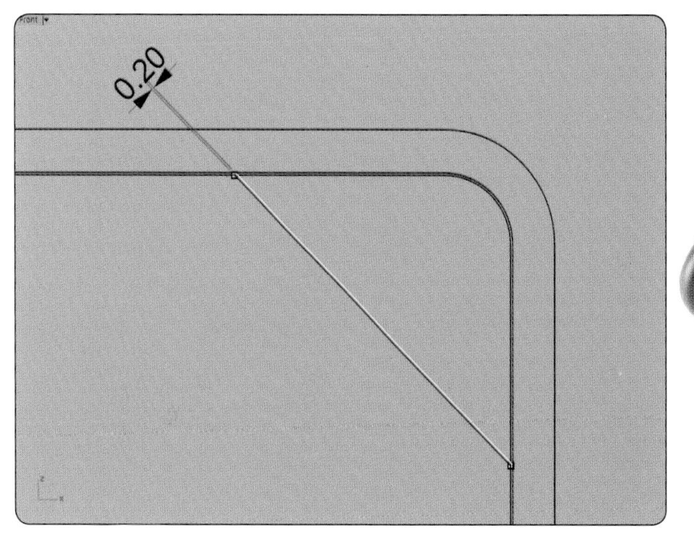

10 안쪽에 둥근 사각형 커브를 클릭하여 선택하고 탭 툴바에서 Curve Tools 〉Offset curve( ) 툴을 선택한 후 'Side to offset:' 옵션을 'Distance =0.8'로 설정한 후 안쪽 방향에서 클릭하여 둥근 사각형을 복제한다.

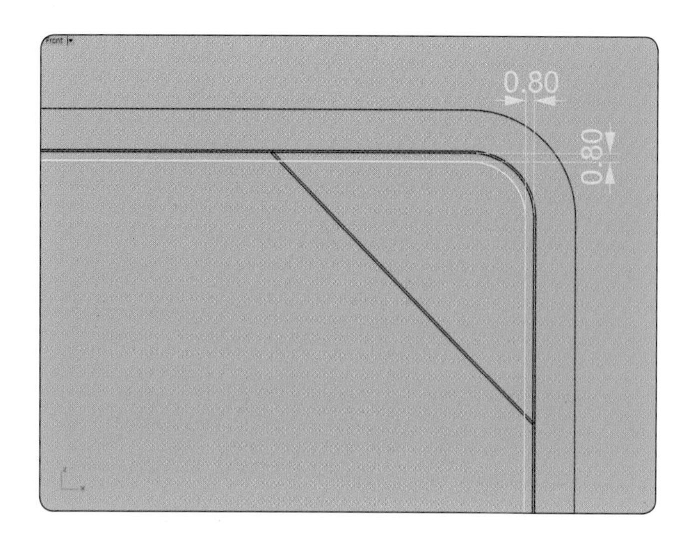

11 메인 툴바에서 Trim( ) 툴을 선택하고 'Select cutting objects:' 옵션이 나타나면 왼쪽 그림과 같이 제거하려는 오브젝트를 모두 선택하고 Enter 를 누른다. 'Select object to trim:' 옵션에서는 오른쪽 그림과 같이 삭제할 부분을 모두 클릭하여 제거한 후 Enter 를 누른다.

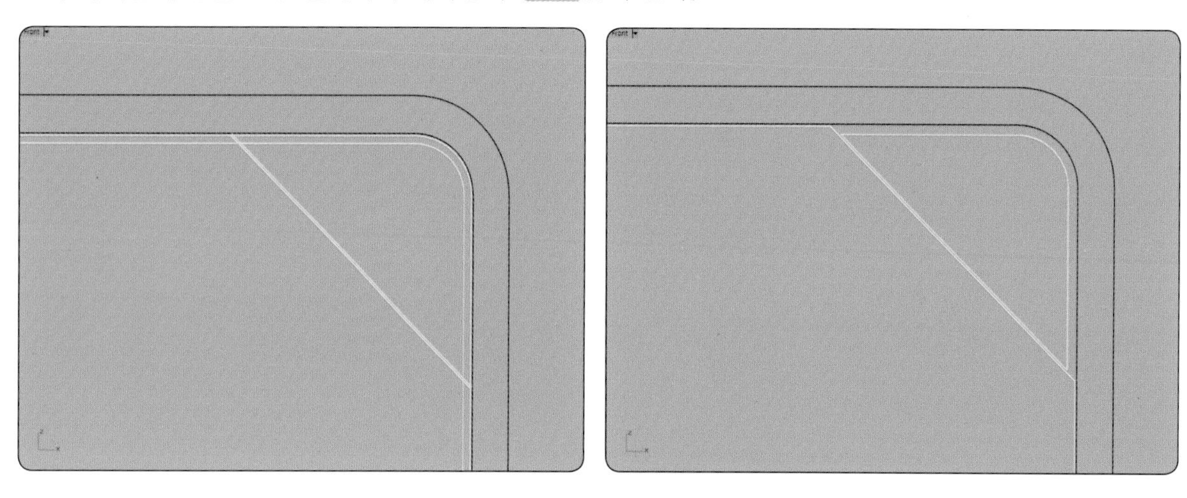

12 Osnap에 Mid를 체크하고 메인 툴바의 Line( ) 툴로 그림과 같이 중간에 사선을 그려 준다.

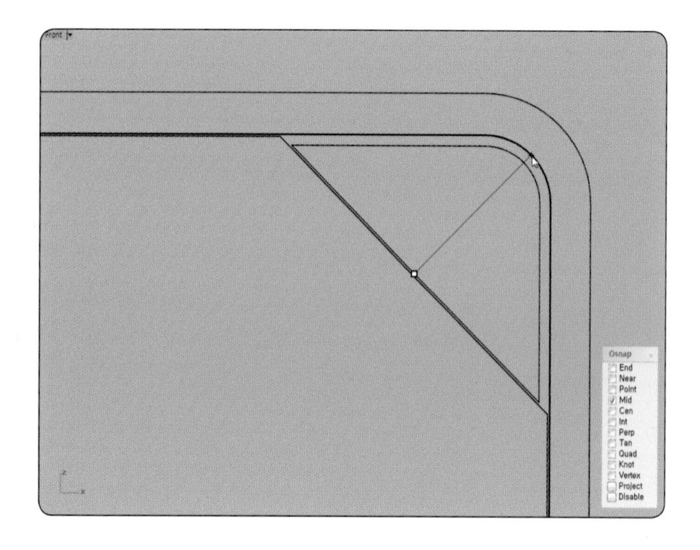

13 메인 툴바에서 Trim( ) 툴을 선택하고 11의 과정과 같은 방법으로 왼쪽과 그림과 같이 커브를 선택하고 오른쪽 그림과 같이 삭제한다.

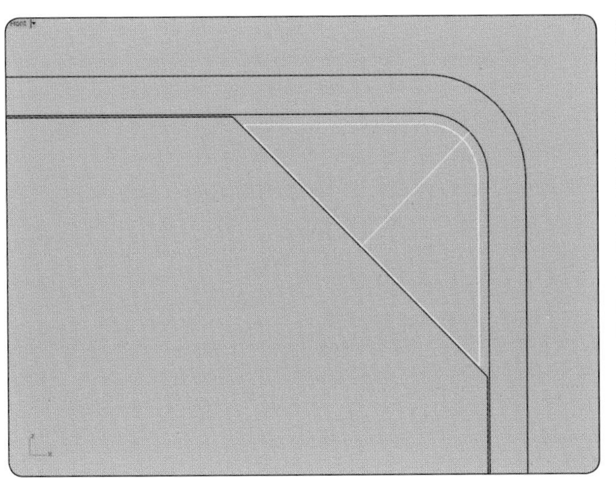

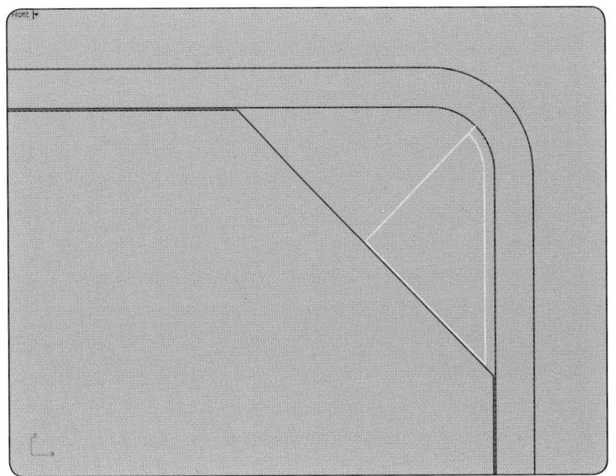

14 메인 툴바에서 Line( ) 툴을 선택하고 Osnap의 End와 Near를 체크하고 겹쳐서 라인을 그려준다.

TIP
라인을 그릴 때 커맨드 창의 Start of line: 옵션일 때 왼쪽 그림에서 시작 부분을 클릭하고 End of line: 옵션에서는 12를 입력하고 위로 수직으로 드래그하여 클릭하면 12mm의 선을 그릴 수 있다. 그리고 검볼의 Y축 화살표를 이용해서 위로 3.8만큼 이동시키면 된다.

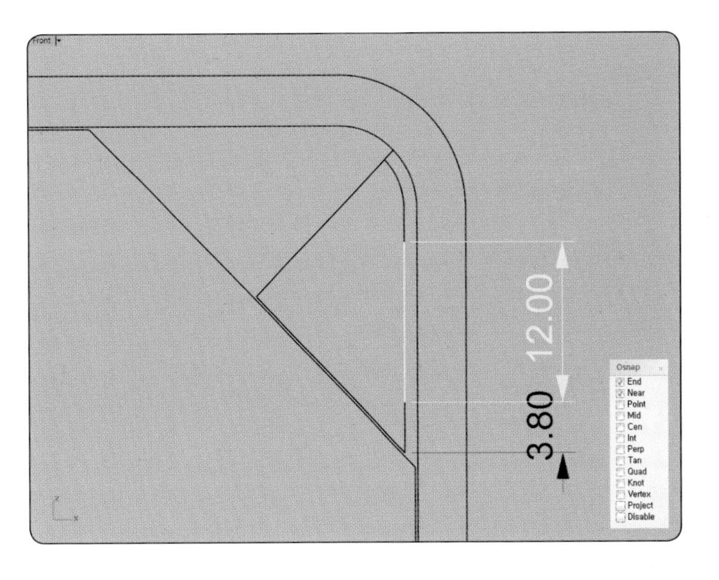

15 앞에서 그린 12mm 라인을 선택하고 탭 툴바에서 Solid Tools를 클릭한 후 메인 툴바에서 Pipe: Round caps( ) 툴을 선택한다. 커맨드 창에 'Start radius:'가 나타나면 'Diameter'를 클릭하여 'Start diameter:'로 변경되면 '1'을 입력하고 Enter, 'End diameter:' 옵션에서 '1'을 입력하고 Enter를 2번 눌러 두께 1mm의 라운드 캡 파이프를 만들어 준다.

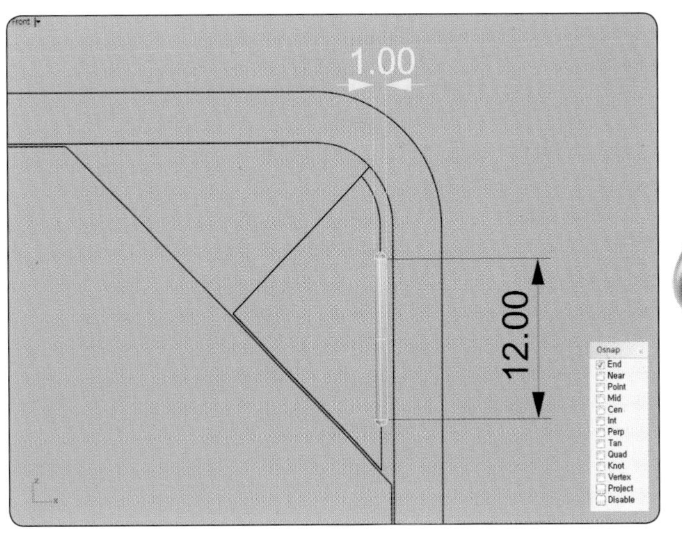

01 앞에서 그린 선을 그림과 같이 선택하고 탭 툴바에서 메인 툴바에서 Join( ) 툴을 클릭하여 묶어준다.

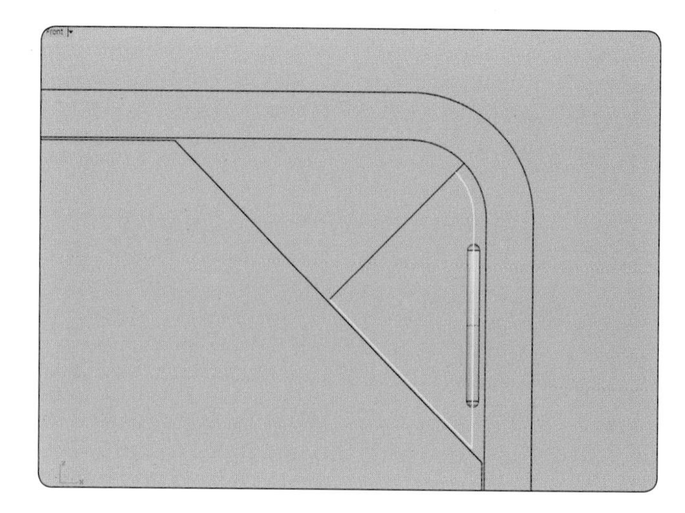

02 Osnap의 End를 체크하고 탭 툴바에서 Surface Tools 탭을 클릭한 후 메인 툴바에서 Revolve ( ) 툴을 클릭하여 중심 사선을 기준으로 회전체 솔리드를 만들어 준다.

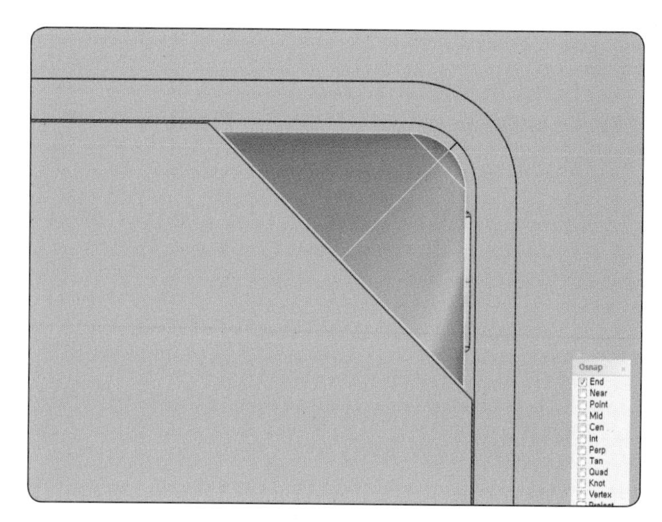

03 탭 툴바에서 CPlanes 〉 Set CPlane to object( ) 툴을 선택하고 Perspective View에서 그림과 같이 Ⓐ 밑면을 클릭하면 바닥면의 좌표가 변경되는 것을 볼 수 있다.

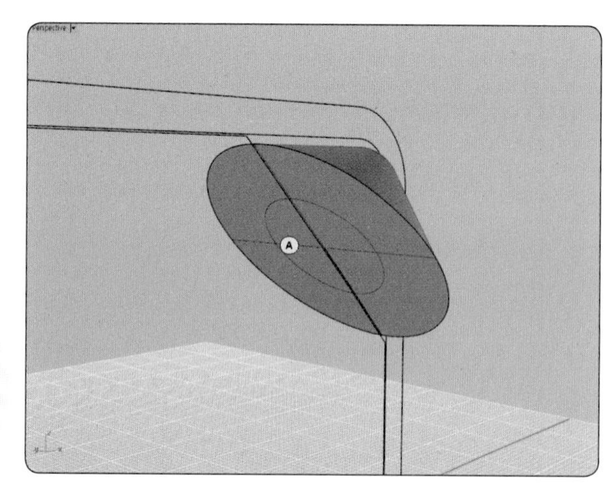

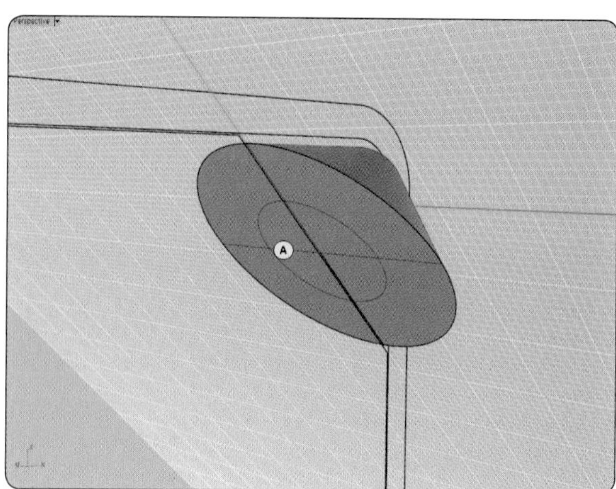

04 앞서 만들어 둔 라운드 캡 파이프를 보이도록 위치를 변경하고 Osnap에 Cen에 체크한다. 탭 툴바에서 Transform 〉 Polar array( ) 툴을 클릭하고 'Center of polar array:' 옵션이 나타나면 중심점을 클릭하고 'Number of items'에 '20'을 입력하고 Enter, 'Angle to fill or first reference point:' 옵션에서 '360'을 입력하고 Enter를 2번 눌러 오른쪽과 같이 원형으로 배열한다.

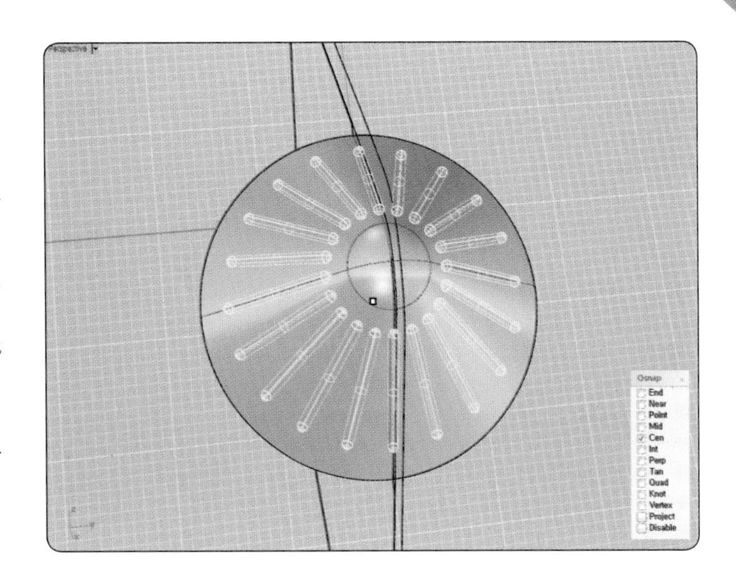

05 탭 툴바에서 CPlanes 〉 Previous CPlane( ) 툴을 클릭하여 좌표를 정상화 시켜준다.

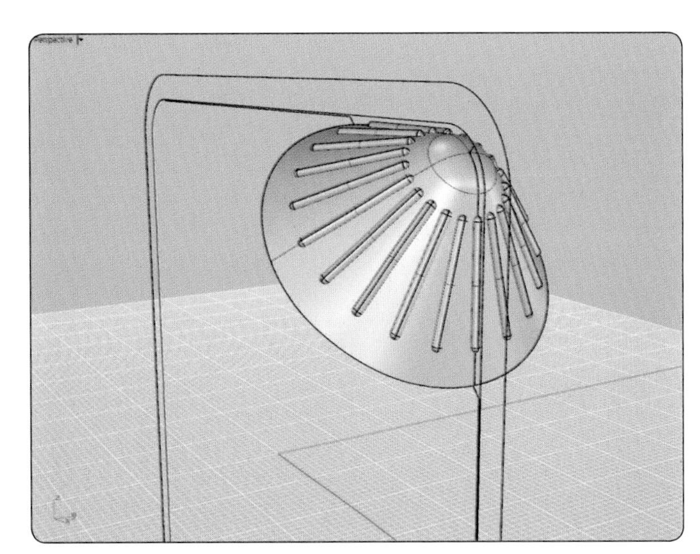

06 탭 툴바에서 Solid Tools 〉 Boolean difference( ) 툴을 선택하고 커맨드 창의 'Select surfaces or polysurfaces to subtrace from:' 옵션에서 회전체 솔리드를 선택하고 Enter를, 'Select surfaces or polysurfaces to subtrace with:' 옵션에서는 캡 파이프 전체를 선택하고 Enter를 눌러 홈을 만든다.

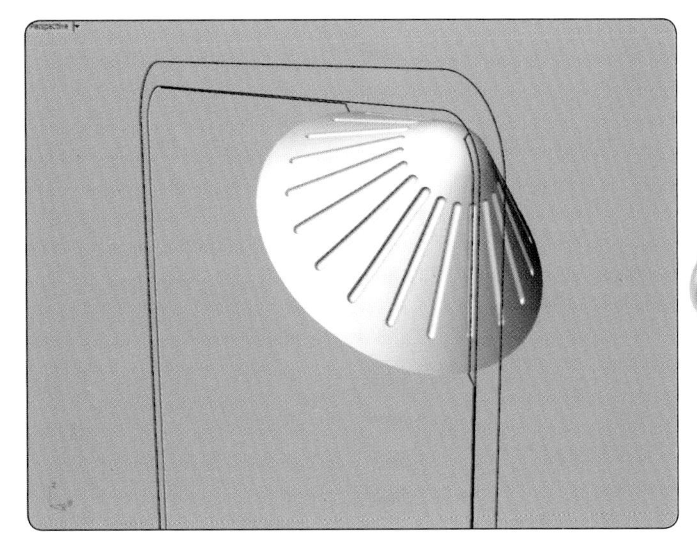

07 탭 툴바에서 Solid Tools 〉 filletedge(아이콘) 툴을 클릭하고 커맨드 창에 'Select edges to fillet:' 옵션이 나타나면 'NextRadius=0.2'로 설정하고 모서리를 클릭한 후 Enter 를 2번 눌러 둥글게 변경한다.

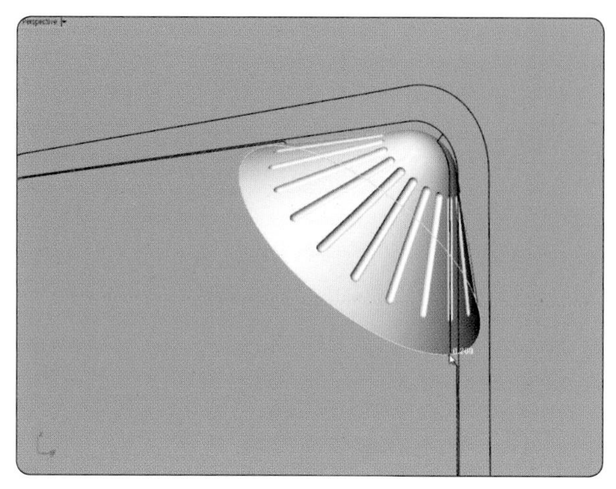

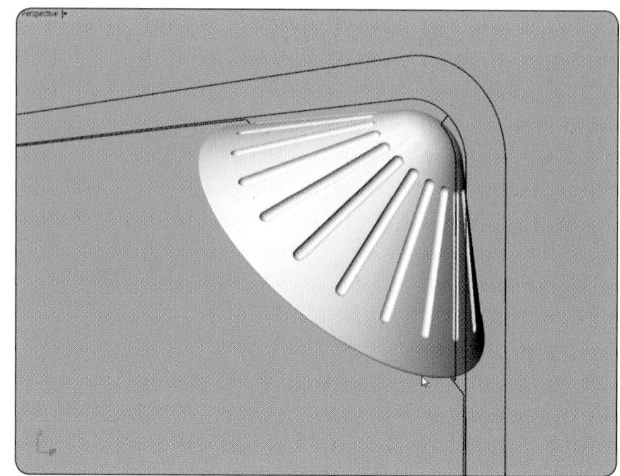

08 Front View에서 메인 툴바의 Join(아이콘) 툴로 오른쪽 그림과 같이 가장 내측 커브 묶어 준다.

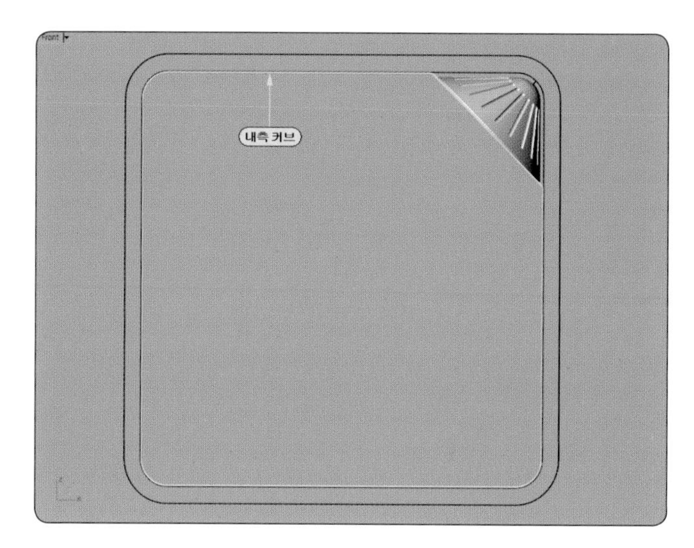

09 Right View를 활성화하고 앞에서 묶어둔 내측 커브가 선택된 상태에서 탭 툴바의 Solid Tools 탭을 클릭하고 메인 툴바에서 Extrude closed planar curve(아이콘) 툴을 클릭한다. 커맨드 창 'Extrude distance' 옵션에서 'BothSides=Yes'로 설정하고 17을 입력하고 Enter 를 눌러 그림과 같이 라디오의 측면 두께를 만들어 준다.

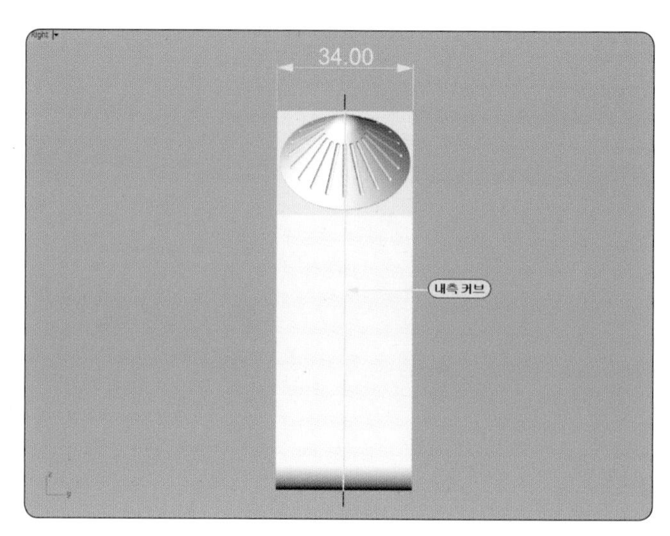

10 Perspective View에서 왼쪽 그림과 같이 커브를 선택한다. 탭 툴바의 Solid Tools 탭을 클릭하고 메인 툴바에서 Extrude closed planar curve( ) 툴을 클릭한다. 커맨드 창의 'Extrude distance' 옵션에서 'BothSides=Yes'로 설정하고 '10'을 입력하고 Enter 를 눌러 오른쪽 그림과 같이 라디오의 측면 테두리 두께를 만들어 준다.

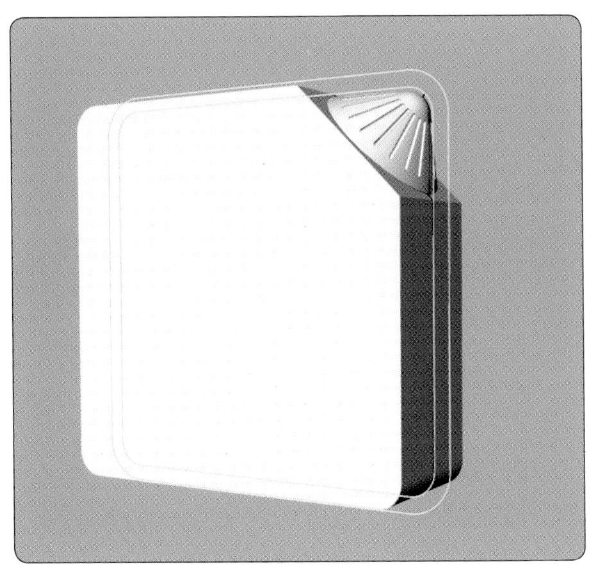

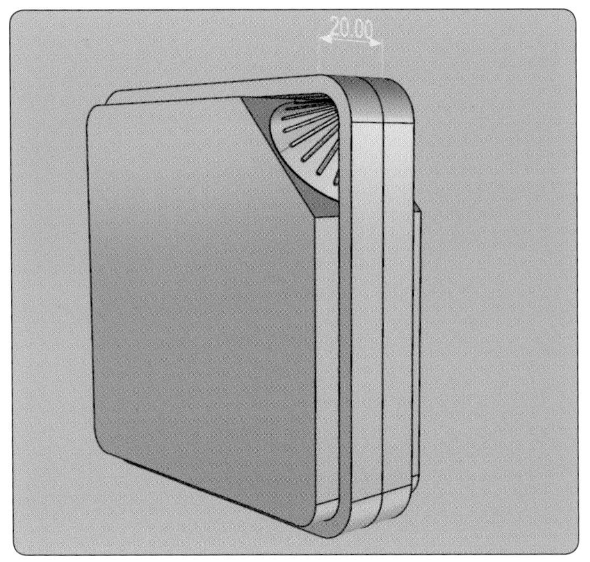

11 탭 툴바에서 Solid Tools 〉 filletedge( ) 툴을 선택하고 커맨드 창의 옵션 값에서 'Next Radius=5.0'로 설정하고 왼쪽 그림의 모서리를 클릭하여 둥글게 만든다.

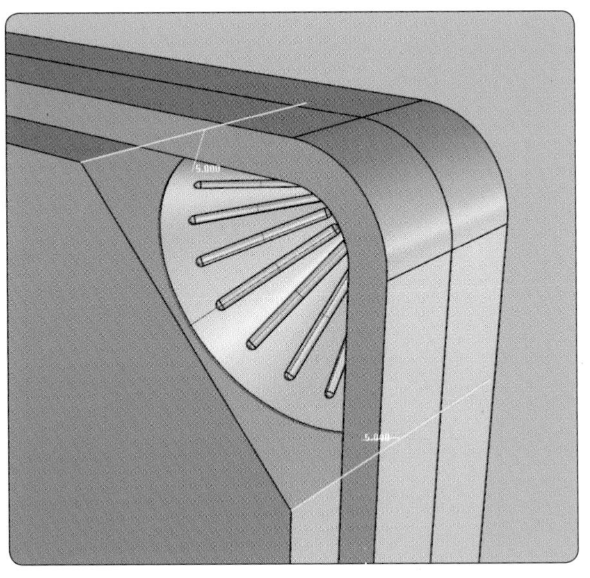

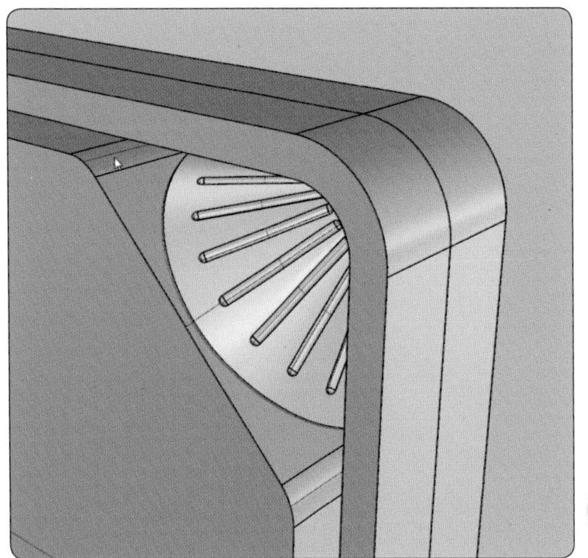

12 계속해서 Filletedge를 이용하여 내부 몸통은 0.5값으로 모서리를 둥글게 만들어 준다. 외부 테두리는 바깥쪽은 1, 안쪽은 0.5의 값으로 Filletedge를 적용한다.

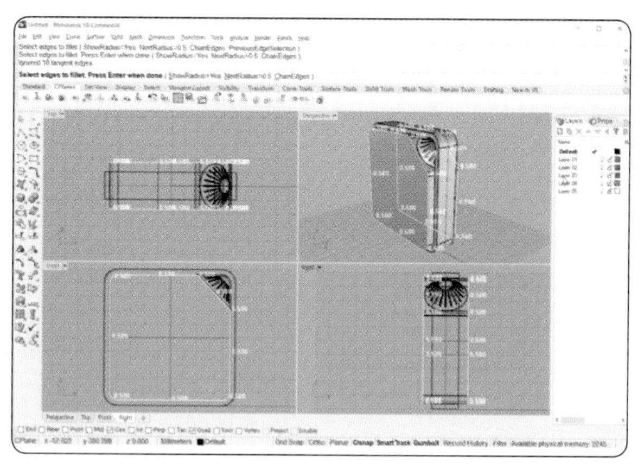

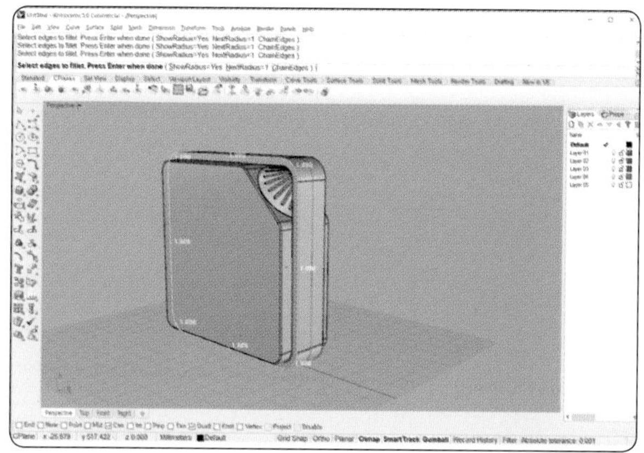

13 탭 툴바에서 Standard 〉 Open / Import(📂) 툴을 오른쪽 마우스 버튼으로 클릭하여 Sample 폴더에서 라디오 부품-A를 클릭하여 부품들을 작업 화면 안으로 불러온다.

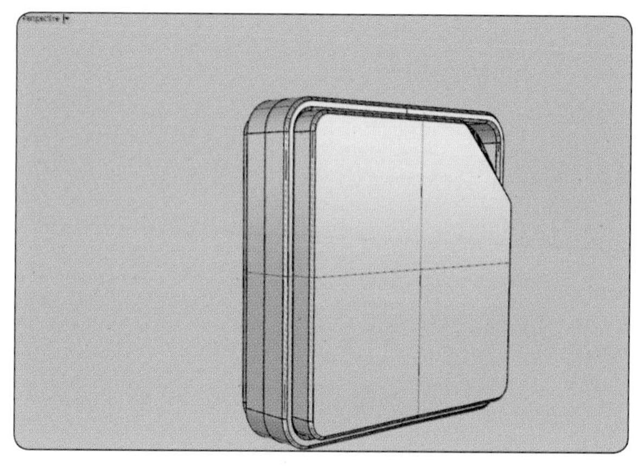

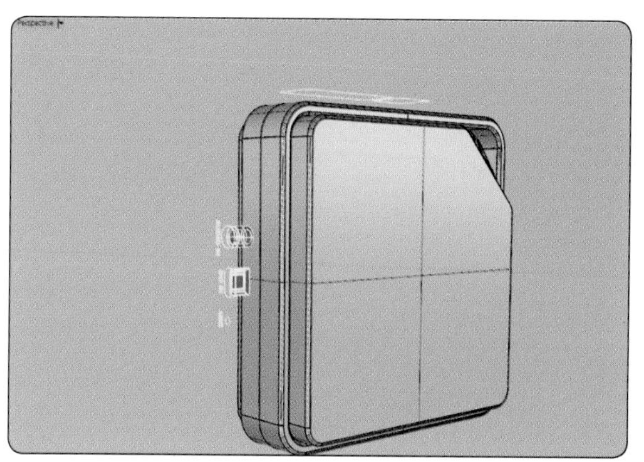

14 Front View에서 해당 부품들만을 선택 후 검볼(Gumball) 명령을 이용 오른쪽으로 10mm 이동한다.

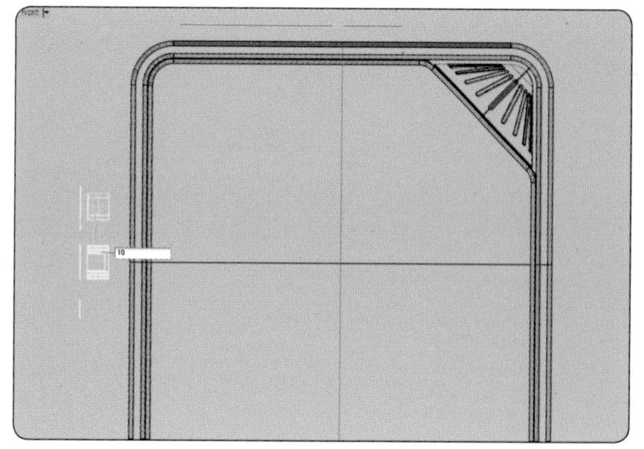

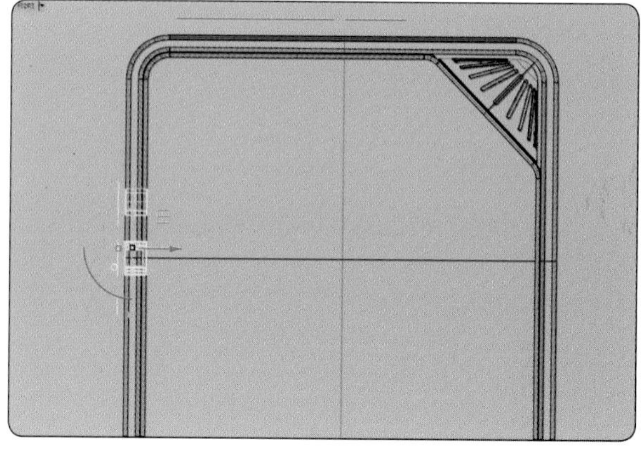

15 Perspective View에서 1-2-3번 Line만 선택하고 Front View에서 탭 툴바의 Solid Tools를 선택하고 메인 툴바에서 Extrude closed planar curve( ) 툴을 클릭하고 'Extrusion distance' 옵션에서 'BothSides=No'로 설정한 후 '5'를 입력하고 오른쪽 방향으로 마우스를 이동시키고 5를 입력하여 두께를 만들어 준다.

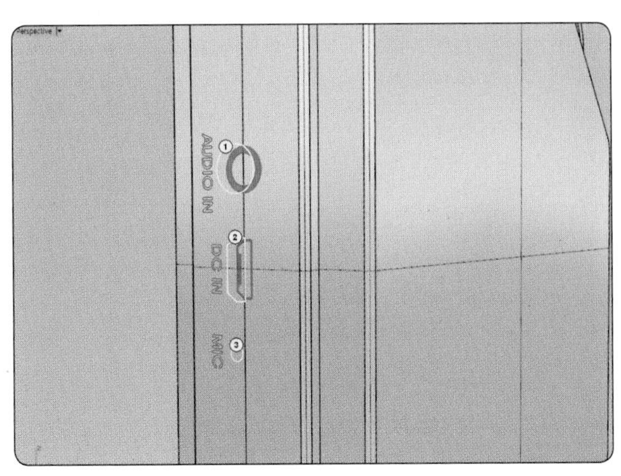

16 탭 툴바의 Solid Tools 〉 Boolean difference( ) 툴을 클릭하고 커맨드 창의 'Select surfaces or polysurfaces to subtrace from:' 옵션에서 외곽 프레임을 선택하고 Enter 를, 'Select surfaces or polysurfaces to subtrace with:' 옵션에서는 14과정에서 만든 ❶, ❷, ❸ 오브젝트를 선택하고 Enter 를 눌러 구멍을 뚫는다.

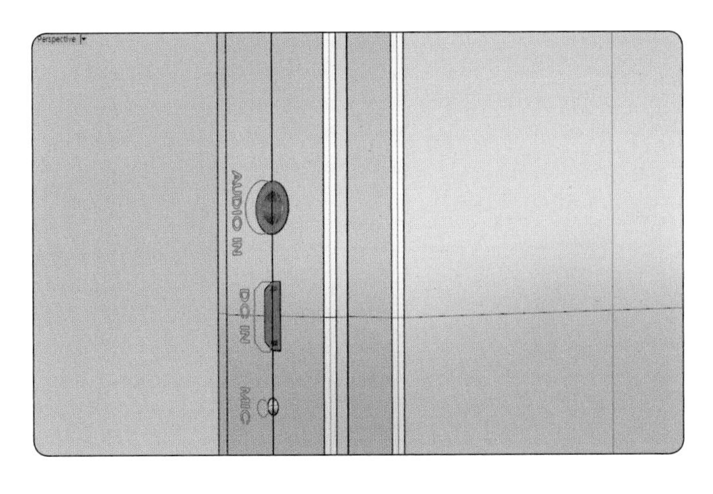

17 Perspective View에서 텍스트만을 선택하고 Front View로 와서 14의 과정과 같이 Extrude closed planar curve( ) 툴을 이용해서 오른쪽 방향으로 2mm 두께를 만들어 준다.

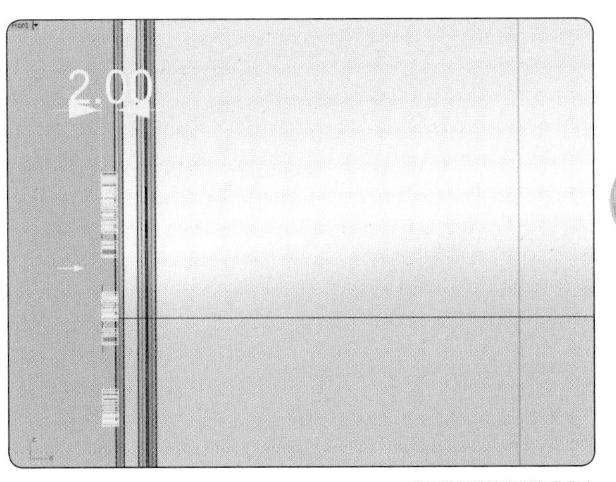

18 Perspective View에서 15의 과정과 같이 Boolean difference(아이콘) 툴을 사용해 그림과 같이 라디오 외곽 프레임에 총 3개의 텍스트 홈을 만든다.

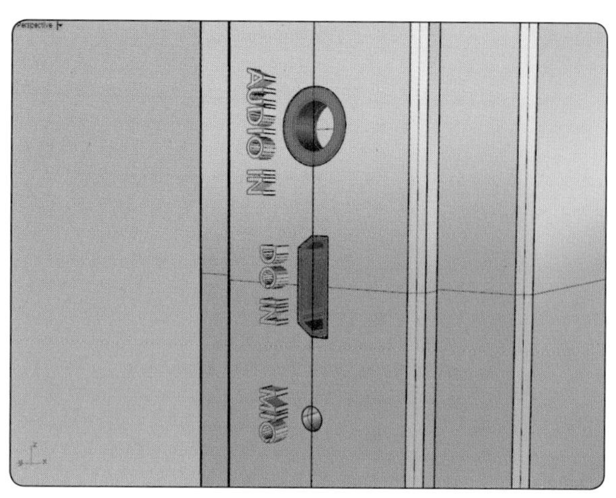

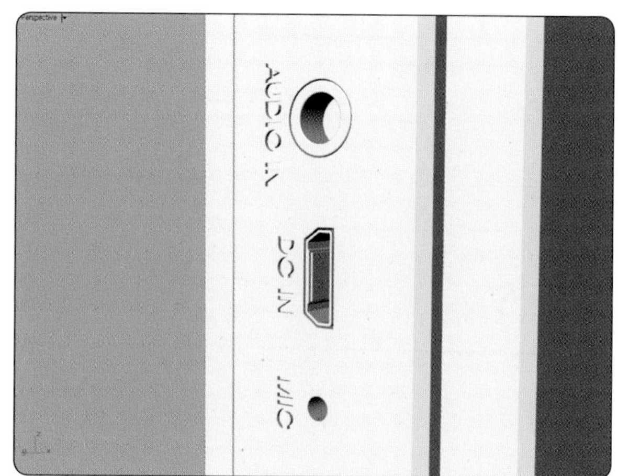

19 라디오 프레임 상단에 액정과 모드 단추를 제작해 보자. 앞서 준비된 부품 라인-A를 이용하면 된다. Top View에서 작업에서 확대해 보면 LCD 2개 라인과 MODE BUTTON 2개 라인이 표시되는데 모두 선택한다.

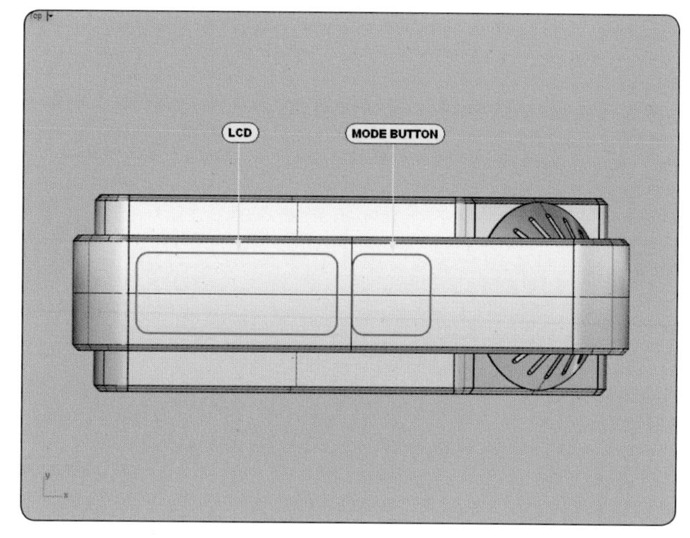

20 Front View에서 16 과정과 같이 Extrude closed planar curve(아이콘) 툴을 이용해서 아래쪽 방향으로 4.5mm 돌출시킨다.

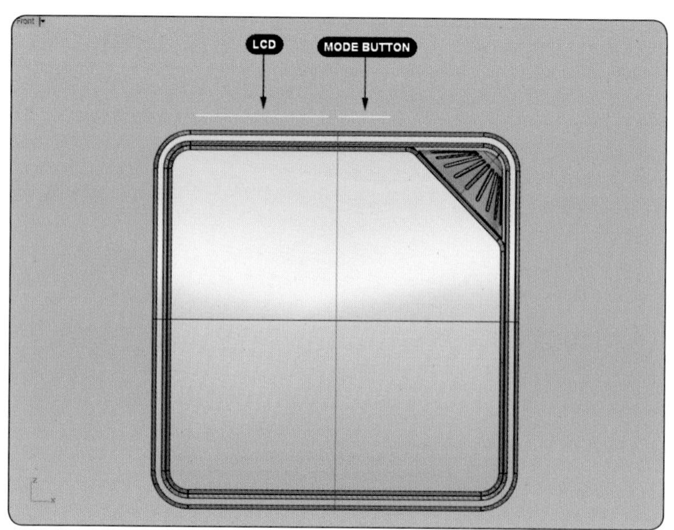

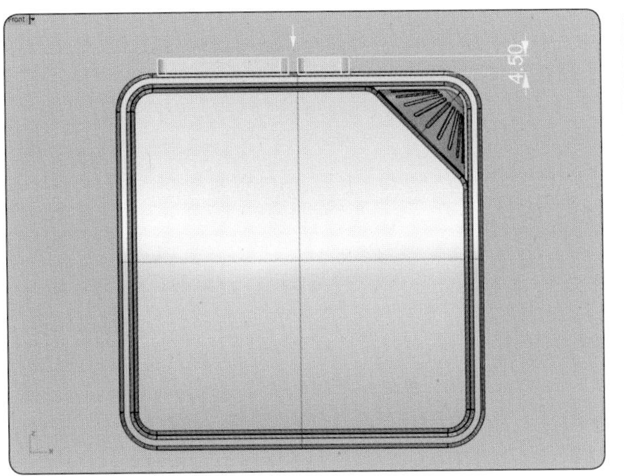

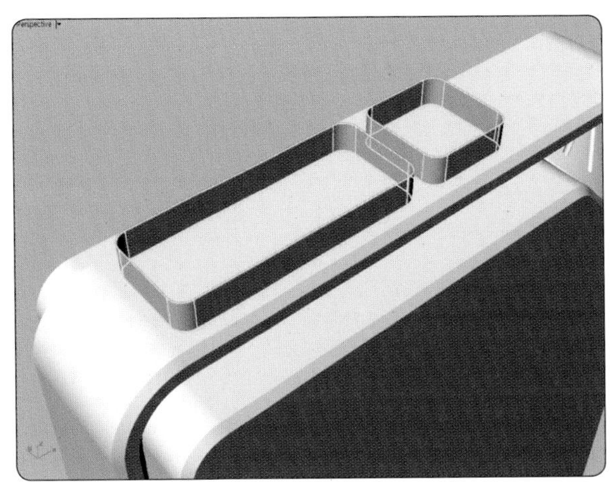

21 17의 과정과 같이 Boolean difference () 툴을 사용해 그림과 같이 라디오 외곽 프레임에 총 2개의 LCD와 BUTTON 테두리 홈을 내준다.

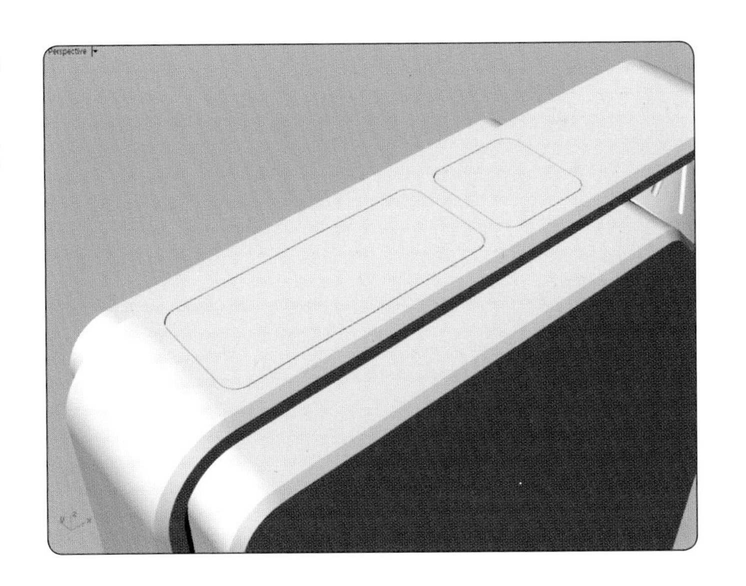

22 좌측에 라디오 고리를 제작해 보자. Front View에서 탭 툴바에서 Standard 탭을 클릭하고 메인 툴바에서 Rectangle 〉 Rounded rectangle() 툴을 선택한다. 'First corner of retangle:' 옵션에서 빈 공간을 클릭하고 'Other corner or length:' 옵션에서 14를 입력하고 Enter, 'Width. Press Enter to use length:' 옵션에서 '30'을 입력하고 Enter를 2번 눌러 둥근 사각형을 그린다.

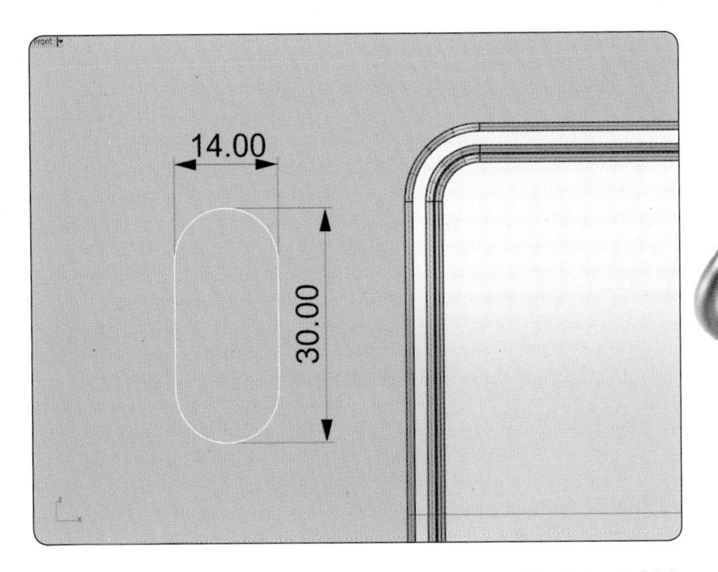

23 탭 툴바에서 Curve Tools 〉 Offset curve() 툴을 안쪽 방향으로 커맨드 창의 옵션에서 'Distance=3.5'로 설정하여 안쪽으로 마우스를 위치시켜 복제한다.

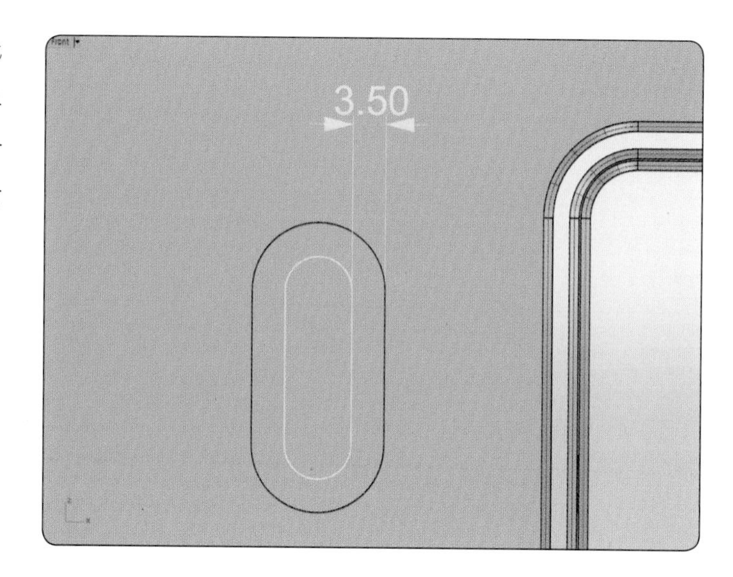

24 Osnap에 Quad를 체크하고 Main Toolbar 〉 Line() 툴로 그림과 같이 수평선을 그려준다.

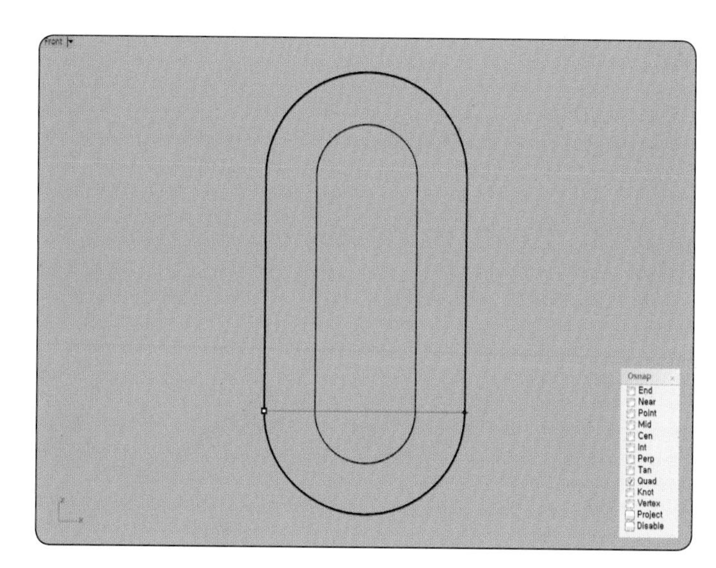

25 메인 툴바의 Trim() 툴로 그림과 같이 불필요한 부분을 제거하고 Join() 툴로 라인들을 모두 묶어준다.

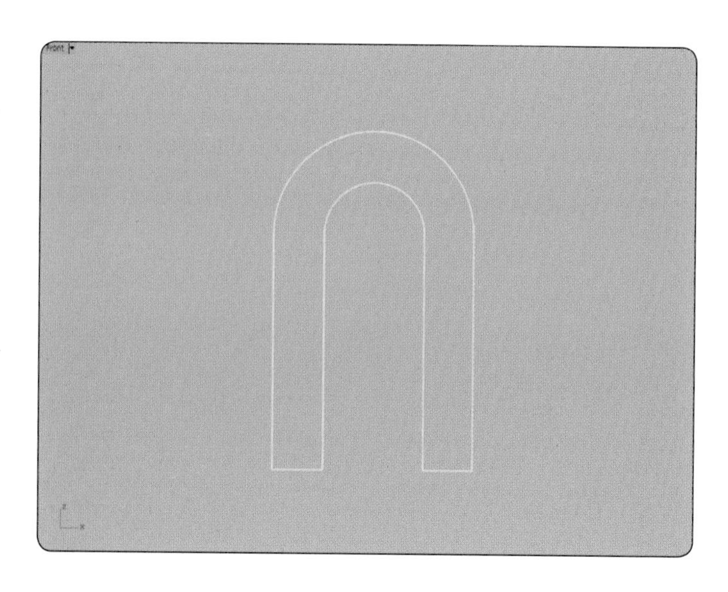

26 Osnap의 Mid에 체크하고 Front View에서 메인 툴바의 Line( ) 툴을 선택하고 커맨드 창에서 'Start of line:' 옵션에 ❶을 클릭하고 'End of line:'에 '<45'를 입력한 후 ❷를 클릭하면 45도의 사선이 그려진다.

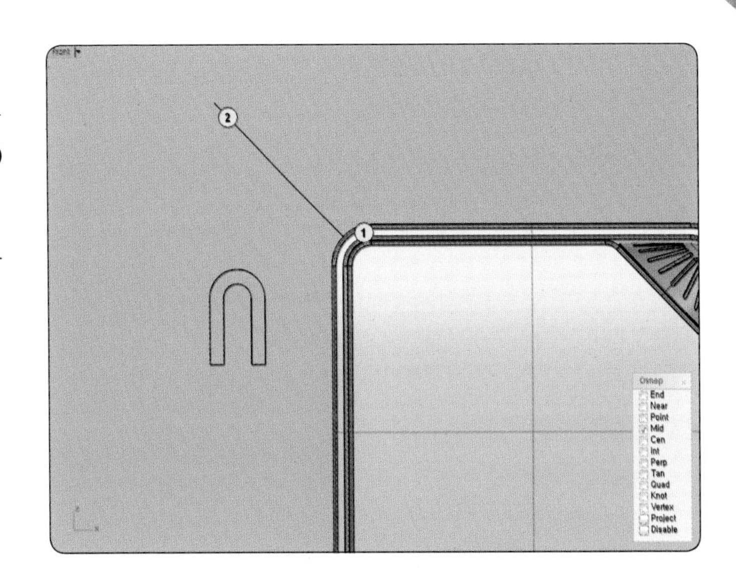

27 컴볼의 U 라인을 클릭한 후 입력 창에 45를 입력하여 45도로 오브젝트를 회전한다.

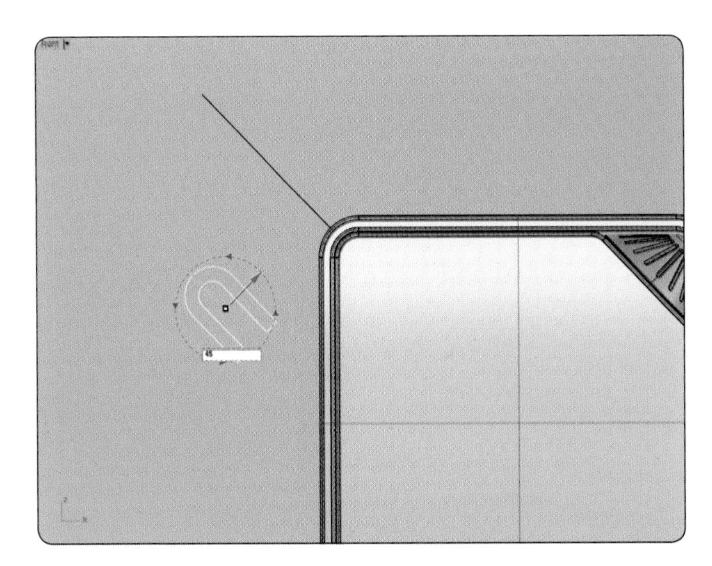

28 Osnap에서 Near, Cen을 체크하고 Main Toolbar > Move( ) 툴로 그림과 같은 위치로 이동시키고 25의 과정에서 그린 라인을 삭제한다.

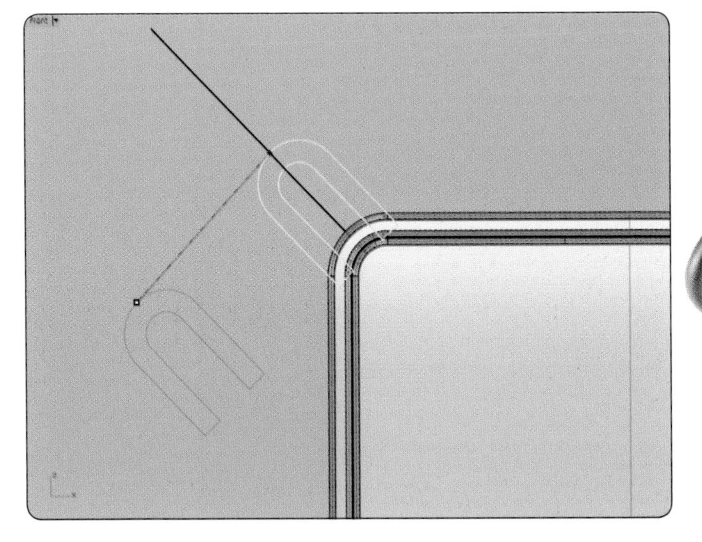

29 Top View에서 U자형 오브젝트를 라디오의 가운데로 이동시켜 준다. 검볼(Gumball)을 이용할 경우 −9를 입력하고 Enter 를 누른다.

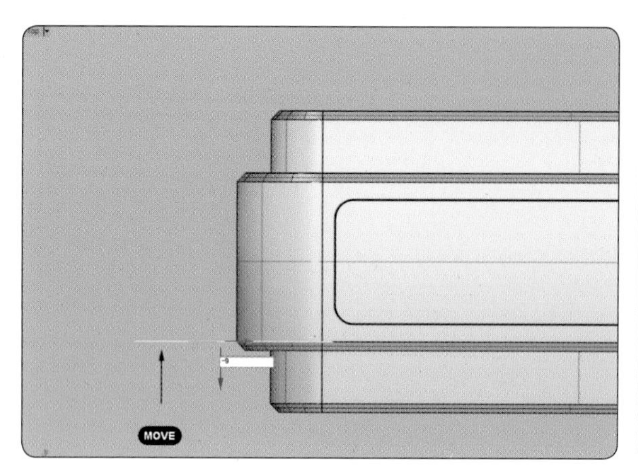

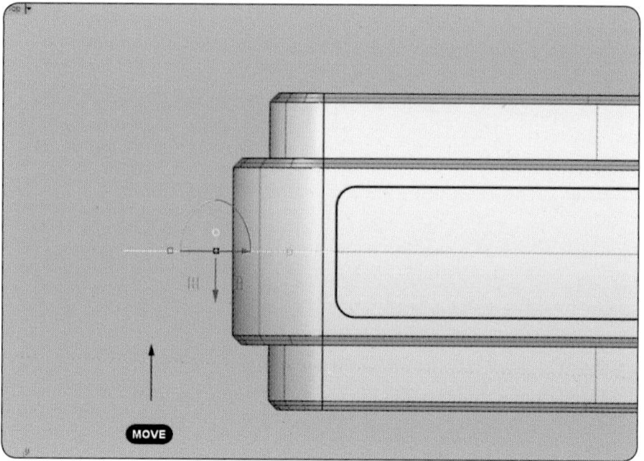

30 Perspective View에서 U자형 오브젝트를 선택한 상태에서 Extrude closed planar curve( ) 툴을 선택하고 커맨드 창의 옵션 값을 'BothSides=Yes'로 설정하고 '2.3'을 입력하여 두께를 만들어 준다.

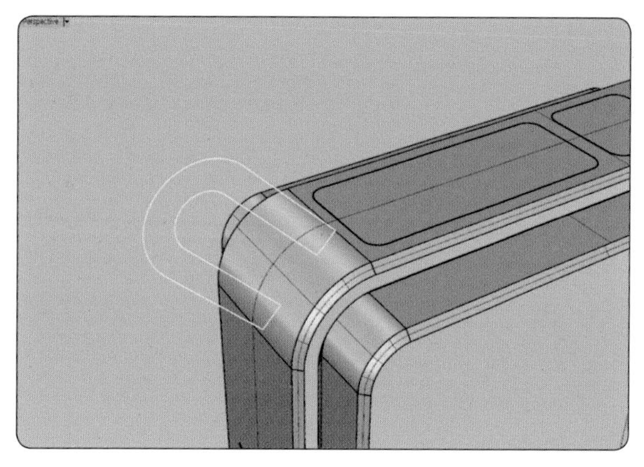

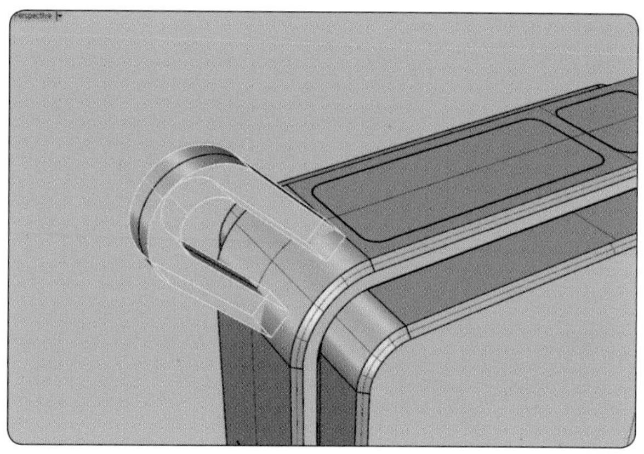

31 탭 툴바에서 Solid Tools 〉 Filletedge( ) 툴을 클릭하고 U자형 객체의 모서리에 전체를 선택하고 옵션 값을 'NextRadius=1'로 설정하여 모서리를 둥글게 만들어 준다.

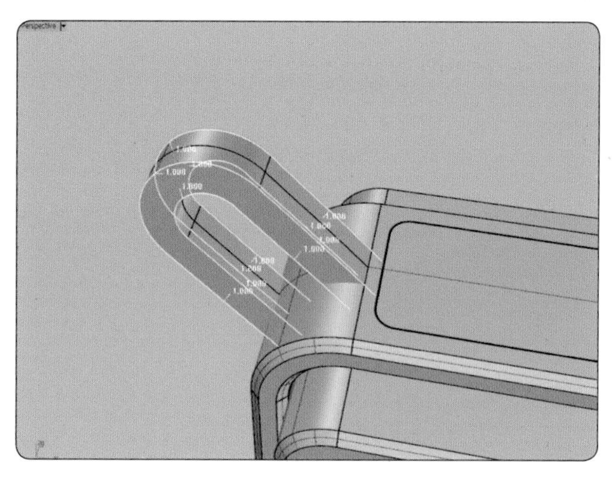

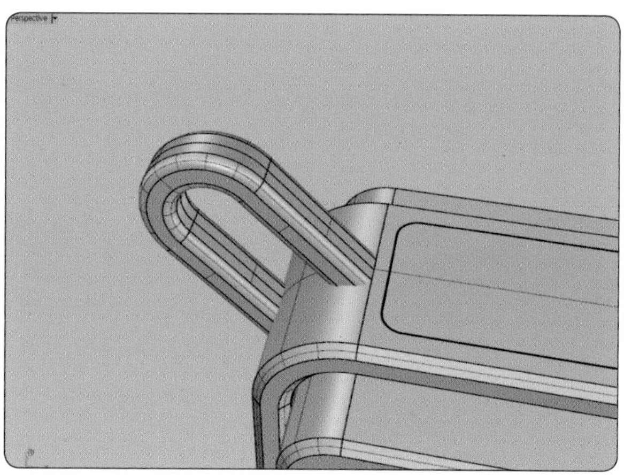

32 탭 툴바에서 Solid Tools 〉 Boolean Union() 툴을 이용해서 오브젝트 ❶과 ❷를 붙여준다.

33 탭 툴바에서 Standard 〉 Open / Import() 툴 위에서 마우스 오른쪽 버튼으로 클릭해 Sample 폴더에서 라디오 부품-B를 파일을 라디오 스피커 부분에 불러온다.

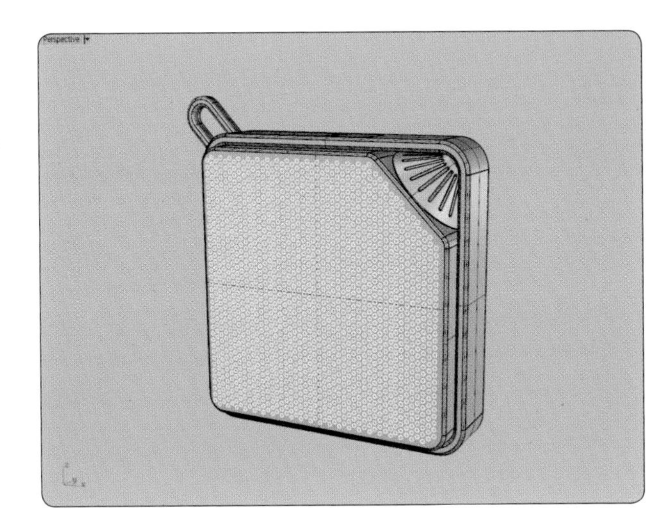

34 Right View에서 탭 툴바의 Solid Tool 탭을 클릭하고 메인 툴바에서 Extrude closed planar curve() 툴을 선택한다. 커맨드 창의 'Extrude distance:' 옵션에서 'BothSides=No'로 설정한 후 '2'를 입력하고 Enter 를 눌러 그림과 같이 라디오 스피커 홀을 뚫기 위한 실린더를 만들어 준다.

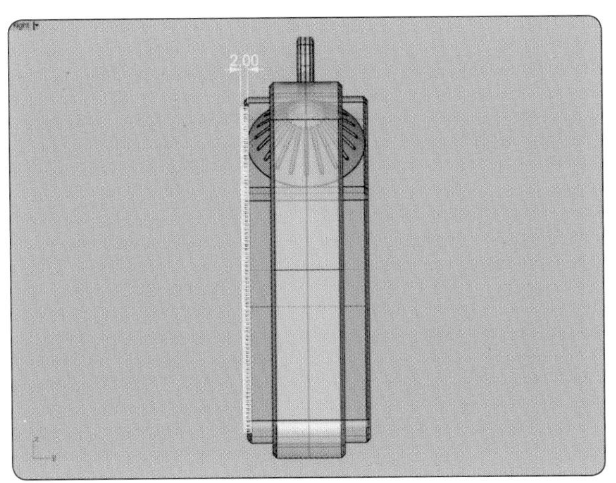

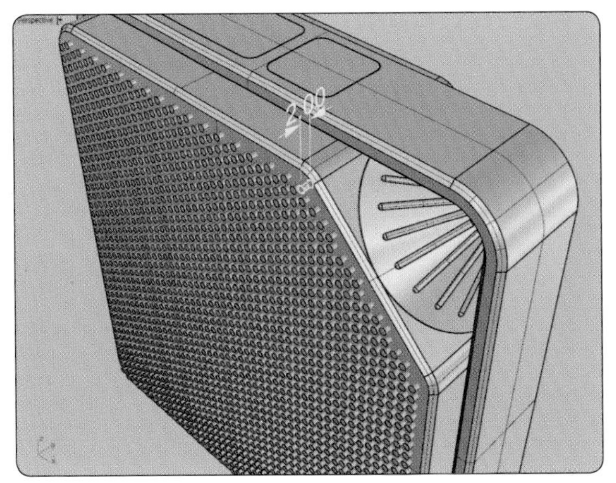

35 탭 툴바에서 Solid Tools 〉 Boolean difference( ) 툴을 이용해 그림과 같이 라디오 스피커 홀을 뚫어 모델링 작업을 완료한다. 스피커 홀을 만들 때 구멍을 하나씩 선택하려면 시간이 많이 소요되므로 Top View나 Right View에서 선택을 한다. 자세한 내용은 동영상을 참조한다.

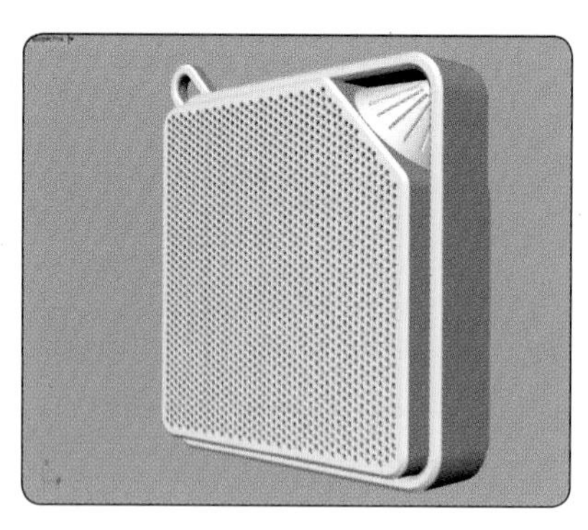

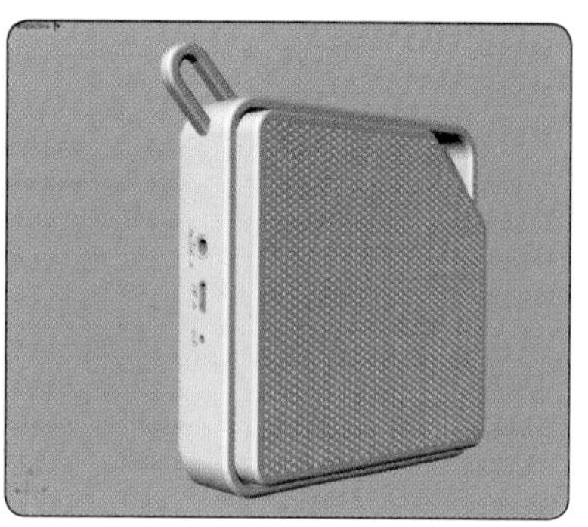

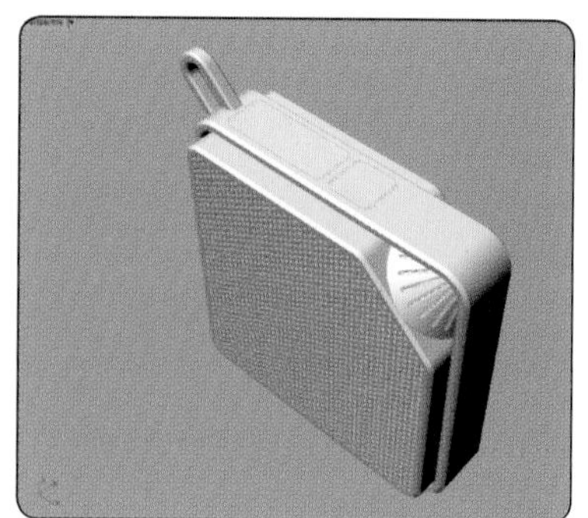

36 모델링 데이터를 키샷으로 넘겨 재질과 환경을 설정하여 완성한다.

실전 문제 1 | 사각 블루투스 스피커

앞서 학습된 모델링 방법을 응용하여 스마트폰과 연동되는 네모난 블루투스 스피커를 모델링 해보자.

완성 파일 | Sample>ex13-01.3dm

keypoint

① 크게 3개의 파트로 구성되면서 서로 조립이 되어야 하기에 조립되는 부분의 조립 공차 0.1~0.3mm를 반영해 모델링을 해준다.
② 로고의 경우 투명 명령(project curve)이나 차집합 명령(Boolean Difference)을 사용한다.
③ 스피커 홈의 경우 원하는 크기나 배열을 해도 된다.

실전 예제 2 | 원형 블루투스 스피커

앞서 학습된 모델링 방법을 응용하여 스마트폰과 연동되는 둥근 블루투스 스피커를 모델링 해보자.

완성 파일 | Sample>ex13-02.3dm

keypoint

① 크게 3개의 파트로 구성되며, 서로 조립이 되어야 하기에 조립 공차 0.1~0.3mm를 반영해 모델링한다.
② 로고의 경우 투명 명령과 Split, Offset Surface 명령을 사용하여 음각 처리한다.
③ 스피커 홈의 경우 실린더를 만들어 중심을 기준으로 Poloar Array 시켜 만들어 준다.

14 S·E·C·T·I·O·N

하이팩 의자 모델링하기

여기에서는 하이팩 의자 모델링 순서와 관련 핵심 툴들을 배워 본다. 특히 CP(Control Point) 편집을 통해 형상을 만들어 가는 방법을 학습해 보자.

PREView

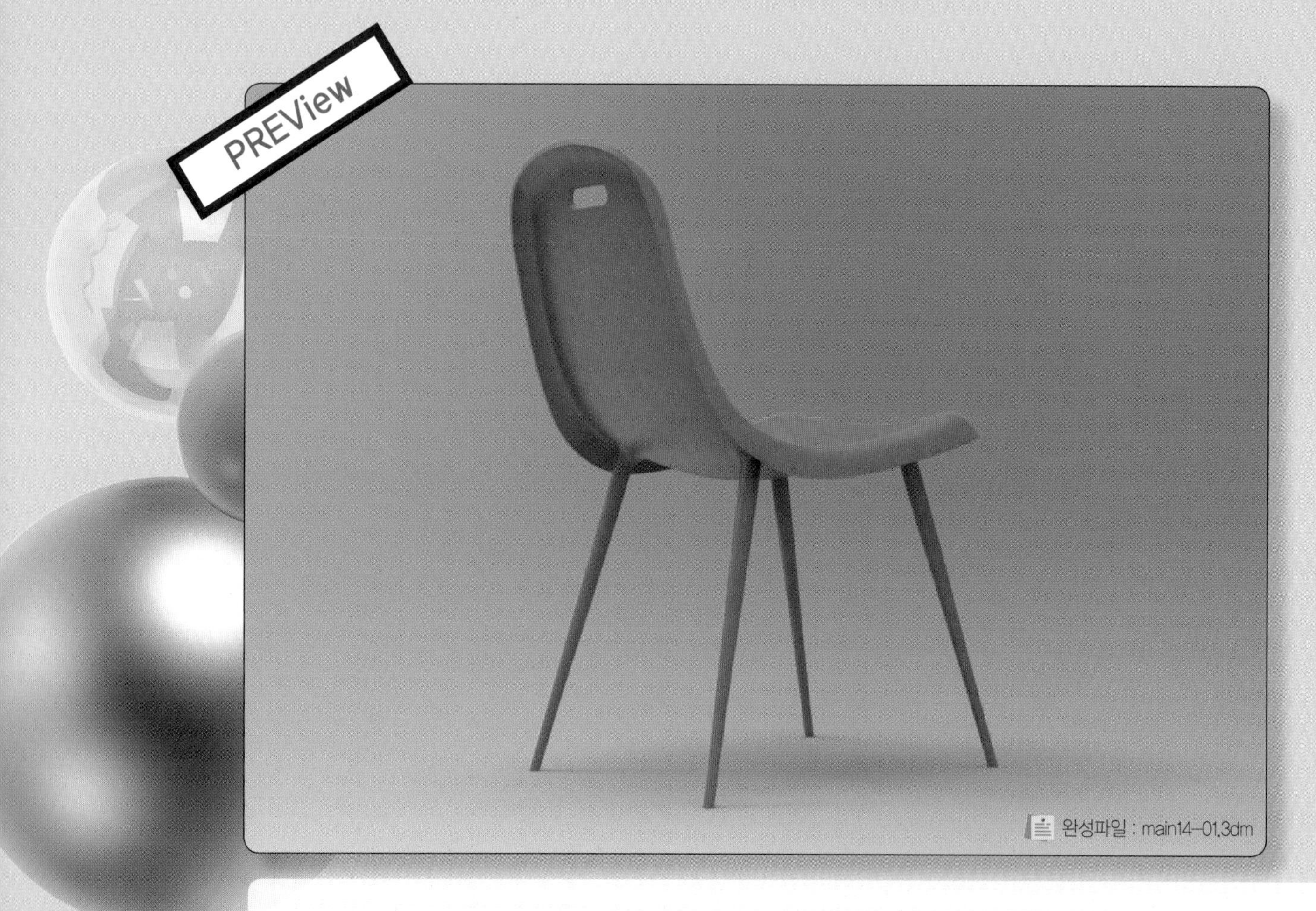

완성파일 : main14-01.3dm

··· 학습 내용

- Line과 Curve 명령으로 의자 외형선 생성
- Loft 명령으로 의자 면의 생성
- CP(Control Point)를 Gumball 명령으로 편집
- Rebuild Surface 명령으로 면의 CP 수 조정
- Wire cut 명령으로 의자에 구멍 내기
- Pipe 명령으로 의자 다리 생성
- Fillet Surface 명령으로 의자 다리 연결부 생성
- Boolean Difference 명령으로 다리 자르기

··· 의자 바디 만들기

01 탭 툴바의 Standard 〉 New()를 클릭하여 [Open Template File] 대화상자가 나타나면 [Small Object – Millimeters]를 선택하고 [열기] 단추를 클릭한다.

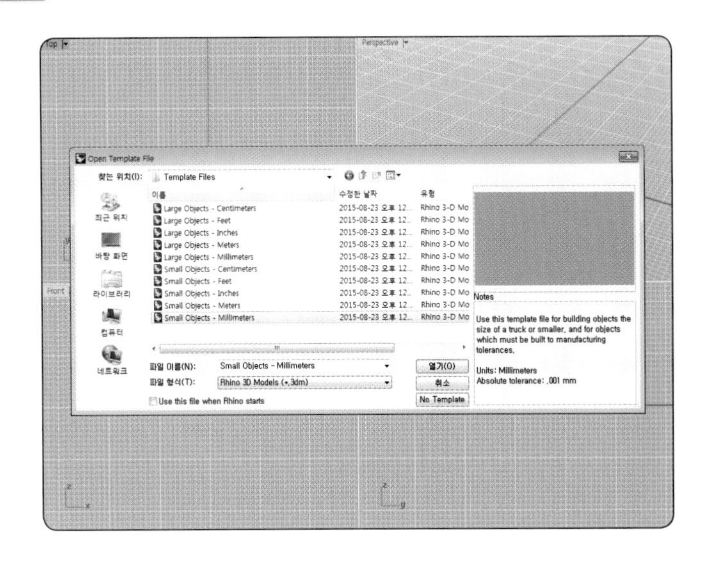

02 Front View에서 탭 툴바에서 Standard 탭을 클릭한 후 메인 툴바의 Rectangle 〉 Rectangle : center, corner() 툴을 클릭한다. 커맨드 창에서 '0'을 입력하고 Enter, '129'를 입력하고 Enter, '76'을 입력한 후 Enter를 눌러 그림과 같이 가로 129mm, 세로 76mm의 직사각형을 만든다.

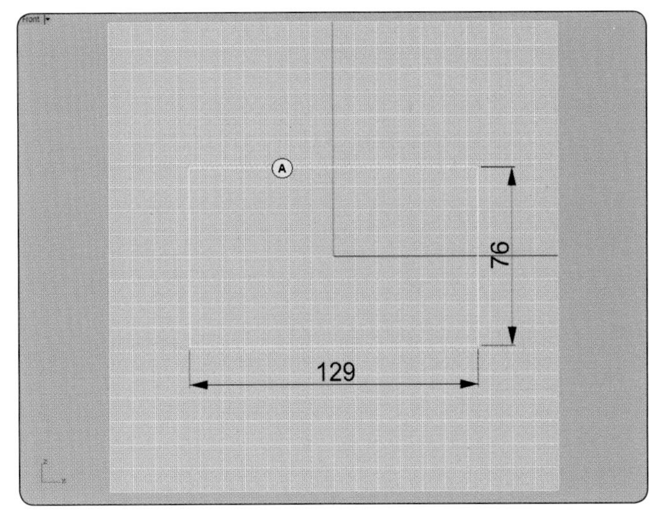

03 메인 툴바에서 Control point curve() 툴이나 Curve: Interpolate points() 툴을 선택하고 Osnap에서 End와 Near를 체크하고 의자의 측면 커브를 그려준다. 원하는 모양이 나타나지 않을 경우 F10을 눌러 조절점을 수정하여 그림과 같은 모양으로 만들어 준다. 커브가 만들어 지면 사각형 커브는 다음의 작업을 위해 삭제한다.

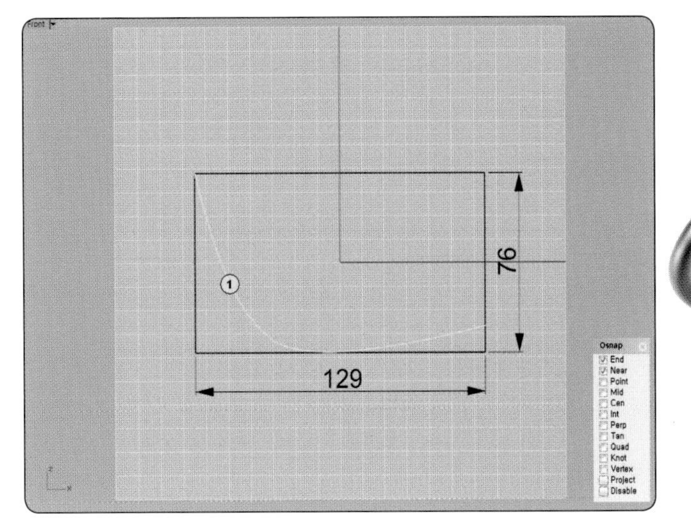

04

앞의 ❶번 커브가 선택된 상태에서 Top View로 이동한 후 탭 툴바의 Standard toolbar 〉 Copy to clipboard: Ctrl-C ( ) 툴과 Paste from clipboard: Ctrl-V ( ) 툴을 연속해서 클릭하면 제자리에 복사된다. 복사된 ❶번 커브를 그림과 같이 검볼(Gumball) 명령으로 상단으로 48mm 올려준다.

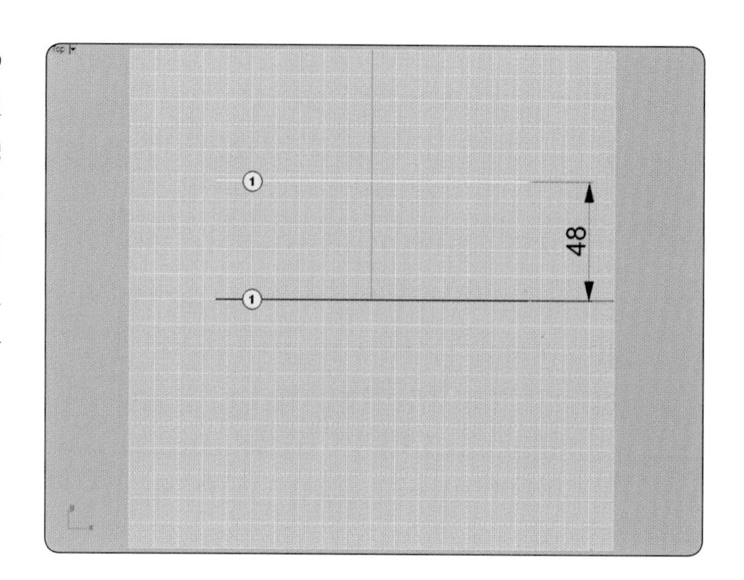

05

❶번 커브를 선택하고 탭 툴바에서 Curve Tools 〉 Points on( ) 툴로 포인트를 표시한 후 그림과 같이 라인을 편집한다. 주의 사항은 수직 방향으로만 조정해 준다.

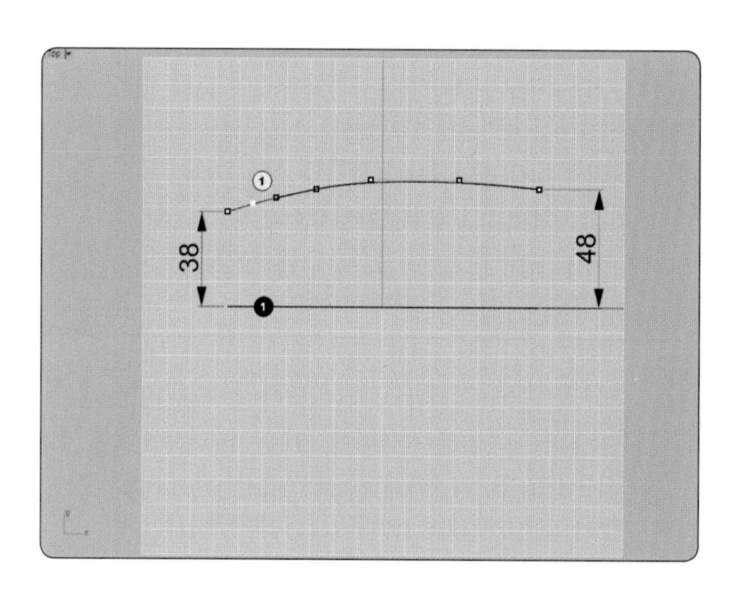

06

탭 툴바에서 Transform 〉 Mirror( ) 툴을 이용해서 포인트 편집이 완료된 커브를 가운데를 기준으로 대칭으로 복사해 준다.

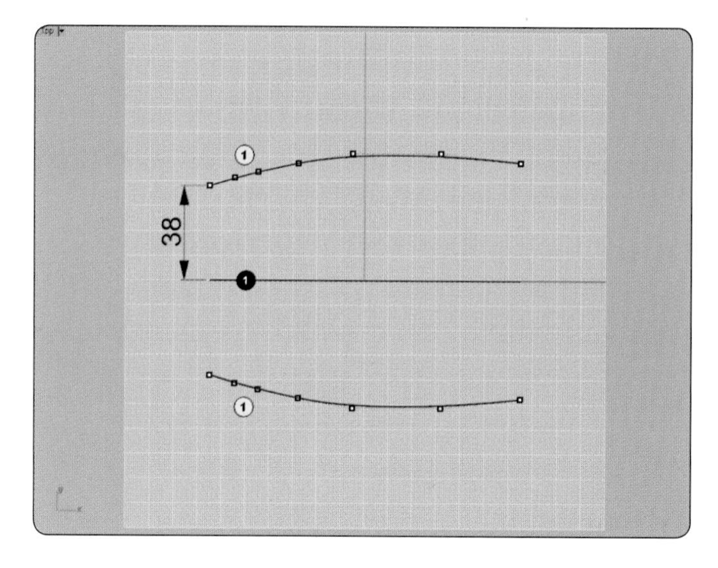

07 Perspective View를 활성화하고 탭 툴바에서 Surface Tools를 클릭한다. 메인 툴바에서 Loft( )를 선택하고 ❶커브를 왼쪽에서부터 차례대로 클릭하여 Loft Options 대화상자가 나타나면 그림처럼 선택하고 [OK] 단추를 클릭한다. ❶ 커브를 왼쪽에서 순서대로 클릭하지 않으면 전혀 다른 서피스가 만들어 질 수 있다.

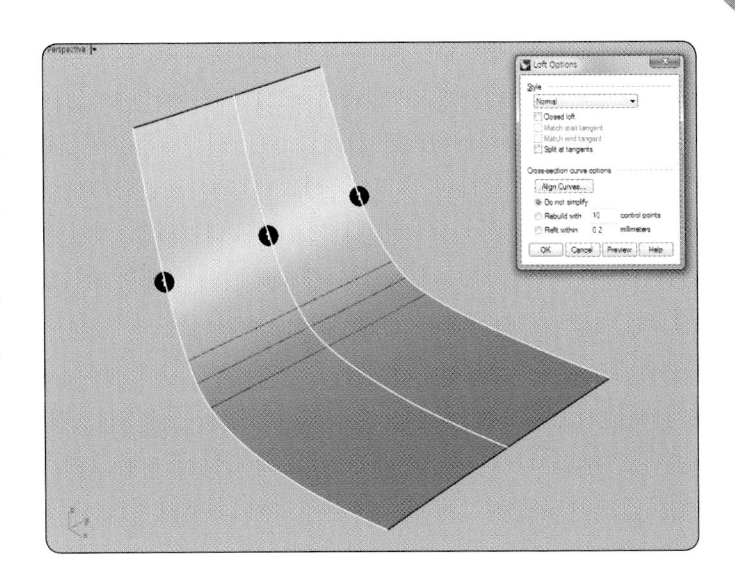

08 탭 툴바에서 Visibility 〉 Hide objects( ) 툴을 선택한 후 ❶ 커브 3개를 모두 클릭하여 모두 숨겨 준다.

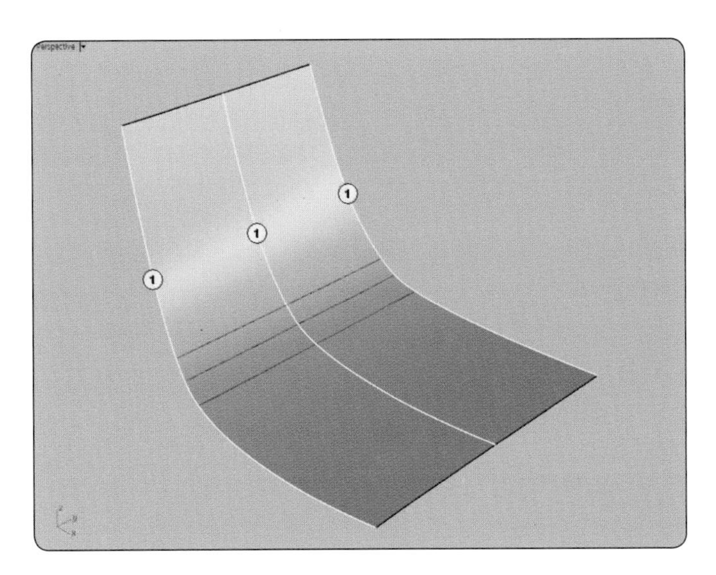

09 해당 포인트만 선택하여 검볼(Gumball) 명령으로 밑으로 약간만 그림처럼 내려준다.

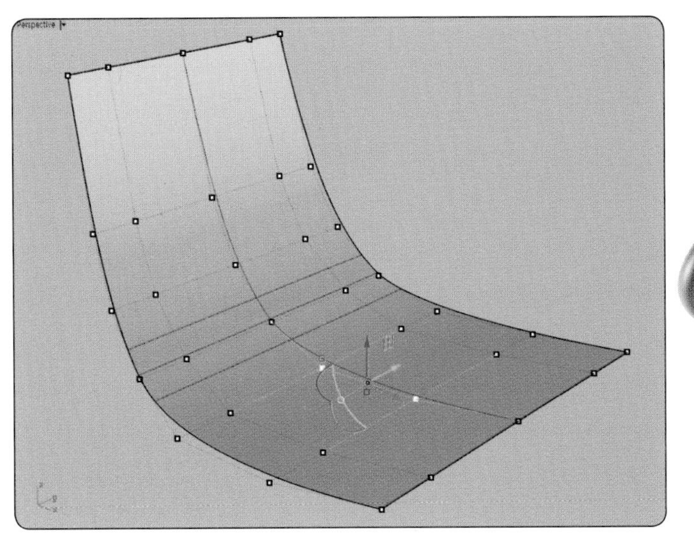

10 Front View에서 보면 밑으로 내려가는 깊이를 어느 정도 가늠이 가능하다.

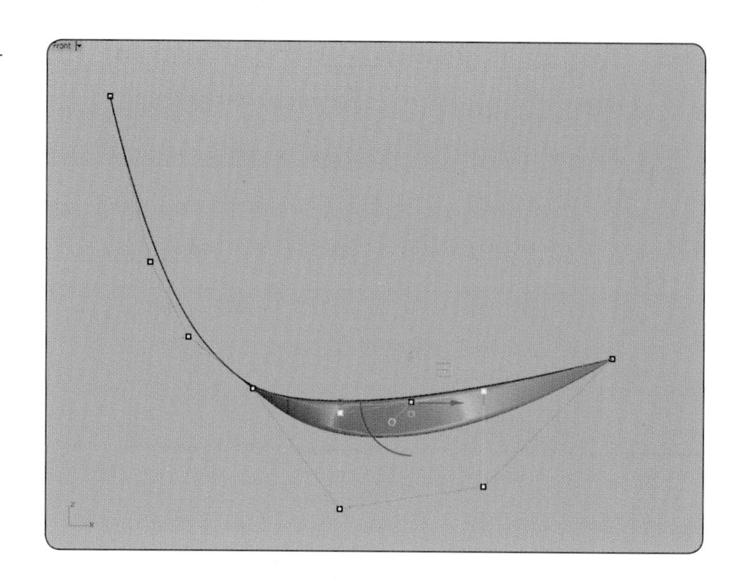

11 검볼(Gumball) 명령으로 세부 깊이 조정을 그림과 같이 조절하여 마무리한다. Perspective View에서 의자의 깊이 볼륨을 다시 한 번 확인해 준다.

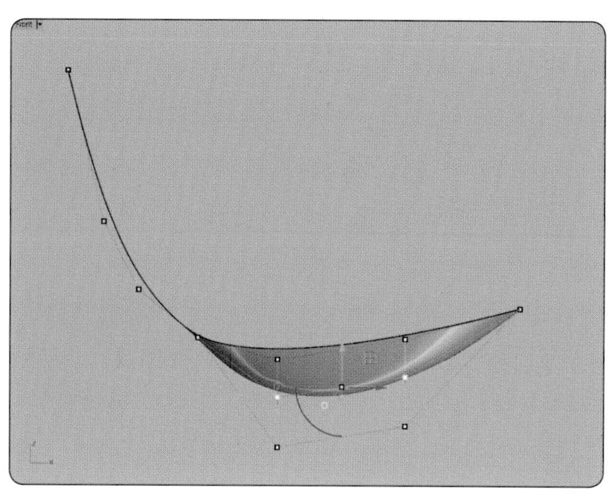

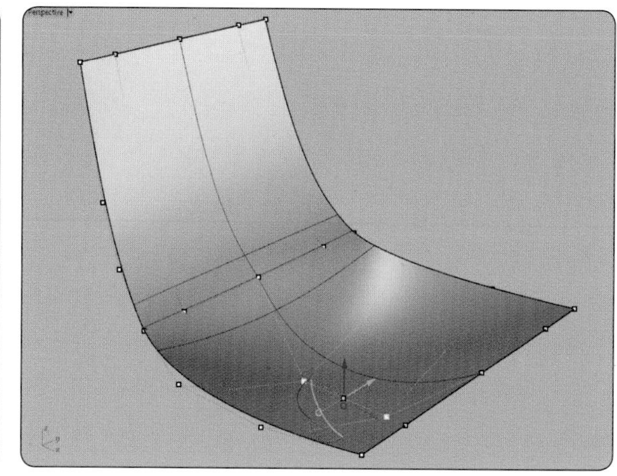

12 Perspective View에서 해당 포인트만 선택한다.

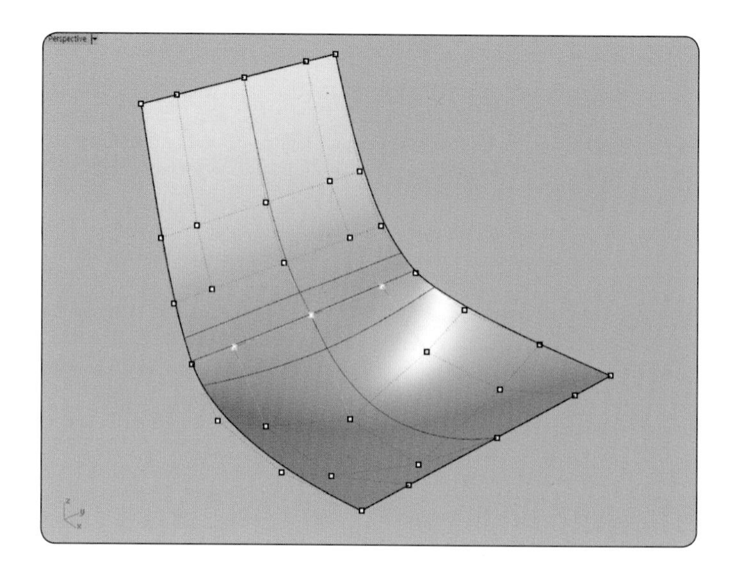

13 검볼(Gumball)을 off로 선택하고 Front View에서 그림과 같이 화살표 지시 방향으로 포인트를 당겨 면의 볼륨을 조정한다.

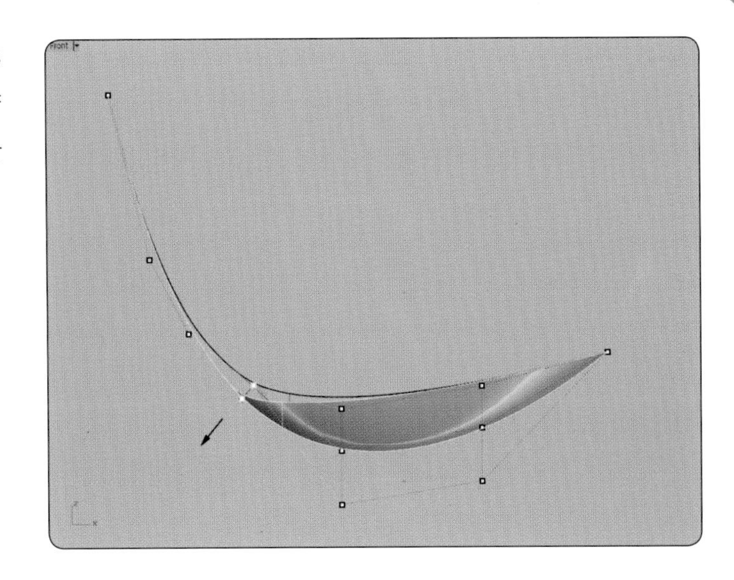

14 이번엔 그림과 같이 좀 더 넓은 영역의 포인트들을 선택한다.

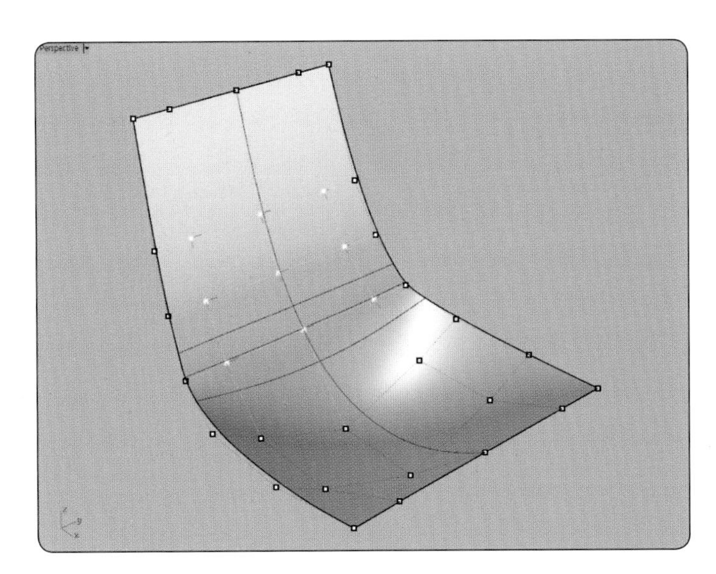

15 검볼(Gumball)이 off가 된 상태로 Front View에서 그림과 같이 화살표 지시 방향으로 포인트를 당겨 면의 볼륨을 좀 더 세밀하게 조정한다.

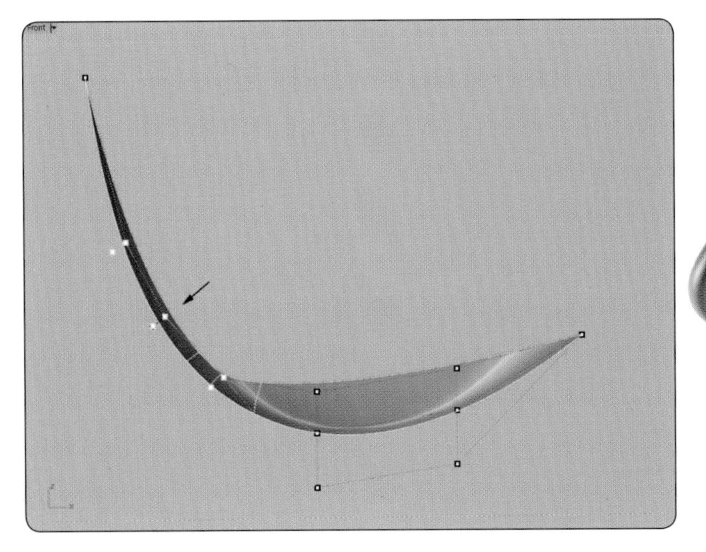

16 Right View에서 검볼(Gumball)을 활성화하고 해당 포인트를 상단으로 그림과 같이 이동시켜 준다.

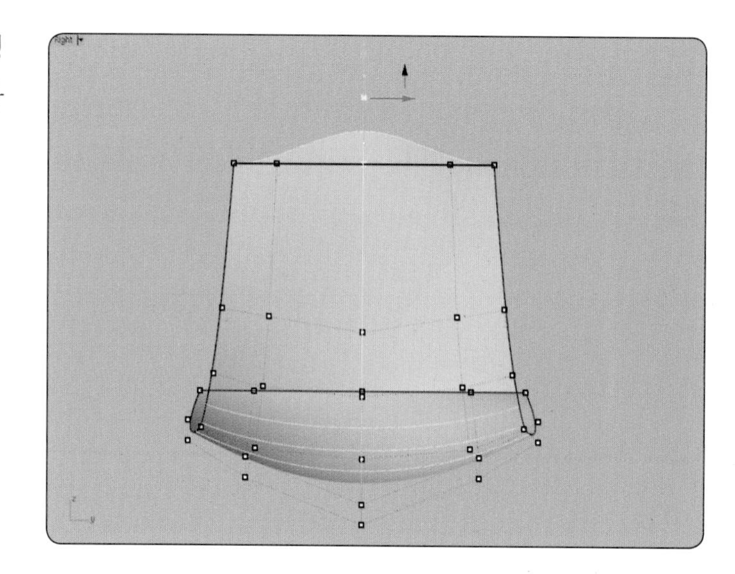

17 연속해서 좌우측 2개의 포인트만을 선택하여 올려 준다.

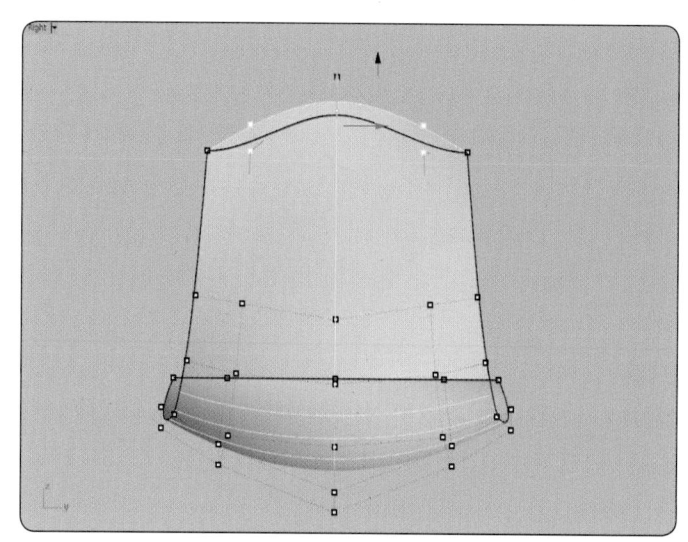

18 이제 세부적인 면의 편집을 위해 면을 선택하고 Pespective View를 활성화한다. 탭 툴바에서 Surface Tools 〉 Rebuild Surface( ) 툴을 선택하여 Rebuild Surface 대화상자가 나타나면 'Point count'에서 'U'는 '10', 'V'는 '10'으로, 'Degree'는 '3'으로 설정하고 [OK] 버튼을 클릭한다.

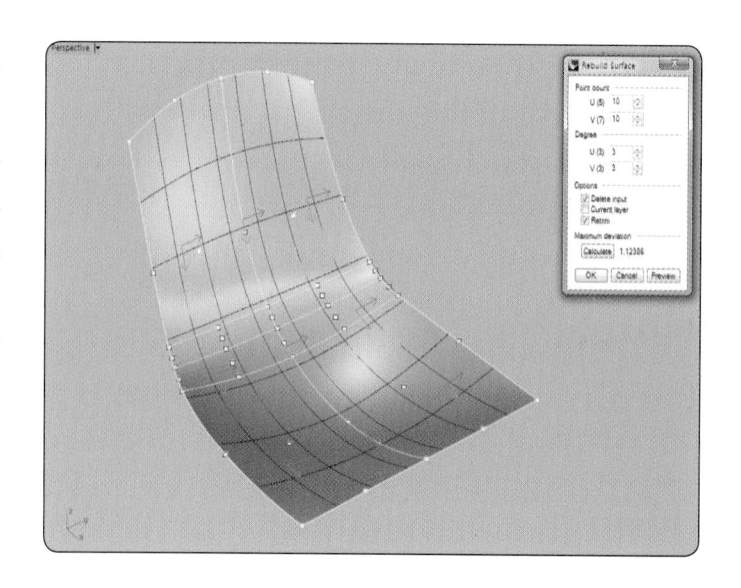

19 면을 선택하고 F10을 누른 후 Enter를 누른다. 포인트가 활성화되면 그림과 같이 좀 더 디테일한 편집이 가능게 된다.

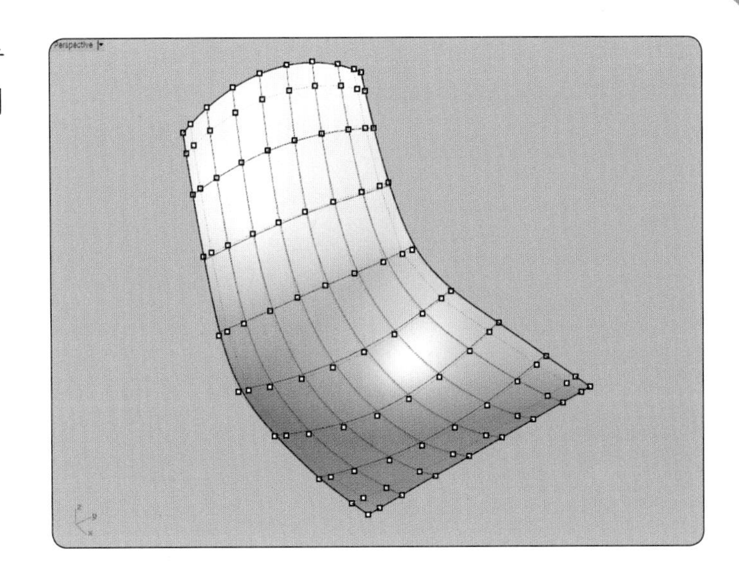

20 먼저 화살표 지점의 첫 번째 포인트만 선택하고 Edit 〉 Control Points 〉 Select Points 〉 Select V 메뉴를 선택하면 해당 줄에 모든 포인트들이 자동으로 선택된다.

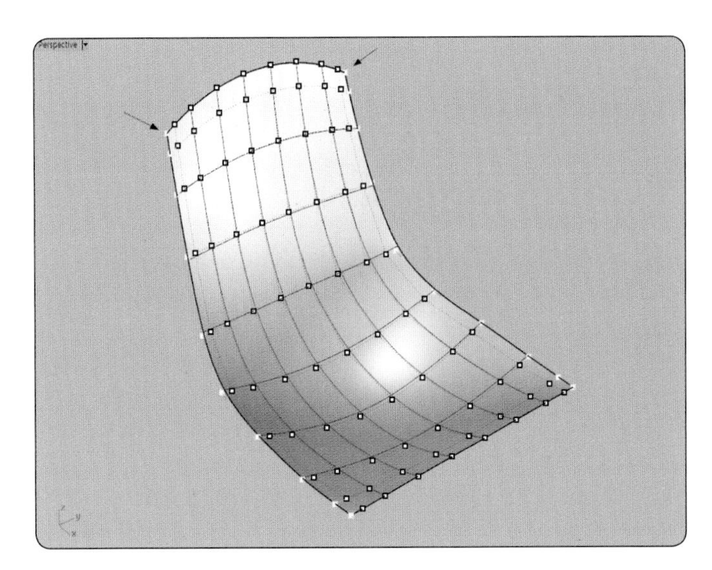

21 포인트가 선택된 상태에서 Front Views에서 그림과 같이 화살표 방향으로 이동시켜 모양을 만들어 간다.

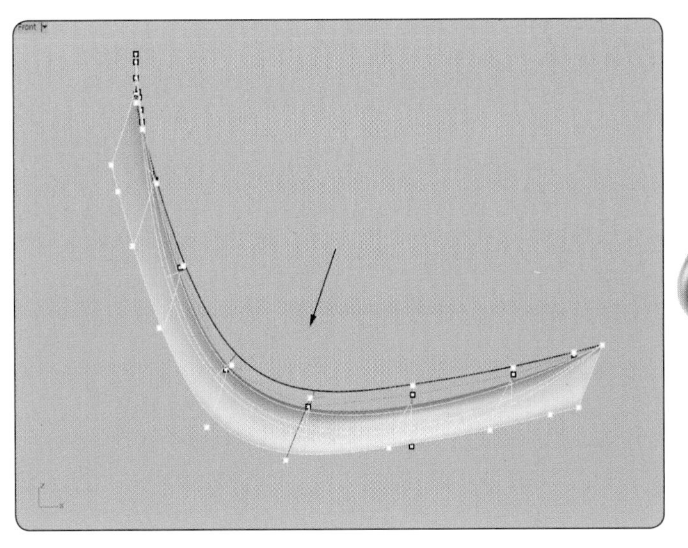

22 Perspective View에서 포인트 편집된 객체를 확인한다. 모양이 예쁘지 않을 경우에는 Perspective View에서 포인터를 선택하고 Front View에서 위치를 수정하는 방법으로 모양을 예쁘게 수정한다.

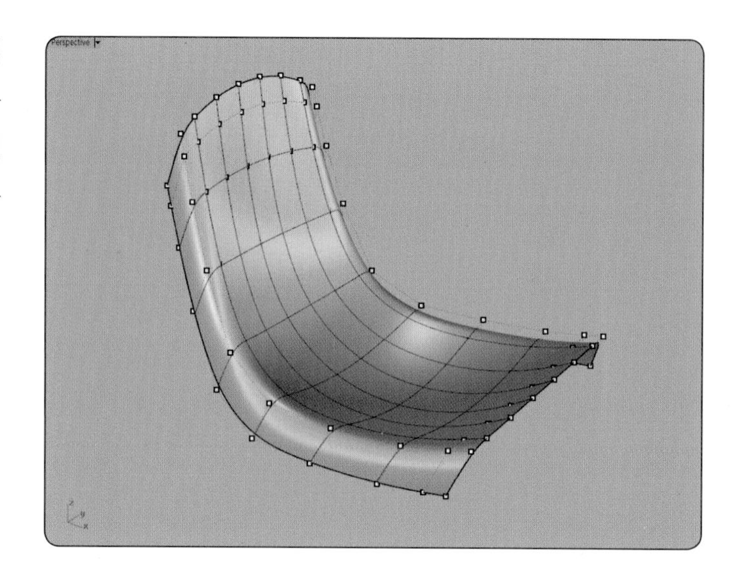

23 Perspective View에서 오른쪽 그림과 같이 해당 포인트만 선택한다.

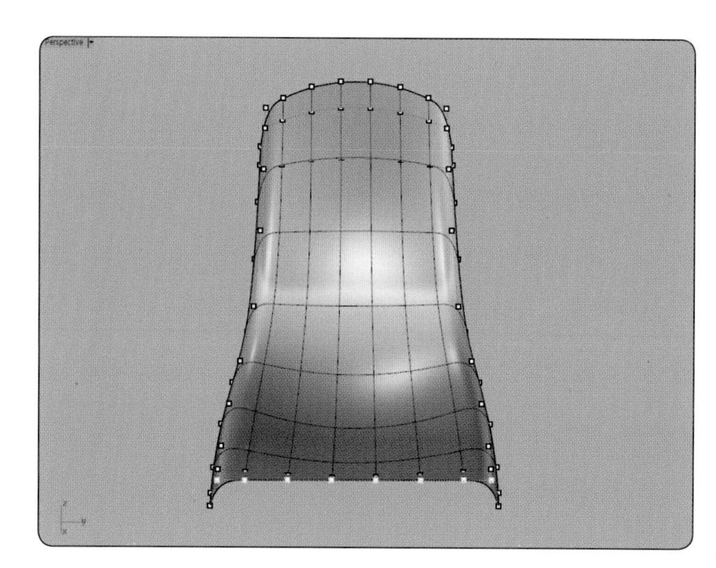

24 Front View에서 그림과 같은 아래 방향으로 포인트를 이동시켜 볼륨 면을 만들어 준다.

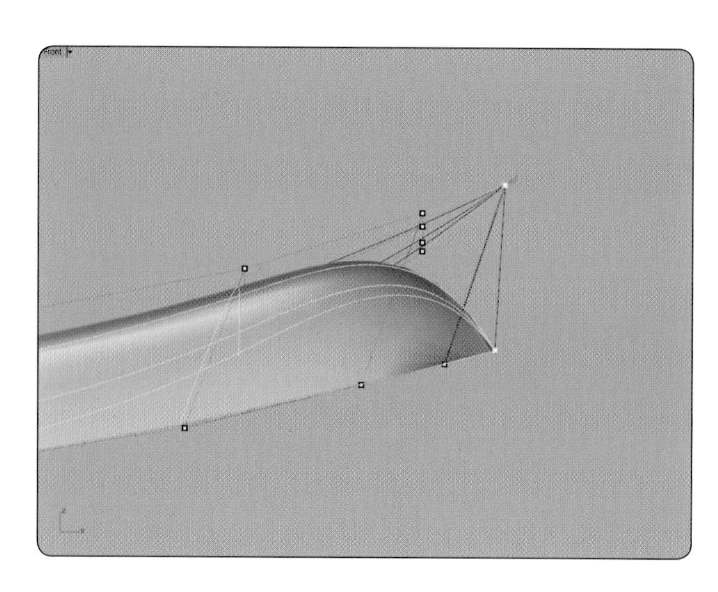

25 Perspective View에서 전체적인 포인트 수정 결과를 확인한다.

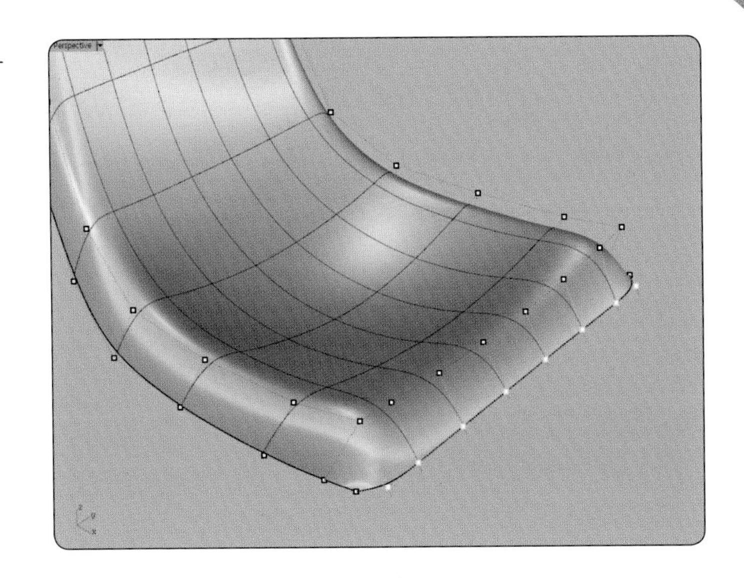

26 오른쪽 그림과 같이 의자 상단의 해당 포인트만 선택한다.

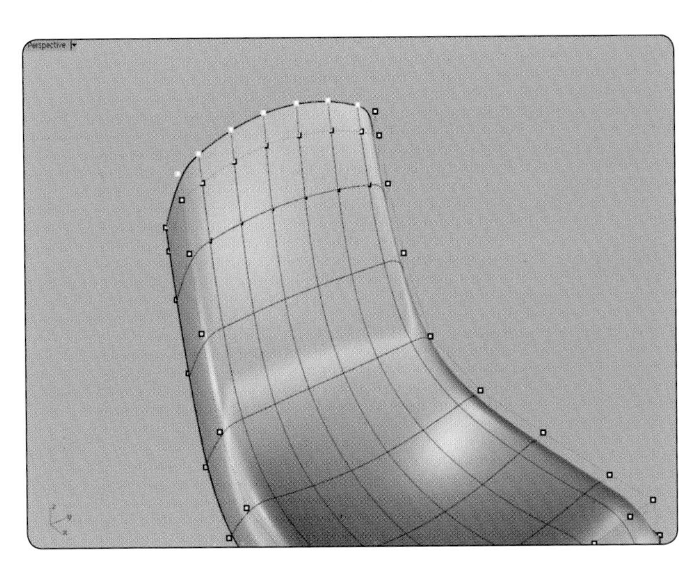

27 Front View에서 선택된 포인트를 왼쪽 아래 쪽으로 당겨 볼륨을 만들어 준다.

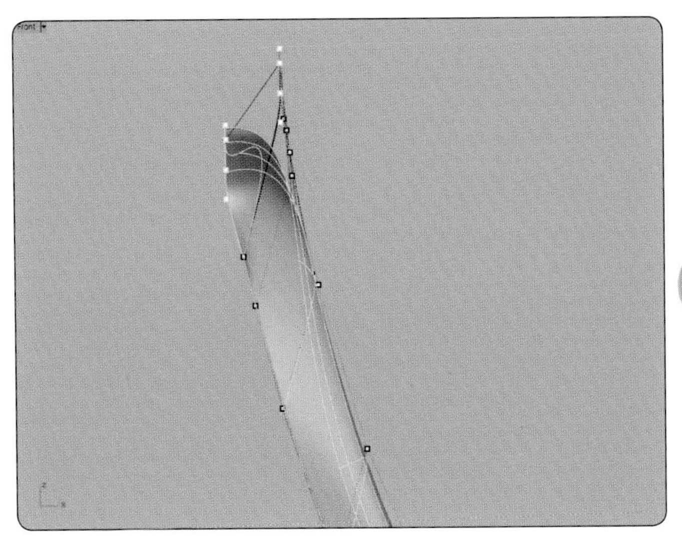

28 Perspective View에서 전체적인 포인트 수정 결과를 확인한다.

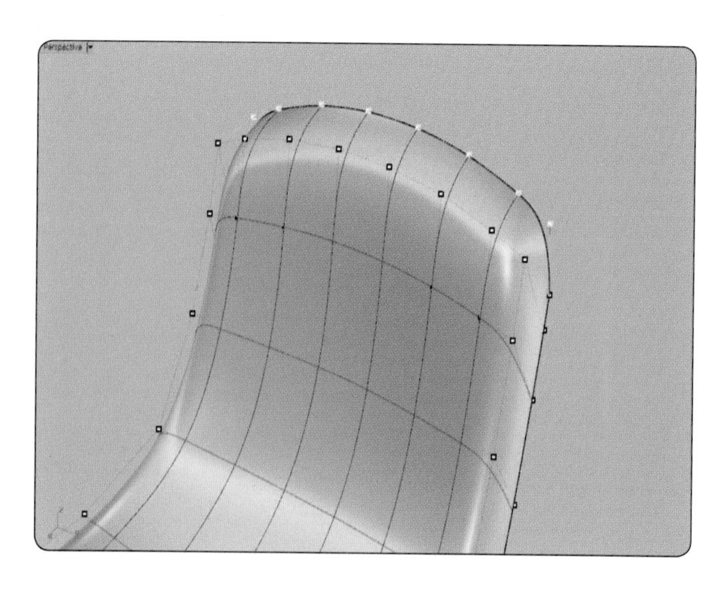

29 의자의 모서리 부분들을 살펴보면 각이 진 부분들이 보이게 된다. 그림과 같은 방향으로 1개의 포인트를 선택하여 부드럽게 조정해 준다.

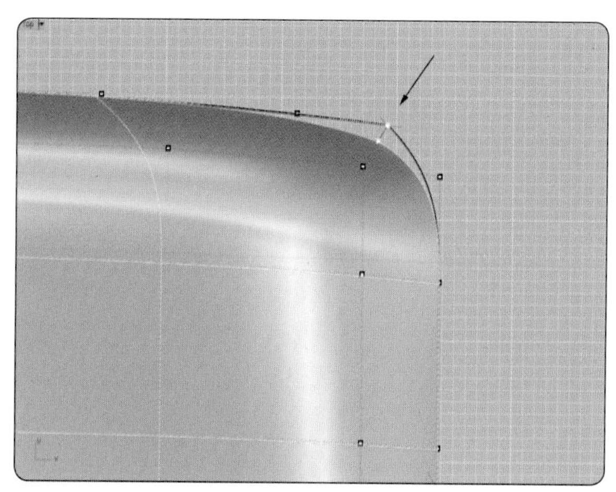

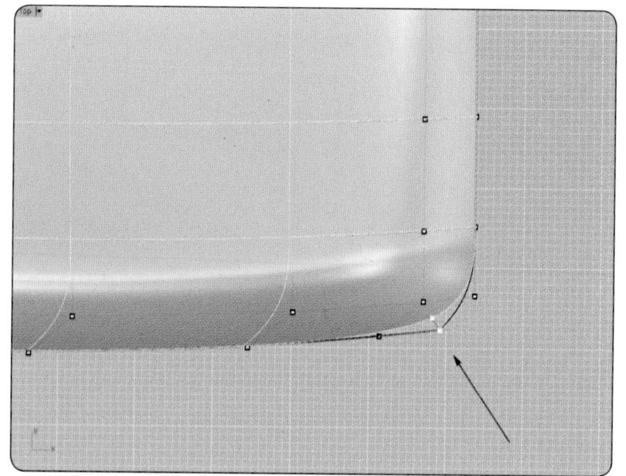

30 Top View에서 볼 때 화살표 부분이 수정된 것이다. 부드러운 라운드가 만들어진 것을 볼 수 있다.

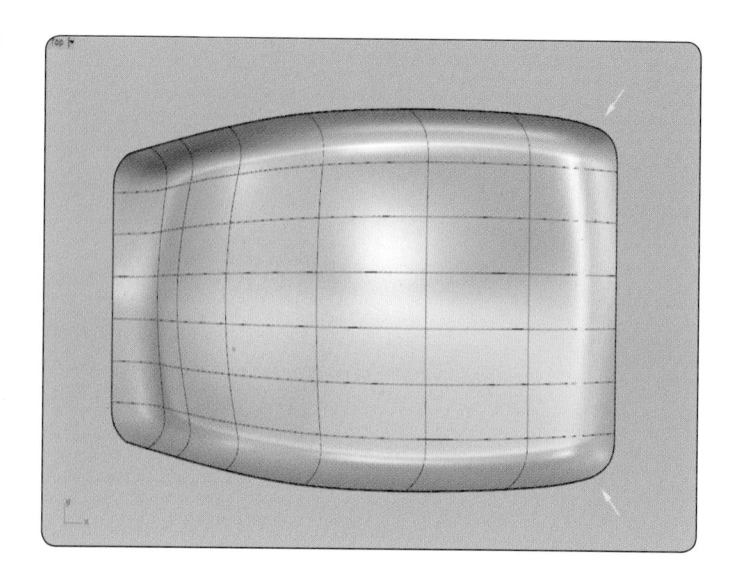

31 Top View에서 보이는 의자의 상단 오른쪽 모서리의 각진 부분도 같은 방법으로 포인트 편집을 해준다.

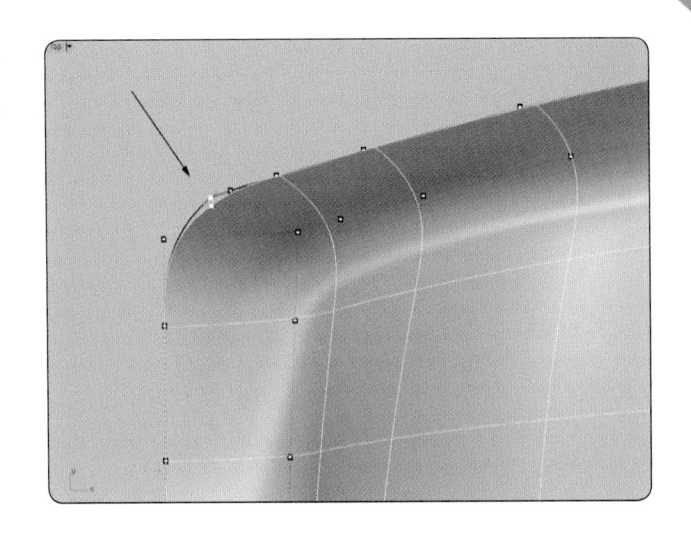

32 Top View에서 보이는 의자의 상단 왼쪽 모서리의 각진 부분도 같은 방법으로 포인트 편집을 해준다.

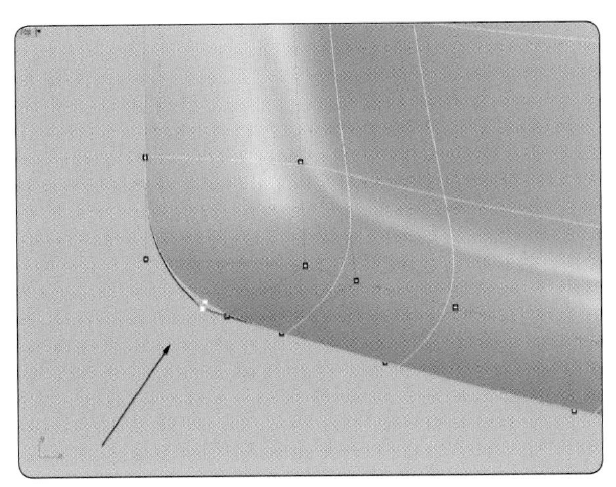

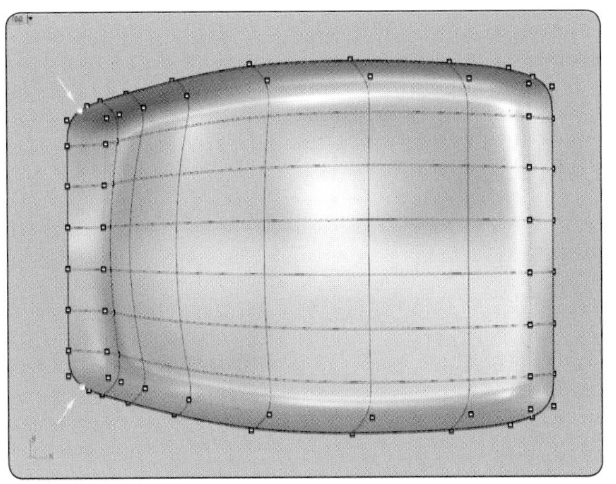

33 Gumball을 활성화하고 그림과 같이 해당 포인트들만 선택하여 화살표 방향으로 당겨준다.

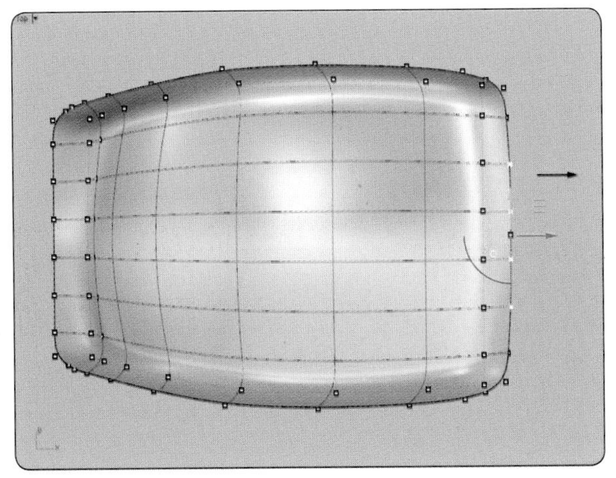

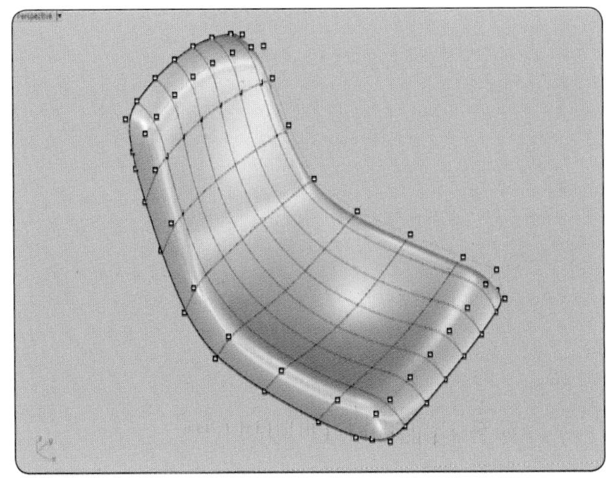

34 Right View에서 검볼(Gumball)이 활성화된 상태로 그림과 같이 양쪽 해당 포인만을 선택하여 하단으로 약간 내려준다. 부드러운 라운드 모양을 형성하면 된다.

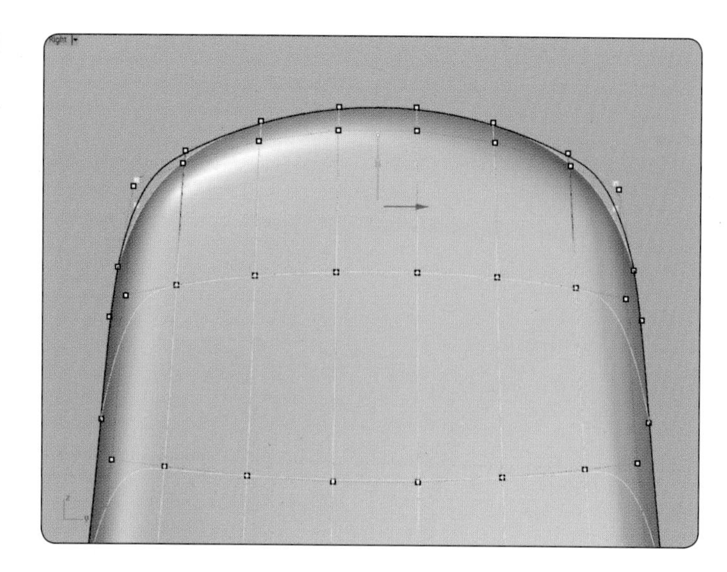

35 메인 툴바에서 Control point curve( ) 또는 Curve: Interpolate points( ) 툴을 선택하고 Front View에서 잘라낼 부분을 가늠하여 의자의 측면 Ⓒ 커브를 그려준다.

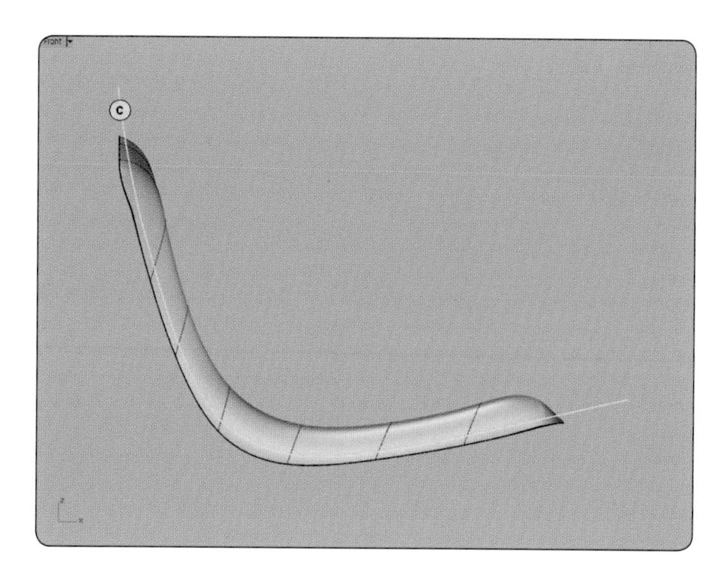

36 탭 툴바의 Curve Tools 〉 Project curves( ) 툴을 이용하여 Ⓒ 커브를 면에 투영하여 Ⓓ 커브를 얻는다.

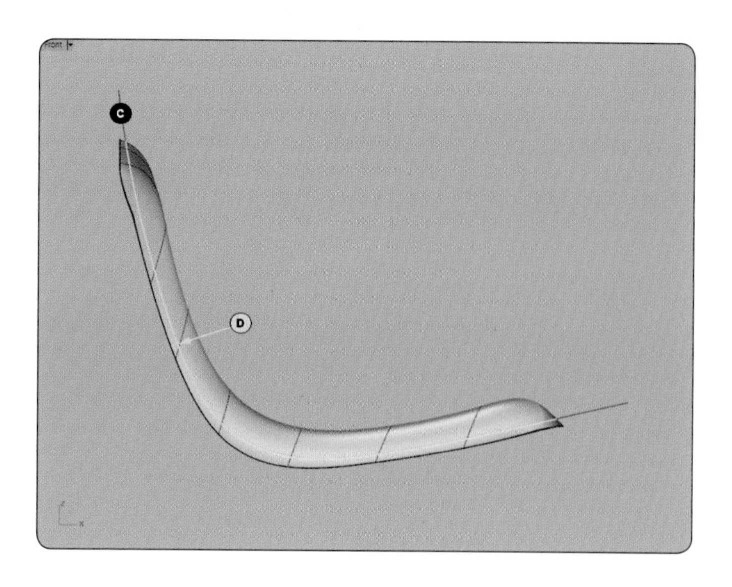

37 메인 툴바에서 Split(icon) 툴을 클릭하고 커맨드 창의 'Select object to split:' 옵션에서 의자 서피스를 선택하고 Enter, 'Select cutting objects:' 옵션에서 Ⓓ 커브를 선택하고 Enter를 눌러 분리한 후 의자 측면부는 잘라준다.

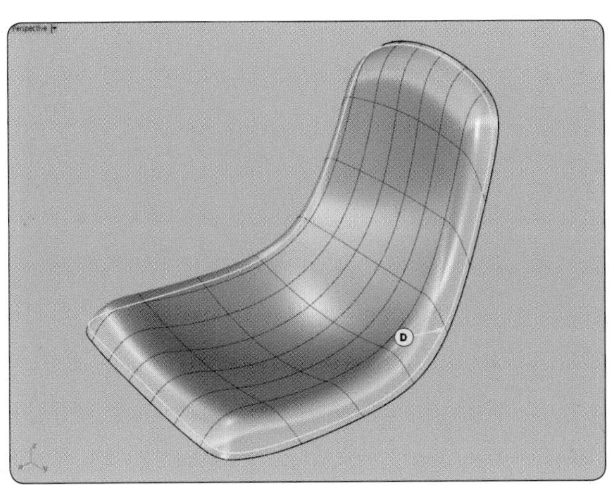

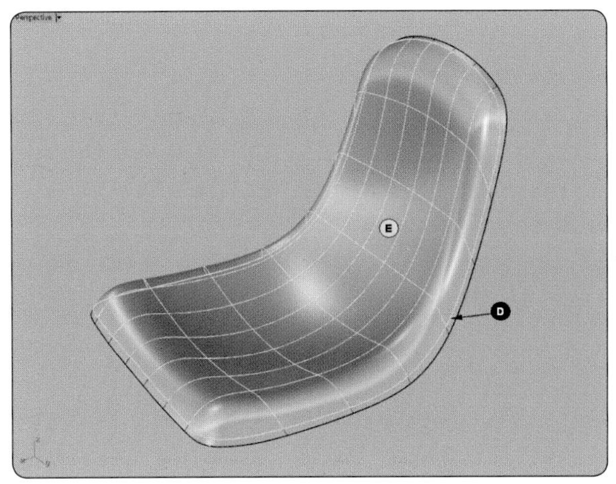

38 탭 툴바에서 Surface Tools 〉 Offset surface(icon) 툴을 클릭하고 의자 오브젝트를 선택한 후 Enter, 커맨드 창의 옵션 값을 'Distance=1.5', 'Solid=Yes'로 설정하고 Enter를 눌러 의자에 두께를 준다.

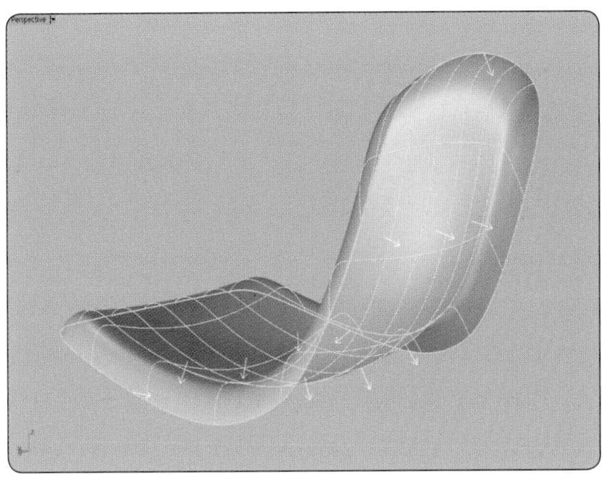

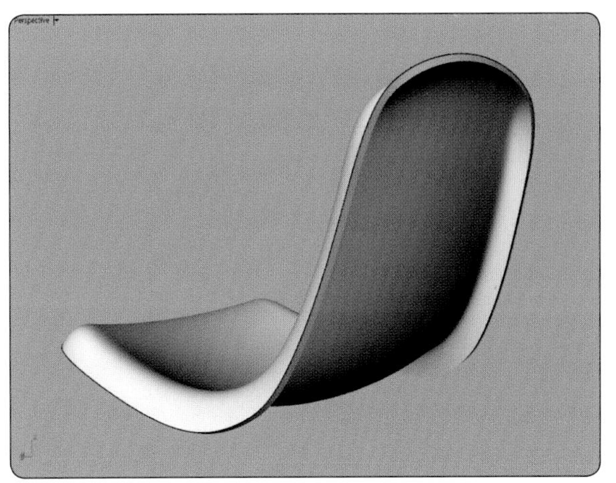

39 Right View를 활성화한다. 메인 툴바에서 Rectangle 〉 Rectangle : Round rectangle(icon) 툴을 선택한 후 커맨드 창의 옵션에서 'Center'를 클릭하고 '0'을 입력한 후 Enter, 'Other corner or lenght:' 옵션에 '20'을 입력하고 Enter, 'Width.Press Enter to use length:' 옵션에 '6'을 입력하고 Enter를 눌러 가로 20mm, 세로 6mm의 둥근 사각형을 그린다.

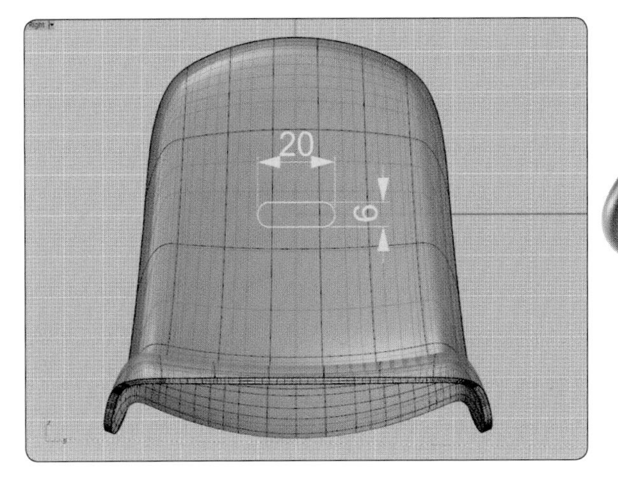

40 Gumball을 활성화 시킨 후 그림과 같이 라운드 직사각형의 위치를 상단부로 이동시켜 준다. 탭 툴바에서 Solid Tools 〉 Wire cut( ) 툴을 클릭하고 둥근 사각형 커브와 의자 오브젝트를 차례대로 클릭한 후 잘려나간 둥근 사각형을 삭제하여 손잡이 구멍을 만든다.

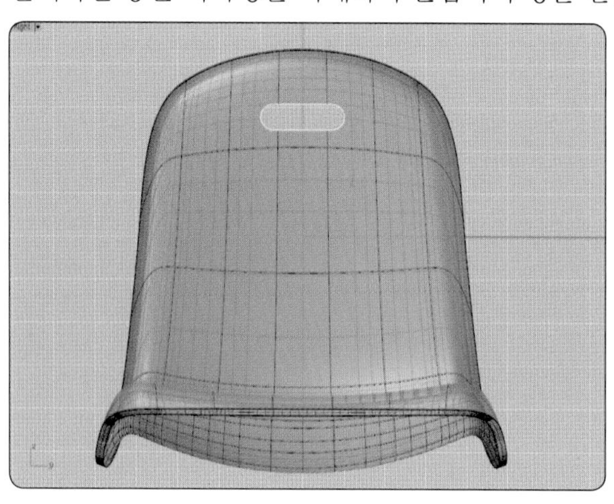

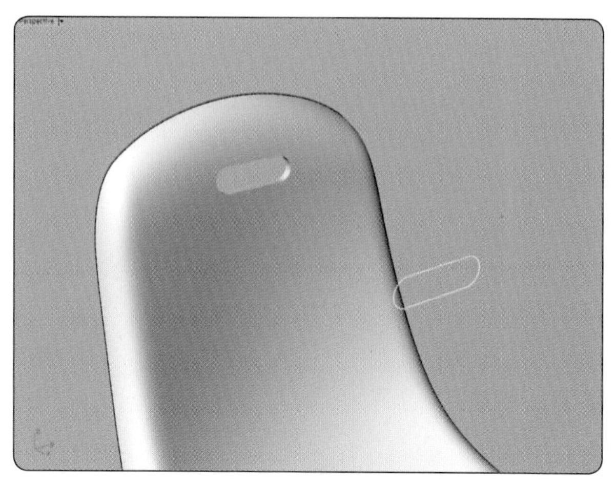

41 메인 툴바에서 Line 〉 Poly line( ) 툴로 길이 100mm 정도의 1번과 2번 라인을 그려준다. 다리를 안정감 있게 만들기 위해서 Right View에서 라인 커브를 선택하고 의자의 왼쪽으로 이동한 후 검볼을 이용해 아래로 갈수록 넓어지게 회전시켜 준다.

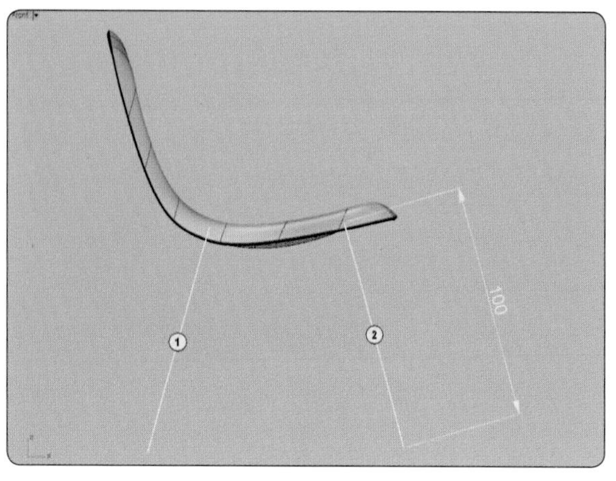

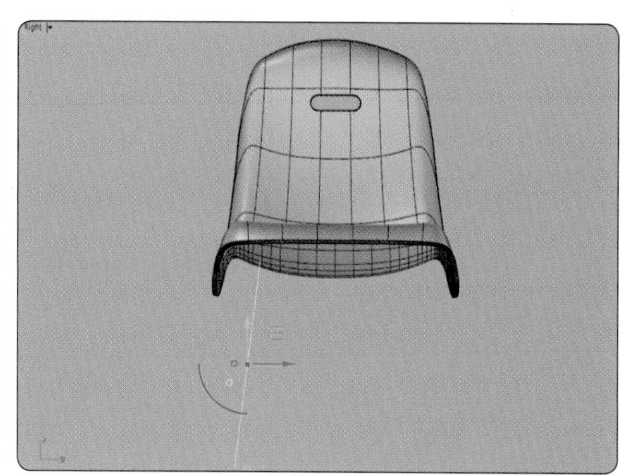

42 ❶번 라인 커브가 선택된 상태에서 탭 툴바의 Solid Tool 탭을 클릭하고 메인 툴바에서 Pipe( ) 툴로 상부 반지름 3mm, 하부 반지름 1.5mm로 설정하여 그림과 같이 상단부는 두껍고 하단 부는 얇게 만들어준다. 같은 방법으로 ❷의 라인 커브도 같은 작업으로 두께를 넣어준다.

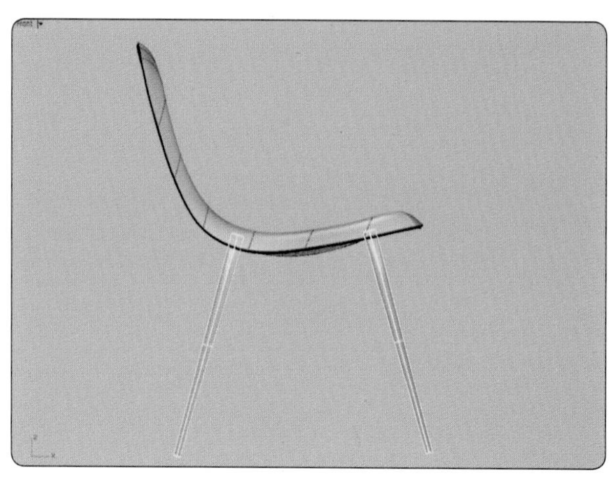

43 Right View에서 ❶, ❷번의 다리 서피스를 선택하고 탭 툴바에서 Transform 〉 Mirror ( ) 툴을 사용하여 반대편으로 복제한다.

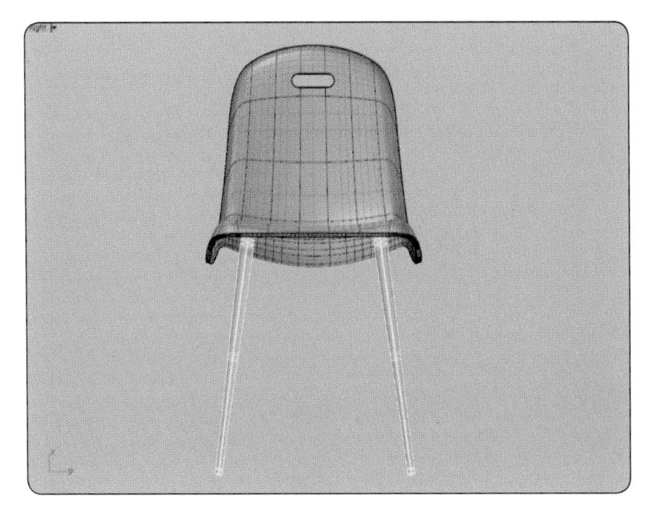

44 Perspective View를 활성화한다. 탭 툴바에서 Surface Tools 〉 Fillet Surface( ) 툴을 선택하고 커맨드 창의 옵션 값 'Radius=5'로 설정한 후 ❶번과 ❷번을 차례대로 선택한다. 만일 면이 왜곡되면 Radius의 값을 낮춰서 적용하여 서피스끼리 자연스럽게 접합된 것처럼 만든다.

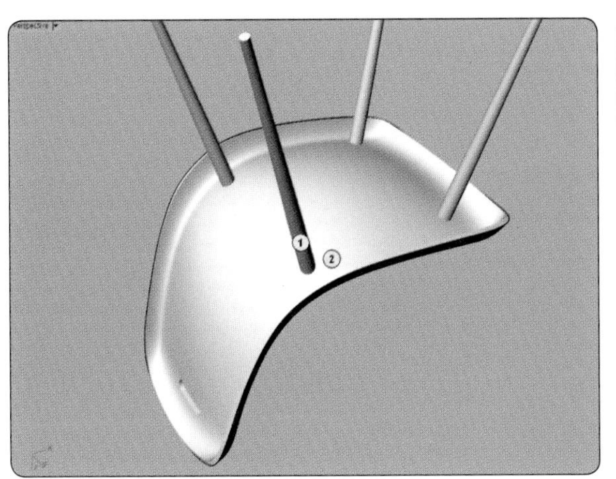

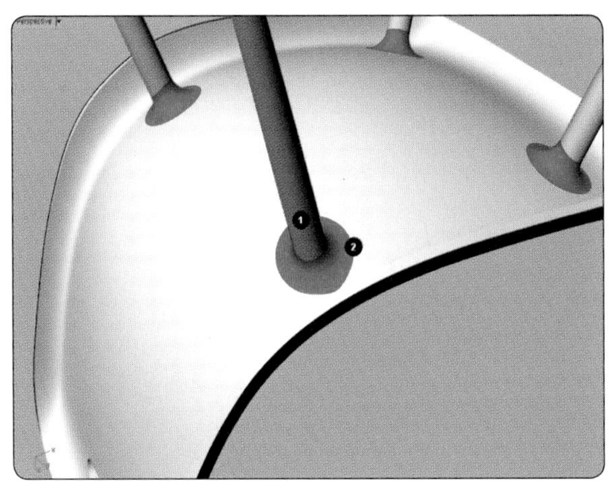

45 분리된 각각의 서피스들을 모두 선택한 후 메인 툴바의 Join( ) 툴을 사용하여 모두 붙여준다.

46 Front View를 활성화한다. 다리의 측면 길이를 맞춰 주기 위해서 메인 툴바에서 Box: Corner to Corner, Height( ) 툴을 이용하여 Solid box를 그려준다. 이때 화면은 4Viewport로 설정하면 훨씬 더 쉽게 그릴 수 있다.

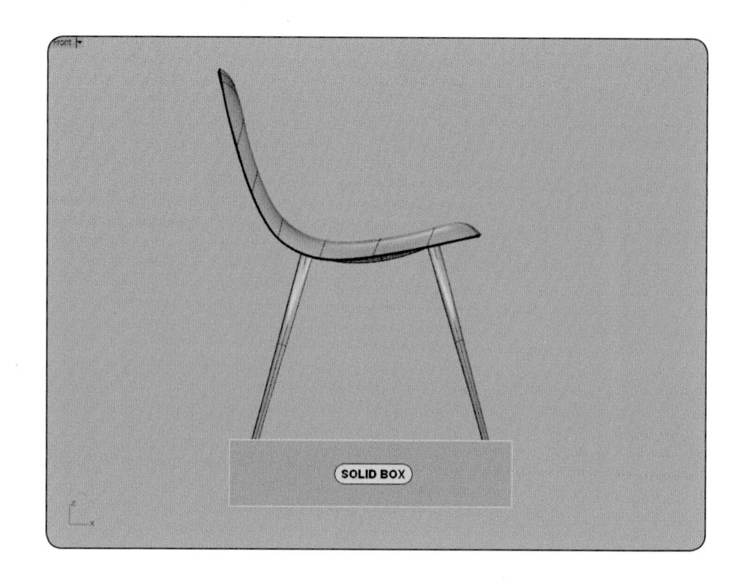

47 탭 툴바에서 Solid Tools 〉 Boolean Difference( ) 툴을 선택하고 의자 오브젝트를 클릭한 후 Enter, Soli Box 오브젝트를 클릭한 후 Enter를 눌러 다리의 길이를 맞춰준다.

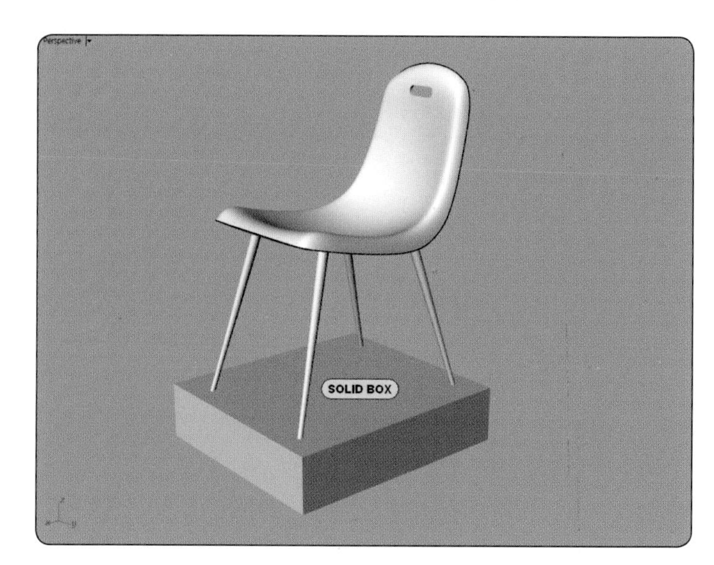

48 하이팩 의자 모델링이 모두 마무리되었다. KeyShot을 통해 재질을 매핑하여 실사 렌더링을 실행해 본다.

실전 문제 1 | 파이프형 플라스틱 의자

앞서 학습된 모델링 방법을 응용하여 Rebuild surface, Control points 편집, Move UVN 명령으로 파이프형 플라스틱 의자를 모델링 해보자.

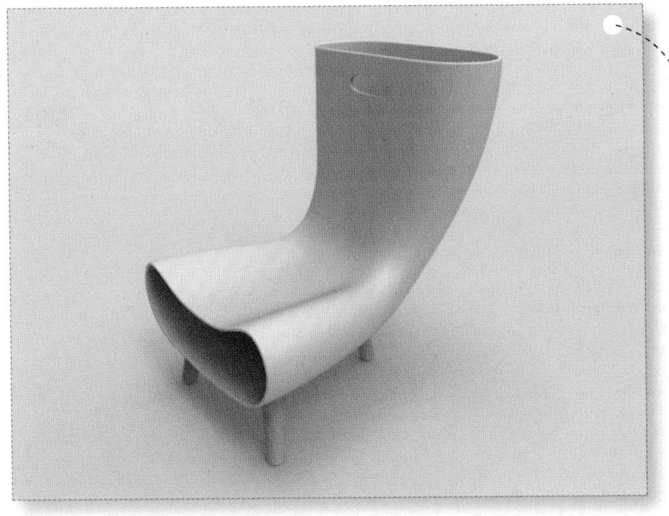

완성 파일 | Sample>ex14-01.3dm

keypoint

① 의자의 단면 커브를 2개 또는 3개 정도 만들어 Sweep1 rail 명령으로 기본 형태를 만들어 준다.
② 만들어진 면에 대해 Rebuild surface 명령으로 적정한 의자의 형상을 결정 후 Control points 명령으로 세부 편집한다.
③ 편집 시 Move UVN 명령을 활용하면 보다 안정적인 변형 편집이 가능하다.
④ 마지막으로 만들어진 장면을 옵셋하여 완성한다.

실전 문제 2 | 리볼브 스툴

앞서 학습된 모델링 방법을 응용하여 Revolve, Rebuild surface, Control points 편집, 명령으로 플라스틱 스툴을 모델링 해보자.

완성 파일 | Sample>ex14-02.3dm

keypoint

① 스툴의 단면 라인을 그리고, 리볼브(Revolve) 명령으로 기본 형태를 만든다.
② 차집합 명령으로 다리 모양을 파주고 모러리에 Fillet 처리하여 완성한다.

15 S·E·C·T·I·O·N

선글라스 모델링하기

여기에서는 안경 모델링 순서와 관련 핵심 툴들을 배워 본다. 특히 안경 테두리와 일치하는 렌즈의 곡면 제작과 안경테의 자연스러운 곡률을 생성하는 방법을 학습해보자.

PREView

완성파일 : main15-01.3dm

··· 학습 내용

- Background bitmap 명령으로 배경이미지 불러오기
- Line과 Curve 명령으로 안경의 외형선 생성
- Extrude closed planar curve 로 솔리드 안경 생성
- Analyze direction 명령으로 면으로 솔리드 자르기
- Curve from 2 Views 명령으로 안경테 외형선 생성
- Sweep 2 Rails 명령으로 안경테 솔리드 생성
- Arc : tangency to curve 명령으로 안경테 편집
- Tween between two curves 명령 안경 렌즈 제작
- Move UVN 명령으로 안경 렌즈 곡면 편집

··· 선글라스 태 만들기

01 탭 툴바의 Standard 〉 New( )를 클릭하여 [Open Template File] 대화상자가 나타나면 [Small Object – Millimeters]를 선택하고 [열기] 단추를 클릭한다.

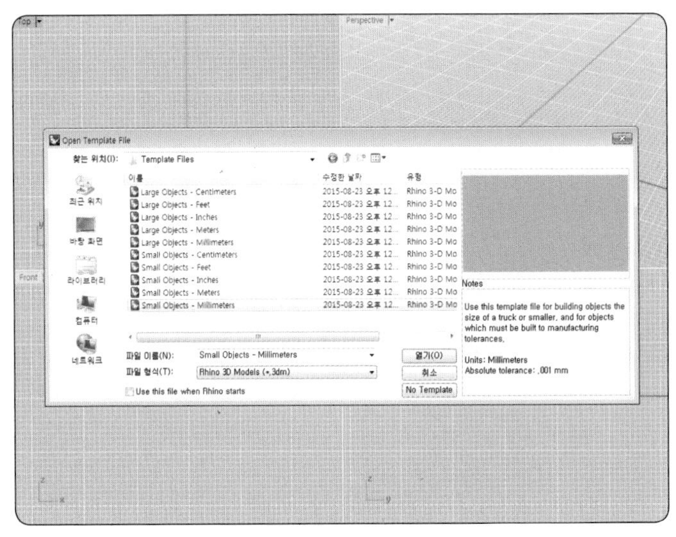

02 Front View에서 준비 작업을 시작한다. 메인 툴바에서 Lines 〉 Line: from midpoint( ) 툴을 클릭하고 커맨드 창의 'Middle of line'에서 '0을 입력하고 Enter, 'End of line'에서 '77'을 입력하고 Enter를 눌러 154mm의 수평선 ❶을 그리고 같은 방법은 20mm의 수직선 ❷를 그린다.

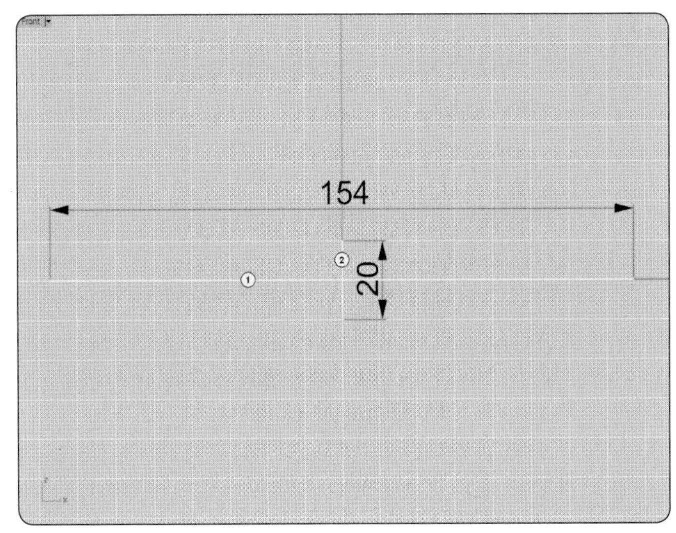

03 탭 툴바의 view 메뉴에서 〉 background bit map( ) 툴을 클릭하여 Open Bitmap 대화상자가 타나나면 안경 배경 이미지 파일을 불러온다.

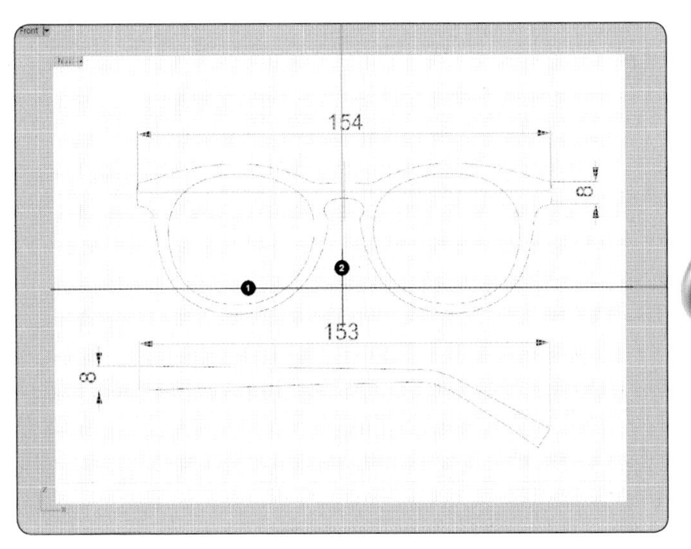

04 탭 툴바에서 view 메뉴 〉 Back ground bitmap( ) 〉 Place background bitmap( ) 툴을 선택하고 안경 이미지의 십자선 중심을 클릭한 후 라인 ❶과 ❷의 교차점을 클릭하여 안경 이미지가 좌표 중심으로 이동된다. Osnap을 End로 설정하고 탭 툴바에서 Viewport Layout 〉 Background bitmap ( ) 〉 Scale background bitmap( ) 툴을 선택한 후 안경 중심점과 끝부분을 차례로 클릭하고 라인 ❶ 끝부분을 클릭하면 안경의 크기가 그림과 같이 변경된다.

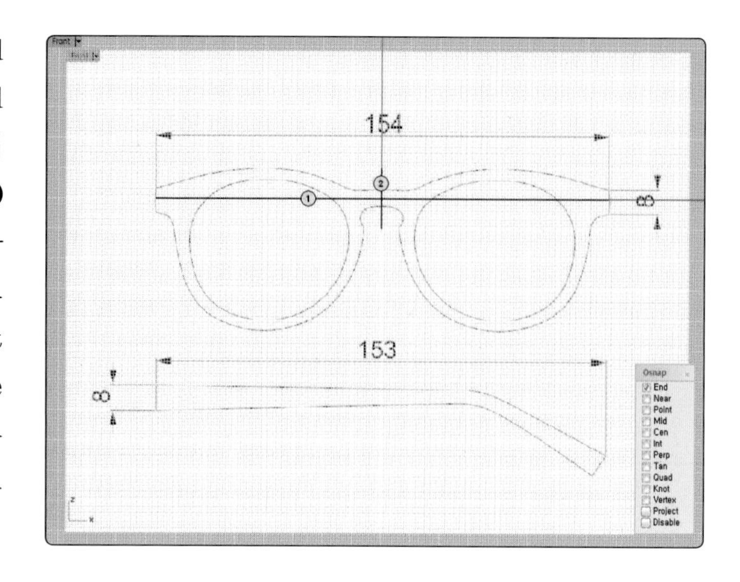

05 F7을 눌러 Front View의 그리드를 숨겨준다. 정렬된 배경 이미지를 기준으로 이제 메인 툴바에서 Curve 〉 Control point curve( ) 툴이나 Curve: interpolate points( ) 툴을 이용해 그림과 같이 드로잉을 해준다.

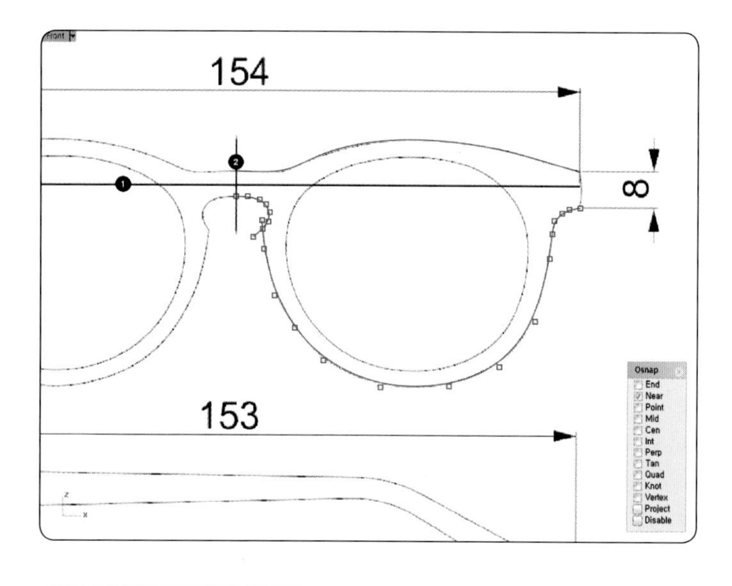

06 안경테도 드로잉하고 난 후 안경과 안경테에서 불필요한 부분은 Trim( ) 툴을 이용해 삭제하고 Join( ) 툴로 묶어서 드로잉을 완료한다.

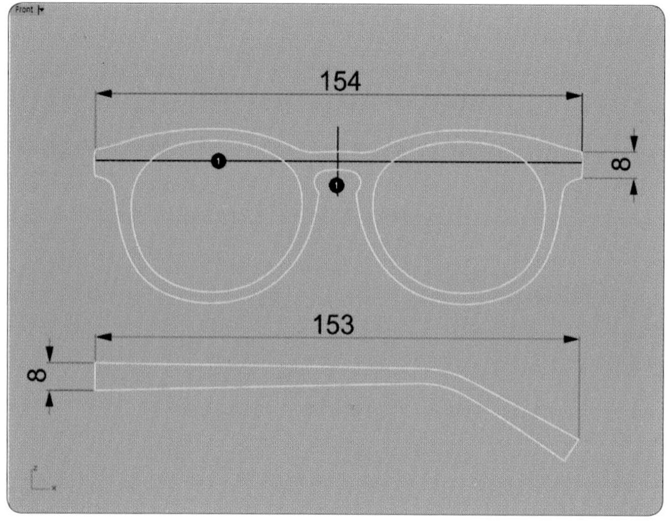

07 안경의 기본 드로잉이 완료되었으면 안경테의 측면(Side of Arm) 라인은 Hide() 툴로 숨기고 반만 그린 안경테는 탭 툴바의 Transform 〉 Mirror() 툴로 왼쪽으로 대칭 복제하여 안경테를 완성한다.

08 Top View에서 Curve : Control point curve() 툴이나 Curve : interpolate curve() 툴을 이용해서 한쪽 부분만 드로잉하고 Trim() 툴을 이용해 삭제하고 Join() 툴로 묶어 준 후 그림과 같이 Mirror() 툴로 대칭 복사하여 대칭 라인(❶)을 그려준다.

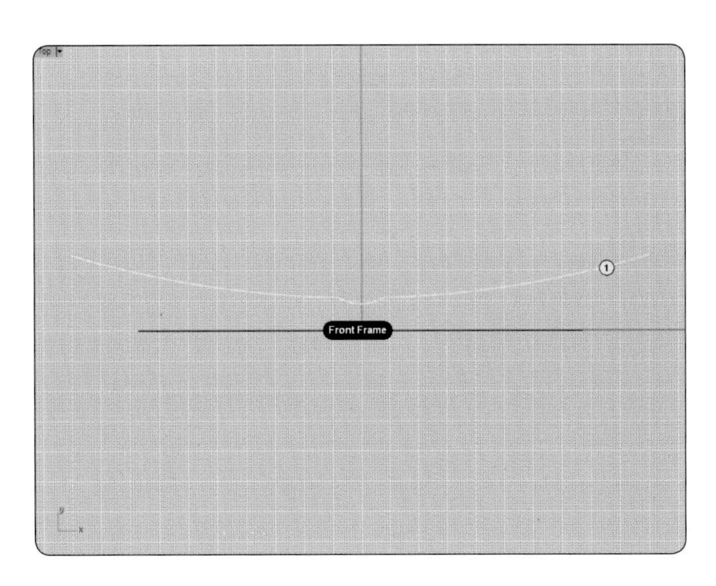

09 Front View에서 라인(❶)을 커맨드 창에 Move 명령을 입력하거나 검볼을 이용해 그림과 같은 위치로 이동시킨다.

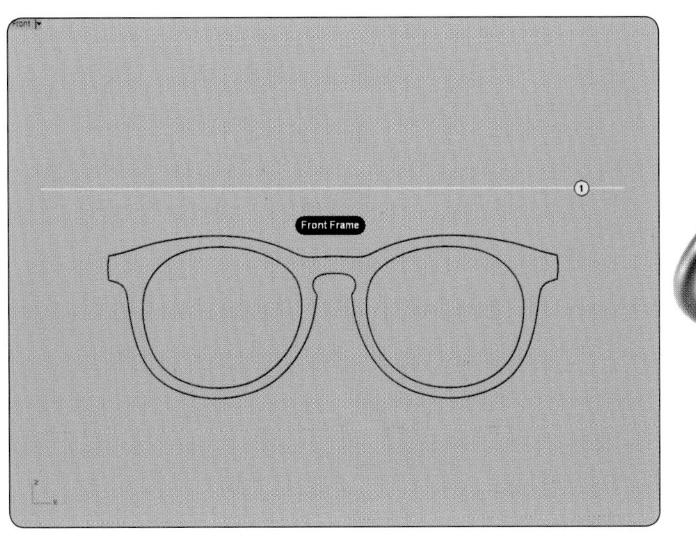

10 Top View에서 Curve : Control point curve( ) 툴이나 Curve : interpolate curve( ) 툴로 그림과 같이 ❶번 라인과 중복되도록 ❷번 대칭 라인을 하나 더 그려주거나 ❶번 라인을 그려준다. ❶번 라인을 복사해서 F10을 눌러 조절점을 변경해도 된다.

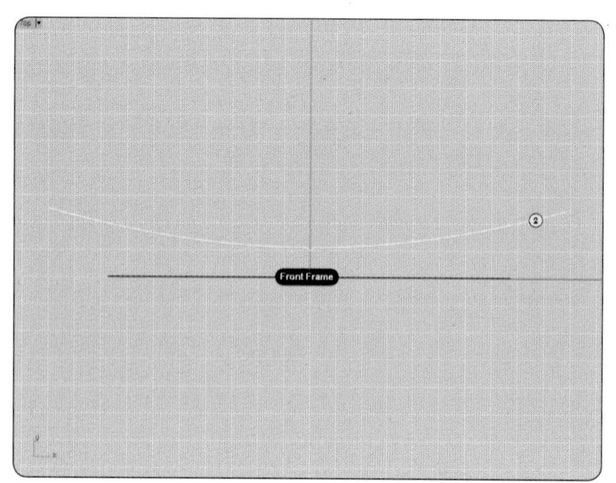

11 Front View에서 앞에서 그려놓은 ❷번 라인의 위치는 그림과 같이 아래로 이동시킨다.

12 Top View에서 Curve : Control point curve( ) 툴이나 Curve : interpolate curve( ) 툴로 그림과 같이 3번 대칭 라인을 ❶번 라인에서 5mm정도 위치에 ❸번 라인을 그린다. ❸ 라인데 가운데 각진 부분은 커맨드 창에서 Fillet 명령을 입력하고 'Radius=9'의 옵션 값으로 둥글게 만든 후 Join 명령으로 묶어준다.

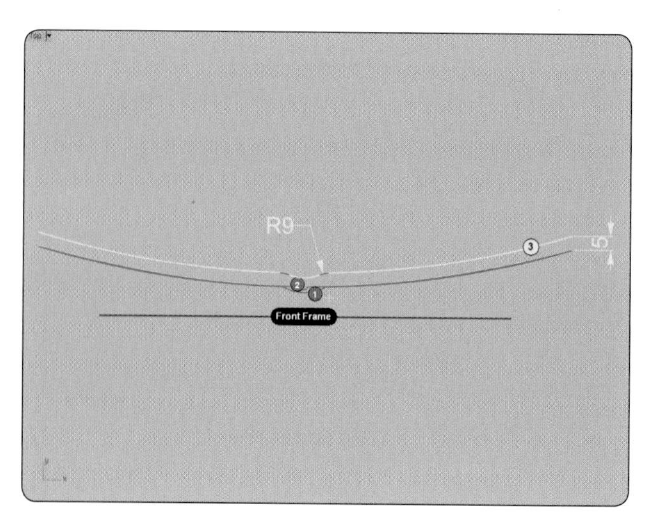

13 ❶, ❷, ❸ 번 라인은 Hide(💡) 툴을 이용해 숨겨주고 Extrude closed planar curve(▣) 툴로 뒤로 60mm 돌출시켜 준다.

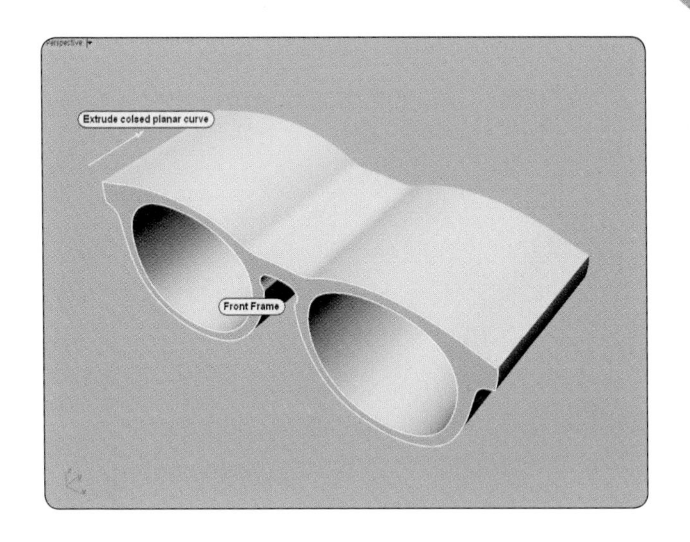

14 커맨드 창에 Show를 입력하여 라인 ❶과 ❷를 표시하고 Hide 명령을 입력하여 라인 ❸만 숨긴다. Loft 명령으로 라인 ❶과 ❷를 차례로 클릭한 후 Loft Option 대화상자에서 Style을 Straight sections으로 설정해서 면을 만들어 준다.

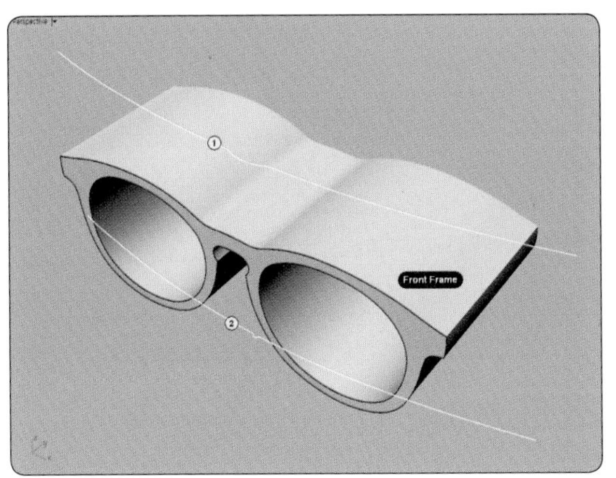

15 탭 툴바에서 Standard 탭을 클릭한 후 메인 툴바에서 Analyze direction(▣) 툴로 그림과 같이 면의 방향을 체크해 준다. 그림과 같이 뒤쪽으로 화살표가 있어야 하며 만약 그렇지 못하면 커맨드 창 옵션에서 (Flip)을 선택하여 바꾸어 준다. 이것은 다음 명령 시 자르는 객체의 존재 유무를 결정한다.

16 탭 툴바의 Solid 〉 Boolean difference() 툴로 그림과 같은 번호 순서로 클릭하여 앞면을 잘라낸다.

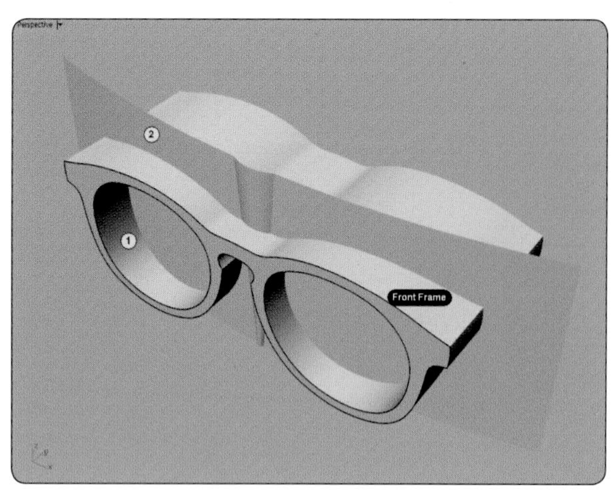

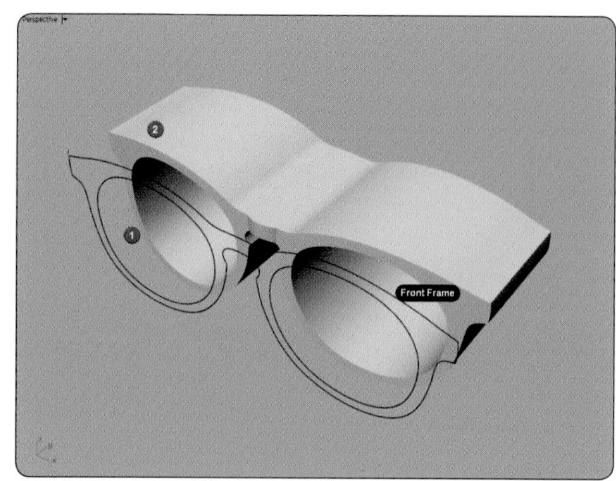

17 커맨드 라인에 Show 명령을 입력하여 앞에서 숨겨 놓은 ❸번 라인을 표시한다.

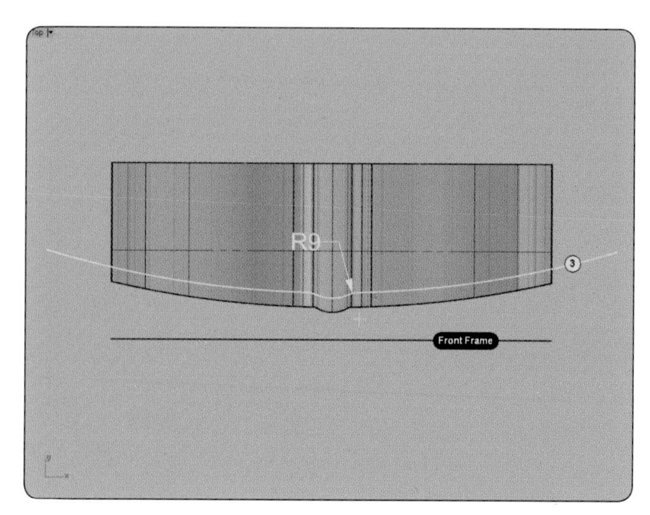

18 솔리드의 뒤 부분을 잘라 내기 위해 Top View에서 Rectangle: Corner to corner() 툴로 왼쪽 그림과 같이 사각형을 그리고 Perspective View에서 Extrude closed planar curve() 툴로 오른쪽 그림과 같이 솔리드를 만들어 준다.

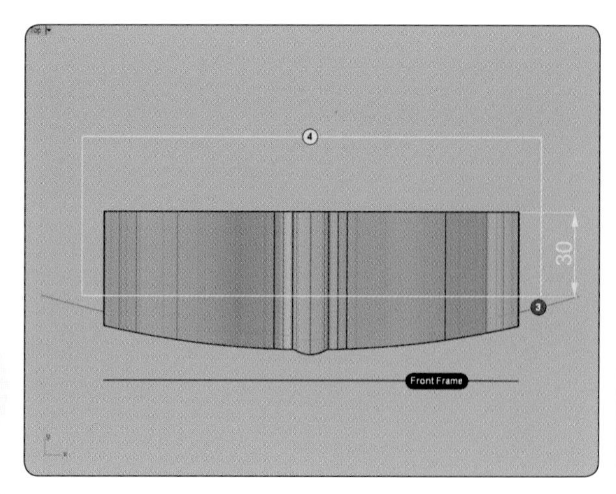

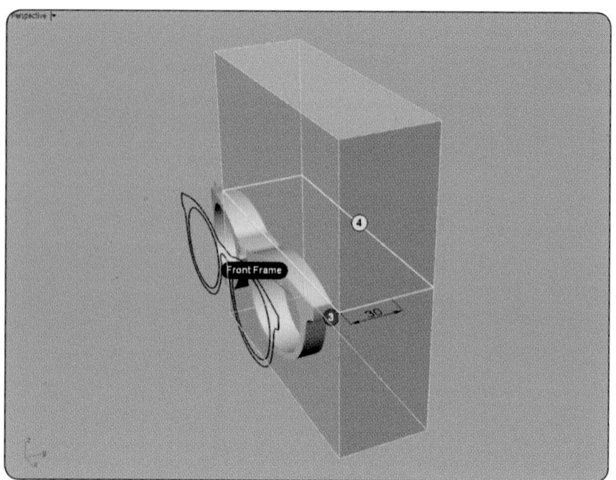

19 탭 툴바에서 Solid 〉 Boolean difference( ) 툴을 클릭하고 그림에서와 같이 ❸과 ❹를 차례로 클릭하여 안경의 뒷면을 잘라 주고 ❹는 삭제한다.

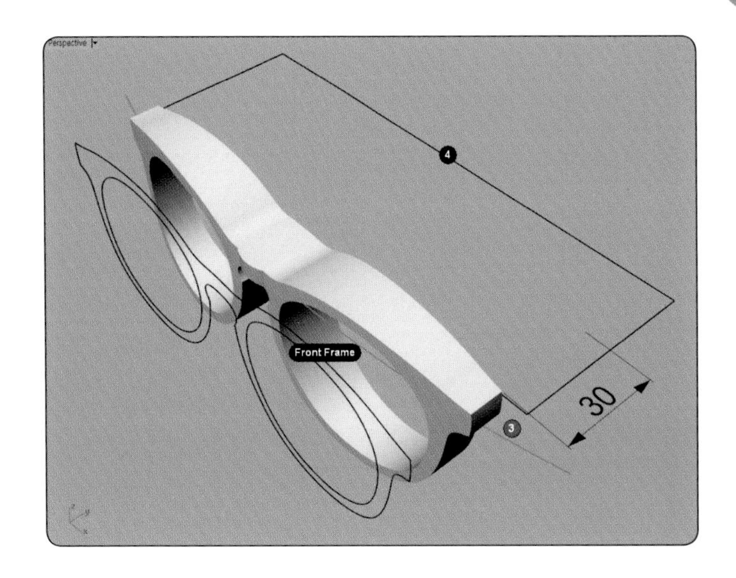

20 안경테의 내측 구부러진 부분을 만들기 위해 Top View에서 안경의 좌우 측 끝단을 기준으로 안쪽으로 5mm 거리의 1개의 수직선(A-1)을 그리고 탭 툴바의 Transform 〉 Mirror( ) 툴로 대칭 복사하여 그림과 같이 라인을 두개 만든다.

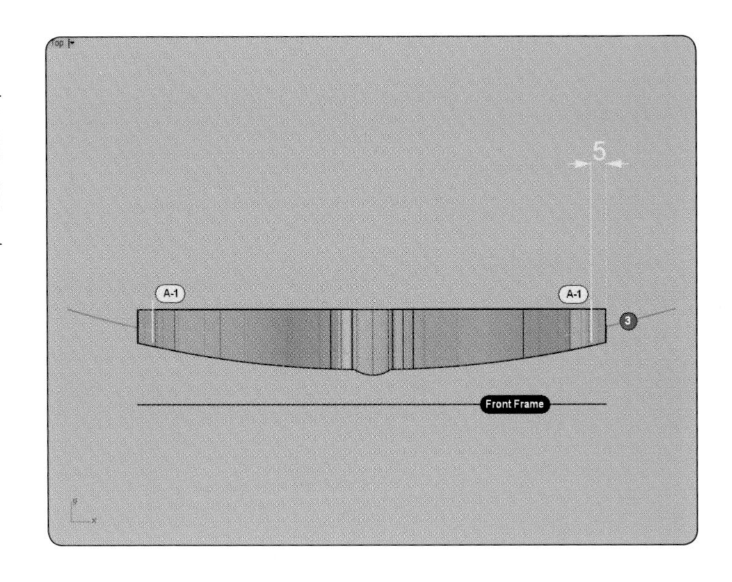

21 안경의 솔리드는 커맨드 창에서 Hide 명령으로 숨긴다. Trim( ) 툴로 불필요한 부분은 모두 삭제하고 Fillet Curve( ) 툴을 클릭하고 옵션 값에서 radius =2로 설정하여 모서리를 둥글게 만들고 모든 선을 Join( ) 툴로 연결한다.

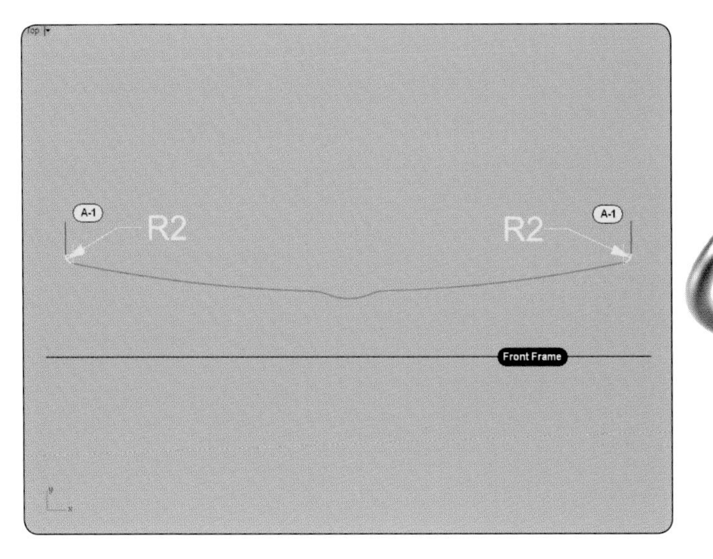

22 숨겨둔 안경 솔리드를 표시하면 그림과 같은 배치가 나온다. 탭 툴바에서 Surface Tools 〉 Extrude straight( ) 툴을 이용해 면을 만들어 준다.

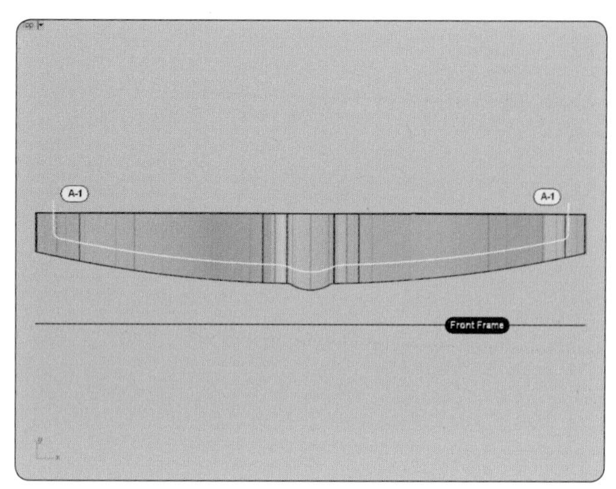

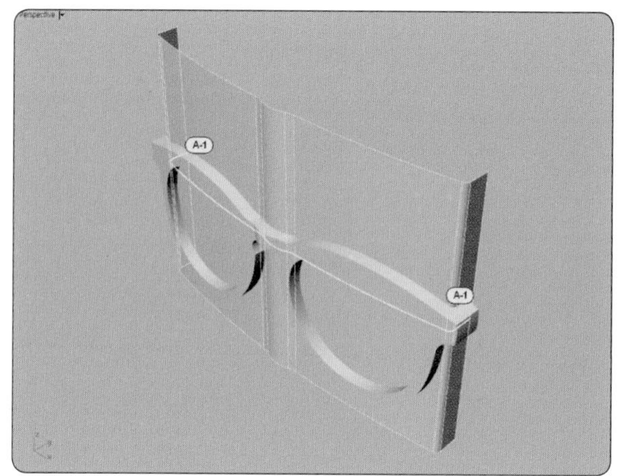

23 생성된 면을 선택하고 메인 툴바의 Analyze direction( ) 툴로 그림과 같이 면의 방향을 체크한다. 그림과 같이 앞쪽으로 화살표가 있어야 하며 만일 화살표가 반대 방향이라면 커맨드 창의 옵션에서 'Flip'을 클릭하여 바꾸어 준다.

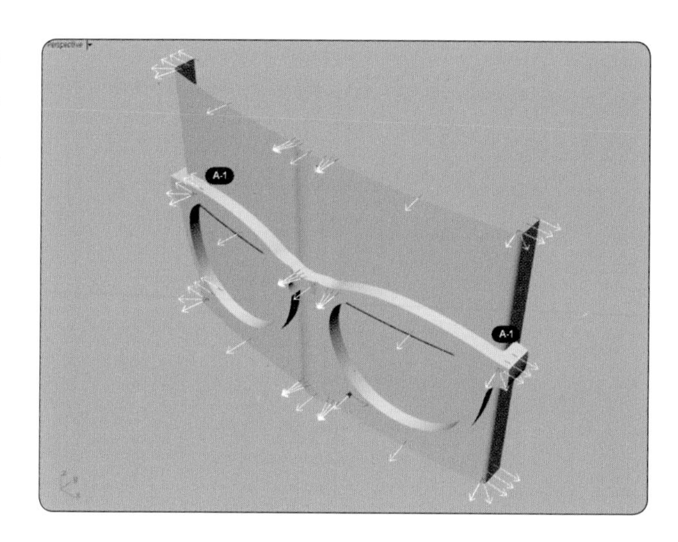

24 탭 툴바의 Solid 〉 Boolean difference( ) 툴로 안경 솔리드에서 면 솔리드 부분을 삭제한다.

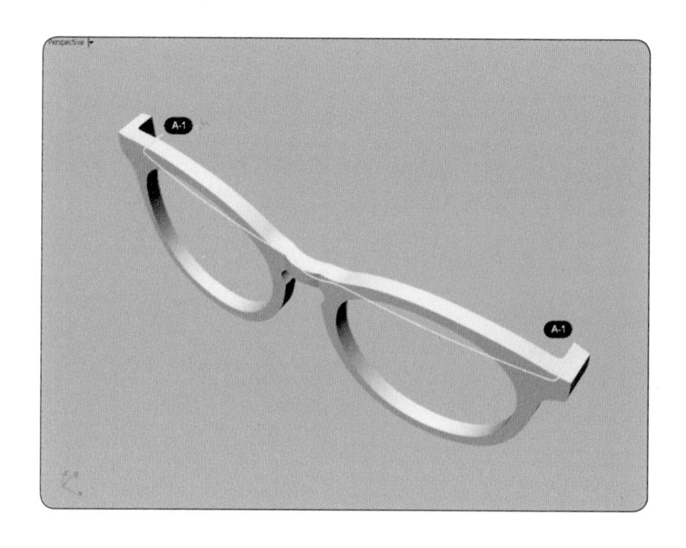

25 탭 툴바에서 Solid Tools 〉 filletedge( ) 툴을 클릭하고 커맨드 창에서 옵션 값을 'NextRadius=1'로 설정하여 안경테 솔리드의 모서리를 둥글게 만든다.

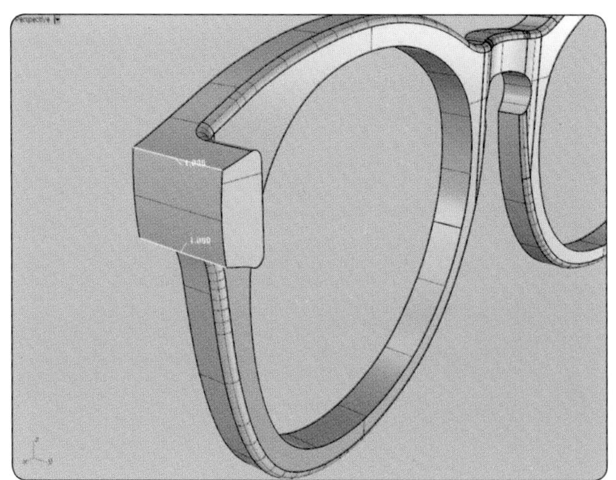

26 탭 툴바에서 Curve Tools 〉 Project Curves( ) 〉 Duplicate face border( ) 툴을 이용해 안경테의 단면 모서리를 클릭하여 커브를 추출한다.

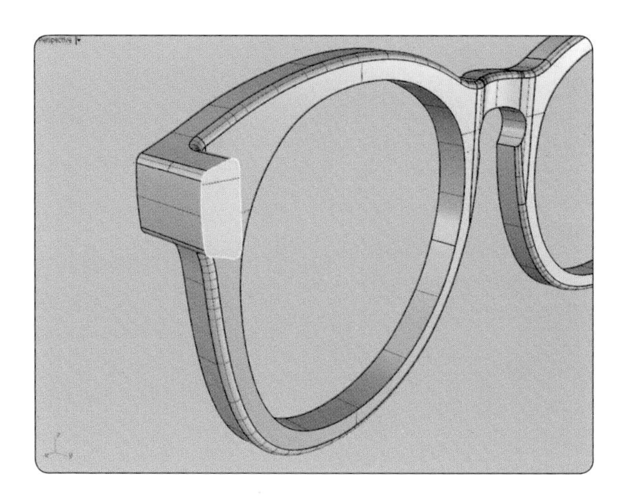

27 커맨드 창에서 Show 명령을 이용해서 앞에서 만들어 준 안경 측면 프레임 라인을 표시한다. Front View에서 보이는 방향을 Right View 바꿔 주기 위해 메인 툴바에서 CPlanes 〉 Set CPlane World Right( ) 툴을 클릭하여 작업 방향을 Right View로 변경해 준다.

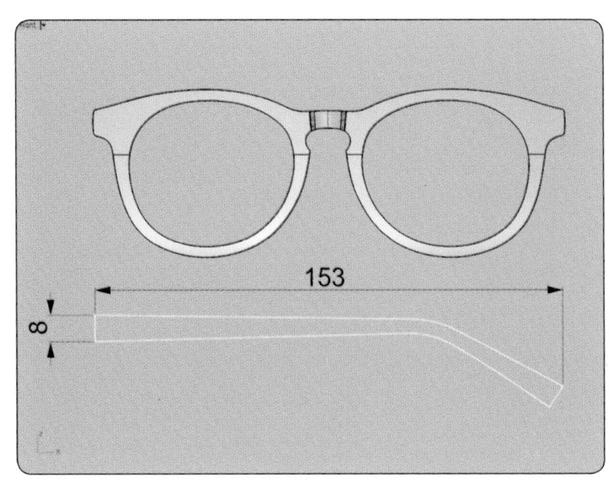

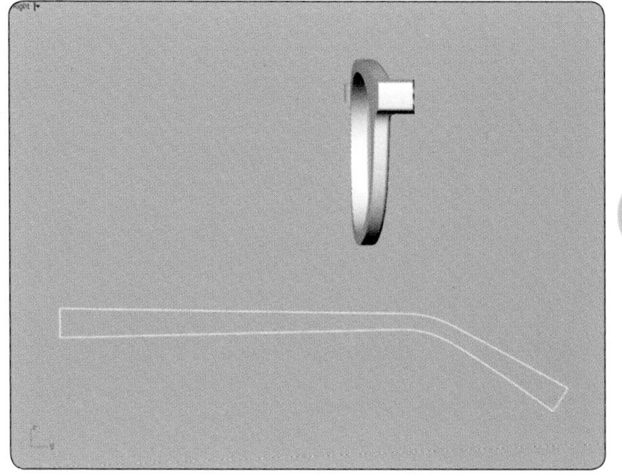

··· 안경 다리 만들기

01 Right View에서 해당 위치로 안경테 커브를 측면 프레임으로 라인을 회전시켜 준다.

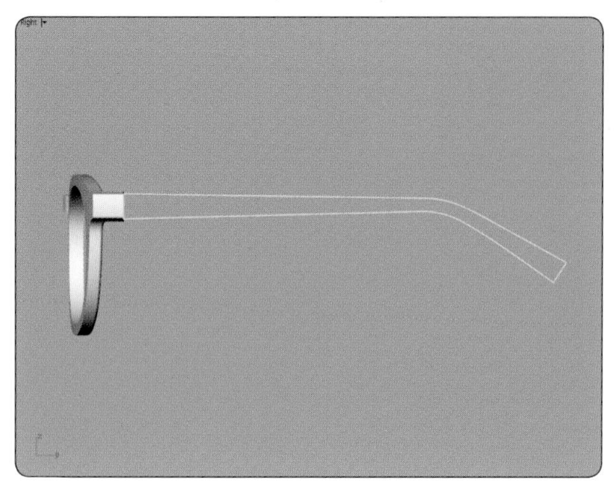
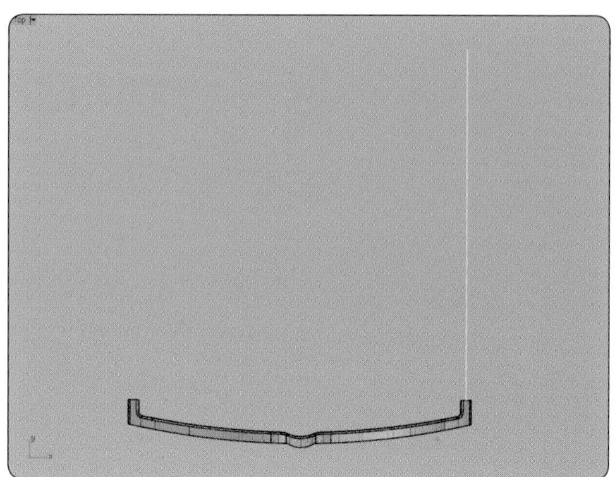

02 메인 툴바에서 Explode( ) 툴로 안경테 커브를 해제하고 오른쪽 그림에서 화살표가 있는 측면 프레임의 수직 라인만을 선택하여 지워준 후 나머지 커브들은 다시 Join( ) 툴을 이용해 하나로 합쳐준다.

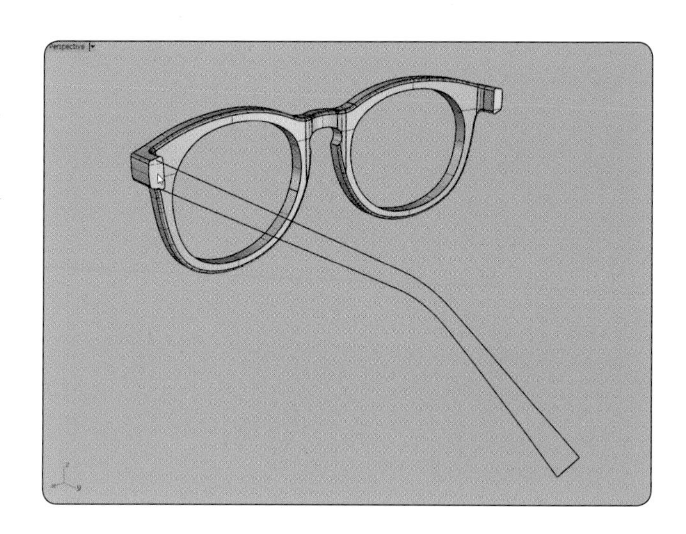

03 Osnap의 End를 선택하고 Control piont curve( ) 툴로 Top Views에서 안경 사이드 프레임보다 좀 더 길게 라인을 그리고 F10으로 포인트를 수정하여 그림과 같이 B-LINE을 생성합니다.

04 안경 측면 프레임을 B-LINE 방향으로 구부려 줄 것이다. 탭 툴바에서 Curve Tools 〉 Curve from 2 Views() 툴로 그림과 같은 순서로 클릭하여 안경 다리를 휘어지게 한 후 커맨드 창에서 Hide 명령을 이용해서 ❶, ❷의 커브를 숨긴다.

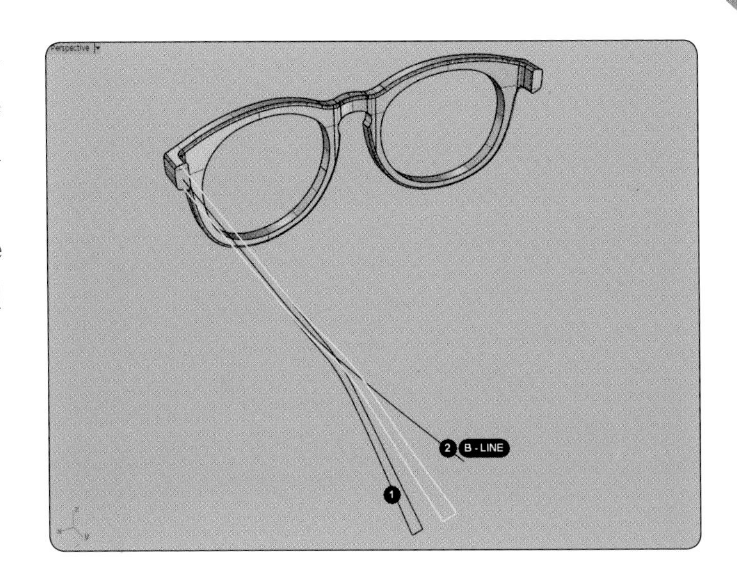

05 생성된 휘어진 안경 측면 프레임 끝단에 그림과 같이 메인 툴바의 Arc 〉 Arc : tangency to curve() 툴을 이용해서 내접하는 원호를 그려주고 Split() 툴로 안경 다리 커브를 클릭하고 Enter, 원호를 클릭하고 Enter를 2번 눌러 06과정의 그림과 같이 안경 다리 커브의 끝부분을 둥글게 만든다.

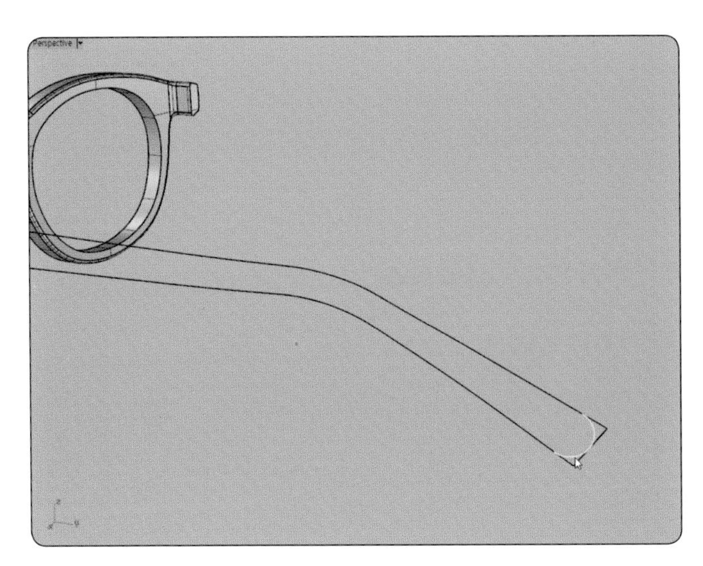

06 Osnap에서 Point와 Mid를 선택하고 메인 툴바에서 Single point() 툴로 원호 가운데 포인트를 추가한다. Split() 툴을 이용해 앞에서 그린 원호(Arc)를 클릭하고 Enter, 포인트를 클릭하고 Enter를 2번 눌러 분리한 후 Join() 툴로 그림과 같이 2등분으로 만들어 준다.

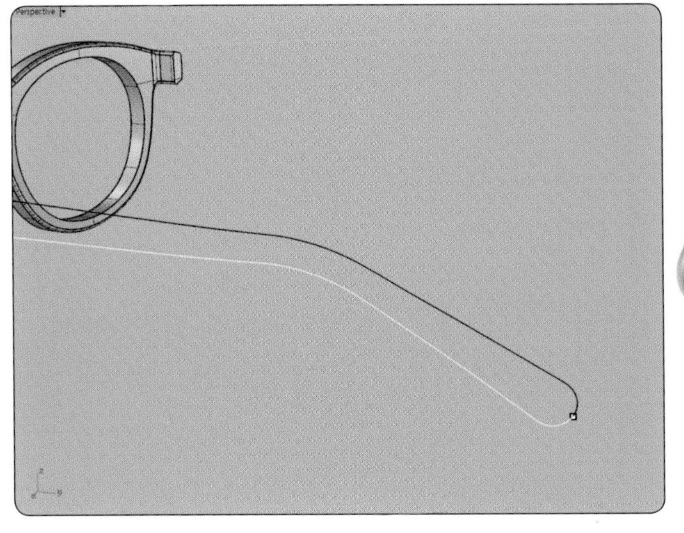

07 메인 툴바에서 Surface Creation 〉 Sweep 2 Rails( ) 툴로 순서대로 선택하여 안경의 사이드 프레임을 만들어 준다. 세부 옵션은 Refit within으로 설정하여 명령을 실행한다.

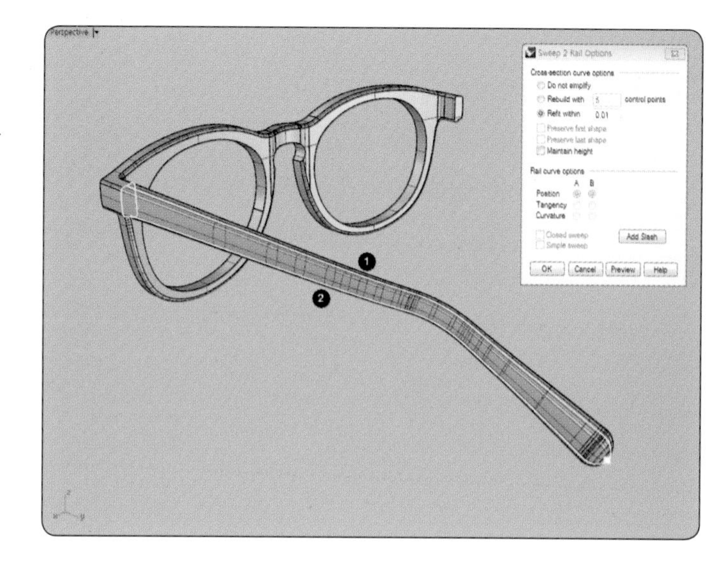

08 탭 툴바에서 Solid tools 〉 Cap planar holes( ) 툴로 측면 안경테를 막아 솔리드화 시켜준다.

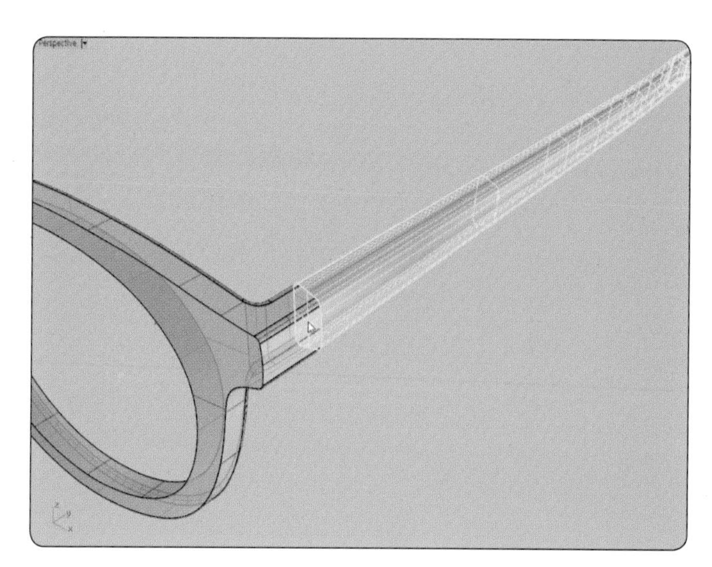

09 탭 툴바의 Transform 〉 Mirror( ) 툴로 안경의 가운데를 기준으로 안경 다리를 대칭 복사해 준다.

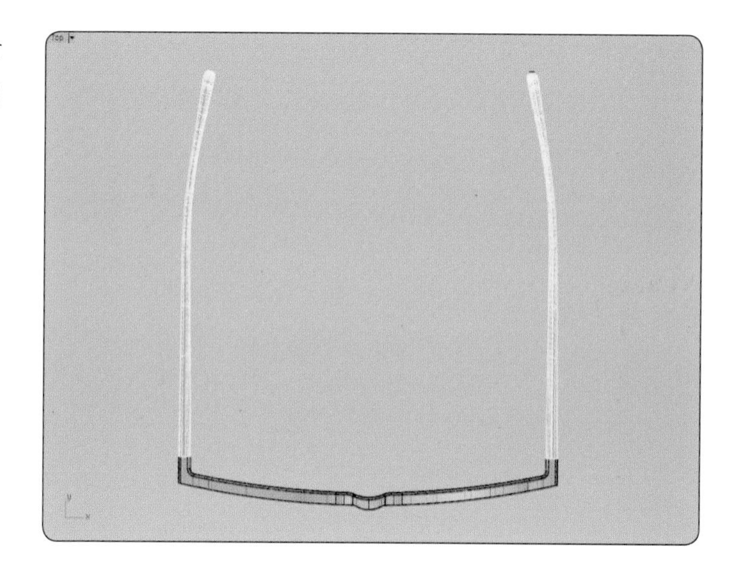

10 안경 알을 만들어 줄 차례이다. Main toolbar 〉 Extrace surfaces(　) 툴로 C 면을 떼어 낸다.

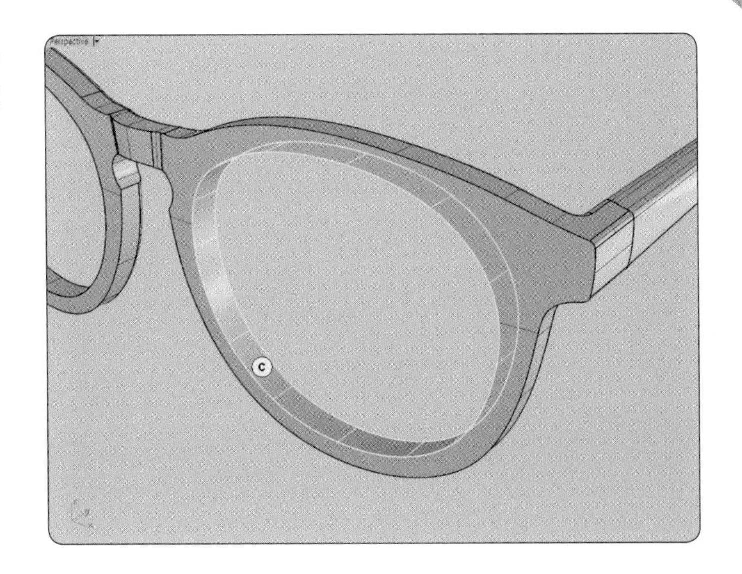

11 메인 툴바에서 Tween between two curves(　) 툴을 선택하고, 커맨드 창의 옵션은 'Number=1'로 설정한 후 떼어낸 C면의 1번 Edge와 2번 Edge를 선택하면 그림과 같이 가운데 평균 커브가 생성된다.

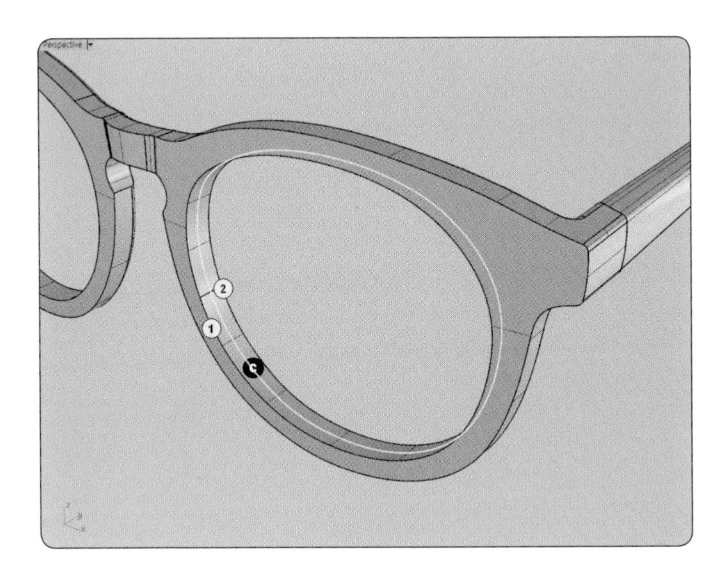

12 탭 툴바에서 Surface Creation을 선택하고 메인 툴바에서 Patch(　) 툴로 그림과 동일한 옵션을 설정하여 안경 렌즈가 될 면을 만들어 준다.

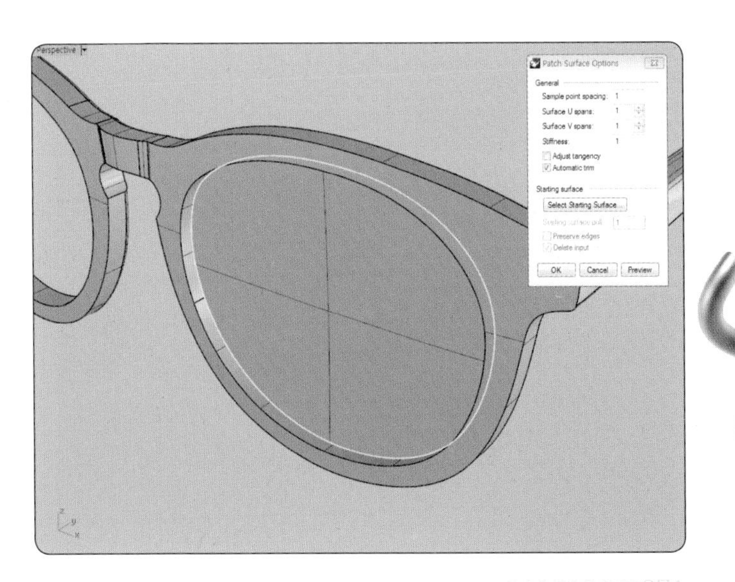

13 만들어진 면을 선택 후 메인 툴바에서 points on( ) 툴을 선택하고, 커맨드 창에 Move UVN 명령으로 그림과 같이 N 방향으로 Scale 1을 기본으로 앞으로 볼륨면을 만들어 준다.

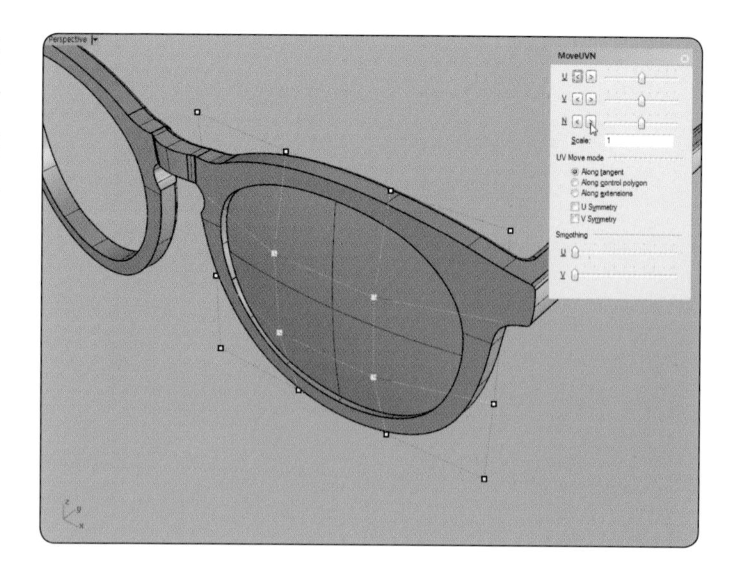

14 탭 툴바에서 Surface tools 〉 Offset Surface( ) 툴을 선택하고 커맨드 창에서 옵션을 'BothSides=Yes'로 설정하여 두께 0.5mm의 렌즈를 완성한다.

15 탭 툴바에서 Transform 〉 Mirror( ) 툴로 안경의 가운데를 기준으로 대칭 복사해 준다. 코 지지대의 경우는 그림과 같이 적정 위치에 만들어 주어 안경 모델링을 마무리한다.

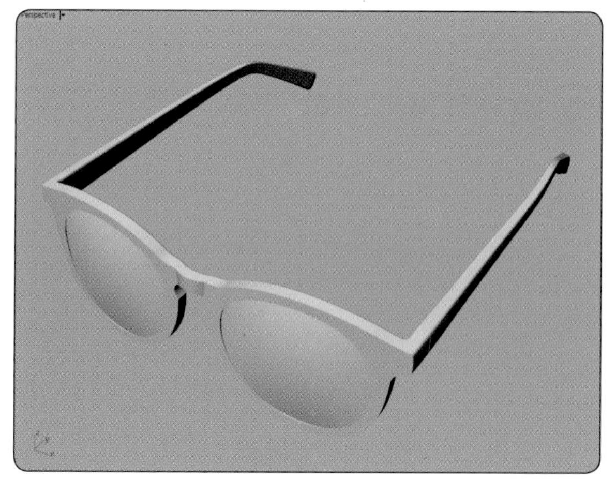

16 안경의 모델링이 완성되었다. 키샷으로 실사 렌더링을 통해 다양한 연출을 해보는 것도 좋다. 참고로 본 안경 모델링에서는 세밀한 경첩 부분나 렌즈 홈 등의 부분은 과감히 생략하고 전체적으로 안경 모델링을 어떻게 접근했다.

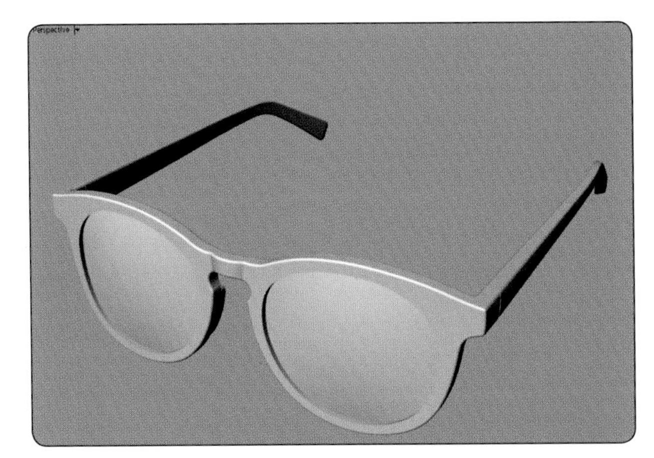

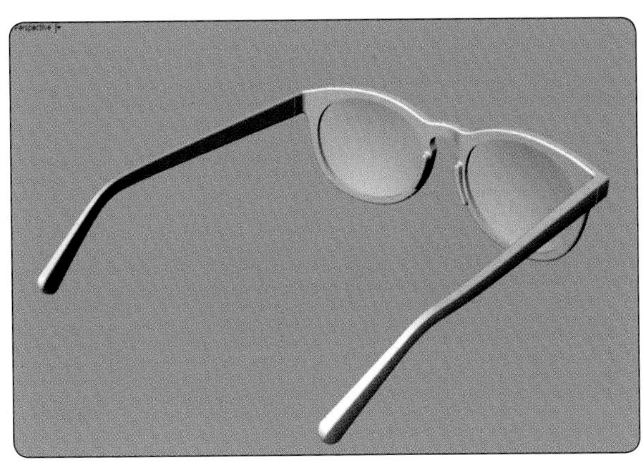

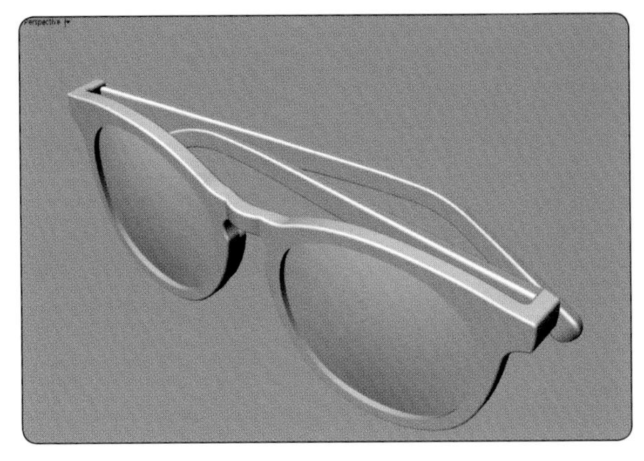

실전 문제 1 | 안경 모델링

앞서 학습된 모델링 방법을 응용하여 정면에서 둥근 안경이 되도록 모델링 해보자.

완성 파일 | Sample〉ex15-01.3dm

16 S·E·C·T·I·O·N

3D 프린팅하기

본 장에서는 앞서 모델링된 향로를 3D 프린팅 해본다. 이를 통해 3D 프린팅 파일 변환, 오류 검사, 3D 프린팅 방법을 학습해 보자.

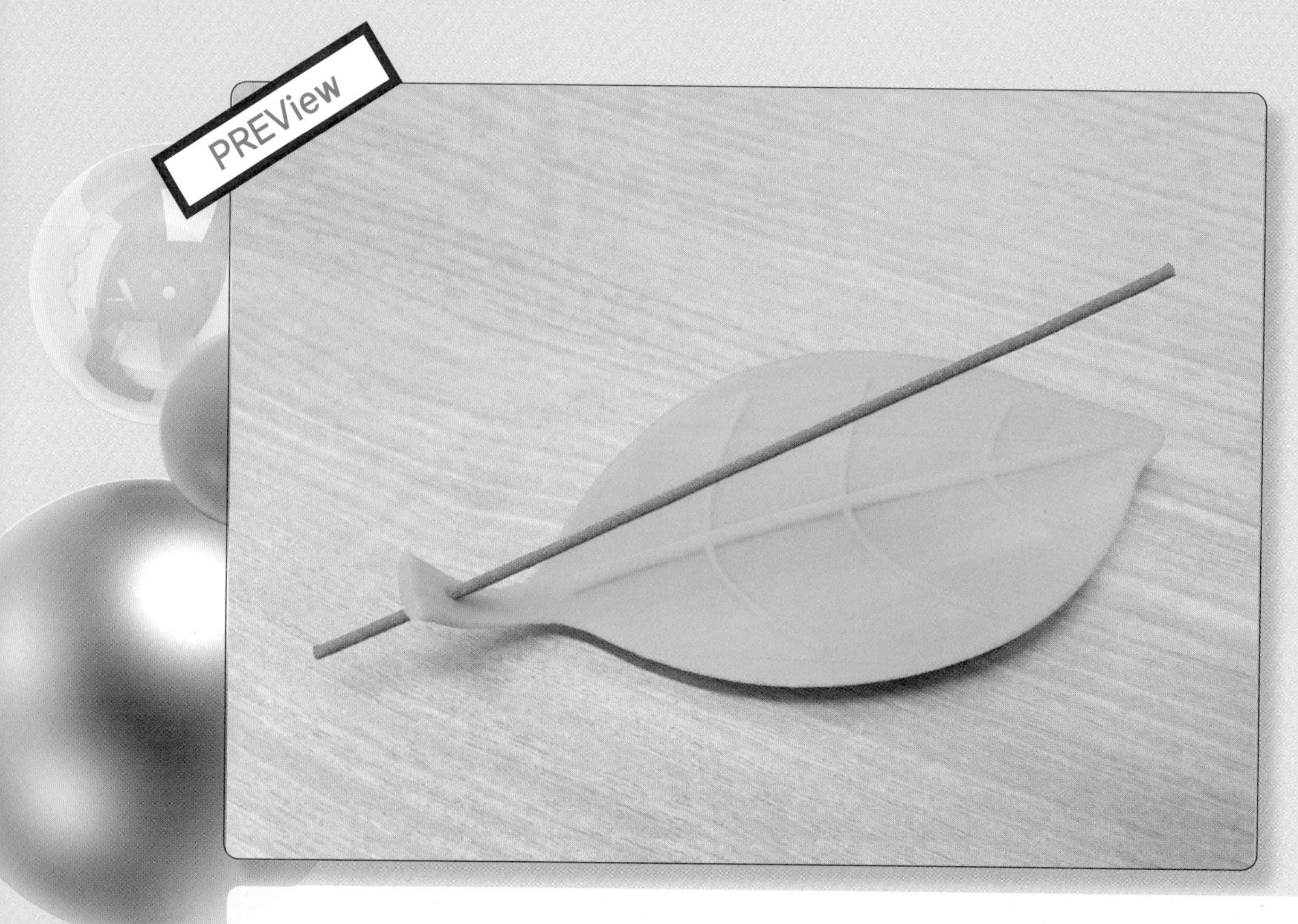

··· 학습 내용

- Check objects 명령으로 3D 프린팅 파일 검사
- Select bad objects 명령으로 3D 프린팅 파일 검사
- Edge tools 명령으로 3D 프린팅 파일 검사하기
- 3D 프린팅을 위한 STL 파일 변환하기
- 3D 프린터에 STL 파일 넘기기
- 3D 프린터 펌웨어 설정하기
- 3D 프린팅 및 후처리 완료하기

01 3D 모델링된 향로를 3D 프린팅하기 위해서는 3D 모델링된 파트의 문제나 오류를 검사가 선행되어야 한다. 그림처럼 모델링된 향로 파일을 준비한다.

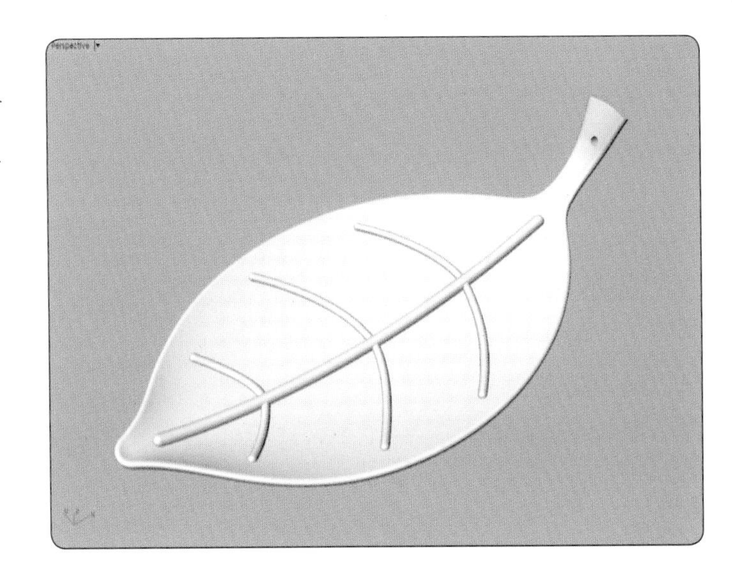

02 Perspective View에서 준비 작업을 시작한다. 스탠다드 툴바에서 Check objects (✓) 툴로 향로 파트를 선택하여 1차적인 파트의 오류를 체크한다. Check 대화상자에서 Rhino polysurface object is valid가 표시되면 파일에 문제가 없다고 보면 된다. 다만 Invalid가 표시되면 파트를 점검해야 한다. 3D 프린팅은 모델링 파트가 두께를 가진 솔리드여야 하고 벌어진 틈이 없어야 한다.

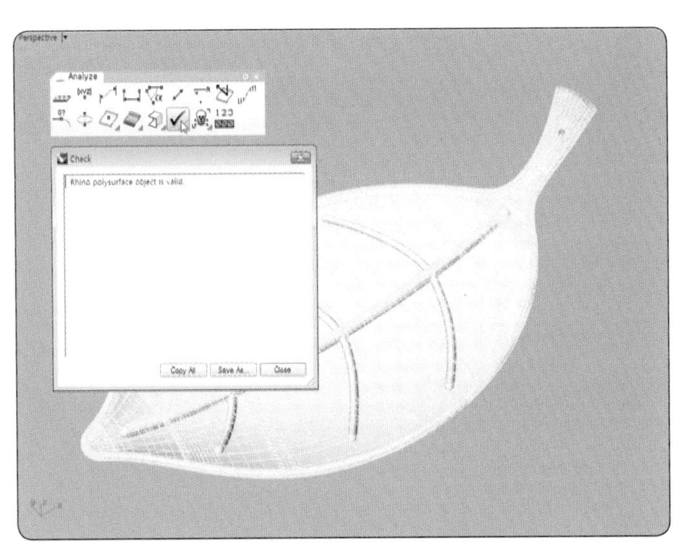

03 두 번째로 파트의 오류를 검사하는 방법은 bad 파일인지를 파악해 보는 것이다. 과정은 메인 툴바의 Select bad objects ( ) 툴이다. 동일한 방법으로 파트를 선택하고 명령을 실행하면 커맨드 창에 No bad objects selected가 표시되면 정상이라는 뜻이다.

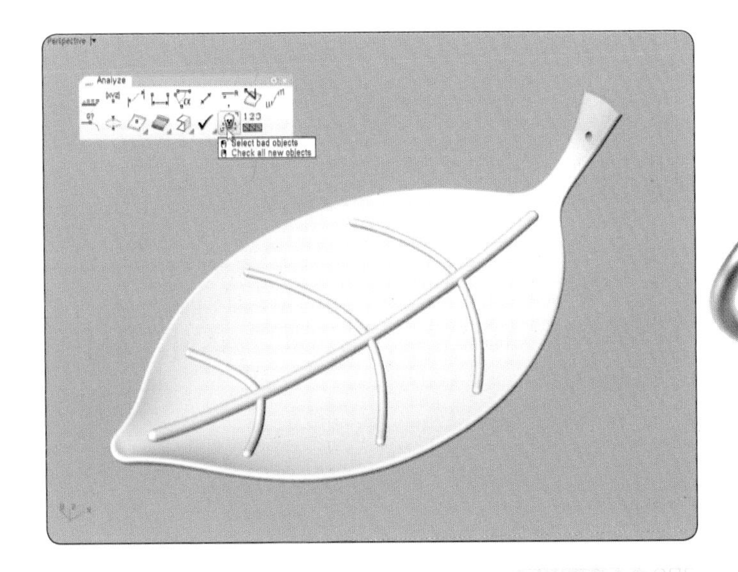

04 세 번째 방법은 가장 많이 사용되는 정확한 오류 체크 방법이다. 객체를 선택하고 메인 툴바에서 Show edges() 툴을 클릭하면 대화상자가 나타난다. Edge Analysis 대화상자에서 반드시 Naked Edges 에 체크한다. 체크와 동시에 커맨드 창에 Found 78 edges total; no naked edges, no non-manifold edges. 라는 문구가 나타나면 파일이 정상이라는 뜻이다.

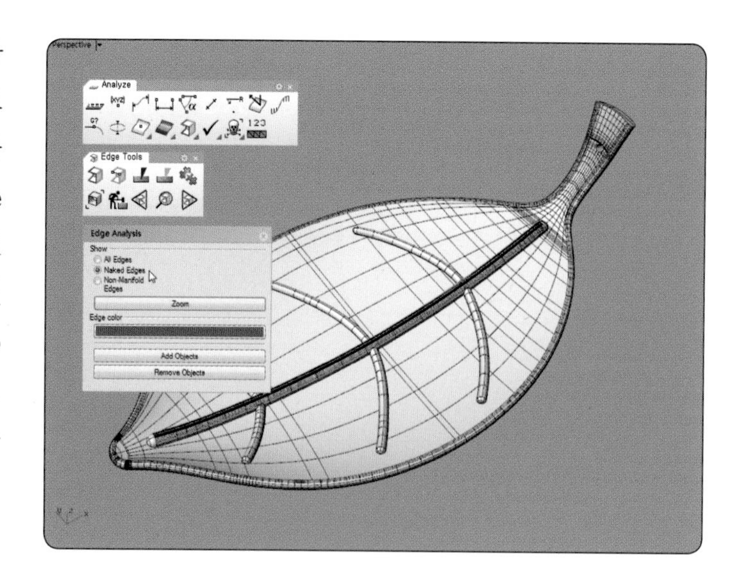

05 다만 그림과 같이 파트에 붉은 색 틈새가 나타나면 솔리드가 아니라는 뜻으로 보면 된다. 이렇게 되면 커맨드 창에 예시와 같이 24개의 또는 그 이상이나 이하의 갈라진 틈이 있다는 메시지(Found 90 edges total; 24 naked edges, no non-manifold edges.)가 나타난다. 이렇게 되면 3D 프린팅 파일로 부적당하는 뜻이다. 이러한 메시지가 뜨게 되면 반드시 모델링 파일을 수정해 주어야 한다.

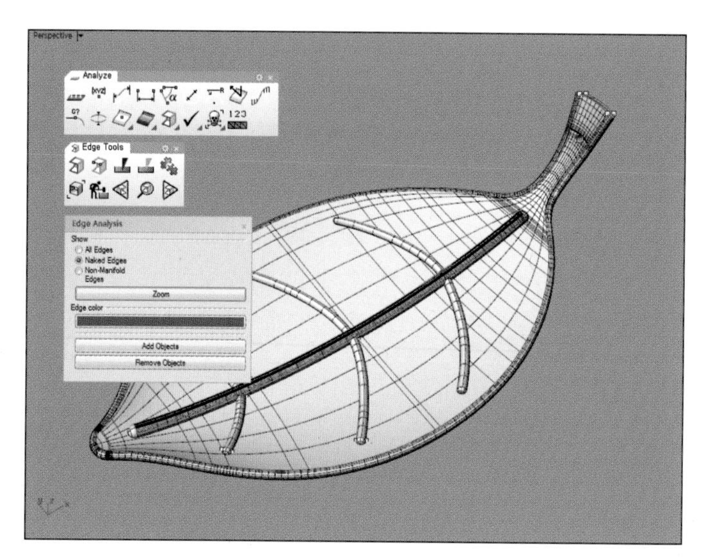

06 이제부터 모델링 오류 검사가 완료 되었으면 3D 프린팅을 위한 파일형태로 변환 및 저장을 해주어야 한다. 변환을 위해서 3D 프린팅 하고자 하는 객체만을 선택 〉 File 〉 Export Selected... 〉 파일 이름(Aroma incense)기입〉 파일형식 〉 STL (Stereolithography) (*.stl) 로 설정 〉 저장 단추를 클릭한다. 그림과 같은 대화상자가 나타난다.

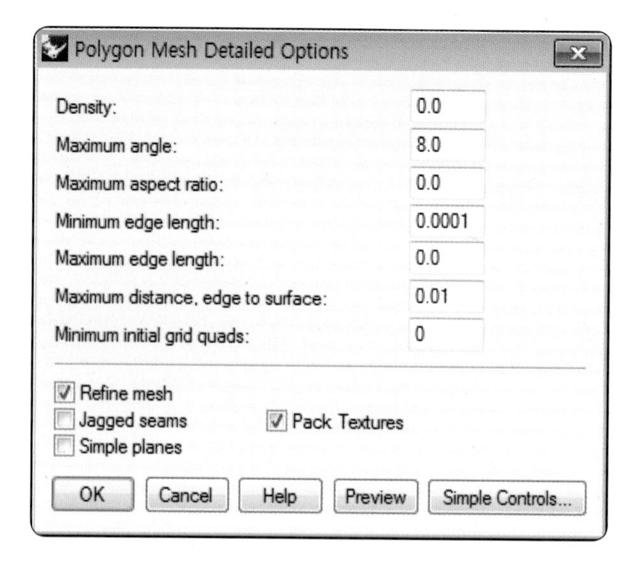

07 Polygon Mesh Detailed Options 대화상자의 설정은 그림과 같이 Maximum angle=8.0, Maximum aspect ratio: 0.0 에 설정해 준다. 물론 파트 형상에 따라 Maximum aspect ratio(메쉬 가로 세로 종횡비)를 달리 할 수 도 있다. 여기서는 0.0으로 해준다.

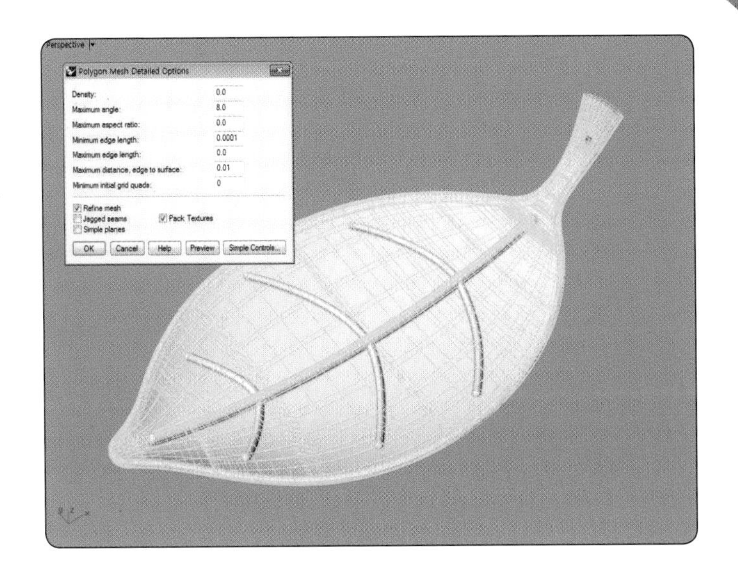

08 대화상자 설정 후 [OK] 단추를 클릭한다. 그림과 같이 STL Export Options 창이 뜨면 2진수인 Binary에 체크하고 다시 [OK] 단추를 클릭한다. 바탕화면을 보면 stl.확장자를 가진 파일이 생성된 것을 확인할 수 있다.

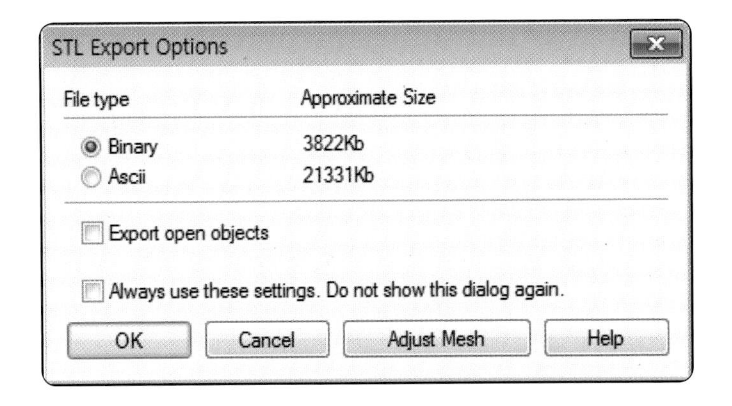

09 만들어진 Aroma incense.stl 파일을 3D 프린팅하기 위한 준비를 해본다. 대부분의 3D 프린터 제조사들은 자신들이 생산하는 장비에 맞게 펌웨어(S/W)를 제공하고 있다. 3D 프린터를 하기 위해 이번에 사용되는 장비는 중국 티어타임(TIERTIME)사의 업박스 플러스(UP-BOX+) 모델이다. 이제 3D 프린터에 모델링 파일을 전송하기 위해 업박스 플러스 펌웨어(S/W)인 UP STUDIO 아이콘을 클릭하여 열어 준다.

UP BOX + 장비 모습

10

불러오기 아이콘을 클릭하고 펌웨어의 + 아이콘을 클릭〉 바탕 화면에 만들어 둔 Aroma incense.stl 파일을 불러 온다.

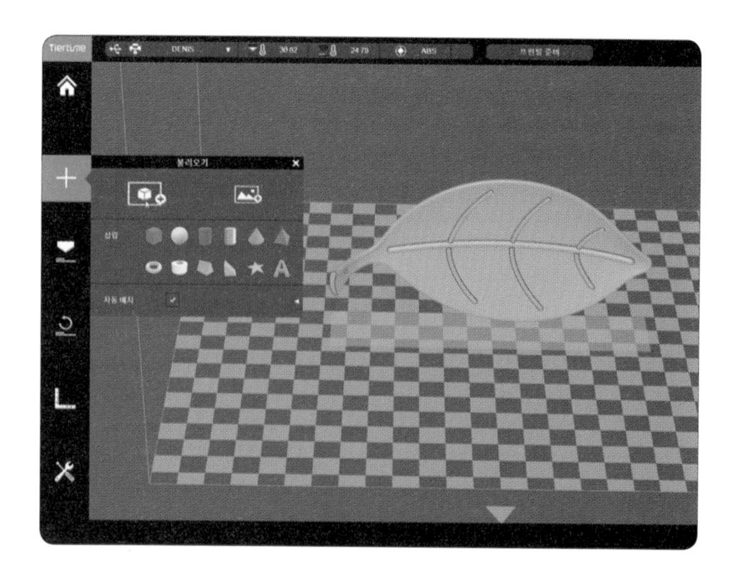

11

불러온 모델에 출력 옵션을 설정할 차례이다. 인쇄 아이콘을 클릭하고 프린터 설정을 그림과 같이 해준다.

① 레이어 두께: 0.1mm로 적층

② 내부 채움: 꽉채운 상태

③ 품질 : 좋은(Fine)

④ 파트 각도 60도/ 지지대 각도 80도

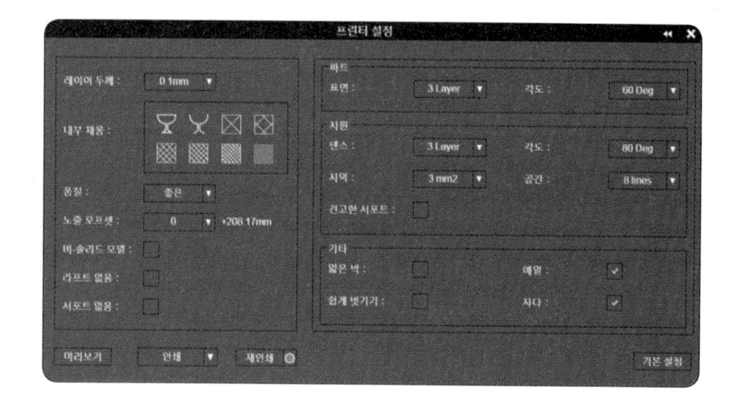

12

설정이 끝나면 미리보기를 클릭하여 지지대 형상 확인과 제작 시간 및 재료 소모량을 체크해 본다. 확인 후 문제 없으면 출구 단추를 클릭, 인쇄 단추를 클릭하여 3D 프린팅을 시작한다. 데이터가 장비로 전송되면 프린팅 소요 시간과 재료 소모량에 대한 메시지가 뜨고 [승인] 단추를 클릭해 주면, 장비의 노즐과 조형판의 온도가 상승하기 시작한다.

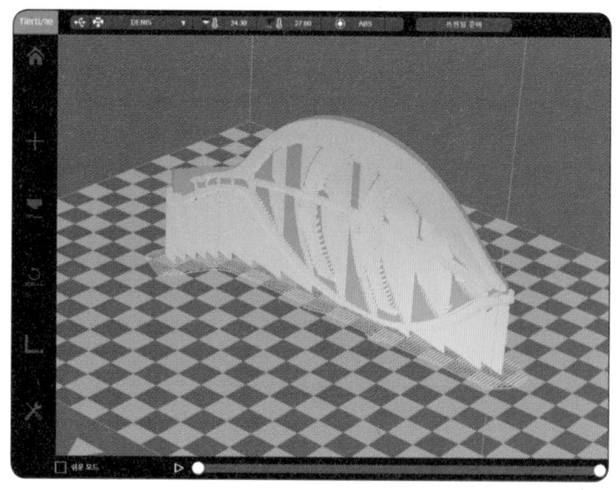

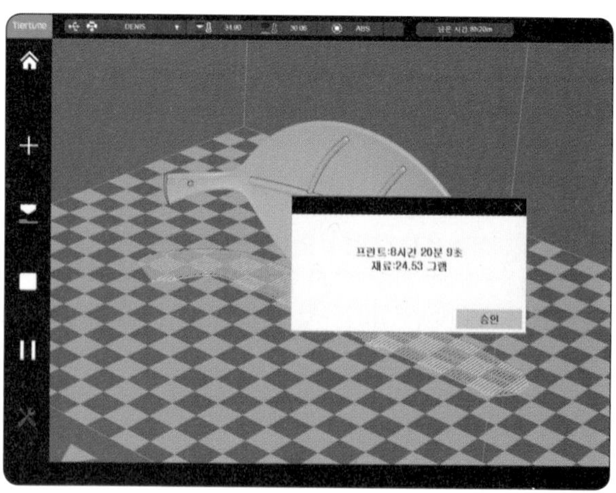

13 3D 프린터는 적정 작업 온도에 다다르면 바로 조형 작업이 시작된다. 먼저 RAFT라는 보조 바닥과 지지대를 비롯 빌드가 만들어 진다. 프린터는 FDM/FFF 방식처럼 필라멘트를 녹여 적층되는 경우 빌드의 크기만큼 제작 소요시간이 길어 질 수 있다. 특히 정밀도와 내부 채움 정도가 제작 시간에 영향을 준다.

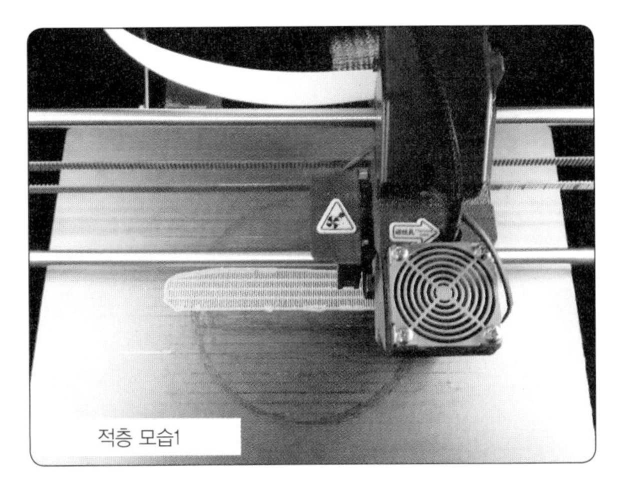
적층 모습1

적층 모습2

14 3D 프린팅이 완료되면 장비는 잠자기 모드로 돌아가거나 멈추게 된다. 완성된 파트는 조형판이 매우 뜨거운 상태이기에 약간의 시간을 가진 다음 장비에서 분리한다.

15 분리된 조형판에 붙은 조형물을 해라와 같은 도구를 이용 조형판에서 분리시켜 준다. 지지대 또한 롱로오즈와 같은 공구로 때어 낸다. 3D 프린팅으로 제작된 향로에 준비된 향을 꽂아 본다. 물론 플라스틱 재질이라 화재의 위험이 있기에 향을 피우는 일이 없어야 한다. 지금까지 과정을 통해 향로 3D 프린팅 파트 제작을 완료한다.

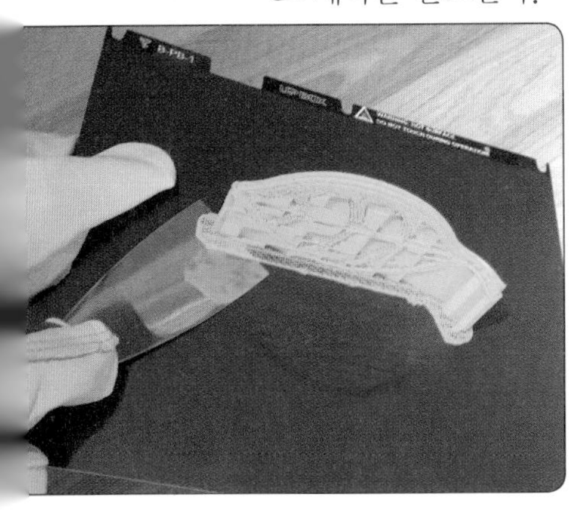

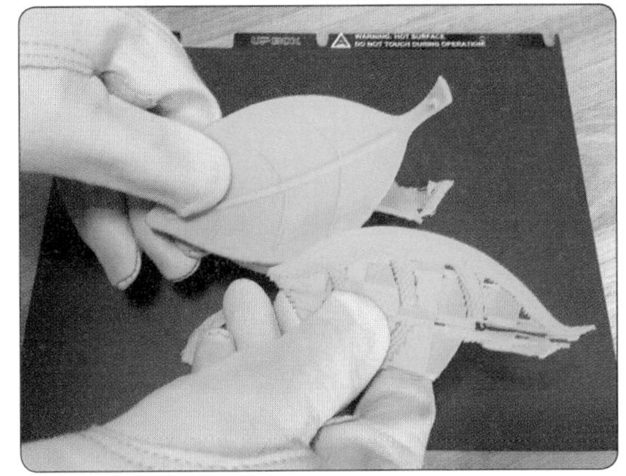

Rhino 3D와 Keyshot을 활용한 산업디자인

2019년 12월 10일 초판 1쇄 인쇄
2019년 12월 20일 초판 1쇄 발행

펴낸곳 : (주)교학사
펴낸이 : 양진오
지은이 : 송홍권, 이해구, 최성권

주 소 : 서울시 금천구 가산디지털1로 42(공장), 서울시 마포구 마포대로14길 4(사무소)
전 화 : 02-707-5310(편집), 02-707-5147(영업)
등 록 : 1962년 6월 26일 〈18-7〉
홈페이지 : www.kyohak.co.kr
SNS : itkyohak.blog.me(블로그), www.facebook.com/itkyohak(페이스북), @itkyohak(인스타그램)

이 도서의 국립중앙도서관 출판예정도서목록(CIP)은 서지정보유통지원시스템 홈페이지(http://seoji.nl.go.kr)와 국가자료종합목록 구축시스템(http://kolis-net.nl.go.kr)에서 이용하실 수 있습니다. (CIP제어번호 : CIP2019046558)